海外中国研究丛书
刘东 主编

[美]包弼德 著
刘宁 译

斯文
唐宋思想的转型

THIS CULTURE OF OURS
Intellectual Transitions in T'ang and Sung China

江苏人民出版社

图书在版编目(CIP)数据

斯文:唐宋思想的转型/包弼德著;刘宁译.--南京:江苏人民出版社,2017.9(2021.12重印)
(海外中国研究丛书/刘东主编)
书名原文:"This Culture of Ours": Intellectual Transitions in T'ang and Sung China
ISBN 978-7-214-20733-3

Ⅰ.①斯… Ⅱ.①包…②刘… Ⅲ.①士-研究-中国-唐宋时期-英文 Ⅳ.①D691.2

中国版本图书馆 CIP 数据核字(2017)第 120749 号

"This Culture of Ours" by Peter K. Bol was originally published in English by Stanford University Press. Copyright © 1992 by the Board of Trustees of the Leland Stanford Junior University. All Rights Reserved. This translation is published by arrangement with Stanford University Press, www.sup.org
Chinese simplified translation rights © 2017 by Jiangsu People's Publishing House
All right reserved.
江苏省版权局著作权合同登记:图字 10-1998-112

书　　名	斯文:唐宋思想的转型
著　　者	[美]包弼德
译　　者	刘　宁
责任编辑	卞清波　胡海弘
装帧设计	陈　婕
责任监制	王　娟
出版发行	江苏人民出版社
地　　址	南京市湖南路 1 号 A 楼,邮编:210009
照　　排	江苏凤凰制版有限公司
印　　刷	江苏凤凰扬州鑫华印刷有限公司
开　　本	652 毫米×960 毫米　1/16
印　　张	36　插页 4
字　　数	486 千字
版　　次	2017 年 9 月第 1 版
印　　次	2021 年 12 月第 5 次印刷
标准书号	ISBN 978-7-214-20733-3
定　　价	95.00 元

(江苏人民出版社图书凡印装错误可向承印厂调换)

序 "海外中国研究丛书"

中国曾经遗忘过世界，但世界却并未因此而遗忘中国。令人嗟讶的是，20世纪60年代以后，就在中国越来越闭锁的同时，世界各国的中国研究却得到了越来越富于成果的发展。而到了中国门户重开的今天，这种发展就把国内学界逼到了如此的窘境：我们不仅必须放眼海外去认识世界，还必须放眼海外来重新认识中国；不仅必须向国内读者迻译海外的西学，还必须向他们系统地介绍海外的中学。

这个系列不可避免地会加深我们150年以来一直怀有的危机感和失落感，因为单是它的学术水准也足以提醒我们，中国文明在现时代所面对的绝不再是某个粗蛮不文的、很快就将被自己同化的、马背上的战胜者，而是一个高度发展了的、必将对自己的根本价值取向大大触动的文明。可正因为这样，借别人的眼光去获得自知之明，又正是摆在我们面前的紧迫历史使命，因为只要不跳出自家的文化圈子去透过强烈的反差反观自身，中华文明就找不到进入其现代形态的入口。

　　当然,既是本着这样的目的,我们就不能只从各家学说中筛选那些我们可以或者乐于接受的东西,否则我们的"筛子"本身就可能使读者失去选择、挑剔和批判的广阔天地。我们的译介毕竟还只是初步的尝试,而我们所努力去做的,毕竟也只是和读者一起去反复思索这些奉献给大家的东西。

刘　东

目 录

初版序 1

再版序 1

第一章 导言 1

第二章 士之转型 45

第三章 初唐朝廷的学术和文学创作 101

第四章 755年之后的文化危机 138

第五章 文治政策与文学文化:宋代思想文化的开端 186

第六章 思想家,其次是作家:11世纪中期的思想潮流 223

第七章 为了完美的秩序:王安石和司马光 269

第八章 苏轼的道:尽个性而求整体 323

第九章 程颐和道学新文化 377

附录 南北宋时期的晁氏家族 424

中文术语对照表 437

参考文献 454

索引 487

唐宋转型之反思——以思想的变化为主　*524*

译后记　*548*

中译再版后记　*551*

初版序

大概除了在中国,没有哪个国家会出现这样一部思想史:它横跨六个世纪,同时也是一部政治史、社会精英史,以及对文学价值观的研究。我就是在这些领域的结合处写作,因为我相信,思想史、政治史、社会史以及文学史,虽然是不同的学科,但对于理解唐宋思想的转变,都是必要的。我同时也是从唐宋思想生活的内部来撰写,使用当时的术语和观念。翻译不能百分之百地传达思想材料的意义,但从当时的语境出发阐释当时的作品,却能使我们看到学者们询问的问题如何变化,以及他们走向那些共同关心的问题的方式,如何出现了分歧,从而更切近地解释历史变化。

在中国史研究中,撰写一部跨越几个世纪的著作,这样的工作尚未让人望而却步。这部书一开始并未想到会有如此规模。我最初研究苏轼及苏门,进而研究11和12世纪的思想文化,这是这部书的起因。为了寻找北宋精英文化的来源,我上溯到唐代后期的历史,而要估价其间的发展,就有必要与初唐的学术进行对比。当我开始探究唐代后期与北宋的思想创造如何与唐代门阀文化的消失联系在一起的时候,我也逐步理解了,新儒家运动在什么意义上与众不同。研究的结果就形成了这部书,它比我设想的更长更广,不过仍然只是选择了某些时期的某些人物和典籍进行讨论,以此来佐证某些论点——如果用全面考察唐宋思想文化的标准来看,我没有解读的典籍和没有提到的人物都太多了。

我特别受益于研究中国历史和文学的学者,在过去的几十年中,他们的研究使我们有可能来思考这里所讨论的六个世纪。如果离开麦大维(David McMullen)对唐代学术的研究,宇文所安(Stephen Owen)关于诗歌的著作,以及贾志扬(John Chaffee)、伊沛霞(Patricia Ebrey)、韩明士(Robert Hymes)、姜士彬(David Johnson)对社会史的研究,就不可能有这部书。多年来与傅君劢(Michael Fuller)和宇文所安的交谈,以及阿尔伯特·克雷格(Albert Craig)、伊沛霞、艾朗诺(Ronald Egan)、傅君劢、孔飞力(Philip Kuhn)、麦大维和杜希德(Denis Twichett)所提的意见都使我受益良多。我感谢约翰·齐默(John Ziemer)为此书所做的编辑工作,尤其感谢他从一个审慎读者的角度所提出的建议。我感谢张力和徐必经指出了注释中的错误。最后,感谢王氏研究生院(Wang Institute of Graduate Studies)所提供的中国研究奖学金,它使我获得了一年时间,放下其他工作,专注于此书。

包弼德

再版序

某些学问始终是国际性的,科学即是如此,在人文领域也有类似的例子。我写作《斯文》,主要是面对英文学术读者,但在中国有更多的人对它感兴趣。何以如此? 我想这可能是因为中国学者更喜欢不受哲学、文学、社会学和政治学等学科的束缚,而当今的美国学者则更愿意在学科之间严其畛域。

写作《斯文》时,我集中研究三个问题:一、中国的精英(我指"士")如何转变,这是一个社会问题;二、"士"的价值结构以及世界观如何转变,这是一个思想问题;三、社会之变与价值结构之变,其间的关系如何。这本书的方法论,在英语里被称为"心智史"(intellectual history)。心智史和(汉语中所说)"思想史"的区别在于,心智史更加关注"观念"(ideas)与社会的关系。要分析这种关系,当然有许多不同的路径。

罗杰·夏蒂埃(Roger Chartier)是伟大的法国历史学家,他的心智史研究,是这类研究中最好的成果之一,体现了法国20世纪所兴起的一种学术兴趣,那就是将观念研究与社会研究相联系。[①] 夏蒂埃认为,"社

[①] 罗杰·夏蒂埃(Roger Chartier)《心智史还是社会文化史?》(Intellectual History or Sociocultural History?),多米尼克·拉卡普拉(Dominick LaCapra)和史帝芬·卡普兰(Steven Kaplan)主编《当代欧洲心智史》(Modern European Intellectual History),绮色佳:康乃尔大学出版社1982年。

会文化(sociolcultural)史",比心智史的内容更加丰富,它以"观念"研究为核心,但如果译为中文"社会文化史",就很难呈现这种核心特点。

心智史研究的困难之处在于,它必然是多种研究方式的综合。单纯的社会史研究,会观察指导社会实践和人们心态结构的潜藏假设与价值构成,这些心态结构人们已经习焉不察,或者简单地认为是自然天生的。这就是所谓的"心态"(mentalities)研究。① 尽管我这本书是关注知识分子(literati),但有些内容是通过心态研究来揭示大众的心态结构。纯粹的"观念史"(history of ideas)研究,则是就观念论观念。这方面最伟大的代表作是洛夫乔伊(Arthur Lovejoy)的《存在巨链》,此书提出有一些基本观念(即"观念元"[unit ideas]),在历史上成为构造心智生活的基本元素。这些基本观念尽管以不同的语言来呈现,并不断适应新的思想形态,但其内涵相沿不断。它们可以最先出现在一个领域(例如哲学),然后随着时间的推移而再度出现,并适应新的形态,进入其他领域(例如文学)。②

"心态史"和"观念史"的研究方式,都做出了重要贡献。心态史研究认为人们的生活并非随机,人们共同拥有的世界观与价值观,会影响其如何看待并回应自己周围的世界。观念史认为,观念(什么是"观念"?这其实是个问题,我接下来会讨论)是变动的。对观念的研究必须关注思想生活的所有领域;"观念"在文学中的表现,与在哲学中一样多。

---

① 彼得·伯克(Peter Burke)《心态史的优势与劣势》(Strengths and Weakness of the History of Mentalities),《欧洲观念史》(History of European Ideas)第 7 卷(1986),第 5 期。
② 阿瑟·洛夫乔伊(Arthur O. Lovejoy)《存在巨链:对一个观念之历史的研究》(Great Chain of Being: A Study of the History of an Idea),马萨诸塞剑桥:哈佛大学出版社 1936 年。洛夫乔伊在一个关于弥尔顿《失乐园》的讨论中,谈到他的学术立场意味着什么,见所著《观念的历史编纂》(The Historiography of ideas),《美国哲学学会论文选》(Proceedings of the American Philosophical Society),第 78 卷(1938),第 4 期。洛夫乔伊的想法催生了许多著述,其中包括《观念词典》(Dictionary of Ideas)以及《观念史杂志》(Journal of the History of Ideas)。从他的想法出发可以做很多工作——在不同的语言和专门史之间做交叉研究——这仍然值得重视,参见安东尼·葛莱夫顿(Anthony Grafton)《观念史:规则与实践 1950—2000 及其周边》(The History of Ideas: Precept and Practice, 1950—2000 and Beyond),《观念史杂志》(Journal of the History of Ideas)第 76 卷(2006)。

但是，两条道路都有问题。心态史的研究可以揭示深藏的世界观，却不能解释那个世界观为什么发生转变。观念史将观念看作永恒不变和超时间的，忽视了同一个观念何以在不同的环境中会有不同含义。而且，观念史忽视了思想文化如何通过多种"专门史"的交汇而成型。莫里斯·曼德尔鲍姆（Maurice Mandlebaum）使用了"专门史"（special history）的说法，我这里就采用这个说法，他指出哲学史，就像艺术史、科学史和文学史一样，是"专门史"。"专门史"是在后人不断回应前人的问题，并对前人的著作不断推进深化的过程中形成的。① 诗学实践就建构了一个专门史，新儒家的哲学话语（philosophical discourse）也是。专门史之于其所存在的社会，有相对的自主性，其发展并不由时代的社会环境与经济环境所决定。如果要说被后者决定，那就意味着社会是一个封闭、完整的体系，而事实并非如此，社会是由错综的利益所组成，在延续不断的社会演进中，这些利益相互交织，形成各种动静起伏。

我在本书所采取的研究方式，与两个潮流有关，一者出自英语世界，一者出自德语世界。两者在心智史领域都很受关注。前者是"剑桥学派"的语言环境学说。斯金纳（Quentin Skinner）于1969年发表了一篇今天看来仍非常重要的文章，在文中他提出了这一学说。② 他认为我们今天写心智史就是为了理解文本，而为了解释他所说的"理解文本"是什么意思，斯金纳批评了另外两种理解文本的方式。第一种是借助外在于文本的社会因素来解释文本，这样做隐含的前提是认为文本的真实意义是由社会、经济、政治因素所决定。"在语境中理解文本，这样做的基本前提，是认为一个特定的文本一定要放在其社会环境中来理解，但这个前提是错误的。"③斯金纳承认了解环境是有用的，但是环境并不是行动

---

① 莫里斯·曼得尔包姆（Maurice Mandlebaum）《观念史、心智史和哲学史》（The History of Ideas, Intellectual History, and the History of Philosophy），《历史与理论》副刊（History and Theory）Beiheft，第5卷(1965)，第33—66页。
② 昆廷·斯金纳（Quentin Skinner）《观念史中的意义与理解》（Meaning and Understanding in the History of Ideas），《历史与理论》（History and Theory）第8卷(1969)，第1期。
③ 昆廷·斯金纳《观念史中的意义与理解》，《历史与理论》，第8卷(1969)，第1期，第43页。

的必然原因。如果是必然原因,那么为什么有着相同背景、年龄以及近似经验的人,却对环境做出了不同反应? 即使有外在于行动者的行动原因,这也不必然意味着理解了这个原因,就可以理解行动者的行动意义。①

心智史有一个更核心的观点,即认为文本自身是独立的,文本自身就是理解文本意义的关键,对此,斯金纳做了尤为详细的批评。② 他认为心智史的史家,为文本赋予了两种"神话",两者都来自今人让历史文本从吾所好的阅读方法:第一种神话假定作品可以被归约成原理,而且经常是我们期望它们表达,或假设它们所表现的那些原理。③ 第二种则假定一个人的作品都是内在一致的,因此心智史的工作就是去发现思想的一致体系,无视那些矛盾与反常。④ 斯金纳认为,我们受制于观念上的狭隘,把后人关于作品历史意义的认识与作者自身的用意牵合一处。我们批评某人没能说出什么话,也不问问当时他是否有讲这番话的心思;而且我们还基于文本和那些假想原理的相似性来寻找"影响"。⑤

的确,当我们说一个特定的历史人物是"儒家"或受佛教"影响",我们就是假定他执守某些原则,他的想法内在一致,而并不真正去细致地调查他实际说了些什么。但是历史人物有时也宣称自己的道理内在贯通。当孔子说"吾道一以贯之",或者当朱熹说天理就是一贯之理时,他们宣称自己道在一贯,这既是说自己的思想内在一致,也是说自己对种种质疑的回应,条理一致。斯金纳认为,说自己道在一贯,或许不过是要表达期望如此,而非真的在描述自己的成就。他这个说法很对。但他质疑心智史以"观念"为研究主题是否恰当,说:"有人认为'观念'固定不变,这个想法似是而非……这样的历史……从来不正确……如果只关注

---

① 昆廷·斯金纳《观念史中的意义与理解》,《历史与理论》,第8卷(1969),第1期,第39—45页。
② 昆廷·斯金纳《观念史中的意义与理解》,同上,第3页。
③ 昆廷·斯金纳《观念史中的意义与理解》,同上,第7—16页。
④ 昆廷·斯金纳《观念史中的意义与理解》,同上,第16—22页。
⑤ 昆廷·斯金纳《观念史中的意义与理解》,同上,第22—36页。

某些'观念',认为以之为基石来探索历史才是恰当的,这是一种概念混乱的想法。"①他质疑到这个程度,就多走了一步,过犹不及了。

在斯金纳和剑桥学派这里,观念本身消失了。消失的理由很充分,因为如果我们要根据一个人说过什么话,来把某些观念归于他,就需要区分这些话是指称一个观念,还是表达了这个人在特定的时间、地点的特定想法。因此斯金纳就可以做结论说:"书写一个观念的历史,其实就是书写一个句子的历史。"②"只有关于一个特定表达的不同说法的历史,才是唯一能写的历史。"③

这样一来,对斯金纳来讲,心智史需要研究各种说法所产生的语言环境。这个"语言学转向"为心智史带来很大改变。④ 斯金纳接续约翰·奥斯汀(J. L. Austin),区分了说什么("言语的意义"[the meaning of the statement])和与说相伴随的行为("言语的力量"[the force of the statement])。要理解心智史,就要既掌握言语的语义("言内意义"[the locutionary force]),又掌握言语的意图("施为力量"[the illocutionary force])。⑤ 心智史的研究方法就是要确定"文本的意图是什么,以及这些意图被期望怎样实现";就是要用这样的方法来理解文本,而不是撰写观念的演变史或一个人的思想传记。

由此可以说,研究观念史,恰当的方法一定首先是描述一个特定的

---

① 昆廷·斯金纳《观念史中的意义与理解》,《历史与理论》,第 8 卷(1969),第 1 期,第 35—36 页。
② 昆廷·斯金纳《观念史中的意义与理解》,同上,第 37—38 页。
③ 昆廷·斯金纳《观念史中的意义与理解》,同上,第 39 页。
④ 安娜贝尔·布雷特(Annabel Brett)《现在什么是心智史》(What Is Intellectual History Now?),大卫·坎纳丁(David Cannadine)主编《现在什么是历史》(What Is History Now)(伦敦:帕尔格瑞麦克米兰出版社 2002 年);马丁·杰伊(Martin Jay)《心智史应该采取语言学转向吗——对哈贝马斯·伽达默尔之争的反思》(Should Intellectual History Take a Linguistic Turn? Reflections on the Habermas-Gadamer Debate);多米尼克·拉卡普拉(Dominick LaCapra)和史帝芬·卡普兰(Steven Kaplan)主编《当代欧洲心智史:再评价与新视角》;泰福斯(Toews)《语言学转向之后的心智史:意义的自主性与经验的不可化约性》(Intellectual History after the Linguistic Turn: The Autonomy of Meaning and the Irreducibility of Experience)。
⑤ 昆廷·斯金纳《观念史中的意义与理解》,《历史与理论》,第 8 卷(1969),第 1 期,第 45—46 页。

说法,在它被言说的特定场合,一般都会引起哪些交流,要全面描述这些内容;其次,寻绎这个特定的说法与其丰富的语言环境之间的联系,以此来破解这位特定作者的真实意图。①

因此,心智史的研究首先是将表达置于其所产生的语境中来分析。这就是为心智史带来巨大改变的"语言学转向"。② 在更哲学式的研究中,观念以及拥有传记的社会行为者个体会消失,历史研究则关注话语实践(discursive practices),关注有针对性地回应其他文本的特定文本,以及历史上的行动者所要回应的特定经验。③

我想学者都会同意,一个人可以通过语言来表达心意和价值观,任何观念都要以语言来言说。尽管文人有时说,作文是因为不能行其道,但在我这本书所讨论的时段里,韩愈和许多人希望文行兼备,并经常从作文,或者像程颐那样,从言说开始。严格地说,历史只留下纸上的文字,我们要弄清楚——当然也只是试着去弄清楚:首先,那些语言表达在哪一点上和当时其他语言表达的环境相适应;第二,它与其他人所说的有何不同。我们再也不能把"观念"当作脱离语言环境的有条有理的原则。有些人认为观念虽产生在过去,却能裨益当今,即使这些人,他们也承认"观念"不能外在于语言环境。④

第二个潮流是德国学者瑞恩哈特·柯赛勒克(Reinhart Koselleck)的概念史(conceptual histoy)。在我看来,它与前面讲的第一个潮流是一致的,也是试图理解观念(或者更准确地说是"语言结构")和社会实践

---

① 昆廷·斯金纳《观念史中的意义与理解》,《历史与理论》,第 8 卷(1969),第 1 期,第 48—49 页。
② 安娜贝尔·布雷特(Annabel Brett)《现在什么是心智史?》,马丁·杰伊(Martin Jay)《心智史应该采取语言学转向吗——对哈贝马斯、伽达默尔之争的反思》,以及泰福斯(Toews)《语言学转向之后的心智史:意义的自主性与经验的不可化约性》。
③ 泰福斯(Toews)《语言学转向之后的心智史:意义的自主性与经验的不可化约性》(第 891—892 页),对波考克(J. G. A. Pocock)的讨论。
④ 彼得·哥登(Peter E. Gordon)《观念史中的语境主义与批评》(Contextualism and Criticism in the History of Ideas),见达林·麦克马洪(Darrin MacMahon)和萨缪尔·莫森(Samuel Moyn)主编《反思二十一世纪的当代欧洲心智史》(*Rethinking Modern European Intellectual History of the Twenty-first Century*)(伦敦:牛津大学出版社 2012 年)。

如何相关。它所运用的方法,历史学者会感到很投缘,因为它询问历史上人们据以理解其环境的概念是什么。这个概念可以是一个词,比如"理",但要理解它的含义,就要研究在一个特定的时期,人们如何理解它,以及为什么对于讨论它的人来讲,它是如此重要。"理"是一个古老的概念,对于它的使用,我们可以做历时的研究,但共时性的研究呈现出朱熹和程颐为之赋予了重要的新含义。① 柯赛勒克注意到有些概念(例如"天地"),其含义在历史上没有多少变化,有些概念则随时变化,必须做考察(比如"理"或"性"),有些则是为了回应时代而新创造出来的(例如"古文""道学")。② 概念的形成是社会史的一部分,正因为概念的发展,带来新概念、新实践的普及;当然,概念是社会变迁的组成部分(而不是被社会变迁所决定)。③ 柯赛勒克对德语中一个关于现代性的概念的发展特别感兴趣,在研究中他提出历史有一个"鞍型期"(saddle period),概念在这个时期加速转变,④尽管他的讨论针对具体概念,但他关注一个时代所使用的概念,关注这些概念如何转变,这个研究方法构成了一种研究框架,可以适用于对其他时代和地域的研究。

思考中国问题时,想想概念如何在某一特定时期形成以及形成的意义何在,这是很有必要的。例如,在755年安禄山叛乱之后,"文"被提升为支配一切的概念,为文士提供了新的世界组织形式,这一直延续到宋代。文治与武治(或者我们可以用科勒赛克的术语说,就是文、武这对概

---

① 陈荣捷的研究是历史性的,见所著《新儒学"理"概念的演变》(The Evolution of the Neo-Confucian Concept Li as Principle),《清华学报》(*Tsinghua-hua hsueh-pao*)第4卷(1964),第2期,第123—147页;裴德生(Willard J. Peterson)的研究是共时性的,见所著《对理的另一种观察》(Another Look at Li),《宋元学报》(*Bulletin of Sung and Yuan Studies*),第18卷(1986),第13—32页。
② 瑞恩哈特·柯塞勒克(Reinhart Koselleck)《以今例古:论历史时间的语义学》(*Futures Past: On the Semantics of Historical Time*),基思·特赖布(Keith Tribe)译,纽约:哥伦比亚大学出版社2004年,第82页。
③ 瑞恩哈特·柯塞勒克《以今例古:论历史时间的语义学》,第75—92页。
④ 瑞恩哈特·柯塞勒克《以今例古:论历史时间的语义学》,第222—254页。

念,变得不平衡了,①文胜过了武),文意味着恰当的形式与优雅得宜,意味着文化的、被书写的文学传统,意味着个人的文学写作。②科举考试作为选官手段日趋重要,以文学才华取士的进士科名声提高,以至于1069年甚至要废除其他科目,这都特别反映了跟随概念转变而来的社会转变。8世纪晚期事实上是一个概念的加速期,此时"古"作为一种理想被复兴了(这个复兴意义上的"复古",与恢复"古"的"复古"含义不同);编年体通史兴盛,在这种史书形态中,朝代从属于历史事件的编年记述;因门第而非才华所得到的特权受到挑战;税收制度改变了,国家允许私人市场从事土地的再分配,并不坚持土地分配要依律而行。

三百年后,也就是11世纪中期,又一个加速转变期开始了。这时学者官员开始为儒家经典做新的注释,全面改变政治制度,向商品经济而非农业征税,重新调整选官的考试标准,消解唐王朝的信条(帝国渊源于先王将天地模式转化为社会政治制度),并且为道德寻求普遍基础。这个时期人们激烈地争论,写作了大量被后人铭记的作品,通过政府和私人刊刻,这些作品被广泛阅读。12世纪晚期,新儒学道德哲学(或者说"道学")在南方大部分地区传播,在13世纪进入科举考试,得到朝廷的认可;③1315年朱熹的《四书集注》在官方科举中被确立为权威解释,并一直持续到帝制时代的终结,这些都标志着那个加速转变期的终结。

我开始从事研究时,想探明士之地位的变化,与士这个理念(ideology)的变化之间,存在什么关系,道学的出现,使这个士的理念得到最充分的体现。着手这一研究多年之后,我完成了《斯文》一书。我逐渐得出

---

① 瑞恩哈特·柯赛勒克《以今例占:论历史时间的语义学》,第155—191页。
② 我认为麦大维(David McMullen)是最早看到"文"在755年之后成为关注焦点的两个人之一,芮沃寿(Arthur F. Wright)和杜希德(Denis Twitchett)主编《观察唐代的视角》(*Perspectives on T'ang*)(纽黑文:耶鲁大学出版社1973年);麦大维《中国唐代的国家与学者》(*State and Scholars in T'ang China*)(剑桥:剑桥大学出版社1988年)。《唐书》的编纂者也注意到这一点,他对当时重视"文"超过儒家经典表示反对。
③ 魏希德(Hilde Godelieve Dominique De Weerdt)《内容之争:南宋科举标准的讨论》(*Composition over Content: Negotiating Standards for the Civil Service Examinations in Imperial China (1127—1279)*),马萨诸塞剑桥:哈佛大学亚洲中心2007年。

这样的结论,在这一时期,人们对"学"的理解发生很大变化,从"学"被理解为掌握"文",并通过文章写作来展示,到"学"意味着努力从普遍、通贯的意义上去理解"道",并通过个人的德行来体现;理解了这一变化,就可以认识价值观结构所发生的转变。简言之,"士"这个理念(ideology)的转变,可以概括为在思想生活中,从以文学为中心,转向以道学为中心。

对于那些将心智史只是当成哲学史的人来说,这毫无意义。在唐代,有哲学观念的人是佛教的僧人,他们探索理解和践行佛教教义的正道;在宋代,新的哲学观念出自那些自称为纯儒的思想家。然而,如果我们把社会与语言环境中概念的转变看作心智的转变,那么就很容易同意这样的看法,即支配唐代士人的价值观结构的是"文"这个概念,以及作为社会行为的文章写作。这就可以解释,为什么科举是相对于门荫越来越热门的选士方式,为什么希望寻求历史突破的韩愈,是用"文"这个概念来标举他的历史位置,以及为什么程颐在把自己和当时的士人之学区别开来的时候,要强调"文害道"。

这本书有不少缺点,我尤其想提醒读者注意书中两个方法论上的问题,以及一个有问题的看法。第一个方法论上的问题是,我本能地对心智史中的不连续与断裂感兴趣。然而唐宋时期的士人显然努力建立连续性(至少是以"古"作为一个理想世界)。因此王安石和朱熹都在声称自己得孟子之真义的时候,我没有问谁是正确的,而是认为他们对孟子都有自己的理解,并且与孟子的原始意义不同。但是,当思想家们严肃地对待历史文本,他们的确与历史有着连续性与关联性,而不同人的连续性与关联性是需要研究的,而不能简单地说他们都是一回事,这一工作我没有做。

第二个方法论上的问题是,我更喜欢揭示思想家思想立场的差异,而不是去发现某一时期不同思想家所具有的基本共性。当然也有例外,比如我谈到过初唐的思想"信条",但总的来讲,这本书关注差异,胜过共性。比如,我认为给"宋学"下定义是无用的。像司马光、王安石、苏轼和程颐这些真正重要的人物周围,聚集着一群群学者,需要对这些学者的共性和差异做更多的研究。

最后,我认为自己有一个历史判断上的失误,没有将王安石、新法与新学,放在更中心的位置。王安石和他的学派拥有一个完整的、包罗一切的蓝图,这个蓝图追求内在一致,即使这种一致性未能实现。王安石提供了新的信条,这个信条基于一种新的理性。即使他那个学派的大部分文献都散失了,我还是认为理解这个蓝图在政治与社会实践中如何体现,仍有很多工作可做。

我再一次感谢刘宁教授对全书和这篇新序的翻译。我还要说明的是,在《斯文》成书以后的这些年,我的研究生的博士论文对我有重要影响,其中一些影响,就体现在《历史上的理学》一书中。

包弼德

第一章 导言

> 子畏于匡,曰:"文王既没,文不在兹乎?天之将丧斯文也,后死者不得与于斯文也;天之未丧斯文也,匡人其如予何?"
>
> ——《论语·子罕第九》

"斯文",在周朝开国君主(谥号"文王")死后依然存在,孔子注意到了这个事实。它既是"天"关注斯文的标志,也是孔子这位斯文的参与者与承载者人身安全的保证。但是,什么是"文"?就孔子而言,"文"是否就是指他所掌握的周朝的艺文?它是否像许多后世的注家所猜想的那样,就是指被孔子当作"经"来编辑和传授的古代著作?在《论语》中,"文"这个术语可以指一般外在的仪表(appearances)、形式(forms),也可以指理(normative patterns)和典范(models),它们由于起源于周朝而享有权威。但是,在这一段关于孔子畏于匡地的记载中,即使不知道"文"的确切含义,我们也可以看到,孔子作出了两点声明:"斯文"并没有随文王的去世而断绝,并且得到了"天"的承认;"与于斯文"就是继承周朝开国之君的遗志,顺应"天"的意愿。

降及唐代(618—907),斯文开始首先指称源于上古的典籍传统。圣人将天道(the patterns of Heaven),也就是现在所说的"天地"或自然秩序,转化成社会制度。由此引申,斯文包括了诸如写作、统治和行为方面适宜的方式和传统。人们认为,这些传统源于上古三代,由孔子保存于儒家经典,并有所损益。唐宋的学者"与于斯文":他们掌握这些传统,在实践中加以运用,以其自身的学术成就和文学写作对之阐幽入微。他们完全可以像孔子先前那样,通过把斯文当做一种累积的传统加以维系,就可以顺应事物的自然秩序,接续上古的文化遗产。

"天"与"上古",或者说"天与人",即天地化生万物的自然领域以及人类创建社会制度的历史领域,代表了规范的价值观(normative values)的两个最重要来源。斯文能代表一种综合两者的文明观念,这种文明奠基于古人的典范与"自然秩序"所昭示的文(patterns)之上。但是,唐宋学者也看到,在政治陷入危机的时候,斯文会丧失。为了挽救斯文,挽救时代,学者们总是能回到上古和自然秩序,以此作为共同认可的规范原则的基础。在初唐,历史和自然这两个领域并没有被看作是互不相容的。公元7世纪,唐朝学者努力融合传统中的不同流派,借此建立一种文化的综合形态,以支持新统一的国家。对他们来讲,宇宙之理和古人的文明是和谐一致的。但是,在公元8世纪后半期,唐朝面临着帝国分裂和藩镇叛乱,那些为了挽救斯文的文士(literary intellectuals),开始谈论"圣人之道"与"古人之道"。圣人在这里不再师法宇宙,而是将目光转向了"人事",他们体察并顺应人情之常。学者们假设,他们可以在圣人的言行中推演出有益于现实的价值,通过古文写作显示这些价值,并假想能通过政府把它们付诸实践。北宋年间(960—1126),人们一直想对"道"与"圣人"作出富有说服力的解释,最终激发出了一种百家争鸣的思想文化。这些观念在改变政府与社会的关系方面用心深远,这一点在公元11世纪得到了印证。但是,当天或宇宙运行之理不再被当做道德生活的终极依据,这也就带来了一个更加不确定的世界,其中规范性的典范不过是临时的,圣人的意图也成了需要阐释的东西。在11世纪晚期,以人事为中心的倾向受到挑战,这种挑战在南宋支配了思想生活。那些构建道学,即狭义的新儒学(Neo-confucianism)的道德哲学家主张,每个个体都被内在地赋予了天地完整的运行模式;因此,个人有必要实现其本性(nature)中的"天理",因为天理是道德世界真实的基础。

这部书的核心内容,就是描述在唐宋思想生活中,价值观基础的转变。但是,单单讨论这个问题会忽视一个更大的转变,即学者们是如何确立价值观的。简单地讲,初唐的学者们认为,写作、统治与行为方面的规范包含在代代积累的文化传统之中。关于价值观的争论不过是在讨论何种文化形式比较适宜。但是,到了宋朝晚期,思想家们已经转而相信心(mind)的能力,借此可以对内蕴于自我与事物之中的道德品质获取正确的观念,而人们普遍接受的文化传统则已失去了它的权威性。初唐时期人们相信,文化传统能为大一统的秩序提供必要的典范;宋代晚期人们则相信,真正的价值观是内在的理(principles)。在这两者之间出现了一个思想多样化的特殊阶段,这个阶段始于唐朝后半期,并持续到北宋。这个时期的显著特点是,人们逐渐不再相信,通过正其仪表就能够引导天下。不过,在这个转型时期,最著名的学者们坚持认为,个人可以通过学习古人的著作与成就,以他们自己的内心去体会一种潜在的"道"。斯文,作为来自上古的形式传统(formal traditions),仍然作为规范性观念的可能来源而发挥作用,即使这些观念超越了它们最初为人所知时的特定形态。思想生活被一种创造性的张力所包围,一方面要维持形式文化的延续性(formal cultural continuity),保持过去的"文",另一方面要寻找那些曾经支配了圣人的观念,发现古人的"道"。但是对于宋代道学家来讲,个人的任务就是要学会按照天地内在赋予万事万物的规范去行动。初唐的学者认为,人们承袭的文化传统由于它源于上古而获得了权威地位;转型时期的学者则认为,斯文的典籍传统(textual traditions of Our Culture)是诸种规范性观念的来源;与这二者不同的是,道学家则主张,如何正确行动的观念基础独立于文化而存在。然而几乎很少有学者不意识到,有必要建立共同认可的准则,不论这是正确的文化形态、正确的价值观念,还是为己之学的方法。宋代的道学家也许会拒绝承认,存在一种代代积累的文化形式传统,学者们对此有责任加以延续;但是在否认被承袭的文化与真正的价值观之间有对等关系的同时，他们仍然要拯救斯文。矛盾的是，他们将学习的重心从文化活动转移到伦理修养，以此来拯救社会，在这个过程中他们创造了一套新的传统典籍、学说和实践，所有这些都为斯文作出了新的定义，这一定义一直延续到17世纪。

但是，这是谁的文化呢？对于这部书提到的那些著名人物来讲，这个文化属于中国社会一个人数不多的精英群体，这个群体被称为"士"，即使是在文化传统的角色发生变化的时候，情况仍是如此。在这里所考察的六个世纪的绝大部分时间里，那些自称"士"、"士人"或"士大夫"的人支配了中国的政治与社会。作为"士"，他们是精英群体的分子，而不是"庶"或"民"中的成员。作为一个群体，他们的职能是在政府中出仕，而不是耕地、做工或者经商。并且他们认定自己具有从政与指导天下的必要的学识与技能。① 然而，士的身份随时代而变化。在7世纪，士是家世显赫的高门大族所左右的精英群体；在10和11世纪，士是官僚；最后，在南宋，士是为数更多而家世却不太显赫的地方精英家族，这些家族输送了官僚和科举考试的应试者。本书下一章将描述这种转变，并对门阀制的消失、士作为政府官僚的重新出现，以及士如何在宋代转化成地方精英作出解释。我将在那里指出，官位、家世和学识是确定士的整体身份的首要因素。我想，这意味着对于士来讲，学识只是他们需要关心的诸多事项中的一个方面，士掌握学识只是为其彼此的身份认同提供部

---

① 士在东周（前770—前256）作为兼具政府官员和知识领袖的双重身份的独特群体而出现，对此的简要说明请参见史华兹（Schwartz）《中国古代的思想世界》（World of Thought）第44、57—59、238、278、353页。对于士，特别是对于他们在中国古代从春秋战国以来充当知识阶层的角色的更详细的说明，请见余英时《士与中国文化》。显然，早期的士在政治集团中不过是一个从属的群体，是以才能服务于政治权要的一类人。在第二章，我详细地阐述了这样的观点，即到初唐，"士"这个术语开始指称一个声称具有广泛继承性的社会政治精英阶层。姜士彬将门阀与统治阶级与所有那些拥有官位的士区分开来。然而他认为，虽然他从并不十分严格的意义上，把士看作一个传统术语，这个术语是指一类靠个人奋斗而不是像门阀那样靠世袭获得地位的人；但是，随着时间的推移，人们开始将一个有官方的职事与品阶的群体看作一个世袭阶层。"士"用来指称宋代社会的精英是不成问题的。《中国中世门阀政治》（The Medieval Chinese Oligarchy）第16页。

分的依据，通过学识获得阐发和思考的价值观都是与士的政治、社会生活相联系的。在这里，我要说明一下，如果思想转变与士在支配中国社会、政治和民族文化的相当成功的努力之间存在着某种联系，那么这并不会削弱士的思想生活的价值。

在6世纪晚期和7世纪早期，南北重新统一为一个帝国，而到12世纪，地方精英势力日趋巩固。这部书的目的就是要弄清，在这两者之间，精英分子对价值观的思考发生了哪些变化，或者说士如何改变了"斯文"。与此同时，我希望对所发生的这种变化做出解释。当然，道学是12世纪思想世界中最伟大的遗产。但是，要历述从初唐门阀文化到南宋新儒家文化的转变中思想生活的转变，这并非易事。道学，在我看来，并不是早期思潮的一个必然和逻辑的结果，虽然它显然与以前的发展有关。这里所要考察的思想历史始于初唐的朝廷学者——他们是中世社会（medival world，译者注：日本学者普遍将中国史分为"古代"、"中世"、"近世"三段，具体起讫有不同说法，本书对"中世"的界定主要采用内藤湖南等人的意见，指东汉到五代这一历史时期）的代表，迄于宋代道学的出现，道学这种"学"的形式直到17世纪还在支配着思想文化。但是，这里所做的研究主要还是针对中间过渡阶段，尤其将集中研究古文在8世纪作为"士"的一种思想和文学风格的出现，及其在11世纪的极大繁荣。事实上，这部书几乎有一半篇幅在讨论11世纪杰出的知识分子和政治家。从非常广义的角度来讲，我把北宋的思想文化看作是存在于古文中的一种张力的开展，这是一种存在于个人修养和社会政治责任之间的张力，它在唐代古文奠基者韩愈的文章里十分明显。我认为欧阳修是11世纪的一个核心人物，因为一方面他响应了范仲淹以激进的改制变革社会政治秩序的号召，一方面他坚持了这样一种观点，即将文化与道德作为个人创造的产物，通过这两方面他充分地体现了这种张力。把欧阳修之后的两代人看作只是在这两者之间作非此即彼的选择，这虽然有些简单，但并非误导。王安石和司马光，作为那一时期出类拔萃的政治思想家和政治家，都致力于社会政治秩序问题，并得出了不同结论；下一代两位最了不起的知识分子，苏轼和程颐,转向个人的修养与创造性问题,得出了完全相反的结论。

在最宽泛的层次上,我关心在一个特定的时代,"士"是如何思考"学"的。"士学"是一个历史实体(entity),它由一群饱学诸多相同经典的读书人所构成,这些人对他们的行为价值拥有许多共识,并且树立了彼此认同的身份。这是士人的思想文化。更狭义地讲,对唐宋之间这一特殊的阶段,我想研究这些人如何认为别人应该学习,如何论证他们的主张,以及别人的反应。对于那些希望影响别人的人来讲,通常会存在几种可能性。我发现思想的转变总是由于某些人劝说别人去相信,在所有可能的选择中有一种可能性比其他的更好。某种在一段时期内无足轻重的选择或许会继续处在边缘,但最终走向中心。我还认为,为了证明那些被忽视的思想不无道理,学者们通过改变它们的形式来使它们与现实对话。为了看清一个旧有的观念如何变得更有说服力,我曾经试图询问,某些学者、文学家和哲学家是如何在这两者之间建立联系,即作为价值观基础与文化形态的"学",和作为精英的士对政治与社会的关注,二者如何相联。这一时期出现的最有趣的思想人物,是一些喜欢翻案的人,他们在劝说别人接受某种观点的同时,总是以否定另一种观点为前提。我极少关注他们的追随者,虽然如果没有这些人,一种边缘思想很难进入中心。同样,我也探讨了那些充满巨大变化的阶段,即思想危机的时刻,这时,"士"发现他们正处在对各种相互冲突的选择必须做出抉择的尴尬位置上。

至少从四点来看,本书偏离人们对一部唐宋思想史著作的要求。第一,它不是一部儒学的历史。第二,它没能认真地处理佛教问题。第三,它将文学作为核心,所讨论的许多重要思想家,主要是文人。第四,它忽视了绝大多数早期新儒家。从某种程度上讲,这些决定来自我这样的信念,即哲学史并不总是代表思想文化的历史,或者能充分地描述和解释我们借以建立共同价值观(shared values)的那些方式。对这些选择,将在本章下面部分作出更详细的解释。不过,我在这里要求一点作者的特权,我希望能以一种吸引读者接受我的观点的方式来展开讨论。为此,我比较了两部关于家族生活的书,一本写于公元590年,另一本写于

1190年。它们分别是门阀时代和新儒家时代的标志,本书的定位正是在这两个时代之间。

文化的与伦理的:从6世纪到12世纪

用颜之推(531—591)的《颜氏家训》和袁采(约1140—1195)的《袁氏世范》来描述一种思想的转变,也许看上去不会有什么收获。隋朝(589—618)开始编纂的五经的官方疏义,或许更适合用来认识中世社会;而对于12世纪来讲,朱熹(1130—1200)这位伟大的道学家的著作,似乎更有代表性。但是,颜之推与袁采更适用于我的目的,因为他们从各自所处时代的思想角度记述了家族生活。他们的著作显示了社会史与思想史的融合。①

作为琅琊颜氏世族的一员,颜之推有显赫的家世。他的十二代和十一代祖先在其本籍,即山东东部的琅琊,建立了这个世族在仕宦与学术两方面的故家遗俗。他们作为太守和"九品官人法"中的中正出仕曹魏(220—265),而且对经书有专门的研究。在4世纪早期,颜之推的九代祖随西晋朝廷(317—420)迁移到南京;他的后代继续在东晋之后的南朝朝廷中任职。颜之推的父亲是梁代(502—557)出类拔萃的朝廷学者,也是南朝最有才学的人之一;他的孙子颜师古(581—645),在唐朝成为朝廷学者,他为班

---

① 关于颜之推的著作,请见邓嗣禹(Teng Ssu-yü)翻译的《颜氏家训》(*Family Instructions for the Yen Clan*)。关于中文的文本,请见《颜氏家训集解》。至于《颜氏家训》及其内容,颜之推的生平,对此更详细的说明请见宇都宫清吉(Utsunomiya)《中国古代中世史》第451—557页。对于颜之推对待佛教和儒学之态度的说明,请见丁爱博(Dien)的《颜之推》。伊沛霞(Patricia Buckley Ebrey)在她的《中国宋代家族与财产》(*Family and Property*)一书中翻译并深入讨论了袁采和他的书。关于《袁氏世范》的中文本,我依据《知不足斋丛书》本。袁采的书写成于1178年,由作者本人再版于1190年。我受益于伊沛霞的研究,她的论文收于周绍明(Joseph P. McDermott)编选的《哈佛亚洲研究学报》(*Harvard Journal of Asiatic Studies*)第47期 No.1(1987)第314—340页;此外还有墨子刻(Metzger)的《新儒学是否对中华帝国晚期的精英文化无关紧要》(*Was Neo-Confucianism 'Tangential'*),以及伊沛霞回应他所做的《新儒学和中国士大夫》(*Neo-Confucianism and the Chinese Shih-ta-fu*)。陈智超有关《袁氏世范》的论文也引起了我的兴趣。

固《汉书》撰写了权威的注解。更晚的一位后裔颜真卿(709—784),成为出类拔萃的学者和书法家。颜之推本人在梁代成为朝廷学者;然而他被俘虏到北方之后,在那里出仕北齐(550—577)、周(557—581),终于隋(589—618)。① 琅玡颜氏是一个门阀世家。虽然这个家族在唐朝并没有像博陵崔氏(其中有些人与颜之推相知),或赵郡李氏那样,出了一批真正有实力的官僚,但它大概属于决定了南朝门阀统治的世家大族之列。②

袁采没有显赫的祖先。他的家族居住在两浙东路(今浙江)的衢州府。衢州有一批士人家族(shih families),在宋代出现了将近六百位进士,其中包括一批十分成功的士人宗族或者士胄群体(descent groups)(40%的进士来自二十四个宗族)。这些士胄群体,有些从 10 世纪和 11 世纪以来开始被称为士大夫,有些直到 13 世纪还在产生进士。袁采于 12 世纪的 50 年代,在杭州就读于太学,在 1163 年取得进士身份。但是,他的亲戚里据悉只有两人通过了科举考试。与身为朝官的颜之推不同的是,袁采最初担任地方官,而且只在首都做过一次官。他以学术知名,为地方政府和当地社会③撰写了几部实用的著作。袁采通过科举考试从政,一生主要的时间在地方政府任职;他的家族居于地方,而且朝官经历的缺乏并没有影响他著书传世。袁采由此以他自己的方式成为那个时代成功士人的代表,这与颜之推的情况十分类似。

两个人都关注他们那个时代士人家族(shih families)的前途,都写到其成员应该如何处事以维持家声。而且,两个人都将家族的利益置于仕宦之上。对他们来讲,这又各自意味着不同的做法。对颜之推来讲,不过分地卷入政治是十分重要的。

---

① 颜之推《家训》英译本第 14—25 页。
② 关于南北朝时期的世家大族,他们对官宦的要求,以及当时谱写的各种世家大族的族系,对此的讨论请见姜士彬的《中国中世的门阀政治》第 19—43 页。虽然姜士彬将世家大族和士相区别,但是颜之推用"士大夫"这个术语来指称那些家世渊源的家族,将他们与另外那些虽然出仕做官但其家族世代皆为小人的人相区别。(见英译颜之推《家训》第 54、115—116 页,即《颜氏家训集解》卷 3 第 145 页,卷 4 第 292 页。)
③ 伊沛霞《中国宋代的家族与财产》第 14—18 页。

> 常以二十口家,奴婢盛多,不可出二十人,良田十顷,堂室才蔽风雨,车马仅代杖策,蓄财数万,以拟吉凶急速。……仕宦称泰,不过处在中品,前望五十人,后顾五十人,足以免耻辱,无倾危也。高此者,便当罢谢,偃仰私庭。①

颜之推的确出仕为官,而且他希望他的儿子出仕;问题是,出仕要恰如其分,适可而止,以便维持家声。

> 计吾兄弟,不当仕进,但以门衰,骨肉单弱,五服之内,傍无一人②,播越他乡,无复资荫;使汝等沉沦斯役,以为先世之耻;故靦冒人间,不敢坠失。兼以北方政教严切,全无隐退者故也。③

颜之推要求他的儿子"以传业扬名为务"④,以此作为他最后临终遗言。在以前的几个世纪里,琅玡颜氏发现,他们如果不愿在当朝出仕,就很难维持其地位,这也正是颜之推在他经历的四个王朝中所体会到的。只不过对颜之推来讲,重要的是要坚持世族的荣誉有别于仕宦且重于后者。

颜之推看到战乱与异族统治使其家族前途未卜;但是,他相信如果他的子弟想出仕为官,他们可以这样做。袁采对士人家族的前途同样感到渺茫,但是在他所处的时代,官员们几乎不可能为其后代的仕途提供庇护。命运更多地左右其间。"世事多变更,乃天理如此。……今不须广论久远,只以乡曲十年前、二十年前比论目前,其成败、兴衰何尝有定势?"⑤与仕宦相伴而来的富贵乃是命分偶然,不能预料⑥;而且

---

① 颜之推《颜氏家训》英译本第 127 页(又见第 18—25 页),即《颜氏家训集解》卷 5 第 317—319 页。
② "Our branch"译为"五服","五服"既指那些在服丧的五个等级中的亲戚,也可以像邓嗣禹所翻译的,指"五代以内"的亲戚。我把服丧的圈子看作世家大族内部一个有着特定礼制身份的群体或支系。
③ 颜之推《颜氏家训》英译本第 210 页,译文略有改动。参见《颜氏家训集解》卷 7 第 534 页。
④ 颜之推《颜氏家训集解》卷 7 第 541 页;参见《家训》英译本第 211 页。
⑤ 伊沛霞《中国宋代的家族与财产》第 233—234 页,译文略有改动;袁采《袁氏世范》卷中,第 2b 页。
⑥ 伊沛霞《中国宋代的家族与财产》第 232—235 页,第 262 页,袁采《袁氏世范》卷中,第 1b 页—第 4a 页,第 20b 页,"命运"的作用问题在下文还要提到。

它尤其难以在后代子孙中得到维持。在家族不能以仕宦为业的社会里，临时的官职就更难以保全家族的地位。袁采解释道：

> 大贵之家尤难于保成，方其致位通显，虽在闲冷，其俸给亦厚，其馈遗亦多，其使令之人满前，皆州郡廪给其服食、器用，虽极华侈而其费不出于家财。逮其身后，无前日之俸给、馈遗、使令之人，其日用百费非出家财不可，况又析一家为数家，而用度仍旧，岂不至于破荡？①

袁采以为官员的子弟不太可能谋得官位。他由此得出的结论并不是说，士不应该在政府任职，而是他们必须小心防止仕途的成功妨碍到家族良性经营的长远利益。一个家族良好的经济状况意义重大，对此颜之推关注甚少。但是，袁采还看到，"士"还是要保持"士"的身份。那些经济上没有其他依靠的"士"，应该谋求那些与他们地位相称的职业。科举教育是获得这些职业的最佳途径，但是，如果科举失败，那么任何可以维持家族的手段都是可以接受的。

> 士大夫之子弟，苟无世禄可守，无常产可依，而欲为仰事俯育之资，莫如为儒。其才质之美能习进士业者，上可以取科第，致富贵；次可以开门教授以受束脩之奉。其不能习进士业者，上可以事笔札，代笺简之役，次可以习点读，为童蒙之师。如不能为儒，则医卜星相、农圃商贾，凡可以养生而不至于辱先者，皆可为也。②

在袁采的时代，士人家族已经在科举之外从事许多职业作为自助手段，因此士人家族与其他社会成员之间职业上的差别变得模糊了。不过有人仍然坚持要保持这种差别。例如，陆游（1125—1210）就设想士或许能

---

① 伊沛霞《中国宋代的家族与财产》第263—264页，译文有所修正，袁采《袁氏世范》卷中，第21b页。
② 袁采《袁氏世范》卷中第23a页。伊沛霞《中国宋代的家族与财产》第267—268页，译文有所修正；我认为这里所说的公文写作不是作为执事的抄写员，而是代别人起草政令文告（注意"代"这个术语），比如在执事机构中为朝廷起草诏令。关于这些执事机构，请见李元弼的《作邑自箴》卷8第40a页—第41b页，这是一部12世纪早期的地方属吏指南。

创造义庄来使他们的后代免于沦为匠人、商贾、厮役或者僧道。①

颜之推和袁采面对的是不同的听众：颜之推训诫他的子弟，而袁采则是规诫他治下的那些家族如何去追求财富与荣誉。他们对于士的设想并不一致。对于颜之推来讲，士大夫是与他的家族一样的家族，"颜氏之先……世以儒雅为业。"他们是家世渊雅的精英，但每一代子孙都必须努力维持家族博雅的传统，以避免沦为常人（凡人、小人）②，对此颜之推言之甚详。他将真正的士族与在北方掌权的，军功起家、缺少教养并通常不是汉人的豪族，以及各种中枢近侍之官相区别，这些近侍的家族通常世代皆为小人或庶族。③他以教子这种方式劝说其侪辈不要抛弃他们的传统。他们的学识为自己赢得尊重，并且说到底是学识使掌权者看重他们。

对于袁采来说，士并不是一个世袭的精英，他所说的士大夫之家属于一个更大的群体，他称这个群体为"富贵之家"、"高资之家"和"贵显之家"。④他的确希望他的听众教育其子弟参加科举考试，虽然他认为他们

---

① 陆游《东阳陈君义庄记》，见《陆放翁全集》卷21，第123页。世界书局1936年版。
② 颜之推《诫兵》，见《颜氏家训集解》卷5，第320页。《颜氏家训》，邓嗣禹的英译本第129页，将"以儒雅为业"译为"For generations they were elegant Confucian scholars"关于地位的说明，见第42—53页。
③ 颜之推《颜氏家训》英译本第54、115—116页；参见《颜氏家训集解》卷3第145页，卷4第292页。
④ 伊沛霞认为袁采的社会规范是描述士大夫的生活。周绍明（见本章注2）对此提出质疑，他猜想，从袁采1190年版所做的后记（下面有译文）来看，袁采面对的听众可能有农民。我推断，袁采是对地方有支配地位的家族而言，因为他总是不停地谈论"资财"之家与"贵显"（即官阶）之家，后者显然是官宦家族（必然是士大夫）。他对两者进行了区分（比如袁采《袁氏世范》卷中第1b页，卷中第15a页，卷中第21a页），但他还是确信，当人们获得了官位时这两者就合流了，而且令他惊讶的是，他的听众对财富与权力的渴望超过了一切。根据我的统计，他论及富贵之家，显然比他论及士大夫之家要频繁得多。这并不会削弱伊沛霞的导论，因为作为其家族与地方社会密切联系的人群，士大夫与那更大范围的听众，面临着同样的问题。袁采的社会术语所引起的歧义，可以这样解释，他意识到他的伦理规范并不是单独针对有地位的群体而言（他只是将其运用到与他类似的那些家族的情况中去），而同时他还残留着这样的意识，即"士大夫"这个术语传统上几乎就是指那些有官位的人。

得到官位的机会很少①,但他并不只针对那些出了政府官员的家族而言。我想,袁采是针对地方望族这个圈子而言,政府官员就是从这个圈子里产生的,而官员的后代也将叶落归根。他们地位的基础并不是家族博雅的传统和声誉,而是财富、地位和教育的综合。他对于如何保持家族在地方乡里的位置十分敏感:一个家族应该教育他的成员,努力保持和睦,与地方官和其他要人保持良好而正式的关系,仔细管理家族财产、不动产、佃户和奴仆。这些基本的考虑对这样的家族是很典型的,其财产关系到他们在乡里的地位,对他们来讲,家族成员丰衣足食比家族的声誉更为重要。

在颜之推与袁采笔下,士的社会处境是不同的,故而他们对于如何维护家族有不同的想法。但二人都告诉其侪辈应该如何处事,而且"学"在颜、袁两个人那里都是维护家族的基本条件。但是,他们推重的"学"是不同的,从这种不同里我们看到了两个彼此迥异的思想世界。

写作风格从一个方面暗示了这种差异。颜之推博学而词采繁复的文体与袁采更为直接和简练的风格形成对照。② 他们谈论的话题进一步表现出这种差异。颜之推除家族的礼仪和社会习俗之外,还谈论修学、文学写作、文献学、音韵学、道教、佛教,以及多种多样的艺术;袁采则分门别类地讨论了如何睦亲、处己和治家。他们都不特别反对佛教与道教,实际上颜之推两者都写到了,虽说他只是接受了佛教,而不是道教。③

---

① 伊沛霞《中国宋代的家族与财产》第 191,232,267—268 页,袁采《袁氏世范》卷上第 7b 页,卷中第 1b 页,卷中第 23b 页—24a 页。
② 可是,袁采的著作既不是方言的,也不是口语的。他引用过去的典籍,特别是《论语》,并用一种易懂的风格来写作。比如,它就比李元弼指导地方行政的《作邑自箴》(作者的前言说是作于 1117 年,1177 年出版)更富有文学性,李元弼的这部书是专为地方官而写。
③ 颜之推《颜氏家训》英译本第 131—152 页;颜之推将道教的意义降低到养生的层面。他关于佛教教义的一章,维护了灵魂转世和业报轮回的实在性。我从中读出,颜之推看到佛教的教条为人们按伦理行事提供了理由。丁爱博(《颜之推》第 55 页)写到:"颜之推对儒家原则的接受是有限的,因为他看到未来的理想社会是通过佛教,而非孔子的著作来实现。"在我看来,颜之推投身于一个广泛的文化传统,而不只是孔子和儒家经典。我没有看到任何迹象表明在他的文化关怀和佛教关于精神力量和轮回的信念之间存在张力。

两人都由中国的传统文献和儒家经典所培养。

颜之推在他讨论的几乎每一件事情上都采用了一种"文化"的视角,从再娶、家族到修学和文学写作。他重视广泛熟悉儒家经典、历史、诸子百家和纯文学,对那些只知六经的陋儒不以为然。他认为所有的士大夫如果希望在政权更迭之际得以全身,真正通晓世情并成功地履行职守,他们就必须修学。颜之推主张,盛才之士应该以源于经的各类诗文体裁撰写著述,这种著述才是可取的。他所说的"学"是指文学,他用来称呼最有成就的学者的术语不是"儒"或"儒士",而是通常与文人相联系的"文士"或"文学之人"。他希望有学识的人在书法、绘画,以及射箭、医学、算术、琴瑟方面都有所成就,虽然他提醒不要因为过分精通而使勋贵之人只以巧匠视之。① 他提醒,对典籍和文学写作的精通并不能提高"德行"或社会风气。② 然而,当他转向诸如家族关系这种将会讨论到人伦之礼的话题时,我们看到的不是普遍的道德规范,而是对家族文化、地区差异以及历史事例的分析。他的《治家篇》比较了南北贵族妇女的地位和风俗,《风操篇》深入地探索了称讳及其因时因地的变更。③ 这是十分重要的,因为他主张由一个家族所维持的礼仪,是出自《礼记》的普遍规范与一个家族的特殊传统相结合的产物。④ 颜之推认为良好行为的基础不是哲学性的,而是文化性的。他一丝不苟地对待口语及书面语的问题,就并不令人奇怪。⑤

颜之推重文史的为"学"方式是朝廷学术传统(the tradition of court scholarship)的一部分,它包括对儒家经典的研究、史学、礼学和对于优雅文风的爱好。通过合于事实、典正合度、展现了"理"(normative patterns)的写作,颜之推的"学"使他能不忘前古,恪尽臣职。⑥ 对颜之推

---

① 颜之推《颜氏家训》英译本,见第8—10页,第18节。
② 颜之推《颜氏家训》英译本,第54页。
③ 颜之推《颜氏家训》英译本,第5—6节。
④ 颜之推《颜氏家训》英译本,第22页。
⑤ 颜之推《颜氏家训》英译本,第17—18节。
⑥ 颜之推《颜氏家训》英译本,第95页,颜之推《颜氏家训集解》卷4,第249页。

来讲,维持文化传统是士人家族的职责,这个职责独立于政治的权威,琅琊颜氏正是靠恪守这一职责,证明了它作为一个士大夫世族得以绵延不绝的理由。这个士大夫世族对所有那些希望有教养的人来讲,是一个懿行的典范。然而,颜之推还告诉我们,其侪辈打算牺牲他们的标准,他攻击那些将仕宦与权力置于学术和文化之上的士族,这些人走军功之路,取媚于外族掌权者,怀疑学识的作用。①

颜之推认为,文化对于士的社会地位和政治成功是至关重要的。比较而言,正如袁采的朋友刘镇所介绍的,袁采的关注点是不同的:

> 思所以为善,又思所以使人善者,君子之用心也。三衢袁公君载德足而行成,学博而文富,②以论思献纳之姿,屈试一邑,学道爱人之政,武城弦歌,不是过矣。③一日出所为书三卷示镇曰:是可以厚人伦而美习俗,吾将版行于兹邑……镇熟读详味者数月……习而行之,诚可以为孝悌,为忠恕,为善良而有士君子之行矣。然是书也,岂唯可以施之乐清,达诸四海可也;岂唯可以行之一时,垂诸后世可也。噫,公为一邑而切切焉,欲以为己者为人④如此,则他日致君泽民⑤,其思所以兼善天下之心,⑥盖可知矣。

刘镇将袁采的书看作是这样一个努力,即要让别人相信伦理观念是基本

---

① 颜之推《颜氏家训》英译本第 1、8、11、14 节,南北朝的士族都在这一点上受到批评。
② 《文选》中的班固《两都赋序》:"若言语侍从之臣,……朝夕论思,日月献纳。"(康维达 David Knechtges 英译本 I:95)。
③ 《论语》刘殿爵(Lau. D. C.)英译本第 17 章第 4 节,《论语》第 143 页。"子至武城,闻弦歌之声,子莞尔笑,曰:'割鸡焉用牛刀?'子由闻之,曰:'昔也闻诸夫子,君子学道则爱人。'"
④ 这里是引用孔子的典故:"古之学者为己,今之学者为人。"朱熹对此的解释是,真正的"学"是"为了"一个人自身的伦理修养;刘镇接受了这个观点,但是把"为人"解释为为了他人的利益。见包弼德:《朱熹对士学的新解》(*Chu Hsi's Redefinition of Literati Learning*)第 156—158 页。
⑤ 《孟子·尽心上》第 9 条,"穷则独善其身,达则兼济天下。"(刘殿爵的英译本第 183 页)。
⑥ 袁采《袁氏世范·序》,参见伊沛霞《中国宋代的家族与财产》第 175—176 页。

和普遍的价值。① 袁采对士人家族如何维护其长远利益的回答与颜之推的一样简单,但彼此迥然不同:要想生存,他们就必须按照伦理来处世。

这个回答所蕴含的"学",与当时两位伟大的哲学家朱熹和陆九渊不无联系,虽然袁采的现实主义和实用主义与朱熹的哲学观点及其避免人欲之私的倾向不同。② 我所要说的这一点是比较宽泛的。袁采和这些道德哲学家都是士人价值观转变中的一部分,这个转变始于北宋晚期,在12世纪晚期支配了自我反省的"士学"(shih learning)。在这个时期,知识分子越来越抛弃了以往的文学—历史的视角,而代之以伦理—哲学的视角。由于学术写作的中心转向了伦理问题,文化在士人生活中受重视的地位被削弱了。刘镇的序言指出,袁采的著作是一部显示他为政与治学才能的文学作品。许多袁采同时代的人,将对伦理行为日益增长的关注视为对科举所要求的传统辞章之学的一种适当平衡,但是对袁采和他那个时代的道德哲学家来讲,伦理行为更为重要。我并不是说袁采是一个道德哲学家。道德哲学家解释伦理何以是一个道德社会的基础,而袁采只是预设这一点。道德哲学家试图证明,道德原则是真实和普遍(universal)的,人类作为天地的创造物,被赋予了这些原则,他们必须"自得"并施之"日用"。从这个角度来讲,袁采是很不一样的,正像他在《后序》中所解释的那样:

---

① 袁采反对刘镇将他最初的书名"俗训"(关于习俗的训诫)改成更堂皇的"世范"(时代典范),虽然两个书名都包含了伦理关怀。袁采的段落名称通常都包含规范的惯用语,诸如"应该"、"一定"、"不可以",这些在伊沛霞的翻译中都被遗漏了。比如,卷上第 1 节伊沛霞译为"人性的差异",而原意是"人之性不能强求一致";卷上第 2 节,伊沛霞译为"反思的意义",而原意是"人一定要重视反思";卷上第 3 节伊沛霞译为"父慈子孝",而原意是"父子一定要重视慈与孝";卷上第 4 节伊沛霞译为"容忍",而原意是"居家应以容忍为重";卷上第 5 节伊沛霞译为"服从",而原意是"不应与父兄辩论曲直"。
② 然而,袁采还回避了朱熹所感兴趣的各种实用的公共计划。在"公"(community)这个问题上,他显得与陆九渊更接近。见韩明士(Hymes)《陆九渊、学院与乡村社会》。值得注意的是,伊沛霞《中国宋代的家族与财产》第 31 页对比了袁采和程朱哲学家以及司马光那种"古典学者"建立家族规范的方法。

近世老师、宿儒多以其言集为语录,传示学者,盖欲以所自得者与天下共之也。然皆议论精微,学者所造未至,虽勤诵深思,犹不开悟,况中人以下乎?至于小说、诗话之流,特贤于己,非有裨于名教。①

我从中所读出的是,袁采与那些在他看来"语录"深奥、缺少文学趣味的道德哲学家的目标是一致的,即使他对哲学家所使用的方法的价值抱有怀疑。

也许可以说,袁采是从基础的地方,从人的实际行为出发。他的"理"不是道德模式(Patterns),而是社会动力的原则,正像在书中反复出现的短句中所说的:"能知此理,则胸中泰然。"②比如,谈到家族内部的亲属关系,袁采认为,理解冲突何以出现,会使人避免情感方面各种陷溺,而这种陷溺会妨碍一个人按照伦理行事。③ 袁采对家族关系的讨论是有趣的,因为他从这样一种张力出发,即他设想人伦(ethical norms)是普遍的,而同时又发现无论男女都会经常发生偏离。简单地讲,他所写的是如何在不完美的世界里保持伦理:"人之德性出于天资者,各有所偏。君子知其有所偏,故以其所习为而补之,则为全德之人。常人不自知其偏,以其所偏而直情径行,故多失。"④

袁采没有标举一种完美的道德本性,但他还是反映了那个新时代的基本理想:个体的真正价值应该根据伦理行为来衡量。袁采坚持认为富贵在天,这使伦理标准成为衡量人之价值的唯一真实的标准。人们应该将实现这些价值作为终极目标,而不是将他们看作通向富贵的手段:

操履与升沉自是两途,不可谓操履之正自宜荣贵,操履不正自

---

① 袁采《袁氏世范》卷下,第28b页—第29a页,参见伊沛霞《中国宋代的家族与财产》第177—178页。
② 袁采《袁氏世范》卷上,第3b页;参见伊沛霞《中国宋代的家族与财产》第185页。
③ 有关例证见袁采《袁氏世范》卷上第1a页—第6b页;参见伊沛霞《中国宋代的家族与财产》第181—189页。
④ 袁采《袁氏世范》卷中,第5a页,参见伊沛霞《中国宋代的家族与财产》第237页。

宜困厄。……操履自是吾人当行之事,不可以此责效于外物。责效不效,操履必息,而所守或变,遂为小人之归矣。①

另一方面,袁采看到汲汲于富贵,不夸张地讲,的确是世人生活的动力。

> 富贵自有定分,造物者既设为一定之分,又设为不测之机,役使天下之人朝夕奔趋,老死而不觉,不如是,则人生天地间全然无事,而造化之术穷矣。②

袁采心中理想的士是一个伦理的人,而不是颜之推意义上的一个有文化的人。正像颜之推所指出的那样,文学之"学"(literary learning)不能改进伦理行为,而对于袁采来讲,科举教育无可称道,除非它使子弟不过分地陷于非务。③ 也许这还可以解释袁采何以对士人的家族传统以及他们如何在文化上有别于那些铜臭之家的方式缺少兴趣。他关心那些每个人都可以在日常生活中实现的准则。在后序中他写道:

> 昔子思论中庸之道,其始也,夫妇之愚皆可与知,夫妇之不肖皆可能行,极其至妙,则虽圣人亦不能知,不能行,而察乎天地。④ 今若以察乎天地而语诸人,前辈之语录固已连篇累牍,姑以夫妇之所与知能行者语诸世俗,使田夫、野老、幽闺、妇女皆晓然于心目间。人或好恶不同,互是迭非,必有一二契其心者,庶几息争省刑,俗还醇厚。圣人复起,不吾废也。⑤

袁采的目的就是要解释,如何从人情之常开始,将普遍的道德原则运用于社会。

在一个"学"意味着文化传统的时代,颜之推根据文化来评判他的同

---

① 袁采《袁氏世范》卷中,第2a页,参见伊沛霞《中国宋代的家族与财产》第233页。
② 袁采《袁氏世范》卷中,第3b页,参见伊沛霞《中国宋代的家族与财产》第235页。
③ 袁采《袁氏世范》卷上,第7b页,参见伊沛霞《中国宋代的家族与财产》第191—192页。
④ 语出《中庸》第12节,参见陈荣捷《中国哲学文献选编》,第100页。
⑤ 袁采《袁氏世范》卷下,第28b页—第29a页,参见伊沛霞《中国宋代的家族与财产》第177—178页。

代人，袁采也要求人们根据伦理方面的考虑来评判自身，在他那个时代，伦理开始界定了"学"的含义。颜之推所面对的是一个在他看来世家大族正抛弃他们的文化以便仕进的时代；而在袁采所面临的时代中，地方精英也正抛弃他们的伦理标准，以便增加对地方财富与权力之占有。士何以偏爱袁采的伦理关怀而放弃了颜之推的文化之"学"，这正是本书的主题。

一些方法论的选择

士学还是儒学？

将"儒士"和"儒学"作为表示中国政治精英和他们的价值观的一般概念来使用，模糊了人与人之间的区别以及时代之间的变化。汉语里与"儒士"最接近的表达是"儒"，而与做一个"儒"相联系的"学"，并不是一成不变的。宋代道学思想家认为"学"意味着"孔孟之学"但汉唐的学者极少有人会同意。但是，正如我们将看到的，即使将"儒"等同于唐代人有时所说的"缙绅之学"也是有问题的。① 让我们从一个更宽泛的精英之学的概念开始讨论，并首先询问在士共同关注的领域里，他们将"学"置于何处；其次，在宋代道学出现之前，他们如何对它作出划分。

对精英分子的兴趣（elite concerns）所作的一种最常见的分类就是《论语》的"四科"："德行"、"言语"、"政事"、"文学"。② 到了唐代，每一个领域都代表了一种自己独有的价值和一种拥有历史典范的行为类型，也因此每一个都成为人们可以博得名声的领域。模范人物在家庭中有德行，在仕途中有政绩，言谈雄辩而得当，写作博学而有文采。至少，与家

---

① 例见《梁书》卷49，第685页；《隋书》卷75，第1705页；《晋书》卷91第7345—7346页，《隋书》卷66，第1544—1545页的李谔上隋帝书，以及《文苑英华》卷699，第3606b页—3607b页。这些地方在讨论"学"的时候使用了"缙绅"这个术语。
② 《论语引得》11·3，这一段将孔子的十位学生分属于不同的领域，"四科"包含在"四教"之中，即文、行、忠、信。忠可以指对政府的事务，以及言谈的可信性。参见刘殿爵《论语》第89页。

族、政治和文化相应的三个领域——伦理、政事和学识,是唐宋精英生活中不可或缺的三个方面。这个分类的使用至少可以追溯到5世纪。① 这四科出现在唐代的选举过程中,②他们还在国家祭祀中得到认可,619年建立了一座孔子和周公的庙,720年,"十哲",即十位与四科有联系的孔门弟子,在庙中受到祭祀,此举使孔子的"四科之教"受到颂扬。③ 在827年的三教(佛教、儒教、道教)论争中,这些"科"的价值观意义被提出,④在863年关于韩愈(768—824)是否配享孔庙的争论中,又一次使用了四科的说法。⑤ 它们在宋代继续被使用。⑥ 人们在讨论,四科之中哪一科更有价值。有些人主张要兼善四科,其他人则怀疑这不可能;周公就以劝人不要求备于一人而闻名。⑦ 文学这一科的重要性不是一成不变的。在唐朝的建立中起了关键作用的西北高门士族,比起南方和东北的世家大族,文学积累比较少,即使是在同一个帝王的治下,文学对取得高官显位

---

① 刘义庆《世说新语》,这是刘书中最先的四类;颜之推的《家训》的大部分内容也适合这些类别。
② 在宋代,"言谈"经常被视作文学的一个支派,但是《世说新语》和颜之推的《家训》对于交谈的艺术以及正确的发音和用词分别给予不同的注意。在唐代,得体的言谈是吏部铨选的四门考试之一。请注意,选举的制度特别规定,当他们的身、言、书、判成绩相等时,候选人将根据下列的优先顺序排列级别:德行、才(学)、政事。见杜佑《通典》卷15,第3a页。"四科"这个词通常是指这里所讨论的对四科的种种变化用法,就像它在唐代许多有关选举和考试的诏书中的用法所显示的,这些诏书收集在徐嵩的"登科记考"中。
③ 关于619年的这一事件,见《册府元龟》卷50,第1a页—第1b页。关于720年的事件,见麦大维的《中国唐代的国家与学者》(State and Scholars)第45页。
④ 见佛教代表向白居易提的问题,白居易《白居易集》卷68,第1435页。
⑤ 麦大维《中国唐代的国家与学者》第61页。
⑥ 983年省试的考试题目是《取士四科何者为先?》(王禹偁《小畜集》,《小畜外集》卷9,第459页)。例如,范仲淹《范文正公集》卷5,第10a页),授引四科以支持他的论点,即"选人之途非出于一端。"司马光《司马文正公传家集》,卷20第298页,卷21第315页,卷53第653页,卷54第661页)在讨论荐士的种类时,使用了它们以及各种各样的从属类别(又见同前卷63第772页,《答彭朝议书》)。
⑦ 李华(约710—767)为这样的事实感到悲哀,即没有人能兼善四科;梁肃(753—793)注意到兼具三科(言语除外)的不易,但认为自独孤及(725—777)"以德行为政一年,儒术大行"(《全唐文》卷315,第9a页,卷518,第2b页,卷518,第24a页)。关于周公,见《论语·微子》第10条。

362

的重要性也是不同的。① 对于有些时候来讲,德行和文学是为官的必要修养,正像唐太宗(627—649在位)注意到的那样,在选择合适的官员的过程中,"必须以德行、学识为本"。② 但也可能按照孔子的做法,认为学文次于德行,这个观点被唐太宗(他杀死他的兄弟并强迫其父亲退位)反复强调,他拒绝了编纂和注释其文学作品的提议,他说,"凡人主惟在德行,何必要文章耶?"③而科举中依赖文学考试,以及在宋代出现的糊名考试方式,都使得士人致力于文章。这也促使一些人对德行受到忽视提出警告。④

在四科的分类中,德行与学区分,而学与文(文学和文学形式,典籍传统,文化)联系在一起。直到宋代的道学家坚称德行是学的真正的目的,这个关系次第才开始受到严肃的挑战。⑤ 但是用"文学"来指称一般意义上的学,以及用"文"作为学的目标,导致了不同的可能性。至少从汉代开始,"文学"成为一个关于"学"以及"文"或"文章"(文学写作)的术语,而"文辞"作为文学写作的术语,这两者的区分已经很常见了。⑥ 事实上,"文"可以指"典籍—文化"传统以及纯文学,正像它可以被那些强调正统典范以及经典的人利用,它也可以被有创造性的文人所利用。⑦ 唐代"儒"这个术语的用法就应该在这个背景下加以理解。孔子是一位儒,一位士和一位有文学的人。那些在唐代被称为儒的人也是学习"文"的

---

① 见芮沃寿(Wright)《唐太宗与佛教》(*T'ang T'ai tsung*)一书第239—242页对唐太宗(627—649在位)家族背景的讨论。玄宗(712—756在位)早期的宰相都是科举出身,晚期的则不是。
② 吴兢《贞观政要》卷7,第219—220页。而太宗的大臣看起来并不同意德行与学识一样重要:"人臣若无学业,不能识前言往行,岂堪大任"(引自《周易·大畜》,《周易引得》第17页)。
③ 《论语·学而》第6节,吴兢《贞观政要》卷7,第222页。
④ 《答孔司户文仲书》,见《司马文正公传家集》卷60,第718页。又见王禹偁关于983年考试题目的文章《小畜集》,《外集》卷9,第459—460页。关于四科的有关价值的更早的讨论,见蔡涵墨(Hartman)《韩愈和唐对统一的追求》一书关于韩愈和李翱的对话,第188—190页。
⑤ 比如朱熹为白鹿书院所定的著名章程(《晦庵先生朱文正集》卷74,第17a页)。
⑥ 郭绍虞《中国文学批评史》第40—46页。
⑦ 举例来讲,这样一来,魏晋时期那种被马瑞志(Richard B. Mather)描绘为自然和名教合一的意识形态就可以称为文(见刘义庆《世说新语》第17—22页)。

士。628年,"先圣"这个头衔被从周公那里转到了孔子头上,并把孔子早先的"先师"称号授予颜回,这个引起争议的决定显示出,在唐代官方关于"学"的观念里,孔子处于中心位置。① 权势显赫的长孙无忌(卒于659年),一个为这种变化辩护的人,清晰地描绘了初唐的孔子形象:"仲尼生衰周之末,拯文丧之弊,②祖述尧舜,宪章文武,③宏圣教于六经,阐儒风于千代。"④这就是受国家尊崇的孔子,他保有了典范的文化遗产,开创了视经典学习至高无上的国家教育。⑤

与唐代对孔子的看法相同的是,初唐的儒也是在古代典籍传统方面很有造诣的人,而且政府为此奖掖他们。比如,在628年,"儒士"被召集到首都并受到奖励,深通一经的学生被授予官职,教师得到任命,来自四方的儒士贡献著述,儒学达到了前所未有的繁荣。⑥ 朝廷对于儒的奖掖也是对儒的政治德行的肯定。因为以往的朝代对"儒风"的奖掖并不充分,唐朝恢复了"周孔之教",因为"仁、义、礼、知、信"对于为政极为重要。太宗皇帝在624年宣称:"朕今欲敦本息末,崇尚儒学,开后生之耳目,行先王之典训,而三教虽异,善归一揆。"⑦但是,初唐的朝廷在吸收儒学家进入政府方面并不像这个声明所显示的那样积极,这促使一位学者要求对儒士给予更多的奖掖,因为"儒为教化之本,学者之宗;儒教不兴,风俗将替"。⑧

在三教体系(typology)的背景下,所有的"士学者"就是儒。但在士

---

① 麦大维《中国唐代的国家与学者》第33页;麦大维注意到将周公从孔庙中移走,反映了一种要加强学者和皇族之区别的愿望。
② 指《论语·子罕》第5条。
③ 《中庸》第30节。
④ 《全唐文》卷136,第18b—19a页。
⑤ 麦大维《中国唐代的国家与学者》第2章。蒂莫西·巴雷特(Timothy Huge Barrett)《李翱思想中的儒释道》(*Buddhism, Taoism and Confucianism in the Thought of Li Ao*)第1—11页也持同样的观点。
⑥ 吴兢《贞观政要》卷7,第215页。
⑦ 《册府元龟》卷50,第1b—2b页。
⑧ 《全唐文》卷162,第2b页。

21

当中,诸如"儒教"、"儒学"以及"儒士"这样的术语有时会让位于"文教"、"文学"以及"文士"。① 这些术语和与之对应的"儒"一系列的术语相比,显得更宽泛一些,至少它们以前就被使用过。② 比如,对于前代的五经注疏,唐人就说它"文学多门、章句繁杂"。③ 即使有些人将"文教"、"文学"等同于"儒教"、"儒学",但在有文学写作才能的"文士"与有学问但不一定有文才的"儒士"之间,还是有明显的区别。④ 这里我们关心的是成为"一个有学识的人"的两条不同的道路,这是一个区分,这个区分随正史传记中以及朝廷的选举政策中的文、儒之别而日见加强。⑤ 然而,每一个集团都宣称自己肩负斯文,并将其专业知识追溯到上古。初唐试图通过将"文儒"这个术语赋予最伟大的学者来造就一个综合的概念,正像太宗建立了弘文馆,并挑选"文儒"在其中充当学士,⑥或者在8世纪,宰相张说使"文儒之士"(既文且儒的士人)的仕途更加顺利。从中可以看出二者的区分是很明显的。⑦ 但是,两者之间的张力仍然是可能存在的,刘昫在《旧唐书》中就哀叹说:"近代重文轻儒。"⑧由于在学的方面存在文与儒两种角度,这促使我拒绝将所有的士归为儒生,以及将所有的士学归为儒学。

---

① 《隋书·儒林传》的叙论,《隋书》卷75,第1705页。
② 在汉代的"盐铁之争"中,现在称为"儒生"的那一方,在当时被称为文学。还请注意《韩非子》中"文"("微妙之言"elaborated phrasing)与"儒"的结合(《韩非子集释》第1057—1058页)。
③ 吴兢《贞观政要》卷7,第220页。
④ 那些兴趣大致看不出文学技巧的人,有时会被说成是"文人"。例如,见萧颖士在"文儒"和"文人"之间做的对比,罗联添《隋唐五代文学批评》第70页提到这个材料。
⑤ 在660年为开制科所下的诏书中,对"儒术"和其他学术成就作出区分,这就是一个例子(徐松《登科记考》第49页)。
⑥ 吴兢《贞观政要》卷7,第215页。一个关于文儒的更早的例子:葛洪为《抱朴子外集》所做的序写道:"念精治五经,著一部子书,令后世知其为文儒而已。"一个晚一些的例子:在欧阳修主持了1057年的礼部试之后,皇帝赐给他御书文儒二字(《欧阳修全集》第12页《年谱》)。
⑦ 《旧唐文》卷97,第3059页。还有一些例子,比如制科中有文儒科,上面提到的萧颖士使用过这个术语,柳宗元也提到有一个家族,代为文儒(《柳宗元集》卷21,第583页)。元稹在806年写道,他计划设立考核经史的学士科和考核文学写作的文士科来保证文儒的大量涌现(《元稹集》);这里我们看到了他那一代典型的区分文与学的意识。
⑧ 《旧唐文》卷189上,第4939页。

佛教和士学

麦大维的《中国唐代的国家与学者》，是一部探讨政治学术与思想潮流的出类拔萃的著作，由于它的出版，人们不再会像以往那样推测佛教在唐朝的兴盛意味着儒学在道学兴起之前已经衰微。当一部囊括唐宋时代各类思想与实践的思想史被写成的时候，我们就可以看到，各个传统中的一流学者彼此之间都相互影响，而且思想的转变并不重视门户与樊篱。但是，如果要分析有学问的僧人或佛典如何影响了士的思想，就首先要清晰地勾勒出士的思想文化的转变。

我们之所以能够相信，在不涉及佛教与道教的发展状况的前提下，有可能对士学作出讨论，是因为在历史上，三种传统思想的特殊性都得到仔细的维护。有唐一代朝廷所举行的三教论争，使三种传统都在各执一端地争取王室的支持，而王室并不想在道德上奉任何一种为权威。①帝国自称是老子的后代，随之对道教和老子表现出兴趣，就说明了这一点。在增强道教对政权的依赖程度的同时，扩大道教的寺观，这一方面与佛教要求政府支持相抗衡，另一方面为统治者提供了一个李姓自家的圣人来抗衡儒家的圣人和孔子。这在玄宗（712—756 在位）一朝的治下日见明显。

三教的分法容易导致误解，因为它本身意味着那些身着儒服、僧袍、道服的思想大师在与政权的关系上是平等的。不论皇帝愿意如何看待，"士学者"(shih scholars)都是自称有权代表国家的官员，因此对于其学术成就的赞助就是来自其他官僚的政府赞助。与此形成对照的是，在 8 世纪，佛寺的规模是道观的两倍，②它们坚持独立于国家。当然，独立于国家的状态在某种意义上对于僧人保持道德身份是必要的。在初唐，一

---

① 吉冈义丰《三教指归的成立》概述了三教的这些争论和书籍。
② 739 年有 3245 座佛寺、2113 座尼姑庵，以及 1137 座道观和 550 座女道士的道庵（巴雷特《唐代道教》第 52 页）。

大批显要的官员的确相信,佛教僧人的团体应该被允许保留其独立性。①但是,寺庙和国家的关系并不平等,而且只要政府能够决定它的臣民中有多少人可以出家,僧人就不能与官员平起平坐。道教对帝国支持的依赖远比佛教要多,其建立较少独立性。来自公众和私人的对于佛、道组织的支持,士人在丧礼中请僧道帮忙,以及他们对僧侣及信徒才华的尊重,表明士一般来讲并不是狭隘的教条主义者。所以像梁肃(753—793)、柳宗元(773—819)、白居易(772—846)这样的文儒,对佛教的学习用力甚笃,却不必成为一个"佛教徒",正像一个被称为"儒僧"的僧人也不一定就要成为"儒生"。按照信仰来为这些人归类,就要相信思想意识是确定身份的关键。虽然这对于那些用观念来界定其文化本性的人来讲是合适的,但对于那些用既定的模式和传统来构想这个世界,而且谨守樊篱的人来讲,这却是有点不顺眼。等级和身份在唐代至关重要,人的角色的分别显而易见。一个僧人不是一个"士",一个官员不是一个"道士";身份可以变化,但每种身份群体中法定的等级不可混淆。我们有必要询问,那些追随佛教教义的士人学者在学习些什么,以及他们为什么认为它是重要的。同样,我们应该询问为什么一些僧人修习儒学和文学。我怀疑思想的交流不是始终连续的,在社会与政治发生大危机的时刻,所有那些在稳定和繁荣的时代得益于政府扶植的人,都会受到影响,而且那些人在对自己应该做什么感到迷惑的时候,更会到他们所知之外去寻找答案。

在6—8世纪中,显要的僧人通常在社会看来与显要的官员并无区别,这使双向影响的可能性得到加强。世家大族的子女成为僧尼,在佛教团体中获得显要的位置,用与他们社会背景相协调的方式解释佛教的

---

① 662年的争论大约有900名官员参与,争论的问题是僧人、道士是否要礼敬教外之人。威斯坦因《唐代的佛教》第33页,有关于这场争论的概述。

教义,用他们的社会和政治关系为其教派赢得荫庇。① 同样,4—5 世纪的道教的教派与经典正是由出自门阀之家的人创造,而且这里也包含了政治问题。② 不管在后来的几个世纪中,佛道团体中的思想精英是否仍然主要是望族的子孙,但势家与寒门的后代仍然继续成为僧人和道士。③ 如果人们会选择其他的传统思想,甚至当仕途得意时,也会选择它们,那么它们当然要保持独特。吴筠(卒于 778 年)开始是个儒士,科举失败后入道,随后以文学才华而知名,被玄宗召入宫廷,在翰林院安排了职位。④ 韦渠牟(749—801)出身京兆万年韦氏家族,是一个重新获得官衔的士,或者说"再着官服"。他早年学习儒家经典和历史,成为一个道士,以后又成为佛教徒,最后因为在一位节度使的幕府中任幕僚而在 784 年得到文官品阶。他在朝廷的任上去世,在 796 年的三教之争中他充当了儒学一方最善辩和最富有文才的一位代表。⑤ 我怀疑,像那位伟大的佛教论辩家宗密(780—841)的情况更为普遍,宗密出身于地方上一个精英家族,转向佛理之前曾参加科举,与同时代的著名学者官员有交往。⑥

思想交流的基础之一就是三种各不相同、逐渐积累的典籍传统的存在。对典籍的阅读、解释和撰写都需要受过训练的精熟的知识。初唐朝廷整理过士的典籍遗产,并且鼓励佛教徒和道教徒去保持他们的典籍传

---

① 许理和《唐代的佛教和教育》(*Buddhism and Education in T'ang Times*)第 23—26 页。又见范德·沃勒(Vande Walle)《南朝门阀与居士佛教:萧子良(460—494)及其周围的人》(*Lay Buddhism Among the Chinese Aristocracy During the Period of the Southeren Dynasty: Hsiao Tzu-liang (460—494) and His Entourage*)。天台宗的创始人智𫖮(538—597)就是一个很好的例子,见威斯坦因《唐代佛教成型中的王室支持》(*Imperial Partonage in the Formation of T'ang Buddhism*)第 274—291 页。
② 巴雷特《唐代的道教》第 2—4 页考察了唐代以前道教与世家大族之间的关系。
③ 藤善真澄《道举在官吏选拔中的意义》第 31 页。在晚唐,科举落第之人是僧人、道士最主要的来源。
④ 我采用了权德舆为吴筠写的墓志(《全唐文》卷 508,第 1a—2a 页),这篇墓志强调吴筠始终以文和儒的品质要求自己,同时不否认自己作为一个道士的身份。吴筠的文章表明他真的精通道术;见薛爱华(Schafer)《吴筠的〈步虚词〉》(*Wu Yun's 'Cantos on Pacing the Void'*);以及巴雷特《唐代的道教》第 66—67 页)。
⑤ 《旧唐文》卷 135,第 3728—3729 页;藤善真澄《道举在官吏选拔中的意义》第 31 页。
⑥ 格雷戈里《宗密与新儒学》(*Tsung-mi and Neo-Confucianism*)。

统。至少在唐代,对佛经的汉译主要在帝国的支持下独立进行而且排斥其他的支持。① 王室也资助道教经典的整理工作,例如在675年将全部的经书抄录为7300卷,并且编制了目录和一部百科全书。② 1300卷的《三教珠英》已经亡佚,这部书在武则天(684—705年在位)的统治下编纂而成,它出于协同三教的考虑揭示了这些传统的区别。③ 典籍传统和作品对于认识传统的特性或许是重要的,但是它们在信仰的实践中并不必然地具有同等重要的意义。同样,教义的重要性并非在所有的传统中都一样。引起这些差异的问题,部分是由于没有任何一种传统是一种单一的信念或一套统一的实践。比如,就是在朝廷最狭隘的定义中,道士在许多不同的事情上显得特殊:经书传统、礼仪、音乐、修炼长生不老以及炼丹。佛教徒关于教理的丰富著作以及一些僧人的丰富的哲学思辨,提出了这样的问题:为什么佛教徒认为撰写教义是重要的以及他们的听众是谁。佛教的辩论家经常对其他僧人谈论佛教传统内

---

① 在太宗和高宗朝(649—683在位)、武后期(684—705在位)、玄宗朝(712—756在位)、代宗朝(762—779在位)以及德宗朝(779—804在位),重要的佛教文献被翻译并收入佛藏(威斯坦因《唐代佛教成型中的王室支持》第24—25页、30—31页、44页、55—57页、78—81页、97—98页)。又见许理和《中国佛教研究的视角》第162—164页。
② 巴雷特《唐代的道教》第27—31页。在749年,朝廷又命令对道经抄写副本;见该书第55页。
③ 这三个文献传统有不同的来源。各种类型的士的文献都能溯源于六经,因而也就导源于中国古代的圣人,其后不过是在六经基础上有些发明。佛教的文献,不论是中国的,还是外国的,都最终建立于印度的文献之上。7世纪70年代重抄的道教经典的大多数是取自汉代以来出现的伪经。这并不是说彼此没有交叉。在玄宗朝,汉代以前的道教文献——《道德经》、《庄子》和《列子》受到特别的关注,与此同时还设立了一个考试道教文献的考试科目。为了表明自己要努力保持各个传统的不同特点,朝廷决定把《道德经》从其他考试科目的必考文献中去掉,这个决定使我们意识到有些文献在不同的传统里,同时都有一席之地(见巴雷特《唐代的道教》第55—63页)。在754年,道举中的《道德经》被换成《易经》,这标志着《易经》受到特殊待遇。关于后汉的道教文献传统,见大渊忍尔(Ninji ofuchi)《道藏的形成》(The Formation of the Taoist Canon)而且,一个人不是说必须身为正式的佛教徒、道教徒、或者为官,他写的东西才能被包括在特定的传统中。因此,尽管初唐的四部图书目录(经、史、子、集)首先意味着士人之学,并且把佛教和道教的文献传统看做另类,一些佛教徒和道教徒的作品被收录进秘书省,也编进目录,就像道藏和佛藏收录士人的著作。

部的问题。① 一旦当他们面对一位教外的听众,其目的是劝其皈依还是寻求布施? 例如,在斯坦利·威斯坦因(Stanley Weinstein)的关于天台、法相和华严宗的描述中,要解释为什么博学的僧人发展出比其他宗派特殊的经,撰写关于佛教综合性的记述,王室的支持在其中起了很大的影响。② 即使是对于学术较少兴趣的宗派,如净土宗、禅宗、密宗和律宗,也依赖王室的支持而获得最初的立足之地。③ 在 7 世纪,佛教的高僧大德追求对教理作系统的描述,对这一现象的一个最终的解释也许同样适用于 8 世纪与 11 世纪士的思想文化中出现的相同现象。

初唐的士学者之所以没有被三教的共存而困扰,我设想,部分的原因是由于每个传统都宣称它们只对人类经验的不同领域负责。④ 许理和(Erik Zürcher)曾经指出,佛教僧人的活动,从整体上讲,与中国宗教活动的关系比起与研究教义所依赖的文献之学的关系更为接近,这些活动包括与神和死者的交流,神迹的显现,扶乩,神灵附体,驱邪招魂、占卜、

---

① 有些人的确针对其他的传统写了一些劝诫的文章。请见下文对宗密《原人论》的讨论,宗密这篇文章就是一个例子。然而自认为是属于禅宗中南宗的宗密,花了更多的精力来批评由马祖道一(709—788)创立的洪州禅,因为洪州禅提出了一种教义,这种教义在他看来得出这样的结论,即获得觉悟不需要遵守伦理标准。正像格雷戈里《宗密和佛教内部对朱熹斥佛的理论先导》(*Tsung-mi and Buddhist Antecedents of Chu His's Critique of Buddhism*,第 11—19 页)在他关于这个问题的研究中所注意的,宗密的观点和朱熹对佛教的批评是近似的。宗密是一个禅僧,他所据以得出其看法的文献传统,与朱熹所依靠的文献传统有很大差别,这个事实提醒我们不同的传统内会有近似的价值取向。宗密所维护的价值观——伦理的重要、社会行为中自律的必要、尊重权威等等——使他与同时代的一些儒生更相像,而不太像一些僧人,但是他似乎针对的并非士人。
② 威斯坦因《唐代佛教成型中的王室支持》。
③ 这个观点由许理和提出(《中国佛教研究的多重视角》第 164 页、第 176 页注 14)。
④ 佛教徒关于精英社会和儒的学问的看法,日本僧人空海《三教序言》羽毛田义人(Yoshito S. Hakeda)在《空海作品及生平思想研究》中译为英文,就是一个例子。这部作品是根据空海在 24 岁(公元 797 年)来中国以前读过和听过的东西写成,它用一个儒所采用的文学的手段(其次是个道士,其次才是僧人),试图劝一个追求享乐的年轻人如何做一个有道德的人。他应该学习经史,以忠孝要求自己,节俭地生活、有礼貌,致力于学习并完善自己的文学才能。在这个基础上,他会结交有影响的朋友,获得官位。如果他做得好,他将出名,被人怀念,保证其子孙昌庶。他可以享受世间婚姻以及诗酒之会的快乐。简单地讲,学术、伦理行为以及从政是他获得财富、荣誉和满足欲望的手段。这当然是老一套,但却是很有说服力的。

乌托邦的空想、对自然事件的控制、巫术以及诸如此类的东西。① 这些也是道士的活动。一方面是士学者所处理的经验领域,另一方面是僧人和道士所处理的领域,这两方面的总的差别是由僧人道士所提出的,用他们自己的话来讲,他们精通玄(隐秘与神秘的)之领域与方外(在政治与社会生活的界限之外)之事。这可以包括天地无形的力量、鬼神、佛教的大千世界、灵魂的旅行以及如此这般的东西。这些事情在唐朝政府的高层官僚以及地方官员中都很受重视。对朝廷僧道(court clerics)的任命,创建国家的寺庙体制,准予出家入道,以及各种形式的公共及私人支持庇护了僧人道士,使他们成为社会—政治领域与超凡神秘之间的中介。这使得调整人际关系的任务由官员负责,而人事成为精英学术的中心。

从一个角度来讲,对佛教的关注在这样的描述中是相当关键的。如果初唐的学者一般不把原则上的排佛看作其"学"统的基本要义,那么对这种态度的任何变化都有必要作出解释。况且,他们的态度在8和9世纪,的确随着唐朝秩序的恶化而变化。当士寻找到一种包罗万象的道,可以提供所有必要的价值观,其他思想派别就变得不必要了。韩愈的散文《原道》抨击佛道传统,就体现出这一点。韩愈回到了他那个传统中的上古三代,但对于其他人来讲,"方外"之道的存在提供了一个逃避社会常规的道路。正像权德舆所说的:"士有抗方外之迹,以世教为桎梏,不然必由于文章之余。"②对一个单一的思想根基的渴望是这个时代的问题。宗密的《原人论》对此作出了说明,这篇文章可能是对韩愈的回应,它一开始就断言只有一个真实的"本原",协调一致的道德只能建立在这个基础上。③

国家机构的困难破坏了它与寺院机构的稳定关系,845年对佛教寺

---

① 许理和《中国佛教研究的多重视角》。
② 权德舆《送王仲舒侍从赴衢州觐叔父序》,《全唐文》卷492,第15a页。
③ 宗密进一步断言,孔子和老子的道德教义权而少实;他们无法把人如何形成与道德逻辑地联系在一起。宗密把儒道之"外教"合在一起;儒道都主张"道法自然",人和动物都生于最初的气,地位、财富和才能都是命中注定,人死后归于天地、归于空。我采用《中国佛教思想资料选编》第386—392页中所选《原人论》的版本,以及狄百瑞《印度、中国和日本的佛教传统》(*Buddhist Tradition in India、China and Japan*)第180—207页中的译文。

院的大规模清扫清楚地表明了这一点。这场清扫的目的就是要在僧人与寺庙显著膨胀之后,削弱佛教的活动,使之徒有其名,这种膨胀有时是被过度的王室扶植,中央和地方机构大量出售度牒,以及僧人免税免役的刺激等种种因素所驱动。据说,830年,在一项控制男女出家人数的赦免计划中,有70万人宣称他们是僧尼。一个如此规模的群体的存在,它们被免除了法律和财政的义务,这削弱了政府渡过危机的能力。他们占人口的2%还要多,大概都受过教育和好的培养,消耗财富却不创造税收。唐代的僧尼拥有土地、奴婢、钱财、谷物、牲畜,以及更多的东西,在很多情况下,是充当家族财产的户主。842年,朝廷决定在没收私人财产时允许僧人保留一名男奴婢,尼姑可以保留两名女奴婢,这透露出僧人的社会地位。845年,在超过25万僧尼还俗的同时,15万奴婢、4000来座寺庙、4万个兰若(chapel),以及不计其数的土地被没收。① 这种有力的灭佛之举显示了政府态度的转变,或者至少表明了一种信念,就是唐朝的图存比个人对佛教的同情更重要。那些让个人的同情心妨害了自己的职责的人受到批评。圆仁在书中记载了谴责韦宗卿的诏书,韦宗卿三年前竟敢把自己关于佛典的作品奏呈皇帝。作为一名高级官员,诏书责备他:"合遵儒业……外方之教,安可流传? ……而韦宗卿素儒士林,衣冠望族,不能敷扬孔墨,反乃溺信浮屠。"②然而几年之内,朝廷就转变了态度:寺庙被重新修建,佛教团体恢复。灭佛并不意味着唐朝变得不那么"佛教化"了,但是拒绝承认佛教对一个文明社会的必要性,则成为士关于"学"的声明中的一部分。③

---

① 这些意见是根据威斯坦因《唐代的佛教》(*Buddhism under T'ang*)第106—144页。
② 请与圆仁《入唐求法巡礼行记》(*Ennin's record: a Pilgrim to China in serch of the law*)第331—354页,843年6月13日的叙论(赖绍华 Reischsuer 的译文)比较;我采用的是小野胜年《入唐求法巡礼行记的研究》第3卷的文本。
③ 然而我有充分的理由认为,士家族在宋代继续有人出家,而且宋代的僧人的确在士人中找到了听众。请注意1221年,僧人数超过450,000名(陈观胜 K. Ch'en《中国佛教史概论》*Buddhism in China: A historical Survey* 第401页)。北宋皇帝也扶植道教文献。司马虚(Michel Strickmann)《最长的道教经典》(*the Longest Taoist Scripture*)记述了徽宗(1100—1125在位)试图用一个道教的宗派来接管佛教机构。

文学作为思想

当学者直接写下思想观念的时候,思想史是容易把握的,因此755年以后活跃的学者成为许多研究的主题。① 他们是自觉与社会和国家保持张力的人,对于他们来讲,道是挑战现状的手段。他们对阅读古代诸子的著作感兴趣,相反,初唐的学者却说战国百家争鸣时代是流于一偏的。然而在多数情况下,他们被视为作家而不是思想家。他们通过文学写作来提出自己的观念,通常作为一名文士而知名,而且他们最显著地影响了人们的写作方式。

关于韩愈的研究说明了这个问题。在思想史上,他被当作"儒学复兴"的领袖,甚至是道学的奠基者。研究中国文学的史家,认为"古文运动"和韩愈促进了一种文学的转变,这一转变对北宋的写作发生了影响。对韩愈的同辈柳宗元也有类似的评论。问题在于,韩愈通过设想在文(文学)与道(理学家的兴趣)之间存在一种可以解决的张力,使学理上分立的内容被结合在一起。② 一些中国哲学史家在韩愈的著作中几乎找不到什么在哲学上很重要的内容,认为他的影响仅仅在文学方面。③ 其他

---

① 对这一时期简短的考察,用英文写成的,最好的仍然是蒲立本(pulleyblank)《唐代思想生活755—805 中的新儒家和新法家》(*Neo-Confucianism and Neo-legalism in T'ang intellectual life 755—805*)。

② 蔡涵墨《韩愈和唐代对统一的寻求》(*Han Yu and T'ang's search for Unity*)。把韩愈只是作为思想家来研究的例子,见下文。从文学角度研究韩愈,见宇文所安《孟郊和韩愈的诗歌》。柳宗元的多面性已经受到注意,尽管我拿不准他的文学和思想关怀之间的联系是否得到很大的关注。参见根兹勒(Gentzler)《柳宗元文学传记》(*A Literary Biography of Liu Tsung-yuan*);陈弱水《新儒学的发端:柳宗元和唐代思想变迁:773—819》,这篇文章认为柳宗元标志着儒家复兴从文学中的解放;倪豪士(Nienhauser)等人《柳宗元》(*Liu Tsung-yuan*)这部书。陈幼石《韩刘欧苏古文论》还是集中从文道关系来讨论韩愈和柳宗元。

③ 例如,见冯友兰《中国哲学史》(*History of Chinse Philosophy*)第 2 部分,第 408—413 页;唐君毅《中国哲学原论》第 3 部分,第 1368—1371 页;以及侯外庐等人所著《中国思想通论》第 4 册,第 1 部分,第 319—342 页。

一些人把他转变文风看作是表达其儒学复兴和儒学正统观念的愿望的结果。① 我只是想重申姚吉光在他1947年《唐代文士的学术思想》一文中提出的观点:唐代的知识分子是在这样一个世界里写作,在这里"文"对于"学"仍然是不可或缺的。② 古文"运动"是一个文学—思想运动,在这里对价值观的自觉思考扮演了中心的角色。

在中国文学史上,古文通常被称作始于陈子昂(601—702)和8世纪中期李华(约710—约767)周围的集团。③ 这是将后人的看法强加给古人。人们通常认为,与古文联系在一起的文风变革,是指在非诗的文体中打破骈俪风格,并以复古证明这种求异之举的合理性。这些想法都在本质上与韩愈在8世纪90年代的做法不同,当时韩愈自觉用"古文"来指在道德上更为优秀的治学、写作之道。这正是在文学史与思想史之间存在张力的一个例证。

从文学的角度来看,文风的转变——而不是它该表现的意图的转变——也许更为重要。宇文所安将反对时代风格而回到古代称为文学的复古情绪,古文不妨视为这种情绪的又一个例证。④ 这种对古代典范的钦慕,对当代做法的排斥,对内容丰富、简洁以及富于道德性的文风的推崇,对文雅、藻饰以及愉悦感官(sensuous)的文风的贬低,在李谔于6世纪80年代向隋文帝(581—605年在位)所上的奏书、陈子昂的主张

---

① 狄百瑞《新儒学的再评价》(*Reappraisal of the New-Confucianism*)第83—88页。蒲立本《唐代思想生活中的新儒家和新法家755—805》第96页)看起来是处于二者之间,他认为韩愈的态度具有一个"战斗的儒家正统派"的特征,但是他宣称他缺少原创性,除了在接续孟子以来的道统方面,以师者自任。
② 姚吉光《唐代文士的学术思想》。
③ 这是教科书的记述。例如,见郭绍虞《中国文学批评史》以及罗根泽《晚唐五代文学批评史》中的中国文学的批判史。又见钱穆《杂论唐代古文运动》;以及钱冬父《唐宋古文运动》。关于李华集团,见蒲立本《唐代思想生活中的新儒家和新法家755—805》第85—88页;以及麦大维《八世纪中期的历史和文学理论》(*Historical and Literary Theory in the Mid-Eight Century*)。
④ 见宇文所安《孟郊和韩愈的诗歌》第2—14页。又见他在《初唐诗》和《盛唐诗》中对这个概念的使用。

以及元结(719—772)的作品中表达得很清楚。李谔的奏书要求文章促进伦理行为,陈子昂主张在文章道弊五百年之后加以拯救,而元结的作品使用了古旧的文风。可是,对于一个思想史家来讲,强调文章的伦理价值和更大的社会政治功能(李谔),与号召打破当下传统,建立新的开端(陈子昂)以及用一反常规的做法来警醒人们(元结)是不同的。同样,人们会注意到,对元结来讲,"古"指"太古",对陈子昂则指"汉代",对李谔则指圣人的时代。用历史术语来建立描述范畴,使我们在引用术语的方式上就会产生争论。我更愿意探讨什么时候以及为什么,像"复古"这样的术语被用作一个概念。例如在玄宗的统治下,元结写道"今国家追复纯古",这可能是对8世纪40年代后期庞大的礼乐计划的一个讥讽的影响。① 在763年安禄山的叛乱被平定之后,这个术语也许是用来描述恢复过去的状况的努力,尽管像李观(766—794)②提到的"复古之君"中,"古"指称远古而不是近古。③ 在任何情况下,我们发现,无论在8世纪90年代之前或之后,这个术语都用于表达一个政治计划,一个文学计划,或是二者兼而有之。④ 然而,如果"复古"没有变成像"古文"这样一个特殊的术语,那么无疑在755年之前之后,"古"都体现了天下大治的政治

---

① 元结《元次山集》第1部分。
② 按照《新唐书》中的李观传,他是李华的侄子,可李华是一位赵郡李氏,但按照韩愈的墓志,李观是一位陇西李氏(皇族);见徐松《登科记考》卷13第465页。我怀疑李观是李汉之误,李汉是赵郡李氏(赞皇一支);见梁肃为他的文集所做的序,序言充满高度的赞美之辞。
③ 《全唐文》卷532,第6a页。请比较李白《古风》第一首"大雅久不作"(罗联添《隋唐五代文学批评》第65页引用)。按照蔡涵墨(《韩愈和唐代对统一的寻求》第167—168页、第217页、第220页),这个术语在韩愈的著作里只出现了一次,然后就是指回到上古的好政治。
④ 例如,诗僧皎然(约734—约791)就批评陈子昂复古而不能通变(罗联添《隋唐五代文学批评》第100页;与蔡涵墨《韩愈和唐代对统一的寻求》第220页互参)。柳冕大约在800年谈到有意复古作为文学的目标(《全唐文》卷527,第12b—13a页)。在820年,元稹(《元稹集》卷40,第442页)解释他所以撰写制诰是"所以明天子之复古",因此是指政治和文学的计划(project)。

意义和文学意义。①

谈到古文,马上出现的问题就是它被译为"古代(风格)散文"。对于宋、明、清的选家,文可以指与诗相反的散文,而且人们经常想当然地以为在唐代它是指一种新的、论证式的散文风格,这种风格打破了骈文所要求的技巧。事实上,在韩愈的时代,"古文"意味着"上古之文学"(literature of antiquity)或"古代文风"(ancient literary style)并且包括诗与非诗的体裁。②然而我还没发现有力的证据,证明到10世纪底之前作家们都是用文(散文)和诗这一对二元对立的术语来思考一切文学的,而且即使是那时,"文"还在指称各种体裁的文学写作。③到11世纪早期,一些人用"古文"指称各种用于写作思想与政治问题的新的非诗、非骈俪的体裁。④考虑到士的诗歌写作在8世纪时的重要性,一个致力于通过改变写作方式来转变学的运动就不可能忽视诗歌。

---

① 有关的例子包括,孙逖在722年制科考试中的答卷中写道,研究上古、合于道,与伦理行为和个人的提高是相伴的(《全唐文》卷310,第18b页);李林甫(卒于752)的颂赞美皇帝,尽管在这里,道的玄的方面受到更多的注意(《全唐文》卷345,第16a—18b页);房琯给学者们最有力的奖掖者宰相张说(667—730)的信,谈到要恢复古道,而不取合于时人(《全唐文》卷332,第13b—15b页)。房琯本人在756年是宰相,他让学者在收复京师的战役中扮演最重要的角色,并且按照春秋时期的模式使用牛车(《旧唐书》卷111,第3321页)。他被打败了,但并没有因为他的战术受批评。这透露出一种对古代的做法生搬硬套的做法,这与李林甫在8世纪40年代要在国家的礼乐计划里恢复"月令"的做法很类似。最后,殷璠为一部盛唐诗歌选本(译者注:指《河岳英灵集》)写的前言,就有一句话可能是从初唐史书中直接照搬过来。他解释说,玄宗朝近年所取得的诗歌成就"寔由主上恶华好朴,去伪存真,使海内词场,翕然尊古"(罗联添《隋唐五代文学批评》第59—60页)。
② 请注意蔡涵墨(《韩愈和唐代对统一的寻求》第14页)和倪豪士等人(《柳宗元》)对此避而不用,将"古文"翻译为"上古之文学"(Literature of Anfiquity)。作为古文之冠的韩愈,在罗列他的古今同道时,把以诗著名的人囊括在内。例如,见他的《送孟东野序》(《韩昌黎集》杂著,卷19,第7—8页,英文译文见蔡涵墨《韩愈和唐代对统一的寻求》第230—232页)。对柳宗元也可以有类似的看法,见倪豪士等人《柳宗元》第109页。蔡涵墨写道"诗歌也有它自己的古文运动。对韩愈来讲,诗歌和散文都是古文……古文可以包括各种主题、文体和类型"(第14页),但这部书主要还是把古文看做是一场散文运动。
③ 关于(散文/诗歌)两分的一个例子,见柳开《河东先生集》卷5,第13a—15b页。还请注意王禹偁《小畜集》卷18,第252页,在这里韩愈和柳宗元被当做文的典范,与其他被当做诗赋典范的人不同。到11世纪末,诗文两分已经流行;见韩愈文集《韩昌黎集》的序言中苏轼和他的后学对韩愈的各种评价。
④ 见姚铉《唐文粹》卷43—50有关古文的部分。请注意,姚铉把碑、议、论归在不同的类中。

367

33

如果每一种体裁（及其细类）都有其关于主题和程式的特定规范，那么一种散文/诗的两分模式也许就不一定必要。除了科举考试所要求的诗赋、论和策之外，那些谋求文职和写作名气的人不得不学习各种各样的体裁。为什么后来逐渐出现了一种散文/诗的两分模式？一种减少写作限制的愿望使更富于论辩性的体裁（序、文、录、书信以及碑铭）引人注目。① 对不同体裁的价值也有过争论，781 年和 785 年进士考试取消诗赋就显然地表明了这一点。② 但是在 8 世纪晚期和 9 世纪早期，有些人仍然用各类体裁的基本目的去界定文学写作的丰富范畴。例如，颜真卿在评价一个人的作品时用了这样的术语，他是如何"及物"、"作诗"、"辞言"（比如将宰相的命令撰写为正式的文件）。③ 另外一个例子是，柳宗元认为"文有二道"：发布政令、惩恶扬善，以及泄导人情、讽谏。第一种建立在著述上，它导源于《尚书》、《易经》、《春秋》；而第二种则建立在比兴的基础上，它导源于《诗经》。④ 考虑到柳宗元山水散文动人的特色，我不能肯定他是否将散文同诗区别开来。但是，一个关于述志之文和言情之文的二元区分可以对应一种散文/诗的区分。

有人这样推测，即古文是人们寻求更宜于言志的文学方式的产物——这种目的在后来就赋予古文以宋人所说的"文以载道"之功能——这种推测是值得商榷的。事实上，9 世纪早期一些批评古文作者

---

① 见第四章对李华、萧颖士、独孤及和其他在 8 世纪 90 年代之前活跃的人的评论。
② 关于这种以及其他改革科举的努力，见麦大维《中国唐代的国家与学者》第 287—290 页。又见程千帆《唐代进士行卷与文学》第 9—13 页。
③ 《全唐文》卷 337，第 12a—b 页。颜真卿还罗列了人们写作的各种文体。我们的确找到了反对文/诗两分的例子；例如，李华引用萧颖士之语，批评诗赋丧失了与《诗经》雅颂的联系，著论不再基于政治的关怀。与此类似的是，崔祐甫（721—780）注意到有一个人的作品除了有五十篇其他文体的作品之外，有将近三百首诗。他把颂包括在其中，如果要严诗文之别，这种文体就要归在诗之下，然而他进一步谈到通过运用典谟（也就是来自《尚书》的形式）与歌咏（来自《诗经》的形式）；《全唐文》卷 409，第 9a 页）来使一个人的文辞变得"文"（wen）。白居易（《白居易集》卷 65，第 1369 页）在 806 年写道，要记述生平的碑铭和诗歌区分"褒贬之文，美刺之诗"。同时他一边用"为文"统称写作，一边特别地区分出诗人。但"文"在这里，意思是指"散文"（prose）还是仅仅是指"文学写作"？
④ 柳宗元为杨凌的文集所做的序（译者注：《杨评事文集后序》），《柳宗元集》卷 21，第 578—579 页。

的批评家攻击他们纠缠文风的问题,而不是清楚地表达观点。① 古文的确打破了骈俪,但在我看来,问题不在于寻找一个更好的表达方式,而是寻找与文风的选择相联系的价值观。一些人在骈文藻饰和浮辞中(surface decoration)看到了一个趋于衰落的时代的文风,它与古代坚实、简洁的文风形成对照。而在骈俪与非骈俪的风格之间进行选择的另一个原因是论证的特定逻辑的需要。让我们来对比两个段落,它们都是在韩愈走上历史舞台之前,由具有复古观念的人写成。第一段使用骈文,是一座佛教寺庙的碑记的序言。作者是房琯(697—763),756 年他模仿《春秋》在战争中用牛车打仗,导致惨败。

[1a]厥初道在人和,

[1b]上皇取象以济其略。

[2a]中古淳薄人散,

[2b]东周出礼以顺其动。

[3a]后代浇极人妄,

[3b]西方流化以复其情。

夫

[4]动与礼违,

[5]静与道遇,

[6a]《诗》、《书》之义

[6b]尚乎聪明,

[6c]其终动以乖。

[7a]乘戒之旨,

[7b]返乎视听,

[7c]其终静以适。

然则

[8a]先王之作,

---

① 见裴度写给李翱的信。我采用了郭绍虞、王文生《中国历代文论选》中册,第 158—160 页做了注释的文本。

[8b]其未尽欤?
[9a]如来之道,
[9b]其无上欤?①

把这与下面一段文字比较,这一段写作于8世纪70年代,是李翰(主要活动于750—770年)为杜佑(735—812)《通典》所作的序,《通典》是关于从古以来制度的总结。

今《通典》之作,昭昭乎其警觉群迷欤? 以为君子
致用在乎经邦,
 经邦在乎立事,
  立事在乎师古,
   师古在乎随时;
必参今古之宜,
穷终始之妙,
始可以度其终古,
可以行于今。
问而辨之,端如贯珠;
举而行之,审如中鹄。
夫然
故施于文学,可为通儒;
施于政事,可建皇极。②

两段文字都相当直截了当地表达了观点,或至少说明了意见;两者都作出了论证。在两者中,论证都没有被表面的修饰所掩盖。但是,第一段中二元的论证属于一个思想世界,它与第二种连续直线的论证所反映的思想宇宙并不相同。房琯传统的方式正是韩愈所说的儒用佛之语

---

① 《全唐文》卷332,第15b页。
② 《全唐文》卷430,第8b—9a页。在《尚书·洪范》所创造的一个完整秩序中,"皇极"是一个关键的象征。

以言于佛。虽然没有排除骈俪，李翰的阐述使人回忆起周朝与汉代的表达。房琯的世界是平衡的、和谐的、积累的。它的源头是天地之道，中间是社会领导者的创造，最终是佛教。佛教为历史的衰落作出了补偿，但房琯只是提出佛教的道是至高无上的，而儒家经典并不充分，他并没有坚持这一点。李翰需要必要的结论、清晰的开始、确定性。衰势已现，人必须从中振作。答案是已有的。一句引出一句；读者循着李翰论断的次第，便不会迷失。历史和古代告诉我们如何去做。正如李翰在序言的后面所写，杜佑对"非圣之书，乖圣人微旨，不取焉"，没有必要去为天地、一个终极的道或者静（tranquility）寻找一个位置。但是，如果古代的鉴戒是应当"随时而变"的话，我们就不免疑惑什么是确定的。李翰的文风真的比房琯的文风更适合观念的表达吗，或者说它是否传达了一种不同的情绪，一种更适合他所提出的观念的情绪？

古文运动是一场思想运动，它认为文学的转变对公共价值观转变至关重要，它的主要"思想家"是文人（literay men）。在我看来，唐代的思想文化仍然是一种"文学"文化（literary culture），在这种文化中，学术是以在文学广阔领域中的著作的形式出现。蒲立本（Edwin Pulleyblank）谈到一种以《春秋》学为代表的儒家经典研究的新路，它影响了柳宗元和其他的人，以及由杜佑的礼制研究所代表的"新法家"，但是我看没有什么证据可以证明儒家经典和历史研究是唐代士人之学的中心。有些学者的确接受了李翰的挑战，将《通典》的历史和礼制研究变成文学，有些的确追求历史学术成就，就像在考试中增加三史科所显示的那样。① 但是，文学写作是把学、价值观和社会实践联系在一起的最常见的方式，改变人们的写作方式是影响思想价值观最普遍的方法。

---

① 这个考试科目建立于 822 年。苏冕的《会要》编辑了有关制度的文献，这部书的确延续了杜佑的兴趣；见麦大维《中国唐代的国家与学者》第 197—199 页，第 201—205 页。有些历史作品是由那些看起来把自己看做文学家而不是史家的人所做的；柳宗元对《国语》的批评以及刘轲的历史作品就是这样的例子（关于后者，见蒲立本《刘轲》第 149—150 页）。

新儒学与宋代思想

在中华帝国晚期,新儒学的重要性是如此之大,以至于对宋代思想的研究主要是一场关于宋代理学及其起源的讨论。对许多人来讲,按照那些为道学运动提供了哲学基础的思想家的思想来研治宋代的思想文化是足够的。这个狭隘的观点,以程颐(1033—1107)和朱熹为中心,它的好处是认识到哲学思想的重要性。有些学者具有更宽广的视角,认识到唐代以及 11 世纪的其他的思想文化趋向的重要性,却认为这些潮流最终都以道学告终,或者说这些潮流的基本目标最终是由道学来实现。学者们经常用新儒学去指称那些无论在狭义还是广义的描述上都主要会提到的人物。没有程朱学派的道学,就没有新儒学,这个概念也将不存在;将这个概念扩展到韩愈,就将他变成了一个他不曾想到过的东西的先驱。这样一个处理方法,掩盖了历史变化,削弱了解释的必要。这对于这一阶段中国思想研究的更大的不利影响是无法辨清这一时期的思想特点。①

---

① 这个讨论是基于对上半个世纪中国、日本和西方学术一批著作的精读:陈荣捷《中国哲学文献选编》以及他的《朱熹对新儒学的完成》(*Ch'u His's completion of Neo-Confucianism*);张君劢(Chang. Carsun)《新儒家思想史》(*The Development of Neo-Confucian Thought*);陈仲凡《两宋思想述评》;钱穆《宋明理学概述》上卷;狄百瑞《新儒学的再评价》(*Reappraisal of Neo-Confucianism Thought*)以及《中国的自由传统》(*The Liberal Tradition of China*);蕰保孝《北宋儒学的开展》以及《宋元明清近世儒学变迁史论》;冯友兰《中国哲学史》;葛瑞汉(Graham)《两位中国哲学家》(*Two Chinese Philosophers*);郝若贝(Hartwell)《中国十一、十二世纪的以史为鉴、公共政策和社会科学》(Historical Analogism, *Public Policy and Social Science in Eleventh and Twelfth Century China*);侯外庐等人《中国思想通史》;萧公权《中国政治思想史》第 4 册;黄公伟《宋明清理学体系论史》;任继愈《中国哲学史》;楠本正继《宋明时代儒学思想研究》;林科棠《宋儒与佛学》;刘子健《中国宋代的改革:王安石和他的新法》(*Reform in Sung China:Wang An—shih 1021-1086 and His New Policy*)以及《一个新儒家学派如何成为国家的正统思想》(*How Did a Neo-Confucian School Become the State Orthodoxy?*);罗根泽《中国文学批评史》第 3 册;诸桥辙次《儒学的目的和庆历到庆元一百六十年间宋儒的活动》;倪德卫(Nivison)《王阳明以来中国思想中的"知"、"行"问题》(*The Problem of "knowledge" and "Action" in Chinese Thought Since Wang Yang-ming*);以及为由他本人和芮沃寿编辑的《儒家思想的实践》(*Confucianism in Action*)所写的导言;冈田武彦《宋明哲学序说》;高桥进《从无为自然到积极有为》;唐君毅《原教篇宋明儒学思想之发展》以及《原道篇Ⅲ 中国哲学中之道之建立及其发展》;《新儒学的精神及其发展》(*Spirit and Development of Neo-Confucianism*);田浩(Tillman)《功利主义儒家:陈亮向朱熹的挑战》(*Utilitarian Confucism:Ch'en Liang's Challenge to Ch'u His*);宇野哲人《支那哲学史——近世儒学》;渡边秀方《支那哲学史概论》;以及山本命《宋代儒学伦理学的研究》。

如果说广义与狭义两种描述之间的冲突,仅仅在于是将哲学作为中心还是希望观察当时的思想特点,我是不反对的。我希望警惕的是,我们不要以一种相信道学必然出现的方式进入这个更大的思想环境。这个毛病可以追溯到朱熹本人,但它已经通过全祖望(1705—1755)对于黄宗羲(1610—1695)的《宋元学案》,这本迄今为止最全面的宋代思想研究著作的发挥更直接地进入当代学术。我将简要地说明朱熹如何思考道学的兴起,以及他的思考方式对于《学案》的影响。

从狭义的观点来看,朱熹认为自孟子去世以来,最重要的思想发展就是"道学"传承的恢复。① 周敦颐(1017—1073)重新发现了自孟子以来不得其传的道,并将它传给了程颢(1032—1085)、程颐兄弟。他们和表叔张载(1020—1077)共同拥有了更完善的理解。这个系统朱熹称作道统,"一统之道"或"古今相沿一脉之道"②参与道统使人成为圣人道德权威的继承者。这个概念无疑是来自用于合法的王朝传承系列的"正统"概念,但是它否认了政治制度的至高无上的重要性。③

---

① 例如,见朱熹于1189年为《中庸》所做的序。见《中国哲学史资料选集》第四卷,第2册,第268—271页。
② 陈荣捷《朱熹对新儒学的完成》第72—81页。葛瑞汉(Graham)在《两位中国哲学家》第152—175页中解释了为什么朱熹坚持把周敦颐放在首位。朱熹在1189年为《中庸》做的序中,第一次使用了"道统",只提到周敦颐和程氏兄弟。黄幹采纳了这个谱系,但是把朱熹包括进来;对此一个正式的记述,见他的《勉斋先生集》卷10,第432—433页。在其他地方,朱熹囊括了邵雍、张载和司马光,作为第二等有贡献的人,但是黄幹把邵雍和司马光排除在外。关于朱熹把邵雍、张载和司马光当作第二等有贡献的人,见朱熹《惠安先生朱文公集》卷86,第12a—b页。黄幹(《勉斋先生集》卷8第37a页;卷5第9a页)在两个重要的例子里包括了张载。胡宏《胡宏集》第167页;又见葛瑞汉《两位中国哲学家》第167页)把周敦颐、邵雍和程氏兄弟,以及张载当作宋代的奠基者。真德秀认为只有周敦颐、程氏兄弟和朱熹阐明了孔子之道(见《西山先生真公文集》卷26,第448—450页为他们所作的《南雄州学四先生祠堂记》)。
③ 见陈荣捷《朱熹对新儒学的完成》第78—79页,论述了这种安排的哲学意义。刘子健《新儒学学派如何成为国家的正统思想》第490—491页)注意到与"正统"对应的东西。朱熹参与了对"正统"的讨论,这个"讨论"有几世纪之久,饶宗颐《中国史学上的正统论》第28—37页,第71—109页,第273—283页,第301—314页记述了宋代关于"正统"的其他意见。陈学霖(Hok-lam Chan)在《中华帝国中的合法性:金朝(1115—1234)的讨论》(*Legitimation in Imperial China: Discussions Under the Jurchen-Chin Dynasty* 1115—1234)第19—48页,讨论了意指政治权威合法化的"正统"概念。黄幹(《勉斋先生集》卷8,第37a页)评论说"道之正统",这是"道统"概念一个清楚的出处。还请注意李元纲《圣门事业图》第一幅图中"传道正统"这个短语。

朱熹促使道学转变成一个有影响的运动,在这个运动中,对于起源的狭义看法是一个教条(武断的意见)。而在谈话中,朱熹有时采用一个更宽泛的视角,认为在11世纪受到举国关注的一批人看起来是走上了正确的道路。例如:

> 某问:"已前皆衮缠成风俗,本朝道学之盛,岂是衮缠?"
> 曰:"亦有其渐,自范文正以来已有好议论,如山东有孙明复,徂徕有石守道,湖州有胡安定,到后来遂有周子、程子、张子出,故程子平生不敢忘此数公,依旧尊他,若如杨、刘之徒,作四、六骈俪之文,又非如此比。"①

朱熹指出,这些人不一定有悖于正确的学。但是,范仲淹(989—1052)、孙复(992—1059)、胡瑗(993—1059)和石介(1005—1045)是如何对它作贡献的呢?在这里以及在别的地方他们都是被置于文学发展(他们的散文用古文风格)以及后来的哲学发展的环境中。杨亿和刘筠是11世纪早期著名的文人,他们的文学模式受到了范仲淹、孙复、石介和其他人的反对,这些人喜爱韩愈的作品。朱熹承认,他们仍然关心写作,但是像胡瑗、孙复、陈襄(1017—1080)以及其他这些人的写作指向了二程的方向。②

朱熹广阔的、历史的视阈(view)是为一个狭隘的意图服务的。《学案》对于北宋思想趋向的描述同样如此。它并不从道统开始,但它的前提则是只有当道统确立的时候,宋学才开始繁荣。它开始的两卷是关于北宋思想家胡瑗、孙复和石介的。③ 全祖望将胡瑗和他的追随者放在第一卷,他依据"宋世学术之盛,安定、泰山为之先河,程、朱二先生皆以为然"来证明这样做的正确。《学案》引用刘彝的意见,说胡瑗按"体、用、文"来定义"道"("圣

---

① 朱熹《朱子语类》卷129,第3089—3090页。还请注意下面这段话:"本朝孙、石辈忽然出来,发明一个平正底道理自好,前代亦无此等人。如韩退之已自五分来,只是说文章。若后来关,洛诸公出来,孙,石便是第一等人"(同书卷129,第3091页)。相邻的段落表明,朱熹在这些早先的人物身上看到很多缺点。
② 朱熹《朱子语类》卷129,第3090—3092页。还请见麓保孝《北宋儒学的展开》第61—62页。
③ 《宋元学案》。在注意到全祖望为这种安排所做的证明中,我也采纳了他导言中的评价(第1—11页)。

人之道有体、有用、有文")。我认为不应该用这个体系来区分11世纪的思想。① 胡瑗成为第一人是因为他"更纯正"而且认识到程颐的价值,但是胡瑗、石介和孙复是在第3卷出现的更有影响的范仲淹的支持者。范仲淹被放在这里,是因为朱熹在推原学术的时候,将他纳入其中。

全祖望注意到,将欧阳修(1007—1072)(第4卷)收入是有争议的,因为许多人认为他"以文观道",但是他又援引程颐学生杨时(1053—1135)的意见来论证把欧阳修收入是合适的。在11世纪50年代,范仲淹声称欧阳修是古文的权威。他的确"以文观道",但是在这些早期的人物当中,谁又不是这样呢? 全祖望用陈襄(1017—1080)和其他人(第5卷)以及各地的教师(第6卷)来显示第一代有其响应者。他们当中没有一个人是很有影响的。他将司马光(1019—1086)(第7—8卷)和邵雍(1011—1077)(第9—10卷)列入,因为程颐宣称他们两人都是"纯正"的。他介绍了二人的象数之学(第8卷、第10卷),却说这不是他们真正的贡献。邵雍,与上述的人物截然不同,是一个非常边缘的角色(因此而颇为有趣)。司马光既是北宋伟大的历史学家,又在1086年任宰相。他支持程颐,但并不明确赞同他的哲学。邵雍11世纪70年代在洛阳被程颐、司马光和其他人引为知己。

朱熹认为二程源自周敦颐,尽管全祖望注意到反对这一观点的证据,但周敦颐(第10—12卷)仍是第一个"诚入圣人之室"的人。程颢(第13—14卷)和程颐(第15—16卷)是北宋两个正确无误的人。张载(第17—18卷)还并不总是在正确的轨道上,但是他与二程拥有共同的基点。朱熹说张载求教于二程,而实际情况可能正相反。在谈论完这些正确的思想家之

---

① 见狄百瑞《新儒家思想的再评价》;以及余英时《清代儒家智识主义的兴起初论》(Some Preliminary Observation on the rise of Ch'ing Confucian Intellectualism)第118—119页。包弼德《宋代文人思想的反思》第93—94页,论述了为什么要认为体—用—文的公式代表了胡瑗关于"学"的想法。全祖望在引用刘彝和神宗皇帝(1067—1085在位)的对话时,抑制了文学的视角。《宋元学案》的版本出自朱熹《明臣言行录》卷10,第6b—7b页(第336—338页)。全祖望把"胡瑗与王安石之文孰优",变成"胡瑗与王安石孰优"(见《宋元学案》第17页)。朱熹提到他的来源是一封"李鹰书",麓保孝《北宋儒学的展开》第63—64页和楠本正继《宋元时代儒学思想研究》第21—22页)误以为是指李鹰《师友谭记》,但在其中没有找到,也不见于李鹰现存的文集《济南集》。

后,全祖望在第 19—31 卷中转向了那些继其踵武的人。在书的结尾,他介绍了王安石(1021—1086)(第 98 卷)和苏氏家族(第 99 卷):苏洵(1009—1066)和他的儿子苏轼(1037—1101)以及苏辙(1039—1112)。他们之所以被放在最后,是因为他们反对那些追贤希圣的人希望复归的东西。

全祖望对宋学兴起的描述是回顾式的。他对待 11 世纪的思想发展是依据他们对程朱学派出现的贡献,或者是与其类似之处,并通过援引程朱学派成员的正面评论来印证他何以把这些人收录进来。在我看来,《学案》不能充当 11 世纪思想史的一部可靠的记述。但是它的体系有助于解释为什么许多人将早期的人物都聚合在新儒家和宋学宽泛的范畴中,以及为什么对宋代思想文化的描述通常从 11 世纪 30 年代早期开始。因为如果不是由于道学的胜利,我们就不会谈论新儒学或宋学,所以将早期的人物称为新儒家是不合当时实情的。①

---

① 狄百瑞曾经在广泛的意义上界定了"新儒学"的使用。在《新儒学思想的再评价》中,他介绍了胡瑗、孙复、石介、范仲淹、欧阳修和王安石。他注意到"新儒学"现在被用来囊括出自北宋初年形而上思考的儒家新思想(108 页注 17)。然而没有什么证据表明胡瑗、孙复、石介、范仲淹和欧阳修从事过形而上思考。狄百瑞《理学家中的一些共同趋向》(*Some Common Tendencies in Neo-Confucianism*),提供了一个新的定义,使得新儒学无需通过形而上的思考来界定。"基要主义(fundamentalism)、复古(restorationism)、历史头脑(historical-mindedness)、理性主义(rationalism)以及人道主义(humanism)"这些共同的趋向构成了对新儒家的界定(第 34—36 页)。关于这个方面,请注意倪德卫所提出的出自欧阳修文章的一个选择(由他本人和芮沃寿编辑的《儒家思想的实践》(*Confucianism in Action*)导言,第 4—9 页)。在《新儒学的正统与心性之学》(*The Orthodoxy of Neo-Confucianism and the Learning of Mind-and-Heart*)中,狄百瑞用"新儒学"来包括"道学"、"理学"、"心学"和"圣学";用"新儒家正统"来指程朱学派(见第 13—14 页)。这也许可以反映后来对待过去的态度,但并不是一个历史的描述。在朱熹之前,并没有一个正统的新儒学,怎么会有一个新儒学的正统呢?然而在《中国的自由传统》中,狄百瑞认为我们把新儒学看做比程朱学派更广的东西,新儒学与黄宗羲所使用的"理学"概念(见第 3—6 页)相同。那样会让在早先的文章中被归入新儒家的很多人物失去资格。刘子健也采用了这个概念的一个广泛的用法。在谈到 11 世纪中期的时候,他断言"当时所有的儒士认可一个共同的基础"(《中国宋代的改革》第 22 页)。在《欧阳修:一位 11 世纪的新儒家》(*Ou Yang Hsiu: An Eleventh Century Neo-Confucianist*)一文中,他用"新儒学"来指称一个广泛而深入的思想体系和生活方式,一个立足于儒家要义(key precept)的体系,这些要义在 11 世纪的初期就提出,用以满足一个更加复杂的社会的不断变化的需要。"他没有界定这个共同的基础,也没有给出检验这一说法的必要的思想体系,在《新儒家学派》(第 483—484 页)中,这个概念据说是指称一个"对于遗产的广泛关注"。但是,对文化遗产的广泛关注,各个时期的大多数学者都是如此,而不是只包括那些关注某种特定意识形态的人。

由胡瑗、孙复等人所倡导的"正学"(correct learning)或者说"儒学复兴",开启了通往程朱学派的趋向,这个看法被广泛接受。① 但是,无论狭义还是广义看法的重要方面都受到了挑战。显然,道统由周敦颐传到二程的论点既不能在历史方面站住脚,在哲学方面也是不可信的。② 甚至,对所谓11世纪道学大师的细致分析已经证明,他们并没有一种共有的哲学体系。③ 一些调查已经认识到,《学案》并未能充分反映那些有影响力和有代表性的人物。这部书对于11世纪晚期的描述尤其不真实,这是一个既有思想争论,又有政治党派之争的时代,当时王安石、司马光、苏轼和程颐都认为他们是所有士的师表。④

那些被后代定义为道统的参与者的11世纪的士大夫,并没有组成

---

① 例如,见《北宋儒学的展开》第5—12页;他的分期是独一无二的,而且他用"正学"这个概念来指开始的阶段并由被提到的当代用法所证实。又见黄公伟《宋明清理学体系论史》,楠本正继《宋元时代儒学思想研究》第21—28页,它们也使用了"正学"这个概念;诸桥辙次《儒学的目的和庆历到庆元一百六十年间宋儒的活动》第23页,也认识到11世纪三四十年代的文学性质;诸桥辙次和安冈正笃所编《朱子的先驱》;唐君毅《原教篇宋明儒学思想之发展》第一章,以及《原道篇Ⅲ中国哲学中之道之建立及其发展》第1372—1373页;宇野哲人《支那哲学史——近世儒学》第1—6页。
② 葛瑞汉《两位中国哲学家》附录Ⅱ。
③ 葛瑞汉《两位中国哲学家》附录Ⅱ。葛艾儒(Kasoff)《张载的思想》。(Thought of Chang Tsai)分析了张载和他与程氏兄弟的关系,说明了当时的道德问题。
④ 对这一时期的考察,见田浩《功利主义儒家:陈亮对朱熹的挑战》第30—53页;刘子健《中国宋代的改革:王安石和他的新法》第23—28页;罗根泽《中国文学批评史》第66—69页,论王安石、苏轼和程颐;郝若贝《中国十一和十二世纪的以史为鉴、公共政策和社会科学》讨论了王安石和司马光所代表的对历史的不同态度,以及在较小的范围内由程颐所代表的态度;萧公权《中国政治思想史》第452—461页,描述了李觏(1009—1059)、王安石、苏氏父子兄弟、邵雍和程氏兄弟;任继愈在《中国哲学史》第2章,侯外庐等人《中国思想通史》第8—9章,把李觏和王安石看做唯物主义者。侯外庐在第12章谈到苏轼。麓保孝《北宋儒学的展开》第7章谈到司马光和王安石;诸桥辙次《儒学的目的和庆历到庆元一百六十年间宋儒的活动》也谈到王安石;陈仲凡《两宋思想述评》第11章讨论了王安石;狄百瑞《新儒学思想的再评价》第100—106页讨论了王安石;唐君毅在《原教篇宋明儒学思想之发展》第19—23页中讨论了王安石和苏轼;钱穆《宋明理学概述》把王安石、司马光和程氏兄弟作为他所说的"第一期"的一部分进行了讨论;对王安石、三苏和司马光以及其他11世纪的人物的个案研究,将在后面章节提到。即使在南宋晚期,道学也并没有把其他的声音排除在学术的关注之外。1235年的一道诏书,认为可以入祀孔庙的,不仅有道学的五位大师(周敦颐、张载、二程和朱熹),也有欧阳修、司马光、苏轼、胡瑗和孙复(《宋史》卷40,第807页)。

一个单一的、自觉的学派。他们也不是唯一对时代产生影响的士大夫。程颐,这位从历史上讲北宋阶段最重要的哲学家,在他所处的时代是几位有启发性思想的人之一。宋代思想的故事,不必仅仅因为程颐称赞了胡瑗和孙复,就从他们二人开始。正如刘子健所指出的,早在胡瑗和孙复被召至京师教学之前,范仲淹和欧阳修在11世纪30年代在思想方面就是著名的。① 一个更大的问题是,道学这个视角在思考宋代早期人物方面是否有用。例如钱穆注意到,早期宋代思想世界包含了教育家、诗人、历史学家、古典学者、理想家、活动家以及隐士。与后来道学的追随者相比,他们更多地致力于文学、政治改革和内容广泛的学术。② 在对于宋代思想转变的研究中,如果要理解为什么这些早期的兴趣受到挑战,为什么思想生活的中心转向道学的哲学与伦理关怀,我们就必须对这些兴趣做出说明。

---

① 刘子健《欧阳修:一位十一世纪的新儒家》第87—89页;范仲淹是胡瑗和孙复的奖掖者,而不是他们的学生,见刘子健《宋初改革家范仲淹》(*An Early Sung Reformer: Fan Chong-yen*)第109—110页。
② 钱穆《宋明理学概述》第23—25页。唐君毅也把这个早期的阶段看做是一个关心保存文化传统的统一性的时代,在这个时候,人们仍然更多地从事经典和历史的研究(《原道篇Ⅲ中国哲学中之道之建立及其发展》第1372页;《原教篇宋明儒学思想之发展》第11—17页)

第二章 士之转型

唐代的王朝秩序建立在先前就存在的那些利益集团之上,唐王朝为它们安排了一套政治、社会和礼的权威等级秩序,这种秩序对于建立天下一统的体制和保护王室宗亲是很必要的。① 而8世纪和9世纪政治权威的分裂,带来了新的行政结构,政治权力与私人财富之间形成不同于以往的关系,出现了一批新的权力角逐者。唐朝秩序的逐步解体,意味着权力、地位以及财富的国家等级秩序的瓦解,而这种等级秩序,是那些开创唐王朝的士所依赖的,这些士是世家大族的成员。宋代的开国者,其建国所依赖的利益集团有别于隋唐在6世纪末、7世纪初所遇到的。当士作为社会和政治精英在北宋出现的时候,他们已不再是士族。本章将探讨三个问题:为什么作为世家大族(aristocratic great clans)的士在隋唐以前的那些王朝衰落之后能维系下来,却不能度过唐朝?为什么士在北宋早期,作为有学养的文官官僚这样的国家精英再度出现?为什么在有宋一代,士变成地方精英文人(local elites of literati)?

---

① 萨默斯(Somers)的《唐朝统一的时间、空间和结构》(*Time, Space and Structure*)以唐代为例,讨论了用以考察王朝之立国措施的分析方式。

"士"是用来思考社会政治秩序的一个概念;同时,它指称某一社会成分。作为一个概念,"士"是由那些自命为士的人所标榜,由全社会认同建构起来的观念。因此,士的转型就可以从逻辑上区分为"士"自我确认方式的变化,以及自命为士的人的社会构成的转变。从概念上讲,做一个士意味着拥有适合成为社会政治精英的身份属性。通过对这些属性的损益,通过对一种特殊属性的重新定义,或者这些属性构成成分的相对重要性的转变,士这个概念随之发生变化。在公元 600 年至 1200 年之间,使人成为士的三种最重要的身份属性是文化、出身和官位。在公元 600 年,出身好意味着门第显赫,也就是出生在一个因世代享有高官显位而有名望的士族之中。在实际生活里,好出身比那时所有算得上文化的东西都更有分量,而且家族声望是获得高官的正规基础(normative ground)。到公元 1200 年,血统的作用被重新定义,显赫的家世不再重要。在 1200 年,"文化"比出身更重要(尽管在 1200 年,有文化的含义已经与公元 600 年的含义很不相同),而且教育成了获得高官的正规基础。同样,在政府为官的意义和重要性,相对于文化和出身,也不是一成不变的。

由于对种种观念的内涵人们意见不一,士这个概念的变化就更加复杂。例如,颜之推申辩说,文化应该比仕宦更重要,这就是针对那些家声显赫,却售艺于几乎不关心文化的统治者的人而言。我不打算对"士"这个词做什么翻译,以便清晰地呈现它在各种文献中,何时以及如何被运用,并且也提醒自己,这个术语本身,就可以使那些以士自任的人,看到自己与历史的连续性,他们所体会到的连续性比实际拥有的要强。假如我要翻译的话,我就有必要描述在流行的士的概念中最主要的身份属性,这样,对十六国南北朝时代到 9 世纪的士,我将称之为"门阀"(aristocrat),从 9 世纪到北宋晚期,则称之为"学者官员"(scholar officail),从北宋晚期以来,称之为"文人"(literatus)。

作为一个社会群体,那些自称为士的人,连同他们的妻女,在多数时间里充当了政体中的主要精英,这主要是由于他们成功地支配了行政机构。这些精英从很多方面将自己与其他身份的人相区别,并且设法保证他们的后代能继续被看作"士"(或者继续被看作拥有"士"的身份属性)。后代的迅速繁衍和政府职位的有限,使他们的后代总有一些人要沦为普通大众。但是,分析以下那些连续几代都被看作"士"的人的亲属关系,可以发现,虽然时移世异,但士有极大的延续性。士是一批自我赓续的家族(self-perpetuation families),会有一些人从这里跌落下去,但相对来讲,出身非士族家族的人很少能爬上来。这也有例外。比如晚唐五代,当时中央政府衰弱而地方权力操纵于士族之外的人手中,有两种情况发生,大大超出常情。首先是士人家族(shih families)在许多地方丧失了他们作为首要精英的地位,而且那种认为士是社会优秀群体的观念在实际中不再是正确的。其次,由于他们丧失了对经济、政治资源的控制,他们就不能阻止别人也以士自命。政府制度也会鼓励(或不鼓励)在社会群体和概念上的变化。作为一个描述社会成分的术语,"士"在唐代的多数时间里可以被译为"世家大族",在北宋可以译为"文官家族",在南宋时期可以译为"地方精英"。

表 1 士的转型

	唐代	北宋	南宋
精英的身份属性	门阀	学者—官员	文人
	(出身)	(政事)	(文化)
社会成分	世家大族	文官家族	地方精英

在流行的士的概念中,什么是士的主要身份属性,对这个问题的看法的转变,以及士作为中国社会何种社会成分的转变,能通过表1中的译文得到反映。看这个表要有许多先决条件,既包括那些在前面的段落中提到的,也包括在本章的叙述中将被阐明的。这些思想与社会的转变与制度的发展有关,这些发展与王朝统治形式上的更迭相联系,但它们不应该与王朝的变迁一一对应。尽管如此,这张表还是代表了我对于士在从唐到宋的六个世纪中的转变的理解。

在这一章中,我关心作为一个社会群体概念的"士",以及士作为一个群体的地位和构成。我试图界定所发生的转变并描述它们。在社会混乱和政治变动的时刻,士这个概念是最变动的,而且谈论如何成为一个士的文字连篇累牍。但是,一个概念的转变不一定带来成员身份的转变。例如,我们有足够的理由认为南宋大多数地方精英就是北宋"文官"的后裔。不过,即使能够证明1200年所有的士人家族(shih families)是从600年的士族(shih clans)传下来,构成士这个概念的身份属性的转变——也就是,他们认为他们是谁,以及他们为什么认为他们是那种人——直接影响了那些家族在社会中扮演的角色,影响了左右官员政治行动的态度,以及他们为自身创造的文化。从实质上讲,士这个概念是对作为一个社会群体的士共有的价值观的定义。

作为一个士,这既包含了身为精英的身份意识,又包含了实实在在的精英式的社会、政治生活,这显然说明写一部完整的士的思想史与社会史是有必要的。而大量有关中国历史的研究已经证明,对这两者进行单独的研究是可能的。本书用下面七个章节考察思想发展,只用一个单独的章节来研究六个世纪的社会变化,作为一个历史研究,这当然有些不均衡。

促使我将社会与思想区分开来的,有三种考虑,对这三种考虑的说明将有助于解释本章的作用。首先是一个实际操作的考虑:将讨论按年代进行区分插进后面的章节,这将会削弱长时段社会变化的描述,并因此难于对这种变化展开解释。第二,这里所举出的对于社会变迁的解释,其中主要是精英对于维持士的身份的考虑,并不能充分地解释思想转变。而且,尽管我知道在社会、政治和思想的发展之间有密切的联系,我不认为社会利益决定观念,或者观念决定社会利益。比如,明白了古文的观念,即士能够通过"学"来理解左右一切的价值观,挽救唐朝统一的衰落以及世家大族体制的失败,这并不能解释为什么古文领袖对文学风格如此关注。同样,道学学说可能隐含了要更多地参与地方社区的意思,但这并不能解释为什么南宋地方精英对科举制度倾注如此大的热情。通过分别解释社会的转变,我希望避免简单还原论者和决定论者对于思想生活的解释。第三,也是最重要的,其他人关于唐宋精英与制度的研究,已经使我们有可能从相当高度概括的水平上撰写士的社会转型史。但是,要从新的角度概括思想的发展,就有必要像后面的章节所做的那样,对唐宋思想文化做细致的研究。因此,思想史的讨论和社会史的讨论,其程度上的不平衡很难避免。如果我们要解释思想的转变,这种不平衡还要更大。因为要理解学者们的意图,以及他们如何阐释那些他们对之做出反应的特定学术潮流和政治事件,就要对个人的生活和著作进行调查。一旦唐宋思想史的路径被建立,就可能从普遍的意义上展示思想潮流如何与社会转型相联系。后面的章节将提到这些社会转型,以及我在本章下面对这些转型做出的解释。

门阀制及其在唐代的式微

士族作为一种社会组织形式,对于中国的精英和外来入主中原的少数民族都是常见的。初唐政治的基础就是门阀统治,这种门阀统治由来自西北的世家大族,以及汉化的外来士族和胡汉混合士族(唐朝的王室士族就是一例)构成。唐代继承了这样一个社会,在这里士作为中国的精英,表现为强弱不等的各种士族。《隋书》记载了北方的情况:

> 后魏[386—534]迁洛[洛阳,由此开创了东魏(535—550)],有八氏十姓,咸出帝族。又有三十六族,则诸国之从魏者;九十二姓,世为部落大人者,并为河南洛阳人。其中国士人,则第其门阀,有四海大姓、郡姓、州姓、县姓。及周[506—557]太祖入关,诸姓子孙有功者[在与西魏(535—556)对抗的战役中],并令为其宗长,仍撰谱录,纪其所承。又以关内[即关西]诸州,为其本望。

换言之,魏正式确认世族,并大致区分了亲近王室的士族、王室的非汉族宗盟以及中国的士族。魏排列士姓的等第,分为从国家到地方州县各个不等的级别,周的开国者任命那些有功的支持者为其士族的领袖,正式建立他们的谱录,以关内为其(新的)郡望,以此来奖励其功勋。①

然而不管初唐多么胡化,统治集团并不把自己看作异族人,而且与更早的北朝形成对照的是,他们并不去捍卫身为少数分子的异族征服者的利益。但是,和魏与周的统治者一样,唐朝的皇帝宣称他们有权力为世家大族排列等第。有证据表明,唐朝将士与世家大族看成一回事;因此,它的国家士族等第就自然是在记录那些它在政治上承认的士族,以及将士与平民百姓区分开来。追问为什么门阀制会衰落,事实上就是追问为什么士不再等同于"世家大族"。②

"门阀制"作为一个术语,其字面意义就呈现了它的含义,即社会价值和统治权力得益于出身。大体上讲,唐朝的开国者还是接受了门阀士族享有参政权利的观念。遵照隋的做法,唐朝坚持这种权利的存在原则上要依照朝廷的意愿,与隋以前的传统不同的是,朝廷将决定谁会获得官职和头衔,而且士族的名誉要依赖于它的成员效力皇室的作为。③ 事实上,它要使人们只有通过做官才能保存门阀。例如,唐朝的"贵族阶层"从一位祖先那里继承贵族的头衔,而这位祖先是由于效力王朝或与皇室亲近的亲属关系而获得这一头衔。④ 在唐朝九品官阶的体系中,五品及五品以上的官员有权力使子孙享有为官资格,但是需要其子弟通过吏部的铨选才能任命。诸如免税、免役这样的社会、经济特权可以继承,

---

① 《隋书》卷33,第990页,《经籍志》关于士族谱系(geneologies)的叙论。
② 考虑到在士与门阀大族之间的确出现了差别,姜士彬在《中国中世的门阀政治》中提出,世家大族,而不是士,在唐代被看做社会政治精英,这一点就需要特别强调。这一章所提出的选择方式,使唐代有可能像魏那样对士族分出三六九等,而国家—士族的流品或许只包括由朝廷认可,具有国家地位的世家大族。我使用"世家大族"是为了点明一种制度,在这种制度中,国家通过承认士族(clans),来正式地承认士。
③ 太宗时,有人在争论是否继续中央选官制何汉心(P. A. Herbert)《唐朝对中央选官制的反对》(T'ang Dynasty Objections to the Centralized Selection Systerm)很有说服力地提出那些希望重归非中央集权制度的人,是希望重归分裂时代的制度中去。
④ 姜士彬《中国中世的门阀政治》第113页。皇家士族是因为与皇帝的亲属关系而被授予贵族的称号;但是在子孙的继承中,其后代的继承中,品级会逐步降低。又见宇都宫清吉《中国中世史研究》第618,第621—625页。

但是从理论上讲,这个权力仅限于那些父亲或者祖父曾经为官的人。①

但是,正像姜士彬曾经指出的,中国中世世家大族的门阀统治在唐代得到延续。《新唐书》统计出 369 位唐代宰相只是 98 个士族的后裔。而且,编纂者欧阳修虽然急于表明家族的兴衰"亦在其子孙",但他承认那些大臣很关心维系家族的声誉,而且为其门族而骄傲。看起来,政府也认识到,社会地位并不仅仅是拥有官位的结果。② 唐代世家大族在高级行政官僚中所占的比例要比南北朝时期小,但这个比例仍然较高,大约 60%,③以至于我们很容易承认在欧阳修的评论中所未曾明言的两种可能性:最显赫的家族更能为人提供那些被认为是高级官员所需的素质,而且社会地位高对晋升高位极为重要。

然而到 8 世纪末,局势开始转变,人们对唐朝体制的性质有了各种各样的解释。柳冕(大约活跃于 806 年前后),这个希望回到古代注重德行和道德教诲的选官方式的人,对比了南北朝时期的注重姓氏和士族与唐代对隋代"尚吏道"和"贵其官位"的延续。④ 与他恰成对照的是,他的同代人王彦(译者注:《全唐文》作颜)倾向于提高门阀的自觉。在为他的十八世祖撰写的碑文中(译者注:《追树十八代祖晋司空太原王公神道碑铭》),他夸耀道:"后魏定氏族,金以太原王为天下首姓。"作为对他那个时代提出的建议,他举出晋代一位祖先的警告:"勿三代不仕,不学,不看客,失婚无谱,不葬无坟墓,不修仁,若是恶事,三代皆沦小人也。"⑤王彦的努力最后证明是徒劳的,尽管它在那个时代打动了许多人的心弦,因为在保持中世门阀政治的同时,唐朝也改变了它。

---

① 以往的研究已经提到,在魏晋南北朝分裂时期,被称作士的人是与其他社会成员分开来单独登记,免除某些赋税,有权减轻刑罚,并禁止与庶民通婚。关于这一点的阐述,见杜希德的《唐代统治阶级的组成》(Composition of T'ang Ruling Class)第 49 页。姜士彬在他对这一观点的文献基础进行的讨论中,得出了这里提到的观点(《中国中世的门阀政治》第 5—17 页)。
②《新唐书》卷 71 上,第 2179 页。
③ 姜士彬《中国中世的门阀政治》第 121—139 页。
④ 柳冕给权德舆的信,《全唐文》卷 527 第 5a 页。
⑤《全唐文》卷 545,第 16a,17b 页。

一个唐代的世家大族是由一些家族联合组成的,拥有姜士彬所称的郡望,诸如太原王、赵郡李、博陵崔。一些家族属于一个士族(clan)是因为他们来自一个共同的始祖。唐代的士族本身并不拥有不动产作为一个共同实体,它并非只有唯一一个墓地,也并不生活在一个地方,而且它不大像是拥有一个为全士族而建的祖庙。官方对士族的第一次排列——《大唐氏族志》,一部638年编辑而成的两百卷的著作——确认了293个郡望以及1651个家族。"家族"(family)作为士族的单位意味着什么还不能确定。它大概是指现存的"服丧圈"(五服),五服是指为某个特定人物服丧的五个等级的亲属。因为服丧的圈子不会超出五代,士族将进一步分裂,随着第五代之后新一代的出现,新的"家族"也随之出现。①

宋代士大夫中出现的"宗族"(lineage),不会向所有的后代提供福祉,这是它与唐代的世家大族相区别的地方。伊沛霞对博陵崔氏以及姜士彬对赵郡李氏的研究表明,组成唐代世家大族的家族,不再拥有一个领地广阔、可以叶落归根的共有的祖地,更不用说一支武装的部曲。② 唐代世家大族不必考虑这类事情,只要他们能完全确信他们的男子有可能获得官职。出仕就意味着收入,包括薪俸和被官方授予的土地;因此只要能不断做官,就没必要积累共同财产。但是,因为出仕要求参加在首都举行的选官,这些家族倾向于迁居长安和洛阳。最

---

① 这个描述来自姜士彬《中国中世的门阀政治》第47—51,91—99,107—110,113—114页。士族的分裂有助于解释,比如为什么政府在812年能够登记卢氏家族的49个"支系"(杜希德《唐代统治阶级的组成》第57页注12)。关于初唐的士族流品,见崔瑞德《唐代统治阶级的组成》第62—64页;以及宇都宫清吉《中国古代中世史研究》第625—630,660—662页。
② 姜士彬《中国中世的门阀政治》第91—99页;以及姜士彬的《一个世家大族的最后岁月:晚唐宋初的赵郡李氏家族》(*The Last Years of a Great Clan*: *The Li Family of Chao Chün in the Late T'ang and Early Sung*)第23—39页;伊沛霞《早期中华帝国的贵族家庭:博陵崔氏个案研究》第90—93页。关于世家大族(great clan)与后来的"宗族"(lineage)的区别,见华琛(J. L. Watson)《中国宗族关系的再思考:人类学视野下的历史研究》(*Chinese Kinship*)以及伊沛霞和华琛为他们主编的《中华帝国晚期的亲属组织》(*Kinship Organization in late Imperial China*)一书所写的导言。

后,因为出仕对于维持郡望的名声非常必要,因此那些子孙没能代代继承官业的家族,以及不得不依赖祖业田产为生的家族,就往往不再名挂士籍,直到他们重入仕途。不过,士族的确拥有一种共同财产形式,这种共同财产具有通行无碍的价值:它的声望。一个世家大族中的家族,其所赖以支持其声望的具体手段是共同拥有的族谱,这些族谱记录后代的家系,记录为官之人和他们的品阶,并且记录婚姻状况。但是,它是一个有选择的记录,那些败绩于仕宦和未能联姻显赫的家族会从中消失。①

一个世家大族,其声望能否不断地受到重视,这取决于别人对拥有这一声望的那些家族的重视。显然,由出身陇西李氏的皇家士族所左右的唐朝政府,的确在实践中重视声望。然而,在不依赖政治权威的基础上,世家大族早就有了保持其独特性和在其内部再区分三六九等的方法。这样做最明显的手段就是保持与其同类的婚姻联盟。博陵崔氏,河北"山东"四个著名士族之一,他们大部分的联姻对象就出自南北朝以来29个名门望族。皇帝关心其权威,关心其朝廷能否在社会政治世界中拥有至高的地位,对皇帝来讲,世家大族广泛的婚姻联盟是对社会,因而也是对政治的危害。② 与此同时,正像墓志铭所表明的,世家大族坚持认为他们的价值来自其成员有能力维持其家族高标准的学问道德。换句话说,他们之所以是最好的,是因为他们最善于保存和接续文化传统。铭文之所以赞扬墓主,是因为"未丧儒学",因为"文学"成就,因为"保持了儒行"等等,并且注意到当时的士倾慕铭主。③ 同样,博陵崔氏提醒别人说,他们的成员之所以有价值,是因为他们的学问、文学成就,以及很高

---

① 姜士彬《中国中世的门阀政治》第 99—104,第 109—119 页;姜士彬《一个世家的最后岁月:晚唐宋初的赵郡李氏家族》第 40—48 页。
② 伊沛霞《中华帝国早期的门阀家族:博陵崔氏个案研究》第 95 页;姜士彬《中国中世的门阀政治》第 48—50 页;姜士彬《一个世家的最后岁月:晚唐宋初的赵郡李氏家族》第 40—48 页;杜希德《唐代统治阶级的组成》第 50—51 页。
③ 孙国栋《唐宋之际社会门第之消融——唐宋之际社会转变研究之一》第 225—230 页。又见宇都宫清吉《中国古代中世史研究》第 645 页。

的德行。① 至少在初唐及其以前,当文化的传承在很大程度上依赖于家族的延续,这一点得到了充分的证实。

从事后来看,要建立一种持久的政治秩序,显然要将国家的制度利益置于士族利益之上,并且强迫那些担任政治角色的人依此而行。唐朝接手了一个这样的社会,这个社会是由来自西北(关中)、东北、山西北部以及南方的大士族所代表。它同样采取了这样的措施,通过为士族确立等第、控制官位来提高朝廷控制士族的力量。② 然而,唐代比隋代在更大的程度上,注意调和来自各个地区的大士族。在高祖(618—626年在位)的朝廷上,流行着一种与门阀同僚共享权力的态度。③

考虑到世家大族现有的强势,王室无疑会看到将所有利益集团纳入一个单一的社会政治统治集团是很重要的。我认为,国家士族等级的建立表明,建立自身拥有任官之权的中央集权的官僚制,就其本身而言对完成其目的是不够的。第一次排序——《大唐氏族志》——在太宗(626—649年在位)的统治下出现,在他的命令下,等第被修改,以便为唐朝的仕历增添更多的分量。这份名单包括了293个世家大族和构成他们的1651个家族,它包含了所有地区的士大夫,并据说由此将士与平民百姓区分开来,但它同样为那些士族定了九个级别,这些级别与官阶九品相平行。后来的品第排列继承了这个趋向。④ 比如,659年的名单就是按照这样的标准排列,即"士卒以军功致位五品,豫士流",尽管我们得

---

① 伊沛霞《早期中华帝国的贵族家庭:博陵崔氏个案研究》第96—100页。
② 从上面提到的《隋书》来看,用士族的品第来裨益中央的制度,在后魏和北周的记载中已经清楚地表现出来。宇都宫清吉(《中国古代中世史研究》第623—624页)认为北周也开始试图剥夺士族确保其成员为官的能力,但直到隋朝才成功。隋朝的科举制是一个重要的标志,它标志着朝廷声明自己能够在不依从士族地位的条件下,选拔高级官员。
③ 姜士彬《中国中世的门阀政治》第48页,第138—139页(根据姜士彬的统计,高祖一朝在唐代所有皇帝的统治中,任用世家大族担任高级官员的比例是最高的);伊沛霞《早期中华帝国的贵族家庭:博陵崔氏个案研究》第87—88页;杜希德《唐代统治阶级的组成》第48—51页。
④ 姜士彬《中国中世的门阀政治》第47—51页。638年的名单和后来的名单的不同,表明前者包括了四方的士大夫,见《旧唐书》卷82,第2769页。

知那些"纯粹的士大夫"反对这个标准,因为它包含了那些单纯通过军功跻身高位的人。有趣的是,这份659年的名单将士族的总数从293减少到235,而家族的数量从1651增长到2287,这可能是一个迹象,一些传统上很有名望的族系已经失宠。① 士族的名单因此从两方面削减,一方面某些家族具有声望而被承认享有政治权力,一方面那些由于跻身高位而获得地位的外来人混杂进这个圈子。不论名门望族是否看重由朝廷来定其等第,朝廷有权这样做。不管怎样讲,列入名单总比不列入要好。我们可以推测,将那些出身不彰的高级官员视作士,这就使得那些社会地位毫无争议的人在与新贵联姻的时候,人们不会责难他们俯就平民百姓而使家族族系的纯正受到破坏。

在638年和659年的名单中,士是精选的一批家族,比能够提供官员的家族的总数要小。在659年的名单中,"士流"仅限于这样的家族,其成员的官位高得足以提供荫庇的特权,使他们在生前就能让子孙跻身官场。考虑到朝官与地方官的一般差别,在659年很可能那些品阶很低的地方官,只有在他们声明是某个列入等第的士族的成员的情况下,才能被看作士。但是,如果"士"这个术语在7世纪仍然为门阀保留,那么在8世纪来自"地方"家族的人则坚持说他们也是"士"。② 从制度上讲,皇家的政策并非不鼓励这一趋势,因为唐朝的确拔人于寒微。正像在713年,人才吸引规模的扩大允许朝廷从两方面这样做:一方面接纳新人,一方面倡言世家大族的地位很重要。官员和入仕门阀之间的界限开始模糊了。玄宗(712—756年在位)朝出现了对这一趋势的抵制,玄宗的宰相李林甫维护门阀的利益。然而就是李林甫也在749年将名单

---

① 姜士彬《中国中世的门阀政治》第51—53页;《旧唐书》卷82,第2769页。这种增长的原因还不清楚。也许是由于把所有那些位及五品的人的直系后裔做为"家",或是由于士族的进一步的分化,以及有一些新人开始宣称他们有世家大族的身份。
② 伊沛霞(《早期中华帝国的贵族家庭:博陵崔氏个案研究》第143页,注5)注意到这种在墓志中对"士"的使用。宇都宫清吉(《中国古代中世史研究》第637—639页)举了一个类似的例子。

扩大到398名。① 在755年安禄山叛乱后的几十年中,国家不再对士族进行统一序录。② 士族的序录有助于维持一种门阀制,但是接纳那些有政绩和学术成就的人,以及依照在唐代的仕历来序列旧家族,这都削弱了那种认为身价必须由门第来决定的观念,而这一观念是抛开王朝来以社会精英自命的基本依据。

在一个如此看重仕历以至于威胁到门第的重要性的王朝里,世家大族得到了什么呢?我相信,答案就是子孙后代得以出仕的可能性满足了家族的眼前利益,作为回报他们默认了中央政府通过官职的分配所施行的统治。比如,博陵崔氏就的确在官场中长久立足。③ 唐朝在8世纪30年代举行的考试显示出,从理论上讲,士族可能拥有长期的职务。④ 对这种机构安排的考察将会显示士如何与门阀不再是一回事。

世家大族能够将供职于官府作为他们延续数代的职业,这是由于唐

---

① 李林甫在749年所列的名单,显然不列家族(杜希德《唐代统治阶级的组成》第66页)。杜希德所讨论的敦煌名单增加了几百人,他认为这揭示出还有众多的地方士族。尽管713年的名单总计有200卷,但其总数已不可知,其人选标准比起659年来讲要松。它为那些有德之人、出身名门的人、有学术才华或有军事勇略的人,以及那些在朝廷受赞扬的人排列等第(姜士彬《中国中世的门阀政治》第54页)。

② 宇都宫清吉《中国古代中世史研究》第625—637页。宇都宫清吉指出,玄宗朝以后的名单,不是按等第排列的,而是按照地望或姓氏的读音对已知士族进行登记的名单。在玄宗时期,他认为755年以后的等级都是由在玄宗手下发迹的人构成。这里的问题不是人们是否继续认为士族是社会精英家族,而是士族等级的崩溃。一旦朝廷的认可对于家族以"士族"自命已经无关紧要,他们就可以随心所欲,包含有大量地方士族的名单的出现就体现出这一点,但这也降低了士族身份的价值。姜士彬《中国中世的门阀政治》第63页)任何一个名单按地望来看,都不足全国州郡的一半,这个事实说明存在某种国家的品第。

③ 伊沛霞(《早期中华帝国的贵族家庭:博陵崔氏个案研究》第103—104页)注意到,那些只在墓志中被提到的博陵崔氏的男性成员(也就是说,在正史中没有传记),其中91%有品级。

④ 关于唐代官僚体制,以及它在8世纪30年代的规模,我的理解来自杜希德《唐代官制》第1—9页,第52—53页,有一些保留意见。我还采纳了黄清涟(Ch'ing-Lien Huang)《唐代文官的选任》(*The Recruitment and Assesment of Civil Service officials in T'ang dynasty*)第2章,以及他在第4章,第2部分对737年的资格(eligibility)名单的讨论中部分意见。孙国栋《唐宋之际社会门第之消融——唐宋社会转变研究之一》第246—250页,较早指出了相比于通过门荫和从低级的"流外"官员中选官,科举制在选拔人才上不太重要。

朝行政体制的结构和与此体制一同存在的一种官员身份体制（System of official Statuses）。这个行政体制是一个有四个等级的金字塔，其中上面的三个等级是相互联系的。一个人可以在他的等级内得到提升，他能从一个较低的等级转向较高的等级，而且按照他的地位，他能够将他的后代放在他那个等级中较低的阶梯或是更低的等级上。他也许同样能够将后代置于一个官员身份群体，其中有许多在行政体制中并没有实际的角色，但通过它们，一个人有资格直接进入行政体制的最高等级。进入行政集团的最高等级需要具有资格，或者说出身。要得到这个资格，要么通过门荫，要么担任行政级别较低的官职，要么归属于一个没有行政职务，但有身份的官员群体。我将把较低的行政级别的仕历视为"荣誉的"履历，因为它能为高等级或一个正式承认的群体输送官员，使人有资格直接进入行政体制的顶层。

行政金字塔的顶端是由"流内官"组成，九品中的官员通常被认为是"流内官"。在 737 年，这个群体的人数是 18805 人，已经比 657 年的 1.4 万人有所增加。做一个流内官是仕历中最高的成就。在九个等级中有三个不同的群体。大约有 200 人，处于三品及其以上，他们有权力荫庇其子孙、重孙担任九品中的低级官吏。占据四品及五品的官员大约是上述的 10 倍，他们对其子孙拥有相同的权力。在 737 年，一至五品总计 2200 人，大致与在京城任职的 2620 人相当。① 那些在前五品中的人担任"清"职（中央机构的首要职位，主要的学术机关，以及最重要的地方职位）。这个群体的所有直系后代能够出仕，或者通过直接进入九品，或者成为一名卫官，通过一段时间的仕履获得"入流"的资格。（卫官仕历，在许多情况下是名义上的，担任卫官意味着进入没有行政职务，但拥有社会地位的身份群体，它本身具有法定的权利）。在 8 世纪 30 年代，通过门荫直接进入九品的人的总数不清楚，但在 737 年有 1 万名前五品官员

42

---

① 请注意，这个数字和 659 年氏族志上的 2287 个家族也是相应的。

的后代(品子)通过卫官身份获得资格。①

在前五品之下,是六到九品的大约1.6万名官员。他们中的大多数在737年占据了为流内官设置的16185个地方政府职位。他们的子孙没有资格被选任为九品之内的官员。然而他们能将其子弟放到各种卫官的名义和终身的职位上,最优秀的是成为皇帝和其当然继承人的卫官,稍差的则成为州县僚属(特别是充任八、九品官员的僚属)。② 在这些位置上的人经过一个时期的仕历也有资格入流。737年的资格名单记录了4万个处在这样位置上的人(译者注:上文所说的卫官是作者对此类官职的一个通称,《新唐书·选举志下》称为"诸卫三卫监门直长"),其中出自流内官家族的比例还不清楚。因为,品官(ranked officials)能够保证他们的直系后代也能出仕。

那些有资格入流的人数已经远远超过每年500到600个这个使九品全部满员的数字,这个数字早在657和681年就已经达到。③ 资格不能保证任官。吏部和兵部为那些取得资格的人举行铨选。这个选拔考试,按照重要程度,依次考核身、言、书、判。但是,尽管产生了大量额外的职位,绝大多数人仍不得不遭到淘汰。④ 而落选的人仍然继续享有他们现有的地位。

然而,行政体制并不局限于九品。高级的吏和那些被称"流外官"的行政官员特别重要。他们被正式选拔,在正式任命的职位上任职,通常

---

① 这个群体在737年的资格名单中被列为"纳课品子"一类(《新唐书》卷45,第1180页)。黄清涟(《唐代文官的选任》第248页)把"纳课品子"译为"通过纳税而进身的品官之子"。我对这个术语的理解采纳了杜希德《唐代官制》第19页的意见。尽管唐代规定,只有"流内官"中的一至五品官才能享受门荫的特权,但很难说这个限制是否一直得到遵守。在宋代,七品及七品以上的官员都可以用门荫,可以让他们的兄弟、侄子、外甥和姻亲来享受。
② 伊沛霞《早期中华帝国的贵族家庭:博陵崔氏个案研究》第151页,注84。
③ 《唐会要》卷74,第1334—1335页。在657年,每年有1400多人"入流",尽管只有13465个职位。在681年,人们可以注意到,由吏部和兵部所选拔的士人,60%—80%都被淘汰了。
④ 杜佑《通典》卷15,第3a—b页。这个形势对那些有家族关系的人有利;与何汉心《中国7世纪后期的文官机构》(*Civil Service in China in the Latter half of Seventh Century*)第2—5页的内容互参。

在首都机关,有他们自己的品第体系。流外官经过一段时间的仕历,有资格转向"流内"的低品级职位,尽管从理论上讲,他们没有资格被提升到较高的"清"职上。737年的资格官名单并不特别指明流外官,但是因为它记录的6000个身为胥史的人是在流外官出仕的机关中,我们可以推测他们属于那个群体。流外官有行政职责。① 比如,对于户部的222个职位,10%是流内官,而77%是流外官,而13%是属于低层的番官。② 当一个流外官,可能为那些不能通过门荫入流的有品级的官员的子弟,提供一个靠他们自己呆在政府并入流的手段。

低于流外官的是另一个群体,那些吏职人员,主要在州县工作,一般被称作番官。在一个时期,一个一级的州,拥有包括18个流内官在内的编制,有权任命150个番官,或者说65%的僚属,而一个主要的县能够任命77个番官,或者说它全部僚属的72%。估计733年的57416个吏就是别的地方所说的番官。③ 这些特殊职务的官员的社会背景不太清楚。他们在地方上被任命而且识文墨;很可能来自显赫的地方家族,来自地方士族,而且一些家族用这种出仕方式进入官场。番官可能是流外官的一个主要来源。低于番官的是特殊职务的雇员(番役),文书、跑腿的、催租的等等。尽管法定的番役人数比特殊职务的官员要少,他们在733年总数也接近30万人。④

因此,在8世纪30年代,直接包含在行政体制中的有37万人,其中大约7万人是某种意义上的官,而地位较低的5万人则有一些希望进入九品。而吏的职位,正像伊沛霞对博陵崔氏的研究所显示的,为那些日

---

① 如果我们把737年那份名单中"亲事、帐内"1万人和1782名"诸折冲府录事、府、史"也算在内,那么有资格入流的职位就达到了1.8万个(《新唐书》卷45,第1180页;杜佑《通典》卷15,第3b页)。译文采用了黄清涟《唐代文官的选任》第249页的译文。欧阳修《新唐书》卷45,第1180页)注意到,这个名单中官位的数量不包括那些没有品级的州县佐吏。
② 黄清涟《唐代文官的选任》第37页。流外官不到地方政府任职。
③ 可是杜希德(《唐代官制》第2页)怀疑这些胥吏也是"流外官"。
④ 见杜希德《唐代官制》第3页。

见衰落的家族提供缓冲,以及一个重振的跳板。① 它同样为并非士族的地方家族提供就业机会。但是,那些通过行政履历来获得进入九品之资格的人,只是有资格流内的人的一小部分。到 8 世纪 30 年代,尽管缺少空闲的职位,每年仍有 2000 名各种地位的人参与候选。哪一个群体最为得益还不清楚,有些人认为流外官也许最得益。② 根据杜佑的统计,每一个流内的空缺都有八、九个人竞争。③

在 737 年的名单中,各类有资格的人总计 13.7 万人。这包括 1 万个品官之子、4 万卫官、8 千至 1.6 万文吏和武吏,以及 6 万多学生。④ 这样,考虑到名单上的人数,这个更大的唐朝官僚体系当然能够吸收世家大族的后代,尽管它不能将他们全部纳入九品。然而,为出身好家族的

---

① 伊沛霞《早期中华帝国的贵族家庭:博陵崔氏个案研究》第 103—108 页。
② 杜希德(《唐代官制》)和黄清涟(《唐代文官的选任》)都认为杨玚(或汤)在 729 年所说的有 2000 多人入仕,是指流外仕。即使假定流外就是流外官,我很有把握地说这里所说的记载包括了其他的资格。2000 这个数字与史书上提到的 710 年的选拔相吻合:"集者万余人,留者三铨不过二千"(《资治通鉴》卷 211,(译者注:应为 210),第 6660 页)。在 657 年,据说每年有 1400 多人"入流"(《唐会要》卷 74,第 1334 页)。

杨玚的话有六处被引用,这六个版本所列的项目、数字不同,由此引起歧说。《唐会要》(卷 75,第 1376 页)和《册府元龟》(卷 639 第 22b—23a 页)认为 2000 人是"入仕诸色出身"。杜佑(《通典》卷 17,第 5a 页)有"诸色出身"。重印于日本的宋版《通典》有同样的项目、数字(杜希德在一封信中对我谈及)这些版本没有一处使用了"流外"这个术语,但另外三个版本使用了。《全唐文》(卷 298,第 18b—20a 页)认为 2000 人是"流外入仕,诸色出身"。《新唐书》卷 130,第 4496 页)认为 2000 人是"流外入仕和诸色出身"(斜体为我所加)。《资治通鉴》(卷 213,第 6784 页)认为 2000 人是"流外出身"。最后两处引用被删节,并且显然是重写过的。杨玚反对为了减少求职的人数而削减科举考试的及第名额。他反对这样做是因为"浮虚之徒及胥史"不及服勤学业之士。他得出结论说:"若以出身人太多,则应诸色裁损,不应独抑明经、进士也。""浮虚之徒"通常是指那些表面上谈吐文雅,却腹内空空的人(大概包括名门的子孙,这些名门之后在拱卫京师的禁军中有挂名的职位)。《通典》也讨论了不同的有资格入仕的群体,我采纳《通典》的意见,认为 2000 人是指在 737 年名单上的各色人等,流外官只是其中之一。杜希德提到不同的文献记载,我的分析受益于他。

③ 黄清涟《唐代文官的选任》第 38 页;杜希德《唐代官制》;以及何汉心《中国七世纪后半期的文官》。与黄清涟和杜希德不同的是,我不能确定"入流"是指从"流外官"转变身份。我更愿意按照杜佑对资格的讨论(《通典》卷 15,第 3b 页),认为"入流"是指从各种地位上有资格被选拔为官。

④ 关于全部的资格名单,见黄清涟《唐代文官的选任》第 248—249 页;以及《新唐书》卷 45,第 1180 页。黄清涟所统计出的 16 万总数,看起来像一个印刷错误。

子弟提供各类职务和资格的制度安排也允许其他家族的子弟以某种形式为官,并循阶升迁。唐朝的体制因此提供了这样的可能性,即身为一个有资格做官的群体的一员,以及担任低级官职,就可以让人自命为"士"。有证据表明,在8世纪30年代晚期,政府中的一些人提出这样的看法,士作为所有那些获得官俸、或者准备担任文官武职的人,应当与农民、匠人和商贾区分开来。① 士族可以是最好的士,但是到8世纪30年代,他们已经不再是惟一可以自命为士的人。

那些被著录的6万名"学生",这一类人特别有趣。作为一个选官机制,唐朝的考试体系重要性不大。最负盛名的文学考试(进士)一年能录取的人极少在30个以上;根据杜希德的计算,在737年,它为那些需要品官担任的职位提供的官员几乎不超过2.5%;经学考试(明经)产生的官员是其两倍。最高的时候在9世纪,及第者也许已经占流内官的15%。② 与其他出仕方式以及成为一个社会身份群体的成员的方式相比,通过科举并不是一条获得资格的方便途径,③但是只要及第,通过吏部选拔和获得任命就会相当有把握。还有,尽管州郡的学生也许不如首府的学生那样具有有利地位,但他们的确能参与首都的考试,并与权贵建立联系。④ 及第身份还使一个人有资格得到"清"职,这通常是为出身好的人所准备,因而帮助地方家族打破了只能在低级的地方机构出仕的常规。⑤ 即使是士族地位毫无争议的家族,像博陵崔氏,也发现科举为他们与自己接近的家族的后代提供了竞争优势。⑥ 我们也许注意到,作为一个列入贡籍的生员,即使没有及第也受到重视。它可能是所有家族的

---

① 仁井田陞《唐令拾遗》第244—245页列举了《六典》738或739年一段记载;与黄清涟的《唐代文官的选任》第20页互参。
② 杜希德《唐代官制》第48—49页;黄清涟《唐代文官的选任》第34页。
③ 见对杨玚意见的讨论,见本书第61页注③。
④ 杜希德《唐代官制》第27—31页)注意到737年以后,州得到许可,可以荐送比规定名额更多的进士。
⑤ 杜希德《唐代统治阶级的组成》第76—79页。
⑥ 伊沛霞《早期中华帝国的贵族家庭:博陵崔氏个案研究》第104—105页)发现我们所知的那些崔氏家族成员中30%—50%都应举及第。

子孙在进入仕途前的操演手段,一种接受一点首都文化的方式,以及最重要的、建立关系的手段。无论及第与否,学问上的成就都能得到展示,并引起选官者的注意。不管我们如何来描述这个学生圈子,它的存在本身就表明许多人认为做一个学生本身就有社会价值。

重视为学的才能是一种挑战,它挑战那种认为只有门第才能使人有资格做官的言论。在玄宗朝,它也变成了一个党派之争问题。① 比如,在玄宗朝的前期,文学家张说为朝廷显要。张说的传记记载他"引文儒之士,佐佑王化",并贬低那些缺少学问和文学才华的人。② 考虑到737年那些有资格进入流内官的人数,对那些单纯倚仗学问的人所表现出的任何偏爱只能是以损害那些通过门荫入仕、通过门第占据显要的人为前提。在713年的士族名单上,在好家族之外,那些拥有学术成就的家族被包括进来,这表明上述的情况已经开始出现。只要文化不再是世家大族的专利,就有可能将士看作是一个已经获得或正在获得政府职务所必需的学问的人,而不考虑他的家庭背景。

这种制度安排允许世家大族永为精英,但不能保证他们的后代在九品中为官。同时,这些制度创造了一个与政治有关的、被正式承认的圈子,其人数比九品中的官员人数要多得多。登记在737年的名单上的13.7万人,有多少比例出自《氏族志》上的家族不太清楚,749年只登记有398个士族,即使他们由几千个家族组成,如何能凑足这个总数。如果那些在这个圈子里的人,即使不属于一个品官家族也能自认为"士",那么世家大族的身份和士的身份就不再是一回事。有这么多人打算服勤国家的职事,并且能够完成国家的行政和文化角色,那么声称自己出身高门,不过是自己替自己证明,士族垄断权力是合理的,无论是士族作

---

① 蒲立本《〈安史之乱的背景〉第47—59页》用材料证明,那些出身世家大族的官员,与家世低微、却通过注重文学的科举考试跻身高位的官员之间,在政治上互有敌意。对这一问题更详细的讨论,见杜希德《玄宗》Hsüan-tsung)。这场争论始于7世纪,对此的讨论,见何汉心《中国7世纪后半期的文官》。
②《全唐文》卷97第3049页;与蒲立本《安史之乱的背景》第50页互参。

为一个整体来垄断,还由士族中的某一群体来垄断。那些曾经使世家大族自异于人的属性——他们的政治和行政传统、文化、伦理标准——不再为其所独具。安禄山叛乱以及地方权力的兴起解除了这种压力,并逐渐使门第变得无关紧要。①

这一切是如何发生的,现在可以简要表述如下:地方权力的兴起,特别是那些有权独立支配军队和地方赋税的节度使的兴起,军队的发展,有任免之权的财政机构的发展,这些都为怀才不遇的人提供了机会。地方官经常无视朝廷和官场的规定,独立行使任官权,在唐朝的选官体制之外,将实际的职务任命给地方上的人和军队统领。② 安禄山叛乱一下子剥夺了朝廷主要的赋税基地,纳税之家,在 755 年朝廷有 900 万户,而在 760 年朝廷拥有的还不到 200 万户。③ 地方官对地方财源的占有使财政复苏更加艰难。国家不能控制贸易和掌握土地,这使得个人囤积财富和土地得不到限制,削弱了国家的财政基础。这进一步干扰了社会秩序,因为新的家族靠财富和旧家族竞争;它削弱了政治的权威,因为家族发现他们能获得财富,而不必先获得政治地位。有权力的财政机构试图通过对贸易和家庭全部财产进行征税来适应新的现实,而且在这样做的同时,它们也就允许经济的私人化继续下去。此外,他们建立了他们自己的半自主的官僚机构。在动乱后的一个世纪,朝廷的官僚集团不能对帝国内政治权力和财富分配的现实作出反应。④ 最终,尽管地方藩镇并不否认唐朝的王权,但朝廷真正能够影响的地区急剧减少。比如,东北的藩镇在叛乱被镇压之后,就保持了他们对中国北部平原大部分地区的自治。身处西北的朝廷越来越依赖淮南以及江南的大部地区。这里现

---

① 正像杜希德所写的:"唐宋转变的关键就是,人们越来越不能倚仗门第来要求特权。"
② 关于这些及相关的发展,见查理斯·彼得森(Charles Peterson)《中晚唐的朝廷与地方》(*Court and Province in Mid-and Late-Tang*)。
③ 杜希德《唐代的财政管理》(*Financial Administration under the Tang Dynasty*)第 17 页。
④ 所有这些问题在《唐代的财政管理》中都得到详细的讨论;又见杜希德《晚唐的地方自治和中央财政》。

在是一大批避难南下的富裕家族、官僚和贵族的目的地。①

毫无疑问,那些在地方掌权者手中找到工作的人,有些人的家庭在传统上不属于职事官的圈子,但是那些没有希望跻身中央职位的富余子弟,以及一些担任特殊职务的官员,他们都被陷在不体面的地方职务里,在地方谋职的更可能是这批人。不管怎样,中央集权的瓦解,意味着不再可能有一个由名门望族所左右的单一的国家官僚集团。在由朝廷任命的地方统治集团之外,开始出现了一个叠床架屋的地方统治集团,这个集团要依靠其属下的忠诚和才干才能存在。在这种背景下,一个人郡望(choronym)名声的重要性要小得多。在朝廷中,来自世家大族的人比起755年之前,在更大的程度上支配了最高的职位。② 但是在整个唐帝国的世界中,他们家族的位置由于朝廷权威的缩小而受到限制。那些为地方掌权者工作的世家大族并不帮助保持门阀制;他们保护他们自己的财富。由于没有地方经济基地、独立的军事权力,或者特殊的能力,这些世家大族只有在朝廷控制职官和财富的情况下,才能作为一个独一无二的特权群体而存在。社会精英要有名有实,就必须有一个社会统治集团。有些人确信,唐朝政府度过时艰,说明它有可能恢复这个统治集团,即恢复那种由世家大族为顶点的统治集团。唐朝907年灭亡,这使得那些标榜门第的人,不得不乞怜于那些不享有他们那些特权的统治者。然而人们还是保留了这样的观念,即认为应该有"士",社会上应该有家族群体,这些家族拥有志欲服勤国事的受过教育的人。

姜士彬在他关于赵郡李氏的研究中,认为李氏之所以能在失去独立性之后存在这么长的时间,是因为世家大族代表了社会秩序。"所以,从某种意义上讲,赵郡李氏能够继续存在是因为他们的同代人,出于对一个清晰界定的社会精英阶层的需要,不愿让他们消失。那种社会地位要由出身和官位共同决定的旧的社会制度,还没有被新的制度完全取代,

---

① 青山定雄对宋代官僚家庭的研究,提供了大量富裕的家族和士族南迁的例子;这个研究在本章下一节讨论。
② 姜士彬《中国中世的门阀政治》第138—139页。

在这个新制度中,地位高低只由官位决定。只要旧的态度还存在,就会有人需要'世家大族。'"①这些世家大族本身就是一个文化结构,而姜士彬指出,这是它最大的弱点。"而士族——作为一个观念而不是生物实体的士族——之所以脆弱是因为到最后它只是一个观念。它是一个没有强大制度去实体化的观念。而且它是一个从没有发展出意识形态基础的观念。"②伊沛霞在她关于博陵崔氏的研究中指出了这个问题的另一方面。门阀变得脆弱是由于他们声称是由于成就而不是通过"他们出身的荣耀"而成为精英。因此,他们为其他人仿效他们打开了途径。

另一个经常被人想起的理想,是关于士大夫这些有文化的绅士官员的。在南朝,门阀自认为是士,为这个术语赋予了排他的、可以承袭的内涵,北方的门阀直到隋唐还在继续使用这个内涵。然而士是一个模棱两可的术语:它指称最高的社会阶层,但这个阶层包含的对象是宽泛还是狭窄,不同的人有不同的看法。除非门阀能够防止别人模仿他们的方式,否则倚仗其文化的优越性来获得合法性是很不够的。其他人也能自命为士。③

从这个观点来看,作为士的门阀碰上了一个基本的矛盾:因为自己文化上的成就,他们希望被看作最好的家族,但是通过把身份的特权建立在文化之上,他们就为别人宣称自己同样优秀网开一面。

但是,作为观念的士族的确可以从意识形态上被证明为合理,尽管这不是从道德—哲学去证明,而且士族家族的确具有一个合法性来源,甚至在那些没有他们的门第的人与他们竞争文化成就的时候也是如此。在两种情况下,问题都是一样的。能够证明世家大族的特殊地位的是政府和社会赋予悠久而显赫的门第的价值。但是赋予门第的这些东西,不

---

① 姜士彬《一个世家大族的最后岁月:晚唐宋初的赵郡李氏》第 42—43 页。
② 姜士彬《一个世家大族的最后岁月:晚唐宋初的赵郡李氏》第 48 页。
③ 伊沛霞《早期中华帝国的贵族家庭:博陵崔氏个案研究》第 119 页,宇都宫清吉《中国古代中世史研究》第 618—654 页)提出了类似的观点。

过是特别地显示了唐代政治、社会和文化中普遍为"传统"赋予的内容,这种赋予对"儒士"、佛教徒、道士都是一样的。唐人为传统赋予的一个意义是,过去应该指导现在,那些拥有最悠久和最好的过去的人应该成为当今最好的表率。来自这些家族的学者能够总结学术的价值,颜之推就是这样做的,他同时仍然宣称像他这样的人,由于其家族的传统,已经拥有了衡量文化成就的标准。问题在于,虽然唐王朝是一个保守的王朝,它创建了一个统一的社会政治秩序,这个秩序将保护传统,提炼它,并将它的好处扩展到全体。从某种意义上讲,它将焦点从保存传统转向了获得传统,以便那些没有门第的人开始认为他们能够享有士的传统。

由此可以清楚地看出,对门第价值的削弱,就是对赋予传统的价值进行消解。新兴的军事藩镇对传统和它拥有的一切充满敌意。或者说得好听一点,他们对传统的信奉要比朝廷弱得多。但是,在叛乱之后学者们同样对延续其政治、社会和文化传统的意义表示疑问,正像佛教中新禅宗在佛教内部置疑传统。唐朝灭亡结束了始于魏晋的中世社会。五代在为创建新的社会、国家秩序打开大门的同时,也使中国社会不再可能回归中世社会。

宋朝的建立与士的再度出现

到 11 世纪的第一个十年,士已经成为宋朝的社会政治精英。但是在 10 世纪 30 年代五代十国期间,这还不一定能被预料到。宋朝的立国之君将士从政府的所有政治群体中单独地区分出来,作为他们特殊偏爱的对象,并将对士的支持制度化。要理解为什么这些立国之君支持士,我们有必要了解他们的目的以及当人们不再能靠好的门第而通行无碍的时候,士作为一个概念和一个社会群体,究竟发生了什么。

宋朝的立国之君,赵匡胤(太祖,960—976 年在位)和赵匡义(太宗 976—997 年在位)兄弟是武将,他们最重要的支持者(亲信)是武将,他们在这样的一个世界中长大,在这里,一个人的政治权力显然与他们对军事力量的控制紧密相连。王赓武(Wang Gungwu)和埃德蒙·沃西(Edmund H. Worthy, Jr.)已经证明,一些对于统一北方极为重要的政治制度就产生于地方的军事政府或者那些允许非官僚篡夺官员权力的机关。王赓武已经表明,那些成为五代皇帝的藩镇是如何将用于管理地方行政的僚属转变成具有广泛的行政与军事权威的宫廷长官。他描述了藩镇私人部队向皇帝的军队(侍卫禁军)的转变,侍卫禁军能够吸收其他藩镇的部队,他还描述了皇室控制下的殿前军的建立,殿前军是为了防御禁军的威胁。① 追踪考察这两者在宋代的发展,沃西展示出两位篡夺了后周(951—960)政权却继承了它的政策的宋代立国之君,如何成功地建立起对这些中央机构的直接控制。以此为基础,他们接着控制了南北方独立的国家,并重申了中央对地方政府和财政的控制。②

宋太祖十分擅长在履行权力的同时保有对权力的控制,他靠着这样的素质从这些事件中脱颖而出。他对于军事的控制印证了这一点。在通过控制殿前军而篡夺了王位之后,太祖要保证今后不能有军队将领效法他的行为。他不是通过创建一个新的军队组织来实现这一点,而是在军队中重建了上令下行的指挥系统,通过让关键职位空缺或者将它们任命给品阶相对较低的官员,以及将地方最好的部队抽调上来。他亲自审查他的将官并要求他们控制其下属。③ 战役的战术在首都制定,而且奔赴疆场的出征部队是由来自不同将领率领下的部队组成的混合队伍,部

---

① 王赓武(Wang Gung-wu)《五代时期北方中国的权力机构》(*structure of power in North China during the Five Dynasties*);关于他的结论的概述,见第2—6页;第205—206页;关于藩镇僚属和皇帝的内诸司使之间的类似,见第153页。
② 沃西(Worthy)《中国宋朝的建立,950—1000年:军事和政治制度的综合变化》(*The founding of Sung China, 950—1000: Intergrative Changes in Military and Political Institutions*),第五章是关于枢密院的历史,枢密院是最重要的宫廷机构,在宋代以前是一个军事秘书机构,或者说秘密机构;对其权威的有效限制使它降为一个军事部门(这是对宋代这个机构的标准翻译);第3—4章是关于皇帝的禁军,以及用殿前军进行控制,请参见;关于地方的政府和财政,见第6章。
③ 沃西(Worthy)《中国宋朝的建立,950—1000年:军事和政治制度的综合变化》,第138—181页。

队中配有不受战地指挥官指挥而直接向皇帝汇报的监军。① 分散权威的政策在朝廷也被施行:枢密院,这个五代时期的重要的宫廷机构,被剥夺了它在文事方面的权威,并且宰相被剥夺了参与军事决策的权力。② 对于残留的四十多个节度使,他不是将他们取消,而是将其调到新的地区,并逐步剥夺其下属的州郡,这个官职不久就只是徒有虚名。③ 沃西提出了一条材料来证明他对于一个传统观念的怀疑,这个观念认为宋朝建立的最初阶段是文对于武的胜利,因为太祖对军事一方面削弱,一方面更多地利用奖励和任命之权来控制它。他喜欢实干家,而不是有文化的人。而部队正是优秀实践家的渊薮,他们的成就已经被实践证明。而且,正像沃西所指出的,当他的弟弟太宗继承皇位完成了统一,他表现出对"文"的特别偏爱。④ 他比太祖更多地帮助促成士的回归。

要明白为什么太宗将"文"与士等同起来,以及为什么士也许看起来好像是致力于宋代统治制度化的人,我们需要明白他们在五代的政治社会中处于什么位置。首先,在北方,尽管中央集权在增长,来自广泛背景的人还是通过各种途径跻身政治高位。个人和家族的关系,从军经历,财富,地方权势,行政专长,以及教育,都被那些希望享有政治权威的人利用。在节度使一级和在中央,战争和权力的频繁更迭,使仕途开放并保证其在有权势的家族之间流动。研究唐五代和宋朝历史的有关人物传记,都会印证这种流动性,并证明发迹掌权的绝大多数人拥有军事职位并来自那些有武职传统的家族。⑤ 其次,那些在晚唐和五代为官的北

---

① 沃西(Worthy)《中国宋朝的建立,950—1000 年:军事和政治制度的综合变化》,第 181—195 页。
② 沃西(Worthy)《中国宋朝的建立,950—1000 年:军事和政治制度的综合变化》,第 238—245 页。
③ 沃西(Worthy)《中国宋朝的建立,950—1000 年:军事和政治制度的综合变化》,第 272 页。
④ 沃西(Worthy)《中国宋朝的建立,950—1000 年:军事和政治制度的综合变化》(*The founding of Sung China*,950—1000:Intergrative Changes in Military and Political Institutions),第 296—311 页。
⑤ 沃西(Worthy)《中国宋朝的建立,950—1000 年:军事和政治制度的综合变化》,第 298—311 页。以孙国栋和西川正夫的研究为基础。

宋优秀士大夫的祖先,多是低级的地方官员,州的僚属,以及在各个朝廷中的文官(civil-official)。换句话说,在朝廷和州一级,已经有了与军事家族明显不同的家族,他们具有这样的传统,即占有那些需要教育和文学才能的学术和行政职位。① 再次,那些由于及第或教育而担任文职的人,被看做士大夫,并且与担任武职和内诸司任命的各种人相区别,尽管武将和内诸司使在文事上有直接的发言权。军事领袖特别将士视作一个与之不同的群体。②

但是,这些士是谁呢? 我们可以推测,其中许多人来自那些在唐代出了官员的家族,而其中的一些是世家大族。但是除了后唐(923—936)这个沙陀人建立的王朝,进行了一个简单的尝试,没有证据表明在这一时期政治权威试图建立世家大族的统治集团。③ 家谱和有关家世的文字材料实际上是消失了,这表明即使这一时期的士的确将他们看作世家大族的后裔,他们也认为没必要记录下来,以便使自己士的身份文献可征。那些掌权者并不认为建立秩序有必要获得世家大族的支持,这与南北朝

---

① 西川正夫关于五代和北宋人物传记的研究,其中最主要的观点是说北宋文官是五代文官的后代(见《华北五代王朝的文臣官僚》和《华北五代王朝的文臣和武臣》)。王赓武《五代时期北方中国的权力的结构》第 164—167 页)区分了朝廷中的三个主要的群体:内诸司使、武臣和"官僚"。西川正夫和王赓武都认为,如果权力有所限制,官僚是有很高声望的重要的力量。孙国栋对世家大族之消失的探讨(《唐宋之际社会门第之消融——唐宋社会的转变研究之一》),可以为西川正夫对宋代士大夫来源的论点提出进一步的佐证,孙国栋对从唐代到宋代的王朝历史传记做了研究,他的结论建立在这个基础上。铃木隆行对五代科举及第者的研究(《对五代文官人事关系的考察》)也有价值。青山定雄对北宋官员的地区性研究以及衣川强对宋初宰相的研究,提供了大量的例子;这些在本章第二节进行讨论。
② 《资治通鉴》公元 911 年的叙论中就是对此作出区分的一个例子。司马光写道,当刘岩在广州成为节度使,他"多延中国士人置于幕府,出为刺史,刺史无武人"(《资治通鉴》卷 268,第 8742 页)。《旧五代史》有大量的证据表明,这不仅仅是一个宋代的观点,见西川正夫《华北五代王朝的文臣和武臣》第 292—294 页,第 297—299 页。我们也许可以反对说,在由士撰写的列传中,对武人的评价,表明武人不认为他们自己是士,这些评价是士人在为自己说话。然而在这些段落里,与士联系在一起的素质,显然是文,并且正像我们将要看到的,宋代的科举制度明明白白地表示要选拔士人,它就是在考核那些素质。
③ 姜士彬《一个世家大族的最后岁月:晚唐宋初的赵郡李氏》第 67—73 页;孙国栋《唐宋之际社会门第之消融——唐宋社会的转变研究之一》第 232—242 页;西川正夫《华北五朝的文臣官僚》第 205 页。

朝廷形成对照,后者通过家谱的收集和新的士族名单的创建,过一段时间就要标明权力中的变化。① 那些声称自己是或者能够显示出是唐代世家大族后裔的高级官员迅速、急剧地减少。② 许多世家大族中的家族可能在动乱、战争和自然灾害的过程中被毁灭,或者由于几乎没有入仕机会而转向其他职业。但是,也可能他们当中的一些家庭幸存下来,但不再看重家谱,因为门第不再是一个通行证。在传记记录的基础上,我不知道是否能够证明势不可当的社会断序。远祖资料的缺乏以及不能利用旧的郡望(这些无论如何不能反映实际的居住地),都是由于家谱未能得到保存。

　　如果士不被看作是来自古代家族的社会精英,而且现在他们也不是政治中的主要成员,那么是什么赋予了他们与众不同的身份? 有充分的证据表明,对此的惟一回答就是,一些人被看作士,是由于他们的文化和教育。西川正夫的研究表明,文官的地位在五代中不断提高,在研究中,他征引了大量的文献例证支持一个观点,即士大夫等同于文臣或文人。他引用的文献在彼此可以转换的意义上使用了诸如"士"、"士大夫"、"文士"、"儒"、"儒士"以及"文儒"这样的术语。在许多不属于士的人的眼中,做一个士有体面的社会地位,商人、内诸司使以及武将让他们的子弟接受文学和经学的训练,这样的情况不乏其例。有些人甚至认为士大夫的异于众人是因为他们保持了非同一般的伦理高标准。也有证据表明,到五代末年,当权者鼓励人们接受科举教育,并且更加有效地利用及第者充当中央权威的工具。③ 当然,也有掌权者排抑才学之士,也有文官去

---

① 关于从唐到宋家谱传统的中断,见姜士彬《一个世家大族的最后岁月:晚唐宋初的赵郡李氏》第51—59页;以及森原宪司《宋元时代的修谱》第515—516页。
② 关于王朝人物列传如何反映了这一点,见孙国栋《唐宋之际社会门第之消融——唐宋社会的转变研究之一》第245、272、278页。
③ 铃木隆行《对五代文官人事关系的考察》提到这个例子。它特别注意科举及第名额总数的增长(第31页)。

做武将。①

因此，士作为一个概念和特殊的一类家族，通过教育和仕宦的结合存在下来，但是现在，仕宦越来越局限于靠文学式的教育而获得文官职位，这些职位权力较小。士变成一种文化精英，或许是已经成为历史的唐朝的活化石，这些精英由那些重视保持学问传统的家族组成。他们有政治野心，但是，由于缺少政治权力，他们缺乏足够的手段来有效地将他人排斥到其等级之外。②他们对那些缺少他们那种文学才华、历史知识以及全套的传统方式的当权者是有用的。他们是好的下属，愿意将他们的政治热情寄托在那些在上者。武将家族的存在进一步将士区分出来（这种区分是如此泾渭分明），以至于那些从戎的士就丧失了做士的权利。也许我们应该把当一个士看作是某些有野心的人选择的职业，这些人没有武装力量，或者他们的家族无力支配乡里。在有些地方，他们是受欢迎的，比如在典雅的、崇尚文学的南唐（937—975）朝廷。南唐诗人和朝臣冯延巳就告诫他的兄弟：（士修饰文行）"勤恪居职，则宠光至矣，何用行险而图禄利？"③

宋朝国初的君主支持士，我认为，他们这样做是因为士是心甘情愿的下属，没有独立的权力，依赖于至高的权威来获得政治地位，而且他们是出于对文官文化的追求来履行职责，这对于中央权威的制度化，其价

---

① 西川正夫《华北五朝的文、武官僚》第291—299页。王赓武《五代中国北方权力的结构》第169—171页）也注意到让子孙再度为官的例子。而沃西《中国宋朝的建立，950—1000：军事和政治制度的综合变化》第299—300页提供了相反的例子。
② 孙国栋《唐宋之际社会门第之消融——唐宋之际社会转变研究之一》第251—257页）认为，印刷术的传播，与世家大族的消失，使教育变得更加公共，越来越不是私人的家族传统，这就为那些并非出身士人家族的人提供了成为士的机会。
③ 林瑞翰《南唐之经济与文化》第190页提到这一点。通过追求文学和研习经书来确定士的身份，这篇文章提供了大量这样的例子。关于南唐朝廷文化的简要描述，见白润德（Bryant）的《南唐的抒情诗人：冯延巳和李煜》(*Lyric Poets of the Southern T'ang: Feng Yan-ssu 903—960, and Li Yü 937—978*)第16—27页。我们或许可以假设，只要为它广泛的对外关系提供文献上的和合乎礼的依据，当时福建的闽也有为士安排的角色；关于后者，见柯胡（Hugh Clark）《十三世纪福建南部的经济贸易》(*Trade and Economy in Southern Fujien Through Thirteenth Century*)第9—12页。

值之大,无法估量。我认为,利用士来统治,是皇室希望利用有能力却没有权力基础的人的一个例证。正像过去的经验所表明,武将有用,但有潜在的危险。僚属(retainer)和内诸司使以个人关系联系于他们的上级;用他们来统治国家就意味着利用别人的僚属。持续使用地方豪强在其本土充当县级官员,这是五代期间常见的做法,①这可能阻碍中央控制地方资源。进一步说,为了实现他们的政治和社会野心,士倚仗更高的权威去重建一个国家的社会政治统治集团,并把他们自己置于集团的顶端。这样一来,在所有的政治成员中,他们的利益最接近皇帝的利益:两者都相信他们将通过中央集权获益。

  宋朝的立国之君们也许不会不意识到,重建帝国体制是获得稳定与统一的唯一可行的选择。当士在事后得出这样的结论,即由于道德与文化上的优越,他们是惟一能拯救赵氏兄弟的王朝的人,他们未必错误。这样一个判断需要重新撰写王朝起源的历史,以便宣称太祖是他们当中的一员,是一个认识到文、儒和士的价值的统治者。② 事实上,太祖并非出于偏爱而将士大夫单独挑选出来,但是他创造了条件和先例,这些条件和先例能够部分解释为什么他的继任者太宗的确提高了士的利益。

  这些条件包括宋代领土、人口和行政单位的急剧增长。在 960 年,有 111 个州 638 个县总计 967353 户登记在册。在 976 年,即太祖去世的那一年,有 297 个州 1086 个县 2508960 户登记在册。982 年,在太宗的

---

① 西川正夫罗列了 33 位在他们家乡所在的州以外的地方任职的文官,这可以作为证据,说明这并非通常如此(《华北五朝的文臣官僚》第 247—248 页)。
② 例如,范祖禹(《帝学》卷 3,第 1a—3b 页)记录了一些有代表性的事件,诸如太祖在 960 年 1 月、963 年 4 月视察国子监;在 966 年 6 月(译者注:应为 962 年 6 月),"今之武臣欲尽令读书,贵知为政之道";他在 968 年接见一位私人学者;在 968 年宣布宰相"须用读书人";以及在 968 年亲自学习《尚书》。江少虞《宋朝事实类苑》(1145)是一部关于北宋的,内容更加广泛,更像逸闻的记录,它对太祖的军事成就有更全面的记载,但是它编排这些材料,以求表明这些从一开始就从属于他的文治和文化兴趣;见卷 1。荒木敏一在《宋代科举制度研究》中接受了这个看法,并且加以详细的阐释。

统治下,有328个州1200多个县300多万户登记在册。① 太祖曾迅速行动巩固对地方行政的控制。比如在962年,他重新设立了文职的县级行政长官——县尉,这个角色以前一直由地方驻军长官担任。在963年,他开始任命首都官员担任知县,并且出于从武将手中解除财政权力的特殊目的,扩大了对通判的使用。在962年,他下令死刑要在首都复查。② 这些措施实施的时候,征服割据政权的行动还没有开始,朝廷的文武官员不过二百出头,能否控制后周地区还成败未卜。但是征服战争使太祖不可能确切地了解地方的行政单位,以及亲自检查新的任命。我们不清楚在最初的两朝中有多少官位,但是一个可靠的统计计算出,在976年最少不低于1884个,最多不高于5755个。③

太祖让一些亲信的下属担任了关键的州一级的职位。但是对于为数更多的县一级的职位,他继续保留了臣服国家的官员,并常常把他们重新任命到其他割据国家辖地的机构中。④ 这是权宜之计,但是如果政府不想赋予州的官员和节度使以任官权,新的选官机制就是必要的。考虑到朝臣规模之小,门荫是否能提供足够的人员值得怀疑,但是不管怎样,太祖都倾向于减少门荫,并限制他所继承的那个后周朝廷的影响。仍然有胥吏转为品官,但太祖对高级胥吏有疑虑,并削减他们的人数。⑤ 这位开国之君需要有能力的人,有实际办事经验,并且他计划通过来自地方一级的推荐制度获得这样的人。在970年颁布的开创这一制度的诏令有一部分这样写道:"诸道州府察民有孝悌彰闻,德行昭著,擅乡曲之誉,为士庶所伏者,籍满万五千户,听举一人,有奇才异

---

① 古垣光一《宋代的官僚数量:以太祖太宗时代为中心》,第115,119—120页。
② 沃西《中国宋朝的建立,950—1000年:对军事和政治制度的综合转变》第280—288页。
③ 古垣光一《宋代的官僚数量:以太祖、太宗时代为中心》第103页。
④ 古垣光一《宋代的官僚数量:以太祖、太宗时代为中心》,第104页。
⑤ 关于在太祖朝对门荫的限制,见马端临《文献通考》卷35,第324b—c页。同书卷35,第332c—333a页谈到对从胥吏转为品官的限制,400"流外官"的取消,以及用士人充当"堂后官"的建议。

行者,不拘此限。"① 在 975 年,诏令知县"察民有孝悌力田,奇才异行,或文经武略堪任用者"。② 而在 971 年,据报告大约有 800 个空缺。③

因为不能假定士大夫在 10 世纪 70 年代支配了地方的舞台,我们就不能假定那些被推荐的人来自士人家族(假如这道诏书颁布在 1070 年或 1170 年,我们就能做这个假定)。当然,这个政策的目的是寻找那些不是士、没有政治地位的人,尽管士人家族的意见的确举足轻重。这部分是由于太祖已经有一项制度,特别旨在选拔士人为官:即科举制。④ 太祖的科举政策的确宣称要革除过去的弊病,吸引缺少财富和裙带关系的学者。973 年实行的殿试制度赋予皇帝决定去取的权力,使皇帝从希望建立他们自己提拔关系网的朝廷官僚手中,夺得科举控制权。⑤ 这项政策只不过是太祖致力于中央集权的又一例证。殿试明白无疑地是要确立及第由皇帝钦定。这样,那些因此而有资格晋升高级朝廷文官职位的人将明白皇帝是他们的奖掖者,而不是主考官或高级文臣。但是太祖在提高及第者人数方面的失败表明,他并不将科举制度看作选拔官吏以充实地方政府的有效手段。⑥

但是,太宗在科举制度中看到潜力。他于 977 年宣布希望用应试者作为"致治之具",这之后,他立即录取了 109 个进士。两天后,他以诸科重新考试落榜的考生,录取了 207 人。诸科是不太有名的考试,测试对

---

① 《宋会要》选举之三第 2b—3a 页,关于 970 年 1 月 19 日这一条;与占垣光一《宋代的官僚数量:以太祖、太宗时代为中心》第 105 页互参。请注意,与此同时,有命令取消摄官,并禁止州用这种方式填补空缺,摄官是由地方任命的官职,不需要中央承认(马端临《文献通考》卷 38,第 357c 页)。
② 《宋会要》选举之三,第 3b—4a 页,关于 975 年 10 月 13 日这一条。
③ 古垣光一《宋代的官僚数量:以太祖、太宗时代为中心》第 106 页。
④ 《宋会要》选举之三,第 1b—2a 页,时间是 962 年 9 月 1 日。
⑤ 荒木敏一《宋代科举制度研究》。荒木敏一(第 845 页)提出这样的观点,太祖本人读书,但并不喜欢文学写作(这是对学最好的检验)。荒木敏一断言太祖希望偏向"平民",而不是门阀。这种说法忽视了科举只是用来选拔士的。
⑥ 在后周的十年间,共有 104 人进士及第,659 人诸科及第。在太祖朝的前十年里,有 104 人进士及第;诸科的人数不清楚。973 年人数开始略有增长。关于宋代及第者的总数,见贾志扬《宋代科举》第 192—195 页。关于后周的情况,见马端临《文献通考》卷 30,第 282c 页。

某部经书、史书、礼典等等的记诵。他随后下令授予184位至少五次落榜的考生及第身份。① 还有,他立下这样的先例,授予成绩最好的考生"京官"品阶,并任命他们为州的通判;对于其余的人他保证委以优等的职位。② 这是一个非同寻常的行为。首先,他一方面延续五代将及第者任命到地方政府的做法,一方面创下这样的先例,即授予他们当中最优秀的人流内品阶,这些品阶有资格得到提升,就是现在所谓的"在首都和朝廷享有品阶的官员"(京兆官),而不是将他们定级为"有资格被选拔的人"(选人),选人还要颇费周折地争取提升到更高的流品里,以便有资格进一步升迁。(这种情况的背景是地方藩镇割据体制下文官等级结构的一个转变。在九品中,地方官与京官的传统区分被取代,所有九品官所构成的"行政阶层"与由有资格被选拔到高层群体的选人组成的"待选阶层",构成了新的区分,这些选人占据了绝大多数的地方职位。③ 行政与待选官员的比例与8世纪30年代京官与地方官的比例相应,京官一般来讲是那些一至五品的官员,地方官则在其余的品级上。)第二,太宗创下先例,根据科举功名(进士及第最好)以及及第的等级,自动授官,担任实职。这意味着宋朝的及第者,与他们唐朝的先辈不同,不再需要逢迎吏部的要求。士对此作出了反应。在977年,只有大约5000人参加各科考试;在982年出现了1万多人,在992年超过了1.7万人。④

从977年开始,宋代皇帝不断扩大科举制,这在中国历史上前所未有。与此同时,太宗采取行动关闭其他通向文官的途径,并从整体上提高及第者和文官的地位。首先,地方荐士被取消。在976年,太宗即位,根据太祖的荐举政策而被推荐上来的740个人被"试其所学",并且无一

---

① 马端临《文献通考》卷30,第284c页;卷32,第305a页;与贾志扬《宋代科举》第49页互参。
② 马端临《文献通考》卷20,第282c页;与古垣光一《宋代的官僚数量:以太祖、太宗时代为中心》第112页互参。
③ 关于官/差遣的区分,柯睿格(E. A. Kracke)的著作中有介绍,见罗文(Lo, Winston W)《中国宋代文官制度介绍:以人事管理为中心》(*An Introduction to the Civil Service of Sung China: With Emphasis on Its Personnel Adminiseration.*)第51—60页。
④ 贾志扬《宋代科举》第50页。

被认为可取。13世纪的历史学家马端临评论道,这表明仕宦之路向那些"拙于文词者"①关闭。从吏中选拔官员实际上被停止,在989年,吏被禁止参加科举;正像统治者宣称的那样:"科举为士流所设。"这使得文官与担任吏事者的区别如此之大,以至于任何一个来自士家族的人从事吏事就会失去进入正规官员等级的权利。② 同时,具有武官品阶的人的政治角色越来越受到限制。太宗在保持宰相与枢密使的区别的同时,开始任命及第者到枢密院为官,并将武将置于文官的监管之下。在地方上,武将继续担任行政职位,但是现在这些是很低的职位,诸如税站,并从属于文官。③ 最终,由于武阶的声望下跌,由武阶转为文阶的可能性被限制。

这些措施的后果是显而易见的。让文官充当处于支配地位的政治群体,以及让那些由科举之学塑造的士作为文官的最大来源,士再度居于名望和权力集团的顶端。那些有政治野心的人现在有理由去追求教育。然而,在认为太宗出于需要而奖掖文士的时候,我们应该谨慎。一个挖苦的解释是,由于不能摆脱对太祖之死和其即位权力的怀疑,这位新皇帝需要选拔那些被认为代表了更为伦理化的政治风格的人作为他的亲信。但是,这种把太宗的举措理解为权宜之计的解释并不能排除这种可能,太宗看待维护政治秩序的方式与他的兄长太祖极不相同,他相信"学"与"文官文化"对政治前途的意义。后面的章节将举例证明这一点。

对此,只要说一句话就足够了,那就是,在太宗的继任者中,只一代人时间,士就再度成为政治中的支配力量。表2清楚地说明了这一点,此表比较了宋朝第一个世纪的不同时期,及第者的人数与文官的大概人数。但是,对那些以为宋代所有的文官都科举及第的人来讲,这张表有些消息也许很出乎他们的意料,甚至是他们不愿意见到的。

---

① 马端临《文献通考》卷35,第322a页。
② 刘子健《宋人对吏治的看法》(*Sung Views on the Control of Goverment Clerk*)第321—323页。
③ 罗文《宋代文官制度之新见》(*A New Perspective on the Sung Civil Service*)讨论了武臣在文官行政系统中的角色(这些武臣有军事头衔,但其中很多人从未行军打仗)。刘子健《略论宋代武官群在统治阶级中的地位》,探讨了在文治的官僚体制中,武臣地位的丧失。

表 2　文官的数量和科举及第者的数量(997—1067)

年份	文官人数[b]	常科+特奏名[a]				考试时间
		常科及第人数[c]	占文官总数的比例	特奏名总数[c]	占文官总数的比例(%)	
997	1884—5735	5159	274/90%			977—992
1004—1015	5000	8017	160			992—1012
		10922	218			983—1012
1023—1031	9400	3831	40	4444	47	1012—1030
		5559	59	6172	65	1002—1030
1046	12700	5388	42	9411	74	1027—1046
		6236	49	10379	82	1019—1046
1064—1067	12800	4794	37	7722	60	1046—1063
		6159	48	10029	78	1038—1063

资料来源:科举及第者的总数:贾志扬《宋代科举》第 192~195 页;关于 997 年的文官总数,见古垣光一《宋代的官僚人数——以太宗时代为中心》第 107~110 页的估计;关于 997 年以后的文官人数:见李弘祺《宋代官员的统计》;李弘祺还在《中国宋代的政府教育和考试》第 225 页中提供了这些数字;又见贾志扬《宋代科举》第 27 页;以及罗文《中国宋代的四川:中华帝国政治整合的一个个案研究》第 79 页。

a. 特奏名的人数是成问题的。在南宋,即使他们不是自动地被任命到地方政府的职位上,他们也被登记在选人机构。

b. 资料来源中所提供的人数,不是指现有的职位,而是指那些被登记在册有资格被任命的人。那些文官或者是朝官,或者是京官(旧有的九品),或者是"选人"。文职的行政机构究竟有多少个职位不清楚,其中有一些被武臣占据。然而 977 年所统计的人数,是依据对一般由文官所担任的职位的数量的估计,以及一些提到拥有不同品级的官员的总数的材料。1004—1015 年的人数,是已知 1 万个有资格的文武官员的一半。1064 年的人数包括 2700 个朝官/京官级的官员以及 1 万个选人;1023—1031 年,朝官/京官的人数是 2000,假定从那时到 1046 年的增长率与选人的增长率相等,因此推出总数有 9400 人。关于 1064—1067 年,在一处材料提到 2800 人拥有朝官/京官品级,直到徽宗朝(1100—1125),选人的数量才大大超过 1 万人。

c. 对可知的及第者的计算,假定平均每人为官 30 年,我也计算出 20 年一个阶级的总数。

在太宗朝和真宗朝,科举制录取的人数比已知文官的总数要多。因此,11 世纪的最初几十年文官供过于求。① 但是,随后及第者在文官中

---

① 见古垣光一《宋代的官僚数量:真宗朝中期以后人事行政上的新问题》。

所占的比例下降了。这一下降的主要原因并不难发现:那就是门荫的扩大,门荫使一个亲戚有资格获得官阶和任命的特权,即门荫扩大了。按照梅原郁的意见,自太宗朝晚期开始,对亲戚进行荫庇的权力被放宽(逐渐包括了儿子、孙子、兄弟、侄子、外甥以及曾外甥——既有父系的亲属,也有姻亲——有时家庭教师也可以享受),而且这些特权能被使用的机会也增长了。① 例如,从996年开始,门荫能够每年在皇帝的生日时使用,这一措施1056年被废除,此前每年在门荫的名单上都增加300人。此外,门荫还在三年之丧时被恩赐。尽管有资格运用这一特权的官员人数,在全体官员中只占很小的比例,但到11世纪50年代,它囊括了处在六品到七品位置上的人。这样,在很长的期限里,这个小群体能够为数倍于其数量的人保有官阶。而且,一个官员可以荫庇的亲戚的数量,以及他可以荫庇的亲戚的亲疏距离,会随着他官位的增长而增长。尽管一个官员拥有的职位严格对应于他的品级,但是朝廷官员经常持续提升其品级,即使当他们不再在朝廷据有要职也会如此。因此,具有荫庇特权的品级的人总是比朝廷要职的数量所显示的人要多,因为门荫与品级而不是与实际的职位相连,而且被那些临时卸任的人使用。这意味着如果向高品级的提升增加,不管怎样限制对门荫的使用,使用门荫的人数都会增长。这种膨胀,特别是从北宋晚期到南宋,由于门荫被用来为已入仕的亲戚提供升迁的机会而被强化。②

文官对门荫特权的使用,最初并非要为文官政治带来如此的后果。抛开最高的品级,门荫最常见的是用于武将品级的任命(这使得接受者有资格被任命到文官行政的次要位置上)。但是到11世纪20年代,门荫的受益者接受文职任命的请求被许可。然而,武将继续以武官品级的

---

① 梅原郁《宋代官僚制度研究》第423—500页。下面的讨论全部是以梅原郁的著作为基础。梅原郁用英文写成的关于官僚品阶制度的文章是《宋代的文武官员:寄禄官制度》(Civil and Military Officials in Sung)。
② 这样,产生抱怨的原因是,每逢三年之丧结束后,都有将近4000人通过门荫被授予官品(见梅原郁《宋代官僚制度研究》第448页)。

形式接受门荫好处，而且对皇亲国戚所授予的门荫特权，一般采用武官品级的形式，有时这包括了 100 多人。因此，门荫反映了在文官、武官之间增长的分裂。

门荫制度的扩展是跟随科举制度的扩展以及及第文官成为政治的支配成分而出现的，记住这一点很重要。因此，对门荫的使用，帮助了那些已经通过考试的士家族在宦海中立身，但不能促使在 10 世纪 70 年代已经入仕的非士之人保有文职。我认为，我们可以将这些发展看作太宗与士做的一笔交易：作为对他们支持中央政权的回报，他将尽力让他们拥有广泛的政治领导权，而且让他们像唐代的先辈那样，能再次使政治职务成为代代相承的家族职业。后来有一则轶事：太宗向他的大臣宣称："亦为子孙长久计，使皇家运祚永久，而臣僚世袭禄位，卿等各尽心辅朕。"①门荫使用的增长以及在这番评论中流露的态度显示出，那些已经置身于政治体制顶端的士家族，迅速行动起来保护他们的位置并将他人排斥出去。是否一种新的门阀制开始成型了呢？为什么这一点并未发生，取而代之的发生了什么？下一部分将讨论这些问题。

从官僚到地方精英

唐朝立国之君容纳了世家大族，因为他们是强大的；唐朝也削弱了他们的独立性。与此形成对照的是，宋朝立国的情形偏爱士，因为他们相对来讲没有权势而且依附于人。而到了 12 世纪末，士拥有了更多的独立性和地方权力。考虑到士被允许成为文官的广阔来源，在皇权和官僚政体之间权力平衡中的一些变化就是可以预测的，1057 年的科举，由欧阳修执掌礼部考试，就说明了这种转移。太祖建立了殿试以表明皇帝在选士任官上有无上权威，他和他的继任者持续黜落了四分之一通过礼部考试的人，从而使设立这一制度的用意并未流于形式。然而在 1057

---

① 古垣光一《宋代的官僚数量：以太祖、太宗时代为中心》第 107 页，援引了江少虞《宋朝事实类苑》卷 1（译者注：应为卷 2）。

年,当欧阳修改变了取士标准,偏向那些"言义近古"的人的时候,他录取的所有人都通过了殿试,①不管士人的权力如何增长,用于广泛奖掖士人的录取措施和政治设施从反面限制了士人让其子孙在仕途中长久立足的种种努力。甚至像皇帝正在丧失对官僚集团的直接控制一样,官僚们正在丧失将官僚集团的制度利益与家族利益相协调的权力。结果,士越来越以对地方社会的支配来维持其家族的富足,并依赖科举教育作为士的自我认证的必要条件。从一方面来讲,他们的独立性并不对王朝的存在构成直接威胁,正像世家大族的独立性不威胁政权一样;但是从另一方面来讲,他们的独立性意味着政治制度对地方事物具有较少的杠杆作用。这是如何发生的呢?

一些日本历史学家将北宋同唐区分开来,其根据是,在宋代为官是社会地位的基础,这些历史学家曾经将北宋的精英世界称作一个"官僚社会"(kanryō sakai)。② 当然,北宋有一些著名的士人家族代代产生出高级官员。郝若贝确认,有大约五十个这样的家族形成了一个11世纪"职业精英"的核心,他们在决策机构中的代表地位远远超过了他们整体上在官僚集团中的位置。③ 例如,衣川强的研究考察了吕氏家族。④ 吕蒙正(946—1011)在988年成为宰相,正像他的侄孙吕夷简(978—1043)在1029年所做的一样。范氏家族是另一个有名的例子。⑤ 北宋对于入仕的关注普及了思想文化,而最有影响的思想人物,同时也是最有影响

---

① 《宋史》卷155,第3614—3615页。然而1059年的数字表明又回到旧的体制;1057年的先例,直到1070年以后才形成制度(见贾志扬《宋代科举》第193页)。对1057年科举的讨论,见本书第五章。
② 这个观点最早出现在内藤湖南的著作中,关于这一点,见宫川尚志《概述内藤假说及其对日本中国研究的影响》(*An Outline of Naitō's Hypothesis and Its Effect on Japanese Studies of China*)。这个观点在下面提到的青山定雄、衣川强、西川正夫以及梅原郁的文章中,得到了进一步发展。
③ 郝若贝《750—1550年中国的人口、政治和社会转变》(*Demographical、Political and Social Transformations of China 750-1550*)。
④ 衣川强《宋代宰相考——北宋前期》。
⑤ 见杜希德《范氏家族的义庄:1050—1760》(*The Fan Clan's Charitable Estate:1050—1760*)。

的政治角色,范仲淹、欧阳修、王安石和司马光的经历就说明了这一点。①

吕氏以及其他大官僚家族,其中很多居住在首都,其成员获得朝廷高官的频繁程度是无可比拟的。而在北宋出现了一个普遍的信念,即做一个士意味着在政府供职,而一旦一个成员获得了官职,那么一个家族的目标就是要保证在后代中一定要有官员。在一组关于北宋官员的区域研究中,青山定雄举出了大量不太有名但仕途顺利的家族的例子,特别是在南方。他认为官僚集团到南宋末已经"联合起来"。② 青山定雄的发现表明,作为地方精英的士家族可能得到强化。那就是说,随着时间的推移,那些从某一特殊地方被选拔为官的人,越来越多地来自过去已经产生过官员的家族。韩明士对于江西抚州的研究正表明了这一点。一个相对小型的士人家族群体能够支配州的科举,因此他们本身向仕途输送的人才在当地占突出的比例。如果我们只询问这些官僚的来源,看起来好像在北宋的第一个世纪中,近期内没有产生过官员的家族还有可能自命为士。但是随着时间的推移,这个家族圈子在相当程度上成功地排斥了新成员加入其中。正像韩明士所指出的,1148 年和 1256 年,超过 50% 的及第者并不是直接出自前三代官员的后代,这个事实曾经被柯睿格(E. A. Kracke, Jr)作为社会高效率流动的证据,但如果考虑到旁系亲属和姻亲(affines),这个证据的重要性就打了折扣。③ 然而,对于我要讨论的问题,询问官僚集团的来源不如询问另外几个问题更切近,即一些家族如何成为官僚家族,为什么官员的后代最终不能维持官僚家族,以及在这些情况下,他们如何努力维持士的身份。

---

① 如果反过来,朝廷的领袖作为知识分子的表率,这也是不真实的。学者对公共事业的关心,意味着北宋朝廷与南宋朝廷相比,仍然对思想生活有更大的影响。
② 青山定雄并没有询问有多少男性后代做了官,而是在询问那些做官的人是否和官员有联系。关于青山定雄的文章,请见《参考文献》第 457—458 页(原书页码)。
③ 韩明士《官宦与绅士:两宋抚州、江西的精英》(Statemen and Gentlemen: The Elite of Fu-chou、Chiang-his, in Notheren and Southeren Sung China)第 34—41 页。关于柯睿格的讨论,见《中华帝国科举考试中的家世与才学》(Family vs. Merit in Chinese Civil Service Examinations under the Empire)。

我将通过对晁氏之兴衰的讨论来回答这些问题,并藉此展示为什么士变成地方精英。晁氏家族是一个成功的官僚家族,我们有可能为它建立一个从10世纪到13世纪,跨度为十代的相对详细的家谱(参见附录中该家族的家谱)。居住在开封及齐州附近的晁氏家族,在许多方面接近吕氏和范氏家族,尽管它只产生了一位宰辅成员,而且只是一位参知政事。①

正像许多在北宋早期建立了成功的官僚家族的人一样,晁氏来自北方,而宋代前三朝(960—1022)中的103位宰辅中只有11位不是来自北方。② 比如,B系的晁宗悫在1040—1042年之间在吕夷简手下担任参知政事。正像许多在宋代最先产生出著名官员的家族一样,这个家族在五代的历史是不清楚的。家族始祖晁宪,除了姓名以外,其他情况概莫能知。而他的儿子晁佺(约904—?)从河北东路澶州的清丰迁居到京东西路徐州的首府彭城。他的第二个儿子晁迥(951—1034)在朝廷为官,这个职业使一些家族成员定居于首都开封,其他人在同是位于京东西路的济州巨野购买土地。巨野距开封大约150公里,坐落在一个湖边,这个湖有一条河与开封相连。这个家族的成员逐渐也在济州的金乡县和任城县置地居住。

晁佺第二个儿子晁迥在980年及第,随后他在朝廷的文学和学术职位上迅速升迁,这表明其父晁佺本人是一位有学问的人,这个家族在五代期间就获得或已经保持了士所拥有的文官—文学教育。晁迥是宋真宗的宠臣。他的儿子晁宗悫,同样在文学之臣的位置上升迁。宗悫从未及第,然而他利用他的文才步步高升。他是他父亲的儿子,而且模仿他

---

① 我选择晁氏家族,因为它是一个记载最完整的例子,它是一个大的官僚家族,有很强的文学学术传统。王德毅《宋代澶州晁氏族系考》,把晁氏的成功很大程度上归因于他们的思想传统。李弘祺(Lee Thomas H. C.)《宋代官学教育与科举》(*Government Education and Examinations in Sung China*)第293—299页列出了八个著名的晁氏官僚家族的家谱图表,这里所讨论的几个观点在李弘祺的图表中也体现得很清楚。
② 这些数字来自杨远《北宋宰辅人物的地理分布》第165、186页。杨远只区分南北,以淮河、汉水为界(四川属于南方)。中书机构包括宰相、副宰相、枢密使、枢密副使。

的父亲反复呈送歌颂王政的文学作品。作为对这两者的回报,他被赐予同进士出身。他的儿子晁仲衍(1012—1053)同样通过门荫入仕并且通过一场特殊的考试被赐予同进士出身。

晁氏通过利用科第和门荫来为其后代保有仕途,这种策略是有代表性的。晁迥获得朝廷中的高官是因为有文才,礼学知识渊博(当时宋真宗视礼为王朝声誉所系),同时还因为与统治者的私人关系。与高官相伴而来的是为亲戚保有官品的权力,正像晁迥和后来的宗愍所做的那样。一般来讲,当子孙可以通过门荫入仕,他们就这样做。① 而为了鼓励士优先为宋朝服务,官员升迁任命的规定就被调整得歧视门荫入仕者而偏向有功名的人。由于朝廷官员看到他们对门荫的利用削弱了子弟的入仕前途,因此他们在限制之外去寻找出路。一个解决方法就是创造各种各样的方式以求被赐予同进士出身,从而使他们以稍次的方式跻身及第者的入仕道路。② 宗愍和仲衍被赐予同进士出身,这使他们有资格得到较高的提升和任命,使他们很可能有机会也得到相当多的门荫特权。对于那些没资格享受门荫的人,或者那些认为他们可以凭自己的力量来创造的人,就可能坚持要求获取功名,就像晁宗简(卒于1044年)所做的那样。在有些情况下,一个通过门荫获得品级的人还要争取功名,晁仲衍的儿子晁端彦(1035—1095)就是一个例子。从某种意义上讲,晁氏是不寻常的,他们显然没有应试记诵经典的"诸科",尽管一般来讲,即使是这些科目的及第者也比门荫入仕的人拥有更多的优势。③ 这种回避也许是因为这个家族的传统尊重文才学识,从总体上讲,在真宗朝文才学识

---

① 在重新考察了宋朝宰相200多个儿子的列传之后,梅原郁《宋朝官僚制度研究》第476页)发现宋朝宰相90%的成年之子通过门荫做官;只有10个人获得了科举的功名。
② 《宋朝官僚制度研究》,第470—473页。
③ 青山定雄《宋代华北官僚的系谱》第3部分。这篇文章对晁氏家族有一段叙论。在他所有的文章里,青山定雄总是强调在维系官位的过程中科举与门荫联系在一起的角色。有些晁氏成员的确以"诸科"中举,而我们只不过是缺少这些人的个人材料。但是我们所掌握的例子里,没有任何一条提及其成员获得"诸科"的功名(第四代中的大多数,以及第五代中的一部分,是在"诸科"仍然存在的时候开始入仕的),这是不同寻常的。

逐渐被南方人所支配。①

一旦他们被塑造成士大夫家族,被安置在开封那所皇帝赐予的宅邸中,受到真宗和仁宗(1022—1063年在位)的宠眷,晁姓人是希望他们的子孙出仕的。第一代晁氏人的墓志谈到他们年轻的子孙"尚未出仕",这无疑是认定晁姓子孙当然会出仕做官。这种情况并不总是发生。比如,C系中的晁仲询在太学中学习了十年,没有通过科举考试,返回巨野致力于生财之道。作为他这一代中最小的成员,而且出自一个不太成功的支系,他也许没有什么选择,只能用力于举业。然而退隐并非容易之举,仲询的传记说他感到自己已经不再是一个士,因为生财非"士之肖也",而只应是平民百姓所为。他对出仕的认同是强烈的。

对于北宋的官僚家族,政治上的成功是社会关系的基础。晁氏人与他们在官僚集团中的同事保持紧密的联系。他们与吕氏家族的友谊始于晁宗愨在吕夷简手下为官之时,并持续到北宋末。尤其是他们娶官员之女并把女儿嫁给官员。② 即使是富有的晁仲询,这个放弃了仕途的人,把他六个成年的女儿都嫁给了官员。他们开始不是这样。第二代的晁迥和晁遘与张氏结亲;晁遘的妻子可能与晁迥的妻子有亲戚关系,张氏来自一个没有为官经历的巨野地方家族。另一个在巨野地方联姻的例子发生在第五代(晁端本),但在这个例子中女方的父亲是一位官员。晁氏第三代转向与国家官僚结亲,当时晁宗愨就娶了一位王姓姑娘,她出自后周和北宋朝廷学者太原王溥(922—982)之家。实际发生的联姻的例子也许比记载的要多。A系与杜氏有几次结亲:晁仲参和晁端本分别与高级官员杜纯(1032—1095)和其子杜开结亲,而且晁补之娶了杜姓之女。所有三个支系都与闾丘氏结亲(宗恪、端中、损之以及仲询的三个女儿)。晁氏的婚姻扩大到北方人以外。晁仲参的另外一个女儿嫁给范纯粹(1046—1117),苏州范仲淹的第四个儿子;晁端仁娶了杭州叶氏之女;

---

① 杨远《北宋宰辅人物的地理分布》第150—153页。
② 关于精英联姻更多例子,见郝若贝《750—1550年中国的人口、政治和社会转变》第411—413页。

晁宗恪的长女嫁给江南西路建昌军的曾巩(1019—1083)。简言之,晁氏的婚姻模式是扩展于全国而非局限于地方的。郝若贝和韩明士认为这是北宋官僚家族的典型婚姻模式。在全国范围内联姻,事实上就是官僚联姻,建立同人之间的关系网,这对于以仕宦为业的家族来讲是必要的。①

在某种程度上,一个家族要代代仕途亨通,就要培养出有才华的子孙,这些子孙的才能对政府有用。尽管晁氏作为行政官员、法官和财政主管而享有声誉,但这个家族首选的职业道路是文学学术。正像晁补之在11世纪末回忆的,在其家族中以死谥文元、文庄而知名的晁迥和晁宗悫,以其"文学政事"立身朝廷。② 晁氏还在开封聚书建立了藏书楼,这是当时最大的私人藏书楼之一。③ 晁氏第五代人成功地金榜题名,这与其藏书的传统有极大关系。文学学术传统上是通向朝官和决策职位的路径;太宗、真宗和仁宗曾经特别努力地奖掖文才。这个家族的声望助了一臂之力;例如:晁宗悫击败了更有资格的其他候选者,被任命到知制诰这个显赫的位置上,而这模仿了唐代的一个先例,即在这个位置上子承父业。④ 在12世纪晚期和13世纪早期,当这个家族已经没有什么政治力量的时候,人们提到它仍然会强调它的文学家族传统。这个传统在南宋仍然存在,当时它的第七代子孙晁公武创作了著名的书目。⑤ 在宋代,还有其他的专门职业,比如郝若贝就曾讨论过理财一途。⑥ 并不是所有主要的官僚家族都具有学术传统,而且不是所有有学术传统的家族都像晁氏这样文采风流。比如说,吕氏家族的学术传统最初就更

---

① 韩明士《官宦与绅士:两宋抚州、江西的精英》第116—123页。从选人这个级别提拔到"京官",需要寻找举荐者(这些人反过来要为自己举荐的人的过失负责),这是说明关系网在官场上很重要的一个例子。
② 晁补之《鸡肋集》卷65,第510页,作于1093年。
③ 孙国栋《唐宋之际社会门第之消融——唐宋社会转变研究之一》第257页;潘美月《宋代藏书家考》第129—130页。
④ 《宋史》卷305,第10087页;《宋人轶事汇编》卷6,第220页。
⑤ 晁公武《郡斋读书志》。
⑥ 郝若贝《中国北宋的财政、科举和经济政策的制定》。

倾向于行政方面,尽管到南宋,它学术上的名声已经超过了它的政治影响。①

晁氏成功的关键因素是在理论与实践上持久地认同家族的团结。已经有人指出,宋代士大夫的宗族倾向于包括所有亲戚,不论其政治成就如何。②晁氏人按照世系记录了晁宪以后九代人中所有留下姓名的子孙,这个姓名世系就从理论上说明了他们对家族团结的认同,要编这个世系,就必须承认大家同宗同族,这一点北宋的晁氏人都很了解。他们通过姓名和用以确定在同一代中长幼身份的行第来相称,而且他们至少在八代以前都要避免重名。③实践上的认同,就是为亲族后代提供实实在在的支持,最有名的例子是范仲淹,他创办了一处义庄来帮助所有的后代。④没有记载表明晁氏试图将田产托管,但是他们的确在开封和济州帮助他们的亲族,而且那些拥有门荫权力的人也让其旁系亲属来享受门荫。这个家族比附录的家族谱系表中所显示的要大得多,因为晁补之承认在1107年有500个人(包括妻女)。⑤而且在北宋他们彼此相知而且彼此留意;尽管其中有些是巨野晁,而有些是开封晁,但他们自觉地认同为一家人。⑥他们还记得他们是如何发家的,因为在所有三个支系的后代的传记中都回忆了晁迥和晁宗悫作为家族的缔造者的赫赫之功。

---

① 衣川强《宋代的名族——河南吕氏》第159页。
② 伊沛霞《早期继嗣组织的演变》(Early Stages in the Development of Descent Group Organization)讨论了这种长期的发展,特别集中在家族的礼制为对待亲属的新态度提供的依据。关于宋代新做法的一些特例,见姜士彬《一个世家大族的最后岁月——晚唐宋初的赵郡李氏》第75—97页。
③ 在晁补之、晁宗之和晁说之的文集中,很多诗的标题中有用年辈排行来标记晁氏族人的例子。
④ 杜希德《范氏家族的义庄:1050—1760》。
⑤ 晁补之《鸡肋集》卷31,第209页《积善堂记》。
⑥ 在南宋,晁公武和晁公迈称他们自己是昭德晁氏,是继居住在开封的晁迥和晁宗悫之后居住在开封府昭德县的晁氏。例如,见晁公武《郡斋读书志·序》,这篇序言的宗旨就是强调和晁迥、晁宗悫的亲属关系。

晁氏为维系其仕途上的成功所采用的态度与做法并非独一无二。除非官僚集团迅速发展，否则他们持续的成功当然只会将职位从其他求仕者手中夺走。制度程序与家族利益之间潜在的冲突，是与官场职位的有限与生俱来的。而在回到这个话题之前，我想稍微说几句题外话。宋代最成功的官僚家族与唐代世家大族拥有某种共性，尽管他们对王朝的支配并未达到相同的程度。郝若贝曾经指出他们事实上是努力延续唐代的传统："这些职业精英声明自己的祖先禀赋卓越，异于常人，不论这些说法是真是假，这些家族都在努力延续唐代的传统。他们使用郡望，在地位身份相同的社会群体之间通婚，强调姻亲关系……并且，最重要的是在政府仕宦中业有所专。"在郝若贝看来，宣称自己的祖先在宋代以前即是高门，是用以界定职业精英家族的一条准则，这些家族居住于京城，在全国范围内通婚，代代为官，并且在 980—1100 年间有好几个时期控制了政府。郝若贝接着排列了一组例子，每一个都用一个唐代世家大族的郡望来彼此确认："他们包括洛阳和开封的太原王氏，开封的河内向氏和河东贾氏，弘农杨氏。"①晁氏却标榜不出世家大族的祖先，郝若贝举例时从不举他们，但青山定雄对北宋官员的研究和衣川强对宋代最初的 40 位宰相的研究揭示出，晁氏宣称自己是拥有大族地位的唐代宰相的后裔。②

这是否意味着到 11 世纪中期，最成功的官僚家族将他们自己看做是唐代门阀制的继续？标榜高门祖先的不实之词本身就表明门阀社会政治图景的迷人，以及甚至要在实践上重建那一观念的努力。这会透露出在最成功的家族所持的关于士的观念中，好血统作为一种品质重于通过仕宦和文化所获得的业绩，这与一般对于宋代好尚的认识正相反。世家大族的门阀统治集团不能重现，毕竟不能证明有些人不努力去重建。但是，在进一步的研究中，看起来 11 世纪成功的官僚家族一般不将他们

---

① 郝若贝《750—1550 年中国的人口、政治和社会转变》第 406—407 页；与第 411—412 页互参。
② 衣川强《宋代宰相考——北宋前期的情况》。

自己看作是一个由唐代传下来的世家大族的门阀统治集团。首先,除了极少的例外,宋代的官僚家族不使用唐代大家族的郡望,他们也不把他们的宗族(lineage)、后裔群体或者服丧圈看做由一个世家大族的郡望所确认的一个更大的实体中的组成成员。而且,对中世门阀社会有历史认识的学者明白,在世易时移的北宋社会,这样的社会是不可能复兴的。①第二,标榜一个大族祖先,不过是标榜自己祖上为官这一普遍现象的一种表现。在宋代的祭文、墓志中,写上自己的祖先在宋代和宋代以前的政府中担任高官是很常见的,这样做是试图界定一下文章所说的官宦之家在什么时候开始产生官员,或者赢得士的名声。有人宣称自己祖上在晚唐五代为官,这比说自己属于一个世家大族的郡望,或者说自己祖上

---

① 对原始材料的更彻底的考察,将表明郝若贝所举出的那些证明宋代的官僚家族声称自己是唐代世家大族后代的那些例子,恰恰为他的论点提供了反证。本书将在其他地方审查他的证据。宋代的李氏声称赵郡李氏是其祖先,在这里,只要注意到姜士彬对此的调查就足够了。姜士彬发现了三条自称其郡望为赵郡李氏的材料。谏官李炳(?—976年)就明确地宣称自己属于李氏家族,但后来有关这个家族的记载使用的是后来居住地的地名,而不是赵郡李氏的郡望(甚至在谁也不怀疑他们是赵郡李氏的后代的情况下,也是如此)。一条作于1085年关于李修(1049—1068)的材料把他归入赵郡李氏的郡望,但对李修家族的其他成员则没有这样做。苏轼的一个后学李廌采纳了赞皇这个次一级的郡望(一个很复杂的策略)。但这是一个标志性的、个人的姿态。姜士彬还注意到,在宋初起家的河内襄氏家族,一直没有襄氏人自称河内是它的郡望,直到南宋,这个家族创建者的第五代后裔才作出这样的声明(《一个世家大族的最后岁月——赵郡李氏》第53—54页;81—85页;90—92页;95—97页)。在这些例子里,采纳一个人族的郡望都是被有意识地用来确认个人出身于唐代名族,但在每一种情况中,显然家族从整体上实际并不使用唐代的郡望。

那些宣称自己是唐代世家大族之后裔的家族,无法保持其氏族郡望的流行(姜士彬确定了五个或者七个这样的家族),我相信,这有力地证明他们意识到自己与过去断裂,考虑到他们想将郡望和居住地混淆起来,也就是他们不太理解郡望本身的意义。这样一来,即使一个家族真的出身唐代某个合法的世家大族,他们也只是努力表明自己是家世悠久的名门显族,产生了很多高级官员,而不是要表明他们这个家族,是某个现有的世家大族众多组成家族中的一员。例如,姜士彬指出,在宋代宣称自己是赵郡李氏后代的人,关心的只是他们自己那一个后代群体,或者说他们那一支;在任何情况下,我们都没有发现,这里所说的那些家族,为赵郡李氏的其他族人和支系考虑,并寻求与其建立起共同的身份。沈括《梦溪笔谈》,也有一处谈到沈括认为世家大族处于互不关心的无组织状态里,杜希德《唐代统治阶级的组成》第54—56页将此译成英文。沈括断言,大族一开始都并非出于华夏,这透露出他对将世家大族作为社会一政治组织的典范(model)的不满。

是出身士族的官员更为普遍。① 然而正像 11 世纪的学者经常提到的,没有几个家族能为他们遥远的家世渊源提供文献证据。② 第三,在许多情况下,经常是一个家族在宋代成为士人家族几代之后,他们才宣称自己拥有显赫的唐代祖先,而且这类说法的数量从 11 世纪中期以后显著增长。在某些情况下,特别是当遥远的祖先被言之凿凿,这种声明就是虚构的;当作者不能写出来自一个相对较近的祖先的后裔的全部支系,这也许是因为曾经被认为无关紧要的资料现在被看得意义重大,但是家族对其宗族却只知大概。在 11 世纪中期,《新唐书》成书,其中有 11 卷是关于唐代主要宰相的世系表,为那些渴望有一个显赫祖先的家族提供了许多资料。③ 所有这些在姜士彬关于赵郡李氏的研究中都谈到了。而且,我没有发现证据,证明宋朝政府试图建立广泛的家谱,或者有兴趣对大的官僚家族排列等第。④ 在证实这个观点上,晁氏是一个例外。就其在 11 世纪的所知而言,他们缺少显赫的祖先:在 11 世纪以前,他们只举出西汉的晁错作为同姓的惟一有名的人。然而到 13 世纪初,一些成员

---

① 衣川强(《宋代宰相考——北宋前期的情况》第 140—147 页)对宋代最初的 40 位宰相的研究表明,有 15 个人声称自己祖上在唐朝为官,其中只有 4 到 6 人是朝廷高官或者是门阀之家的后代;6 个人祖上是地方官,2 人的祖上在节度使的幕府中做幕僚,1 人的祖上是品级很低的军官。其余的人,有 12 人据记载,他们的父祖在五代期间起家,6 人的父祖在宋代起家,有 7 人家世不详。青山定雄(《宋代华北官僚的谱系》第 1 部分)把中国北方的官僚分为三组:宣称祖上在唐朝为官的,这一组又分为祖上在朝为官和地方为官的;五代官员的后代;以及在宋代才起家的人。在他对福建、江西、四川和江南官员的研究中,他遵照了类似的程序。他反复强调那些宣称自己出身唐代门阀之家的人,他们的说法多数是站不住脚的;而说自己的祖上在晚唐做地方官,这样的说法更可靠一些。在有些地方,例如四川(这是唐朝朝廷最后的避难所),的确有很多门阀之家保存下来。
② 姜士彬《一个世家大族的最后岁月:晚唐宋初的赵郡李氏》第 48—59 页。
③ 这显然是很多人宣称自己是赵郡李氏后代中的一例;《新唐书·宰相世系表》的叙论里至少有一次记述了唐代的祖先。有些宋代的官僚家族,其早期成员的列传没有记载他们唐代的祖先,而晚期成员的列传则出现了这样的记载,青山定雄(见他的四川官僚谱系的研究华北官僚谱系的研究之第 1 部分,以及华南、江西和新兴的福建官僚谱系的研究)也举出了大量这样的例子。他还把这种情况出现的时间定在 11 世纪中期。
④ 《太平寰宇记》是 10 世纪后期的行政地理著作,的确把有名的士族按州罗列出来。有人认为是照搬了唐朝的一张名单;见杜希德《唐代统治阶级的组成》第 73—75 页。在 11 世纪 80 年代的行政地理书《元丰九域志》中就不包括这样的内容。

发现了值得被纳入记载的魏和唐的祖先。①

这里的问题在于,人们在确认自己家族身份时,越来越试图追溯为官的祖先,而非世家大族的祖先,以此来证明自己出身于士人之家。是什么促使人们最看重为官?要理解这一问题我们只需回到晁氏家族的历史,寻找它所能告诉我们的,在11世纪的后半期,官僚家族开始面对的问题。这会让我们理解地方精英的出现,并由此对人们为什么标榜显赫的祖先提出一个解释。

在第七代,晁氏家族有500人,晁补之于1107年的文章中,将其家族的增长与其政治重要地位日益丧失作了一个对比。对家族始祖的记忆仍然是很深的——尽管那些活着的人没有见过他们——而且家族的文化传统仍然被保持。但是,晁氏当时不产生高级朝廷官员。第六代人显然已经从门荫入仕转向科举入仕,这表明晁氏的子弟现在不得不在与他人的竞争中独立谋生。尽管他们仍然是有竞争力的,但已知晁氏子弟中获得官位的比例急剧下降。由于入仕的人少了,一个晁姓人升迁到可以获得门荫特权的官位的机会也少了,这反过来又进一步减少了入仕者的数量。此外,由于一些晁姓人明确反对王安石的新法,那些身在仕途的晁姓人更经历了一个艰难升迁的时期。因此,在晁氏作为人口的一部分而增长的同时,他们在士流中堪书竹帛的代表地位在下降。在国家和私人历史记载中很少提到晁氏,这表明从第五代开始,他们在官员圈子中的代表地位衰落了。在11世纪的前半期,我们可以追踪每一代所建立的新家庭,但是对于第六代,我们对其一无所知的家庭的数量急剧增加,这种衰落在1126年北宋灭亡之前就发生了。

如果晁氏计划让他们的后代通过做官来维持士大夫的身份,他们就陷入了困境。像其他一些在10世纪晚期和11世纪早期跻身高位的家族一样,他们从宋初政府规模的扩大中受益,但是政府后来的扩展跟不

---

① 关于北宋晁氏的家世观念,一个典型的例子见晁补之《鸡肋集》卷65,第510页,作于1093年。这是一篇为嫁到叶家的晁姓妇女所写的墓志,它显示了晁氏在当时希望别人如何看待他们。关于宣称自己有唐代的祖先的例子,见楼钥《攻媿集》卷35,第1a页,作于1027年。

上家族繁衍的步伐。问题很简单,而且无法解决:没有足够的职位能够吸收所有成功的士人家族的子弟。

晁氏对职位的短缺无能为力。假如宋代继承唐代建立一个以门第和过去的仕历为基础的门阀统治,那么晁氏就可以很好地在官僚集团中维持。但是政府没有这样做。取而代之的是,朝廷维持了那些以选士任官为初衷的措施,而现在这些措施与最成功的官僚家族的利益对着干。吏与正式的官员之间的区分现在意味着子弟享受不到门荫,或者未曾科举及第者没有更低的政府职务可以充任,至少如果他们曾经希望成为正式官员,他们无法如愿。同样,文武品阶的区分,对于从武职转向文职的限制,以及一般对于军事的歧视,使武官缺少吸引力。① 宋朝没有为官员的子弟安排僚属之职,让他们组成一个有社会地位的群体,尽管门荫的特权在有些情况下被用于武衔。无疑,有些子弟的确成为吏,或者获得了武将品级,充当租税的征收者,或者甚至部队军官,尽管晁氏人是否如此还没有记录。② 科举中的公平规则是要结束宋初的亲属偏袒,在州举行资格考试只不过是鼓励更多有才华的人参加考试。科举制度的确为官员的子弟提供某种好处,对此晁补之曾加以利用,但是这些并不足以帮助他那一代所有的晁氏成员。③

而且,在11世纪,朝廷迫于压力中止了门荫权力的膨胀,在11世纪50年代削减了它。朝廷还着手限制从选人向朝官和京官提升的数量,当上朝官或京官,就有资格获得进一步的升迁并因此获得门荫特权,并且

---

① 在北方沦丧之后,南宋为了发展军事,就试图招纳士人的子孙做官,许诺他们只要有三位文臣推荐,就可以转为文职。这种做法是从1132年的一道诏书透露出来的。这道诏书暂时禁止这种做法,因为科举的应举者取得了武臣的品阶,然后就逃避上战场(《建炎以来系年要录》1132年/7月乙酉)。

② 一位名叫晁会的金朝官员可能是个例外,他据说是晁氏第二代晁迥的后人,是北宋的武进士。如果是这样,那么这个记载就把他的名和字弄混了,公锡应是他的名,这里被当成了他的字。见元好问《中州集》卷8,第5b页。

③ 这些措施包括在京城建学校,以及为官员的子弟所设的竞争不那么严酷的考试(见贾志扬《中国宋代学术的荆棘之门》第61—65页)。

它在1066年将年均提升的人数从250—300人降低到100人。① 向京官品级的提升需要更高的官员的担保——在多数情况下是五位——但是担保的规定也在变化。为了有利于那些身居地方政府高级职位的官员,京官为人担保的权力逐步被削减,而且自己的家族与高级朝廷官员的关系,比起让自己对行政上级更有用已经不那么重要。②

到11世纪中期,北方官僚家族已经将几代人送进仕途,朝廷要让官僚集团全部出于科举,希望自己更能代表宋王朝,这加剧了北方官僚的困境。整个11世纪,新人不断进入官僚集团的高层,尽管数量多少不很清楚。③ 南方以及南方割据王国的文官后裔代表无疑在增长。④ 来自北中国平原以外的官员在文官官僚集团中所占的比例在增长,这在宰辅的领导成员中得到反映:真宗1/5的宰相来自南方,仁宗有2/5,神宗有4/5。⑤郝若贝发现,在神宗手下,决策以及财政机构中在职的南方人的比例与南方人在总人口中的比例相当。⑥ 而且,南方人最初进入仕途,比起北方人,更多地是通过受尊崇的进士考试,并因此必然获得进身的便利。贾志扬曾经描述过在科举中南方的兴起,从真宗手下占进士及第的30%到仁宗手下的50%,到神宗手下的60%。⑦ 几乎所有跻身高位的南方官

---

① 柯睿格《中华帝国科举考试中的家世与才学》第164—166页。
② 柯睿格《中华帝国科举考试中的家世与才学》,第146—152页。
③ 陈义彦《从布衣入仕——论北宋布衣阶层的社会流动》,发现布衣阶层不太愿意提及自己上一二代祖先,这祖先仍是一介布衣。他认为《宋史》有传的1953个北宋人,其中55%是新人。李弘祺《宋代官学教育与科举》第211—213页断言新人所占的比例应该重新统计为32.5%。
④ 正像韩明士(《官宦与绅士:两宋抚州、江西的精英》第69页)所指出的,在11世纪,南宋王朝的前30年中,福州一带的家族自立为地方士人精英阶层中的成员。青山定雄的研究,集中讨论了北宋官僚家族的出现,他的研究中也有大量关于11世纪"新"家族的例子,这些家族完全有理由宣称他们的祖上在宋代以前为官;见他对福建、华南、江西新兴的官僚谱系的研究。
⑤ 南方人担任副宰相和枢密使、枢密副使的比例要低一些(杨远《北宋宰辅人物的地理分布》第165、186页)。
⑥ 郝若贝《750—1550年中国的人口、政治和社会转变》第414页;见第414—416页的数字和分析。
⑦ 贾志扬《宋代科举》第129—134页。

员都是通过文职升迁；而不太被看重的武职，仍然在北方人手中。① 随着官僚集团中南方人数量的增长，北方人的数量在减少。② 南方人的成功也从另一个方面影响了晁氏，因为南方人在与北方人竞争朝廷的文学职位时十分成功。第六代的晁补之通过文学成就而仕途有成，这对晁氏来讲是不寻常的。③

求仕者数量的增长以及已仕者对朝廷职位的竞争，这些对宋代政治的影响在派系之争中体现得很明显，在两个制度改革时期，派系之争是显著的标志，其一是1043—1044年，范仲淹早夭的庆历改革，其二是1069—1085年、1093—1100年和1101—1125年的新法的统治。④ 比如，在1036年，范仲淹指责宰相吕夷简在官员提拔中有偏袒；在朝廷，范仲淹试图限制门荫。⑤ 范仲淹的同道包括了南方人以及像韩琦（1008—1075）和富弼（1004—1083）这样的北方人。他的支持者并不来自主要的官僚家族，而是来自一直担任低级职位的家族。当然，一旦获得了高官和门荫特权，此前的改革者就变成了官僚家族的始祖。韩氏和范氏会逐渐发现，在反对南方人王安石和他的新法中，他们与其他许多出自已经建立的家族的人一起，成了吕氏和晁氏的同盟。新法统治的连续实行扩大了政府的活力，并创造了更多的就业机会。在1119年，在新法推行者蔡京（1046—1126）的治理下，武官的数量翻了一番，达到3万人，而且低级文官（选人）的数量从1万增长到1.6万人。⑥ 但是这对晁氏和其他新

---

① 西川正夫《华北五朝的文臣官僚》第217页）在研究了《宋史》中活跃在北宋后半期的人物的列传的基础上，得出结论说，123位有传武臣中的110位来自北方。总的来看，这一时期有传的690人中，319人来自北方。
② 青山定雄《宋代华北官僚的谱系》第一部分。
③ 杨远《北宋宰辅人物的地理分布》第150—153页，他的研究以《宋史》卷439—445《文苑传》为基础。
④ 我的意思不是说，改革的计划只是为了要官做，因为政策的调整不能从个人利益出发，但是在11世纪40年代和70年代，改革派的领袖是作为在野之士而享有声名，他们站在一批被错误地忽视了的人一边。
⑤ 刘子健《宋初改革家范仲淹》(an Early Sung Reformer: Fan Chung-yen)第108页、第112—114页。
⑥ 李弘祺《宋代官学教育与科举》第225页。

法的反对者帮助甚微。1093年对政敌进行了清除,这之后,紧接着在1102年又有了另一场清除,反对者头目和他们的后代被禁止进入京城,因此使积极有为的官员没有资格提升为京官,他们的子弟不能参加科举。晁补之就被列入官员黑名单;他的堂弟晁说之和侄子晁公迈也被免官。根据郝若贝的统计,正是在这些年间,大官僚家族开始从决策和财政职位上消失。①

由于竞争增长,那些朝廷权要保护他们的职位。比如在真宗统治下,宰相王旦(957—1017),一个北方人,仅仅是以南人不能为相的理由就反对将王钦若(962—1025)提拔到宰相位置上。② 北方人反对南方学者,因为他们过擅文才,缺少对"德行"的关注,他们认为这种德行出自旧家。这是老调重弹,旧的、保守的与新的和激进的之不同就在于是否重"德行"。在993年它就已经出现,比如宰相吕蒙正就劝太宗不要提拔张洎这个"江东士人之俊",因为张洎看重文学超过"德行"。③ 其后,类似的保守观点还可以从司马光和程颐那里听到。那些故家之人还是质疑官僚制在任官方面对及第者的偏向。当另一个被王旦排抑的南方人陈彭年(961—1017),在他简述科举历史时就谈到科举利用文学才能以避免任人唯亲的好处,他这是回应那些将进士功名的声望视为威胁的人,这些人认为它威胁了其他方式入仕的子弟的职业机会。④ 对科举的反对在北宋一直没有停止。有些人抗议说,科举纵容那些算不上士的人假装为士,其他一些人则认为任何及第者都配被看作士。⑤ 在新法前夕,司马光计划只允许由朝廷官员推荐的候选人应举,这当然是一个偏向旧式家族

---

① 郝若贝《750—1550年中国的人口、政治和社会转变》第409—411页。郝若贝强调了新法时期,朋党之争在促使职业精英(professional elite)消失中起的作用。
② 《宋史》卷282,第9548页。
③ 《续资治通鉴长编》卷34,第757页。
④ 陈彭年《贡举叙略》第2008页。陈彭年注意到过分依靠文学技巧的危害,但认为这种危害并非科举制度的必然结果。
⑤ 贾志扬《宋代科举》第39—42页,第55—61页,第66—73页;李弘祺《宋代的官学教育与科举》第150—151页。

的方法。① 王安石则相反,他计划创建一种分级的学校制度以求为政府部门输送人才,这保证了更大范围的士获得成功机会。

简言之,宋王朝没有能够重新创建官员身份体系和行政级别,这些曾经使唐代的家族在国家职务中立身。宋代的制度鼓励越来越多的人求仕,而且最大限度地限制了家族占据仕宦的企图。对这样的家族,问题在于,当他们的子弟不能出仕的时候,如何维持士的身份。考虑一下下面的声明:王安石在一篇墓志铭中写道:"有子三人……皆不使事生产,曰:'士而贫,多于工商而富也。'三人者皆以进士贡于乡而申为太平州军事推官。"杨时(1053—1135)这样自述:"家世业儒,而名不载于农工商贾之籍,惟是专笃于文学。"郑刚中(1088—1154)写给一个想把自己的作品给士大夫看的人:"今之所谓四民者,士则有学,农则有畎亩,皆不游散,四方其游散者,惟工商二流。"陆游(1125—1210)在《东阳陈君义庄记》中写道:"若推上世之心,爱其子孙,欲使之衣食给足,婚嫁以时,欲使之为士,而不欲使之流为工商,降为皂隶,去为浮图、老子之徒,则一也。"②

在我看来,宣称自己祖上为官——特别是宣称在遥远的过去有当高官的祖先这种靠不住的说法——反映了许多家族对于能否继续维持士的身份忐忑不安。而宣称在许多代以前有官位显赫的祖先的确暗示出,这个家族即使不是一直出仕,也能维持士的身份。③ 这在范仲淹撰写家谱的行为中表现得很清楚,这是前几代范姓人不感兴趣的一件事。一方面,它既宣称范氏起源于北方,又说是唐朝一位宰相的后裔,这是回应朝廷中对迅速暴发的南方人参政的敌对情绪。另一方面,通过提醒他自己

---

① 《司马文正公传家集》卷40,第517—522页。
② 《临川先生文集》卷94,第974页的墓志铭。杨时《杨龟山先生全集》卷18,第8a页的书信;郑刚中《北山集》卷5,第14a页的文章;陆游《东阳陈君义庄记》,见《陆放翁全集》卷21,第124页;这些篇章的一部分,程运在《宋代教育宗旨阐释》第93页从一个不同的背景下进行了讨论。
③ 热衷于写墓志的晁补之,把这一点表现到极点,他反复强调一个姓氏在古代的起源,并最终为这个姓氏至少找到一位有名的古人。这些墓志收集在他的《鸡肋集》中。

的后代,他们是渡过了迁徙动荡和无官无职的难关才保存下来,他指出范氏有可能通过相互支持和教育来维持士家族的身份。在1050年,他为义庄制定规则,并没有期望他的后代都出仕。在1073年,当他的儿子附加了更多的条例,那时就已经有必要使对应举的家族成员的财政奖励制度化。可能像范氏和晁氏这样的官僚家族发现,在这样一个竞争的社会里,很难让他们的年轻人笃于仕宦,尽管有关资料并没有谈到这一点。① 并不是所有人都认为有必要标榜一个当官的祖先。欧阳修和苏洵详细地制定家谱,希望成为其他士大夫家族的榜样,这些家谱只上溯了四代。正像苏洵所解释的,已经拥有财富和荣誉的人没有必要为他们的出身而羞耻,他们要操心的是子孙。一个家谱要为未来奠定基础。正像森田宪司所指出的,后代的团结才是目的。②

保持各个支系的团结有助于家族在没有什么男性成员出仕的情况下继续声称为士,因为它使所有的亲族都能享有士家族的不容置疑的身份。在重新估价士这个概念先天所具有的素质时不以仕宦为重,也帮助这些家族以士自命。到11世纪末,更多的人开始坚持认为一个优秀的士视德行高于仕宦,或者说为学的一生使做官变得不那么必要。③ 最重要的是,科举为士人家族提供了重新确认自己是士的手段,因为那些为科举而学习的人能够宣称他们走在求仕之路上,不论他们及第与否。科举的普及清楚地展现了拥有士文化的重要性:尽管在三年一次的科举中只有大约500个及第名额,到南宋末,州一级的应举者有40万个。④ 在福建的福州,1.7万人参加了州的考试,尽管这个州只有300个州学注册

---

① 见杜希德在《范氏家族的义庄:1050—1760》第106页、110页中提到的范仲淹和范纯仁的条例。按照1073年的条例,只有第一次和第二次参加科举的人才会得到酬劳(对第二次应举的人的奖赏减半)。1073年的条例还规定要准备钱物,聘用范氏族人中那些致仕的官员或应举的举子担任西席。
② 森田宪司《宋元时代的修谱》第515—517页。
③ 李弘祺《宋代的官学教育与科举》第166页提到叶梦得。
④ 贾志扬《宋代科举》第53页。包弼德《科举与士》(Examination Systerm and Shih)中讨论了参加科举对维持士的身份的重要性。

学生。① 然而如果拥有一种科举教育有助于人们自认为士,那么官位的缺乏就很难支持士成为一个社会群体。让子弟准备考试毕竟要消耗家族的钱财。对科举教育的强调与士成为地方精英的转型相伴而行,这些地方精英的存在不是依靠为官的收入,而是依靠对地方经济、制度以及文化活动的支配。

士人家族未能支持王安石的新法,在这里向地方主义的转向已经很明显。王安石攻击那些利用其财富来支配乡里的家族(见第七章),他希望代之以唐代风格的体制,在这里,所有的士要在正式的职位上出仕,即使是作为吏,而不丧失他们宣称为士的资格。但是他太晚了。② 到11世纪的70年代,已经有太多的官员家族开始依靠独立的财路。在北宋,还有像王安石这样相信仕宦应该成为士的家族职业的人。入仕之后,有些人甚至抛下他们旁系的亲族,让他们自己照顾自己,并离开了家乡。不管苏洵的家谱有多么严格的限制,苏轼打算退休后不回家乡四川,而苏辙也是这样。与此形成对照的是,一些所有男性成员数代为官的官僚家族却认识到重建一个家族基地的必要,并为那个目的购置土地。程颐的家族就是这样的例子。其他一些则来自在地方上已经很有根基的家族;他们并不将自己看做家族财产的"奠基者",而且他们捍卫乡村精英支配地方舞台的权力;司马光就是这样的例子。仕途不够显达以至不能获得门荫的权力,这大概是士人家族的大多数,这些家族好像并不沉醉于以仕宦为家业的前景。晁氏在他们成为一个官僚家族的同时,在济州建立了独立的经济基地。离开这个基地,在11世纪的后半期,他们就不能将亲族聚集在一起。

在南宋,跻身高位的家族也能通过庇护、特殊的考试以及种种方式将亲戚吸引到官场中。正像戴仁柱所指出的,在南宋出了两个宰相的史

---

① 李弘祺《中国宋代的政府教育和考试》第176页。
② 贾志扬《宋代科举》第77页,他注意到,据记载,在1104年,有21万名学生在国学登记,但到1108年就只有167,622人。后者的数字究竟是标志着对国学兴趣的降低,还是登记程序有了变化,已经不清楚。

氏家族,就十分成功,而且远胜晁氏。① 成为一个官僚家族的可能性仍然存在。然而看起来,没有几个南宋家族像史氏这样成功,而许多北宋的官僚家族与晁氏相当,而且更多的则渴望成为那样的家族。韩明士曾经认为,大官僚家族消失了,因为官员家族面对新的形势改变了他们保持自己精英身份的策略。生存下来的是那些在州县牢牢扎根,并且与相同的家族联合起来,支配了地方社会的家族。关心如何守卫半壁江山的南宋政府,对管理地方事物兴趣不大,而且可能很愿意让地方的士负责地方秩序。关注的焦点从国家一级转向地方社会,对于这种转变最具有说服力的征兆就是婚姻模式中出现的一种转变。在 11 世纪,晁氏和其他官僚家族联姻,不考虑地区,对于韩明士所研究的来自江南西路福州的官员,情况也是如此。在南宋,韩明士证明,即使是官员,也与地方联姻,这个迹象表明他们不再相信家族的命运依赖于政府仕宦。② 例如,在 11 世纪,曾巩娶了一位晁氏之女。在南宋,曾家人与抚州的家族联姻。万安玲(Linda Walton)所研究的宁波楼氏家族,同样仿效这种新的模式。即使在 12 和 13 世纪,当时楼氏人在进士及第和入仕方面极为成功,他们坚守其明州的祖地,与地方上其他士人宗族联姻,并建立了福利产业。他们并没有在京城生息,或者将地方基地留给不太成功的成员。③ 那些希望子孙不致没落的士人家族,如果他们不能指望政府的薪俸,就需要一处独立的经济基地;在不能自动获得仕宦的好处的情况下,要保全这个基地,他们需要巩固他们在地方共同体中的位置。科举教育是一项有用的投资:它将士人家族与那些仅仅有钱有权的家族区分开来。至少在名义上,他们仍然希望做官,他们虽然不大可能成为文官,却努力维持文

---

① 戴仁柱(Richard Davis)《宋代的朝廷与家族》(*Court and Family in Sung China*)。
② 见韩明士《官宦与绅士:两宋抚州、江西的精英》第 82—123 页,这篇文章详细地记述了婚姻形式的变化以及它们的重要性。又见郝若贝《750—1550 年中国的人口、政治和社会转变》第 423 页。郝若贝是最先注意到这个变化的人。
③ 万安玲(Walton)《宋代宗族、婚姻与身份地位》(*Kinship、Marriage and Status in Sung China*)。

官所需的文化教育。① 作为地方精英,他们需要一个途径以允许他们能自命为宋朝国家社会政治精英中的一员。这就是袁采写作他的《袁氏世范》的世界。不过,袁采以及更有学问的思想家对培养道德自我的关注提醒我们,有些人认为单有文化并不能教人如何负责地做事。只要科举被看作通往仕途的道路,科举对个人的行为不起作用也无关紧要,因为政治制度有责任指导官员的行为。但如果士人要靠科举来证明他们有资格支配乡里的话,那么科举教育不能培养个人行为就成为一个显著的问题。文化是士人身份界定的重要因素,在这种情况下,文化的性质要重新界定。

对晁氏在南宋命运的描述将结束这个故事。这部分是由于楼钥这个伟大的学者(明州楼氏一员),我们得以了解发生了一些什么事情。如果北方还在宋的疆域里,晁氏家族也许会最终与济州的其他家族联姻,并在那里扮演一个地方精英的角色。他们没有获得这样的机会。当女真征服中国北方的时候,济州沦陷了。可能有几百个晁氏人在他们逃向一个山东的港口以便南渡的时候被捕。② 文献记载,残存的人居住在南方。③ 然而他们并没有建立一个共同的家族基地。根据楼钥的记载,1207年家族成员居住在江西、两浙和四川。这很有可能。晁补之的儿子晁公为,在因一场丑闻而免职的时候(他的妻子接受了一个死刑犯的家人的贿赂),正在两浙的泰州为官;晁公武和晁公溯在四川为官很久;晁谦之,晁公迈和他的儿子定居于江南西路的福州,而且晁公谔被埋葬在那里。我们只能通过第七代的记载来了解第八代乃至更晚的情况。

---

① 贾志扬(《宋代科举》第五章和第六章)用材料证明应举者的数量不断增加,地域的分布也越来越广泛。贾志扬指出,即使正规的及第者能跻身官僚阶层的可能性随整个官僚体制缩小而减少,及第的机率越来越小,应举者的数量还是有增无减。
② 洪迈《夷坚志》甲15,第129页。这个故事称晁氏是"邓州甲族",把这个事件的时间系于1128年。我没有发现提到邓州晁氏的其他材料,但所有已知的晁氏人都来自同一个家族,而邓州则处在连接巨野和山东半岛顶端的道路上;这样我就作出了自己的推测。
③ 金史只提到两个晁姓人。其一是一位将军,另一位是西夏使团的成员;他们的姓名与晁氏家族姓名的排行顺序不符(《金史》卷73,第1681页;卷61,第1443页)。

在最后的记载中,晁氏被当作一个显赫而文化深厚的家族之孑遗。但是他们只是孑遗,他们的荣耀属于过去。为什么我们对晁氏不能了解更多?为什么他们没有在南方复兴?有些人偶然地终老于抚州,但是这些晁氏人,像其他北方的难民一样,没能将他们自己转变成抚州精英集团的长期成员。首先,他们显然不能介入当地士人家族的婚姻网,即便他们受过良好的教育并且是官员。这种失败与第二个因素相连:他们不能建立一个坚固的财产基地。① 没有财产和社会关系,晁氏被抛在圈外。其他家族领导着乡里,建立学校,将其子弟纳入科举体制。教育,甚至仕宦不再足以保护家族的命运。晁氏家族的声望只有在那些抚州的乡望愿意看重的时候才能有价值。结论显然是,那些拥有财富和权力的人并不希望与外人分享;他们在自己人内部进行分配就已经够麻烦的了。

在士从门阀向文官,再向地方精英的转型中,文化和"学"始终是作一个士所需的身份属性。下面的章节将"学"看作士的概念的一部分,并因此当作士作为一个社会群体界定其共同价值的方式之一。"学"和思想文化并非仅是创造性心灵的娱乐,而与政治责任和社会特权无关。从实用的解释来看,褒扬他人和树立规范的努力也并非只是在变相地表达私利。对从600年到1200年之间出现的多种可能性的探询,以及对士在中国历史中的角色的分析,试图完成思想史的一个任务:通过阐明思想以及思想所赖以发生的历史世界,来澄清思想价值观的转变与实践转变之间的联系。

---

① 韩明士《官宦与绅士:两宋抚州、江西的精英》第71—73页,第293—294页注35,第297页注43)。

第三章 初唐朝廷的学术和文学创作

在唐朝开国的最初五年里,朝廷诏令学者重新考察过去的历史、文学创作、礼制以及经学,以便为现实树立榜样。颜之推的孙子颜师古(581—645)就是这些学者中的一位。颜师古年轻时就以广泛熟知传统文献,精通经书的注释,在文学创作上富于才华而知名。他理解王朝的政治目的,并且在政治上与之同休共戚。唐高祖(618—626年在位)在权力斗争中,委托颜师古来撰写至关重要的诏令,而唐太宗(626—649年在位)选择他来建立六经的定本。颜师古的才能还表现在历史方面——他撰写了《汉书》最重要的注解,而汉朝是一个被唐朝视为榜样的王朝——他还以精通国家礼制而著称。① 简单地讲,他对于斯文的学术和文学传统有牢固的掌握,并且将它们付之实践,从而为帝国权力的巩固和统一王朝的重建服务。

本章的主题是讨论初唐朝廷学者所共有的关于文化传统的观念,以及文学创作在其中的角色。因为他们试图综合来自先前世纪的传统,并将其牢牢植根于上古(antiquity),我将把他们的态度称为"中世的";由于

---

① 《旧唐书》第 198 页、第 5641—5642 页;麦大维的《中国唐代的国家与学者》第 73、119、164 页。

这些传统靠世家大族来传承，它们也是"门阀的"。按照我的阐释，这种中世门阀世界观最典型的假设是将价值观理解为文化形式（广义的文）。"学"作为一种道德活动，意味着一个人能对恰当的文化形式精通，以至于能够对之进行再创造，改变它们以适应形势。"观乎人文以化成天下"中的"人文"如果翻译成"文化形式"是颇为勉强的。"人文"包括所有那些属于"礼"的范畴的东西，过去的文献遗产，以及文学创作（文章）。书面语言必须采用适宜的文化形式，以便有效，它必须"言之以文"。①

中世的观念认为文化形式可以做榜样，即使它们随时间而变化。中世的学者并不争论文化形式是否应该或者能够成为表率；他们认定文化形式的确影响行为举止，无论是使之变得更好还是更坏。我认为，在认为文化形式是实实在在的这一信念背后有两个紧密相连的假定。第一，构建文化的典范和形式是对过去形式的详细阐发、模仿与改变；在旧的基础上，新的东西以一种累积的方式建立起来，从而创造出可以追溯到先王治下的文明源头的传统，这个文明源头是一个仍然可以通过经典加以绍续的源头。第二，代代累积的传统源于最初的创造，而最初的创造复制和延续了昭然的天地之道。中世的学者认为，正像宇宙的运行揭示亘古常存之理，由先王创造的文化形式表明了人类社会的理。在文章写作中立足于这些文化基础，后人就能够接续一种文化，这种文化最初与天地完整的组织相呼应。

初唐的学者并没有谈到，比如，如果制礼做诗之人首先掌握了正确的观念，礼或诗就能够具有规范性，或者文化只是价值借以传播的一个中介或工具。这些见解是后世所特有的，后世的学者要将形式背后的观念和形式本身区分开来。对中世以后的时代来讲，保持与过去形式上的延续已经不太重要，但是在中世社会，延续传统对于是否能在社会上建立道德秩序至关重要。颜之推的《家训》就表明了这个门阀所看重的观念。

---

① 这些话分别见于《周易》和《左传》，本章后面还要详细讨论。

这并不是说，所有的文化形式作为社会的榜样都同等优秀、合宜或者成功。对先前世纪深思熟虑的初唐学者谈到，泛滥无归的雕琢文辞使文化著作如此浮华，以至于丧失了与更简明和充实的原典的联系。而且，人们接受各种各样的上古传统的方向无助于帝国的统一。因此，我们可以讲，初唐学者是以这样的意识关心"价值"，他们考虑如何选择传统以鼓动人心，以及将分裂的传统重新结合起来。在我看来，他们不想把价值观当作"观念"来谈，或者像后来那样，作为一种在不采用文的情况下就能够继承的道，而这种道最初是由这些文来显示的。他们不想用这样的方式影响其时代。初唐的学是文学，它与对政治活动很重要的制礼作乐相一致。① 本书在第四章讨论的急剧变化的思想世界表明，当学者开始相信要使文化形式具有规范性，就必须寻找真实的观念注入其间，这时门阀之学就崩溃了。当文化丧失了它的效力，学者开始寻找观念作为创建其自己的文的基础的时候，要重返中世社会就不再可能。

界定文化传统：初唐朝廷的学术机构

在初唐高祖和太宗朝，朝廷的支持在提高"学"和学术方面扮演了一个基本的角色。在《中国唐代的国家和学者》（State and Scholars in T'ang China）一书中，麦大维详细地谈到初唐朝廷开展学术活动的机构，学者们从事的课题，以及其中的规章制度。与皇帝亲近的是内廷备顾问的馆阁学士。馆阁向执政者提供学术顾问、秘书和文学侍从，有时还是拥有少量学生的学校，以及图书编纂中心。这包括建立于621年的修文馆（培养文的学院），后来称为弘文馆（丰富文的学院），以及建立于639年的崇文馆（奖掖文的学院），作为太子建制的一部分。在这些学院

---

① 例如，见魏侯玮（late Howard Wechsler）的研究《玉帛之奉：唐王朝正统化的仪式与象征》（offerings of Jade and silk），特别是他对两种象征符号所作的区分，一种是被相信的，一种作为情感的中心（第7页），他对于礼的观念的讨论（第23—30页），以及他对于"象"的讨论（第31—36页）。

的名称中,"文"既指典籍传统,也指文学活动。在8世纪,还建立了两个机构:725年建立的集贤院(招集贤人的机关),以及738年建立的翰林院(翰墨之林的机关)。后者,一旦它控制了诏书的写作,就成为内廷显要的学术机构。

在外朝,最高的学术机构是国子监(主管国子教育的机构),它有三所学校培养不同级别的官员的子孙参加科举和接受仕途职业教育,也有专门的律学、书学、算学等学校。在太宗朝,有3000名学生进入国子监。太常寺负责国家的礼乐活动;史馆,乃为唐朝的发明,负责历史记载的编纂;而秘书省(帝国图书馆)保存图书,整理官方文件,监管钦天监。政府通过考试招收一些学者。在玄宗朝最终定型的进士科科目中,除了明经科所要求的一两部经的记诵之外,它还要考试诗文写作。唐朝还通过经常举行的各类"诸科"考试来选拔人才,所有这些都需要文学的训练;在很多情况下,在职的官员把这些考试看作获得升迁资格的手段。①

学者们从几个方面获益于这些机构设制。他们获得接触皇帝和参政的机会。他们获得了一个记录和制定皇室、朝廷的行为的角色,通过馆阁,他们教育朝廷官僚的子孙,因此使学术共同体传承不灭。对他们所从事的事业作一番考察,会使我们对什么是他们看重的"学"有一些了解。

经。在631年到653年之间,从隋代开始的编纂五经(《易经》、《尚书》、《毛诗》、《礼》、《春秋》)官方定本的计划,由颜师古、孔颖达(574—648)以及太宗的妻兄长孙无忌(卒于659年)先后领导的班子完成。其成果就是一部《五经正义》。编纂者从汉代和后汉的注释中,为每一部经选择了一种权威的注释,加上了疏,这些疏阐明经义,对主要的注释作出疏解,记录另一些可供选择的观点,并且大致地考察了围绕每一部经所形成的注释传统。后来的知识分子会不太公平地将这项工作贬低为忽视了圣人"大义"的单纯的训诂。这并不公平。事实上,《正义》的序言清

---

① 麦大维《唐代的国家与学者》第13—26,第35—42页详细讨论了所有这些问题。

楚地说明了经书卓越而恒久的价值,而且传注讨论了经文的重要性。而《五经正义》首先是对学术传统的清理,这些学术传统建立在对文明生活至关重要的经典文献之上。在认识到过去的学术的多样性的同时,它确定某些注释和阐释形式是最权威的,并且将南北方的阐释传统融合为一。简单地讲,它以综合、区分次第以及总结的方式,将一个内容丰富的传统变成单一的一组著作。它是一种经学的百科全书。①

历史。在623年到636年之间,唐朝政府组织纂写了三个北方王朝(齐、周、隋)以及两个南方王朝(梁、陈)的正史。在656年,史家完成了这几部史书中十篇关于6世纪五个朝代的志;这些最终被收录在《隋书》中。随后又完成了《北史》和《南史》,以及一部新的《晋书》。这些都是成于众手的著作,有些人参与几部历史的撰写,而有些人则利用了早先的初稿。这里,学者再一次试图选择出一个分裂和动乱的时代的遗产,认识南北方、胡汉不同国家的成就,并确定过去的东西什么可以延续,什么应该避免。后来的知识分子会借口这些史书不能以古鉴今,从而加以否定,他们忽略了这些学者接受近代历史多样性的愿望,这个愿望来自他们对唐王朝政治一统之能力的信心。②

礼法。太宗朝承袭隋朝的模式,制定了新的礼制法典。现在已经亡佚的《贞观礼》,制定了6大类150条礼制。《唐律》讨论了刑法的一般原则,并且详细说明了罪名和惩罚。为了普遍适用和内容全面,两部律典在唐朝后来的皇帝治下做了修改,以适应时代,这又一次体现了唐朝政府适应变化的愿望。③

文学类书。朝廷学者通过几部书的编纂,组织和消化了文学遗产。现在还保存的是100卷的《艺文类聚》。它有46大类和727个小类,覆盖

---

① 关于这个问题更详细的描述,见上书第67—81页。洪业(William Hung)《唐代朝廷719年的书目之争》*Bibiographic Controversy*)讨论了一次关于采用哪个注释的争论,这场争论明确决定,对注疏兼收并蓄,而不只用一家之说。
② 关于更详细的情况,见麦大维《唐代的国家与学者》第162—172页。
③ 关于礼,见上书第113—122页。关于律典,见约翰逊(W. Johnson)的英译《唐律》(*Tang Code*)第5—8页、第49—54页。

了天、地、人各个领域,在每一"事"后面辑录了来自经史和其他文献的解释语录,并且提供了各种类型的文章(诗、骚赋、序、碑铭)用例。卷帙更为浩繁的《文思博要》,有 1200 卷,已经亡佚。一篇保留下来的序言表明,它也引用大量文献来解释一大批事类。① 这部《文思博要》大概合并了早先的类书。无论长短,这样的著作提供了许多过去对事物进行思考和写作的模式和可能性。但是,他们还不像武则天朝所编纂的大型类书《三教珠英》那样无所不包,后者增加了关于佛道类目的章节。②

经书的注释、历史编纂(礼制与法典是其中一部分),以及文学作品是各自独立的文献传统和学科,各有其体裁、程式和老的典范。事实上,5 世纪的南朝宋,就为经学、史学、文学以及被称为新道学的学问(玄学,或者探索无形之道的学问)分别建立了学校。③ 但是,学科化的学术并不意味着职业的专门化;一个学者可以在不同的领域传道授业。在玄宗朝,编纂的项目在大多数的领域中继续进行。文学的类书显得尤其众多,这可能是为了努力吸收日益增多的文学产品;而为经书做新注的工作则看起来已经衰落。

组织文化遗产:《经籍志》

对过去的典籍遗产进行回顾、整理、综合以及编辑的一整套工作,要求考虑典籍如何取舍和编排。我将以 656 年编纂的《隋书·经籍志》,来说明这些选择所反映的关于文化传统的考虑。编纂者在总的叙论中、在每一主要的类目结尾做的总结性评价中,以及在对每一个细目的讨论中,着重强调了这批图书的特长与所属类目。当然,他们批评以前的目录学者疏于解释其特殊编目的用意。④ 他们最一般的区分是在源自中国

---

① 高士廉的序,见《文苑英华》卷 699,第 3606b—3607b 页。
② 麦大维《唐代的国家与学者》第 218—219 页。
③《资治通鉴》卷 123,第 3868 页。这与下面讨论的四部分类是一致的,除了玄学一门代表了哲学一类(子)。
④《隋书》卷 32,第 906—907 页。

上古先王的传统，与他们归入方外的传统之间。佛教和道教的经文传统是"方外之教"；①尽管《经籍志》回顾它们的历史发展和编纂，但它没有将秘阁所藏的此类图书登记在册。由于没有一上来就排斥这些教义，编纂者警告那些并不领会其宗旨的"俗士"，将在研究中陷入歧途。② 这个区分在目录中也充分地体现出来。上古道家的哲学典籍（不同于道教的经卷），无疑十分流行，据说它们代表了探索作为宇宙过程的道的"玄妙"领域的努力。编者认为，圣人将这些内容放在"方外"，是担心人们被它迷惑。③

至少在最初，编者认为他们的文化传统在方内，因为小的支流的确有时会越出边界。他们将这个典籍传统分成四个主要的部分：经（儒家经典）、史（历史）、子（哲学著作）、集（文学作品集），每一种都源于圣人。最早运用四部分类法的是荀勖（卒于289年）在西晋初年所编的目录（译者注：指《中经新论》）；还有另一种做法，即由刘向（公元前80—公元前9）创造的七部分类法，班固（卒于92年）的《汉书》加以采用，梁朝的《七录》加以修正，《七录》的修正离唐代已经很近。以上这些，《经籍志》的编者都注意到了。对比《七录》和《经籍志》，可以发现一些曾经重要的学术领域，其地位被有意识地降低。除了排除道教和佛教的典籍，最主要的变化就是对卜筮、星相、谶纬、医家、五行、历法不再作单独的区分。新的目录明确反对纬书，将它们置于经部之末；其他主题的大多数图书都归入子目。政府查禁的卜筮类典籍，甚至没有获得一个单独的子目。在《七录》中与其他子书一视同仁，被列入"子兵录"的军事典籍，被降低为子部中的一个子目。《七录》"纪传录"中关于鬼神的子目，

---

① 历来用方内、方外来谈思想的差别，裴德生（Willard J. Peterson）在《方圆》（*Squares and Circles*）中讨论了过去和现在用方外和方内对思想进行的划分。正像裴德生所注解的，方也可以被解释成方形（与天空的圆形形成对照的大地的方形，有质的不同）。
② 《隋书》卷35，第1099页。
③ 《隋书》卷34，第1003页。对疑伪的文献也采取了类似的态度，如《河图》和《洛书》（见卷32，第940—941页）。

完全消失。① 编者还改变了早先四部分类法类目的组织、顺序,以便让史部先于子部。

在对典籍传统做全面和局部的讨论中,编者反复强调:文化传统已经衰落。上古周朝的衰落(周之衰),就是创造典籍、为一统的秩序提供典范的传统的衰落。西汉极大地阻止了这种衰落,它努力重新传述上古典籍。但是,衰落在东汉再度出现,并且在分裂时期趋于恶化。政治的秩序和典籍的秩序是同一的,一个统一的文化是一个道德的文化。

经学的衰落始于战国,当时"典文遗弃,六经之儒,不能究其宗旨",他们以数万言论述经义,以至于掩盖了经典的本意。② 秦朝(公元前221—公元前207)焚书之后,学者"或失本经","口以传说";当儒家经典不再口耳相传,重新以书面形式面世,它们表现为多种版本。东汉谶纬和晋朝玄言的兴起,标志着第二次衰落,当时冗长、烦琐的注释登峰造极,人们就向语言和传统之外去寻找意义。他们歪曲"先王正典",因为"先王设教,以防人欲,必本于人事,折中之道。上天之命,略而罕言,方外之理,固所未说。"③ 修史也同样衰落;汉代以后,史官不再能够就一代之史形成可信而系统的看法,不再能"前言往行,无不识也;天文地理,无不察也";他们的著作不能对君王百官有所裨补,不能书美彰善,记恶垂诫。④ 诸子的各类学说各得圣人之教与圣人之政的一体;各有一些价值,但如果不能"总而不遗",他们的主张必然彼此冲突。儒家学派也受到这种指责。⑤ 最后,同样源于圣人的文学写作,丧失了最初"明言"和"体物缘情"的职能,相反变得更加雕琢词藻、只是表现自我。⑥

---

① 关于图书分类体系的发展以及《七录》和《隋书·经籍志》的比较,见姚明达的《中国目录学史》第94—97页。编撰者也许并没有完全相信这种编排反映了精英们的现实兴趣。在《经籍志·叙论》的结尾,他们将"方技"和"数术"与四部并列,因为他们能用来"治身",所以他们与四部都可以是"为治之具"(《隋书》卷32,第909页)。
② 《隋书》卷32,第947页。
③ 《隋书》卷32,第948页。
④ 《隋书》卷33,第992页。
⑤ 《隋书》卷34,第1050页。
⑥ 《隋书》卷35,第1090—1091页。

作为一部由学者所做,同时也是为学者而做的作品,《经籍志》将"我们"的"学"的传统定义为源自上古,与政治和社会事物相关,并随着日益增多的变化和多样化而不断发展。尽管编者几乎不需要诸子,每一部还是有一个总的作用。"经部"作为一个基础,其他的部都从它发展起来,以至于四部第一部的名称"经籍",囊括了其他三部,而且全部的书目被称为《经籍志》。全部的书目由他们共同的来源结合在一起。要阻止各个领域中的衰落,就需要重建与上古典范的连续性,但是编者同样坚持,连续性包含了在中庸的指导下对他们的转化。正像总序所说的,因为在著述中,学者"遭时制宜,质文迭用,应之以通变,通变之以中庸,中庸则可久,通变则可大,其教有适,其用无穷。实仁义之陶钧,诚道德之橐籥"。①

我认为,《经籍志》向学界提供的信息就是,它可以通过创作真正接续本原、接续这些本原所实现的更伟大目标的著作来使文化传统垂之不朽。学者们有他们不能轻易越过的界限以及不能忽视的要义,但他们在随时而变的同时可以将所有这些综合起来。

朝廷学者还向政治统治者传达了这样的告诫,一个代表全体学界而发出的告诫:典籍传统是文明的道德—文化遗产,精通这一遗产的人对政治的统一是必不可少的。

  夫经籍也者,机神之妙旨,圣哲之能事,所以经天地,纬阴阳,正纲纪,弘道德,显仁足以利物,藏用足以独善,学之者将殖焉,不学者将落焉,大业崇之,则成钦明之德,匹夫克念,则有王公之重。其王者之所以树风声,流显号,美教化,移风俗。何莫由乎斯道?故曰:其为人也,温柔敦厚,《诗》教也;疏通知远,《书》教也;广博易良,《乐》教也;洁静精微,《易》教也;恭俭庄敬,《礼》教也。属辞比事,《春秋》教也。②

---

① 《隋书》卷32,第903页。
② 《隋书》卷32,第903页;这一段接下来就是前面所引用的关于因与革的讨论。

"斯道"①就是"斯文",即儒家经典。一个世纪以后,在 733 年,一个关于学的诏令这样解释它:"道在于文。"②这种措辞是严肃的。

《经籍志》反映了它的编者向学者们提出的任务:通过使他们的作品重新符合上古的典范,即"先王正典"来挽救文化的衰落——改变当前内容贫乏、文辞浮华的写作道路。③ 我要强调指出,这种衰落被认为是来自文化形式被延续和转化的方式,而不是像后来的知识分子所指出的,是由于不能凭个人的头脑理解圣人之道。对于朝廷学者来讲,这就意味着结束衰落取决于改变人们通过他们自己的文来接续文化的方式。

作为文化的写作

与颜之推一样,唐朝的朝廷学者将写作既看作政治行为——它直接影响政治的质量,也是一个个人的事业——它证明作者的成就,呼应时代,并且建立一个公共形象。魏文帝曹丕(187—226)在一篇有名的文章中曾经写道:"夫文章经国之大业,不朽之盛事。"④曹丕将文章看作文学写作——他提到祭文、书信、碑铭、诗歌——但是他是用周文王的《易经》和周公的《礼》来为他的主张作证。

将"文"译为"文学",并且指"纯文学"是可能的,那些具有历史头脑的唐代朝廷学者,因为"文"的语言徒事藻绘而没有裨补时事的目的,所以反对文,他们的意见可以印证"文"译为"文学"是可能的。但按照他们的观点,这只是"文"和"文章"可能出现的问题,并不是对"文"的定义。文包括事物的外表和外貌,特别是一个具有规范样式的外表和外貌,但

---

① 见《论语·雍也》第 17 条。
② 引自徐嵩《登科记考》卷 8,第 263 页。
③ 《隋书》卷 32,第 948 页。
④ 根据《文选》的异文,转引自宇文所安的《中国文论:英译与评论》。

是它也包括了书写,中国的书写,由圣人在文明的最初阶段发明,以及由书写产生的典籍传统和关于文化形式的遗产。对于朝廷学者来讲,即使那些反对雕琢之文的人,"文"也是一件头等重要的事情。文章,作为一个关于纯文学作品集中各种类型的"文学作品"的术语,是"文"的一部分。这就是说,"文学",甚至"纯文学",是"文"的一部分,但是它们并不能涵盖"文"。中国文学史一般将"文"作为有关"文学"的概念来讨论,这些文学史不是关于"文"的历史。在很大程度上,朝廷学者将文章看作"文"的一部分,他们按照文章所扮演的这个角色来看待它的重要性。

"文章"这个术语的出现早于文学写作活动,但是它最初的意义可以指文学写作。在一段经常被引用的话中,孔子谈到圣人尧无以名状的伟大,尧"取法上天","焕乎,其有文章。"①"文"和"章"在古老的用法里,是指明白展示(manifest)的图案和一种用不同的颜色分别绘制的图案;②而"文章"是用来指军队的军旗和徽志(一种确认身份的彩色图案),③因此尧"有文章"就可以看成他拥有这样的外表形式,它向别人展现了斯人及其成就。我们不必假设孔子认为尧写过什么东西,但是,孔子的确猜想文可以被获得并传承下去。他的学生子贡说孔子的文章可得而闻(但孔子"言性与天道",不可得而闻),④大概这里的"文章",是指孔子规范言行的座右铭和格言。⑤ 言语和格言,以及逐渐产生的文学作品,为一个人和他的成就提供表现形式,它们和"文章"的古老意义十分吻合。孔子将文与学联系起来,但是并不总是将它与写作等同,更很少将它等同于作为文学艺术的写作。但是,他认识到,文作为表面的修饰能够得到欣赏

---

① 《论语·泰伯》。
② 关于这些术语的词源和用法,见刘若愚的《中国文学理论》(*Chinese Theories of Literature*)第 7—8 页,第 100—101 页。
③ 这些用法见于《左传》隐公五年第 1 条;昭公十五年第 3 条。
④ 《论语·公治长第五》第 13 条。
⑤ 下面的一段暗示了这一点,《论语·公治长第五》第 15 条:"子路有闻,未之能行,惟恐又闻。"

和精确的模仿,因为它们很吸引人。① 但是,后来的人认为孔子教授和传述载籍,而且他们猜想上古宫廷的官员的确创作过文学作品。② 他们将自己那种表现个性与为学成就的写作,与尧有文章的观念等同起来。

到唐代,书面典籍被认为对"学"必不可少,典籍专家开始假定文明始于著述。比如,隋唐之际的学者虞世南(558—638)认为:"文字,经艺之本,王政之始也。"③大概,在早先的时候,将精雕细琢的写作视为学问的标志,对此的兴趣先后得到过各种各样的支持。这样的支持来自相信语言的魔力,来自用艺术的语言劝惩的经验,以及来自那些富有文才的人,在激发情感与引发想象上的不可思议的魅力。比如,一个可以想到的例子就是战国"行吟泽畔"的诗人屈原的《楚辞》,以及诸如此类的作品。文章作为文学作品,其形成轨迹更容易勾勒。刘向目录的七部中,有一部属于诗赋,而且尽管班固在对这一类的评论中,并没有使用"文章"这个概念,他对纯文学的作者发表了一段有代表性的批评:"竞为侈丽闳衍之辞,没其讽谕之义。"④正像班固所暗示的以及司马迁在《史记》为汉武帝时代伟大的赋作者司马相如所做的传记所证明的,在汉代,人们已经有可能靠作品而不是政绩来赢得声名。《后汉书》认可了东汉时期这个向学者敞开的新的职业选择和成名之路,在司马迁《史记》记述学者的《儒林传》之外,又增加了记载作家传记的《文苑传》。从此,史书既有《儒林传》,也有《文苑传》(有时叫《文学传》)。

---

① 孔子所说的"文"是什么意思很难讲,尽管他清楚地赋予它很多价值观念。刘殿爵《论语》第37—39页,以及阿瑟·韦利《论语》第39—41页都试图说明文的含义。他们都先将"理"当作动人的外在修饰的"文理",然后让它包括了与君子有教养一面联系在一起的各种技艺或成就(诗歌、文学、音乐、写作)。将诗歌看作一个人习文的一部分是没有问题的(《论语·学而》第6条,一个人在实践伦理之后,有余力,则学文),但是学习《诗经》,主要是学习一个言谈的传统。关于这些问题,又见侯思孟(Holzman)《孔子与中国古代文学批评》(*Confucius and Ancient Chinese Literary Criticism*)。还请注意周策纵在《中国古代文论中的文、道及其关系》对"文"这个术语在古代的意义的探讨。
② 例如见《隋书》卷35,第1090页。
③ 《全唐文》卷138,第11a页,一组关于书法何以重要的讨论(译者注:指《笔髓论》)的首篇,名为《原古》。
④ 《汉书》卷30,第1755—1756页。

在诗赋之外，文学体裁的增多，显示出文学事业的普及。曹丕在 3 世纪早期所做的《典论·论文》中提到四组体裁：奏议、书论、诗赋、铭诔。① 到萧统(501—531)做《文选》的时代，已经能列出 37 种。② 体裁赋予"善于文章"以特定的历史内涵，它们的发展意味着能够创作特定种类的文章。从初唐编纂的《经籍志》来看，在东汉，个人将作品结集成为风气。在唐初保存有 437 部这样的集子(当时知道曾经存在过 886 部这样的集子)。选集也出现了，这显然始于挚虞(卒于 312 年)的《文章流别集》(一部关于不同文章的选集，或者说根据体裁编辑的文学作品集)。在唐初还保留有 107 部选集(当时知道这样的选集曾有 249 部)。③

文学写作在 6 世纪南朝朝廷中占有核心地位。初唐人对此十分熟知。史官提到，过去的统治者奖掖文学写作，并且将文学技巧看作"学"最突出的成就。④ 在南朝朝廷，雕琢文辞的文学技艺成为有教养的标志。⑤ 这是一种"学"的典雅形式，它要求人掌握用某种体裁来写作的恰当的方式，适合某种特定场合的体裁，以及处理任何主题的恰当精炼的方式。⑥ 正像孔子的学生曾子所说的："君子以文会友，以友辅仁。"⑦南朝的国家大概就认为离开了文就不能会友。尽管北方的朝廷学殖不厚，但当他们希望拥有最好的"学"的时候，他们甚至也奖掖像颜之推这样精于文章的人。在唐以前，文章逐渐被看做是门阀证明自己有教养的手段。文学事业允许人们以个人的方式参与斯文，它不需要在朝为官，或

---

① 海陶玮(Hightower)在《〈文选〉和文体理论》(*The Wen Husn and Genre Theory*)第 513 页中提到，关于原文，见欧阳询《艺文类聚》卷 56，第 1017 页。
② 关于文体的出现，见海陶玮《〈文选〉和文体理论》以及康维达的《文选》(*Wen xuan*)第 1 部分，第 1—4 页，第 21—22 页。
③ 《隋书》卷 35，第 1081 页，第 1089 页。
④ 例如见《隋书》卷 75，第 1705—1707 页《儒林传》的叙论，以及《梁书》卷 49，第 685—685 页、《陈书》卷 34，第 453—454 页、《周书》卷 41，第 472 页、《北齐书》卷 45，第 601—604 页的《文学传》的叙论。
⑤ 梁朝的朝廷是最有名的例子；见马尼(Marney)的《梁简文帝》(*Liang Chien-wen Ti*)。
⑥ 这成为日本人对精英如何参与"学"的看法。关于这一点，以及中国的文学史如何从这个角度表现出来，见麦卡洛(McCullough)的《夜锦》(*Brocade by Night*)第一章。
⑦ 《论语·颜渊第十二》第 24 条。我对刘殿爵的译文作了修改(《论语》，第 117 页)。

者献身学术的枯燥工作。正像麦大维曾经指出的,实际上文学写作是学术事业最普及的领域。①

然而,文章的兴起伴随着一个两难困境。文以及由此扩展的文章,被看做对文明秩序是必不可少的,但是,对文学事业的辩护,同样使没有止境的雕琢和逐异变得合理,而有些人认为这是危险的。初唐的学者通过反复引用两段话,强调文人的必要性,这两段话为文学赋予了基本的原理和目的。第一段暗示了两个观念:人文与天文对等,天文是宇宙运行过程所昭示的文;为了将人类社会变成一个秩序井然的世界,人们必须接受人文的指导。这里谈到的两句话出现在《易经》的"贲卦"中:"观乎天文以成四时,观乎人文以化成天下。"②萧纲(503—551),即后来的梁简文帝(549—551年在位),在他为其兄萧统的文集做的序言中解释了人文。为了支持"文之为义,大矣远矣"的主张,他列举了这段话,并且在详细阐释了天文之后,转向人文:"文籍生,书契作,咏歌起,赋颂兴,成孝敬于人伦,移风俗于王政,道绵乎八极,理浃乎九垓,赞动神明,雍熙钟石,此之谓人文。"③文在这里是文明之根,是天文(cosmic pattern)的具体表现。它拥有指导与激劝之力。

第二段话出自《左传》,被认为是孔子所说。其意思是要了解行动的意图,就需要文这个言行之间的中介。"言以足志,文以成言,不言谁知其志?言之无文,行而不远。"④朝廷学者只引用最后一句,经常将最后一个分句中的连词"而",改成指代宾语的"之",这样这句话就成了:"言之无文,则付之于行不能久远。"也就是说只是表达出一个人的所想并不够。言在成为行的持久指南之前,必须使之文。

---

① 麦大维《唐代的国家和学者》全书都贯穿了这个主题;关于初唐,见第 206—217 页。
② 出自"贲卦"《周易引得》第 15 页。参见卫礼贤(Wilhelm)的译文,《易经》第 495 页。
③ 原文见《全梁文》(颜可均《全上古三代秦汉三国南北朝文》)卷 12 第 1a—1b 页。我对刘若愚《中国文学理论》第 26 页中的译文做了改动。
④ 《左传》襄公二十五年;《春秋经传引得》。宇文所安在《中国文论:英译与评论》中也讨论了这个问题。这一段的开头说:"仲尼曰:'志有之。'"假设下一句话中的"志"用以表示一个人的意图,或者意愿("言以足志"),人们希望注释者也能够得其初志。

但是，文之所以重要的原因，同样说明改善文的努力是正当的，而文联系着天人、君臣以及言行。到唐代，关于文学创作的悠久文论传统已经接受了这一点。这方面的例子包括曹丕的《论文》、挚虞的《文章流别集》、陆机(261—303)的《文赋》、刘勰的(约 465—约 532)《文心雕龙》以及萧统的《文选序》。① 这也是学者反感的根源，因为看起来社会所认为的最好的文，用另一种观点来看，则是极端雕琢的作品，这一点也不利于将天下转变为一个统一帝国，不利于建立有利于统一的标准。

唐朝以前，这样的争论早已开始。要了解争论的双方，就首先让我们看看《文选序》，它为雕琢风气的延续提供了合理性。萧统主张，文学写作是典籍传统中最优秀的部分，它包括经书、历史以及子书，而且它现有的丽藻，使它成为文明生活最复杂的形式。正像《文选》的译者康达维(David Knechtges)所注意到的，萧统"近乎在传达'纯文学'的观念"。② 在这里，他大概是在努力描述实际的情况。序文开始于黑暗的历史背景。

> 式观元始，眇觌玄风；冬穴夏巢之时，茹毛饮血之世，世质民淳，斯文未作。

这段关于一个几乎人兽未分的蛮荒远古的描述，为基本的观点提供了亮相的舞台：文将人转化成文明的存在。

> 逮乎伏羲氏之王天下也，始画八卦，造书契以代结绳之政，由是文籍生焉。

下面，我们就看到文明的进程，首先出现的是八卦，它作为一种意象与天

---

① 我对于这些作品所出现的文学思想的传统的看法，受了宇文所安《中国文论：英译与评论》以及刘若愚《中国文学理论》的极大启发。对于其中某一部著作的研究将在下面提到。
② 康达维的《文选》第 1 部分，第 18 页。关于《文选序》，我主要依据康达维《文选》第 1 部分，第 73—91 页）；又见他的导言(introductory comments)。中文本，我根据高步瀛《文选李注义疏》。海陶玮《〈文选〉和文体理论》、休士(Hughes)《中国哲学的认识论方法》(*Epistemological Methods*)第 80—83，第 90—91 页，以及刘若愚《中国文学理论》第 25—26 页都对我有启发。

地作用的力量相呼应;第二,书契作为记录和传播王政的手段。文籍因此始于对圣人之政令的记录。这些在唐初的观点来看都是正确的。

《易》曰:"观乎天文以察时变,观乎人文以化成天下。"

随着王政所由传达的八卦和书契的出现,文产生了。因此书契成为文明的媒介和记录。就是这种东西,后来的王者希望依靠它来移风易俗(作者萧统,作为一个被册立的太子,希望继承王位,并且成为当时的圣人)。

序文在这一点上,萧统介绍了雕饰不断积累的观点。过去还被看重的,和今天的精雕细琢相比就显得粗糙。当有些东西变得更精致,它就丧失了最初的样子。

> 若夫椎轮为大辂之始,大辂宁有椎轮之质?曾冰为积水所成,积水曾微曾冰之凛。何哉?盖踵其事而增华,变其本而加厉。物既有之,文亦宜然。随时而变,难可详悉。①

在我看来,这篇序言就是要请读者通过文学写作参与正在进行的文的藻饰,以此接续一个既是历史的,又是自然的过程。文学是斯文的精炼与强化,尽管它看起来对于典籍传统的整体而言,只是一小部分且不太重要。

在《文选》的序言中,语言和表达的精雕细琢以及对于外表和效果的关注,有正面的意义。那些继续推进文章之发展的人,是在古人基础上提高。我们在《艺文类聚》这部文学类书中,可以看到这种初唐态度的表现。它的序言将它按照天、地、人进行分类的做法,与《文选》按照体裁所进行的分类进行了对比。但是,大到天体,小到昆虫,它仍然用(从经书开始)整个典籍传统中不断累积的描写方式来代表每一事类,它批评更早的类书单纯"直书其事"。每一条目都要引用几篇文章,这代表了人们

---

① 《文选李注义疏·序》第2a—3a页。我采用了康维达《文选》第1部分第73—75页中的多行译文。

欣赏世界最精妙的方式。①

与此相反的观点，并不怀疑文章的改造力量；它所不希望的是南朝朝廷的繁复与藻饰。李谔上书隋文帝(589—605年在位)，要求执行584年反对南朝浮华文风的禁令，唐代的朝廷学者在这篇文章中找到了上述观点的一个例证。

> 臣闻古先哲之王之化民也，必变其视听，防其嗜欲，塞其邪放之心，示以淳和之路。五教六行为训民之本，②《诗》、《书》、《礼》、《易》为道义之门。故能家复孝慈，民知礼让，正俗调风，莫大于此。其有上书献赋，制诔镌铭，皆以褒德序贤，明勋正理。苟非惩劝，义不徒然。

> 降及后代，风教渐落。魏之三祖，更尚文词，忽君臣之大道，好雕虫之小艺。③下之从上，有同影响，竞骋文华，遂成风俗。江左齐梁，其弊弥甚，贵贱贤愚，唯矜吟咏。遂复遗理存异，寻虚逐微，竞一韵之奇，争一字之巧。连篇累牍，不出月露之形；积案盈箱，唯是风云之状。世俗以此相高，朝廷据兹擢士。利禄之路既开，爱尚之情弥笃。④

李谔接着指出，忽视圣人经典之后，人们竞事浮华，结果导致"文笔日繁，其政日乱"。

《文选序》和李谔的奏书，显示了关于文化的历史与文明含义的两种对立的观点。第一个观点是说，文化是一项不断积累的、没有止境的事业。过去的文化被提高改进，在这个过程中最初(不如意)的情况被改变。学者应该将传统更新。第二个观点是说，文化的历史就是文化的衰

---

① 《艺文类聚》欧阳询的序，第27页。
② 关于"五教"，见《周礼》；关于"六行"，见《尚书·舜典》。
③ 扬雄(约公元前53—公元18)使用"雕虫"一词来贬低他年轻时所热衷的作赋；这成了贬低文学雕饰的一个标准的说法(见扬雄的《法言义疏》卷3，第1a页)。
④ 《隋书》卷66，第1544页。译文见宇文所安《初唐诗》(Poetry of Early Tang)第17—18页，有改动。张柽寿《隋朝儒生对六朝诗文的批评》也讨论了这个问题。

落:雕琢辞藻掩盖了最初用伦常来约束人们的典范。学者应该致力于为最初的典范赋予当代的形式。但是,李谔和萧统都在共同的思想空间讨论问题。他们都宣称以各种方式接续传统,都在根本上将文化建立在上天的基础上,而且都想当然地认为文章为现在提供准则。两个立场都认为理在文中。但是,李谔虽然认为有可能(尽管不是希望的)忽略理,但他坚持认为有一套特定的文化形式可以彰明理。到唐代,"文"、"辞"(精致的语言),与"理"的极端对立已经成为对"文"的思考的通常一部分。文和理都可以指"文"。这导致了各种各样的说法:文是人文,而理是天地之文;文是彰显的,理是隐藏的;文是特殊的、历史的,理是普遍的、永恒;文是文学的,而理是伦理的。① 这种对立的应用,标志着人们承认对过去的典范的详细阐释事实上是不确定的,而且需要有一些术语来指称在变化的世界中永恒不变的东西。唐代的朝廷学者接受了李谔文化衰落的观点。正像魏征(580—643)在《群书指要》的序言中所解释的,文

---

① 这不是形式和内容的二元对立。在传统的用法中,文章要靠熟练地运用物象以及语言形式来吸引读者;同时文章要通过印证永恒的伦理价值,或者在更高级的水平上,通过在文章的组织结构和世界之间建立对应关系,来讲述世界的真理。理属于世界的真实所在,同时超越特定的形式,这是一种人们通过对语言熟练运用而显示出来的"理"。一旦假定在人类和自然活动以及道德生活的永恒之理之间有真正的对应,这种"理"就描述了事物内在的东西,并因此是规范的。然而它不能被简化为简单地宣称原则。它在魏晋玄学和佛教思想中变成一个有重要意义的哲学术语。刘勰着重论及了文与理,或者说辞与理的二元对立,他大约150次用到"理"(《文心雕龙新疏》第279—281页)。刘勰坚持认为,理由心明,与感觉相对(《文心雕龙注》卷10第715页)。这直接来源于魏晋玄学术语的理解;唐君毅将这种用法与战国文献中该术语的用法做了比较,认为它是指对外界现象的组织和条理化。关于他所做的比较,以及对佛教"理、事"一对概念的讨论,见《中国哲学原论》第1部分,第5—49页;又见陈荣捷的《新儒学"理"思想之演进》(*Evolution of the Neo-Confucian Concept of Li*)刘勰和其他作家既用文/理这对概念,也用事/理这对概念。在理论文章中用文、理这对概念的包括陆机《文赋》、曹丕(欧阳询《艺文类聚》卷56,第1017页)、挚虞(欧阳询《艺文类聚》卷56,第1018页)、初唐的朝廷学者、史学家和批评家刘知几(661—721)(见郭绍虞、王文生《中国历代文论选》中册,第27页),以及8世纪中期的选家殷璠(见罗根泽《隋唐五代文学批评》第50页)。其他的例子,主要是梁代的,在《文选》卷46中所收的一些文集的序中可以找到。在8世纪中期,"理"这个术语似乎被广泛用以讨论天地的现象和过程;例如刘知古的《日月元枢论》,《全唐书》卷334第12a—14b页。唐代的作者用"理"来代替为高宗避讳的"治",就很清楚地表明了这一点。

章流荡不返,越是辩周万物,越是"失司契之源"。① 可见,学者们寻找对两种观点的综合,而不是一个简单的、权威的答案。

在讨论那种综合之前,我将简要地注意到那些关心文的人,他们认为在从事一件由孔子所发起的事情。孔子曾经说过斯文,以及"周监于二代,郁郁乎文哉,吾从周。"②但是,《论语》也警告,只关心文是不够的。为了说明他的观点,孔子提出了两个极端:"质胜文则野,文胜质则史,文质彬彬然后君子。"③到唐代,围绕文、质有大量的对立概念:习得/固有(acquired\innate)、华/实(frivolous\substantial)、精致/简单(refined\simple)、肤浅/深入(surface\depth)、浮华/平易(gaudy\plain)。④ 在唐代,文和质成为文章本身的两个极端,而《论语》则主张一个人可以偏于质或文。

对于孔子来讲,问题是要寻找一些东西来约束,使人不至于在评价文时,把文的含义说得五花八门:"君子博学于文,约之以礼,亦可以弗畔矣夫。"⑤有一次,他坚持必须首先关注伦理行为:"君子入则孝,出则悌,谨而信,泛爱众,而亲仁,行有余力,则以学文。"⑥他将自我修养的文化形式,与社会关系的伦理准则区分开来。⑦ 因为最终他关心的是人们如何行动:"诵《诗》三百,授之以政,不达;使于四方,不能专对;虽多,亦奚以为?"⑧唐代朝廷学者也持这个观点,但是他们生活在这样一个世界里,即人们可以认为一个人如何做事取决于他所拥有的文化形式。

---

① 《全唐文》卷 141 第 9a—11a 页。
② 《论语·八佾》第 14 条,译文采用刘殿爵的《论语》第 69 页。
③ 《论语·雍也》第 18 条,译文采用刘殿爵的《论语》第 83 页,有修改。
④ 欧阳询《艺文类聚》关于这个主题的那一部分(卷 22,第 409—412 页)包括两篇这个题目的文章。
⑤ 《论语·雍也》第 27 条,译文采用刘殿爵的《论语》第 85 页。
⑥ 《论语·学而》第 6 条,译文采用刘殿爵的《论语》第 59—60 页。
⑦ 《论语·阳货第》第 9 条,译文采用刘殿爵的《论语》第 145 页。
⑧ 《论语·子路第十三》第 5 条,译文采用刘殿爵的《论语》第 119 页。侯思孟《孔子与中国古代的文学批评》以及刘若愚《中国文学理论》第 107—111 页,更详细地探讨了儒家思想、观念和文学。他们二人都得出结论,认为孔子对文学抱实用和功利的态度。

文章的使命

在为南北八书的文学传所做的叙论以及其他一些作品中,围绕文章、文章的使命,为什么它能有那种使命,完成那个使命需要什么,唐代朝廷学者提出了他们的一套想法。① 他们各种各样的言论中的近似之处,能体现出当时的士人就"学"与文化所共同信奉的准则。为了证明自己的观点,他们从包括所有学术活动在内的一般类型的文,谈到作为狭义的文学写作事业的文,为它赋予了复兴文化传统于衰落之际,挽救唐朝的统一政治秩序的严肃使命。按照目录学传统,文集是次要的。《经籍志》的作者将文集看做是认识评价其作者的个性,以及追寻文学表现形式之变化的资料来源,这反映了在过去的文集的序言中所表现出的态度。② 但是,正像南北八书所承认的,文学作品在历史的任何时期,都是承载大文化传统的形式。这使文士在国家和社会中扮演重要角色。而且,尽管儒生更服膺经典的权威——朝廷学者当然也坚持经典至高无

---

① 这里用以证明初唐朝廷学者的观点的材料包括上面谈到的《经籍志》,7世纪编撰的南北八书的《儒林传》和《文学传》的叙论,《五经正义》的序以及由朝廷组织编撰的几种主要图书的序。我并不特别举出某些作家是出于几个原因。首先,这些项目大多都有一个编撰班子;第二,不同的著作所采用的文的观念十分接近,而且有些情况下,是从较早的文献中直接照搬,表明目的不是要发明一个个人的观点。例如《北史》和《南史》的叙论就是从《隋书》和《周书》中借用;第三,这里举出的著作都是官方的;叙论中最权威的说法代表了朝廷的学术共同体的观点,这些观点被官方认可。尽管我主要引用南北八书的材料,我并不将这些史书的作者看做史家、文人或是儒。他们当然兼具这些角色,这一时期在指称他们时所用的"文儒"这个术语是很合适的。但是正像魏侯玮(《天子之鉴》Mirror to the Son of Heaven)在他关于魏征这位朝廷杰出的官员的研究中所确证的,出于对道德政府和政治统一的需要,他们致力于让历史的鉴诫和典籍传统的理想对政治权力产生影响。

② 《隋书》卷35,第1081页,第1090—1091页。尽管欧阳询(《艺文类聚》第995—1001页)所引用的11篇文集的序言,在时代上从魏跨越到隋,只有一篇隋代的序言试图在作为典籍传统的文的大图景与作为文学写作的文之间建立具有唐代风格的联系。《文选》中未经删节的序也没有这种意见(卷45,第28a页—卷46第20a页),尽管皇甫谧为《三都赋》(卷45第28a—30b页)作的序有类似的历史衰落的观点。

上——但他们看到文学学者对全部的典籍传统感兴趣。①

南北八书认为文和儒的传统不同但彼此协调。两者都源自上古所创建的书写与为政，并且都有责任维持这一切所代表的东西恒久不变。儒是重要的，因为经典是无价的。他们继承经传传统，并且必须使经典作为典范的源泉而可以被理解。但是，文章的作者具有同样重要的任务，其中之一就是让上古的典范对当前发生影响。② 初唐的宫廷学者注意到，有些时候（魏晋、梁朝），有些地方（东南、洛阳），文比儒更繁荣，但是他们一般赞扬那些对两者的价值都能重视的统治者和朝廷。比如，梁代的开国之君据说既肯定儒雅，也肯定文章；北齐的开国之君支持文章与礼乐的恢复；周的开国之君重视经书和学艺的价值。③ 唐太宗在为他的《帝京篇》十首所作的序言中，提出要两者并重，这是更近的一个例子。他声称，自己对艺文的兴趣来自他了解前代帝王的愿望（也使后代的帝王能够了解他），然而这种艺文兴趣要以六经之文教和七德之武功为标准，因为这是古人对圣君的要求。④

像《经籍志》一样，南北八书将文化的衰落，当做他们评论文、儒传统的中心话题。在汉代以后，两者都不能维持其上古的功能。这部分是由于统治者的过错，他们没有持续支持和倾听学者的意见。同时，儒生与

---

① 不管《文选序》暗示了什么，我猜想这是一个有效的历史评价。以前那些由文人所编撰的类书，使整个典籍传统能够为指导做事和做文提供所需的材料。例如，见现存惟一的唐代以前的类书《北堂书钞》，在隋代由虞世南（558—638）主持编撰，虞世南在唐代也为官。
② 最先写的五部史书，是关于前代南北朝的历史，但是《儒林传》、《文苑传》或《文学传》的叙论却是对整个中国历史的总结（《梁书》不太全面）和提出普遍的原则。关于南朝，见《梁书》卷48，第661—662页（《儒林传》）和卷49，第685—686页（《文学传》）；《陈书》卷33，第433—434页（儒林）和卷34，第453页（文学）。关于北朝，见《周书》卷45，第805—806页（儒）和卷41，第742—745页（文）；《北齐书》卷44，第581—584页（儒）和卷45，第601—604页（文）；《隋书》卷35，第1705—1707页（儒）和卷36，第1729—1731页（文）。《周书》没有文学传，但是，它在一个文人的传中附加了一段类似叙论的话，在形式和内容上都相同。后来编写的三部史书，是关于更早的几个世纪的历史：见《晋书》卷91，第2345—2346页（儒）和卷92，第2669—2670页（文）；《北史》卷81，第2703页（儒）和卷83，第2777—2783页（文）；以及《南史》卷71，1729页（儒）和卷72，第1961—1962页（文）。
③ 《梁书》（文），《北齐书》（儒），《周书》（儒）。
④ 《全唐诗》卷1，第1a页。

文士,当他们被允许自由发展的时候,又被狭隘的兴趣所吸引。比如,儒生不是履行政府的职责,向他人传授儒家经典——文教、儒教或是经书,而是转向典籍的注疏。文士同样转向局部的、狭隘的兴趣,成为精于词艺的单纯的词臣。正像儒生专注于经典的字句而不是教义,词臣也专注于文学表面的修饰,以期个人得到认可。技巧和修饰胜过内容,个人的、感官的文学超过了普遍和永恒的文学。尽管北朝的历史认为北方的统治者对文学关心不够,但是他们特别批评南方的统治者,认为他们知道"文"的确重要,但是只支持纯文学。①

因此,朝廷学者需要解释唐朝应该支持什么样的"文",而且,因为他们要求学者从晚近的做法中转变过来,这就需要他们证明自己的观点。他们认为正确的文章形式是"文"的一部分,而对此的解释提供了一种看法,这种看法比简单地回到上古的权威典范要复杂得多。复杂性来源于他们努力表明,"文"事实上的确包罗万象。在天地之道中,它以宇宙为基础;在圣人的著作以及后来的作品中,它又有历史的基础。它不仅高高在上,为天下众庶树立榜样,还显示了下界个体人物的个性以及他们对时代作出的情绪反应。下面将首先分别讨论这些问题。

"文"以及天地之道

史书的序论经常以天文和人文的说法开篇。《周书》写道:"两仪定位,日月扬晖,天文彰矣,八卦以陈。书契有作,人文祥矣。"②文章以自然力量交互感应的条理井然的图像开篇。朝廷学者还注意到《周易·系辞》中对此更为详细的描述。伏羲观察天象以及它们在地上的对应之物,观察鸟兽的行迹,在他的身上和物体上,创绘出八卦,"以通神明之

---

① 大概《隋书·文学传》的叙论最好地表达了这个观点;又见《北齐书》、《周书》、《陈书》相应的叙论。
② 《周书》卷41,第742页。其他提到天文、人文的地方,见《隋书》卷76,第1729页;《北齐书》卷45,第601页;以及《北史》卷83,第2777页。有时只提到人文,见《陈书》卷34,第453页;《南史》卷72,第1761页;以及《晋书》卷92,第2369页。

物,以类万物之情。"①然而一种官方的观点,接受八卦来自河图的说法,河图是黄河中出现的龙身上的图案。② 不管"文"是一种人类人为的作品,或者只是以神秘的方式引起人们注意,两个版本的说法都含有这样的假定,即天地万物都显现为一种文的秩序,这种秩序在人类社会产生之前就存在了。

从这个意义上说,一些研究中国文学思想的学者提出了一个对理解中世文化至关重要的观点:文化建立在这样的假定之上,即人的领域与天地领域之间没有必然的分离;因此人类文化创造的文同天文是一致的。与此不同的是,传统的西方理论从模仿来看待文学,将它作为一种表现和模仿一个不同领域的真理的尝试,而这尝试通常是不完美的(通常是不理想的努力)。希腊关于文学的观点始于相信文学是虚构。唐代(以及更早)理解"文"的本质的努力,则是始于这样的假定,即认为它是实录(veracious)。正像余宝琳(Pauline Yu)围绕伏羲传说指出:"模仿建立于这样的预想,即在两个存在的领域之间,有基本的分离,其中一个是由语言所复制,而在柏拉图看来这只是某些永恒真理的苍白的影子。与此相对照的是,正像《诗大序》一样,《周易·系辞》则暗示了在事物与它的观念(perception)和表象之间有天衣无缝的结合,这种结合由多义的术语'象'所支持。"③

唐代的学者的确声称,"文"最初靠为人树立榜样的方式复制了天地之理;比如,他们回想尧从上天获得准则,焕然而有文章。④ 最伟大的文

---

① 《周易引得》第 45 页,《系辞传下》第 2 条。
② 这出自《系辞传上》第 11 条。长孙无忌在《进五经正义表》(《全唐文》卷 136 第 7a 页)以及孔颖达为《周易》所作的注疏所作的介绍(《十三经注疏》第 7 页)都采纳了这个说法。《文思博要》的序比较折中,它说:卦来自河图,但是文则是观乎鸟兽之迹而形成(《文苑英华》卷 699,第 3606b 页)。
③ 余宝琳(Pauline Yu)的《中国诗歌传统的意象解读》(*Reading of Imagery*),第 39—40 页。这也是宇文所安《中国传统诗歌与诗学》(*Traditional Chinese Poetry*)中的主要意见以及于连(Jullien)的《作品与宇宙:模仿还是展开(中国传统中模仿观念的局限)》(*L'Oeuvre et l'univers: Imitation or déloiement*)一书的主题。
④ 《隋书》卷 76,第 1729 页;《陈书》卷 34,第 453 页;《南史》卷 72,第 1761 页。

"经纬天地,作训垂范。"①"文"同样能为天地运行提供指导。比如,因为孔子内在的品格承载了天地之道,他对六经的编纂使六经能够"范围天地"。② 而且"文"能够"达幽显之情,明天人之际。"③先王圣人曾经直接、亲身获得天地的指导。唐代为《周易》做的序言声称:

> 王者动必则天地之道,不使一物失其性;行必协阴阳之宜,不使一物受其害。故能弥纶宇宙,酬酢神明,宗社所以无穷,风声所以不朽,非夫道极玄妙,孰能与于此乎?④

"玄妙"之事的确存在,但圣人已经很好地把它变为现实。

那些认为文章最初是取法天地之道的说法,也许意味着后世的文章作者应该努力洞察幽玄。这对于朝廷的学者来讲是个难点。他们并不打算放弃这样一个重要的观点,那就是文学作品应该反映永恒的规范(norms),但是他们也将天地视为"方外",并且承认魏晋的玄学与文学的衰落有必然的联系。这一时期的学者成为单纯的词臣,"莫不思侔造化,明并日月。"⑤肤浅的辞藻和修饰,是为了给神秘之物赋形,而不是遵照上古典范的指导。⑥

陆机作于公元 303 年的《文赋》就是朝廷学者所反对的一个例子,虽然他们不否认陆机的成就。⑦ 陆机面临着统一的政治文化分崩离析,而且像其他与"玄学"联系在一起的学者一样,他猜想真正永恒的东西永远

---

① 《隋书》卷 76,第 1729 页;参见《晋书》卷 93,第 2369 页互参。"经纬天地"《左传》昭公二十八年)一词译为"与天地完美协调"。这个词字面的意义是"为天地确定经纬",从字面的意义看,它与汉代重联系的思想(correlative thought)中天人感应的理论是一致的。也就是说,因为文具有天地真正的"理"(patterns),斯文(Culture)就能使天地保持在它正确的道路上。然而,唐代的疏则将这段话解释为,圣人能够与天完美协调,因此他的行为形成一个完整的理,就像布上的经线与纬线(《十三经注疏》第 2119 页)。对《左传》昭公二十五年中一段类似的话,也有类似的解读。
② 《周书》卷 41,第 742 页;化用《系辞传上》第 4 条《周易引得》第 40 页)。
③ 《北齐书》卷 45,第 601 页。
④ 《周易正义序》,《十三经注疏》第 6 页。
⑤ 《陈书》卷 34,第 453 页。
⑥ 《晋书》卷 92,第 2406—2407 页。
⑦ 陆机这篇文章,陈世骧(Ch'en Shih-hsiang)在《陆机》(Riku Ki)中系于 303 年。

不会显现出来。社会政治世界是不可预料的,人们依赖他们自己的洞察力来获得指导。对陆机来讲,文章使神秘的永恒的东西有可能与可见的典范重新结合。①"文"对等于隐藏在心灵之中的事物,以及被外界现象不可靠的运行活动所掩盖的真实秩序。真实的秩序被外部现象不可靠的产物所掩盖。② 写作是公共的和固定的,它向别人提供了通向隐藏之物的途径,它展示了作者自己,而且它抓住了一些正在讨论的事情的真实之处。它是一种"体物"(赋予事物标准的形式)的方式,唐代学者特别认为这一时代的文就是体物之文。陆机的赋可以说是典型的作为文学写作的"文"。因为他在介绍《文赋》主题时这样讲:"恒患辞不逮意,文不称情。"

事实上,陆机将作者描绘成不仅"伫中区以玄览",而且"游文章之林府","聊宣之以斯文"。作者"笼天地于形内,挫万物于笔端",而且"虽离方而遁圆,期穷形而尽相"。但在最后,他回到秩序:"方天机之骏利,夫何纷而不理?"这样的结果就是真正有价值的作品,因为"伊兹文之为用,固众理之所因"。而且因此陆机总结道,真正的文章能够"恢万里而无阂,通亿载而为津。俯贻则于来叶,……济文、武于将坠,……象变化乎鬼神,……流管絃而日新"。

离唐朝更近的刘勰在他的《文心雕龙》中提出类似的观点。他的第一章《原道》曾经被宇文所安用来有效地解释了为什么文学能够被看做"天文斯观"。③ 刘勰开篇就详细说明天之文的观念,并且接着讨论,文章作为人之文,是人心的体现,人心本身就是"天地之心"。而文学写作的

---

① 所以,陈世骧较早的译本将《文赋》的题目译为"文为烛照黑暗的光"(方志彤 A. Fang《文赋》),在一定程度上是恰当的。关于陈世骧出版的译本,见《论文学》(*Essay on Literature*)我采用了方志彤中译本。
② 在他为自己的译文所做的注解中,方志彤表明,像"文"、"言"、"辞"这些术语与像心灵、观念、意图、理以及诸如此类的一些词联系在一起。下面关于《文赋》的译文,来自方志彤的译文,以及宇文所安在《中国文学思想读本》中的讨论和翻译。我的所知同样受到高桥知己的《陆机的传记和他的文学》一文的启发。
③ 宇文所安《中国传统诗歌与诗学》(*Traditional Chinese Poetry*)第 18—27 页。我也受宇文所安在《中国文论:英译与评论》中对刘勰的讨论的启发。

具体实践,使这个意见看起来绝非夸口。文学写作的骈偶相对和内部组织反映了宇宙的两极结构;反映了事物的成型以及更大的范畴的含义,这些范畴来自相应于天地之观念的对立并存和平行创造,就像诗行的累积所具有的运动与变化,也是符合天地的。但是,刘勰坚持说要通过圣人和言辞来理解终极的道:"故知沿圣以垂文,圣因文而明道;旁通而无滞,日用而不足;《易》曰:'鼓天下之动者存乎辞。'辞之所以能鼓天下者,乃道之文也。"①唐代的朝廷学者鼓励人们更多地远离个人的求玄之举。② 他们毕竟要为统一的国家而呼吁回到共同的典范。天地之道和事物的理在上古的文中得到充分显现。这样个人在为学上就没有必要离开人文,进入玄的领域;而通过取法上古的典范,文继续能够承载天地之道。③

文与圣人和先王的遗产

在以天地为证之后,朝廷学者马上声称文作为典籍传统,始于古人言行的记录,④这是很有代表性的说法。上古文献典籍通过对人事进行天道设教,调停人与宇宙的关系。天地显现出来的文指导圣人,使"圣达立言,化成天下"。⑤《晋书》对典籍最初的功用做了一个标准的说明:"既而书契之道聿兴,钟石之文逾广,移风俗于王化,崇孝敬于人伦,经纬乾

---

① 刘勰《文心雕龙注》卷 1,第 3 页。见施友忠(Vincent Shih)的译《文心雕龙》(*The Literary Mind*)第 12 页。在《系辞传》(《周易引得》第 44 页,《系辞传上》第 12 条)中,"辞"这个术语指六爻所代表的判断性的话;我采用了施友忠的译文,是因为猜想刘勰心里是将辞当作文学写作之辞的。
② 关于这个观点的更鲜明的阐述,见魏征为《群书治要》,所作的序《全唐文》卷 141,第 9a—11a 页。
③ 关于用哲学术语对此进行的讨论,见《经籍志》的道家部分的叙论,《隋书》卷 34,第 1003 页。
④ 例如见《十三经注疏》第 110、1698、7 页上《尚书》、《春秋》、《周易》等注疏的序言。又见长孙无忌为进呈《五经》和律典所作的表,《全唐文》卷 136 第 7a,19b 页。有些情况下,宇宙这个基础是不受重视的,只提到人文就证明了这一点,见《陈书》卷 34,第 453 页;《南史》卷 72,第 1761 页;以及《晋书》卷 92,第 2369 页。
⑤ 《北齐书》卷 45,第 601 页。

坤,弥纶中外,故知文之时义大矣远矣。"①一旦书契被流传下来,王化就能够流传,这就使后人能够学习往昔,垂范将来。《周书》解释道:

> 是以曲阜多才多艺,鉴二代以正其本;阙里性与天道,修六经以维其末。故能范围天地,纲纪人伦。穷神知化,称首于千古;经邦纬俗,藏用于百代。至矣哉,斯固圣人之述作也。②

由于记录在述作之中,这些表述就成为人文;它们使后人接受过去成就的指导,并且为他们自己的文提供典范。也是从这个意义上,《文学传》的叙论使用这样的说法:"言而不文,行之不远。"③

朝廷学者一致同意,有必要让文以文的历史传统为基础,这个历史传统一方面是指文可以充当社会的标准榜样,人会加以取法;一方面是指文是当前的人们在写作时应该参考的传统典范。写作文章的人不管对此喜欢还是不喜欢,都要"裨赞王道",要提供"上所以敷德教于下"的方法,因为没有什么比"经礼乐,综人伦,通古今,述美恶"更重要。④

但是,在说过这些之后,学者们接着指出,后世那些关心藻饰的词臣远远偏离了最初的典范,他们丧失了本原,已经不能接触到那个源头,因此不能写那种能够通往道德秩序之路的文。⑤ 从朝廷学者的角度来看,内容充实、修饰较少的上古典范,真正具有文雅("文化的雅正",而不是"文学的典雅")。

---

① 《晋书》卷92,第2369页。
② 《周书》卷41,第742页。
③ 《隋书》卷76,第1729页;《北齐书》卷45,第601页;《南史》卷72,第1761页;《北史》卷83,第2777页;《晋书》卷92,第2369页。
④ 《陈书》卷34,第453页;与《隋书》卷76第1729页和《梁书》卷49,第685页互参。
⑤ 刘勰的序说:"惟文章之用,实经典枝条;五礼资之以成,六典因之致用,君臣所以炳焕,军国所以昭明。……而去圣久远,文体解散。辞人爱奇,言贵浮诡"(《文心雕龙注》卷10,第726页)。我借用了施文忠译《文心雕龙》第4页以及宇文所安《初唐诗》(Poetry of the Early Tang)中的译文。挚虞的《文章流别集》提出了类似的观点;见欧阳询《艺文类聚》卷56,第1018页。

文与人的情性

唐代朝廷学者认为,先王创造了文,为那种依据自然秩序而建立的统一政体树立了典范,而且他们由此得出结论,那些作文之士应该在形式和功能上与儒家经典有共同的追求。假如学者们安于这种"自上而下"的观点,他们就只会说作者应该为更大的道德—政治目的服务。但是,他们走得更远,将纯文学的写作看作一个历史传统而承认其正当,这个传统被他们追溯到六经(《诗经》和《尚书》)以及屈原(公元前332—公元前295)和楚辞的作者。① 在这个传统中,文章表达了个人对特定环境的情绪反应(情),并由此显现他的禀赋和内在个性(性)。但是对于南北八书来讲,在作为典范的文与"妙发性灵"的文之间,没有必然的对立,尽管这些在实践中会有所不同。②

将诗歌和文学写作普遍地建立在个人的基础上,这种观念至少可以追溯到汉代。对于唐代的学者来讲,它始于《诗经》的《诗大序》,他们认为这是孔子的学生子夏所作,唐代为《诗经》作的序言详细地解释了这一点。在《典论·论文》中,曹丕有一个著名的说法:"文以气为主。"这个说法将文的终极基础建立在个体之上,而个体是自然秩序的一部分。以个人为基础也是陆机和刘勰复杂思想的重要内容。③ 对于朝廷学者来讲,文学表现自我的观点对各种文体都是正确的;它不仅仅是诗歌的理论。例如《周书》就这样讲:

> 原夫文章之作,本乎性情。覃思则变化无方,形言则条流遂广。

---

① 《隋书》卷76,第1729页;《北齐书》卷45,第601页;《周书》卷41,第743页。关于《尚书》,见《十三经注疏》第110页。
② 《梁书》卷50,第727—728页。
③ 关于所有这些著作的讨论,见宇文所安的《中国文论:英译与评论》以及刘若愚的《中国文学理论》,特别是第67—77页。关于曹丕和他对"气"的使用,见卜立德(David Pollarde)的《中国文学理论中的气》(*Ch'I in Chinese Literary Theory*)曹丕的主张出现在他的《典论·论文》中;见欧阳询《艺文类聚》卷56,第1017页。

虽诗赋与奏议异轸,铭诔与诗赋殊途,而撮其指要,举其大抵,莫若以气为主,以文传意。①

八书的作者们承认,由表达形式的多样化繁衍而表现出来的表达形式的丰富多样性,来自一个共同的过程,它本身由作者的气决定,因此必然反映了他内心的所思所想。这里的问题在于文学风格和形式的重要性,人们如何才能将写作作为他们所想所感的显现,而不是只记录了他们所说的东西。

对于朝廷学者来讲,表达的风格与自我表达的愿望都与对情绪反应的一种理解相连,这种理解始于唐代之前,并且将与宋代的道德哲学融合。其基本的前提是简单的:当外界的事件对个体施加影响,它们就在内心激发情感。唐代的《诗经序》这样讲到这个观点:"六情静于中,百物荡于外,情缘物动,物感情迁。"②无论变好还是变坏,情绪的感应对于一个平静的国家都是一个动荡的因素,而这种感应对于人的内心世界来讲,是初始的和自然的。这种动荡和激动是不可避免的,除非一个人将自己封闭起来,不接触外界,或者寻找其他的方法控制情感。第二个假定是,当事物激起情感的反应,人们就会放松对其行为的控制,除非他们有办法自觉保持适度。他们将被事物所控制,并且正像唐代人为《礼记》作的序言所指出的,社会秩序会崩溃,陷入对私欲的追求。③ 那篇序言举出了这种情况最有名的公式,下面是《礼记·乐记》中的一段(括号中的内容是唐代的疏):

> 人生而静,天之性也(其静禀于自然)。感于物而动,性之欲也。物至知知,然后好恶形焉(会意者则爱好之,不会意者则嫌恶之)。好恶无节于内(所好恶恣己之情),知诱于外(外见所欲,心则从之),

---

① 《周书》卷41,第744—745页。并非八部史书的文学传的叙论,都完全采取了相同的陈述,或者给予同等的关注,但都接受了总的论点。有两次是出现在文学传结尾的传论中,见《梁书》卷50,第727—728页,以及《晋书》卷92,第2406—2407页。
② 《十三经注疏》第261页。
③ 《十三经注疏》,第1222页。他们的讨论一定受到了《荀子》第19章关于"礼"的讨论的启发。

不能反躬(恣己情欲,不能自反禁止),天理灭矣(天之所生,本性灭绝矣)。夫物之感人无穷,而人之好恶无节,则是物至而人化物也(物善则人善,物恶则人恶)。人化物者,灭天理(天生清静之性)而存人欲者也。于是有悖逆诈伪之心,有淫佚作乱之事,是故强者协弱,众者暴寡。知者诈愚,勇者苦怯。疾病不养,老幼孤独不得其所,此大乱之道也。故先王之制礼乐,人为之节。①

《乐记》的目的是证明礼的必要:它提供了决定社会所能接受的情绪反应的公共标准。作为"物",礼既充当了恰当的行为的客观典范,也同时促进了正确的情感反应。"情"既指情感的反应,也指真实的、实际的"情境"和激发这些反应的客观条件。在这个意义上,情不会做假,尽管它们可能不受欢迎;它们精确地反映了引起这些反应的"物"的状态,以及作出反应的人的特定个性。

文很容易适合这个范例:适宜的形式既提供了引起正确反应的社会典范,也提供了人们应该如何作出反应的表达形式。文章则适于更复杂的情况,因为写作会采取各种各样的形式,这些形式,服务于表达作者对环境作出的反应。这样一来,它就可以取代行动。正像唐代人为《诗经》作的序言所认为的:"虽无为而自发,乃有益于生灵。"②但是,反应的优劣高下不但揭示了作者的个性,而且揭示了作者作出反应的那个世界的优劣。《诗大序》将诗歌的起源解释为内心丰富情感的表现,它认为诗歌之所以有价值,正是因为它是真实的。诗歌的旋律反映了政府的好坏,它可能是一个秩序井然的国家的声音,或者一个混乱的时代,一个将要灭亡的国家的声音。③ 唐人的序言认为:"六情静于中,百物荡于外。情缘物动,物感情迁。若政遇醇和,则欢娱被于朝野,当时惨黩,亦怨刺形于咏歌。"④

---

① 《十三经注疏》第1529页。
② 《十三经注疏》,第261页。
③ 《十三经注疏》,第270页,见宇文所安在《中国文论:英译与读本》中对《诗大序》的讨论。
④ 《十三经注疏》,第261页。

朝廷和学者们都将文章的价值看作是影响他人的手段,不论是影响在野的臣民,还是在上的王者,但是出于不同的理由,他们还是重视文章作为情动于中之产物的这一面。对于朝廷来讲,作品的气氛揭示了政府统治臣民的效果,而对于作者来讲,这是使他的苦闷得以上闻的手段。南北八书承认,文章应该由古人规范的文来指导,但是他们同样认为文章应该表现情之感动。他们总结道,南朝典雅文章中典型的轻浮、雕琢之风,事实上是一个将要灭亡的王朝的声音。南朝朝廷文臣,回避引起不愉快和激烈情绪的写作,他们忽视了文学作品应当讽谕的职责。① 这样一来,他们对那些立足情性的写作就没有任何批评。这样的一个观点就暗示了,至少在真正的文学表达中,潜伏有矛盾和痛苦的情感。与此同时,表达自我的决定暗示了这样一种愿望,那就是要寻找调整内在冲突,与世界取得和谐的方式,这个愿望与那种为建立一个和谐的社会而树立榜样的观念并无二致。《隋书》这样解释道:

>   然则文之为用,其大矣哉。上所以敷德教于下,下所以达情志于上,大则经纬天地,作训垂范,次则风谣歌颂,匡主和民。
>   或离谗放逐之臣,途穷后门之士,道轗轲而未遇,志郁抑而不申,愤激委约之中,飞文魏阙之下,奋迅泥滓,自致青云,振沉溺于一朝,流风声于千载,往往而有。是以凡百君子,莫不用心焉。②

文章使人能立刻做很多事情:在这个过程中,可以疏导郁闷,表达见解,摆脱孤独,声闻魏阙,以及树不朽之名。

朝廷学者十分愿意承认文学写作可以表达自我。但是,他们很快又声称,那些将文的任务仅仅局限在"赋礼智以陈其情"的人是缺乏社会责任感的。③ 我认为,问题在于即使文的自我表达功能,与古人的道德—政治典范,都以事物的自然秩序为基础,这也不意味着那些抒发其情感的

---

① 例如见《隋书》卷76,第1730页。
② 《隋书》卷76,1729页。我利用了宇文所安在《初唐诗》第33—34页中的译文。
③ 《周书》卷41,第743页。

作者与古人的典范是一致的。《陈书》就遇到这个问题,它提出个人性格的表达,应该建立在适宜的形式的基础上:"文理清正,申抒性灵。"①朝廷学者不希望在天地的基础上直接建立更大的典范,而忽视古人的传统,他们也不愿意表示,在写作中一个人只需要抒发他的情感,而不必考虑文学表达的传统。

文和文学技巧

唐代《尚书正义序》指出,文体、风格以及技巧在文的历史中形成,这个历史始于圣人,它们对文章能否在社会中成功地发挥作用至关重要。②正像《晋书》在介绍晋朝文学人物丰富的成就时所提到的,南北八书将文体的出现以及风格、技巧的重要,与情感的表达联系起来。"夫赏好生于情,刚柔本于性,情之所适,发乎咏歌,而感召无象,风律殊制。"③文体和风格的多样来自这样的需要,即为参与世界之后所引起的内心状态赋予特定的形式。这个过程是不断累积的:那些特别成功地表达了人们的情感的方式被模仿。《周书》将赋看作这个过程的开端,并将早先的作家如屈原、宋玉、荀子和贾谊当作最早的人物,它的意见很有代表性。"并陶铸性灵,组织风雅,词赋之作,实为其冠。"④

然而,纯文学的越来越丰富并没有被看作一个随意而成的过程。按照我对他们的理解,朝廷学者同样认为,文作为情之感动的形式表现是内在合乎规范的,因为情被有形地表达出来的过程,本身就是有秩序的。《北齐书》的编者写道:"然文之所起,情发于中。人有六情,禀五常之秀;

---

① 《陈书》卷 34,第 453 页。
② 《十三经注疏》,第 110 页。
③ 《晋书》卷 92,第 2406—2407 页。
④ 《周书》卷 41,第 743 页;又见《北齐书》卷 45,第 601 页和《晋书》卷 93,第 2396 页。请注意,这些关于文学历史的描述,都没有出现在哲学学派的著作里,直到 9 世纪,哲学著作里才出现这样的内容。

情感六气,顺四时之序。"①情感动气,这是一个完全自然和基本上有规律的过程,这样就有了表达的理和结构。唐代《诗经正义序》更直接地表达了这个意思:"哀乐之起,冥于自然,喜怒之端,非由人事,故燕雀表啁噍之感,鸾凤有歌舞之容。……然则诗理之先,同夫开辟。诗迹所用,随运而移。"②因此,由于情绪感动的过程是自然的,诗歌的结构就具有内在之理(合理之理),而人们所写的诗歌也与历史时刻相连。通过严格遵守过去文体传统的框架,人与自然秩序取得一致。

可是,这些史书也描述了一个复杂性不断增长的累积的历史传统,那些追求以文章来脱颖而出的人推进了这个传统。大体上讲,史书的作者在承认文学技巧的成就的同时,指责后汉发展了徒事表面的肤浅兴趣。他们注意到,文章已经成为一种手段,通过这种手段,人情可以转化成社会可以接受的形式,作家个体身份也获得了公共性。现在,人们也希望学者有能力表达自我,就像《北齐书》所建议的,那些缺少天赋的人应该广泛学习,充分实践。③ 但是,他们自相矛盾,他们赞赏文学形式作为表达的适宜方式所具有的礼的作用,但文学写作的传统通过提供自我表达的形式,鼓励了那种单纯运用形式的技巧,从而使文章丧失了感人的人格力量、道德关注以及浓厚的情感,这又是他们所反对的。我们也许可以注意到,它们的观点的确描绘了当时正在实践中的朝廷诗歌创作。④

他们对这个难题的解答,并不是单方面地拒绝文学技巧,或者要求内容充实。他们更多的是提出一种综合,综合历史传统中那些相互对立的重要方面。《隋书》从谈论南北文风的角度提出了这个观点:

> 江左宫商发越,贵于清绮,河朔词义贞刚,重乎气质。气质则理

---

① 《北齐书》卷45,第602页;《北史》卷83,第2777页和陆德明《经典释文·序》。
② 《十三经注疏》,第261页。
③ 《北齐书》卷45,第602页。
④ 宇文所安和其他人曾经提出,到唐代,通过遵循写作的规则,将冲突和不协调转化成优雅的形式,已经成为典型的朝廷诗风特点。见宇文所安《初唐诗》第1—76页。

胜其词,清绮则文过其意,理深者便于时用,文华者宜于咏歌,此其南北词人得失之大较也。若能掇彼清音,简兹累句,各去所短,合其两长,则文质彬彬,尽善尽美矣。①

我认为,这种南北的综合代表了就这一问题所讨论的各种意见的综合:建立在天地之上的普遍基础,上古权威的典范,真情实感的充实(现在指向社会、政治问题),以及文学技巧。它们都可以被吸收到文章中。

普遍接受的关于文章使命的看法

初唐的朝廷学者既不拒绝作为学术活动的文学写作,也不怀疑它对政体的价值。通过有系统地设计关于文的一套更大的想法,他们拒绝了只徒事其表和雕章琢句的片面的兴趣,在这个更大的想法中,对辞藻修饰的关注只是其中一部分。他们有效地为文章提供了一套新的评价尺度,这套尺度促使唐代后来的学者继续相信,文学写作作为一个道德事业,是学问最高的成就。正像他们所说的,文章的使命就是在斯文长期衰落之后,对它加以拯救。拯救斯文意味着重建统一。学者们可以将不同的所好重新聚合,以此显示他们的影响。这些所好是:永恒的规范和历史经验,过去的典范和当前的意愿,公共标准和个人愿望的表达,道德义务和个人的才能。文章使所有学者(learned man)参与到唐帝国将不同的利益集团统一到单一政治体系之下的计划中。② 这是一个文化的计划,其中宇宙、国家、个人显现出来的"理"(patterns)存在于文化形式中,这种文化形式调停于天与人,统治者与被统治者,以及个人和社会之间。这些文化形式使人们关注社会和政治领域,将视野集中在传统的范围之内,同时允许他们宣称天地与内在生命是一体的。时代要让学者来表明,文化传统,尽管有多样性,但却是一个由各部分相互配合组成的整

---

① 《隋书》卷 76,第 1730 页。参见《周书》卷 41,第 743 页。
② 这些史书认为,政治的衰落是由于斯文中坠、文章流于一偏、丧失根本。《周书》卷 41,第 742—745 页详细阐发了这个论题。

体,而这一点要由学者在写作中表现。如果斯文能够在文章中体现,它就有可能付之实践。唐朝国家的存在和取得的巨大成就,就可以看做是对他们的成就的证明。

但是,这还需要说服新一代学者接受朝廷学者的目标和观点。显然,后来的几代人被劝导要将文章放在文这个更大的事业中,而文则体现了宇宙秩序和上古典范的遗产。要注意到典籍传统的发展,要承认风格和技巧以及立足自我都很重要,要为救斯文于长期的衰落而负责。高宗(649—683 年在位)和武后(684—705 年在位)时代三位有名的学者就是这方面的例子,他们是卢照邻(约 630—约 689)、王勃(647—675)、杨炯(650—约 693)。①

杨炯为王勃文集作的序,开篇就提到天之文,人之文,典籍传统的开端,孔子的出现,以及由于自我表达的文学传统的出现,文与儒产生分化。他接着说,到秦朝,上天使斯文沦丧,而汉代的作者不能充分地恢复斯道,十六国南北朝时期的学者或者追求"雕虫"小技,或者只是因循从前的创作。而王勃却能够把这些关注联系在一起,谈论所有的与此有关的问题。王氏——事实上是太原王氏——具有家学传统(著名的教师和学者王通是王勃的祖父),而王勃在年轻的时候就已经是近代经史之学方面的优秀学生。在官府,他写作诏令之文,当他游历的时候,他创作的作品体现了"造物之理"。人人都注意他的作品,他为孔庙写的碑文就是一例。杨炯接着典雅地讨论到王勃对朝廷文学圈子的影响,认为在 661年,朝廷写作曾经向极度的雕琢和只关心表面之辞藻的风气回潮。王勃受到老一辈朝廷学者的鼓励,成为改变这种文风的新一代的一分子。"于是鼓舞其心,发泄其用,八纮驰骋于思绪,万代出没于毫端。……以

---

① 与骆宾王(约 640—684)一起,这几个人被称作初唐四杰。宇文所安《〈初唐诗〉第 77—150 页)注意到他们在诗歌以外各种体裁的写作中,名气更大。用我的话来讲,他们是以文章而知名的人。他们身后的名气表明后来的人在某种意义上,将他们看作先驱。如果是这样,他们在初唐的学的信条与 8 世纪早期之间建立了历史的纽带。在查找这些文献上,我受益于罗联添《隋唐五代文学批评》。

兹伟鉴,取其雄伯,壮而不虚,刚而能润,雕而不碎,按而弥坚。"①但是,王勃并不只考虑文风,他的目标是抓住过去和现在那些拥有持久价值的问题,追求圣人之理以及天人的结合。他为《周易》作注,借此深入玄域。他撰写关于《论语》和王通著作的文章,除了偶然之作和应命之作,他完成了各种各样的个人著作。② 简单地讲,杨炯将王勃作为一种榜样,高祖和太宗朝的朝廷学者认为学者就应该是这样一种人,当然,他使王勃也在从事一场与朝廷学者相同的战斗。我们也毫不奇怪地发现杨炯本人也持有这样的观点。③

王勃的确表示他要恢复文章引导王政和自我表达的真实使命,以此致力于恢复斯文于千年的沦丧之后,"甄明大义,矫正末流"事实上,王勃持这样的观点,那就是政体的命运取决于文章之道是否被实践。文章不单单是对政治状况的反应。④ 当王勃接受了朝廷的学术职位,他被命令拟写包括十首在内的一组关于政治行为规范的看法(normative statements)(译者注:指《平台秘略》)。有关"为学"的惟一条目被恰当地命名为"艺文"。它开头这样说:

> 《易》称观乎天文以察时变;《传》称言而无文,行之不远。故文章经国之大业,不朽之能事,而君子所役心劳神,宜于大者、远者,非缘情体物,雕虫小技而已。⑤

正像杨炯所提到的,王勃可以把这条道路看做经由其祖父王通而传下来的家族传统的一部分。今天,我们认为王通是孔门之儒,但是对王勃来讲,界限并不像我们认为的那样清楚。他将王通当作一个关心文的人,当然,王勃援引"文王既没,文不在兹"来声称王通自任为孔子的继承者。他为王通所做的《续书序》(为续诗经所做的序,已经遗失)是这个学术信

---

① 序言的这一部分,在宇文所安《初唐诗》第79—80页中有译文。
② 扬雄《扬雄集》卷3,第34—38页。
③ 见前面所提各种诗歌集的序,卷3,第40—44页。
④ 王勃《王子安集》卷8,第62—64页。这出自《上吏部裴侍郎启》。
⑤ 王勃《王子安集》卷10,第81页。杨炯为王勃文集所作的序说《平台十略》是奉命之作。

条的又一个例证。王通搜集了一系列汉晋的典籍；王勃的序言为后世的文章能够等同于圣人之文确立了几条标准："燮理情性，平章邦国，敷彝伦而叙要道。"①

我所援引的多数例证来自文集的序；同样是在序中，卢照邻表明了他的立场。② 这些序以及南北八书中文学传叙论之间的共性是显而易见的。我们在其中找到相同的关键段落，对历史传统的类似观点，以及有必要认识文的政治和个人功能的一些相同结论。很可能当时的作者将这些朝廷编撰作品的叙论和序作为范例。他们接受初唐的信条，以此推荐近人的文章，这些人并不只是宣称他们认为文章应该是这样，而是认为被讨论的人的作品促进了这个计划。一代人以后，卢藏用在这个方面作出了更有力的声明，他将陈子昂（661—702）称作在道衰 500 年之后，拯救斯文的人。③ 用宇文所安的分析来讲，盛唐的诗歌标志着诗歌的转向，"即诗歌从酬世的应制之举，转向具有文化和个人维度的一门艺术，这门艺术不再局限于特定的应制需要"，这个转向植根于初唐的朝廷学术之中。④

初唐的朝廷学者创建了一套关于斯文，关于过去的典籍和文学传统的想法，它可以为一个统一和文明的帝国提供典范，而且他们表明了个人如何参与其中。唐代成功地建立和维持了这个帝国，它可以理直气壮地宣称，它既扭转了历史的衰落过程，又可以比肩汉与上古的周。很多人相信学人能够将传统保持为一个和谐的整体。玄宗朝在册的学生有上万名之多，表明参与斯文的人在稳步增加；它不再局限于朝廷的学者，或者具有学术传统的门阀。755 年以后，唐朝秩序的崩溃，不仅危害了那些命运与国家相连的人的直接利益，而且使他们对初唐文化综合体的正确性丧失了信念。

---

① 王勃《王子安集》卷 4，第 31—32 页。
② 卢照邻《卢照邻集》卷 6，第 69—75 页。注意卷 6 第 69 页，这里卢照邻将《论语》中"斯文"这一段重新表述为："昔文王既没，道不在于兹乎？"
③ 《全唐文》卷 238，第 4a—5a 页。陈子昂自己已经讲过这个话；见罗联添《隋唐五代文学批评》第 33 页。
④ 宇文所安《盛唐诗》第 14 页。

第四章 755年之后的文化危机

现在几乎没有人否认,755年的安史之乱导致了一场制度上的危机。然而这一章讨论的主题却相信,这场叛乱以及政府在彻底恢复中央集权上的无能,与一场更深刻的文化和文章危机相连,这场危机早在755年之前就已经发生。我不再考察自初唐以来,经过武后朝以及玄宗朝,思想生活的发展轨迹。对此只要说后人相信文学文化在那时曾经繁荣就足够了。正像白居易在9世纪所写的:"国家化天下以文明,奖多士以文学,二百余载,文章焕焉。"①叛乱之后,特别是在贞元和元和朝(785—820),朝廷认为它对于文学的奖掖是最首要的文官之道。②但是,现在当皇帝"重文"并"以人文化成天下",③他们同样表达了限制军事并回到"文

---

① 白居易《议文章》,《白居易集》第65卷,1368页。
② 有反对的意见,例如杜佑在《通典》中将政府的衰败与艺文的普及联系在一起(钱穆在《国史大纲》第328页中引用)。
③ 见梁肃关于太宗朝和德宗朝的评论(《全唐文》卷518,第7a页;卷518,第1a—b页);权德舆对德宗朝和唐代总的评论(《全唐文》卷490,第6b—7a页;卷489第15a页)。于邵关于780年前后的事件的评论(《全唐文》卷427,第10b页);806年白居易总论唐代的文章(见本章注1);柳宗元总论唐代以及自785年以来的形势(《柳宗元集》卷21,第577页;卷30,第789页);以及元稹论宪宗(《元稹集》卷40,第442页)。

者,武之君也",或者说"国家方偃武事,行文道"的愿望。① 皇家对文章的兴趣,将文学才能作为评价士的重要标准,以及赋予文士以政治权威,这些都使重文抑武的政策没有流于空谈。② 作为文学学术中心的翰林院,以及主试官和草诏之臣的职位日见重要,这标志着这一政策的推行。③ 文、武二分的观念在中国历史上并不新鲜——它起源于将周的开国之君文王和武王作为相对的典范——但是它并没有出现在初唐关于文的讨论中。它在8世纪的运用,与某种呼声相联系,人们呼吁在当时那个充满武事的年代,在具有文学和文化成就的人的领导下,重建文官政治秩序。

有些人还没有忘记,仅仅因为是文而对文学进行奖掖,这是为了掩饰朝廷在重树中央权威上的失败,有个人还说,这同时也是掩饰实现天地和先王之典范上的失败④。有些人将玄宗(712—756年在位)对古代文化典范的模仿看作是虚荣的。尽管当时的一套礼乐计划试图将唐朝与天地相协调,并且将皇帝表现为一个像先王那样"应于道"(responded to tao)的人;尽管玄宗试图按照《周礼》来重新组织官僚体系,房琯用春秋时代的兵法与叛军作战,但毕竟玄宗治下的王朝失败了。有些士大夫指出,礼乐不能拯救这个王朝;恢复古代的榜样也无济于事⑤。

---

① 王真关于《道德经》战争意见的讨论(译者注:《道德经论兵要义述表》)(见《全唐文》卷683,第21a页);梁肃(《送耿拾遗归朝廷序》《全唐文》卷518,第14a页)。又见《柳宗元集》卷21,第577页,以及于邵(《全唐文》卷427,第1a—b页)把政治权力的实践分成文、武两道,初唐学者尚未提及,在玄宗朝已经出现,当时"朝廷重文",越来越多的士学习举业。独孤及提到748年朝廷尚文(《全唐文》卷388,第13a页)。在714年的制科考试中,考生要求对文、武进行比较。孙逖写道:"文德者,政之所专也;武威者,文之所助也"(《全唐文》卷310,第20b页)。元结将科举中文的流行看作是文衰落的征兆,并拒绝应举(《元次山集》卷5,第74—75页,作于753年)。
② 刘禹锡(772—842)对此尤其直言不讳(《刘禹锡集》卷19,第162—163页;卷19,第171页)。又见《柳宗元集》卷30,第789页。
③ 麦大维《唐代的国家和学者》第237—241页。
④ 这是吕温(772—811)《以人文化成》这篇文章的观点(《全唐文》卷623,第17a—18b页)。
⑤ 玄宗的礼乐计划在天宝初年(742—756),其核心是采纳《礼记》中《月令》这一章;见玄宗本纪742年及以后的记载(《旧唐书》卷9,第214页以后)。与此同时,老子被赋予极大的荣耀。四部道家经典被奉为"真经",由玄宗亲自做注的孝经开始颁行(玄宗的注把孝与天地之道联系在一起),见麦大维《唐代的国家与学者》第99—106,第174—186页,论玄宗朝以及国家礼乐的崩溃和杜佑在《通典》中对礼的处理。

学术上的文化危机,首先表现为人们深信过去的文化榜样并没有像想象的那样起作用。有些人宣称自己有权治理这种状态,不是否认文的重要性,而是通过改变人们写文章的方式来恢复它最初的道德功效。逐渐,一个更持久的文化危机开始形成,这个危机将使以后三个世纪的士大夫殚精竭虑,这个危机使人们怀疑,文化是否真能影响人类的行为。它正是由那些试图拯救斯文的人所提出。

文的确影响行为,无论这影响是好是坏,这个不假思索就被认定的想法,使初唐的学者有理由综合过去的传统以支持新统一的帝国。然而下面要讨论的人物,再也不想当然地抱有这样的想法。在证明自己通过"恢复"文学写作化人成俗的影响,就可以改变人们的行为方式的时候,他们承认文事实上并不必然地影响行为。(他们与初唐)理论上的鸿沟持续加大。有些文学士大夫相信为了使写作具有社会价值,它就必须植根于个人对道的理解,他们有效地将"思考价值观",解释他们对道的兴趣的本质,同思考文化形式区分开来。知道什么是好的,以及做好的事,并不等于要知道什么是可以模仿的正确形式,而是要在头脑中具有正确的观念。这种努力,使观念比文化更真实,它要求每个人独立思考并且用真实地反映其思想认识的风格写作,以往,人们希望拥有共同的、合乎规范的文化,以此做为文明秩序的基础,现在这个目标受到倾覆。只要打破成规以及消除几百年累积的传统的热情持续不衰,就只有个别人才会担心排斥普遍文化模式的后果,因为关于学术的新观念允许让所有的士转变成因思想诚实而变得自觉和道德独立的人。

开风气的人大多数来自世家大族(clans),尽管不一定来自最显赫的支系,他们的文学习惯和对过去的了解都被培养得很好。但他们的工作摧毁了中国中世时代的门阀文化,开启了一个自觉探索和对观念进行争论的时代。为了说明这是如何发生的,我将讨论两组人。第一组活跃在安史之乱后的40年中。这些人促使文人在没有朝廷扶植的情况下,主宰"学"的模式。第二组包括出生在770年前后的人,他们受韩愈关于文和道的观念的影响最大。这里,我将只描述那些770年的一代人,他们促使古文(或者说古代风格的写作)的观念和实践,成为士人中间的一场思想运动。在755年到820年之间,出现了一种新的、创造性的、多样的思想文化,要谈论这个现象的巨大危险在于,我们会把后来才出现的说法"文以载道"安在它头上,并由此得出结论,文学形式的问题已经变得无关紧要。一些权威的参考著作将这句话,或者说这个观念归于韩愈。韩愈并没有讲这个话——它出现在11世纪道学家周敦颐的著作中——但是,这种误解表明,有必要从作为过去的唐代,而不是未来的宋代的角度来观察8世纪。

文章的复古(restoration)(755—793)

安史之乱以后,作为一种恢复秩序的手段,一些学者开始呼吁改变文章的写法。他们中的有些人是朝廷官员;其他则是一些隐士、漫游者(refugees),这些人在首都之外安身,并且不回朝廷。在随后的几十年中,他们的观念获得了追随者,到802年,权德舆(759—818)知贡举,他们就跻身主流。李华(约710—约767),这个晁郡李氏成员,认为他后来的朋友、出自梁朝皇族的萧颖士,是救文章于衰落之际的人。① 李华的朋友独孤及(725—777),来自鲜卑大族独孤氏,他接受了这个观点,将"文章复古"之功归于李华、萧颖士和长乐贾氏成员贾至(718—772),而将自己放在追随者的位置上。② 独孤及死后,其他人按顺序将他视为李华、萧颖士和贾至的继承者。③ 其中的梁肃(753—793),④是独孤及的学生和实践其文学主张的人,他成为首都士人执牛耳者,劝陆贽参加792年的科举。梁肃死后,权德舆承其衣钵。他将梁肃放在李华的继承者的位置

---

① 萧颖士文集的序,《全唐文》卷315,第7b—9a页。
② 李华文集的序,《全唐文》卷388,第11b—16a页;又见独孤及纪念贾至的文章,《全唐文》卷393,第18b—19b页。
③ 例如见李舟为独孤及文集写的序(《全唐文》卷443,第16a—18a页)以及梁肃为李翰的文集写的序(《全唐文》卷518,第5b—7b页)。
④ 李舟为独孤及文集所写的序,《全唐文》卷443,第16a—18a页。

上,而其他人则是"操文柄而爵位不称者"。① 权德舆本人与李华和独孤及的家族都有联系,而且担当了主考,还曾短期为相。② 李华及其继承者的文章和观念,为古文的兴起作好了准备,但无论是韩愈,还是他的追随者,都不承认受其影响。③

安史之乱后,主张文章复古的人重复了几点初唐的态度,他们谈到汉代以后文的衰落,以及古代典范的权威性,贬低文学雕饰的价值,强调写作的社会和政治角色。他们在陈子昂(661—702)和张说(667—730)那里更直接地找到其观念的前辈知音。卢藏用把陈子昂所说的"文章道

---

① 这个短语的意思是"操文柄";见于权德舆为杨凝的作品所作的序,《全唐文》卷489,第14b—16b页。
② 权德舆的父亲在安史之乱后得到李华特别的赞扬(见《旧唐书》卷148,第4001—4002页);他将女儿嫁给独孤及的儿子(《新唐书》卷162,第4994页)。
③ 对于李华和他的追随者的研究,见姚吉光的《唐代文士之学术思想》,蒲立本的《唐代思想生活中的新儒家和新法家》(Neo-Confucianism and Neo-Legalism),麦大维的《历史及文学理论》(Historical and Literary Theory)尤其重要。又见倪毫士等人的《柳宗元》第15—25页;以及陈幼石的《韩柳欧苏古文论》(Images and Ideas)第4—7页。麦大维对于李华、萧颖士、独孤及、颜真卿(709—784)、元结(719—772)的研究,是将这五个人看成一个集团(group)。尽管李华很钦佩元结的远亲元德秀,但是我认为元结(韩愈很称赞他)并没有参与李华和独孤及的思想计划。在后世的文献中,我没有发现将元结、或者颜真卿(他重复了他们的一些观点)归入我们这里讨论的这个派系的材料。元结经常被看做是非常典型的古文作家,这部分是因为韩愈将他列为先行者(忽略了李华等人)。但是韩愈赞扬元结的理由,或许并不适合李华那些人。元结在755年以前所写的文章毫不掩饰地不寻常规,并有意识地用古语。这方面的例子包括元结按照《尚书》中一些诗题创作的诗作,《尚书》中这些诗题下的诗歌本文已亡佚,他对这些诗题进行介绍;他论五常的系列文章,以及一组乐府诗(《元次山集》卷1第1页,卷5第77页,卷2第18—19页)。李华和其他人谈论孔子所处的"中世",与他们不同的是,元结谈论"太古",这是一个人们平心忘情的时代。关于平心、忘情、知命的问题,又见元结的《自述》(同上书,卷5第73—76页)。元结在755年以前将自己塑造为"元子"这个角色,这与上述那些做法,似乎都是要揭露当权者对"古"为我所用的做法的可笑,见他为自己文集所作的序(同上书,卷8第113页,卷10第154页)。用不合常规的文风来表达内心的原意,这种手法将元结与李华等人区分开来;我认为它与韩愈将文风看做自我的真实反映的愿望也不同。韩愈或许只是从表面认识元结,或者只是透过颜真卿纪念文章中的话的折射来认识他:"君,其心古,其行古,其言古"(同上书,第168页)。在元结755年以后的文章中,不合常规的问题已经不严重;元结担心他早期作品中的严肃内容会被误解(同上书,卷10,第154页)。755年以后,他也谈论一些萧颖士、李华和贾至所谈论的话题;见他在761年为自己近期的诗歌选集所作的序,其中谈到恢复文学写作和在野之士的角色(同上书,卷7,第100页;宇文所安的《盛唐诗》第225—226页)。参见《元次山集》卷3第37页,一篇766年的文章(译者注:应作765年,指《刘侍御月夜讌会·序》)。

弊五百年矣"当作他为陈氏文集所作序言的立论前提。玄宗时期奖掖学者最为有力的宰相张说,在他为卢藏用的一个祖先所作的碑铭上,重申了初唐信条的主要内容。张说的门生张九龄(678—740)称张说在斯文衰落了几百年之后,拯救了斯文。① 陈子昂这个身处长安士人圈之外的圈外之士,宣称自己对拯救斯文负有责任,他是萧颖士、李华以及其他自认是圈外之士的人的重要先驱——圈外之士在京城以外,来自大家族的弱支,身居下僚。② 李华后来写道,在755年以前,萧颖士就"以文章创度为己任"。李华声称"时人咸以此许之",尽管没什么证据能支持李华的这个说法,但是安史之乱的确为那些准备担负这一责任的人创造了听众。而且,进士考试制度为那些人提供了关于什么是好"文"的有说服力的界定,提供了一个影响精英价值观的现成途径。唐代的考试制度是不糊名的,特别是在755年以后,当时应举者额外向主考官和京城权要投献的文章,以及他们所获得的推荐信,都会极大地影响录取结果。如果权要对投献的行卷有所偏好,那么显然文学价值观的转变就能影响这些行卷作品。③ 这样,755年到9世纪20年代的思想转变的故事,就可以

---

① 张说为卢思道(卢藏用的一位祖先)所作的碑铭,是他接受初唐文学观念的一个例子,这篇碑铭把"文伯"定义为文章能够"吟咏性情,记述事业,润色王道,发挥圣门"的人。张说还列举了自孔子至六朝以文学知名的人。(文见高步瀛《唐宋文举要》第43—54页)。张九龄对此的评论意见可以在他为张说写的墓志铭中看到(《全唐文》卷292,第15a页)。安史之乱前的几年,殷璠在为他的诗歌选集(译者注:指《河岳英灵集》)所作的序中表达了一些老观念,但是与安史之乱后的学者不同的是,殷璠的目的是要表明当前在进行文学变革的同时,成功地复原了古老的观念(见余宝琳《诗歌的定位:早期中国文学的选集与经典》"Poems in Their Place: Collections and canons in early Chinese Literature,第183—190页)。
② 李华以萧颖士为例,《全唐文》卷315,第7b—9a页;特别见于颜真卿765年的作品(为孙逖文集写的序,《全唐文》卷337第10b—12b页)。举例来说,后来在元稹(779—831)815年写给白居易的信中,陈子昂的《感遇诗》变得比他作为一个"文"的拯救者更为重要。这封信,我是依据郭绍虞、王文生《中国历代文论选》第111—112页中的文本。也许是出于同样的原因,梁肃这个在朝者将张说这位宰相看作是陈子昂之外的一个先驱(《全唐文》卷518第5b—7b)。
③ 程千帆《唐代进士行卷与文学》。科举考试前的行卷制度显然始于8世纪40年代或50年代。程千帆的发现启发了一个更丰富的研究:傅璇琮《唐代科举与文学》第247—287页,对行卷有更详细的讨论。

讲述为一个文化政治的故事,在这里,学者们希望通过转变人们写作和思考的方式来转变他们的行为方式。

萧颖士、李华和贾至

萧颖士、李华和贾至的共识是:打破当前关于什么是"好"文章的观念很有必要。萧颖士尚存的几篇作品,其中一篇有这样的说法:"仆平生属文,格不近俗,凡所拟议,必希古人,魏晋以来,未尝留意。又况区区咫尺之判,曷足牵丈夫壮志哉。"①李华为萧颖士的文集所写的序言,更详细地描述了萧颖士关于文学历史的主张。从本质上讲,萧颖士认为在魏晋之前,还有一些诗赋作者在他们的作品中继承《诗经》遗风、"王化"根本。他评价战国时代的屈原和宋玉著文"雄壮"而不能作为持久的典范("经")。在汉代的作家中,他称赞贾谊文词最正,近于理;枚乘和司马相如是瑰丽的才士,但不近《诗经》的风雅。扬雄用意颇深,班彪识理,张衡宏旷,在魏晋时期,他挑出了曹植、王粲、嵇康。但是在这些人和"文体最正"的陈子昂之间,他却认为无足道者。② 萧颖士因此认为,要恢复文章的道德职能,就有必要回到那些文学创作仍然能够印证道德关怀的作者那里。他呼吁在那些作为典范的个人作者的基础上建立综合榜样,以此反对初唐在南北朝文学潮流基础上建立的综合榜样。然而他要在文学写作传统的内部拯救文章。他不是谈论作为一个观念范畴的"价值",而是一种写作风格,这种风格印证了对现存(但经常被忽视)之礼(norm)的关注。③

李华预想了一种更激进的可能性。他在一篇谈论友谊的文章中,开篇即说:"上古无文。"文学创作的历史存在是一个不连续的传统——它

---

① 《全唐文》卷323,第12a页。
② 李华,为萧颖士作品写的序,《全唐文》卷315,第8a—9b页。
③ 从这个意义上讲,他与初唐学者接近;例如,他742年前所写的一段文字对"天人之理"主题的处理(《全唐文》卷322,第15a页)。

的根源在于先王根据天地之理所创造的文,儒家经典中所收集的古代合乎规范的文,以及后世那些源于屈原和宋玉的自我表达的文学写作——李华不考虑对此的传统证明,他提出这样的观点让人们讨论,即在这个传统内寻找合适的典范,并且转向先王之"教"。① 在另一个场合,他声称,尽管孔子的文章流传后世,而且包括孟子在内的孔子的追随者的文章,是"六经之遗",但是,在屈原和宋玉那里,"六经之道邈矣"。② 他关于转变取士标准的呼吁,清楚地表明他希望将文章建立在典籍传统而不是纯文学的基础上:"愚以为,将求治理,始于学习经史,左氏、国语、尔雅、荀、孟等家,辅佐五经者也。及药石之方,行于天下,考试仕进者宜用之,其余百家之说,谶纬之书,存而不用。"③ 李华本人的文章与这样的忠告是一致的:这些文章受到他的历史学识和关于儒家经典的知识的指导,它们直接深思熟虑地讨论政治和道德问题。在李华本人的理论核心中,他的作品强调"内容"(质)而不是表面的文辞修饰(文)。上面的引文出自他的文章《质文论》(其义或可释为"使文质实"),这篇文章通过经书和汉代历史的典故,论证了文和质是并不对等的两端:"文不如质。"但是,如果对文的偏好导致文质的失衡过于巨大,单纯增强质并不能解决问题。恢复秩序依赖重新建立一种更简单、更道德的生活方式,这种方式人人可以履行。对于统治者来讲,"修德以制天下,不在智,不在功,必也质而有制,制而不烦。"④

李华的立场与杜佑在《通典》中对制度的研究并无分歧。⑤ 但是,我

---

① ③ 李华,《全唐文》卷 317,第 2b—3a 页。
② 李华为崔冕的文集(编辑于 755 年之后)所作的序,《全唐文》卷 315,第 4b—5a 页。
④ 《全唐文》卷 317,第 1b—2a 页。这篇文章在麦大维《八世纪中期的历史与文学理论》(Historical and Literary Theory)第 323—324 页中有详细的讨论。志与文的不平等是一个新说法,这个说法意味着有必要进行文化变革,而不是仅仅追求文与志的平衡。当时其他人还在用文与志相平衡的说法来谈论问题,这是一个传统的想法;例如颜真卿(《全唐文》卷 337,第 10b—12b 页)以及独孤及所举出的萧颖士的族人萧立(《全唐文》卷 388,第 2b—4a 页),都是这样。
⑤ 他的侄子李汉后来号召学者将杜佑的著作作为文学的基础(《全唐文》卷 430,第 8a—10a 页)。

不能肯定李华是否同意杜佑的观点"教化之本,在乎足衣食",而不是礼制。① 李华并不是一个礼学家,但是他是一个道德家,对他来讲,德行和个人行为比制度更重要。他是一种新的文学学者:一个批评的分析家,道德师长,以及文学的讽劝者;他的目标并不是跻身上流社会,用文学才华颂美国家,传扬统治者的王化(transforming influence)。在755年以前,他写过"化成天下,莫尚乎文"。② 在755年以后,他经过深思认识到,伟大的文学成就有可能与邪恶的行为相伴:丰富的文学才华没有使"将相"履端行直,而其他人则已经以他们的行为为榜样。他写道,文学与伦理的联合,对于"体道"是必要的,但是,"夫子门人,德行、文学、言语、政事、文学,四者无人兼之,虽德尊于艺,亦难乎备也。"③然而建立一个文学和伦理行为的联合体是必要的。

在我看来,李华好像指出了一个解决之道,在这里,结合文与伦理行为的重担,就压在个人对于价值观的自觉选择上。他提出,六经表明作者或者说文章作者的"志",可以与他对时事的情绪反应相区分,这决定了作品的文学基调,并且将这种基调与时代相连,这里他暗指《诗经》。

> 文章本乎作者,而哀乐系乎时。本乎作者,六经之志也;系乎时者,乐文武而哀幽厉也。立身扬名,有国有家;化人成俗,安危存亡。

文章的确意义重大,而李华在下文断言,它的价值取决于作者之"志"。写作中文学的一面,即情感的载体,是次要的。

> 于是乎观之,宣于志者曰言,饰而成之曰文;有德之文信,无德之文诈。……夫子之文章,偃商传焉;偃商没而孔伋、孟轲作;屈原、宋玉哀而伤,靡而不返,六经之道遁矣。……文顾行,行顾文,此其

---

① 《全唐文》卷477,第13a页。
② 《全唐文》卷31,第65a页。
③ 李华为杨极的文集写的序,《全唐文》卷315,第9a页。还请注意他提到的"辞人",这些人在玄宗朝或因文学,或因德行而获得声名(《全唐文》卷315,第11a页),萧颖士是研究经典方面的典范,而元德秀则是伦理行为方面的典范。

与于古欤。①

对于李华来讲，要为文化形式与个人行为的联合寻找基础，就需要将典籍传统集中到一系列道德正确的作品上。在这样做的时候，他坚持认为人们说什么（"言"）比他们怎么说（"文"）更重要。我认为这话的含义就是，事物之所以有价值，是因为它们与道一致，而不是因为它们是文的一部分。

独孤及在"文章复古"这个问题上归功的第三个人是贾至，他在玄宗朝成为一名朝廷官员，安史之乱中随驾玄宗出逃四川，在8世纪60年代重新供职朝廷。735年他与李华和萧颖士一起及第，结识二人，并受到李华的钦佩。②他与李华不同的是，他承认文学传统起源于上古以及人文与天文。同萧颖士一样，他认为文章的教化功能在汉代以后就丧失了。他认为，只有那些深受经书教育，将文学和伦理行为结合起来的人才能拯救斯文。③

按照贾至的观点，实现这一点的方式在于改变取士标准，改变公众对于好作品的界定。在763年，杨绾建议取消进士考试中的文学考试，禁止士人以行卷来获得录取资格。作为代替的是，杨绾建议唐代应该恢复汉代取士制度，有德行的士人被地方官推荐，并根据他们的选择考试一部经书。他强烈地攻击择士选官中的"重文辞"，他提出由于科举考杂文，举子就只读诗歌和一部分作者的文集，忽略六经、三代历史和孔孟之道。④贾至对文学取士的抨击改变了朝廷的态度，他开篇就宣称文是至关重要的价值中最伟大的，它事实上是一种行为。

---

① 李华为崔沔作品所作的序,《全唐文》卷315,第4b—5a页。所提到的行与文,也许是指《孟子·尽心下》第37条,这一条是说言行不一。
② 关于735年的科举考试,见徐松《登科记考》第275页。关于李华的评价,见《三贤论》卷317,第3a—7a页。
③ 贾至为李适的作品所作的序,《全唐文》卷368,第3a—4b页。我根据的是高步瀛《唐宋文举要》第72—78页的注释文本。
④ 关于贾至的角色,见《旧唐书》卷119,第3432—3434页;关于杨绾的建议,见《旧唐书》卷119,第3430—3432页。

> 夏之政尚忠,殷之政尚敬,周之政尚文。①
>
> 然则文与忠敬,皆统人之行也,且谥号述行,美极于文,文兴则忠敬存焉。是故前代以文取士,本文行也;由词以观行,则及词也。②

贾至继续说道,在古代,文学典籍和行为之间的关系是不成问题的。文充当自上而下的行为典范,显示下层的行为如何,而且《诗经》在建立社会和谐方面有关键的作用。但是,现在的唐代统治者关注文的"小道",也就是说,只留意记诵和文字技巧。由于当权者并不将文看做化人的手段,举子就忽视先王之道,偏爱文学技巧,滑向不道德的行为。他指出,在百姓的各个群体中,士是最容易感受来自上层的风化的。唐朝已经造成了一个道德败坏的圈子;那些负责为"士人之学"树立标准的朝廷官员,本身就看不到一个道德秩序中"远者大者"的问题。由于从来没有获得德行的准则,士就缺少必要的精神支柱在安禄山和史思明(卒于761年)的叛乱中站稳立场。安禄山"一呼而四海震荡"。贾至总结道,废除文学考试是一个错误的决定。救国需要转变士学,而不是抛弃它。而且动乱以后,在野士人已经不多,官僚家族已经分散。最好是致力于恢复学校,提高师长的薪俸。③

萧颖士、李华、贾至代表了在一个更大的"文学之学"的传统内部对文章的批评。他们意识到制度的束缚已经削弱,要让个人对自己的行为负责。在他们看来,实现这一点的最好方式,是改变人们思考文学写作的方式。他们促成了新的、叛乱之后的思想文化的发端,正像麦大维曾经指出的,在这种文化里,学者们通过非正式的写作决定当下的思想问题,并且使文的概念和实践成为所有问题中讨论最多的一个。

---

① 引用司马迁在《高祖本纪》后面的史论(《史记》卷8,第393—394页)。
② 《全唐文》卷368,第1a页。贾至传中所引用的版本有删减,内容也有不同:"……以文取士,本行也。"
③ 《全唐文》卷368,第1a—3b页。我没有全部举出贾至的全部观点。在此之后五十年,白居易和元稹提出了以恢复诗歌的传统职能来移风易俗的观点。

独孤及"形志"

独孤及认为,萧颖士、李华和贾至带来了"文章复古",而李华则是学者的榜样。在详细阐释个人之"志"的角色时,独孤及打破了文与行协,行与文协这样的循环。① 独孤及在为李华的文集所作的序言中,对文章复古意味着什么以及李华在其中的角色,提供了他的解释。为此独孤及提出了一个在文学形式、语言和"志"之间的三方关系。

> 志非言不形,言非文不彰,是三者相为用,亦犹涉川者假舟楫而后济。自典谟缺,雅颂寝,世道陵夷,文亦下衰,故作者往往先文字后比兴,其风流荡而不返,乃至有饰其词而遗其意者。则润色愈工,其实愈丧。及其大坏也,俪偶章句,使枝对叶比,以八病四声为桎梏,拳拳守之,如奉法令。② 闻皋繇史克之作,则呷然笑之,天下雷同,风趋云驱,文不足言,言不足志,亦犹木兰为舟,翠羽为舟楫,玩之于陆而无涉川之用。痛乎流俗之惑人也旧矣。③

独孤及通篇所论就是,语言和文学的形式(例如文学作品的体裁)应该被看作是抒发心志的手段。正像他下面一段话(后面引用)所表明的,"志"代表了一个总的尚未成型和不确定的道德关怀。志只有在个人谈论某事时才有特别的意义,但是他所说的必须被进一步纳入一个可知的框架。这里没有被说出的术语就是"行",因为独孤及详细地阐释了《左传》中的一个段落:"言之不文,行而不远。"④在古代,语言和文学形式对于表达志是充足的,但是一旦古代的文学形式不再被采用,社会和文化

---

① 这个问题似乎也滞碍了当时其他一些作者,例如顾况的《文论》和尚衡的《文道元龟》(分别见《全唐文》卷 529,第 11a—13a 页,以及卷 394,第 19a—20b 页)。
② 独孤及所说的皋繇(舜的执法大臣)和史克,我不太清楚他们的情况,除了知道他们与周代的贤人史佚有关。
③《全唐文》卷 388,第 11b—12a 页。
④《春秋经传引得》,襄公二十五年。

就衰落了。独孤及的观点就是,通过模仿和烦琐注解古人的文,恢复古代的秩序,这恶化了衰落的过程。由此首先是《诗经》的原则被丧失,接着就是古人言语的意图被丢失,最终骈偶的规则变得如此强大,文学形式限制了言志之言的表达。①

独孤及的序言接着说,唐代的建立阻止了这种衰落,陈子昂回到散文的质直,而其后李华、萧颖士和贾至开始振"中世(指孔子整理儒家经典之时)之风以宏文德(指初唐)"。简言之,一些唐代的学者已经寻求打破当前的形式,回归古代,让文与言能够表达志。但是,李华以正确的方式实现了这一点。他首先拥有志,其后出于道德的关怀当机谈论(speak to the occasion),并最终他的话以各种体裁表达出来。

> 公之作本乎王道,大抵以五经为泉源,抒情性以托讽,然后有歌咏;美教化,献箴谏,然后有赋颂,悬权衡以辩天下公是非,然后有议论,至若记序编录铭鼎刻石之作,必采其行事以正褒贬,非夫子之旨不书,故风雅之旨归,刑政之本根,忠孝之大伦,皆见于词。②

独孤及接着说,文学学者寻轨而下,在二十年之内,大多数的学者都受到了影响。"识者谓之文章中兴,公实启之。"在这一点上,序综述了李华的仕履,并且选择了不同文体的文章作为李华之志的证明。李华关于是非的严格观念并没有阻碍文学创造;他的作品是"波澜万变,未始不根于典谟"。同时,它们揭示了李华的真实性格,"故览公之文,知公之质,不俟觌容貌,听词气。"③他宣称李华的文章真实地反映了人的品质,这样的声明无疑说明道德与文化是结合在一起的。

独孤及以他树立的榜样表达了一个普遍的声明,就是说如果写作真的表达了个人的志,那么它就是有价值的,这个观点能够包含不同的价

---

① 请注意,独孤及并没有绝对拒绝当代的文学规范,而是承认,例如像骈俪的形式就是一种成就。见他为皇甫冉的文集所作的序(《全唐文》卷388,第1a—2b页)中对当代诗学的讨论。(宇文所安在《盛唐诗》中讨论了,第254—255页。)
② 《全唐文》卷388,第12a—b页。
③ 《全唐文》卷388,第15a页。

值取向,以及一个更特定的声明,即值得重视的价值观来自经书,我认为这样解释独孤及的用意并非过度阐释。因此,一方面,所有的学者以文学写作来显示他们的态度,这是很关键的,另一方面,他们应该拥有一种得之古人的特别的态度。后者也是重要的,因为正是李华遵王道,这才使他的写作表达了古代永恒的道德,并因此证明了他对于自己所处时代的批判是正确的。

正像独孤及所解释的,并不是所有的学者都接受李华的道路,①但是独孤及本人的观点吸引了最高层的一些人。② 他也吸引了学生。正像有一个人所解释的,独孤及理解为什么文学对于政体是重要的,而且他澄清了那种能够指导人们去恢复统一政体的文学之"学"的"根源"。③ 一个崇拜者写道,独孤及的成功是"上天欲振斯文"的标志。④ 独孤及最优秀的学生是梁肃。

梁肃:文以道为本

梁肃是第一个真正的乱后学者,这个乱后学者的谱系始于萧颖士、李华。梁肃是在这样一个时代写作,当时的朝廷,正像他所说的,"以人

---

① 我认为,盛唐诗风在这一时期得以保存就显示了这一点。《全唐文》中这一时期的许多作品显然不是为革新的目的服务。对于那些将诗歌看做文学最高成就的人来讲,文章衰落和复古的观念很可能就是否认近期成就的价值;皎然(约734—约791)批评陈子昂,以及他对盛唐诗人的赞赏就是一个例子(见罗根泽《隋唐五代文学批评史》第83—104页)。朝廷的文学学者于邵在785年写道,承认文已衰落,就意味着对玄宗朝写作缺少价值的否定和对当前文学实践的批评(《全唐文》卷426,第9a—10b页)。尽管于邵一度谈到文、行的问题(大概是不承认这是一个问题)(《全唐文》卷427,第17a—b页),但我认为他对作者的警告(《全唐文》卷429,第9a页)更能代表他的态度。这里他反对认为内容优先于形式("质岂胜文?文其犹质"),而且他断言语言是第一位的("惟士立德,必先修词学")。这与独孤及认为志必须通过语言来赋予恰当的形式没有多少区别,但是独孤及的文章是有感于道德目的和已有的(acquired)文章形式之间的对立而作,于邵并没有感受到这种对立。
② 见崔祐甫(721—780)《故常州刺史独孤公神道碑铭》,崔祐甫在799年拜相(《全唐文》卷409,第16a—20a页)。李舟和梁肃的跋都提到崔祐甫对独孤及的评价(见《全唐文》卷443,第16a—18a页,卷518,第3a—5b页)。
③ 见崔元翰(约735—约805)致独孤及的信,《全唐文》卷523,第23b—24b页。
④ 李舟为独孤及作品写的序,《全唐文》卷443,第16a—18a页。

文化成天下",而不是单纯地依靠军事手段。① 然而,虽然上古时代表明有可能将文章、政治决策和社会实践结合起来,但那种君臣能够协调政府与人性,他们的歌谣能够"浃于人心,人心安以乐,播于风俗,风俗厚以顺"的时代已经一去不复返。② 现在,重任落到学者的身上,他们必须创造"斯文足以振当世,余烈足以遗后嗣"。③

在为李华的侄子李汉和独孤及的文集所作的序中,梁肃表达了他关于文学事业如何能够创造一种振兴时代的文化的想法。他在为李汉所做的序言中,首先谈到文的目的:"文之作,上所以发扬道德,正性命之纪;次所以财成典礼,厚人伦之义;又其次,所以昭显义类,立天下之中。"④梁肃接着说,古人所创造的文结合了以上三个内容:个人天性、政治与社会典范,以及通过类比和临时的标准适应变化。但是,随着周的衰落,文也衰落了,这三个目的分成不同的潮流。汉代恢复了其中的两种,汉代史学家的文保留了先王的社会政治典范,而赋家之文则接续了第三个目的,这与周朝分封霸主的衰落有关。这种多元的状态一直持续到南北朝分裂时期,表现为文学创作的文与理、雕琢之文(来自赋作者)与规范形式(来自史家)之间的张力。梁肃这样描述衰落:"文本于道,失道则博之以气,气不足则饰之以辞,盖道能兼气,气能兼辞,辞不当则文斯败矣。"⑤梁肃承认,代代相延的传统曾经在某种程度上是有效的,但它并没有实现文第一位的任务(言道)。它逐渐变得如此雕琢繁芜,以至于文丧失了它的本职。唐朝学者对此的救治发生在三个阶段:从陈子昂到张说,再到李华、萧颖士和贾至,最终到独孤及,独孤及将建立个人与道

---

① 梁肃为李泌文集作的序(《全唐文》卷518,第1a页),参见梁肃为李翰文集所作序(《全唐文》卷518,第7a页)。
② 梁肃为李泌的作品写的序,《全唐文》卷518,第1a—1b页,梁肃为包佶的作品所写的序,《全唐文》卷518,第2b页。
③《全唐文》卷518,第7a页。
④《全唐文》卷518,第5b页。
⑤《全唐文》卷518,第5b—6a页。梁肃论气来自曹丕的论点"文以气为主";他因此将它看作是道丧的标志。

的联系看作复兴文化的首要条件。①

对于梁肃来讲,道并不表现为形成于历史之中的先王之道,而是超越文化的一种东西。尽管他提到"天道",但他的意思也不是说天地之道。同样,对梁肃来讲,"性命"不是个人的性格和情感,这些在传统上是作为文学表达的基础。他使用这样的术语,更多地是从佛教徒和道教徒的立场出发,这些人作为"方外"之士,被认为有办法在个人和最高的道之间建立联系。李华、独孤及,特别是梁肃,全都深入思考过佛教和道教的教义。② 梁肃认为佛教关于心灵和人性的观念,以及佛教使人脱离现象世界的实践,都是有价值的,而且它们启发了他将道作为一个概念来运用。③ 道是本原,是神秘的、不可说的,它"无方"、"无名";它使佛有可能成为圣人;由于有了它,"至人无心"才是恒久为一。④ 梁肃受佛教观念的影响比受道教的要多。⑤ 他解释,真实的不朽需要结束与生俱来的错误行为:"圣人(佛)知其本虚也,其体无也,示以大道,俾性其情无妄,而反诸本焉。"⑥这并不是没有条件的;其他人相信,佛教的教义使人"复其情",教导他们为善恶所动。⑦ 我认为,这就是被梁肃看做是为写作赋予真正价值的道,因为它是个体的终极基础。

梁肃对于内在人性(性)的最严肃的讨论,是他对天台宗止观禅定教

---

① 《全唐文》卷518,第6a页与卷518,第3b页,为独孤及的作品所作的序互参。
② 玄宗时的一位宰相李林甫,用过"方外之人"这个词(《全唐文》卷345,第16a—18b页)。玄宗时期对佛道的官方支持说明,这种兴趣是不被视为异端的(以"玄"为皇帝的谥号,进一步显示了这一点)。又见孙逖和李元成在714年应"三教科"时的答卷(《全唐文》卷310,第18b页,卷331第12b页)。关于李华这个集团的佛道兴趣,见麦大维的《八世纪中期的历史和文学理论》第312—313页;又见王彦一篇碑文中对尧和黄帝的对比(8世纪晚期;《全唐文》卷545,第14b)。
③ 关于梁肃与佛教的关系,更详细的讨论见巴雷特的《李翱思想中的儒释道》(*Buddhaism, Taoistism, and Confucianism*)第162—180页。
④ 《全唐文》卷519,第19a页,卷520,第1a页,卷518,第23a页,卷520,第3a页。
⑤ 例如,梁肃承认向道教徒学习气如何使万物连为一体,以及气在人身上的角色是有价值的,但他认为炼丹术和长生之术都是可笑的(《全唐文》卷518,第25a—26a页,卷519,第10a—11a页)。
⑥ 《全唐文》卷519,第10a—b页。
⑦ 房琯的议论,在本书第一章作为骈文的例子被引用(《全唐文》卷332,第15b页)。

义的阐释,他认为这符合孔子所谓排除外界的干扰以明道的观点。① 在他的韵文《心印铭》中,他以自己的经验体会谈到佛心,在这里当人们以最恰当的方式对外界做出反应时,我与物、天与人、内与外,以一种难以言状的统一体结合在一起。② 通过引用佛教的文献,梁肃在一个场合评论道:"因言遣言,即象忘象。"③我认为,梁肃希望让这个关于道的观点对斯文产生影响,而不是让佛教与儒家互不相干。

梁肃认为,独孤及是一个将道作为写作的基础和目标的例子。但是,正像他为独孤及的文集所做的序所解释的,载道并不意味着文是无关紧要的。这里的主题来自《道德经》第三十八章:"失道而后德,失德而后仁,失仁而后义,失义而后礼。"④这是恰当的,因为独孤及曾经在玄宗的道举中及第。梁肃写道:"夫大者天道,其次人文,在昔圣王以之经纬百度,臣下以之弼成五教,德又下衰,则怨刺形于歌咏,讽议彰乎史册,故道德仁义,非文不明,礼乐刑政,非文不立。文之兴废,视世之治乱,文之高下,视才之厚薄。"道与德不能自现,人们通过文来显示它们。人们必须首先找到一种联系的方式,正像独孤及所做的。"泊公为之,于是操道德为根本,总礼乐为冠带,以《易》之精义,《诗》之雅兴,《春秋》之褒贬,属之于辞,故其文宽而简,直而婉,辩而不华,博厚而高明,论人无虚美,比事为实录,天下凛然,复睹两汉之遗风。"⑤独孤及以道德为基础,但是他同时在写作上又继承了汉代关于经书的观念。正像独孤及在讨论李华时所做的,梁肃将普遍和特定的典范结合起来——用道德替换"志"。其结果就是这样一个人,他的行为和文章显示了古代的伦常大体(norms),而在每一个场合引人向道。

---

① 梁肃,《全唐文》卷517,第15a—20a页,提到孔子的地方,见卷517,第19a页。
②《全唐文》卷520,第1b—2a页。
③《全唐文》卷518,第23a页
④ 译文采用刘殿爵的《老子》第99页。这一段的最后一句,梁肃似乎忽略了:"礼者忠义之薄而乱之首。"
⑤《全唐文》卷518,第3b—4a页。

道与之粹,天授之德,聪明博达,刚毅正直,中行独复,动静可则,孝悌积为行本,文艺成乎余力,凡立言必忠孝大伦,王霸大略,权正大义,古今大体。其中虽波腾雷动,起伏万变,而殊流会归,同志于道。①

而且,梁肃总结道:"天其以述作之柄授夫子乎?不然,则吾党安得遭遇乎斯文也。……每申之话言,必先道德而后文学。"②

梁肃将叛乱之后对初唐文化综合体的偏离,推向了一个很成问题的极端。由于生活在一个"文"代表了行政秩序、文化传统以及典范(normative models)的时代,这些人认为自己因为是文士,所以才可以成为学者,他们通过写作一边作为有道德关怀的个人,回应时代,一边学习文献传统和过去的典范。他们怀疑纯文学,假定有一个拥有道德权威的比较狭隘的文章传统,这与初唐的观念既近似又有所不同。首先,他们希望表明文学写作如何能指导社会行为,但又承认文学写作并不能担当此任。其次,在他们试图理解如何去做的时候,他们对文化形式是否具有真正价值更加怀疑。李华和他的追随者将文仅仅看做是对一个人想说的语言的修饰,他们假设一个人的道德目的或者说心志应该决定他不得不说的话,这样,他们实际上将道德和文化区分开来。这种区分是初唐所没有的,当时人认为通过接受和延续,文化传统再生了永恒不变的天之理。梁肃是极端的,因为他接受了这个可能的结论,即由于文化传统与道德基础相分离,它们之间只能偶然相联;这样任何道德有效的文学和文章就需要某种建立在道德观念终极本原基础上的思考,这种终极本原存在于文化传统之外。而这又导致了更进一步的结论:如果文化传统的文并不内在地具有价值,那么真正的价值就不必通过文学来认识,文学写作事业也就无关紧要。但是,对唐代的学者来讲,接受了这样的结论,就会促使人们否认他们和他们那种"学"在唐代社会能享有特殊的

---

① 《全唐文》卷518,第4b页。
② 《全唐文》卷518,第5a—b页。

道德权威。

梁肃卒于793年,随着他的去世,这个故事分化了。第一条线索在这时由权德舆在朝廷延续,他担当过主考和宰相,他继承李华、独孤及和梁肃的传统而在文的方面享有权威。权德舆坚持认为文对于转变世界是有必要的,而且政治的权威需要由当代的斯文创造者来指导。但是,文的衰落与文之复古的观念正变得老生常谈,权德舆的文章使得人们不再吹毛求疵地挑战现状。①

下面将要谈到的另外一派,始于那些在8世纪90年代处于长安士人圈之外的人。在通过文章复古来完成个人对社会的拯救方面,梁肃和他的前辈们是先行者,而这一派受惠于梁肃等人,尽管他们并不承认这一点,而且他们被这样的观念所鼓舞,即要拥有真正的价值,写作就必须建立在作者自得之道的基础上。② 但是,他们也是一些没机会一遂心愿的人,对他们来讲,朝廷化天下以人文的呼吁不过是一句空谈。孟郊的这几句诗表明了这一点:

> 杀气不在边,凛然中国秋。道险不在山,平地有摧辀。河中又起

---

① 我觉得权德舆是在维护文在政治和士人的生活中的重要性——比如,他坚持好的政府"以人文化成天下"。他赞同衰落与复古的说法,并经常使用"斯文"这个概念来指周代与汉代以及他自己所处的时代那些有道德关怀的写作。但他并不特别支持那种以文学技巧取士的种种批评。对各种问题他都很清楚,诸如文、行一致,为文寻找一个共同的道德基础,但并不试图形成他自己的理论说法。他对佛道以及性命之说感兴趣,但显然并不接受梁肃那种以文以道为本的观念。相反,他关注一个特定的作家的文章以什么样的方式,才能向别人揭示作者本人的个性、作者的道和"心源"。他保守而随俗,对文学和有教养的士大夫的价值一般来说都要维护,避免因好辩而导致的歧义纷纭。他对于衰落和复兴的看法,见他为杨凝(《全唐文》卷489,第14b—16b页)、崔元翰(《全唐文》卷489,第16b—19a页)、崔祐甫(《全唐文》卷489,第9a—11a页)、李栖筠(《全唐文》卷493,第15b—17a页)、张建封(《全唐文》卷489,第13a—14b页)、姚南中(《全唐文》卷489,第11a—12b页)、权若讷(《全唐文》卷493,第18b—21a页)的文集所作的序。权德舆的文集包括科举试题,这些试题涉及我们这里提到的一些文学和思想问题。

② 我的意思是,以韩愈为中心的文学/道德新"宗派",忽视了李华等人,尽管韩愈和他那个圈子里的人承认李华和梁肃的重要性,而且关于李华是否教授过韩愈的叔叔和兄弟也有争论(见蔡涵墨《韩愈和唐代对统一的寻求》第22页,第284页,注22)。

兵,清浊俱鏌流。岂唯私客艰,拥滞官行舟。况余隔晨昏,去家成修阻。①

我们现在转向孟郊的朋友韩愈,以及他的一些同代人。

8世纪70年代的一代人:文与道的问题

文章的复古,要求学者作为个人,通过他们的文学写作为公共道德负责。8世纪70年代这一代文学士大夫,一致认为文学事业必须是一项道德事业,但是他们不接受梁肃关于道的观念。公众和个人道德的基础是什么?它如何与文献遗产以及他们本人的文学写作相联系?按照初唐的看法,天地之道是由圣人的历史之文所完美描绘的昭然于天下的"理"(patterns)。现在出现了一套关于道和关于文的看法,道必须由个人亲身认识和体验,文则是指个人亲自创造的风格与作品。个人被要求独立地去认识,以及转变自身,这就使人们在共同价值上难以取得共识。同时,重视个人拥有价值观念,而不是模仿好的文化形式,这使人们越来越难以看清价值观如何能够共享,因为模仿在现在成了一个人没有自出手眼看问题的标志。这一代的人看到他们自己言人人殊。白居易(772—846)在806年的文章里,把他的时代与战国时期彼此争鸣而又偏激的诸子学派之间进行了类比。②李翱(774—836)列举了六种彼此排斥的关于何谓好文章的标准。③ 在803年为科举所出的考题中,权德舆认识到缺少思想上的统一体。④ 新的一代有许多学者群体,每一个都有自己的宗旨。例如,韩愈(768—824)就获得了李翱、皇甫湜(777—830)以及张籍(768—830)的崇拜。柳宗元(773—819)与韩愈有很多共识,但也与吕温(772—811)、刘禹锡(772—842)以及像陆淳这样的《春秋》学的后

---

① 宇文所安《孟郊和韩愈的诗歌》(Meng Chiao and Han Yu)第27页。
② 白居易《策林》第六十一—《白居易集》卷65,第1361—1362页。
③ 李翱致朱载言的信,见郭绍虞、王文生《中国历代文论选》第164—166页。
④ 《全唐文》卷483,第6b—8a页。

学联合在一起。白居易和元稹(779—831),他们将复古(restorationist)的观念运用在诗歌体裁中,代表了另外一个思想中心。对其中的许多人来讲,继承古代是一个延续价值观、继承古人之道的问题。

在韩愈这个圈子出现了关于文化的衰落与复古的新描述:一个关于圣人之道衰落与复兴的故事,在这里,思想价值的转型是很明显的。韩愈的捍卫者大胆地宣称,韩愈是继孟子和扬雄以来一千年中,第一个坚持正确道路的人。这个不再看重了韩愈之前所有唐代人物的信条,出现在张籍写给韩愈的一封信中,这封信一般系于798年。① 李翱和皇甫湜为韩愈写的祭文与神道碑,包括了这个意见,而且它还出现在韩愈的女婿为韩愈的文集所作的序言中。② 这样一个党派的观点并不能作为学者取得共识的基础,尽管在其后几乎每一代人,都有一些人倾听这种意见,而更多的人则学习韩愈的著作。③ 它最大的影响是体现在11世纪的思想文化上。而当哲学家程颐总结说,真正的学不是文学,他创造了一个关于衰落和复古的新看法。根据这样的看法,他的兄长程颢是自孟子以来第一个知道之人。韩愈并不能作为他那一代人的代言人,但是韩愈标志了一个思想生活的转折点,而他所处理的问题,和他所提出的观点都有持久的影响。

什么使韩愈与众不同?

这一节的主题是韩愈关于文和道的看法,这些看法并没有囊括韩愈这个人的全部。④ 他的作品不论是关于国家大事,日常琐事,还是关于想象之物,通过这些作品,他都树立了一种个性,这种个性对于一个真实的

---

① 《全唐文》卷684,第26a—27b页。
② 李翱之文见《全唐文》卷640,第8a—b页;皇甫湜之文,见郭绍虞、王文生《中国历代文论选》第121页,参见第134—135页。
③ 这可以从关于韩愈的评论中得出,有关资料见吴文治《韩愈资料汇编》第1部分,第1—68页。
④ 关于这两个问题,我深深得益于蔡涵墨《韩愈和唐代对统一的寻求》(*Han Yu*)。

人是可信的。他的著作是有趣的。韩愈道德严肃的面目伴随着"以文为戏"的爱好,以及在最严肃的过程中,希望个性化的愿望。文章的语言是新鲜的,然而又充满对古语的模仿。① 他的写作创造了一种历久不衰的新语言,学者们将在未来的几个世纪中使用这种语言。他本人不无瑕疵与错误,道德与情感并不总能协调一致。宇文所安在韩愈诗歌的研究中,清楚地表明,这个韩愈使人很难将他看做一个简单的道德说教者。在他的诗歌中,其雄心与朝廷政治、叛乱、社会分裂的现实尖锐冲突。他打破优雅的常规,②强调既定之规不再对他起作用。其他人也许看到天地的规范秩序;韩愈则把宇宙体验为不规则和不和谐的。③ 有些人会以为古代的文献清楚而充实;韩愈则不时发现它们混乱、误导,不足以作为通往古代的津梁。④ 韩愈的诗歌表明他兴趣广泛,反映了他革新的范围,以及他希望按照他所感受的那样来继往开来的愿望。他在动情的入世中展现自我;这不是一个狭隘的教条形象。然而,对道德的游离与入世的结合,为他的写作渗透了一种自我意识,而他的自我意识使他自我解嘲而又不至于丧失严肃。⑤ 他的诗作传达了严肃的信念,例如,他坚持认为一个人可以通过学,而不是高贵的出身,成为一个道德的人,但这信念不是说教。⑥

当然,韩愈是 8 世纪晚期"学术文化"(scholarly culture)的一部分,

---

① 见上书第 4 章;较为近期的研究,陈幼石的《韩柳欧苏古文论》(*Images and Ideas*)第 15—70 页。
② 宇文所安的《孟郊与韩愈的诗歌》第 44 页《谢自然诗》。
③ 宇文所安的《孟郊与韩愈的诗歌》第 46 页《重云李观疾赠之》。
④ 例如,见上书第 75 页《此日足可惜赠张籍》以及第 251 页《石鼓歌》。
⑤ 例如,见上书第 190—195 页《答张彻》和第 198—205 页《南山》;与第 213—223 页互参。又见《进学解》(作于 812 年),见《韩昌黎集》杂著卷 12. 第 77—79 页。以及海陶玮的《幽默家韩愈》(*Han Yu as a Humorist*)。
⑥ 韩愈在其他文章里也反对以出身决定地位;见葛晓音《唐代的古文革新与儒道演变的关系》第 176—180 页。以此为主题的一首诗,见宇文所安的《孟郊与韩愈的诗歌》(*Meng Chiao and Han Yu*)第 271—273 页《符读书城南》。

而且他很清楚李华的圈子以及梁肃和权德舆。① 而且正像韩愈本人所写的,只有特殊的人才会被记住和怀念,而我们就很可以问,韩愈是如何将他本人和两派复古者以及当代文学主流相区分的?② 基本来讲,韩愈用他关于古文的观念来重新定义"好"文。像复古派们所作的,韩愈假定,改变士人写作的方式是改变他们行动方式的一个手段。但是,韩愈比这走得更远。他相信,古文作为一种文风之所以与单纯模仿道德正确的古代典范不同,是因为写古文必须独立思考。同时,韩愈为文学实践提出了新的标准,他重新定义"好"的学,他所谓好的"学"意味着思考价值观,特别是思考那些指导圣人的价值观,即圣人之道,③因为它们能够从典籍传统中引发出来。

文学的两个方面,即努力认识价值观的学,与努力表现价值观的文学实践,是不同而又相互联系的。在804年,韩愈写道:"读书以为学,缵言以为文,非以夸多而斗靡也,盖学所以为道,文所以为理耳。"④韩愈相信他可以将这两方面统一在一起,但是一个完整而必要的联系并不容易建立。问题是这样的,一个好的学者被认为要独立地思考价值,并通过文来表现他所理解的内容。但是只要通过一种古代的写作风格以及一种详细地阐释了圣人之道的语言来实现这个目的,学者们就可以卓有成

---

① 麦大维的《韩愈》第603—657页从许多方面充分讨论了韩愈之所以不是特立独行的。蔡涵墨在《韩愈和唐代对统一的寻求》一书认为宋代新儒家的品质是受韩愈影响而形成,麦大维对此进行了有力的质疑。韩愈是李华之子李观的朋友,李观792年及第,梁肃劝他应举,他与萧颖士结识,与权德舆也有交往。韩愈的哥哥韩会(739—780)的文章《文衡》(作于780年)与梁肃为独孤及的文集所作的序,以及梁肃关于止观的讨论有很多接近之处。它也对于将文建立在圣人之道的传统之外的异端左道表示了不满。关于这篇文章的原文以及韩会的生平,见《全唐文纪事》卷39第504页;译文见蔡涵墨的《韩愈和唐代对统一的寻求》第228—229页。
② 《答刘正夫书》,《韩昌黎集》卷18,第81页。
③ "圣人之道"可以指所有圣人的道(从所有圣人的所有成绩中所了解的道),以及圣人的道(指作为圣人的孔子,或者为所有圣人所拥有可以指导任何一个圣人的价值观)。对于韩愈来讲,这个道是单一的,但后来有些的确是指"所有圣人的所有'道'",他们以为圣人们有各种各样的"道"。
④ 《赠陈秀才彤序》,《韩昌黎集》卷52,第20—23页。与蔡涵墨《韩愈和唐代对统一的寻求》第221—222页互参。这里的关键词是"为"(做、从事、实现)。

效地宣称他的文章显示了真实的道。在唐代思想文化的环境中,那些立志被看做有德之人的学者,很容易作出这样的结论,那就是仅仅通过模仿韩愈的语言和文风,他们就在像圣人那样思考和行动。韩愈陷入了一个矛盾之境:他一方面相信人必须独立思考,另一方面则相信价值观必须从文化传统中获取;一方面意识到有必要创造能指导他人的文,另一方面则否认文化形式能为人树立楷式。古文可以被看作是一条走出这片荆棘之地的出路。作为一种古代的文风,它是一个属于个人的写作方式,而不是去声明好的写作应该模仿和阐发古代文章。在这里古文与韩愈关于圣人之道的见解是对应的,因为道是一种精神风格(mental style)——即指导古人如何"应物"的价值观——而不是经书直接讲出的行为之理和规则。

圣人之道

126

在798年的一次书信往来中,张籍请求韩愈不要再写游戏文章,将他的文学才能转向写作关于圣人之道的文章以便教育其他人。对这两个请求,韩愈都拒绝了。对于张籍来讲,韩愈的地位意味着他没有其他选择。韩愈曾经和他的同道讨论过他关于圣人之道的看法,但在写作中却很少提及。张籍的总结是关于韩愈思想最早的描述。① 这是关于衰落和复古主题的一个新看法,就我所知,在唐代历史上,这是第一次没有将衰落归诸徒尚文辞。韩愈新树立的榜样是孟子,孟子抨击个人主义的杨朱以及功利主义的墨子的教义,捍卫道。

> 世俗陵靡,不及古昔,盖圣人之道废弛之所为也。宣尼没后,杨朱墨翟恢诡异说,干惑人听。孟子作书而正之,圣人之道复存于世。秦氏灭学,汉重以黄老之术教人,使人寖惑,扬雄作《法言》而辩之,

---

① 韩愈在794年的制科答卷中,用了"圣人之道"这个词,似乎还没有摆脱窠臼,他认为做一个圣人就意味着内心没有错误(《韩昌黎集》杂著卷14,第32—33页;参见蔡涵墨《韩愈和唐代对统一的寻求》第200—202页)。

161

圣人之道犹明。及汉衰没,西域浮屠之法入于中国,中国之人,世世译而广之,黄老之术,相沿而炽,天下之言善者,唯二者而已矣。昔者圣人以天下生生之道旷,乃物其金木水火土谷药之用以厚之,因人资善,乃明乎仁义之德以教之,俾人有常,故治生相存而不殊。今天下资于生者,咸备圣人之器用,至于人情,则溺乎异学,而不由乎圣人之道,使君臣、夫子、夫妇、朋友之义沉于世,而邦家继乱,固仁人之所痛也。自扬子云作《法言》,至今近千载,莫有言圣人之道者,言之者惟执事焉耳。习俗者闻之,多怪而不信,徒推为訾,终无裨于教也。执事聪明文章与孟子扬雄相若,盍为一书以存圣人之道,使时之人,后之人,知其去绝异学之所为乎?

论文章不谬于古人,今所为或有不出于世之守常者,窃未为得也。愿执事绝博塞之好,弃无实之谈,宏广以接天下士,嗣孟子、扬雄之作,辨杨、墨、老、释之说,使圣人之道复见于唐。①

张籍将圣人之道描述为道德观念,这些观念可以指导人情,其方式与圣人制作器用与制度的用意是一致的。

尽管韩愈没有理会张籍对他文学追求的批评,但他并没有反对这个描述。像孟子一样,他看到有必要辩论,即使他不打算写下来。"非好己之道胜也,己之道乃夫子、孟轲、扬雄所传之道也;若不胜,则无以为道。"②他们传的道是圣人之道,是学的正确目的。韩愈的一道试题问学生"学圣人之道"的问题,他把孟子对杨朱、墨翟的攻击与当时的情况类比。③ 韩愈作于802年的著名的《师说》,谈到"吾师道也"。这就像上面所说一样,道是可以被传承、保存、闻知的东西,它在谁那里得到保存,谁

---

① 《全唐文》卷684,第26a—27b页。
② 《韩昌黎集》杂著卷14,第38—40页;参见蔡涵墨《韩愈和唐代对统一的寻求》第37页,第161—162页。
③ 《韩昌黎集》杂著卷14,第20—21页;又见他致孟简的信(《韩昌黎集》杂著卷18,第83—86页)。信中他强调了杨、墨与佛道的类似。

就可以为人师,不管他的社会地位如何。① 韩愈的观点很大程度上受益于孟子和扬雄,但是在唐代的环境下,把称作圣人之道的东西作为价值的本原和学的目的,这个观念看起来是韩愈的发明。②

圣人之道为韩愈提供了价值基础。将圣人之道付诸实践,这是出仕的道德原因。学习它,根据它来写作,是那些未入仕的人所追求的道德目的。要宣传圣人之道,就要"广接天下之士",而只有为了宣传道,韩愈才有理由代表那些学习圣人之道却沉沦潦倒的学者说话。正像韩愈所指出的,这种学提供了一种不考虑家庭地位的衡人标准。③ 通过将文置于学的中心位置,韩愈实际上否认一个人的价值能靠他拥有门阀文化来获得。他有一次写道,"孔子之道,大而能博",而他自己的追随者只得其一体。④ 但是韩愈不愿意说孔子,或者他的门生垄断了关于道的知识,或者甚至不愿说他本人"知"道。"道"具有代代相承的传统的某些特性,即能够被传承和增益。例如,他后来指出,孟子的学说能够补充孔子的学说。⑤ 当他最终阅读荀子的时候,他认为它界乎孟子和扬雄之间,尽管它需要整理以去掉不符合道的东西。⑥ 最终他还认为扬雄也不尽可取,因此就剩下孟子作为比较完整地理解道的最后一人。⑦《师说》表达了一个鲜明的观点:"圣人无常师。"孔子向不如己者学习,甚至向老子学习。⑧ 但是唐朝皇家所崇拜的圣人老子和佛教徒的圣人佛并不是这个"古道"

---

① 《韩昌黎集》杂著卷 12,第 75—77 页,参见蔡涵墨《韩愈和唐代对统一的寻求》第 162—164 页,他将此文中的"道"翻译为"传统"。
② 在韩愈看来,"圣人之道"一词不曾出现在初唐或李华等人的作品中,在东周的诸子学说中也不常见。而扬雄的《法言义疏》经常将圣人与道联在一起谈,至少有一次他对"圣人之道"的谈论与韩愈很接近:"事圣人之道者为君子"(扬雄《法言义疏》卷 10,第 2a 页)。我见到这个词早先是用在佛教之道上(马瑞志(Mather《诗人沈约》*Poet Shen Yueh* 第 164 页)。柳冕在给权德舆的一封信中也提到这个词,但不清楚这封信是否做于 798 年以前。
③ 葛晓音提出这些观点,《唐代古文革新与儒道演变的关系》第 180—182 页。
④ 《韩昌黎集》书卷 20,第 23—24 页。参见蔡涵墨《韩愈和唐代对统一的寻求》第 179—180 页。
⑤ 《韩昌黎集》杂著卷 11,第 74 页;参见蔡涵墨《韩愈和唐代对统一的寻求》第 152—153 页。
⑥ 《韩昌黎集》杂著卷 11,第 72—73 页;参见蔡涵墨《韩愈和唐代对统一的寻求》第 181—182 页。
⑦ 《原道》一文提出了这一点,下面将作讨论。
⑧ 《韩昌黎集》杂著卷 12,第 76 页;参见蔡涵墨《韩愈和唐代对统一的寻求》第 164 页。

或者说"古人之道"的一部分。古道来自中国古代,要拥有它就必须尊崇上古。显然佛教不是这样。那些从制度上批评佛教徒败乱伦理政教的人,将佛教看作是对现存一切的威胁。但是从韩愈的角度来看,佛教实际上胜利了,它劝说人们相信道——真实的道——并不是圣人所创造的道德秩序的一部分。

韩愈并没有详细阐述圣人之道的内容。正像他有一次所解释的,他师其意,不师其辞。① 我认为,圣人之道在某种程度上体现了指导人们如何做出反应的意愿,它很像初唐的学者所谈论的"观人文"以化天下。它成为斯文的基础,是与圣人所创立的制度相一致的价值观,以及是"我们"过完整而有系统的生活的一种方式。《原道》是韩愈阐述他对道的理解的最重要的文章,这在中国后期的思想中是最有影响的文献之一。② 它开篇就声明圣人之道的完整性,抨击佛教与道教,对构成道这个整体中的各个部分进行描述,它证明了可以在文章这个小宇宙中重新将文化和价值联系起来。它描述了世界应该是什么样子,并解释为什么它不是这个样子。这篇文章使我们可以总结韩愈头脑中的道德观念。

《原道》由一组定义开篇,这些定义使韩愈立论的前提变得很清楚:道和德并不能独立于文化和历史而存在,他们是由人所创造的观念。

> 博爱之谓仁,行而宜之之谓义。由是而之焉之谓道,足乎已无待于外之谓德,仁与义为定名,道与德为虚位。……故道有君子、小人,而德有凶吉。……凡吾所谓道德云者,合仁与义言之也。③

韩愈将道德带回到"方内"。他的论点很简单。道与德是没有规定

---

① 《韩昌黎集》杂著卷18,第80—81页;参见蔡涵墨《韩愈和唐代对统一的寻求》第253—256页。
② 《韩昌黎集》卷3.11,第59—63页;在蔡涵墨《韩愈和唐代对统一的寻求》第145—162页加以讨论,他认为此文可能作于805年;狄百瑞在《中国传统资料汇编》(Sources of Chinese Tradition 第1部分)第376—379页翻译了这篇文章的大部分。更详细的注释,见高步瀛的《唐宋文举要》第143—156页。
③ 《韩昌黎集》卷3.11,第60页。

内涵的范畴。它们分别指称朝向某个终点的行进,以及能够自发地这样做。它们是"虚位",必须在行动能被道德指导之前得到定义,这与《周易》中卦的六个位置都有了阴爻与阳爻之后,卦的观念才有意义是一个意思。对于它们的内涵,韩愈借用了两个文化传统中最著名的道德术语:"仁"和"义"。但是,要注意他也是将这些术语作为观念来界定。它们对于文章中讨论的完整秩序来讲是必要的目的:以一种适合形势的方式照顾到所有的问题。人们所要学习的就是如何自我进取以实现这个目的。

文章开篇就劝说读者,人可以向圣人的传统学习,道教与佛教传统中的道与德,与其说深入认识了道与德的真实本质,不如说只是关于这些"虚位"的一种姑存一说、不太实在的定义。这一点首先在提到老子的时候谈起,老子认为道与德是自在之物,独立并先于仁义而存在,韩愈含蓄地流露出,他因为扬雄同意这些说法而对扬雄有所非议。①

现在,"衰落"就是这样的一个故事,即汉代的道教(或者用韩愈的话来讲,黄老)和后来的佛教,就像后来的杨朱和墨翟,使人们不能看到仁义和道德之间的联系,将孔子降为第二等人物,并且建立起两组新的道德之"教"与士竞争。要解释仁义在实践中意味着什么,以及要表明他对这些术语所做的阐释对文化传统来讲是基本的,韩愈回到古代并且描述了圣人对文明的创造,征引了许多典籍。

圣人是如何决定做什么的呢?文明是如何被创造的呢?韩愈的回答是,圣人察人之欲,并为其创作制度使之彼此关爱。韩愈只是忽视了一个古老的观念,那就是圣人在人类制度里再造了天地之道。他接着说,道家认为创建制度和指导人们的努力引起纠纷。事实上,圣人创建统帅与军队是为了驱逐害人的毒虫猛兽,他们将百姓置于中心的陆地。百姓寒冷,圣人就制作衣服;饥馁,就置办食物;受自然环境的摆布,就建造房屋。如此这般,直到有了工贾医药、礼乐政刑、权衡与城郭甲兵。没

---

① 扬雄《法言义疏》卷6,第4b页。

有圣人，人类就无法生存。佛教徒认为要清净寂灭，就要摆脱政治和社会的限制。事实上，圣人创造了一个等级秩序，君者出令，臣者行君之令，百姓生产粮食，制作器皿，交易财货，以保证人类的需要能够满足。韩愈接着说，道家将简易作为价值的唯一标准，但是圣人之智的一个标准就是看一个行为是否适时，而不是看它是否最简易。佛家认为治心需要将社会和国家看作心外之物，但是"正心诚意"的关键在于在国家和社会中"有为"。在佛道之间，无论师从哪一方，都是将"夷狄"之法，凌驾于"中国"之法之上，因为中国之法就意味着要遵循先王之教。简言之，那些传统使"我们"能够真正成为我们自己。

韩愈接着总结了"先王之教"，他们的文（《诗经》、《尚书》、《周易》、《春秋》），他们的为政之法，君臣父子的等级秩序，师友宾主昆弟夫妇的社会角色，衣服屋室饮食之道。他断言，圣人的道甚易明，他们的教导甚易实行。而且这个道于己、于人、于心、于国家、于天下都很充分。这个道由尧，经过先王，传给孔子和孟子。荀子和扬雄并没有得其精要。在周公以后，载道之人都为臣不为君，所以他们只能详细地阐发，却不能付诸实践。他问，应该做些什么呢？应该摧毁佛道的制度，以先王之道指导人，这样所有受苦的人都会受益。

由此可得几点结论。首先，这篇文章是一种新的写作风格。它是个人来勾画一幅整体蓝图的想法的一个例子。它是用韩愈自己创造的一种语言写成，大量引用古代典籍，以及成语、古语，这使它读起来与当时的习俗之文十分不同。它围绕一个论点组织，而不是阐发一个古代的主题或者段落，或者是模仿某一篇古代文章的仿作（尽管韩愈也做过这样的作品）。最后，在这篇文章所处的时代环境中，它十分尖锐，甚至充满火药味——它要求改变唐朝的现状。

第二，仔细地阅读《全唐文》就会发现，这篇文章在唐代是前无古人的。我还不曾发现有更早的文学作品，对圣人所创造的道德秩序做如此全面的描述，解释它的创造，展示文明的历史，将它的衰落归因于接受了特定的观念作为价值观。此后出现了大量仿效之作，变体以及对圣人之道的另外一些设想,这些都显示了这篇文章的巨大影响。而且,这些作品已经使人们很难意识到,《原道》曾经是新的、不同寻常的,以及彻底叛逆的。

第三,也是最重要的,是这篇文章中对道德的理解。韩愈认为,人欲并不是建设一个道德世界的障碍。文明的制度使人们能够用一种在社会意义上富有建设性的方式,来满足他们的愿望、要求和利益。仁义的优点就是由此所决定。那就是,从圣人的行动中,我们看到,这些美德意味着关心他人,但又能将他们的利益看作是整体的一部分。仁义,而非忠孝,现在被提到前面,作为文明最首要的美德。这个观点和当时流行的伦理观相反,流行的观点认为道德和人欲是敌对的,而且外物对伦理是一种威胁。① 从这样的看法出发,佛教关于养心、禁欲和避世的观念就与"我们"的道德观不一致。韩愈主张,我们内在修养的目的,就是"有为",在社会中有所成就。这就自然引出这样的观点,要做一个有道德的人,就要在与人利害相关的世界中入世——避世以保全个人的尊严,毫无价值可言。做一个道德典范,当然这里的道德是指"道德行为",当然没有通过政府来改变世界、造福世界重要。"文章复古",对于实现道德也不是必要的。那么,韩愈关于文章的观点究竟是什么呢?

古 文

张籍在798年谈到,他看到韩愈的文学游戏和他宣扬的学说之间有一种不协调。柳宗元也认为,像韩愈这样有志趣的人,不应该写作像《毛颖传》这样的轻浮和稀奇古怪的作品,至少在柳宗元看到这里面的严肃主旨之前,他认为韩愈不应该这样做。② 韩愈并未就此束手。事实上,韩

---

① 见权德舆的各种文章(《全唐文》卷490,第4a页,卷491,第5a—b页,卷494,第13a页,卷495,第12a页)。
②《柳宗元集》卷21,第569—571页。

愈比那些主张文章复古的学者更重视文学。① 文学家,即使他们只对作诗感兴趣,他们在当代的意义与古代的圣人、哲学家和历史学家是一样的。在《送孟东野序》中(803),他根据人在受到外界的压迫与扰乱时,会有不平之鸣的观点,建立了一个连贯统一的思想文学传统。目录学中四部的重要典籍,都是人们在不同环境中"鸣"的结果。韩愈列举了圣君和三代(夏、商、周)的贤相;孔子和他的后学;汉代之前各种学派,包括杨朱或墨子以及道家、法家和纵横家的后学;秦朝的李斯,汉代的司马相如、司马迁和扬雄。他不点名地提到魏晋时期不取法古人的才学之士。最后,对于唐人,他称赞陈子昂、苏源明、元结、李白、杜甫和李观,称赞他们"皆以其所能鸣"。他将孟郊看作第一个真正以诗鸣的人,还将自己的追随者张籍、李翱包括在这一类人中。② 他们都以不平之鸣回应世界。

按照这个观点,即使最优秀的作品,也是针对某一特定时代不完美社会的偏激和不平的反应,没有哪部作品是充分而持久的典范。不平之鸣就是要"及于古"。但是,古人还是"自然"的。内在自然的平静状态被外物所扰乱,激发情之感动,这种感动表现为个人的性情和气的舒发。"鸣"是一个自然反应,一个使世界重新恢复平衡,重新恢复自然状态的努力。这就在那些允许自己鸣于物的人,与那些或者压抑自己的感觉,或者以优雅的辞藻制造一个平衡与和谐的假象的人之间,作出了更大的区分。承认情感的反应使韩愈与诸如佛家的思想传统分道扬镳,但这并不能导向正确的价值观。杨朱和墨子,像孔子和孟子一样也是"鸣"这个传统中的一部分。一个人知道珍视什么,就能够用圣人之道来替换内心自然的平静,圣人之道是一种思想建设,是对一个平衡的整体的自觉的社会历史看法,这个平衡整体一方面像镜子一样映照了不完美的世界,一方面像过滤器一样检验一个人的反应是否得当。一个人可以通过向

---

① 韩愈在708年将杜甫(712—770)和著名诗人李白(705—762)并称为两个伟大的诗人,这就是一个例子;见蔡涵墨《韩愈和唐代对统一的寻求》第38—39页;郭绍虞、王文生《中国历代文论选》第129页,第131页。

② 《韩昌黎集》书卷19,第7—8页;与蔡涵墨《韩愈和唐代对统一的寻求》第230—232页互参。

圣人学习来"足"己。"故或去圣一间,或得其一体,皆践形而未备者。"内心因此成为外在表达的基础;正像韩愈所说的,一个人要"充实而有光辉"①。

韩愈两篇为佛教徒所作的序显示出他采取两个立场。对于一个醉心书法的僧人,韩愈认为压抑内心的想法的人不会有伟大的书法。他只会被局限在模仿往昔大师的笔迹上。要与他们比肩,就要以不平之鸣来体会其内心。② 这是一个自然主义的观点。对于一个"喜文章"的僧人,韩愈像我们在《原道》中所看到的那样总结圣人之道。他解释道,当我们为浮屠写作,我们应该停止谈论佛教的教义。文章是我们传统的一部分;我们应该解释文章所借以存身的观念,并告诉他们"与禽兽异者"以启发他们。③ 这是道德、历史的看法。然而无论哪种情况,一个人内在的充实都能真实地决定外在的表现;在这个意义上,作为表达风格的"文"也是内在的。"夫所谓文者,必有诸其中,是故君子甚其实,实之美恶,其发也不掩,本深而末茂,形大而声宏,行峻而言厉,心醇而气和。"④真或者诚,对韩愈来讲是一个问题,因为他希望使表达的形式成为内心发之于外的结果,而不是取法承袭的外在形式。⑤

写作古文保证能够解决一个不平则鸣的本然自我,与一个按照应然的观念所建立的自我之间的张力。写作古文就要寻求对古代文献的系

---

① 《韩昌黎集》8"遗文",第 21 页;采用"蔡涵墨《韩愈和唐代对统一的寻求》第 199—200 页。"四体充实"来自《孟子·万章上》第 38 条;韩愈坚持认为这个过程是循序渐进、不断累积的,他不同意孟子说只有圣人才能做到这一点。
② 为僧人高闲所作的序,《韩昌黎集》书卷 21,第 28—29 页;参见蔡涵墨《韩愈和唐代对统一的寻求》第 222—223 页。
③ 《韩昌黎集》书卷 20,第 19 页;参见蔡涵墨《韩愈和唐代对统一的寻求》第 147—150 页。这里对圣人之道的描述与《原道》中是一致的。
④ 《韩昌黎集》杂著卷 15,第 44—45 页;译文见蔡涵墨《韩愈和唐代对统一的寻求》第 218—219 页,有改动。
⑤ 蔡涵墨在他的研究中多次提出,韩愈在理解文与道如何统一时,"诚"是居于核心地位的。韩愈对"朴质"(不欺)的解释,使我发现韩愈并没有像李翱的《复性书》(下面要讨论此文)那样使这个概念具体化。关于韩愈的解释以及内/外两极的一个更贴切的例证,见《韩昌黎集》杂著卷 16,第 62—63 页。

统理解,学习用古人的方式写作,并能够按照古人的价值观行事。《师说》是为一位学生而作,对于这个学生,韩愈这样评价他:"好古文,六艺经传皆通习之,不拘于时,学于余,余嘉其能行古道。"①韩愈懂得,将文体的价值与道德优势相提并论,会引导人们只模仿古代的文,而不实践古道。有些人不容易理解这一点,因为,韩愈曾经几次解释道,古文首先建立在对古道的理解之上,而不是只建立在对古人写作方式的简单分析之上。② 他要求辞必己出就是反对这一趋势的一个方法。他写道:"古者辞必己出",相反,后来的人只是剽夺过去的语言,以至于道被掩盖。③

模仿的可能性来自一个假设,就是一个人内在的道与外在创造的文有必要对等。韩愈又怎么能一方面否认模仿过去的形式或他人的风格能增进对道的理解,一方面又认为文真的表现了道呢?《答李翊书》是韩愈对他自己的古文所作的最有名的描述,我从中得出的结论是,他内心所有的,事实上是他对圣人之道的个人看法。换句话说,尽管道是更大和永恒的,但它经常以个人的方式被理解,由此产生的文是对一个人内心的真实反映,而模仿别人的文,就不能亲身获得一个个人知"道"的基础。李翊寄给韩愈一些自己的作品,并且问他如何才能立言。韩愈问他,你的志向是瞄准古代那些养其根而俟其实的立言之人,还是希望取胜于时人? 韩愈接着说,二十多年来,他立志学习古人。他开始的时候非三代两汉之书不敢观,非"圣人之志"不敢存。接着他经历了一段若忘若迷的阶段。当他将想法"取于心"而付之笔墨,他"惟陈言之务去";结果,他的作品戛戛难读。他将这些作品给别人看,别人并不嘲笑,而他并没有意识到,别人之所以不笑,是因为它们仍然很好地投合了习俗的期

---

① 《韩昌黎集》杂著卷 12,第 76—77 页;参见蔡涵墨《韩愈和唐代对统一的寻求》第 164 页。
② 例如见《韩昌黎集》杂著卷 16,第 61—62 页,卷书卷 22 第 47 页;参见蔡涵墨《韩愈和唐代对统一的寻求》第 221、213 页。蔡涵墨声称(第 213 页),韩愈在文风与道之间建立辩证关系,我对此有不同意见,我愿意将它翻译成"One who comprehends their style has grounded his will in the ancient tao"(蔡涵墨则译为"Mastery of their style is basic for those whose goal is the Ancient Way")。
③ 蔡涵墨《韩愈和唐代对统一的寻求》第 248 页。

望。他接着明白了要区分古书中的"正"与"伪",以及"虽正而不至焉者",并抛弃所有不正确的东西。我认为,韩愈对圣人之道得出了自己的结论,并且知道什么样的写作符合那种道。现在,他接着说,当他"取于心"而写作时,词句汩汩而来,而当他人批评他的作品时,他很高兴。他现在看来,别人的称赞就意味着他的作品"犹有人之说者存也"。他就像这样接着写作,作品更加自如地产生,而他仍然努力使作品更加纯正不杂。当他的作品达到这一点,他就能让自己放手而为。

> 虽然,不可以不养也。行之乎仁义之途,游之乎诗书之源,无迷其途,无绝其源,终吾身而已矣。气,水也;言,浮物也;水大则物之浮者,大小毕浮;气之与言犹是也,气盛则言之短长与声之高下者皆宜。

韩愈解释道,他并不认为自己的作品尽善尽美,但是他并不关心别人是否接受他和他的作品,因为等待这种接受,就是依赖他人。对于韩愈来讲,实践古道就意味着建立一个独立于社会的个人的道德基础。

> 君子则不然,处心有道,行己有方,用则施诸人,舍则传诸徒,垂诸文而为后世法,如是者,其亦足乐乎?其无足乐也。有志乎古者希矣,志乎古必遗乎今,吾诚乐而悲之。①

韩愈对"道"的理解的个性特点,使他的写作具有了必然异于流俗的外在表现。它是个性的却不缺少规范的品质。我认为,问题在于由什么来充当典范:文风、特定的价值观、或者一个人希望通过文学事业变得更有道德的愿望?韩愈的另一封书信谈到这个问题。他告诫一位进士考试的应举者,为文应该师法古代的圣贤之人,但要师其意,而不要师其辞。不要问文章该易,还是该难,只应该按正确的去做。但是他接着列举几位伟大的汉代作家,指出如果希望自己的文章受人注意和被人铭

---

① 《韩昌黎集》杂著卷16,第58—59页;参见蔡涵墨《韩愈和唐代对统一的寻求》第241—247页,韩愈在798年写给冯宿的信谈得更为简明(见蔡涵墨一书第37—38页)。

记,它就必须有别于时代一般的作品。即使你说的不一定都对,只要你取法圣贤之志,你仍然比那些随俗之人要好。而且,只要社会继续相信文的价值,这样的人就有用武之地。"若圣人之道,不用文则已,用则必尚其能者,能者非他,能自树立,不因循者是也。有文字以来,谁不为文?然其存于今者,必其能者也。"①韩愈在《原道》中曾经写道,德就是能自立。我认为,古文就是人自立之后所做的"文"。然而,因为这种形式建立在个人通过古代的文发现导人向善的圣人之道的基础上,因为它由一种使人想起古人的方式来表达,所以即使它打破了当前为文的习俗,它也并非与文化传统不一致。然而韩愈也承认有另外一种可能性:文毫无必要;了解真理的人只需要行动。我要指出,韩愈并没有得出这个结论,不仅仅是因为显而易见的传统原因,而且也因为他必须通过个人回应环境时的经验来检验那些他与圣人之道相提并论的观念与态度。他的观点的可信性取决于,他证明能够用这些观点回应真实的世界。他能够在公众中这样做,并通过写作有说服力地做。只要关于什么是道德的绝对确定性尚付阙如,文就扮演着一个必要的角色。

对于韩愈来讲,学的意涵改变了。正像他的女婿李汉在为他的文集作序时说,专心于"斯道"是为文之基础,而文为贯道之器。这里暗指孔子其义莫测的一句话:"吾道一以贯之。"②而贯道之文的典范就是由孔子阐释、编辑、创发、引用的儒家经典。问题的关键不在于文是一件载道的工具,而是说文是使道德观念彼此协调地联系在一起的工具。

> 文者贯道之器,不深于斯道,有至焉者不也。易繇爻象,春秋书事,诗咏歌,书礼剔其伪,皆深矣乎。秦汉以前,其气浑然,殆乎司马迁、相如、董生、扬雄、刘向之徒,尤所谓杰然者也。至后汉曹魏,气象萎尔,司马氏以来,规范荡悉,谓易以下为古文剽掠潜窃为工耳。

---

① 《韩昌黎集》杂著卷18,第80—81页;参见与蔡涵墨《韩愈和唐代对统一的寻求》第254—255页。
② 《论语·里仁第四》第15条;参见《论语·卫灵公》第3条。

文与道蓁塞,固然莫知也。

　　先生生于大历戊申,幼孤,随兄播迁韶岭。兄卒,鞠于嫂氏,辛勤来扫,自知读书为文,日记数千百言,比壮,经书通念晓析,酷排释氏,诸史百子皆搜抉无隐,汗澜卓踔,瀹汰澄深,诡然而蛟龙翔,蔚然而龙凤跃,锵然而韶钧鸣,日光玉洁,周情孔思,千态万貌,卒泽于道德仁义,炳如也,洞视万古,愍恻当世,遂大拯颓风,教人自为。时人始而惊,中而笑且排,先生益坚,终而翕然随以定。①

李汉暗指,韩愈是孔子的继承者。他为一个新的开端指明了道路。

其他的声音

只有在作家个人理解了圣人之道,并且创造性地将那些价值观付诸实践的时候,从事文学才成为一项道德事业,这样的看法在韩愈那个时代的文士中流传开来。并不是所有的人都想到韩愈所说的圣人之道。有些人,比如韩愈的后学李翱和柳宗元,他们谈到圣人通过对真实和普遍之物的自得,得出某些看法,这些看法适应他们那个时代特定的,历史的环境。像圣人一样思考以求自得于心的观念使古文不致被变成毫无意义的文学套路(literary convention)。同时,个体性和道德的自主性唤起了一个幽灵,即一个没有共同规范的世界,在这里学者们不能扮演领路人的角色。在某种程度上,李翱和柳宗元遭遇了这些不确定,并接受了它们。其他一些人则后退了,例如柳冕和吕温则表现了为所有人一定是非的愿望。

李翱和一致性(coherence)的印证。李翱模仿韩愈的语言声称:"吾之道非一家之道,是古圣人所由之道者也。吾之道塞,则君子之道消矣;吾之道明,则尧舜文武孔子之道未绝于世也。"②在另一封信里,他教他的

---

① 《韩昌黎集·序》
② 致侯高的第二封信,《李文公集》卷7,第51a页。

侄子,不要去找有力的靠山,而要学习"圣人之道",并将它显示在文里,以便向别人表明自己的理解。

> 勿信人号文章为一艺,夫所谓一艺者,乃时世所好之文,或有盛名于近代者是也。其能到古人者,则仁义之辞也,恶得以一艺而名之哉?仲尼孟轲殁千余年矣,吾不及见其人,吾能知其圣且贤者,以吾读其辞而得之者也。后来者不可期,安知其读吾辞也,而不知吾心之所存乎,亦未可诬也。

但是,李翱紧接着说:

> 见其不力于仁义也,由仁义而后文者,性也;由文而后仁义者,习也;由诚明之必相依尔。富与贵在乎外者也,吾不能知其有无也,非吾求而能至者也,吾何爱而屑屑于其间哉?仁义与文章生乎内者也,吾知其有也,吾能求而充之者也,吾何惧而不为哉?①

这两封信都是要证明人可以不依赖社会而独立。在第一封信里,他站在超脱的立场上,保证圣人之道为社会所存,因为他的道"非一家之道"。在第二封信里,他断言写作的目的就是要作为一个个人而垂名后世。但这还不够好;一个作家的文一定要表明他履践圣人的价值观,而且这些价值观也真正是他自己的。信这一段的结尾提出了一个近乎解决问题的方法,即让道和文都发自内心。

最后一段表达了某种自适自足的希望,以及垂名的愿望。下一封信又提醒说,人们希望文起表率的作用。"志气言语发乎人,人之文也,志气不能塞天地,言语不能根教化,是人之文纰缪也。"但是,一个人怎么才能实现这一点?李翱接着设想了一个普遍的基础。

> 必有中焉,居之中则长短大小高下虽不一,其为中则一也,是以出言居乎中者,圣人之文也;倚乎中者,希圣人之文也,近乎中者,贤

---

① 李翱致其侄子的信,《李文公集》卷8,第63b—64b页。

人之文也,背而走者,盖庸人之文也。中世以来至于斯,天下为文不背中而走者其希矣。①

在一个相对的世界里,居中的现象是永恒的。但是,为什么这是真实的标准?李翱论证道,这是因为将中作为中心、核心,以及内在的永恒,是天地与人共同之处。②

李翱打动了我,因为他设想了各种可能性并且试图一下子满足许多要求。但是,他希望为道德的确定性、为他作为一个人的价值寻找基础,这种愿望当然是老生常谈。李翱的文章《复性书》探讨了把成圣的基础建立在天地之上的可能性。巴雷特(Timothy Barrett)言之凿凿地指出,李翱写给那些对佛教和道教感兴趣的朋友,试图要从佛道传统中获取关于内心生活的语言。③ 李翱反对佛教。他提出,所有不能被每一个人充分实践的教义,都不能被当作"圣人之道"。④ 作为发现真实本性的一种手段,李翱的文章将"中道"(Doctrine of the Mean)作为由梁肃所主张的天台止观的另一种替代,李翱对梁肃也很钦佩。照我对这部作品的理解,李翱论证了"中"表明了圣人如何通过他们内心洞明天地运动,并与之和谐的能力来获得普遍有效的观念。初唐的观点是向外的,它认为圣人比照天地之道创造了人文,这个观点现在被内心化和个人化了。乍一看,李翱好像在接受一个佛教徒的思路:要获得真知(true insight)就要求达到"空"并阻止情感反应的兴起。事实上,李翱认为,佛教徒在真实的基础面前突然裹足不前。空只是一个借用的说法,它指不可言说的状态,这种状态使人有可能洞见宇宙的过程。内心通过与世解脱,能够看到世界的自然和普遍真实。李翱的论点很难解,而且他的逻辑关系也好

---

① 《杂说》,《李文公集》卷 5,第 32b—33a 页。
② 《杂说》,《李文公集》卷 5,第 32b—33a 页。
③ 巴雷特的《李翱思想中的儒释道》(*Buddhism, Taoism, and Confucianism*)第 212 页,第 278—288 页。我的意见是根据巴雷特的译文和评论得出的(第 217—273 页);原文请见《李文公集》卷 2 第 1a—13b 页。
④ 《去佛斋论》,《李文公集》卷 4,第 23a 页。

像是生拉硬扯加上去的,但是他努力将天地、人类制度、内心、性命、语言,以及道德结合在一起。他的目标是要树立这样的看法,即人类的本性最初是好的,而且任何一个个人都能够认识到这种好,并因此获得道德自主和道德权威。这个道路看起来是沉思和反思的结合;一个人取消对事物的情感反应,以便获得对事物做正确反应的本能。

李翱的作品也许是一种试验;他并没有在其他作品中发展这些观点。但他始终对心通万有(mental access to the universals)的观念感兴趣。他用这样的观念宣称:像他这样的人在道德上比当权者优越,他关于是非的声明的确是天下的公是公非,即使在与大多数人意见相左时,也是这样。① 这还使他断言,通过在写作中寓是非褒贬,他自己就是一位孔子,也是一位孟子和司马迁,为此他引用了"文王既没,文不在兹乎"以及"予欲无言,天何言哉"。②

李翱著名的书信《答朱载言书》表明他试图通过文学实践将所有这些结合在一起。③ 它谈到人们如何能与规范而普遍的圣人之道充分认同,同时又能在"文"中建立个性身份的问题。用李翱的话来讲,他在表明古人的道与好文章的两个原则完全相符,这两个原则是使作品有独一无二之表现的"创意",以及为了让它以一种新的方式来表达的"造言"。"创意之大归"在于使基本的共性能够被无限多样地表达;换句话说,多为一的体现。而它的实现建立在一系列的联系之上:"故义深则意远,意远则理辩,理辩则气直,气直则辞盛,辞盛则文工。"李翱接着谈到"造言"。尽管由这种方式而产生的语言,受原则和内在之理的指导,"词不工者不成文",但是观念的基础与将文作为文学写作来鉴别其质量的衡文标准是不同的,而这意味着对于文来讲,真正以道为基础的文并非必

---

① 例如,见《从道论》(《李文公集》卷 4,第 20a—20b 页);李翱写给军行陆大夫的信,致皇甫湜的信(卷 6,第 38b—40b 页)。
② 给皇甫湜的信,《李文公集》卷 6,第 40a 页。
③ 根据郭绍虞、王文生《中国历代文论选》第 164—166 页的文本。

须是具有某种形式。我确信李翱嘴上这样讲,但他努力避免说过去的文是不相干的。他认为,我们向历史学习,是因为它对于成"一家之言"仍然有必要,而且他列举了自六经以来二十二位文学和哲学大家作为证据。他承认,这就是孔子所谓"言之不文,行而不远"的含义。那些"文、理、义三者兼并"的人,"乃能独立于一时,而不泯灭于后代,能必传也"。李翱针对"天下之语文章者,有六说焉",认为衡量文学价值的惟一尺度就是看一个人是否成功地创造了一致的、自足的以及独立的作品集。创造一个协调一致的风格就能体现一个人在思想上追求对道的自足、一致的理解,而文学作品的一致性又复制了天地的一致性。在创造一家之文的过程中,他基本上继承了过去所有伟大的思想家和作家,而尽管他的道或许不是特别的,他的文却出之自得。①

这就引出了这样的结论,道德由一致性所决定;没有事先存在的外在标准。但在此信的最后,李翱批评朱载言在称呼他的同辈时,称谓不当。他的批评是这样开头的:"吾所以不协于时而学古文者,悦古人之行也;悦古人之行者,爱古人之道也。故学其言,不可以不行其行;行其行,不可以不重其道;重其道不可以不循其礼。"②在我看来,这表明李翱对朱载言作品中流露的东西感到不安。

柳宗元和"处中"(being centered)。有人认为,8世纪晚期关于《春秋》的经世研究是柳宗元进行思考的思想背景。但是柳宗元和这些学者接触的时候,他好像已经认识了韩愈,而且那些《春秋》学者已经接受了文道的说法。③ 还有人认为,柳宗元离开文学实践,并且使儒学的复兴脱离文学。④ 柳宗元805年因参与夭折的改革而被贬谪,他在810年承认

---

①② 根据郭绍虞、王文生《中国历代文论选》第166页。
③ 户崎哲彦在《柳宗元的明道文学——与啖助春秋学的关系》中谈到啖助、赵匡(725—770)及其追随者对柳宗元的影响。例如,陆淳就写道:"宣尼之心,尧舜之心也;宣尼之道,尧舜之道也;故《春秋》之文,通于礼经者,斯皆宪章周典,可得而知矣。其有事或反正,而志协于道"(《全唐文》卷618,第4a—5a页)。柳宗元的一封信表明,他一看到陆淳的著作,就十分重视,此时他已经认识了韩愈(《答元饶州论春秋书》,《柳宗元集》卷31,第818—820页)。
④ 见陈弱水《新儒学的发端:柳宗元与唐代思想的变迁》。

在贬谪以前的几年里,自己用心研究为政之道和历史:"然未能究知为文之道。"但在贬谪中,他阅读百家之书,开始认识到文章的标准。①

柳宗元在810年注意到"然立言存乎其中";在这个意义上,文学写作对士来讲是第二位的,尽管它在科举中有某种用处。但是当文士"直趣尧舜之道"、"孔氏之志",澄清它、阐述它,而不是蹈袭"古书老生",②以此来关注秩序的建立,那么文学写作就绝不是第二位的事情。在写给韦中立的那封有名的书信(作于813年)中,柳宗元进一步阐述了他对文道关系的理解。他断言,文不是要恢复古代的形式,也不仅仅是像他年轻时所认为的,要以辞为工。现在他认识到"文以明道"。这将他放在韩愈这一边,但是柳宗元始终拒绝确定性。他解释说,他知道文应该做什么,但是不能肯定自己离道有多近;只有有人"好道而可吾文"的时候,他才能相信自己身在正道。③ 这是一个非常自谦的声明;柳宗元的道的内容并没有变成教条。

柳宗元对韩愈的许多做法感到不妥:排佛,尊大,炫耀自己与当代标准的不同,以及对优雅常规的尖刻侮辱。我认为,柳宗元之所以没有言之凿凿地说"立言垂文"就是明道的手段,④这是因为他希望将圣人之道等同于"大中之道",以此作为圣人正确应物的真实内心状态。⑤ 他好像没有从天地的角度来思考这一点,因为他反对所有意味着人依赖于天地,或者用阴阳五行来思考宇宙的做法。⑥ 然而他并不反对佛教关于养

---

① 《与杨京兆凭书》,《柳宗元集》卷30,第789—791页。
② 《与杨京兆凭书》,《柳宗元集》卷30,第789—791页。
③ 《柳宗元集》卷34,第871—874页。
④ 《与吕道州温论非国语书》(作于809年),《柳宗元集》卷31,第822—823页。两封信表明,柳宗元对吕温用教条的概念来"论道"不以为然;见《答吴武陵论非国语书》(《柳宗元集》卷31,第824—825页)以及《答颜厚舆秀才论为师道书》(《柳宗元集》卷34,第878—880页)。
⑤ 关于柳宗元如何使用后面这些术语,见陈弱水《新儒学的发端》第121—122页。关于他如何改变了这些术语的内涵,见《与吕道州温论非国语书》(《柳宗元集》卷31,第822—823页)。
⑥ 见拉蒙特(Lamont)《九世纪初关于"天"的一场论争》(*Early Ninth Century Debate*);以及陈弱水的《新儒学的发端》第129—155页。

心的教义。① 他将这种道设想为至高无上和超越的,而他同样确信人必须立足自己的努力和自己的内心在世界上恢复秩序。

柳宗元后来总结道,学者的任务就是要引导人们入于圣人之道。在介绍他于808—809年所作的《非国语》时,他谈到人们有必要"由中庸以入尧舜之道"。② 在讨论他批评《国语》的目的的书信中,柳宗元解释道:"强为小书"是要"志乎中之所得焉",反对"近世之言",为那些"率由大中而出"的人写作。③ 他以写作文学作品的方式来写它们,这样它就得以保存,而"辅时及物之道"可以垂于将来,因为,近世之言理道者,很少有"由大中而出者"。柳宗元的道通过关乎人事而实现,如果不能在政府中实现,就在学术中实现。然而就我所知,尽管柳宗元从《中庸》接受了"中"的概念,他并没有对《中庸》做探讨和阐释。

柳宗元在贬谪中所作的一篇赋中,反思了他如何到达他的道。他开始学习,当看到了古今的不同时,就写作。接着他转向古代,以尧舜为师。但是古代不会向他清晰地展现,而后来的时代充满自私的偏好,也不会为他提供指导。这样他就转向其他学派,"求大中之所宜"。他总结道:

> 曰道有象兮,而无其形。
> 推变乘时兮,与志相迎。
> 不及则殆兮,过则失贞。
> 谨守而中兮,与时偕行。
> ....
> 登能抑枉兮,白黑浊清。

---

① 柳宗元的确认为寺庙应该远离政治,禅僧应该遵守戒律(陈弱水的《新儒学的发端》第231—241页。)
②《柳宗元集》卷44,第1265页。
③《柳宗元集》卷31,第822—825页。

蹈乎大方兮,物莫能婴。①

　　道只能用内心去设想而没有确定的形式。它灵活应变,却是一个永恒的标准。理解了这一点,他接着说,回到古代的著作,一切变得清楚了。他总结道,他的不幸与此相连。他变得如此果于自用,而且因为只关心自己的诚是否"统一",他忽视了那些小人的威胁,这些人将他贬谪。② 他的不幸在某种意义上,是他为自主性付出的代价。

　　我认为,对于柳宗元来讲,问题是如何履践(engagement);"中"没有特别的内容,但是它可以在应物和作用于世界的时候用诸事("及物")。尽管柳宗元在讨论思想问题的时候极少教条,但是他对履践"中"如何与参与事物相连有很多话要说。圣人履践"中"。他们的道既是指"中"作为终极价值的想法,也是在世间实践"中"的真实道路。然而"中"内在的就是一种应机而变的姿态,而有些人认为柳宗元是让人与时逶迤。情况不是这样,他对一个人写道:"其道自尧、舜、禹、汤、高宗、文王、武王、周公、孔子皆由之。"③正像他曾经说的,一个人应该"方其中,圆其外",④意思是"内可以守,外可以行其道",就像方的车用圆的轮子来推动。"有召焉者在外,则出应之。应之咸宜,谓之时中,然后得名为君子。"⑤柳宗元提出中包含着"方其内"是有趣的,因为它表明柳宗元将中/内(两者毕竟都是中)看作具有特定的内容。事实上,正像车的比喻所揭示得很清楚的,车之方提供了可以装载货物的空间。

　　在贬谪中,柳宗元总结道,通过文他可以为其他人明此道。这就需要一种写作的模式,这个模式引人注意,同时又把人的注意转向实践圣人之道。它必须独一无二,不同于当时的套路,而能指导别人。⑥ 这里有

---

① 《惩咎赋》,《柳宗元集》卷2,第54页;与根兹勒(Gentzler, Jennings Mason)《柳宗元文学传记》第140—144页互参。
② 《惩咎赋》,《柳宗元集》卷2,第54页;与金尔茨《柳宗元文学传记》第140—144页互参。
③ 《与杨诲之第二书》,《柳宗元集》卷33,第852—883页。
④ 《与杨诲之书》,《柳宗元集》卷33,第848页。
⑤ 《与杨诲之第二书》,《柳宗元全集》,第850—851页。
⑥ 《与友人论为文书》,《柳宗元集》卷31,第829—830页。

一个危险：通过注意文学这个方面，他引导别人将学看作只是一项文学事业。他写给一位追步自己的人：

> 诚有意乎圣人之言。然圣人之言，期以明道，学者务求诸道而遗其辞。辞之传于世者，必由于书。道假辞而明，辞假书而传，要之，之道而已耳。道之及，及乎物而已耳，斯取道之内者也。今世因贵辞而矜书，粉泽以为工，遒密以为能，不亦外乎？……仆尝学圣人之道，身虽穷，志求之不已，庶几可以语于古。……今吾子求于道也外，而望于余也愈外。①

他对别人说，他写给韦中立的信仍是很好地描述了他如何确保他的文可以明道。② 我从这封信得出的结论就是，柳宗元的道就是一系列好品质，就是他在古人身上看到的个性品质。这封信区分了几个方面。其中有对"羽翼夫道"十分必要的生理、心理素质：不掉以轻心，不懈怠，不昏昧，不自矜。目的就是要使人深奥、清明、通达、有节。接着就是他"探道之本原"的方法。为实现这一点，他转向五经，不是学习语言或观念，而是学习其方式的特性(qualities of manner)：质、恒、宜、断、动。而要在文中体现这一点，他从更大的文献传统中汲取不同的表达方式：取法《春秋》的《穀梁传》以"厉其气"，取法《孟子》、《荀子》以"畅其支"，以及从《老子》、《庄子》、《国语》、《离骚》和司马迁那里学习诸如此类的东西。这样做是希望这样一些特性集合在一起能够产生出具有永恒价值的作品。"中"的观念在这里是作为一个最根本的组织原则，一个人应该拥有一个中心，从这里出发他就可以容纳不同的部分，建造一个平衡、统一的整体。

在柳宗元手里，典籍传统变成思想和表达中所包含的品质。圣人之道没有被解释成一个教条的说法；而是说，它指拥有某种品质，这种品质

---
① 《与崔黯秀才论为文书》，《柳宗元集》卷34，第886—887页。
② 《与崔黯秀才论为文书》，《柳宗元集》卷34，第871—874页；对这封信的说明见《答袁君陈秀才避师名书》该书第880—881页。

可以养成好的个性。这是一个人可以期待于一个官员和执法者的品质。这个道可以用文来阐明,作为学者经世的一种方式。柳宗元的确这样做了,他就像自己亲身经历过一样来撰写历史和当代的社会和自然。显然柳宗元相信他的表达方式为他的反应和判断赋予了道德性。

柳冕和教条主义。柳冕(？—约806)写道:"文与教分而为二。"自屈原以来,文学之学并未服务于道德目的。① 唐代并没有改变这种局面,它只是步隋的后尘,将官位看得比德行重要,它的臣民缺少诚实和廉耻。② 他对一位官员说:"夫君子学文,所以行道。"③对另外一个人说:"儒之用,文之谓也。"④当代的文学写作代表了真正的文的衰落;真正的文不受重视。那些为之呼吁的人不受尊重。⑤ 因为,尽管"故言而不能文,非君子之儒也。文而不知道,亦非君子之儒也。"⑥坚持为儒意味着对儒家经典的狭隘关注,而柳冕并不提倡传统的对注疏之学的精通。他在806年对充满疑虑的权德舆说,学者应该返回儒家经典,但是他们能够明圣人之道而不必懂注疏。那些"明六经之义,合先王之道"的人,是"君子之儒,教之本也"。⑦

但是,柳冕在儒家经典中所搜求的是一组需要遵守的规则。君子取法圣人是为了"明道",让过去的规则明白于今。"故言而为经,动而为教"。正像柳冕所坚持的,他必须言"大道",而"言大道者,不可以小说"(韩愈和柳宗元经常在作品中使用小说材料)。"师圣人"导致了多种解释。柳冕针对这一点说:"师圣人者不可以无法。"柳冕承认,这些法很难了解,更难以之为文,但是一旦有人不遵照它们,他就会知道。因为"故

---

① 《全唐文》卷527,第14b—15a页。柳冕经常被当做韩愈的先行者,他大概与梁肃同时。他在8世纪90年代之前写了多少关于文道的文章不太清楚。但无论怎样讲,他生逢新的修辞方式已经流行的时代,并对之做出了一种可能的响应。
② 柳冕《与权侍郎书》(作于806年),《全唐文》卷527,第5a页。
③ 柳冕《答杨中丞论文书》,《全唐文》卷527,第18a页。
④ 柳冕《答荆南裴尚书论文书》,《全唐文》卷527,第14b页。
⑤ 柳冕致宰相杜黄裳的信(译者注:《谢杜相公论房杜二相书》),《全唐文》卷527,第7a—9a页。
⑥ 柳冕《答衢州郑使君论文书》,《全唐文》卷527,第18a—b页。
⑦ 《全唐文》卷527,第6a—b页,权德舆在回信中反对忽视注疏,见《全唐文》卷489,第9b页。

夫求圣人之道,在求圣人之心;求圣人之心,在书圣人之法。"①那些试图"见天地之心,知性命之本,守穷达之分"的人,破坏了那些法。他否认以这样的方式认识道排斥了情感反应,破坏了礼,因为礼来自人们的情感和循礼而行的道德教诲。② 我认为,柳冕所担心的是个人对于终极价值的探求,使人们不尊重公共、外在的标准。因此,他将文限制得很窄,与他的子侄柳宗元和韩愈的自由改革迥乎不同,而且他将道降为一些可知和确定的东西。

吕温和伦理标准。吕温(772—811),用他的朋友柳宗元的话来讲,"工于言道。"③但是在吕温看来,有了圣人的道,人们就没必要去寻找终极的道。他在《乐理心赋》中写道:"道无象,天无声,圣人不有作,曷以观化成?"一个人按照圣人创造的东西形成个性,并内在地表达它:"始积中而发外,率充性而养情。"④

吕温写道,"学之道"自师资道丧,八百年前就丧失了。要挽救时代,人们必须学习儒家经典的伦理准则(ethical norms)。"夫学者岂徒受章句而已,盖必求所以化人,日日新,又日新。⑤……夫教者,岂徒博文字而已,盖必本之以忠孝,申之以礼义,敦之以信让,激之以廉耻。"⑥学者必须避免魏晋时期的错误,穿凿文字,讽咏章句,因为它们源于丧失了"圣贤之微旨,教化之大本,人伦之纪律,王道之根源"。对吕温来讲,儒家经典不是以章句注疏而求的书籍,而是圣人所以化人者。例如,《礼》不是社会生活的礼节,而是"必可以经乾坤,运阴阳,管人情者"。儒家经典是道德重振的合理规划的来源。⑥

---

① 柳冕《答孟判官论宇文生评史官书》,《全唐文》卷527,第9a—12a页。柳冕认为司马迁是没有做到这一点的一个例子。司马迁或许继承了"圣人之志",但是他"不得圣人之道",因为他在修史时"舍《春秋》之道""不本于儒教以一王法"。《春秋》"尚古",而司马迁"变古"。
② 柳冕《答荆南裴尚书论文书》,《全唐文》卷527,第13a页(译者注:应为第13b页)。
③ 《柳宗元集》卷31,第823—824页。
④ 《全唐文》卷625,第3a页。
⑤ 引自《大学》第3条。
⑥⑥ 吕温《与族兄皋请学春秋书》,《全唐文》卷627,第15b页。

吕温的观点比柳冕的更宽泛,但是他同样希望有固定的公共标准。他在《人文化成论》这篇文章里总结到,只有劝导这些标准的写作才值得被称作"文"。这里"人文"变成了对恢复社会秩序的制度十分必要的伦理准则,即家之文:"夫以刚克,妻以柔立,父慈而教,子孝而箴。"朝廷之文:"君以仁使臣,臣以义事君。"以及官司之文,刑政之文,教化之文等等。吕温所说的文是一种规范的文化,而他坚持说他的定义考虑到了文学和情感的方面:它综合了各种各样的成就,美化了人类的情感,以便创造一种吸引人的、合"理"的样子(patterned appearance)。他将这个与当下对人文的理解对比:"而近代谄谀之臣,特以时君不能则象乾坤,祖述尧舜,作化成天下之文,乃以旗常冕服,章句翰墨为人文也,遂使君人者浩然忘本,沛然自得,盛威仪以求至理,坐吟咏而待升平。"①吕温接着说,如果人文就意味着这些,那么所有的朝代就可以称自己有"文",不论它实际上做得有多差。如果文是某种社会价值,换句话说,它就必须重新界定,以便让具有正确价值的文化形式才能被看做文。

从8世纪70年代这一代人以后,我将跳过一个半世纪来谈宋代。那些在北宋开创了思想文化方向的人,在8世纪70年代这一代人的作品中找到他们的目标和问题。从8世纪晚期开始,创新性的写作和思想探讨开始繁荣,尽管一些颇具文名的人对此加以反对,但这种繁荣一直持续着。通过掌握圣人之道,人可以转变世界,但是,随着政治形势的恶化,以及那些因学术成就而获得地位的人,对政治事件的影响变小,这个观念越来越得不到保证,变得不可信。宋代的统一使人们有可能重新估价"文"的价值,并且逐渐认为那些文以明道的人应该指导国家。

初唐认为文总是会使事物变得更好或更坏,在8世纪的后半期,这个观念衰落了,因为人们按照他们所见所闻来行动,因此,像初唐那样通过选择适宜的典范和对传统的综合来建设一个规范的文化,这样的道路终结了。那些按照适合一个新统一的帝国的模式,以及对传统的不同支

---

① 《全唐文》卷628,第17b—18a页。

派的整合来思考的学者,没必要去询问应该用什么原则指导思想,或者人如何才能认识价值观。"文章复古"恢复了文行的统一,至少对个人来讲是这样,并且努力向人保证只要回到文之典范人们就会合乎伦理地行动。只是,文章复古的前提在于意识到文学形式事实上不能充当典范。

但是复古者开始从接受正确的文转向寻求正确的价值观。当士必须去思考他们应该看重什么的时候,中世的门阀文化消亡了。这并没有让文章消亡。但正像古文的兴起所表明的,它为新的个人写作方式打开了道路,以这种方式,人们写什么、怎么写,代表了作者自己对于持久价值观的看法。在很大程度上,圣人之道是一个虚位以待的范畴,每个人都必须用自己的方式来充实它。与初唐不同的是,8世纪后期的文士将自己看做与政治秩序及其文化相对立。古文鼓励了这种态度并且证明它合理。韩愈或柳宗元可以是体制中的一员,同时又宣称自己拥有批评这一体制的充足根据。学者个人就能够寻找一种圣人之道,这个观念为学者声称他们有责任改造社会奠定了基础。京城、朝廷和皇帝或许还是文化的中心,但是他们和他们的文化已经丧失了道德权威。

第五章　文治政策与文学文化：
宋代思想文化的开端

　　唐代的文是一个政治和学术模式。对于宋代开国政府来讲，仿效这种模式意味着在文臣的统治下统一帝国，在文被武统治了一个世纪以后，恢复它。但是，唐代的文对于学者们应该做什么有两个答案。初唐的朝廷学术告诉他们应该通过对文化传统与形式的编纂、综合，赞美海内的重新统一，改变五代以来的文化衰落。但是晚唐古文学者告诉他们应该建立独立的学术界（scholarly community），以反对流俗，为道德和共同的利益说话。倡导古文和像初唐那样支持综合前代文学的人的著作，都清楚地表明，人们理解到，这两个答案对于学习和写作分别有不同的含义，人们并没有回到初唐那种价值和文化形式综合一体的方式，在古文观念已深入人心之后，要人们接受这种初唐方式颇为勉强，但是，许多宋初的学者的确在谈论圣人之道时，对更宽广的文化传统表现出适时而折中的兴趣。

　　在宋王朝最初的几十年中，学术界一致认为王朝要生存、士要恢复其政治领袖的地位，这是更大的政治问题。而思想的分歧，不论多么实在，都是无关紧要的，用早期学者的话来讲，要首先考虑建立这样的想法，即"人之有文，经纬大道"、"文乃国章、国宝"、"于时敦重文学"①。北宋最初几十年,文是政治与"学"两个领域共有的价值,这奠定了北宋思想史的开端。而朝廷学术那种综合的风格与古文坦陈道德之间的区别,是北宋思想史的另一个开端。

以疑问和争论为标志的北宋思想史,在 11 世纪的第三个十年中全面展开,当时人们确信宋代的文官秩序将持久不变。就是在这个时候,一些年轻的学者—官员开始询问,有什么事情犹可为之? 我们现在的目标应该是什么? 他们在唐代古文作家的著作中找到这些问题的答案,古文作家要他们不同于流俗,志于圣人之道,并对之身体力行。把道付诸实践要求在朝廷获得权力,建立真实反映古人之道的文,并据此改变社会。对范仲淹和他的支持者来讲,推翻当权者的想法是一个激动人心的目标——即使仅仅因为它对于一个官员来讲显然是一个危险的想法——而他们事业的正义性是由圣人本人所保证的。即使事后看来,范仲淹的自信也很难解释,而他的确在 1044 年成功了一阵子。

这一章将通过范仲淹在朝廷的胜利来追溯宋初学术的展开。古文之学(Ku-wen learning)以及古文作家充当政治与社会变革的鼓动者这一角色,奠定了 11 世纪宋代思想文化的基本议程。本书后面的几章将一边考察一些最有影响的学者如何处理古文关于学的看法所固有的问题,一边展示这一过程。学者们谈论的问题与时俱变;年轻的一代考虑新的问题,政治的争论将隐藏的分歧变得公开,而年龄和经验有时带来内心的改变。但大体上讲,11 世纪仍然是一个伟大的作家同时兼为伟大思想家的时代,当时士大夫们认定,价值观是通过文化传统来了解,并通过文获得了使人信服的形式。

圣人完整的社会秩序具有普遍价值,但要努力建立以此为基础的文化,并不会让舆论持久一致。古文的出现带来思想的躁动,而那些不相信文对于认识或实现真实的价值观是必要的思想家,使思想躁动的时代

---

① 田锡《咸平集》卷 2,第 13a 页;夏竦《文庄集》卷 15,第 4b 页;以及徐铉《徐骑省集》卷 23,第 230 页。

结束。在12世纪末要支配思想文化的道学运动,回顾了11世纪的道德哲学家,像程颐这样的人,他对于"文是否害道"的回答是"文害道",而他的学生游酢(1053—1127)认为孔子的话意味着:"无本而学文,盖不若无文之愈也。"①

但是,在王朝建立之初,这些都还尚未发生。在宋代思想史的故事中,道学的出现是历史过程中的一个巨变,而它重新解释了士大夫询问的问题。在考虑人们为什么转变了方向的时候,我们需要看一看他们曾经是在什么道路上。考虑到唐代这个过去,宋初用文的观念来定义"学"就毫不奇怪。这里我们要询问的是,他们如何做,为什么要这样做,以及为什么士大夫开始从事古文的事业。我的解释来自《宋史·文苑传》的叙论。

> 自古创业垂统之君,即其一时之好尚,而一代之规橅可以豫知矣。艺祖(太祖960—976年在位)革命,首用文吏而夺武臣之权,宋之尚文,端本于此。太宗(976—997年在位)、真宗(997—1022年在位)其在藩邸,已有好学之名,作其即位,弥文日增。自时厥后,子孙相承,上之为人君者,无不典学;下之为人臣者,自宰相以至令录,无不擢科,海内文士彬彬辈出焉。②

> 国初,杨亿、刘筠犹袭唐人声律之体,柳开、穆修志欲变古而力弗逮。庐陵欧阳修出,以古文倡,临川王安石、眉山苏轼,南丰曾巩起而和之,宋文日趋于古矣。南渡文气不及东都,岂不足以观世变欤!作《文苑传》。

宋初的朝廷提倡文。它保证通过擢用以文学应举的人来建立文官

---

① 《遗书》卷18,第239页;游酢《游廌山集》卷1,第7b页。
② 《宋史》卷439,第12997页。除了柳开和穆修,这里提到的人物在这一部分中(译者注:这一部分为《文苑传》)并没有传记。叙论中的观点在《艺文志》(卷202,第5031—5034页)的叙论中得到重申。《宋史》的《儒林传》没有叙论,但《道学传》有。一部12世纪的历史——王曾的《东都事略》——仍然按照文和儒的观念来理解"学",并且将古文置于宋初思想潮流的主要位置(见卷113,第1a—b页,卷115,第1a—b页)。

秩序。但是不久,在杨亿和柳开这样的人之间出现了分歧。杨亿偏爱唐代文学技巧的传统,而柳开呼吁回到唐代古文传统。我们知道,由于欧阳修的倡导,古文的传统最终被采纳。我将从宋代朝廷如何提倡文,以及学者们如何回应这些问题开始讨论。

11世纪20年代前的文治政策与文学学者

太宗和真宗是最早广泛奖学的皇帝,他们模仿初唐的榜样,确立朝廷项目,挑选和综合文化传统。宋初的学者也回顾了唐代的"学"的传统,但是他们囊括了韩愈那一代的作品,并且使韩愈等人对文与道的区分影响到对学的理解。人们不再可能认为一个人能够通过找到正确的榜样来找到正确的道路,谈论圣人和他们的道同样有必要。

朝 廷

在10世纪最后几十年,人们急于表明,军事统治行将结束,对于他们来讲,太宗用文学之学招引士人,"以文广取士人",①与其用士人为官来重建文臣对武人的统治,完全是一致的,正像司马光(1019—1086)后来指出的,太宗希望"兴文教、抑武事"②,行政上重"文",促使文学成为建立文官秩序的一个方面,他将学士藏书地命名为崇文馆③,并且以《文明

---

① 麓保孝《北宋儒学的展开》第33页,引用叶梦得的话。提到963年的一道诏书规定,从今以后武臣要推荐自己的属官为品官,这些人必须曾任任期两届,并"有文学"(马端临《文献通考》卷38,第357c页)。

② 《续资治通鉴长编》卷18,第394页;与贾志扬《宋代科举》第179页互参。叶梦得(《石林燕语》卷5,第12a页)仍然将科举的扩大归因于太宗的"有意于修文"。请注意王曾(《东都事略》卷3,第103页)曾经评论道,"太宗以明继圣,而能广之声,率其成功,乃大一统"。在11世纪的史料来源中,也可以看到对太祖之武功与太宗之文治的肯定;见韩琦《安阳集》卷41,第1b页一篇对仁宗的颂扬之词;以及同书卷22,第6b页,在题为《三代圣教序》的文章中,他讨论了修武右文的问题。

③ 《宋会要·崇儒》十八之50a,978/2;这是模仿唐代的崇文馆(见第三章);关于宋初的学术机构,见陈乐素《求是集》第二章4—5页。

政化》①为名亲自撰写了一本书。文、武的两分在科举中也被提出。980年殿试的题目就是："文武孰为先？"回答或许不一定与皇室的意愿完全一致，皇室当时还在考虑北方的一场战争，因为三年以后，殿试的题目就是"文武并兴"，这好像一个宣言。1000年科举的赋题表明朝廷的结论："观乎人文以化成天下。"②姚铉（968—1020）在1011年为《唐文粹》所作的序言中，将宋代开国的成功归因于"崇文右学之效"③。

像唐代一样，重视文、鼓励文学与崇儒、信从儒家学说并非互不相容。宋太宗留意儒家经典，听取学者的意见，为王朝建立礼乐制度，选择过去的遗产，他大体上还是扮演了重视文化传统和文官价值观（civil values）的角色。④ 在夸大他的长兄太祖重学的同时，11和12世纪的著作至少证明了太祖曾一度是学者的奖掖者。比如，它们提到皇帝在960和963年两次访问国子监；在966年命令武臣"读书明治道"；968年召见一位私人学者，诏令宰相从今以后要做"读书之人"；968年他读《尚书》，学习其中的先王之道。⑤ 太宗做得更多。他继续推行始于966年的图书搜集行动，重点针对被征服的割据政权的藏书处，奖励献书之人，赐其进士出身，提职，以及给予奖金。从各处汇集的图书在978年被搬进新落成的崇文馆，据说囊括了唐代《开元四部录》上所有的著作。而太宗搜集图书的依据也重提了一个晚唐的主张："国家勤求古道，启迪化源。"图书使之成为可能："教化之本，治乱之源，苟非书籍，何以取法。"但是他不只

---

① 见于《玉海》卷38，第31页。
②《宋会要·选举》七之3b—4a 金中枢的《北宋科举制度研究》第142—148页排列了从宋初直到11世纪60年代的殿试题目。
③ 姚铉《唐文粹·序》第1a页。
④ 奖掖朝廷学术的例子如下。麓保孝《北宋儒学的展开》、刘伯骥《宋代政教史》，以及张舜徽等研究了宋初半个世纪，其中提供了有用的材料。麦仲贵《宋元理学著书生卒表》第1—43页提供了宋初朝廷学术的年表。
⑤ 范祖禹《帝学》卷3，第1a—3b页。江少虞《宋朝事实类苑》(1145)全面地记录了太祖的军事成就，但是对这些记载的编排却表明，这些从一开始就从属于他的文治（civil）和文化兴趣（见卷1）。

第五章 文治政策与文学文化：宋代思想文化的开端

搜集图书，不久他就将书法和绘画也包括进来，并且命令地方官收购拓片。① 凡是文的东西就可以搜集。

太宗朝还继续开展几个五代的印刷项目。从 10 世纪 80 年代晚期开始，朝廷就发行了唐五经的定本，这些版本最初在 932—953 年之间整理印刷，接着在早先工作的基础上，开始整理和印刷《春秋》的《穀梁传》、《公羊传》、《仪礼》、《周礼》、《孝经》、《论语》和《尔雅》。这些被称作七经，在 1000 年完成。1011 年，《孟子》的一个版本也出版了。② 司马迁的《史记》和前、后汉书，也作为一个计划的一部分而出版，这个计划要出版所有十七史，从 994 年持续到 1061 年。其他的历史著作也开始流布：《唐会要》的修订本于 961 年进呈；杜佑《通典》的一个版本于 1000 年付梓。《五代史》于 973 年完成。还发行了字典：《说文解字》的一个新版本在 986 年被印行，《集韵》的修订和扩充版本《广韵》在 989 年完成。佛教的大藏经于 971—983 年之间在四川付梓③。从 990 年开始，朝廷还赞助道教文献的整理项目，这个项目的顶峰就是在 1016 年完成《道藏》的修订抄本④。

这些项目，没有什么是首创的，但是宋代在通过当代技术使文化传统得以利用，以及对"学"的传播（这些标准本文献被传播到州和县）上，都超过了他们五代时期的前辈。然而，朝廷编纂典籍的重举，表明宋

---

① 关于搜求图书的计划，见《宋会要·崇儒》四之 15a—16b 页，关于这个计划的启动，见四之 15b，966 年闰八月；关于绘画和书法，见《宋会要》四之 15b，977/10 和 981/12；关于被征服的割据王国的图书馆，见《宋会要》四之 15b，976/9；奖励，见《宋会要》四之 15a，966/闰八月以及四之 15b，981/12；唐代的模式，见《宋会要》四之 16a，984/1；太宗的意见，见《宋会要》四之 16a—b，984/1。关于图书馆的历史和馆藏情况，见《宋会要·职官》十八之 50a。海格（Haeger）《乱世的意义：太平御览的缘起》(*Significance of Confusion*)讨论了这个问题的一些方面。
② 刘伯骥《宋代政教史》，第 1168—1170 页。关于五代（和宋代）印刷业的简要说明，见钱存训（Tsien）:《造纸与印刷》(*Paper and Print*)第 151—163 页，又见张舜徽《论宋代学者治学的博大气象及替后世学术界所开辟的新途径》第 79—105 页。关于宋代出版更详细的说明，见李致忠的《宋代刻书述略》。
③ 见麦仲贵《宋元理学著书生卒表》有关年代的记载。
④ 龙彼得（Piet Vander Loon）《宋代收藏道书考》，第 29—35 页。

代继承了接续文化传统的使命,并且继承了汉唐;这些项目也为学者提供了工作。尽管宋初的类书自由地使用早先的编纂成果,但它们致力于包罗万象,因为宋人认为所有文化传统必须提供认识天地,特别是人事的所有重要内容。《太平御览》(1000卷,据序言所说成书于983年),以太宗的太平兴国年号(976—983)命名,按照天、地、人的大纲来分类。《太平广记》(500卷,据序言成书于978年),对于那些有关"神秘"类的材料(鬼神、神仙、僧侣、巫医),以及像绘画、博弈这样的"小道"也作了同样的处理。《文苑英华》(1000卷,据序言成书于987年),按照《文选》的模式分类纂集过去的文章。《太平圣惠方》(100卷,据序言成书于992年),提供了从公私记录中搜集来的医方。最后,《册府元龟》(1000卷,据序言成书于1013年),以典型的编年形式提供了有关政事的包罗万象的记载。①

朝廷资助这些编纂项目,一部分是看重它的象征意义。真宗为《册府元龟》所作的《序》解释他命令编纂此书,是表明他继承了太宗在主持最早的编纂工作时的志向:"肇振斯文。"②即使宋代的学者发现他们编纂的书籍并非至关重要,他们还是帮助宋代的君主表明,他们有别于不久以前那些没有文化的君臣。太宗将自己描绘成一个儒君(ruler-scholar),在下令编纂《太平御览》之后,他宣布了一个计划,表示要每日阅读,在一年内读完此书。他延请有学问的顾问,从987年开始举办经

---

① 所有这些著作都尚存。郭伯恭的《宋四大书考》详细地说明了除《太平圣惠方》之外的所有书籍的情况。麓保孝《北宋儒学的展开》第24—29页对五部著作多做了简要的说明。海格《乱世的意义:太平御览的缘起》(Significance of Confusion)讨论了《太平御览》的准备和材料来源。海格在第406—408页中认为,提出(直到1023年才出版的)这部著作显示了太宗的"藏书癖"。我认为,宋像唐代一样试图选择出文化传统。全部印刷《太平广记》的计划虽然做出,但迟迟未能付梓,因为有人认为这些材料对学生来讲并非要务,因此加以反对(见郭书第66页)。《册府元龟》在1015年印行(见郭书第129页)。《文苑英华》直到南宋才发行(见郭书第95页)好像有人对这部选集的内容不满,因为1007年曾下令进行修改(见麦仲贵《宋元理学家著述生卒年表》1007年)。

②《册府元龟》,导论部分第9页。

史讲座,并利用他的新图书馆①。他是一位负有拯救文化之使命、宣称要通过教育改变人的文儒。正像真宗后来强调的,"以文章化人成俗,实自太宗始也"②。太宗作为一个书法家的活动,公开表明了他的崇文之意。在位期间,他不断将自己的书法作品赠送给宠臣、名山寺院、退隐的学者。他汇集了数千轴的作品③。作为"君临天下的人",他是如何保证时间和精力来做这些事呢?"但中心好之,不能轻弃,岁月既久,遂尽其法。然小草书,字学难究;飞白笔势罕工,朕习此书,使不废绝耳。"④他帮助保存了斯文。

太宗奖掖学者,自己也是一位学者,他让皇室与士人联姻,与之休戚与共,学有所成的士人可以向皇帝寻求支持。太宗决定,让科举制扩大成为文官政体最重要的选官制度,这个决定使皇室的右文之举得到最大的巩固。科举的要求延续了后周的规定,而后周的规定又仿照了后唐。进士应举者要按照规定的题目写一首诗、一篇赋和一道论。在省试上,他们还要就政策问题写策。他们要考对《论语》的记诵,还要回答十个关于《春秋》或《礼》的现实问题,比如,传对某一段经文如何注释,或者某一行所提到的重要人物。⑤ 对文学写作的要求使进士考试独一无二。就最好的方面来讲,它鼓励精通文化传统,具有创造性的思想。但是,在实践中,取士标准比较低,应举者主要用心于诗歌的声律,因为这决定了考试

---

① 范祖禹《帝学》卷 3,第 3b 页—卷 4 第 5b 页。江少虞的《宋朝事实类苑》更详细地描绘了太宗作为一个有文化的人的形象。
② 《宋会要·崇儒》六之 5a,1014/11。
③ 关于太宗赏赐的书法作品,见《宋会要·崇儒》六之 4a;关于太宗作品的目录,见《宋会要·崇儒》六之 5b—6a。
④ 关于太宗赏赐的书法作品,见《宋会要·崇儒》六之 4a;关于太宗作品的目录,见《宋会要·崇儒》六之 4b。
⑤ 关于所有科目的考试内容,五代的制度模式,宋初的变化,见金中枢的《北宋科举制度研究》第 1 部分,第 2—12 页,以及金氏本人的《北宋科举制度研究续》第 1 部分,第 105—106 页。最值得注意的变化是增加了有关法律的现实问题。这些议论是在省试中表达,殿试只考察作诗、作赋和写论的能力。

的成败①。直到1071年，进士科一直主要是文学技巧的考试，在1071年，诗歌的形式在考试中退居次要，考试偏向问题，这些问题能够考察应举者对某一部经典深邃大义的领会②。

11世纪40年代，科举的重心偏向进士科，而在此之前，大多数的及第者还是来自科举中的其他科目。1073年以后，其他的科目被废除了。八种"诸科"中的每一科都考察对于所考核的文献的记诵和实际知识。关于这些科目中的及第人数，我们只知道几年的情况。比如在973年，进士科有26人及第，五经科有5人，九经科空缺，三礼（《周礼》、《仪礼》、《礼记》）科38人，三传（关于《春秋》的三传）科26人，唐开元礼科7人，三史科3人，学究经典科18人，明法科5人③。在1057年，为了促进经典的学习以树立道本，增加了明经科，用意在于逐渐取代诸科，以回到唐代科举中进士和明经的双轨体制。明经并不仅仅被设想为一个记诵的考试，而是要考察讨论经典"原理"的能力，这些经典被指定出来让士人研究④。在此之前，诸科的应举者只需要对被考察的经书文献（和注疏）有完全墨守因循的了解。没有人让他们表达意见，或展示原创的才能；在声望上，这些科目没有一个能与进士科相比。

科举制并不鼓励古文之学；相反，它继续了唐代朝廷的文学、文献之

---

① 考生对传统的掌握情况不清楚，我们也不知道关于非经典的传统，他们需要了解什么。洪迈（《容斋随笔》卷3，第31页）注意到，宋初的考生有时抓不住试题的要点，或不知其出处（允许他们向考官询问），有时他们将书带到考场。1005年的一道诏书证实了这个说法（《宋会要·选举》—之7b—8a）。叶梦得（《石林燕语》卷8，第3a—b页）注意到，经史中那些产生了试题的段落，后来在考试之前就付印，流布到学生当中。叶梦得和洪迈说的都是殿试。
② 关于11世纪70年代的变化和后来诗歌考试的恢复，见贾志扬《宋代科举》第213—218页，以及金中枢《北宋科举制度研究》第1部分，第47—70页，第2部分；还有金中枢《北宋科举制度研究续》第1部分，第107—110页。南宋的科举，进士考试多数是诗赋与经义同时考，诗赋考试吸引了绝大多数考生（贾志扬《宋代科举》第247页）。
③ 这个名单见于《文献通考》卷30，第284a页，以及其他一些地方；与荒木敏一《宋代科举制度研究》第286页的讨论，金中枢《北宋科举制度研究》第1部分第3—8页，以及金中枢《北宋科举制度研究续》第1部分第110—123页互参。972年之前"诸科"及第的总人数不详。
④ 金中枢《北宋科举制度研究》上，第10—12页，以及金中枢《北宋科举制度研究续》上，第124页。1057年12月颁布推广新科目的诏书中宣布了规则；见《续资治通鉴长编》186卷，第4496页。

学和文学写作的传统。我相信士人会觉得这是一个可接受的入仕之路，因为它十分接近他们对"学"的构想。要说有什么区别的话，那就是从10世纪90年代开始采用的一套保证公平性的程序，使答卷文本和书法变得更加重要，因为要做一个公平的主考官，就不能对考生的个人情况有什么了解①。朝廷告诉考生，只有文章对学者才是重要的，有人对此表示异议。我这样讲是有些根据的。比如在980年，一个应举者声称要应"百诗科"，这个科的功名已经有几十年无人得到，尽管他的诗作并不合格，他还是被录取，目的是要"奖学"。② 这没什么道理，但用意却与朝廷的政策一致。而政策取得了胜利：977年有5200名士人参加了省试，983年有1.02万名，922年有1.73万名。③ 在太宗和真宗朝跻身显要的学者也许有时彼此对政策的理解不一致，对皇室的意图持有异议，但是他们毫无保留地承认宋代重文是正确的。

学 者

在宋代最初的三朝中以写作和学术赢得声名的众多士人，其中有些是五代朝廷学者，被宋代朝廷吸收，其他一些是宋代及第的朝廷学者，还有一些主要任职于地方政府。④ 几乎没有人愿意仅仅去为权要做装点门面的侍从，粉饰其愚蠢的政治决策，但是统治者希望他们做些歌美王政的工作，他们的文学颂美愉悦圣聪，并保证使后人用最好的眼光来看待

---

① 贾志扬《宋代科举》第51—52页，糊名制度在992年的殿试、1007年的省试、1032年的乡试中开始施行。为避免认出考生笔迹而采取的誊录制度，在1015年的殿试、会试和1037年的乡试中开始施行。又见荒木敏一《宋代科举制度研究》第243—264页。
② 见《宋史》卷155，第3607页，以及金中枢《北宋科举制度研究》上，第9—10页的讨论。
③ 贾志扬《宋代科举》第34页。
④ 这一部分主要是依据现存的一些那个时期的文学选集。我无法说清有些人物的思想(intellectual)地位。这些人，例如像王钦若(962—1025)、丁谓(962—1033)以及寇准(961—1023)，缺少一批足够的作品，他们既是政治领袖也是思想领袖。我引用的文献来自黄启方的《北宋文学批评资料汇编》，其中有些文献在陶秋英和虞行的《宋金元文论选》中全文摘录。我讨论的一些人物，在金中枢的《宋代古文运动》中也有讨论。关于这一时期特别有用的研究是商韬的《北宋时期的政治斗争和诗文革新运动》。

宋朝,他们也因为恰到好处的歌功颂德而受到奖励①。如果他们要议论时政,身为文臣就可以这样做,他们担任州府官员,往往连任几届。他们认为自己这样做有助于建立一个持久的文官秩序,并且向太宗提供了各种各样的计划来实现它。② 他们也对皇帝提出异议。③ 在有些情况下,我们看到他们联合起来对抗军事活动的扩张,以维护文官的利益。比如在986年,他们努力从辽的统治下恢复北方十六州。有时他们的建议和异议或许只是为了引起注意,④但有时他们直言不讳地说宋王室宣称的文臣有序和"泰和"并非实情。⑤ 毫无疑问,皇帝一直表示他会采纳学者的建议——这是历史上所说的一个明君的标志——而且当然君臣都自觉地模仿太宗和他的文臣之间的关系。⑥ 但是,学者们仍然在试探谏诤的界限,并且找到了这种界限。⑦

最闻达的人的学术成就主要在文学方面。经学家几乎都相对逊色

---

① 有关的例子包括梁周翰963年到968年的20篇《五凤楼赋》,见《玉海》卷59,第25b页(其中一篇见《宋文汇》第127—128页),梁周翰因为这些文章而提升。刁衎作于977年或978年的《圣德颂》,他因此而得以复职,见《玉海》卷60,第28b页;麦仲贵的《宋元理学家著述生卒年表》列举了979年以后各种纪念宋朝征服之功的文章,包括王钦若(当时18岁)、田锡和宋白(分别见《宋史》卷283,第9559页,《玉海》卷59,第12b页,卷60,第28b页);以及《玉海》卷60,第28b—29a所引梁鼎、崔尊度988年的作品。

② 麦仲贵《宋元理学家著述生卒年表》所举的例子包括张集贤,他在977年1月上了10条建议;孙何在997年9月提了五条建议;陈彭年1001年的条陈五事的奏书;王禹偁在997年12月条陈五事的奏书(我没有找到张集贤文章的出处,其他的文章分别见《续资治通鉴长编》卷42,第881—883页,卷48,第1046—1050页,以及卷42,第896—900页)。

③ 麦仲贵《宋元理学家著述生卒年表》所举的例子包括田锡981年9月的谏书(见《宋史》卷293,第9787—9788页),田锡为此得到一大笔赏赐;王禹偁988年的谏书(《玉海》卷59,第39b页);以及朱昂在1001年所上的《资理论》三卷(《宋会要·崇儒》五之二十)。

④ 见《宋文汇》第453、456、458页所引赵普、田锡和张集贤的奏书。

⑤ 田锡在981年,王禹偁在988年,王化基在991年,以及吕蒙正在994年都有这方面的行动(见商韬《北宋时期的政治斗争和诗文革新》第550—551页)。

⑥ 以直谏而著名的田锡,以唐太宗著名的股肱之臣魏征为榜样(《宋史》第293卷第9787—9792页);王禹偁也取法唐代(《宋史》,卷293,第9799—9800页)。

⑦ 尽管在981年田锡因犯颜直谏而受到奖励,但在982年他的意见甚至不被承认。王禹偁在998年由于他为《太祖实录》所写的内容是非褒贬不当而被贬官(《续资治通鉴长编》卷43,第923页)。

和默默无闻,鲜有例外。① 文士议论国家重要的问题,并跻身高位。许多人沿着一条逐渐形成的学者"捷径"进身,首先要在科举的进士试中高中,在地方工作一段时间,被任命为学士,或者是终身知制诰,或者翰林学士,并且有时成为中书成员。② 文学的成绩也不会使他们被排斥于军事部门和财政机构之外(枢密院和三司)。文士与皇帝直接接触,并且了解朝廷政策的内情。他们的声音构成了宋代朝廷自己的文化,他们的存在使宋朝的国家与文相连。③ 他们中有些人在宋代开国之前就提出了文为政经的观念。他们本人又是奖掖者,奖掖有志向的年轻人通过学和写作晋升。人们希望他们在士人中提高文学,解释文的重要性,在教育和文化标准衰落了一个世纪之后,提供文化成就的榜样。正像真宗在1099年所说的:"词臣,学者宗师也。"④

尽管宋初朝廷学者的观点并不统一,每个人的态度都各不相同,但是他们都寻求提高文和文学,削弱武的利益。与后来士大夫的朋党不同,他们构想了一种文学文化,通过容纳分歧,帮助维护宋代的统一。有三个例子说明了这一点,并同时展示了一些人是如何理解学的。

徐铉:文官秩序与文人(literary man)。徐铉(917—992)是五代最重

---

① 有一个例子是把孙奭(962—1033)看做活跃在10世纪90年代的古文作家和11世纪三四十年代的古文革新者之间的纽带。他对于礼乐的建议,他对真宗好道的批评,他为《孟子》所作的简注(受诏而作),他集资建立地方学校都可以看作是11世纪潮流的先行者。然而,11世纪30年代那些著名人物在回顾过去时,并没有注意到专精于礼乐的孙奭;从他们的描述来看,他们受到柳开、穆修、田锡、张咏和王禹偁的启发。关于孙奭,见吉原文昭《孙奭在宋学发展中的地位》。尽管对于北宋前半期的经学还有许多研究尚待进行,但是金中枢在他四部分的系列论文《宋代经学的当代化初探》中已经考察了当时大量的成就。
② 在北宋政府中,擅长文学的官员所充任的职位是丰富的。学士和知制诰是两个通常由文学知名之士供职的职位,就以这两个职位来讲,我们发现太宗朝的9位宰相中,有2人担任其职;真宗朝的12位宰相中有7位,仁宗朝23位宰相中有14位任其职。这个数字来自李焘《皇宋十朝纲要》卷2—4中高级官员的名单。
③ 在王禹偁看来,太宗朝是"文以化俗"(《小畜集》卷19,第5b页),其他人将宋初的两朝描绘成"以文明之道化四海"(例如徐铉的《徐骑省集》卷23,第230页;田锡《咸平集》卷3,第14a页,以及张咏《乖崖集》卷10,第11a页)。
④ 《续资治通鉴长编》卷71,2a—b页;参见商韬《北宋时期的政治斗争和诗文革新》第553页。

要的一位学者，入宋后继续在朝廷为官，并引起了太宗的注意。徐铉曾出仕南唐，直到975年南唐投降宋朝为止，他曾经是好尚文雅和文学的南唐朝廷中最有影响的大臣。他长期宣扬文学之学的价值。比如在938年，他描绘了这样一个社会：统治者与被统治者之间的政治联系，将通过对价值观和意识的有说服力的文学表达来建立。根据《诗大序》和白居易的意见，他坚持这样一个上古社会的模式，君人者向百姓灌输价值观，并通过诗歌了解民情。他写道，这就是为什么先王之道可以替代武力；尽管这"道之不行"，但是人们应该讲论文学之学以期实现这个道。① 到957年，他一直要求有文学才能的士被授官任职。他指出，人有能力将情动于物的反应表达出来，这使人与动物相区别，而文人最善于表达他们的感情。因此，他得出结论说，以文取士是选拔官员、宣扬国家的价值标准的最好方式。② 徐铉所说的通过写作来显示愿望和情感的文人正与用行动来获取所需的武人形成了对照。

徐铉对文学之学与文治国家（civil state）之联系的见解很符合太宗朝的时论。人们称赞徐铉，因为他救斯文于将丧，作为南唐的一个大臣，徐铉以挽救斯文为己任。③ 989年，徐铉出仕宋朝，他要让人们相信文已经被接受作为新的政治秩序的基础，而且现在就像古代一样，君子可以在"逢时"的同时"救世"。理想与实践不再对立；有文化成就的人能协力报国，同时实现自己的理想。

> 君子之道，发于身而被于物，由于中而极于外。其所以行之者，言也；行之所以远者，文也；然则文之贵于世也，尚矣，虽复古今异体，南北殊风，其要在乎敷王泽，达下情，不悖圣人之道，以成天下之务，如斯而已矣。至于格高气逸，词约义微，音韵调畅，华采繁缛，皆

---

① 徐铉，诗序，《徐骑省集》卷18，第185—186页。
② 徐铉，诗序，《徐骑省集》卷18，第185页。
③ 例如见陈彭年（961—1017）在他于993年为徐铉的文集所作的序中，对徐铉的评价，以及李昉（925—996）为徐铉写的墓志（都见前面提到的《徐骑省集》）。关于徐铉本人对于拯救斯文的关注，见他文集卷18中的各篇序言。

其余力也。①

对于徐铉来讲,共同的目的是在文治的统治下,天下一统。与初唐的学者一样,他致力于协调南北,以及在警惕文学藻饰(尽管他本人富于文采)的同时,综合文的不悖圣人之道的规范功能与抒情功能。但他还增加了晚唐观念,即用圣人的道来检验价值。徐铉因此将学者放在政治权力及其臣民、实用与道德规范(norms)之间的中心位置。

田锡和张咏:文化与道德的统一。对于那些成长于宋,通过了宋代的科举考试,并且出仕于太宗和真宗朝的学者来讲,文是官方钦定的价值。例如田锡(940—1003),他来自西北地区的一个家族,这个家族迁居到四川,他通过了开封地区的府试,考试的题目是"人文化成天下"②。对于张咏(946—1004)这个北方人来讲,政治秩序应该依赖"无私学古之士"的看法是耳熟能详的③。显然,田锡与张咏,比徐铉在更大的程度上,警惕文化传统中可能存在的或显或隐的歧义纷争。田锡和张咏彼此相识,都在朝廷做学士,做地方官也同样成功;两人都意志坚强,直言不讳(田锡尤其因他的谏章而知名),激励了11世纪的士大夫④。

田锡和张咏都相信学对于建立统一的社会政治秩序是必不可少的;文不仅仅是雕琢字句与表达自我⑤。例如,张咏在四川为官期间,着手劝说地方上那些有学问的士参加科举、服勤国家职事。正像张咏向一个学生所解释的:"文者,儒之职。"天地创辟,圣人出现,礼义兴,太朴散,五常、六经因之而建。当今那些做"文言"并且掌握了圣人之道的人能够确

---

① 徐铉,王禹偁文集的序,《徐骑省集》卷23,第230页。
② 田锡《咸平集》卷9,第2a—b页。
③ 张咏《言录》,《乖崖集》卷12,第1a页。
④ 关于他们的传记,见《宋史》卷293,第9787—9792页,9800—9804页。范仲淹撰写了田锡的行状;苏轼后来为他的文集作序,将他比作贾谊(见《咸平集》前面提到的部分)。韩琦(1008—1075)为张咏所写的墓碑,见《乖崖集》附录。张咏为田锡所写的赠序,可以印证他们的熟识,《乖崖集》卷8,第13a。
⑤ 田锡给陈季和的信,《咸平集》卷2,第9a—10b页;张咏为一部诗歌选集所作的序,《乖崖集》卷8,第14b—16b页。

定社会角色之名分,整肃礼乐,建立政策的原则,等等①。张咏对真宗说:"文士之笔斟酌于中",处在圣人和在下者之间,陈布道德,张弛风化,并且还要以复古来显示这些如何实现②。张咏有时会主张一个人与其从时,不如学古③。这些观点重复了古文运动的主题并非偶然;从张咏自己的记述来看,他曾经学习过韩愈和柳宗元④。

田锡谈到要"以儒术为己任,以古道为事业",而不追求名利。田锡解释说,这个道意味着几件事情。进贤为道;"济天下使一物不失所为"也是道。他接着说,依靠"君子之行"或者"君子之文",都可以实践这个道。二者兼备当然最好,但君子之行是基本的⑤。田锡也将自己当做晚唐的后学,在其他人当中,他列举了韩愈和柳宗元、李白和杜甫、白居易和元稹、吕温和陆贽,为学者树立了一系列恰当的楷模,辅佐君王恢复三代之制⑥。

张咏和田锡以追复古道的形象出现,并且谈论统一文与道,但是他们认为道不应该被狭义地限定,并且提倡文要包罗宏富。对于张咏来讲,他认为关于最高的普遍之道的观念将现在从特定的古代典范中解脱出来,他也因为对礼乐以及拘守礼乐的人的反感而出名。他写道,不是古代或者现代的文风,使一部作品成为"文",毋宁说,一部作品被称为"文",是因为作者拥有圣人之道。"辞得异而道不可异也。"⑦在其他地方,张咏解释说,一个人在内心掌握道,然后对过去的传统有广泛的了

---

① 张咏,对一位学生询问"文"的回答,《乖崖集》卷7,第14b—15a页。
② 张咏,进呈其文章的奏书,《乖崖集》卷10,第11a页。
③ 张咏给进士冯华的回信,《乖崖集》卷7,第3a—b页。关于他的自我形象,见他在写给宰相和苏员外郎的信,该书卷7,第1a—2b页。他的传记解释说,他为自己的文集所起的名字意思是他"违众"(乖)、"不利物"(崖)。
④ 张咏,《乖崖集》卷7,第3a—b页。张咏的《木伯传》(该书卷6,第6a—7b页),就是模仿韩愈的《毛颖传》。
⑤ 田锡《贻杜舍人书》,《咸平集》卷3,第1a—2b页。田锡看起来不愿意将"行"与"文"割裂开来,要求人"行以践言",见《乖崖集》卷10,第11a页。
⑥ 田锡,给宋白、何士宗、梁周翰的信,《咸平集》卷2,第11b—12a页,卷3,14b、15a页。
⑦ 张咏《乖崖集》卷7,第15a页。

第五章　文治政策与文学文化：宋代思想文化的开端

解，寻找一种方式创造那种可以指导现在的文章。那些写作出"彰是救过"之作的人，可谓"擅造化之心目，发典籍之英华"①。

田锡更充分地发展了这个观念，即将个人对道的直觉体会，和宽广的文化传统相结合。他承认，他可能通过写作文章和实践"忠信"来改变现实，因为他将六经、史书、诸子和文集都包含在学习圣人之道的想法中。真宗即位后，田锡建议编纂一部新的《御览》，从四部的典籍中挑选，全书360卷，每天一章。② 田锡反对将传统的文献区分为肯定六经和背离古礼的两类，他建议区分为重视传承和代表创变的两种。前者是文的"正常形式"，后者是"文的变体"。但是，正像天地有其"常理"，因此也有不可避免的变化和不能预期的事件。两者都是必要的，因为斯文只有随时而变才能存在下去。田锡写道，韩愈和柳宗元都关心正统，而在称赞李贺的歌诗时，他们表示："艳歌不害于正理。"目的是要创造文，因为"人之有文，经纬大道，得其道，则持政于教化。"③

宋白是一位年长的学者，也是朝廷中一位显要的文人，在一封写给宋白的信中，田锡提出了他将创造与传统"一以贯之"的理论。道是"自然"之物。写作之人在援笔之际与道冥合，就像万物形成之际自然化生的过程。在这些直觉的时刻，他情性相合，而他的性，在一般情况下限制他的能力，此时则与道为一。道以一种自发的、创造性的和不可预计的方式，影响他的性情，由此带来一种有致的、完整的，因而也是道德的文的表达，就像"微风动水"。田锡认为，一个人在写文章时不应该过分看重某种由唐代的先贤所代表的特定可能性。相反，将所有的可能性掌握到一定程度以后，作者将依据道来做文，这些文章会包含过去作品的各

160

---

① 张咏《乖崖集》卷8，第15a页。
② 关于新的《御览》和一部为皇帝编的汇萃经史要切之言的更短的文选，见《宋史》卷293，第9787—9792页。关于田锡自己的学问，见他写给何士宗的信，《咸平集》卷3，第12b—14b页。
③ 田锡，《咸平集》卷2，第9a页。

201

个方面。这些作品象征着人类领域中那种超越了个体之局限的创造性的统一和整体。他们成为"活生生的"事物,精神淋漓,包含着"元化之枢机"。与一幅缺少生气的山水画形成对照的是,这样创作出来的文章却是有自然之生气的真正的创造物。最后,他总结道,"不知文之有我欤,我有文欤。"①

我认为,对张咏和田锡,以及对相当一批这里没有讨论的年轻人来讲,作为文学写作的文并不是一套规范的榜样,或者说一种载道的工具,而是一种标志,它标志着个人将过去的文化百家归一的能力。道,这个有时与天地或者先圣难以区分的观念,为当代人得以统一其关于古代和圣人的观念,不至于偏执一家,保证了一个自然的基础。他们需要在宋朝巩固其统治,与契丹讲和,达成政治上的一致,努力避免分裂,为国内的统一提供一种综合的、无所不包的道德基础。② 对和谐之基础的思考,同样与真宗的愿望十分合拍,真宗希望他的王朝在 1004 年抗辽失败后割让土地,是保护宋王朝所受的天命,而且 1008 年恢复的封禅,预示着一个伟大和平时代的来临。

---

① 田锡,《咸平集》卷 2,第 10b—13a 页。
② 罗处约(960—992)就是一个持这种观点的更年轻的人,他祖上唐朝时在四川的蜀州为官,他支持宋代屏弃它所继承的晚唐五代军事政府的制度,回到古代(见《宋史》卷 440,第 13033—13035 页记载的他批评三司之政的谏章)。然而他的《黄老先六经论》将黄帝和老子与周公、孔子相提并论,并将道定义为"无之称也,无不由也",由此提出人应该认可一个共同的、普遍的基础,而不是执着一己之说,或拘守"道之迹"(《宋史》卷 440,第 13032—13033 页)。这篇文章认为,这就是司马迁的立场,但是罗处约仍然维护五代蜀政权的道家之学的传统。在那种传统里,像杜光庭这样的道教大师扮演了显要的角色。还要一提的是夏侯嘉正(约 953—约 989)的《洞庭赋》和崔遵度(954—1020)的《琴笺》(《宋史》卷 440,第 13028—13031 页,卷 441,第 13063—13065 页)。晁迥(951—1034)是朝廷的文士,和我们在第二章谈到的晁氏家族的创建者,他的一本小书说得更清楚。晁迥为那些"学道"之人而写。在导言中,他表达了儒佛并举的愿望,并且书的内容表明,道家也在被提倡之列。因为,正像他后来声称的,三教或许是各不相同的传统,但"其实都是道也"(《昭德新编》上,第 3a 页,参见第 9b、19a 页)。在这部著作中,人们学会在一个不能满足其欲望的世界里获得内在的平和。要公正、负责地做事,就要不为物所牵,以便控制自己的情绪反应。

文学雕琢与古文:分歧的出现

徐铉、张咏、田锡的文章明确提出了适应时代的文与学的观点,在这些观点中,我们可以看到他们对文学和思想标准的争论,这些标准在 11 世纪 30 年代将把学者们区分成不同阵营。在终极的自然之道基础上,建立文学与典籍传统的统一,徐铉、田锡和张咏试图用这样的观念,将圣人之道和古文联系起来。随着科举竞争的增强,文学的标准日见重要。举子们希望掌握应考术,而文臣在观察哪一种文学成就受到重视。那些关心如何将文章写得又好又能满足各种要求的人,会将辞藻的繁缛看作是一种手段,用以显示他们对传统文化的广泛掌握以及有能力将其汇总为适应当前需要的形式。1005 年颁布的《劝学诏》提到许多考生水平堪忧,以及不断重演的舞弊现象,赞成要提高文学水平。① 杨亿在真宗朝影响不断上升,这表明朝廷的很多人接受了这个观点。与此同时,有些人反对强调文学的广博与雕琢,呼吁按照他们所理解的韩愈关于古文和圣人之道的观念,独抱六经。早期的古文支持者柳开和王禹偁,否认纯文学自身有价值。有证据表明,在真宗朝,有些人拥护类似的观点:例如,1009 年的一道诏书谈到"文之复古",并且提倡适合道德宣传的不太雕琢的文风。因此,真宗朝容忍不同意见,但是一般来讲,它坚持提倡像王钦若(962—1025)和丁谓(962—1033)这些大臣那种更富包容性的文学和宇宙之道。他们也鼓励真宗更多地关心道之玄妙,向他提供了一封封天书,言及祥瑞、圣祖和封禅。②

---

① 关于这道诏书的颁布,见《续资治通鉴长编》卷 60,第 1342—1344 页。关于诏书的内容,见《宋会要·选举》一之 7b—8a 页。关于当时人对这道诏书的讨论和一种反应,见夏竦《文庄集》卷 24,第 3a—5b 页。
② 关于 1009 年的诏书,见《宋大诏令集》卷 101,第 701 页。根据石介的说法(《徂徕石先生文集》卷 18,第 219 页),这道诏书正是针对杨亿日益增长的文学影响而颁布的。关于天书和有关的事件,见柯素芝(Cahill)《宋廷与道教》(*Taoism at the Sung Court*)。真宗下令编撰的《乾坤宝典》是一部关于天象(cosmological)的记录,它透露了朝廷的动向。

杨亿:文作为人的教养(refinement)。杨亿(974—1020)直截了当地提出了对繁缛之文的喜爱。他一生有八部文集,有些在生前就付梓了。① 他现存的作品都精雕细刻,充满了典故,而且很善于烘托情境,以及他的感受。他那些喜欢运用骈俪文风的散文,是我们这里讨论的所有宋初人文章中最难的。杨亿当然注意到古文潮流,尽管他没有用这个术语。例如,他注意到"明圣人之道"的愿望恰恰符合皇帝"恢三代之制"的意愿,而且他并不轻视10世纪90年代那些朝廷学者,他们作为"文章盟主",努力使文成为载道之物。② 但是对他自己来讲,他作为文学之士和奖掖后进之人,对"体物缘情"和"吟咏情性"更有兴趣。③ 从他的角度来讲,这样的作品并不与古相悖,而且为了提升当时粗鄙的状况,"雕篆之文"是没有过错的。④ 杨亿只不过没有劝人们应将提高古道作为文学写作的目的,或是应对某些子书弃而不读。⑤ 他出的考题表明,他不相信对所有士人都应重视的东西可以简单作答。⑥

杨亿比宋初那些最著名的支持典雅文风的人去世得晚一些。大约在1007年,他在编纂《册府元龟》的同时,编辑了一部诗歌选集,这部选集马上因为文辞精美达到最高水平而受到肯定(译者注:指《西昆酬唱集》)。根据这部文集的名称而得名的"西昆体",对有些人来讲,标志着宋朝已经摆脱了五代之文的粗野与鄙俚,但在杨亿晚年,有些人已经开始公开贬低杨亿的影响。例如,在11世纪30年代,石介(1005—1045)发起了一场有名的攻击,他将杨亿和西昆体看作是"正学"(true

---

① 杨亿传,《宋史》卷305,第11083页。
② 杨亿为陈在中写的赠序,以及为宋白(广平公)的诗选所作的序,《武夷新集》卷7,第3a—5a,第13b—14a页。
③ 杨亿为元道宗所写的赠序,以及为聂茂元的《云堂集》所写的序,《武夷新集》卷7,第21b—23a,第1a—3b页。
④ 见杨亿为他的《武夷新集》和《西昆酬唱集》所作的序。
⑤ 杨亿为聂茂元的《永嘉集》所写的序,《武夷新集》卷7,第8a—9b页。
⑥ 例如,见他在1101年制科考试的考题中对科举的讨论;《武夷新集》卷12,第26—3a页(译者注:《咸平四年四月试贤良方正科策》)。

learning)的敌人。① 杨亿本人是李商隐(813—858)的崇拜者,李商隐是唐代伟大的散文家和诗人。李商隐不曾支持复古,他也不同意说六经的圣人更有资格说自己掌握了道。

我们没有必要将杨亿的骈俪文风看做是追求文学的典雅和完美。因为看重文学技巧的一部分作用就在于坚定学者为一个朝廷的利益而服务的责任感,这个朝廷毕竟致力于维护文官秩序这个更大的利益。夏竦(984—1050)于1007年中进士,他就是一个例子。② 夏竦的文风典雅但很"古奥",他一方面说作为文学写作的文的繁荣,使宋代超过了汉、唐,一方面又宣称要一尊六经、圣人和道。他的《广文颂》将文学水平的提高、斯文的复兴、太和时代的出现以及重建上古三代之礼的建议和1008年举行的封禅直接联系起来。③ 另外一篇写得很聪明的文章认为秦朝焚书实际上是一件好事,因为它告诫后人,文对于政治制度的保存是重要的:"国之将亡,文先亡矣;未有守文而不能救亡者也。"④像杨亿一样,夏竦是在响应一个时代,这个时代用他的话来讲,是"皇帝期化成于人文"。⑤

柳开和王禹偁:古文和真正的价值观。北方人柳开(947—1000)不曾成为一名朝廷学者,尽管他与朝廷中的很多人通信,并且进士及第。大约在986年,宋朝的皇帝决定任命有文学才能的士来治理那些传统上

---

① 大多数有关宋代古文的记述,都要抨击西昆体只注重雕琢词句的文风,而缺少道德内容,这主要是由于石介对于杨亿的那种刻意求怪(outlandish)的批评。最近,傅君劢(Michael Fuller)(关于艾朗诺的评论)已经指出把这样的一个叙述(story)作为宋诗(而不是宋文)的一种记述是单薄的。田况(1003—1061)的《儒林公议》的一个简短的引言,是关于整个事件的理智的早期记载,它谈到杨亿的选集,他作为一个文学之士的贡献。陈从易在1019年对杨亿在文学上的影响的批评,以及石介后来的抨击。关于《西昆酬唱集》中有关人物的记述,见陈植锷的《西昆酬唱诗人生卒年考》。
② 关于夏竦1007年的制科考试,见王德毅的《宋代贤良方正科考》第180页。关于制科中的问题和夏竦的回答,见夏竦《文庄集》卷12,第1a—3a页。
③ 夏竦《文庄集》卷24,第3b—5b页。
④ 夏竦《文庄集》卷25,第8b页。
⑤ 夏竦在1007年制科中的回答,见《文庄集》卷12,第1a页。

由武将管辖的地区,柳开就是这样被任命的第一批地方官中的一员。①柳开经常被当做宋朝最早的古文学者,以及最早自称是韩愈后学的人。尽管我们现在很清楚,韩愈已经是一个被牢固树立的榜样,但是柳开宣称,惟有韩愈的古文才能教会人们如何认识真正的价值观,这一点仍然是不寻常的。

关于宋代古文运动的记载,总是将柳开描绘成一个性格简单、严肃的人,为寻求正道而奋斗。这是很典型的。然而,柳开的两种自传表明,他自觉地养成文学的人格,首先作为韩愈的后继者,其次凭自己的力量成为圣人。关于前者,在《东郊野夫传》中,他谈到他为自己起的一个名字"肩愈"("肩负韩愈"),字"绍先"("继承先辈"[即柳宗元稍逊于韩愈])。② 作为"野夫",他写了一部30卷的野史,记述他的家乡大名的事情。但是,他接着从历史转向六经,模仿隋唐学者王通对六经的继承,创作了一些作品来续补《诗经》和《尚书》中亡佚的篇章。为了记述他的成就,他撰写了一篇新的自传,将自己称为补亡先生,并且以"开"为名(为现实开启古代圣贤之道),字"仲途"(导人于正道,或者说通向权威之路)。在自己理解了圣人之道以后,柳开宣称,他为今之人"开之为其途矣","使古今由于吾也"。③

对于柳开来讲,他从韩愈那里继承了作为圣人,或者至少是韩愈、孟子、扬雄,以及现在的王通这一系列人作为圣人之道的发言人的道路。④在970年为韩愈的文集所做的序中,柳开解释他有得于韩愈的,就是一个掌握了道的人可以通过文学写作这种方式行事和授业;没必要著书立说。973年,在离家前往京城参加科举考试之前,柳开在一系列书信中解

---

① 见柳开在《宋史》中的传,卷440,第13023—13028页。
② 柳开《河东先生集》卷2,第1a—5a页。
③ 柳开《河东先生集》卷2,第5a—9a页,引文见该书第5b页。
④ 柳开加上王通,可能始于他第二次改名,见他给臧丙的信,见上书卷6,第1a页。

释他如何能够比肩圣人,创作出与六经相颉颃的文章。①

柳开认为,与常人那种有限的、微若烛火的见识相比,圣人以阳光普照之力理解万事万物,并且从整体来看,能够根据形势自由无碍地变化其重点,不至于陷入一隅。因为无论什么进入他的头脑,都与道完美协调,他对事物的自发反应,帮助事物认识到它们是整体之一部分。文章是他影响事物的工具(器)。作为他头脑的产物,文章与道完美统一。但是,文章只是一种工具;圣人并不在意他的作品的表面的文学修饰。但是柳开解释道,如果后人能够通过文学这个方面来关注圣人内心的仁、义、礼、知、信,那么他们就能够从圣人传世的器(也就是文献)中学到成圣的道理。柳开把这些常见的品质定义为心灵和理智自然的习性:例如,仁是人与人之间获得亲近感,以免彼此排斥的能力;而义是事物系统的组织,这对于建立适当的分寸是必要的。圣人之道是用以指导创造完整秩序的一整套观念。柳开承认,圣人"生而知其道",一个人无需兀兀穷年地钻研六经和注释,或者在六经的烦琐文字中寻找礼,圣人之道可以从老师那里学到。六经毕竟只是圣人通过文章用综合性的态度处事的产物。而且,这是一个自然的过程:"天之性者,生即合其道";模仿传统和程式就是不自然的。当然,孟子、扬雄、王通以及韩愈的确合乎天道与圣人之道,其证据在于他们有能力打破文章的流俗做法,因为文章必须直接以道为根本,并且言必己出。柳开总结道,文章是"道之筌也"。希望得道的人一定要得器,但是这只是手段,不是目的。② 只有那些有圣人一样心灵的人,才能写出对统治有效的著作。柳开总结道:"心与文一者也。"内在的心灵支配着它的外在表现:文作为一种外在的表现,因此具有内在的结构。一个正确的心灵意味着正确的文,这种文能够指导那些服膺于此的人归于正道,并对那些疏远于此的人潜移默化。没有必要

---

① 关于柳开早期作品的系年,是根据他的学生张景对他的事迹的记录,以及他在 972 年给梁周翰的信;见《河东先生集》附录和卷 5,第 13a—15b 页。在张景为柳开作传时,柳开年轻时两部著作已经亡佚。
② 柳开致王祜的第三封信,《河东先生集》卷 5,第 5a—8a 页。

用六经、史书和百家的语言汇总出统一的文化。而且，从其他的地方借用语言，意味着不能直接地表达一个人的内心，而只有直接表达出内心，才意味着真正复古。①

有些人反对柳开，认为他为学狭隘，而且他推崇韩愈，否定更大的典籍传统的价值，是在制造分歧。② 柳开宣称，心灵拥有通向一个完整秩序的普遍准则，这种准则超越了文化形式，并且为形式的合理变化提供证明，而上述的反对意见忽视了这个观点。他呼吁真宗彻底重建政治体制，并且"立新法"。一个世纪以后，王安石也提出类似主张。③ 但是，柳开并不打算放弃对传统的坚持。正像他在著名的《因责》中所解释的，他的文和道是圣人的文与道。

> 子责我以好古文。子之言何谓为古文？古文者，非在辞涩言苦，使人难读诵之；在于古其理，高其意，随言短长，应变作制，同古人之行事，是谓古文也。子不能味吾书，取吾意，今而视之，今而诵之，不以古道观吾心，不以古道观吾志，吾文无过矣，吾若从世之文也，安可垂教于民哉？亦自愧于心矣。欲行古人之道，反类今人之文，譬乎游于海者，乘之以骥，可乎哉？……吾之道，孔子、孟轲、扬雄、韩愈之道。吾之文，孔子、孟轲、扬雄、韩愈之文也。子不思其言而妄责于我。责于我也，即可矣；责于吾之文、吾之道也，即子为我罪人乎！④

柳开自觉地避驳杂而特异于众，他宣称自己是圣人的嫡传，因此在道德上独立于当代社会。他还将自己与那些在朝的当权者区分开来。

---

① 柳开致王祜的第四封信，《河东先生集》卷5，第8a—9b页。
② 梁周翰（929—1009）反对这些理由；见柳开972年给梁的回信，《河东先生集》卷5，第13a—15b页。他的学生和传记作者坚持认为，柳开在取法韩愈之前，就已经精通六经，即使他忽略了汉唐以来的注疏、百家以及文史著作。这种坚持表明有必要预先制止别人攻击柳开立场狭隘、蹈袭前贤和对文化传统的不了解（张景，行状，见柳开《河东先生集》附录）。
③ 见《宋史》卷440，第13025—13027页，柳开本传中的上书。
④ 柳开《河东先生集》卷1，第10b—11b页。

夏竦表明支持文学雕琢而不用很难的风格来写作是可能的,王禹偁(954—1001)则证明将古文提升为一种道德事业而不使自己异于众人是可能的。作为一个北方人,一个朝廷学者,以及一个直言不讳的政治评论家,王禹偁仍然与胡瑗和张咏这些老一辈朝廷学者有良好的关系。有一个例子可以使我们看到王禹偁如何磨去古文过分的棱角,变得圆通一些,避免柳开教条主义的陷阱,让古文有更多的空间来容纳美学趣味和个人表达。① 王禹偁还摒弃了当时一种流行的意见,即宣称只有以六经和五常作为依据的作品,才配称为文。② 他反对任何在写作中融合百家之说的企图,认为只有当人们将文学建立在六经的基础上,他们治理百姓才会是仁义的。③ 而对唐代作家更广泛的喜爱不会损害"学圣人之道"。④ 而且,他看到有必要影响他人。他解释说"文,传道而明心也";那种为文深奥,抗俗自异的做法破坏了文的目的。⑤

在真宗朝,一些人抗俗自异,以期证明他们更关心如何做一个有道德的人而不是与时逶迤的人,这些人很可能要为当权者所不喜。⑥ 但是,古文相对于当时思想的折中模棱和文学的雕琢,代表了另一种替代性的选择。这一看法持续不衰,例如,姚铉主要收录安史之乱以后唐代作品的选集《唐文粹》(文学的精华;成书于1011),就是用来替代《文选》,以及不能明言的,刚刚编辑成的《文苑英华》。《文苑英华》也按《文选》的模式编纂,与《文选》都是士人的文学范本。它标举韩愈是所有文学家中最伟大的,并且挑出柳宗元、李翱和皇甫湜作为韩愈明先圣与孔子之道的同盟。姚铉仅仅挑选唐代那些复古道的先贤,而不是选择那些以文学技巧

---

① 关于这场讨论,见陈植锷《略论宋初古文运动》;我对王禹偁的理解受到黄启方《王禹偁评传》的很多启发。到目前为止,关于王禹偁最详细的研究,是徐规的《王禹偁事迹著作编年》。
② 王禹偁,为孙何所写的赠序,《小畜集》卷19,第266—267页。
③ 王禹偁,为谭尧叟所写的赠序,《小畜集》卷19,第269页。
④ 王禹偁,给郑褒的信,《小畜集》卷18,第252页。
⑤ 王禹偁,给张扶的信,《小畜集》卷18,第153—154页。
⑥ 古文的支持者穆修(979—1032)就是一个例子;他身后才赢得名声。见其《答乔适书》,《河南穆公集》卷2,第1a—3a页。

取胜的人。文仍然是起决定作用的价值标准——"唐三百年用文治天下"——但是为治于天下依靠复古之文。①

第二个例子更不寻常。僧人智圆（976—1022）积极教授其他僧人学习古文。② 他将古文等同于"学儒"，并把它描绘为有别于佛教的活动。

> 夫所谓古文者，宗古道而立言，言必明乎古道也。古道者何。圣师仲尼所行之道也。昔者仲尼祖述尧、舜，宪章文、武，六经大备。要其所归，无越仁义五常也。仁义五常谓之古道也。若将有志于斯文也，必也研几乎五常之道，不失于中而达乎变，变而通，通则久，久而合。道既得之于心矣，然后吐之为文章，敷之为教化。……盖为文之志也。古文之作，诚尽此矣，非止涩其文字，难其句读，然后为古文也。果以涩其文字，难其句读为古文者，则老、庄、杨、墨异端之书，亦何尝声律耦对邪？以杨、墨、老、庄之书为古文可乎？不可也。③

尽管姚铉很难像柳开和王禹偁那样全面，他同样看到古文不仅仅是一种文学风格，而是体现了其他人能够分享和以之为生的道德观念。那些创作文章的和尚接受古文，大概证明了古文为越来越多的士人所接受。我想，这有助于解释，为什么在1022年新帝登基时，范仲淹能够团结其他人致力于他的事业。

范仲淹和古文在政治与"学"中的兴起

1022年，真宗去世，13岁的仁宗即位，太后摄政；仁宗从1032年

---

① 姚铉《唐文粹·序》。姚铉将古文列为散文的一种文体。他将韩愈放在陈子昂、张说、李华、萧颖士以及其他一些人这条脉络上。他注意到贾至、李翰、元结、独孤及、吕温、梁肃、权德舆、白居易和元稹这些人的重要性。
② 智圆认为，三教在根本上是协调的，并且特别偏重《中庸》。他指出有些师法韩愈之文的僧人，"斥本教以尊儒术"（见蒋义斌《宋代儒释调和论及排佛论之演进——王安石之融通儒释及程朱学派之排佛反王》）。
③ 智圆《送庶几序》，采用陶秋英、虞行《宋金元文论选》第16—18页之版本。

到 1063 年在位。皇位的更替会在朝廷中带来其他方面的变化。在 11 世纪 20 年代,范仲淹(989—1052)开始活跃。他的主张并未打动朝廷,但在年轻的官员中赢得了一批追随者。在 11 世纪 40 年代早期,由于陷入了北方边疆的一场重大的危机,朝廷对范仲淹和他的同志委以重任,以期统一国内的政治。在 1043 年到 1044 年的很短的时间里,范仲淹的集团左右政策。范仲淹的崛起标志着一个自觉的政治反对党的出现,这个反对党拥有旗帜鲜明的政治计划;它还促成了一个与政治权威相抗衡的知识界(intellectual world)。庆历新政的政治内容已广为人知。① 但对范仲淹如何采纳"复文章"这种说法还研究甚少,这种说法在李华和独孤及的作品中就可以见到,最终在韩愈的《原道》中成为古文的政治和思想理想。

抨击朝廷

范仲淹在 1025 年上书皇帝和太后,指出他们应该首先关注"救斯文之薄",这使他受到公众的瞩目。② 要实现这个目标,就要将献身道德的学者吸收到政府中来,这些学者将坦陈"圣朝当行之事,而未之行者"。这些人首先说的就是文章之道,因为文既是统治优劣的标志,也对时代的好坏产生主要的影响。文当前的状态——在真宗统治下流行的雕琢的文风——是道德衰靡的标志,它必须被改变。范仲淹解释道"文章之薄,则为君子之忧",因为它使得统治者不能推行其"风化",从而不能为新朝的建立创造舞台。这就是说,拯救宋王朝,依靠的是提拔那些打破惯例、以古为法,创作道德内容丰富之文的人。

> 伏望圣慈与大臣议文章之道,师虞夏之风。况我圣朝千载而会,惜乎不追三代之高而尚六朝之细。然文章之列,何代无人? 盖时之所尚,何能独变? 大君有命,孰不风从? 可敦谕词臣,兴复古

---

① 见刘子健很有影响的文章《宋初改革家范仲淹》。
②《范文正公集》卷 7,第 5b—11b 页。

道,更延博雅之士,布于台阁,以救斯文之薄而厚其风化也。①

换言之,如果王朝要生存,它就一定要确保上情下化的文是复古的,由此而言,它应该就教于范仲淹这样的人。

1027年,居丧期间的范仲淹,毫无顾忌地议论朝政,他又给执政者们写了一封更长的信,申述这一观点,敦促他们对行政和军事,特别是对地方政府尽到职责,要求他们为"天下生灵"②而行之。他再次提出关于文章的议题,请执政者改变科举制度以便让士脱离近世的文风,重返先王之法度。他相信向考生询问治道之"大要"会保证社会逐步恢复古道,他呼吁根据策论定考生的去留,而不要通过诗赋。③ 一年以后,他重申他的观点,请求朝廷提倡那种遵循六经,"服法度之言,察安危之几,陈得失之鉴,析是非之辨"的"学"。由此使士能够在现实中行事一同于圣人。诸子之说与群史,"非求道于斯也"。需要寻求的道,不是一种超越的宇宙之道,而是像范仲淹所指出的,是"圣之文之道"。④

范仲淹一心要领风气之先。例如,他维护六经,批评六朝时期"南方"之文,就表明作为一个南方人,他并不盲从南人领袖王钦若和丁谓,他们对宇宙之道与典雅文学的兴趣,典型地代表了真宗朝的风气。⑤ 1027年,居丧期满的范仲淹,到他的同情者晏殊(991—1055)所办的学校教书,与早先的声明比起来,他表现得更愿意对体制作些让步,因为他用

---

① 《范文正公集》卷7,第6b页。
② 《范文正公集》卷8,第5b页。
③ 《范文正公集》卷8,第10a—b页。
④ 《范文正公集》卷9,第2b页。
⑤ 王钦若和丁谓与真宗朝的"天书"极有关系。范仲淹赞同王钦若和丁谓的政策,北方人王旦和寇准。见《范文正公集》卷5,第19a—b页。范仲淹写于1022年的《上张右丞(张知白)书》,清楚地表达了他要领风气之先的愿望。(用他的话来讲,就是在通"圣人之道"以外,通"天下之道"。1022年,张知白本人建议在科举中策论优先(金中枢《北宋科举制度研究》上,第19页)。

流行的文学标准教育学生。① 范仲淹还是找到了反对朝廷的机会。1028年,晏殊举荐他担任学士;第二年,他反对太后对待皇帝的做法,被降级。范仲淹是要别白清浊,而不只是求名邀誉。在1030年写给晏殊的一封信中,他为自己辩护。他解释说,士可以被区分为两"党"。其中之一说:"我发必危言,立必危行,王道正直,何用曲为?"当然,另一党则是逊行易合,逊言易入,回避麻烦。由于危言危行要获罪于时,他们就学会结舌不言,从而使那些对国家毫无裨益的名利之徒因没有对手,不战而胜。而他不愿意"远害全身"。他要直言不讳,以免朝廷"致民于怨"。② 范仲淹不愿蹈袭那种一旦获罪便对政治三缄其口的流俗做法,通过表达这一拒斥的态度,他宣称假如天下像他那样的人也仿效他来决定进退的话,自己的进退就为真正道德的取胜创造了条件。

除了无心权力的胡瑗(993—1059)和孙复(992—1057),范仲淹吸引了那些比他年轻大约十五岁的人。1033年,他被召回朝廷担任谏官,欧阳修(1007—1072)和孙复(992—1057)写信敦促他直言无隐。③ 1036年,范仲淹因为批评宰相吕夷简(978—1043)在朝廷遍布其党羽而被罢官,由此引起的风波使皇帝不得不下诏警告官员不得结党,并禁止他们越职言事。④ 范仲淹和他的同道声言自己对皇帝忠诚无比,而皇帝周围的臣子却阻碍皇帝不能履行职责,主动以政府化成天下。范仲淹本人在

---

① 《范文正公集·年谱》第7a页。据说来自四面八方的学生向范仲淹学习,很多人后来在科场和朝廷以"文学"知名。但是,我不知道任何关于这些学生的记载,除了一则轶事说孙复是其中的一员,孙复后来是一位知名的《春秋》学者。作为一名教师,范仲淹准备了一部文选(译者注:指《赋林衡鉴》),分二十类,内容都是用当时科举文体所写的赋,把它们看作是斯文的一部分。这些不仅包括"颂德"之作,而且包括传统的"咏物"之作,在"明道"这一类里,还包括了"明虚无之理"的作品。范仲淹也试图重新界定文体以何者为重,这样那些在下者会得到更多,而"好高者"会不得不开始关注其所不屑者。范仲淹对所罗列的文体种类,没有把"缘情"定义为自我表达,而是定义为"明古人之意",我对此饶有兴趣。见《赋林衡鉴序》,《范文正公集》之《别集》卷4,第6b—8a页。范仲淹赞扬杨亿是"以斯文为己任"(《范文正公集》卷5,第19a—b页),我们或许可以把这个看作是他对当时文学标准的迁就。
② 《范文正公集》卷8,第18a—23a页。
③ 《欧阳修全集·居士外集》卷18,第478—480页;石介《徂徕石先生文集》卷12,第129页。
④ 关于这些事件的记述,见刘子健《欧阳修:十一世纪的新儒家》第29—34页。

这个时期写了一系列文章表明一点。下面就选自《帝王好尚论》：

> 老子曰："我无为而民自化；我好静而民自正；我无欲而民自富；我无事而民自朴。"①此则述古之风以警多事之时也。三代以还，异于太古。王天下者，身先教化，使民耸善。故《礼》曰："人君谨其所好恶。君好之，则民从之。"②孔子曰："上好礼，则民莫敢不恭；上好义，则民莫敢不服；上好信，则民莫敢不用情。"③由此言之，圣帝明王，岂得无好，在其正而已。④

对于愿意有为以教化天下的皇帝来讲，假设他的一些臣子劝谏他要取法圣君舜并且实践"无为"，他就应该用那些知道圣帝明王应该是什么样的人，来取代他现在任用的臣子。⑤

范仲淹在1036年被罢职，这为他的追随者提供了一个捍卫原则的机会。例如，欧阳修就给谏官高若讷写了一封措辞严厉的信。他写道，我考虑过你此次和以前一些场合的做法，你不为范仲淹辩解，证实了我有过的怀疑："足下非君子也。"⑥这封信当然使欧阳修被罢官，但也为他赢得了声誉。南方人蔡襄（1012—1067），一个后来在1043—1044年担任谏官的词臣，当时就写了一首长诗，抨击高若讷，歌颂范仲淹和他的主要支持者欧阳修、欧阳修的朋友——北方古文作家尹洙（1001—1046）以

---

① 《道德经》第57章，又见刘殿爵的译本《老子，道德经》（*Lao Tzu, Tao Te Ching*）第118页。
② 这是一段与《礼记》二十五的《乐记》相近的文字。
③ 《论语·子路》第13章第4条。译文采用了刘殿爵的《论语》第119页，稍有改动。
④ 《范文正公集》卷5，第9b页。其他的文章《选任贤能论》、《近名论》、《推委臣下论》(《范文正公集》卷5，第10a—13b页)同样主张了要积极为治。
⑤ 夏竦的《舜无为禹勤事功德孰优论》(《文庄集》卷20，第4a—6a页)，就是为皇帝无为进行辩护的例子。苏绅和叶清臣1038年的奏疏，就是警告皇帝提防臣下擅权自重，侵蚀皇权的例子(《续资治通鉴长编》卷121，第2857—2860页)。将舜与无为联系在一起，出自《论语·卫灵公》第5条。苏舜钦批评王弼为"复卦"所作的注释，这也是反对在政治中，以"无为"为重。
⑥ 《欧阳修全集·居士外集》卷17，第488—489页。在当时所写的其他一些文章里，欧阳修宣称贬谪并没有使他后悔。见他的《与尹师鲁书》，以及《读李翱文》(《欧阳修全集·居士外集》卷17，490—491页，卷23，第532—533页)以及《夷陵县至喜堂记》(《欧阳修全集·居士集》卷39，第269—270页)。

及南方人谏官余靖(1000—1064)。① 第二年,一个名叫李觏(1009—1059)的准备参加科举考试的南方学者,写文章支持他。② 两年后,词臣苏舜钦(1008—1048),一个四川籍宰相的孙子,加入到这个行列。③ 我认为,他们相信为了名节而牺牲眼前的仕宦前程,无疑会在未来获得更大的威信,因为任何请他们参与决策的决定都将意味着朝廷接纳了他们的主张。

范仲淹本人在 1043 年向皇帝承认,他和他的追随者形成了一个党。是什么把他们吸引到范仲淹的周围? 简单的决定论的解释并不令人信服;就是说,单纯年龄、地域以及社会背景并不能造成结党。④ 作为文士,他们都已经或将要成名,但是,大概因为他们最终成了胜利者,所以这一代绝大多数传世的文集都出自与范仲淹有联系的人。⑤ 他们彼此明显相通的就是观念。

首先,与"无为"这种被动的为政方式——政府最少地干预社会,只在问题出现之后才加以关注,并且只关心国家在税收、劳役和国防这些方面的需要——相反,范仲淹和他的同道呼吁一个更主动的政府,对地方社会给予实在的帮助。第二,与他们同僚的贪求名位相反,他们认为士应该致力于"忧天下"和"救世"。换言之,人应该自觉地、公开地将整

---

① 蔡襄《端明集》卷1,第 5a—10a 页。
② 李觏《李觏集》卷 27,第 292—293 页。
③ 《续资治通鉴长编》卷 121,第 2851—2854 页。
④ 首先,与范仲淹多数追随者同代的官员并不支持他。第二,他的追随者中,南北各占一半。第三,这个集团包含了那些出身非官僚家庭,在科举中败北(比如李觏)和出身显宦之家的人(如苏舜钦),以及出身新贵之家或者家里只有人在州县任职的人(比如欧阳修)。这些评论以十三个人为基础;北方人韩琦(1008—1075)、富弼(1004—1083)、石介、孙复、对 1043—1044 年新政进行批评的王素(1007—1073)以及尹洙;南方人欧阳修、蔡襄、余靖、胡瑗、梅尧臣(1002—1060)以及李觏;还有四川人苏舜钦。我没有包括苏洵(1009—1066),因为他到 11 世纪 50 年代以后,才进入思想界。
⑤ 张方平(1007—1091)和文彦博(1006—1097)的著作是例外。张方平的确处理过一些问题,与范仲淹集团所关注的十分接近,其中有些在下面将会提到。文彦博的文集《潞公文集》对宋初这一阶段谈得最薄弱。文彦博在新政前罢相,新政以后又复任,直到 1058 年他被韩琦取代。他看起来曾经与高若讷这个范仲淹一党恶毒的敌人是一伙,见《宋史》文彦博本传,卷 313,第 10258—10264 页。

体的利益置于个人之前。第三,他们反对将佛教和道教作为伦理教义,并呼吁政府关心地方教育。这意味着推行教化,让人们知道,"好"意味着圣人所授的伦常(例如君臣、夫妇之间的那些关系)以及圣人之道的最重要的价值观(仁与义)。真正的道德不是清静无为。或许他们为官员的后代和希望提高门庭的士庶之家开办地方学校的计划更重要。正像余靖所指出的,士庶人之子将成为未来的士。① 第四,与那种认为学习不过是获得中举所需的典籍知识和文学技巧的观点相反,他们坚持认为士应该以圣人之道作为学的核心,并将写作当成实践道的一种努力。

进入11世纪40年代,他们当中的很多人宣称"知道"并且设想这个道可以不受历史条件的限制而产生效用。他们假设道毫无疑义,这个假设导致了一些被过分简单化的需求:政府应该实践圣人之道;有志于此的人应该有权左右那些裨益全体的政策;政府应该教给每个人圣人所教的东西,以便他们能支持主动有为的政策;士应该通过文章提高这些目标。像石介、孙复和祖无择(1006—1085),这些人倾向于很教条地把各部分联在一起。② 其他一些人对事情的复杂性更为清醒,欧阳修就是最好的例子。③

圣人之道为在政府、社会生活和学中建立一套礼(norms),提供了一种简单、普遍的观念。但是,它也是有分歧的,因为它允许范仲淹的追随者将政界分成像他们一样道德高尚的君子,和反对他们的道德败坏的人或者说小人。它会使德行比才华更重要,尹洙有一次就明确说应该如此,④它证明以好的品行作为选士任官之标准,是正确的,就像范仲淹本

---

① 余靖1036年为洪州新建的学校所作的学记(江南西路),《武溪集》卷6,第2b—4b页。
② 石介在《怪说》、《中国论》中对佛道和杨亿文学价值的攻击就是一个例子(《徂徕石先生文集》卷5,第60—64页,卷10,第116—117页),孙复的《无为指》、《儒辱》(《孙明复小集》第19a—20b页,第37a—38b页),祖无择为蔡州一所学校所作的学记(《龙学文集》卷7,第3a—4b页)。
③ 欧阳修文章中最好的例子就是《本论》上、中、下三篇(上篇见《欧阳修全集·居士外集》卷8,第411—413页[译者注:卷8应为卷9];中、下篇见《居士集》卷17,第121—124页)。
④ 尹洙的《答汝州王仲仪(王素)待制书》,《河南先生文集》卷11,第2a页;以及该书卷3,第8b—9b页的《好恶解》。

人在呼吁科举改革时所建议的那样。有些人怀疑,范仲淹的集团把实现他们的理想置于王朝的利益之上,人们有这样的怀疑,大概并不奇怪。①

朝廷将如何对待那些提倡复古和道德,并且宣称自己不受官场奖罚之影响的人呢?一种办法就是笼络他们。在朝廷这一方来讲,这并不是十足的机会主义。1038年,在北部边疆,辽以西的党项族的首领,自立为大夏国的皇帝,随之进攻宋朝。朝廷既要寻求国内的政治统一,又要努力在国外取胜。西夏于1043年讲和,尽管在此之前朝廷的军队并未出发,但范仲淹和韩琦(1008—1075)在战地承担了主要的指挥责任。朝廷为奖励他们,加以委任,并召其进京参与和谈。但是,让范仲淹、韩琦和富弼入中书以及让范仲淹的追随者跻身于有影响的职位,就意味着允许他们提出自己的十点计划:

1. 明黜陟,为重定文武百官磨勘,将以约滥进,责实效。

2. 抑侥幸,为重定文武百官奏荫,及不得陈乞馆阁职事,将以革滥赏,省冗官也。

3. 精贡举,为天下举人先取履行,次取艺业,将以正教化之本,育卿士之材也。

4. 择官长,为举转运使、提点刑狱并州县长吏,将以正纲纪,去疾苦,救生民也。

5. 均公田,请更赐均给公田,既使丰足,然后可以责士大夫之廉节,庶天下政平,百姓受赐也。

6. 厚农桑,为责诸道沟河并修,江南野田及诸路陂塘,仍行劝课之法,将以救水旱,丰稼墙,强国力也。

7. 修武备,请密定规制,相时而行,以卫宗社,以宁邦国。

8. 减徭役,请……并合县邑,以省徭役,庶宽民力也。

---

① 夏竦伪造了一封石介写给富弼的信,信中提议要废帝(刘子建的《欧阳修:十一世纪的新儒家》第49页),还说石介诈死,本人投奔了北方的契丹。请参见关于这些事的记载《宋史》卷432,第12833—12836页,《欧阳修全集·奏事录》第969—970页)。

9. 覃恩信,请放先朝欠负以感天下之心也。
10. 重命令,请重其法以行天子之命也。①

范仲淹设想改变官场的道德风气和精神气质,从而保证官员积极地工作来提高经济财富,减轻百姓的负担,强化国家的武备。他计划要求推行更多的由政府直接采取的措施,保证能够通过不增加百姓的负担来增加总的财富。用现在的话来讲,他为"有为"之治下了定义。

我们或许可以说,范仲淹接受任命就上了圈套。他并不能完全支配中书或者皇帝的意愿。② 他的一些追随者反对他,因为他放弃更张制度的目标并且被收买。③ 他的想法的确无关紧要;皇帝对范仲淹国内计划的支持,也仅止于让他说说而已。一旦和西夏的和约签订,范仲淹和他的同道就被迫去职,他的计划也流产了。但是,如果朝廷认为它能左右范仲淹和他的追随者,那就大错特错了,因为他们观点的可信,不是因为皇帝的喜爱,而是因为成功地赢得了士人之心。他们通过积极地支持地方学校来赢得士人之心,为此已经营了十年。

通过学校来转变士人

在范仲淹和他的亲信向朝廷发难的同时,他们已经劝说了士,包括现在的官员和未来的官员。孙复明白范仲淹的目的并不囿于政府的政策,而是要从整体上改变政治精英。正像他给范仲淹的信所写的,范仲淹"既俾吾宋之学为舜禹文武之学,是将俾吾宋公卿大夫之子弟,为舜禹文武公卿大夫之子弟也"。④ 从11世纪30年代开始,范仲淹的集团积极创办地方学校,他们希望以此转变精英之学,并由此使士自身发生转变。

---

① 我引用的是范仲淹在《范文正公集·政府奏议》卷1,第14a—15a页中对十条建议的总结;这些建议的详细文本,见该书卷1,第1a—14a页。刘子健在他的《宋初改革家范仲淹》中有详细的讨论。
② 刘子健的《欧阳修:十一世纪的新儒家》第40—48页。
③ 见苏舜钦(《苏舜钦集》卷10,第117—125页)和李觏(《李觏集》卷27,第299页)在1044年写给范仲淹的信,以及欧阳修的《吉州学记》(《欧阳修全集》卷9,第274页)。
④ 孙复《孙明复小集》第23b页。

在一定程度上讲,单单地方办学这件事本身就已经足够了。毕竟,朝廷和地方官对地方办学并无多大兴趣;那些只是为了帮助学生应付科举的地方学校,不过是让更多的人去竞争成为成功的官僚家族,这些家族既可以在首都的国学,也可以在私塾(private school)中获得教育。有时地方官与地方的家族一道,获得了必要的朝廷许可,甚至获得捐赠给学校的土地。级别较低的官员家庭,出身士人之家,但近几代无人为官的那些人,以及希望靠科举赢得更高社会地位的地方豪族,至少这些人都通过地方学校打开了仕途。在真宗朝,地方和官僚办学的兴趣急剧增长。我们知道,在从960—1021年的60年间,全国只有16个州学和32个县学;在后来的40年间,又建立了80个州学和89个县学。据记载,在1022—1040年,至少建立了34所学校。① 范仲淹和他的追随者在1035—1045年之间,至少参与了16所学校的建设,它们大多数是新建的,一半以上在南方,而且正像余靖所说,有些地方官把这些学校看作是"治道之本"。②

为地方学校所做的学记皆以道德立论。教育是为了化人。在欧阳修所治理的吉州,当地的士捐助了一百五十万钱,兴建州学。办学的道德目的,如何与吉州之士办学的实际的动机相适应呢?他们当然希望有些人能中举。从欧阳修的角度来讲,学校的重要还体现在别的方面,这

---

① 贾志扬的《宋代科举》第75页。1022—1040年建校的数据来自"宋代社会的教育和考试"一节的一张表格,表格逐条登记了64所州学和104所县学的建设情况,见该书第170页。
② 余靖在1036年为洪州(江南西路)、1046年为饶州(江南东路)、1043年为康州(广南东路)、1044年为兴国军(江南西路)的学校所写的学记、重修文宣王庙记(《武溪集》卷6,第2b—11a页);余靖认为在1044年以前,朝臣对办学没什么兴趣。范仲淹1044年为邠州(洪洞县学)所作的学记,《范文正公集》卷7,第4a页。范仲淹还在北方的应天府的学校教书,在南方的湖州办学,支持苏州的学校。尹洙,大约在1040年为河南府的巩县县学所作的《巩县孔子庙记》,以及1046年为岳州(荆湖北路)州学作的学记《河南先生集》卷4,第2a、9a页。蔡襄为福州(福建路)的州学作的学记,《端明集》卷28,第14a页。石介1037年为宋城县(京东西路)县学,大约在1038年为青州(京东东路)州学作的学记。孙复本人1040年办的私学,《徂徕石先生文集》卷19,第221—224页。欧阳修1038年为穀城县(京西南路)县学所作的《襄州穀城县夫子庙记》;以及1044年为吉州(江南西路)州学作的学记,《欧阳修全集·居士外集》卷9,第425页。祖无择1035年为蔡州(京西北路)州学所作的学记,《龙学文集》卷7,第3页。

一点在范仲淹集团其他成员所作的学记上也被谈到。学校是古代以教化治国的手段,人们希望学校改变地方的士风。① 祖无择在应举时写文章谈到他家乡蔡州新建的学校,对他来讲,这意味着北方的"儒服"之人将师孔子之教,抛弃"夷狄"、"为佛"之举,接受圣人之伦理道德,以"礼义"自守。② 韩琦在庆历变法之后,创建了一所学校,在为学校所写的学记中,他认为改变和统一地方的价值观,对于国家度过危机有直接的影响:那些相信君臣、父子等等之间的伦常是至高无上的人,将"安其分"(无叛心)。他坚持认为,人性是可以引导的;如果学只会给那些品性好的人带来真正的长进,那么其他人还是要依靠学来有所畏。③ 正像尹洙所解释的,在地方建立学校就是相信政府不需要靠高压来维持,他说,"(以榜样和劝导为治的)三代之治"优于汉代以下只重吏治的统治方式。④ 这些话提醒人们,金榜题名并不是学的惟一目的(因为没有多少人能中举),它为他们指出了另一种前途:通过学习,他们就可以分享撰写学记的这些"时之闻人"的文化。

学校因此成为一种工具,它可以实现古文的期望,使圣人之道成为社会生活的真实基础和共有的文化。即使是那些没有支持范仲淹改革的人——比如南方人宋祁(998—1061)——也能看到官员并未用自己的价值观影响地方风气,而且只要官员自己无意于在其治下移风易俗,宋代将仍然是一片"百里不同风,千里不同俗"的土地。⑤ 范仲淹集团中没有几个人是朝廷世家,他们的家族都是在近期才出于乡里,参与朝政,而且仍然有一些人在试图跻身朝廷。他们很清楚,士来自不同的地区,不能想当然地认为他们有共同的文化和共同的道德。作为一个由南方人和北方人、朝官家族的子孙和并非出身官宦的人所组成的集团,他们就

---

① 《欧阳修全集》卷39,第274—275页。
② 祖无择《龙学文集》卷7,第3a—4b页。
③ 韩琦大约在1050年为定州州学作的学记,《安阳集》卷21,第4a—6a页。
④ 尹洙《河南先生文集》卷4,第8a—9b页。
⑤ 宋祁《本风俗篇》《景文集》卷25,第9b—13b页。

第五章　文治政策与文学文化：宋代思想文化的开端

可以证明，获得共同的文化是可能的。但是，他们所要求的不止是文的传播，他们需要共同的价值观。

范仲淹和他的同道在1043—1044的在朝期间，迅速转向支持地方学校。他们建议同意地方官员办学的请求，这个温和的建议很快就被一个政策所取代，这个政策要求地方官去办学。① 但是，有人提出异议说，单纯学校本身，并不能造就一代新的、团结在一个共同的目标和计划之下的士。例如，尹洙就警告说，学生并不总是听从他们的老师，而且这个计划也没有措施来转化那些由门荫入仕的人。② 对科举的标准进行调整是关键的：如果科举不考学校教授的东西，学生们就不大会把圣人之道作为学的核心内容。正像李觏在1037年向范仲淹所抱怨的，那些献身圣人之"目标"，追求"古道"的人，在科举中毫无优势可言，科举只凭是否拘守声律来决定去取，由于采用糊名制，使得考生是否行圣人之伦常变得无关紧要。李觏承认，大多数考生从科举得到的信号，无非就是"学道之无益也"。③

有了这些念头在心里，范仲淹和他的同道把一个老的想法发展了一步。早先的皇帝规定，在择士的时候，要更关注进士科中的论的部分，这规定显然不甚有效。④ 他们现在使一条政策得到推行，就是首先看策论，在此基础上做出最初的淘汰，将诗规定的声律形式加以简化，在各种要求记诵的科目中就六经段落的"大义"提问。⑤ 策所提的问题和论的主题可以促使考生展示出他们自己所履践的那种学。然而他们在制定新法

---

① 例如蔡襄就只请求准许建立学校（《端明集》卷23第12a—14a页）。关于最终被采纳的建学规定，见《宋会要·选举》1044/3之下的三之23b—29a。
② 尹洙《敦学》；《河南先生集》卷2，第6a—7a页。
③ 李觏《李觏集》卷27，第292—293页。
④ 1017年、1027年、1034年和1038年都曾下诏要求这样做（《宋会要·选举》三之第11b页，第15b—16b页，第17b—18a页，第19a页）。欧阳修后来写道，在天圣（1023—1032）年间，皇帝下诏提倡学者以古为法（见欧阳修为苏舜钦文集作的序以及《与荆南乐秀才书》，《欧阳修全集》，卷41，第287—288页；卷47，第320—321页）；我认为这是指1027年的诏书。
⑤ 《欧阳修全集·奏议》卷8，第827—828页；蔡襄《端明集》卷23，第12a—14a页。两者都写于1044年。关于详细的过程，见《宋会要·选举》三之第23b—29a页。

的机构中是少数派,从发布的文本来看,科举对阅卷方面的技术规定,谈得要比考生的学习计划和考试内容要多。此外,新的规定一方面允许所有品性良善的人进入地方学校,一方面又要求保证向京城选送的举子,不得出身商人、工匠之家,或是曾经为僧为道。① 范仲淹集团的成员对科举排斥曾经出家的人并无非议,但是其成员欧阳修的确反对将匠人和商贾排斥在外;他认为,要弘扬这样的观念,那就是一个人的社会价值要由他在学上的成就所决定,这比总让士做一个特殊的社会群体更重要。② 这些新的规定使问题不再停留于观念,但是不管怎样,一旦改革家离开朝廷,这些规定就被废除了。通过改变科举标准来转变士的价值观的做法,将在1057年被再次尝试,但是,那时的复古派不得不借助于更新颖一些的方式来劝说。他们已经有了急于听他们的意见的听众,并且他们发现有很多问题需要讨论。

---

① 见宋祁等人以概要的形式所作的详细建议以及执行该政策的诏书,《宋会要・选举》三之23b—25a,29(1044/3)。欧阳修在参与其事的九个人中,给了范仲淹最有力的支持;宋祁和王拱臣,还有张方平比他年长(宋祁和王拱臣不久就在打击范仲淹上成为主力,两年以后,科举改革被废除,张方平在其中发挥了作用,见《宋会要》三之 30a—b 页)。关于其他成员,见《欧阳修全集・奏议》卷8,第830页。
② 程运《宋代教育宗旨阐释》第93页引用了欧阳修这个意见。

第六章 思想家，其次是作家：
11世纪中期的思想潮流

1044年，庆历新政被废除，直到神宗在1067年即位并推行新法，新政的废除阻止了建立激进政策的努力。范仲淹追随者中更年轻的一代，也就是在1005年前后出生的人，开始成熟，欧阳修（1007—1072）在1044年以后开始成为他们当中最重要的文士，这些构成了11世纪中期几十年的思想文化景观。还是在11世纪中期，未来的两代知识分子（intellectual）也出现了，每一代都回应了当时的古文运动。王安石（1021—1086）和司马光（1019—1086），是11世纪70年代和80年代两个政治阵营的领袖，他们的政治生涯多始于庆历新政的前夕。在11世纪50年代晚期，当范仲淹的追随者重新在朝廷掌权，欧阳修主持科举考试的时候，苏轼（1037—1101）和程颐（1033—1107）正在京城求取功名，他们二人将在11世纪80年代，成为他们那一代最有影响的士大夫。北宋思想中所有主要人物的人生道路在这些年交汇了。

这一章将处理那些在11世纪30年代由范仲淹的追随者明确提出的问题，而不是全面考察思想生活，这些问题逐渐成为他们自己和下一代知识分子争论的焦点。在探求一种可以为政治、社会和文化提供基础的道的过程中，这些人找到了一个共同的思想目标。他们承认，学者应该努力理解古道，而且文也将随之变化。这个以思想为先的自信的表达,变得比他们最初所想的要成问题得多。这个道是什么?在哪里能找到它?如何了解它?它包含了什么以及它遗漏了什么?范仲淹的追随者在寻求价值观上并没有达成一致;后来的几代人也没有。

在这样的框架里,清晰地梳理其间的变化,还是有可能的。最初,范仲淹的追随者谈论说要确定求道对于"作文"来讲是最重要的事情。但是,随着古文文体成为一种道德之学(morallyengaged learning)的语言,决定用古文来写作就不再是党派的自立之举。王安石和司马光那一代,对于用古道来转变国家和社会这个政治问题的关心,超过了对士应该如何写作的关心。而对于年轻时代的苏轼和程颐来讲,兴趣的焦点已经从制度化的探求转向对于思想风格更个性化的探求,这种思想风格能使人像圣人一样对事物作出反应。文学在这里显然不再被作为一种解决方式。古文作家认为思想的探询要优先于文学方面的努力,这就造成了人们的分道扬镳。正是因为人们认为文学活动对于建立共同的价值观十分重要,所以像欧阳修这样的古文作家就能够将自己树立为思想领袖,但是对价值观的寻求却暗示出,文事实上并不重要。我们将看到,这个结论并不容易被接受。

下面几个段落我都要谈欧阳修,既因为他的影响,也因为他对于各种极端情形的清醒认识。有一次,他解释说,在自然世界中走极端,会产生最好与最坏的东西;中间的东西平平稳稳但从不会出色。① 欧阳修本人的偏于一端,向我们显示了古文思想所遗漏的一些东西;他希望采取一种合理的中间立场,则向我们显示了知识分子所试图解决的张力。在很大程度上,我透过他的眼睛来观察11世纪中期的古文运动。作为一个思想家和作家,他本身体现了文化传统和普遍价值观之间的张力。

---

① 欧阳修《洛阳牡丹记序》(《欧阳修全集》之《居士外集》卷22,第526页)所谈论的牡丹,不只是花,而且比喻优秀的人才,它认为"中气之和者",只能产生既不甚美,也不甚恶的花朵,真正的美色非出于此,而是产生于一偏之气。他注意到,问题在于一偏之气既产生最好的花,也产生最坏的花。

欧阳修和他那一代

对于范仲淹的追随者来讲,让价值观居于优先地位,意味着思想功夫是文学成就的必要基础。用他们的话来讲,就是要学道先于学文。正像蔡襄(1012—1067)在1037年批评一个人试图模仿韩愈文风时所解释的:

> 其谓由道而学文,道至焉,文亦至焉。由文而之道,困于道者多矣。是故道为文之本,文为道之用,与其诱人于文,孰若诱人于道之先也?景山前书主文辞而言,故有是云。某岂敢鄙文辞哉?顾事有先后耳。①

蔡襄的批评对象表示异议:他认为通过学习正确的文,他也获得了其中的道。② 蔡襄回信解释道:"此所谓学者先于学道而后于学文耳,而景山谓六经之道皆由文而后明,未闻先由文而失道者。景山离前书之意。"③ 外在的形式和一个人所寻求的道德观念是可以被区分开的,而这个事实表明,个人有必要对两者都加以掌握,也就是说,以道为先并不意味着他无需创作那些被看做文的著作。祖无择(1006—1085)在1043年为之前的古文作家穆修的文集所作的序言中,也认可了这一点。"积于中者之谓道,发于外者之谓文,有道有文,然后可以为君子。"④

道先于文的观念同时使人确信,如果掌握了道,文就随之进益。真正的学者要先成为思想家,然后才是作家。正像欧阳修在1040年向一位学生所解释的:

---

① 蔡襄《端明集》卷27,第7b页。
② 蔡襄《端明集》卷27,第7b页。与蔡襄通信的谢伯初,蔡襄在信中提到他的观点。苏舜钦在《上孙冲谏议书》中,表达了类似的观点,见《苏舜钦集》卷9,第102页。
③ 蔡襄《端明集》卷27,第9b—10a页。
④ 祖无择《龙学集》卷8,第4a页。孙复在给张洞的信中表达了类似的观点,《孙明复小集》第31b页。

> 夫学者未始不为道,而至者鲜。为非道之于人远也,学者有所
> 溺焉尔。盖文之为言,难工而可喜,易悦而自足,世之学者,往往溺
> 之,一有工焉,则曰:"吾学足矣。"甚者至弃百事,不关于心,曰:"吾
> 文士也,职于文而已。"此其所以至之鲜也。……
>
> 圣人之文虽不可及,然大抵道胜者,文不难而自至也。故孟子
> 皇皇不暇著书;荀卿盖亦晚而有作;若子云、仲淹,方勉焉以模言语,
> 此道未足而强言者也。后之惑者,徒见前世之文传以为学者文而
> 已。……修,学者而不至者,然幸不甘于所悦而溺于所止。①

在这里,欧阳修使文学事业成为一个棘手的问题。它会使人陷溺,让人愉悦,充当观念表达的中介。不过,文是欧阳修所喜欢的;他务必让自己更多地关注求道。从他自己后来的记述来看,欧阳修在1036年以前也身在歧途。他重视文学雕琢,他1030—1033年初入仕途,在洛阳为官,其间创作的作品,有些就明显流露出这样的趣味。② 我们最好记住这一点,因为尽管欧阳修转向了古文和韩愈的观点,过去的影响还一直跟随着他。

尹洙(1001—1046)说明了学习古道可以为人提供哪些保证,是他将

---

① 《欧阳修全集》卷47,第321—322页。
② 欧阳修在给孙侔的信中(作于1038年),对自己的过去表示了反对,见《欧阳修全集》中《居士外集》卷18,第496页。他从这一时期起创作的"记"文,表现了他的文学—美学倾向(《居士外集》卷13,第450—456页)。在我看来,欧阳修写作的兴趣绝大部分来自文学与思想关怀之间的张力。在洛阳时期,他最好的朋友是两位同僚,他们代表了这两个极端:梅尧臣和尹洙,欧阳修对梅尧臣的诗作推崇备至,尹洙对经史的兴趣和他创作载道之文的省净文笔,对欧阳修都产生了影响。关于欧阳修对梅尧臣的评价,见他1032年所作的《书梅圣俞稿后》(《欧阳修全集》之《居士外集》卷23,第531—532页)。关于这篇文章以及洛阳这段岁月,见齐皎瀚(Chaves)《梅尧臣与宋初诗歌》(Mei Yao-ch'en)第4—12页。用英语写成的关于欧阳修的两种主要的研究著作,代表了欧阳修的两个方面,它们对我深有裨益。它们是刘子健《欧阳修:十一世纪的新儒家》(这部书早先的中文本是《欧阳修的治学与从政》,也很有价值)以及艾朗诺《欧阳修的文学作品》(Literary Works of Ou yang Hsiu);参见傅君劢为艾朗诺的书所写的书评,关于欧阳修的文学价值观,参见张健《欧阳修之诗文及文学批评论》。欧阳修对人事与天地持何种立场,我对此的认识受益于寺地遵的《欧阳修天人相关说的置疑》。欧阳修《苏氏文集序》(《欧阳修全集》卷41,第287—288页)和《与荆南乐秀才书》(卷47,第320—321页),表达了欧阳修本人对当代文学价值观演变,特别是对古的看法的演变的意见。

欧阳修引入古文阵营。尹洙解释说,心得古道,可以有助于行事(为政)、立言(写作),因为它可以使人独立自守、穷见物理。这就会带来真正有价值的功名与文章。

> 如有志于古,当置所谓文章、功名,务求古之道可也。古之道奚远哉,得诸心而已。心无苟焉,可以制事;心无蔽焉,可以立言。惟无苟,然后能外成败而自信其守也;惟无蔽,然后穷见至隐而极乎理也。信其守者本乎纯,极于理者发乎明。纯与明,是乃至古人之所至也。至乎至,文章、功名从焉。①

但是,道幽远而难于定义。但正像蔡襄在1037年所写的,如果一个人的确有见于道,他还是可以相信他的判断。

> 夫道至大也,至公也,以其至大也,故学者莫能悉其要,于是异见偏说兴焉。君子畏道之不明,然后是是而非非,以其至公也;君子是是而非非,咸一于至当,不得私而让焉。②

一方面,由于没有人能看到全体,就会有片面的意见;另一方面,由于还有必要做判断,就有必要说出一个人相信是正确的东西。欧阳修参加了这场讨论,并提出了一个引人注目的观点:一个人不应该反对被别人批评,因为所求在于"谋道"。③

问题在于如何界定道。对于欧阳修来讲,要谋求的道存在于人事之中。能够指导人类行为的东西,不能到天地、神灵以及人性中去寻找。刘子健对欧阳修的研究,以及欧阳修在11世纪30年代以后的作品——他的《新五代史》和关于《春秋》、《周易》的作品——都表明,他所理解的

---

① 尹洙《服古堂》(《河南先生集》卷4,第5a—5b页),又见他的《好恶论》(同上书,卷3,第8b—9b页)。这篇文章对比了两类人:一类人从人的外表来判断一个人;一类人则不重外表,而是询问其内心是否由乎"古圣人之道"。
② 蔡襄给谢景山(谢伯初)的第二封信,《端明集》卷27,第10a—b页。根据下面注解10所引用的欧阳修的信系年。
③ 《答谢景山书》(作于1037年),《欧阳修全集》之《居士外集》卷18,第495页。

圣人之道,涉及社会、政治问题。① 1044年关于科举改革的诏书,其中的措辞——"儒者通天、地、人之理,明古今治乱之原,可谓博矣"——并非出自于他。② 1033年,一位准备应考的举子张秀才,将自己的文章呈给欧阳修,在写给张秀才的第二封回信中,欧阳修说明了自己对他肯定的地方——悯世病俗,究古明道,"欲拔今以复之古"——但是,他警告说:"然而述三皇太古之道,舍近取远,务高言而鲜事实,此少过也。"古人的道是易行的。

> 君子之于学也,务为道,为道必求知古,知古明道,而后履之以身,施之于事,而又见于文章而发之,以信后世。其道,周公、孔子、孟轲之徒常履而行之者是也。其文章,则六经所载,至今而取信者是也。其道易知而可法,其言易明而可行。及诞者言之,乃以混蒙虚无为道,洪荒广略为古。其道难法,其言难行。
>
> 孔子之言道曰:"道不远人"③;言中庸者曰:"率性之谓道";又曰:"可离非道也"。④ ……凡此所谓道者,乃圣人之道也。此履之于身,施之于事,而可得者也。……凡此所谓古者,其事乃君臣、上下、礼乐、刑法之事。⑤

他接着说,务求高远,就是在寻求一种不能人人适用的价值标准。圣人只关心有益于社会的事。

> 孔子之后,惟孟轲最知道,然其言不过于教人树桑麻,畜鸡豚,以谓养生送死为王道之本。⑥ 夫二典(《尧典》、《舜典》)之文岂不为

---

① 欧阳修认为学者应该像圣人一样,更多地关心人事而不是天的领域,欧阳修《新五代史》卷59,第705—706页对这个观点有明确的阐述。刘子健和寺地遵都详细地申发了这个观点。我在《从欧阳修到朱熹对〈易经〉的运用》(*Sung Context: from Ou yang-hsiu to Chu Hsi*)一文第33—42页对此做了讨论。
② 《宋史》卷157,第3658页。
③ 《中庸》第13条:"道不远人,人之为道而远人,不可以为道。"
④ 《中庸》第1条。
⑤ 《与张秀才第二书》,《欧阳修全集》之《居士外集》卷16,第481页。
⑥ 这暗用《孟子·离娄下》第13条。

文？孟轲之言道,岂不为道？而其事乃世人之甚易知而近者,盖切于事实而已。今学者不深本之,乃乐诞者之言,思混沌于古初,以无形为至道者,无有高下远近,使贤者能之,愚者可勉而至,无过不及而一本乎大中,故能亘万世可行而不变也。今以谓不足为而务高远之为,胜以广诞者无用之说,是非学者之所尽心也。①

这里,欧阳修走向易行易知(common)这个极端,但是他坚持要求人们按照在他看来是人类存在的实际状况来思考价值观。

但是,在古文阵营里,的确有一些人相信他们能将最初的高远之道与实际相联系。石介(1005—1045)与欧阳修在1030年一同中举,并在1033年发誓支持范仲淹,他对韩愈和柳开极为崇拜。② 在1033年,石介写道,既然统治者已经改进了制度,那么就可以通过教育来改变社会价值,学者的职责就是改变人们的写作方式,因为"时之弊在于文"。除非对"救斯文之弊"有所作为,否则所有的制度改革都形同儿戏。同圣贤之行事,就是要不再写那些"以风云为之体,花木为之象,辞华为之质,韵句为之数,声律为之本"的文章。在这里,石介就建议要使文成为包罗一切、界定一切,以宇宙为基础的道德文化。

> 夫有天地,故有文,"天尊地卑,乾坤定矣;卑高以陈,贵贱位矣;动静有常,刚柔断矣。"③……文之所由生也。"天垂象,见吉凶,圣人象之;河出图,洛出书,圣人则之。"④文之所由见也。"观乎天文,以察时变;观乎人文,以化成天下。"⑤文之所由用也。⑥

这继承了初唐以天地之文(patterns)为基础的文化传统的观念。石介接

---

① 《欧阳修全集》之《居士外集》卷16,第482页。
② 一直到1033年,石介都在学习韩愈的文集和姚铉的《唐文粹》,见《上赵先生书》《徂徕石先生文集》卷12,第135—139页)以及《读原道》、《尊韩》(文中也提到柳开)、《徂徕石先生文集》第7,第28—80页。
③ 《周易引得》之《系辞传上》第1条。
④ 《系辞传上》第11条。
⑤ 《周易引得》第15页《贲卦》。
⑥ 石介《徂徕石先生文集》卷13,第143页。

着十分肯定地说,伏羲、神农和黄帝的"大道"(欧阳修认为是方外的),与后来五帝的"常道"是协调的。天文与人文要靠"大道"和"常道"来体现;六经就是书写"文"的文字。并且他接着说:

> 故两仪(阴阳),文之体也;三纲,文之象也;五常,文之质也;九畴,文之数也;道德,文之本也;礼乐,文之饰也;孝悌,文之美也;功业,文之容也;教化,文之明也;刑政,又之纲也;号令,文之声也;圣人,职文者也。君子章之,庶人由之。……[当这些都实现了,就会]尊卑有法,上下有纪,贵贱不乱,内外不卖,风俗归厚,人伦既正,而王道成矣。①

石介写作的使命就是不断地重申和坚持:圣人所授只有一个道和一种教导(teaching),孟子、扬雄、荀子(有时)、王通和韩愈传之。② 他写道,他必须打击佛老,因为它们迷惑人们说,与圣人之道相悖的行为模式仍然是道德的;并且他必须抨击杨亿的文风,因为它使人不得见圣人之道。③ 在他后期的文章中,石介不再借天地之道来说话;在1037年他写道,圣人之道优于天地之道,道是不变的,而自然界却是无规律的。④ 欧阳修关注的是各种复古主张是否实际;石介却坚持说,关键的问题在于将这些考虑系统而一致地整理成一个独一无二的体制。⑤ 这个体制排斥任何异端;它必须从整体上来认识,并且它要求学者劝告别人说,建立一个完美一体的体制的想法,正是中国上古的传统。

从欧阳修的角度来看,石介代表了那些抗俗自异,自以为是的人,他们自称掌握了与传统决裂的独一无二的知识。他们二人在1035年,彼

---

① 石介《徂徕石先生文集》卷13,第143—144页。
② 例如,见上书第138、141、145、153、168、188页的各封书信。
③ 石介《徂徕石先生文集》卷5,第60—64页。
④ 石介《宋城县夫子庙记》,《徂徕石先生文集》卷19,第221页。
⑤ 例如,见他在《原乱》、《复古制》中对古制的描述(《徂徕石先生文集》卷5,第64—66页;卷6,第68—69页)。

此书信往还,讨论石介用古怪的书法写就的石像记。① 欧阳修写道,我听说您"特欲与世异而已。修闻君子之于学,是而已,不闻为异也"。石介的书法表明了刻意求奇的后果;它抛弃了过去的标准,同时又不能为别人提供楷式。

> 况今书,前不师乎古,后不足以为来者法,虽天下皆好之,犹不可为;况天下皆非之,乃独为之,何也? 是果好异以取高欤? 然向谓公操能使人誉者,岂其履中道,秉常德而然欤? 抑亦昂然自异,以惊世人而得之欤? ……今足下端然居乎学舍,以教人为师,而反率然以自异,顾学者何所法哉? 不幸学者皆从而效之,足下又果为独异乎? 今不急止,则惧他日有责后生之好怪者,推其事,罪以奉归。②

石介在回信中,责备欧阳修对书法的关心超过了道。"仆之心能专正道……其文则无悖理害教者。"

> 夫治世者道,书以传圣人之道者已。能传圣人之道足矣。奚必古有法乎? 今有师乎? 永叔何孜孜于此乎? ……国家兴学校、置学官,止以教人字乎! 将不以圣人之道教人乎! 将不以忠孝之道教人乎! 将不以仁义礼智信教人乎! 永叔但责我不能书,我敢辞乎! 责我以此,恐非我所急急然者。③

欧阳修回信说,如果你承认自己不通书法,那么你实际上认可了我的意见。问题就在对于像书法这样次要、微末之事,应该有恰当态度。书写的文字从产生之初就有了准则,取法古人,也意味着理解文字所以被创造出来的目的,以及遵循为保证它能实现这些目的而逐渐发展起来的历史规则。"今足下以其直者为斜,以其方者为圆,而曰'我第

---

① 对这场争论的分析以及其他一些译文,见艾朗诺《欧阳修的文学作品》(Literary Works of Ou-yang Xiu)第 17—20 页。
② 《欧阳修全集》之《居士外集》卷 16,第 482—483 页。这封信和石介的回信后来都可能被编辑过。
③ 石介《徂徕石先生文集》卷 15,第 176 页。

行尧舜周孔之道',此甚不可也。……足下又云:'我实有独异于世者,以疾释老、斥文章之雕刻者。'此又大不可也。夫释老,惑者之所为;雕刻文章,薄者之所为;……夫士之不为释老与不雕刻文章者,譬如为吏而不受货财,盖道当尔,不足恃以为贤也。"①在我看来,欧阳修希望看到范仲淹的集团获得权力和影响,为了这个目的,单单说自己正确是不够的。

但是,对大多数范仲淹的追随者来讲,坚持是非原则比成功更重要。孙复(992—1057)是一位有影响的教师。他的经历表明,在11世纪30年代,一个布衣能通过著述来获得声名。孙复同样志在"救斯文之弊",反对佛老,认为这是夷狄惑乱中国圣人之道的敌人,他拥护圣贤相继的道统观念,推崇柳开。② 科举考试失败后,他开始执教,于1040年在家乡泰山建立了一座讲堂,并且于1043—1044年在朝廷讲学。③ 更早的时候,大概是为了表达自己对科举败北的态度,他建立了一座信道堂,在《信道堂记》中他说,相信圣贤之道,学习它,实践它的人,世途的成败对他来讲无关紧要。④ 他还由于对《春秋》的研究而著名,他的春秋学用《春秋》来解决当代问题,继承了唐代啖助、陆淳的传统。⑤ 孙复认为,文学写作在当前的作用,应当像六经一样。六经"皆文也";"总而谓之经者,以其终于孔子之手"。但是,这并不意味着人们可以随心所欲地表达他们的观点。

后人力薄不克以嗣,但当左右名教,夹辅圣人而已,或则列圣

---

① 《欧阳修全集》之《居士外集》卷16,第483—484页。
② 孙复写给孔道辅的信(约1037年),《孙明复小集》第29a—30b页。
③ 关于这个书院,见石介《徂徕石先生文集》卷19,第222页《泰山书院记》。
④ 孙复,《孙明复小集》第35a—36b页。
⑤ 他为《春秋》作的注解《春秋尊王发微》,现在仍然保存着。我对此书的理解,采用了伍德(Wood)《中国北宋的政治与道德:早期新儒家关于尊王的看法》(politics and Morality)第140—165页的观点。孙复的《春秋注》提出全书的主旨是要教导两个基本的政治原则:尊王和攘夷。我认为尊王的目的是呼吁抑制朝中重臣的权力,建立更长久的中央集权;攘夷的用意则是证明有必要扩充军队对付西夏,捍卫中国的完整,对抗外族入侵。他对春秋大义的阐发包含着这样的假设,即可以从古人的作品中推导出他们头脑中的普遍原则。

人之微旨,或则摛诸子之异端,或则发千古之未瘠,或则正一时之所失,或则陈仁政之大经,或则斥功利之末术,或则扬圣人之声烈,或则写下民之愤叹,或则陈大人之去就,或则述国家之安危,必皆临事摭实,有感而作,为论为议,为书为疏,歌诗赞颂,箴辞铭说之类,虽其目甚多,同归于道,皆谓之文也,若肆意搆虚,无状而作,非文也。①

我认为,这里大部分观点,欧阳修都能同意,但是他更愿意看到个人在忠实于圣人之意的同时,拥有他自己的道和文。在1040年他写信给祖无择说:"学者当师经,师经必先求其意,意得则心定,心定则道纯,道纯则充于中者实,中充实则发为文者辉光。"②

从整体上讲,范仲淹的圈子把呼吁严肃对待"教化"与建立有为的政府,以便完善社会、裨益民生联系在一起。欧阳修在1042年写的文章《本论》就是一个例子。③ 尽管如此,圈子里的人还是各有想法。对石介和孙复来讲,圣人之道是关于普遍的伦理标准的学说。另一方面,李觏(1009—1059)则强调物质利益。"'利可言乎?'曰:'人非利不生,曷为不可言?''欲可言乎?'曰:'欲者人之情,曷为不可言? 言而不以礼,是贪与淫,罪矣。不贪不淫而曰不可言,无乃贼人之生,反人之情,世俗之不喜儒,以此'。"④李觏在11世纪50年代入仕,在此之前,他早已出名。他已经引起了范仲淹、欧阳修和其他人的注意,并且在1041年被推荐参加制科考试。在1031年到1043年间,他撰写了一百多卷的文章和评论,包括理论文章,对《周易》和《周礼》的讨论,以及"兴国家,靖生民"的计划,他定期向他推崇的人寄呈文章。他很关心用文来治理社会。"神所以造万物,贤所以治万物,其致一也。贤人之业,莫先乎文。"并且,他把自己

---

① 孙复,《孙明复小集》第31b—32a页。
② 《欧阳修全集》之《居士外集》卷18,第490—491页(译者注:当为498—499页)。
③ 《欧阳修全集》卷17,第121—124页。
④ 李觏《李觏集》卷29,第326页。

当作一个师从韩愈、柳宗元"诵古书,为古文"的学生。①

李觏的《礼论》是包括七篇文章在内的一组文章,作于1032年,它确定了什么是圣人所关心的事情,设想了一种体制,清楚地表达了一般的原则。《礼论》阐述了关于完善的社会秩序的想法,并且李觏用"礼"这个术语来指称那秩序的整体。礼是个观念:"礼者,虚称也,法制之总名也。"②"夫所谓礼者,为而节之之谓也。"③礼之"大本",在于提供生活必需的饮食、衣服、宫室和器皿;澄清社会身份的差别,明确其角色,这些对于在家庭、社会和国家中建立长幼、尊卑有序的人际关系是必要的;同时,礼之"大本"还在于守孝祭祀以奉死丧。以音乐和谐人情、有所节制,以行政督导怠惰之辈,以刑罚威慑不从之人,这是礼之"三支"。仁、义、智、信是礼之"四名"。这些价值观都是按照礼这个"大本"定义的:例如仁还意味着不让农民离开土地,以此来保证他们丰衣足食。④ 这些文章处理了三个领域——社会经济生活,公共制度活动(public institutional activity)和伦理——这些被作为一个单独、统一的礼的概念的不同方面,这个礼的概念是"人道之准,世教之主也";"圣人之所以治天下国家,修身正心,无他,一于礼而已"⑤。价值的标准是完善和协调,李觏否认这样的暗示;他的观念是通过理解圣人获得的;不是自己编出来的。⑥ 他坚持认为,"礼"作为一个表达完善的秩序的术语,是指像他所提出的那种以古为式的体制;社会经济生活、制度以及伦理,都可能以一种"非礼"的方式操作。⑦ "礼"是一个功能性的术语,适用于任何包罗一切、协调一致的

---

① 李觏《上李舍人书》、《上孙寺丞书》(作于1036年),见《李觏集》卷27,第288—290页。谢善元(Shan-yuan Hsieh)《李觏之生平与思想》(*Life and Thought of Li Kou*)详细地介绍了李觏的生平与作品。我对李觏谈论礼的文章的解释,采用了寺地遵《李觏关于礼的思想的历史意义——北宋中期自营地主阶层的思想》的意见。
② 李觏《礼论第五》,《李觏集》卷2,第15页。《礼论第二》,同上书卷2,第8页。
③ 《礼论第一》,《李觏集》卷2,第8页。
④ 《礼论第一》,《李觏集》卷2,第7页。
⑤ 《礼论第一》,《李觏集》卷2,第7页。
⑥ 《礼论第六》,《李觏集》卷2,第19页。
⑦ 《礼论第五》,《李觏集》卷2,第13页。

体制,也是一个规范的术语,表达了上古那种真正的体制。

在《礼论》中,李觏指出他将自己限制在人事之内。他写道,因为偏重学习圣人的实务,他忽略了人的内在之物,不把它们作为完善秩序的基础。① 他不打算讨论人性是善、是恶,还是善恶相混。② 他拒绝将"先儒之言"奉为权威,而是根据他们对其所知之物的贡献来判断他们的说法。③ 他认为天地阴阳与创建一个完善的秩序无关。④ 最终,他自己也不关心自上古以来的历史变化。李觏承认,汉唐并没有提供有价值的榜样,因为它们没能够建立先王之制,并且纵容佛道的兴起。这些看法,欧阳修都能同意,惟独对李觏忽视历史不能苟同,而这一点可以解释为什么欧阳修没有试图去构想一个完美的秩序。

李觏对内心生活缺乏兴趣,这一点引起了争议。在 1046 年前后,另一位古文作家章望之,他是反对改革的宰相章得象的侄子,就抨击李觏的《礼论》,因为《礼论》认为礼是一种"外在"的事物,它试图通过制度来指导人。对于章望之来讲,真正的道德秩序必须建立在内心和伦理的基础上。⑤ 这种反对意见实际上来自僧人契嵩(1007—1072),他因为写作古文而与李觏、章望之和欧阳修这样的人有了交往。⑥ 契嵩为佛教辩护,他反对那种认为圣人之道足够教人为善的说法。他宣称真正的价值最终是内在的,这为佛教的内省和行持留下存在的空间,并且为他所承认

---

① 《礼论第四》,《李觏集》卷 2,第 11—12 页。
② 《礼论第六》,《李觏集》卷 2,第 18 页。
③ 《礼论第五》,《李觏集》卷 2,第 16 页。
④ 《礼论第六》,《李觏集》卷 2,第 17—18 页。
⑤ 章望之对李觏的批评,我们只能通过李觏在反驳中引用的段落来了解,见《李觏集》卷 2,第 24—26 页。章望之显然就是攻击欧阳修"正统论"的"章子";见苏轼 1055 年以后所写的《后正统论》(《苏东坡集》卷 2,第 5 页;卷 21,第 5—9 页)。按照陈舜俞的说法,章望之和李觏是庆历时期东南地区的古文宗师,见陈舜俞为契嵩《镡津文集》所写的序。
⑥ 契嵩《镡津文集》卷 10,第 4a 页。契嵩是一个来自遥远的南方的禅僧,他在 11 世纪 40 年代开始谈论人的思想文化这个问题。契嵩的文学作品收在《镡津文集》中。陈舜俞为他写的传记作为序言收录其中。我采用了陈舜俞为契嵩所作的传记以及冉云华《契嵩》(*Ch'I-sung*)一书的意见。

的佛儒之道"一以贯之"的主张提供了依据。①

对于有些人来讲,有必要向他们说明古文与那种为道德寻求内在与自然之基础的想法,并非水火不容。胡瑗(993—1059)这些年在他的教学中鼓励学生在自己的学习和国家政治以及他们的私人生活之间寻找结合点,他后来在讲授《周易》时,试图将天地和人性与他关于圣人之道的实际理解协调起来。② 而欧阳修则否认人是道德自足的。

> 修患世之学者多言性,故常为说曰:'夫性,非学者之所急,而圣人之所罕言也。……《中庸》曰:'天命之谓性,率③性之谓道'者,明性无常,必有以率之也。……性果不足学乎? 予曰:'性者,与身俱生而人之所皆有也。为君子者,修身治人而已;性之善恶,不必究也。使性果善邪,身不可以不修,人不可以不治;使性果恶邪,身不可以不修,人不可以不治,不修其身,虽君子而为小人。'④

正是这些观点促使契嵩提出,是韩愈,这个古文思想的根源所在,错误地使儒者认为他们的传统是外在的。⑤

契嵩有一部包含30章的书,汇集了他对韩愈的批评,其目的就是表明韩愈错了。⑥ 这种对韩愈的攻击,当然直接忤逆了所有那些取法韩愈的人,包括欧阳修、蔡襄和尹洙。⑦ 然而同是这些古文作家,也关心道德,契嵩用这个事实为自己的立场搭桥,他对"人文"与"言文"的区分就显示

---

① 见《原教》这篇长文(《镡津文集》卷1,第1a—12a页),这篇文章作于1049年。据说7年以后,他写了一篇《广原教》(《镡津文集》卷2,第1b页)。
② 关于胡瑗作州学教授的记载有各种各样:见金中枢《宋代学术发展之转关——胡瑗》第14—18页。关于胡瑗的轶事,11世纪50年代,胡瑗在京城教学,吕希哲记述了他的教学方法,这个内容见李鹿《师友谈记》第23a—b页。例如,胡瑗说"继天地之善者,人之性也"(胡瑗《周易口义上》第36b页);我在《从欧阳修到朱熹对〈易经〉的运用》第37—39页中讨论过这句话。关于对胡瑗讲学内容的研究,见林益胜的《胡瑗的义理易学》。
③ 欧阳修将"率",理解为"指导(guide)"或"领导(lead)";主张天赋道德的人经常将"率"理解为"跟从(follow)"。
④ 《答李诩第二书》,《欧阳修全集》卷47,第320页。
⑤ 契嵩《镡津文集》卷7,第13a—15b页。
⑥ 契嵩以《非韩》为题的这一系列文章,见《镡津文集》卷14—16。
⑦ 契嵩《镡津文集》卷7,第13a页。

了这一点。伦理价值是"人文";当代的古文写作是"言文"。他记述了章望之的来访,章为他带来欧阳修的新作。

> 客有一生遽曰:"文兴,则天下治也。"潜子谓客曰:"欧阳氏之文,言文耳,天下治,在乎人文之兴,人文资言文发挥,而言文藉人文为其根本。仁、义、礼、智、信,人文也;章句、文字,言文也;文章得本,则其所出自正,犹孟子曰:'取之左右逢其原。'①欧阳氏之文,大率在仁信礼义之本也。诸子当慕永叔之根本可也。"②

契嵩从文自身"言文"与"人文"的不同来重新说明古文对文和道的区分,由此对于欧阳修宣称自己得道,他很不以为然。

由于庆历新政失败,欧阳修、范仲淹和韩琦(1008—1075)等人被贬谪到地方。作为对贬谪的回应,范仲淹表示,政治上的失败并不能抹杀他们通过让古文支配文风所取得的道德上的胜利。范仲淹的同党很快就去撰写古文兴起的历史。1046年,范仲淹本人为尹洙的文集撰写了序言,这后来成为教科书对古文历史的描述,而且韩琦把它吸收到自己为尹洙写的墓志铭中。范仲淹深入地思考了要保证文章为圣人之道服务有多么困难,就像它在上古一样。韩愈出现在唐代,担负起文的责任,从而使古道重新繁荣,但是在五代期间,古道衰落了。柳开引导宋人学经求道,但是杨亿却使学者追求雕琢,将古道看作是太不实际,因而不值得学习。尹洙跟随穆修,致力于古文。但是范仲淹(和韩琦)都写道,尹洙找到了欧阳修。欧阳修"从而大振之,由是天下之文一变而古"。③

就这样,到1046年,两位地位最高的改革家都认可欧阳修是当时学者的最合适的典范。这让人很容易忘记,其实欧阳修为尹洙所作的《墓志》曾经指出,这个古文历史并非信史,还有,欧阳修声称,他并不同意说

---

① 《孟子·离娄章下》第14条。采用刘殿爵《孟子》第130页之译文。这一段解释了君子为什么要"自得于道"。
② 契嵩《文说》,《镡津文集》,卷7第14b—15a页;卷6第6a—7b页《论原》中的《人文》。
③ 范仲淹为尹洙《河南先生集》撰写的序言,该书的附录包含了韩琦为尹洙写的墓志铭。欧阳修为尹洙写的墓志,以及他为此所做的解释,收录在尹洙《河南先生集》的附录里。

古文为是，偶俪之文为非。问题并不在于文体，而在于一个人所写的，要与他的内在之理统一；偶俪之文，苟合于理，未必为非。① 这位现在被看做古文偶像的人，显然决定要放弃一种观念，即认为某种写作方式内在地符合道德，真实地反映圣人之道。欧阳修在为官初期，就提出写作的价值应该取决于他所说的是否可信。② 正像他在1040年所写的"圣人治其可知者，置其不可知者，是之谓大中之道"③。

下一代

范仲淹认为，在11世纪30年代和40年代早期，"世之文"变化了。他的话不无道理。1020年前后出生的一代学生的17部文集，除了两部之外，都支持了他的说法，这些学生多数都是在庆历新政稍前或稍后入仕的（1042年和1046年举行过科举考试）。这代人的应制之作也多是用古文创作；辞藻的雕琢不受重视。而且这些人谈论的政治、思想和文化问题更为广泛，并且提出自己的见解。④ 在欧阳修那一代人应考的时候，许多他们的老辈人仍然相信提高文学水平对于在宋朝建立一种文治秩序是必不可少的。⑤ 1020年这一代人却成长在一个最能发言的人要求

---

① 欧阳修为尹洙写的墓志，以及他为此所做的解释，收录在尹洙《河南先生集》的附录里。
② 在持这个观点的时候，欧阳修事实上回到了那种把论道与精通于文区别对待的看法，他在1034年讨论"言之不文，行而不远"这段话时就提出了这个立场（见作于1034年的《代人上王枢密求先集序》，《欧阳修全集》卷17，第486页）。
③ 《怪竹辩》，《欧阳修全集》卷19，第136—137页。
④ 杨杰和郑獬是两个例外。杨杰（约1020—约1090，1059及第）、郑獬（1022—1077，1053及第）、文同（1019—1079，1049及第）、苏洵（1009—1066）以及在1057年及第的曾巩（1019—1083）和张载（1020—1077）两个人，他们是11世纪20年代的一代，在11世纪50年代进入仕途。他们著作的名称见书后的《参考文献》。曾巩和欧阳修与其他庆历革新的领袖建立了联系，张载在1044年以前就与范仲淹有了往来。周敦颐（1017—1073）、韩维（1017—1098）、宋敏求（1019—1079）和司马光（1019—1086）由门荫授官，在这一时期跻身仕途。宋敏求和司马光也通过了科举考试，在1038年及第。下面这些人则在1042年及第：陈襄（1017—1080）、王安石（1021—1086）、王珪（1019—1085）以及苏颂（1020—1101）。1046年及第的是陈舜俞（约1020—1074）、强至（1022—1076）以及刘敞（1019—1068）、刘攽（1023—1089）兄弟。
⑤ 《宋史》的作者在评论杨亿和晁迥时提出这个观点。（《宋史》卷305，第10091页）

文要言道的时代;他们希望自己来讨论这些观念,而不是讨论是否有必要拥有观念。不是每个人都接受古文的纲领,然而即使是反对古文的人,也用古文的方式写作,并且重视那些由改革派士大夫提出的问题。

要说明这一点,在这个时代我只打算提两个人,1038年进士及第的司马光和1042年进士及第的王安石;他们在1042年进入仕途。司马光是一位出身北方的高级朝廷官员的儿子,在及第之前,他通过门荫获得了官阶。1046年,他担任国子直讲,此后的25年中,他多数时间在京城为官。王安石出身于一个南方低级的地方官家庭,在11世纪60年代晚期以前,他都在地方上任职。他们二人都向高官呈献自己的古文作品,以求获得认可。正像司马光向一位可能对他赏识奖掖的官员所说的,他的文章表明他是一个"务知大者、远者的君子"①。然而司马光的"有力者",所委任的职位,以及他的文章,都显示出他应该属于反对改革的阵营。② 王安石在1044年由他的堂兄曾巩(1019—1083)介绍给欧阳修和蔡襄,曾巩称他是"文甚古,行称其文"③。

对于王安石来讲,古文所要实现的东西是很简单的:共同的价值观会带来共同的文化。他在1044年写信给曾巩说:"学圣人而已矣,学圣人则其师若友、必学圣人者。圣人之言行,岂有二哉?其相似也适然。"④ 万物一律是件好事,共同接受的观念会带来共同的结论。正像王安石在

---

① 司马光《上宋侍读书》,《司马文正公传家集》卷58,第696页;《答张几书》(作于1045年),《临川先生集》卷77,第810页。《上许州吴给事书》,《司马文正公传家集》卷77,第810页。司马光在1062年写道,他做官的目的就是要让古文知名(《上庞副枢论贝州事宜书》,《司马文正公传家集》卷59,第712—713页)。王安石的古文自成一家,很有名气,这一点毋庸置疑。关于欧阳修、曾巩和王安石的关系,见蔡上翔《王荆公年谱考略》,卷2,第47—48页;卷3,第52页,第56页,第83页。司马光逐渐拒绝了他过去所从事的古文(见上面提到的给庞籍的信)王安石却没有(见《上邵学士书》、《答孙长情书》,《临川先生文集》,卷75,第798—799页;卷76,第802页)。
② 庞籍(980—1063)是司马光最有力的提携者,在1054—1056年之间,庞籍被罢相,司马光跟他一同到地方任职(这是司马光在1046到1071年之间,惟一一次离开朝廷)。我在《政府、社会和国家》一文中讨论了司马光的党派关系。
③ 曾巩,《曾巩集》卷15,第237,239页。《上张太博书》,《临川先生集》卷77,第810页。
④ 《同学一首别子固》,《临川先生集》卷71,第755页。

1045年所写的:"(吾)独古人是信。闻古有尧舜也者,其道大中至正常行之道也,得其书,闭门而读之,不知忧乐之存乎己也。穿贯上下,浸淫其中,小之为无间,大之为无崖岸,要将一穷之而已矣。"① 在第二年写给祖无择的信中,王安石得出他的结论:道,圣人对道的精神理解,他们的行为和教导,以及由此形成的书面记录,都是完美一致的;任何显而易见的矛盾都仅仅是适时的变化,最终能够被协调统一。王安石由此认为,写作中的协调一致标志着一个人掌握了最根本、最首要的东西。"故书之策而善,引而被之天下之民、反不善焉,无矣……异地则皆然。"②

王安石在1047年得出结论说,人们应该通过让政府为所有的人谋财富,使天下成为"治世"。上古人人得其位,共享利益,以至"瞽聋侏儒,亦各得以其材,食之有司"③。圣人是积极有为的统治者,他们"通途川、治田桑,为之隄防沟浍渠川以御水旱之灾,而兴学校,属其民人相与习礼乐其中,以化服之,此其尤丁宁以急而较然易知者也"。④ 古文和庆历新政帮助王安石看到了他作为一个学者和一个官员应该做的事情;他一直对此孜孜以求,直到身为宰相。

司马光最早的古文作品做于1042—1045年之间,正好在庆历新政前后。司马光受到了像欧阳修这样的人的影响,但他并不把他们奉为导师。⑤ 司马光也并不把自己扮演成一个笃守传统的人;做一个儒者并不是说要死守经疏和恪遵礼仪。但与王安石相反的是,他更强调行为符合伦理的重要性,而不是去改变社会。按照六经的伦理标准生活的人,可以对照他自己的标准来检验其他人。他随之通过文章使自己的臧否昭

---

① 《上张太博书》,《临川先生集》卷77,第810页。
② 《临川先生集》卷77,第812页。《临川先生集》卷77,卷811页,提出了关于如何做文的一个近似的说法,这个说法可以适用于当前。
③ 《卜相府书》,《临川先生文集》卷74,第780页。
④ 《余姚县海塘记》,《临川先生文集》卷82,第866页。在这一段文章里,王安石赞许地提到一位同僚。
⑤ 陈光崇的《司马光与欧阳修》勾勒了司马光与欧阳修的关系,以及他们之间思想上的近似与差异,在这篇文章中,他指出两个人给他们共同的朋友写过诗,但彼此却没有诗歌往来。

然于众,并从这个意义上,揭示圣人之道。① 他的文章对此论述颇详。写于1042年的《十贤论》,在四科之中,以德行为先,因为德行自身就包含了知善知恶;与此不同的是,政事、文学、言语只是一些技艺,它们可以为任何目的所用。②

司马光特别批评将上古理想化,把它作为政府政策的一个源泉。古文不过是另一种风格的文章而已,而且由于它自称能向人们指明美好结局,因而是有害的。人们经常地把上古理想化,而不努力来维护王朝的安定,而后者才是政治秩序更可靠的基础。③ 在1045年,司马光拒绝赞扬改革派是伟大的失败者和理想的殉身者。他解释说,不要赞许那些恢复"礼义",合以"至公",重建"政教"的努力,相反,要问问人们如何事君、利国和养民。④ 激进的统治者威胁了王朝的生存。⑤ 司马光认为,改变政治道路并不错,但是人们需要考虑一下那些希望改变事物的人的动机:他们的意图真的不是为自己求得仕途久远吗?⑥ 他们建议按照一个理想的模式来改造世界,这个模式漠视政府最迫切的任务,这种做法阻止人们按照可能产生的后果来判断一个政策。

司马光在11世纪40年代以后的作品,触动了我,它们出自一个知道自己使命的人之手。他的任务就是在朝廷为官,关心如何使体制正常运作。司马光是一个汉—唐类型的人;汉唐的历史告诉他一种政治秩序中最典型的问题,以及可能采用的治理措施的后果。对司马光这个朝官来讲,古文所描绘的图景,既不新鲜,也不值得推崇;它只是一种不负责

---

① 《颜太初杂文序》(1039),《司马文正公传家集》卷69,第851页。这是在发挥《论语·学而》第6条,《论语》这一条说只有在完全按照伦理来行动之后,"行有余力,则以学文"。
② 《司马文正公传家集》卷65,第302页;与《才德论》(作于1045年)、《圉人传》(《司马文正公传家集》卷64,第797—798页;卷72,第882页)互参。
③ 《贾生论》(作于1042年),《司马文正公传家集》卷65,第806—807页;与《廉颇论》,《司马文正公传家集》卷65,第805—807页互参。
④ 《四豪论》,《司马文正公传家集》卷65,第802—804页。《司马文正公传家集》卷64,第790页。
⑤ 《河间献王赞》,《司马文正公传家集》卷66,第825页。
⑥ 《司马文正公传家集》卷64,第790页。

任的说法而已。与此不同的是,王安石被古文纲领吸引,恰恰是因为古文告诉他,他和所有的士应该做什么。对于朝政,王安石当然是一个局外人,但是他那种希望寻找可信之物的愿望,透露出一种意识,就是说目前没有什么东西真有价值。他想要的不止是一官半职。他走上了一个极端;他检验价值的依据就是希望有一种东西,对人人都好,而且人人都能共享。

欧阳修在他的成熟阶段

欧阳修对"学"的比较成熟的观点出现在11世纪50年代晚期,正是下一代登场的时候。他这一时期的作品是自11世纪30年代以来最重要的,它们凭本身的价值就值得考察。但是欧阳修关于士应该学些什么以及如何学的看法,同样重要,因为它们针对更广泛的问题和士大夫的困境而言。从欧阳修自己那一代关于文和道的评论来看,很显然,关于应该寻求何种共同的价值观,以及它们会带来什么样的社会,存在着不同的看法。圣人之道是"人事",还是需要植根于人性和宇宙中?但是,正像司马光对庆历新政的反应所显示的,人们是否应该借助超验的观念来指导国家和社会还是个问题。那些拥护圣人之道的人,又会把学习前代王朝的历史放在什么位置上呢?最后,古文作家仍然面临一个难题,这个难题来自假没只有一个正确的道,同时又认为文章反映了作者内心所获得的道。正像王安石所看到的,所有这些不无扞格的想法放在一起,就让人认识到对统一性的寻求十分必要,那么,人们应该如何证明文章的创造性和个性是正当必要的?简单地讲,对于一种文学文化(literary culture),它的必要性又何在?

欧阳修在11世纪50年代晚期是作为朝廷的一分子在写作。范仲淹两位年老的同道,富弼(1004—1083)和韩琦(1008—1075)被召回朝廷,在中书授予要职,历时十年的反改革政府至此终结。尽管富弼和韩琦并没有采取激进的改革计划,他们仍然保持了改造"士人之学"的兴趣,并任命欧阳修主持1057年的科举考试。在这件事以后,就出现了这样的说法,由于欧阳修的努力,"文格遂变而复正"①。欧阳修黜落了很多自以为会及第的举子,一群失望的举子愤怒地聚集在街上示威。朝廷支持他:这是破例之举,到11世纪70年代,皇帝在殿试中录取了所有欧阳修在省试时录取的人,这又是一次破例。② 欧阳修说,他愿意录取那些"务通经术,多作古文"③的人。他为策论部分出的三道考题,就是假定举子已经被培养从六经中探询大义,并用古文的风格表达出来,这并非所有的举子都有所准备,他很可能已经决定了要黜落那些不能回答他的问题的举子。④

欧阳修的三个问题是,要求考生援引《尚书·禹贡》来谈谈对治水的意见,就《周礼》所揭示的内容谈谈政府和社会的正确关系应该怎样,以

---

① 吴充为欧阳修做的《行状》,见何泽恒《欧阳修之经史学》第28—29页。
② 《宋史》卷155,第3614页。省试和殿试的及第人数也显示了这一点(贾志扬《宋代科举》第193页)。
③ 参见欧阳修对防止考生使用替身,夹带袖珍经文的议论。《欧阳修全集》之《奏议集》卷15,第872页。
④ 这是岳珂的《桯史》(1214)所做的解释,刘子健在《欧阳修:十一世纪的新儒学》第150—151页中引用。正像刘子健所提出的,在科举考试中就治国之术出题询问,欧阳修并非是第一人;宋朝建立伊始,省试就提出这样的问题。人们之所以对这个问题有所混淆,是因为在1057年的科举之后,朝廷颁布诏书,宣布从此以后殿试将就治国之术布置三篇策论。但直到1070年,殿试才采用策论(《续资治通鉴长编》卷186,第4496页)。传统上是以诗取士,最后考生的等级还要考文论。欧阳修也许武断地决定采用已经被废除的庆历革新派的建议,即以文取士。关于欧阳修的标准,有彼此冲突的记载,官方的版本只是说他黜落了那些竟为"乖僻"之辈(吴充《行状》,何泽恒《欧阳修之经史学》第28—29页引用了)。关于官方的版本,我采用《续资治通鉴长编》卷185,第4467页的记载,它紧紧地因循了吴充传记的说法。欧阳修的传记接着说,欧阳修黜落这些人,他"务求平淡典要",这提出了对诗的一个评价标准,"平淡"作为诗的价值观的标志,欧阳修将它与梅尧臣联系在一起;"典要"是散文的标准,它指按照政治的准则来写作。叶梦得对这件事的意见是暧昧的(齐皎瀚《梅尧臣与宋初诗歌》第37页引用),除非他的意思是说润色词句能带来深奥。叶梦得认为考生们用如此怪异和艰深的方式写作,以至于他们的作品难以卒读(这个批评让人联想起欧阳修对石介的批评)。但是他让欧阳修拒绝所有表现出过分雕琢迹象的作品,这些作品表面上是在参考杨亿那种方式写作。关于一件近似的轶事,见《欧阳修全集》之附录五第1377页。苏辙在为欧阳修所作的神道碑中(《欧阳修全集》之附录二第1349页),说他"凡以险怪知名者,黜去殆尽","所取率以词义近古为贵"。在其他地方,苏轼著文说,从此以后,古文受到尊重,做文之风大兴,而诗则衰落了(《东坡文集》卷21,第330页)。

及《周易·系辞传》提到四种有关八卦起源的相互抵触的说法,圣人这样说的用意何在。① 像多数科举考题一样,这些问题都可以申发议论,但它们还是暗示了欧阳修所代表的那种思想风格。朝廷后来于1059年把年长的胡宿(996—1067)召来知贡举,这个决定显然说明,不是所有的人都认可欧阳修的价值观。胡宿和古文家没什么交道,他为策论部分出的考题从内容到形式都排斥了欧阳修的做法。

第一个问题体现出用上古和六经来解决当代问题。欧阳修从文献记载出发。尧时有一场大洪水,禹治好了水患。《禹贡》记载了大禹受命治水,研究地形、知其利害,以及他所采用的治水方法。欧阳修指出,与大禹治水的成功形成对照的,是如今的政府在治理黄河水患上的无能,《禹贡》这段文献记载应当用心研究,它是传统治水技术之始,也可以指导治水政策。欧阳修认为当代的水利失败可能有两个原因。一方面是由于人事,即朝廷没有找到善于治水的人;另一方面也是由于学者对学习《禹贡》缺少兴趣,他们不了解江河的水性,不知道疏通的方法。由此就可以从考卷推断出举子是否真正学习过这篇文章,因为只要有拥有这种知识的人,治水的人选就不难解决。他的试题从一个实际的问题开始:《尚书》将中国所分成的九州,孰高孰下? 禹之治水,孰后孰先? 他接着提示说:从大禹治水的记载来看,他先整治大河,然后才是小河,或附而行,或止而有所蓄,全从需要出发。欧阳修认为这印证了一条为政的基本准则:致力于大而小者从之。他接着转向历史知识:为什么经文中提到的大河名称随时间而变化? 最后,他回答了那些怀疑上古的经验是否对决策有所影响的人。他承认,要知水之利害,就必须掌握地形情况、用力先后以及致力多少,等等,这些都是理解大禹治水之道的关键所在。②

欧阳修的问题,其目的在于挑选一类人,这类人能够通过学习六经,

---

① 《欧阳修全集》卷48,第328—329页。
② 《欧阳修全集》卷48,第328页。

从思想上获得一些技巧来解决现实中的类似问题,把这些技巧作为为官治民的基本原则,并把它作为实际的知识传统。学习是一个双向的事情,需要关于永恒原则和特定环境的知识,以及依靠受教育的人所建立的统治。另外两个问题同样要求举子认真对待六经。它要求举子们思考《周礼》是否真的支持积极有为的政府(activist government),在《周礼》里,这样的政府被描绘得无比烦琐,它对百姓提出了如此多的要求,以至看起来它不大会是令人愉快的。欧阳修问,那里面是否有什么诀窍来解决这个问题?是不是如果我们正确地理解了《周礼》"为治之法"的条理,我们就能够理解在政命不过度滋彰的情况下,"太平"如何能实现?在我看来,欧阳修关于八卦的问题,是试图推翻那种到人事之外去寻求价值观根源的做法。他问,《系辞》包括了关于八卦起源的几种彼此矛盾的解释(源于宇宙的过程、神奇的显现、神秘的感知以及对自然现象的描绘),这其中的"深旨"是什么呢?他告诉举子们,不要讨论那些预言,或者争论不同的说法何者正确,请解释一下《系辞》的作者的意图何在。

对上古和六经进行解释是欧阳修考题的思想基础。胡宿在1059年所出的考题,显然排斥了这种做法。对胡宿来讲,一个治世的终极榜样,是天地,而政策决策中的特定观念来源于汉唐的先例。胡宿喜欢将阴阳五行和决策联系起来,他因为这种兴趣而出名。① 他的第一个问题是从询问(执行死刑的最佳时间)开始:"天道阴阳,实通政事。"② 他声称,政府的行动,应当遵卦气,考天心;他接着要求考生讨论汉唐旧例以及历史上对执行大辟时间的各种变化。同样,他的第三个问题将八卦和《尚书·洪范》中的九畴的精义,作为天人合一的明证。③ 他肯定地说,《周易》和《洪范》都有助于理解"性命"和预见行动的后果;那么为什么王弼对《周易》的注释,以及孔安国对《尚书》的注释,都止于人事,忽视了更早的儒

---

① 见《宋史》中胡宿的传记,卷318,第10366—10369页。
② 胡宿《文庄集》卷29,第4a页。
③ 《洪范》的九畴是指那篇文章中讨论的九组事情。《洪范》云:"帝乃锡禹洪范九畴,彝伦攸叙,初一曰五行。"(译文,见高本汉(Karlgren)《尚书》英译本第30页)。

者对天道的省察?由于后来的时代忽视了宇宙这个方面,我们能做些什么来恢复这种学呢?① 在这个诉之于天的框架之中,检验政策的是它的利弊得失,而不是统治者的德行。例如,胡宿的第四个问题就让举子从史实中举例说明,国家的建立靠的是对建都之地的明智选择,而不是个人的品德。②

胡宿的考题代表了一条不同的思想传统,尽管他指出这个传统并不流行。但是他的考题也许使一些在1057年由于文学的原因而落第的人感到满意:他的考题采用骈俪的文体,并没有采用不加雕琢的古文,并且大概也要求考生用同样的文体来回答。然而我们会看到,有些赞成天地为价值之源的考生,像欧阳修一样关心个人的所思所想。

欧阳修在11世纪50年代所全力从事的两项学术活动,更全面地表明了他相信人应该思考些什么,以及他如何看待上古、六经以及历史在"学"中所扮演的角色。第一项活动,他对《唐书》的修改,揭示了他的社会政治观念。第二项活动,一部题为《诗本义》的《诗经》的注释,与道德和文学有关。欧阳修在1054年修改了《唐书》的本纪、表和志,从而开始修史这项活动。他被任命很大程度上是由于士大夫政治的缘故。尽管欧阳修本人在11世纪30年代晚期以个人之力重写《五代史》是与变法有关的,重修《唐书》的计划则并无变法的用意。但重修的工作是由反对变法的宰相贾昌朝在1045年开始的。一些不属于庆历变法一派的大臣被任命参与此事(宋祁、张方平、王尧臣),这种任命方式表明了将唐朝(而不是上古)树立为宋朝之榜样的目的。我怀疑,欧阳修被任命,是要让他将这项工作与新朝的要求协调起来。他取代了张方平和王尧臣,并且朝廷一度让他修改宋祁已经修改的记传,以便让它们与他在其他部分所表明的观点协调起来,然而他婉言

---

① 胡宿《文庄集》卷29,第5a—b页。
② 胡宿《文庄集》卷29,第5b—6a页;关于总的看法,见余靖讨论秦朝的意见(《武溪集》卷4第4b页)。

谢绝了。这项工作于 1060 年完成。① 我打算只解释欧阳修所写的志的部分。

欧阳修在《新唐书》②的志中,一开始就对从上古至今的衰落做出了新的界定,与初唐和后来的观点不同的是,他认为上古之所以强盛,是因为"治出于一";后代之所以衰落,是由于"治出于二",而初唐则认为后代之衰在于文,后来的观点则认为,衰落是由于道的式微。③ 从这个观点出发,他着手处理两个基本的思想难题:为政治和道德寻找一元的思想基础,以及克服上古与后世之间的分裂。他在《新唐书》的第一篇志——《礼乐志》——中对后世的衰落作出了分析。

> 由三代而上,治出于一,而礼乐达于天下;由三代而下,治出于二,而礼乐为虚名。
>
> 古者,宫室车舆以为居,衣裳冕弁以为服,尊爵俎豆以为器,金石丝竹以为乐,以适郊庙,以临朝廷,以事神而治民。其岁时聚会以为朝觐、聘问,欢欣交接以为射乡、食飨,合众兴事以为师田、学校,下至闾里田亩、吉凶哀乐,凡民之事,莫不一出于礼。由之以教其民为孝慈、友悌、忠信、仁义者,常不出于居处、动作、衣服、饮食之间。盖其朝夕从事者,无非乎此也。此所谓治出于一,而礼乐达天下,使

---

① 这条材料(不包括政治的解释)见于何泽恒《欧阳修之经史学》第 105—111 页。显然宋祁已经准备了图表和志,但这些材料没有被采用(见戴何都 Robert des Rotours 译,《新唐书·选举志》选译 Le Traité des examens 第 56—64 页)。

② 志的部分经过修改,成为 13 篇志,50 卷。欧阳修增加了仪卫(第 2)、选举(第 8)和兵志(第 10)。他把乐志和礼志合在一起。他把"职官志"改名为"百官志";把"经籍志"改名为"艺文志";他把"舆服志"从第 8 位移到第 13 位,把"艺文志"从第 9 位移到最后。他有些地方扩充,有些地方删节,并且写了新的叙论,但对记述科举制度的"选举志"没有写叙论。我在下文将特别分析以"礼乐志"始而以"艺文志"终的意义。

③ 通过《新唐书》的志来认识欧阳修的思想,我这个想法是受到倪德卫(David S. Nivision)的启发,他用《礼乐志》来探讨"新儒学想法"所潜在的理论假设(《儒家思想的实践》,Confucianism in Action)一书的绪论。倪德卫注意到:(1) 新儒学假设了一个完整的人类社会秩序,其中国家与社会合一,形式与作用合一;(2) 这个秩序和政治秩序之间有矛盾,这使得人不大可能既在政治上很成功,同时又有道德;(3) 强调礼,认为礼预见了个人致力于道德自我修养的完整秩序,以及 (4) 一个内在的有机类比。

天下安习而行之,不知所以迁善远罪而成俗也。①

及三代已亡,遭秦变古,后之有天下者,自天子百官名号位序、国家制度、官车服器一切用秦,其间虽有欲治之主,思所改作,不能超然远复三代之上,而牵其时俗,稍即以损益,大抵安于苟简而已。其朝夕从事,则以簿书、狱讼、兵食之急,曰:"此为政也,所以治民。"至于三代礼乐,具其名物而藏于有司,时出而用之郊庙、朝廷,曰:"此为礼也,所以教民。"此所谓治出于二,而礼乐为虚名。……然用之郊庙、朝廷,自搢绅、大夫从事其间者,皆莫能晓习,而天下之人至于老死未尝见也,况欲识礼乐之盛,晓然谕其意而被其教化以成俗乎?②

上古代表了道德、社会和政治、制度的统一。衰落是由于最初之"一"的分裂和"二"的世界的出现,在这里,"政治—制度"的利益与"道德—社会"关怀被看作彼此分裂的。治出于"一"的上古,在秦朝就消失了,但是通过建立一套新的政治制度以及与之配套的器用,秦朝"变古",并且使真正的"复古"变得不可能了。一旦政府建立了不需要礼的制度,三代的礼乐就只不过成了上古为治之道的孑遗。治出于"二"的状态就出现了。

欧阳修并不是说,现在还可能恢复上古治出于"一"的状态。古人实际上是在教授某一种道德价值观,但是在上古,道德渗透在日常的社会生活中。对于政治精英和普通大众,生活就是仪式;没有人会把道德当做与实际生活相脱节的东西。欧阳修的上古是一个没有自觉意识的世界,在那里,没有形式与意义、道德与现实的区分。

要回到"治出于一"的上古是不可能的,原因很简单,因为只有从"治出于二"的角度才能理解上古的"治出于一"。换句话说,就算人们能抛

---

① 在翻译这个段落时,我把不同宾语的名称合在一起。我翻译最后一句用了条件句的形式,这源于欧阳修在倒数第三句中所用的"盖"(译为"一定如此")和"使"(这里译为"if",取其"假定",而不是"要使"之意)。就我的阅读体会而言,欧阳修把他所理解的"古"解释为应该像这样的一种理想,而不是宣称它就是这样。

② 《新唐书》卷11,第307—308页。

弃现代的制度,可是知道现在不同于上古这种自觉,就已经使上古不自知、不自觉的状态不能被发现了。在11世纪30年代,欧阳修努力解决追求道德而又要参与政治之间的矛盾。① 1042年,欧阳修在《本论》这篇文章中,浅尝辄止地谈到通过恢复礼乐和积极有为的政府回到上古之治的想法。我把他为《新唐书》的志所写的叙论,看做是一种解释,它解释了欧阳修如何能一面坚持政治与道德的统一,一面又认为复古是不可能的。

他为第一篇志所作的叙论,接着否定了认为可以通过模仿礼乐的形式来重现上古"治出于一"的状态的想法。生活在一个"治出于二"的世界中,就需要在形式(文)和内容(意)之间做出区分。早先的人试图通过模仿上古之礼来达到"治出于一",他们就没能做出这种区分。他们"习其器而不知其意,忘其本而存其末,又不能备具"。② 唐代延续了这种做法,不同的一点是,唐代致力于礼乐完备,这就是它为什么提到玄宗朝国家的大型礼乐计划:"亦可谓盛矣,而不能至三代之隆者,具其文而意不在焉。此所谓'礼乐为虚名'也哉!"③唐代的做法并不足法。当前可以具古礼之意来统一政治和道德,而不必因袭古礼的形式。

欧阳修为其他志所做的叙论指出了一条道路,这条道路的目的是在不放弃历史的自觉,或不否认形成了今天之状态的制度损益的前提下,寻求政治和道德的统一。一者是探询始于上古并随时而变的制度上的

---

① 例如,见欧阳修为他在1036年抨击高若讷的行为所做的解释(《欧阳修全集》卷17,第490—491页)以及他写给晏殊和丁元珍的信(《欧阳修全集》卷17,第493—494页)。又见他为《新五代史》中《一行传》所写的叙论,他的《一行传》是对传统的《独行传》的改造(牟复礼在《元代的儒隐》(Confucian Eremitism in the Yuan Period)第206—212页翻译并讨论了这段叙论)。简单地讲,欧阳修认为早先那些志于道的人,在乱世特立独行,与他们形成对照的是,五代出现了以退隐来体道的人;换句话讲,只有当他们不必去接受一套适应政治生活,却与自己的操守不同的标准的时候,他们才会行动做事。正像牟复礼所指出的,欧阳修对这种态度褒贬参半;他还是希望学者们出仕。小林义广《五代史记的士人观》在看了其他章节以后,言之凿凿地认为,这部史书是要强调在独裁统治者和士之间建立恰当的关系,并认为有必要保持遗荣轩冕的独立性。
②《新唐书》卷11,第308页。
③《新唐书》卷11,第309页。

考虑,一者是探询那些考虑背后的用意以及这些用意随时代不同而产生的变化和实现情况,欧阳修在这二者之间建立了辩证关系。这既不容易,也不简单。让政府成为一个道德机构需要知识;人们必须追寻制度的历史发展之迹,同时时刻牢记它们可能的功能和目的,并且掌握古礼更大的用意,以便建立一个完善的社会秩序。欧阳修指出,人们必须一件事一件事地探究上古与后世之间的关系,并比较它们的优劣。当代学者所要做的就是弄清各篇志所记载的制度如何在过去的时代中出现,并把它们整合为一个整体。

正像他在《新五代史》中所说的,欧阳修警告人们不要到人事的领域之外去寻找权威:"人事者,天意也。"① 现在,在《历志》、《天文志》和《五行志》中,他展开了更详细的批评。他认为天地不常;相反,它们表面上的恒常,是人们用以描述天地的"数术之学"的产物。"数者,自然之用也。其用无穷而无所不通。"但是,历史表明历法事实上是变化的,因为天地是变化的。② 历法和天文的研究有其一席之地,而且尽管这个不断积累的传统仍然湮没不彰,它还是包含了有价值的知识。③ 欧阳修反对用五行来划分自然现象,反对为无规律的自然事件赋予道德的深意。要说自然事件与道德有什么联系,最多不过是说巨大的自然灾害可以被看作是政治无道的一般标志,而任何与特定的政治行为相比附的做法都是不可信的。④

欧阳修强调,人事的历史为寻求一个完善的道德秩序提供了一种选择。唐代和前代一样,寻求疆土的扩张、武力和巨大的财富,但是历史还表明这些实用的目标最终会把追求它的国家引向毁灭。⑤ 一个国家可以疆域较小、武力较弱、财富不太充盈,然而它可以用理想的国内社会政治

---

① 欧阳修《新五代史》卷59,第706页。
② 《历志》,《新唐书》卷25,第533页。
③ 《天文志》,《新唐书》卷31,第805—806页。
④ 《五行志》,《新唐书》卷34,第871—873页。欧阳修强烈地反对用五行来解释《洪范》和《春秋》。
⑤ 《地理志》、《兵志》、《食货志》,《新唐书》卷37第50页、卷50第1323页、卷51第1341页。

关系来衡量自身,而不是用它与其他国家相比时所处的地位来衡量。在这篇志中,欧阳修评价了历史上各种制度的内涵和形式。有些制度的形式,他认为是自上古一脉相传;其他一些虽然新,却实现了古人的意图。① 有些则发展得使最初的意图已经丧失了。② 有些则相当长久,而且仍然能够维持下去。③ 有些则务必要随历史或宇宙环境的变化而变化。④ 问题不在于变是好是坏,还是不可避免;确切地说,问题是要知道哪一部分需要变,以及如何着手决定什么时候、怎样来改变它们。欧阳修并不要求对体制做全面的改革,他也没有像胡宿在 1059 年所坚持的那样,说人应该对任何变化都保持谨慎。⑤ 相反,他建议对现存的机构(structure)一处处地进行评价。他用修正和改进的方式来思考,而不是更张(transforming)的方式。

欧阳修毫不怀疑通过政府的制度来做事的必要,但是他的确看到人们需要一些历史知识之外的东西。他们一定要能够超越个人的利益,所见要超越政府的制度利益。⑥ 他们需要欧阳修所说的"德"。古人努力进德,而不是扩张土地,他们知道维护统一靠的是这个。⑦ 当人们为德所治,法制和军队——当道德和政治分离时所必须采用的制度——就不再是政府基本的考虑。⑧

欧阳修重新编排了《唐书》的志,以便让《礼乐志》成为第一篇,并且讨论了礼如何使人愉悦。以前的史书是以《礼仪志》开头,认为礼的作用就是限制人的欲望,威慑其遵循秩序⑨(《宋史》是以《天文志》为第一篇)。欧阳修的《志》补充了他关于古礼内涵的论述,他详细地记述了唐代的制

---

① 《仪卫志上》,《新唐书》卷 23,第 481 页。
② 《天文志》,《新唐书》卷 31,第 805 页。
③ 《百官志》,《新唐书》卷 46,第 1118 页。
④ 《兵志》、《历志》,《新唐书》卷 50,第 1323 页;卷 31,第 803 页。
⑤ 胡宿出的第一道试题,《文庄集》卷 29,第 4a 页。
⑥ 《百官志》、《食货志》,《新唐书》卷 46 第 1118 页、卷 51 第 1341 页。
⑦ 《地理志》,《新唐书》卷 37,第 959 页。
⑧ 《兵志》、《刑法志》,《新唐书》卷 50 第 1323 页、卷 56 第 1407 页。
⑨ 《旧唐书》卷 21,第 815 页。

度如何运作,以及它们实现了哪些利益。我认为,他把《艺文志》放在最后是想要说明,写作尽管次于行动,但最终仍是道德和历史知识、关于目的和手段的知识的来源。最终他认为,尽管四部都有价值,学者们还是要寻求"六经之本真"作为真正的指南。六经之道是充实的、全面的和持久的。① 对欧阳修来讲,不是因为圣人是完美的,或者说他们模仿了天道,六经才有价值,而是因为它们虽经秦火和汉儒注释中的错误而仍然保存下来。正因如此,他们是现在所有做文者的起点。欧阳修兜了个圈子又回到原处,他为第一篇志所做的叙论,就是一个从六经之道开始的例子。

欧阳修的《诗本义》,完成于 1059 年,展示了他如何解释六经。② 不单如此,它还与欧阳修所说的六经之道的含义有关,而且因为欧阳修是在注释《诗经》,所以《诗本义》谈到文学写作作为一项道德事业的位置。他在 11 世纪 30 年代写的关于《周易》和《春秋》的作品中,不同意说圣人根据天来安排其在人事中的做法。在论述这一点的时候,他坚持要直接阅读六经的文本,不受汉代以来注释传统的影响。③

《诗本义》是欧阳修六经研究中做得最细的一部。在书中,他既着力研究文本阐释的训诂问题,也评价了后来的注释。它对六经本义和后来解释的关注,与他在《新唐书》中关注制度的设置意图和后世之损益是类似的。在《诗本义》的《本末论》中,欧阳修界定出理解的四个层次,对应

---

① 《艺文志》,《新唐书》卷 57,第 1421—1422 页。
② 我对《诗本义》的理解,主要依据范佐仑(Van Zoren)《诗与人性:〈诗经〉的语言学诠释》(*Poetry and Personality*: *The Hermeneutics of the Odes*)第 210—278 页。
③ 关于欧阳修谈《周易》的文章,参见包弼德《宋代的语境:从欧阳修到朱熹》。关于欧阳修探讨《春秋》的文章,见何泽恒《欧阳修的经史学》第 77—87 页。关于他对经典的一般态度,见刘子健《欧阳修:十一世纪的新儒家》第 85—99 页。还请注意钱穆《宋明理学概述》第 10—14 页,它引用了一系列的话来说明欧阳修是一个有批评眼光和历史头脑的思想家,他拒绝道德家的立场。钱穆注意到,欧阳修把批驳佛教看做是第二位的事情,拒绝"奉常"和"复古",认为所有关于天地的推论都要从已知的事情(例如,从人事)出发,认为人性的问题并不重要,认为《中庸》是徒劳地逃避努力和思考,这是他"疑经"的一个例子。

于四个历史阶段。最初的历史阶段,是诗歌的创作时期,是理解诗的"基准"。"诗之作也,触事感物,文之以言,美者善之,恶者刺之,以发其揄扬怨愤于口,道其哀乐喜怒于心,此诗人之意也。"①这样一来,诗歌就只不过是人们对环境的反应,这个观点最早在《诗大序》中就已经讲得很清楚。一旦诗歌出现了,它们就由采诗官搜集、记录,交给太师入乐。在第二个阶段,它们被分类、定出级别,保存起来以便在适当的场合使用。

就这两个阶段而言,欧阳修认为最初的诗人创作诗歌,并没有意识到它们要被搜集,第二阶段的采诗官和太师收集、分类和使用他们所能找到的任何作品,心里并没有一个特别的道德目的。诗人们并不是为了灌输道德品质才写诗;他们只是就自己的好恶做出反应。诗人的本意是表达他对周围特定事物的反应,"作此诗,述此事,善则美,恶则刺,所谓诗人之意者也。"②

一旦收集和分类的过程变得无序,第三个阶段开始了。孔子有感于"礼乐之坏",开始修改和编辑这些诗作,把它们包括在六经之中,"著其善恶以为劝戒,此圣人之志也。"③换句话说,由于道德文化失败了,就有必要通过展示道德与实际情况之间的区别来劝人向善。为了实现这一点,孔子使用了诗歌,在它们当中看到了古人淳朴(但又是正确)的道德反应。这个第三阶段是一个人们不得不思考道德的时代。"圣人之志"的目的就是对诗人不自觉的反应做自觉的调整,从而塑造出可以做出正确道德反应的典范。

第四个阶段出现了经注。周衰落以后,文化传统不再通过学校传播下来。其他的观念出现了,六经因为秦火而散乱。试图重新保存经书全貌的"经师"出现了。欧阳修把他自己也归入第四阶段,并认为自己是这一时期最伟大的批评家。"先儒"最根本的错误在于试图通过考察第二阶段来识别诗作的深意以及圣人之志。他们从《诗经》作品的顺序来搜

---

① 欧阳修,《诗本义》卷14,第7a页。
② 欧阳修,《诗本义》卷14,第8a页。
③ 欧阳修,《诗本义》卷14,第7a—b页。

求背后隐藏的意义。欧阳修立论的前提是,《诗经》作品的顺序并没有道德的深意,而且风、雅、颂何以如此区分的情况早已失传(甚至可能在孔子以前就失传了)。他由此得出结论说,根据不得而知的情况来理解《诗经》的深意,反而会让人忽视从可知的内容中寻求道德内含。

我们所能知道的,是诗人最初的应物之意。而了解这一点也就是"得圣人之志",欧阳修之所以要为《诗经》区分出上述阶段,就是要得出这个结论。① 当代经师的任务是揭示诗作的内涵;这就是"诗本义"和圣人之志。《诗经》因此使人们能够看到道德价值观的具体实例,孔子相信这些价值观对于上古之治(ancient order)是必不可少的。

欧阳修把《诗经》的作品理解为一些简单、淳朴的刺美之作,圣人挑选它们来代表一个规范的道德态度,这样做以后,他着手来评价《诗经》注疏传统中的阐释工作。他并不试图抹杀这一传统——它毕竟保存于经书文献。对过去的注疏全盘抛弃就等于建立一个单独的学派,这恰恰是徒逞臆说、否定历史的阐释所产生的错误。因此,正像范佐仑(Steven Van Zoeren)所指出的,欧阳修两者都做了。他关注较早的讽谕的阐释方式(事实上他发现这没什么新鲜),同时又把焦点从解释诗作的讽谕意义转向解释诗人如何表达。他不同意《诗大序》是孔子弟子子夏所作,却又认可说这段文字的确是来自圣人的想法。他反对以往的阐释是因为它们内容扞格,而且与规范的圣人之理是如此不一致,以至于"有害于六经"。② 他倾向于修改和补正,而不是与过去决裂。

欧阳修把《诗经》的作者看做是和自己一样的人,对事情有情绪的反应,因此总是要有所评判。《诗经》的诗作产生于特定的环境;它从本质上讲是一种协调的表达,应该从人们如何对一个特定环境做出反应的角度来理解它。这些作品记录了人情,记录了人们对实际生活的情绪反

---

① 欧阳修,《诗本义》卷14,第9a页。
② 范佐仑《诗与人性:〈诗经〉的语言学诠释》,第239—255页。

应。① 这部经书所揭示的圣人之道,不是一套普遍的原理,而是圣人所理解的,包含着复杂情绪反应的道德体验。正像欧阳修在各个地方所写的:"尧舜三王之治,必本于人情。"②这使我们回到欧阳修为《新唐书》所作的志,因为要再一次建立一个人们像上古一样以德应物的社会,就要靠那些有政治责任感的人去思考,为使现实政治和道德协调为一,自己能够做些什么。但是这使我们回到《诗经》;要成为对事物做出道德反应的人,作为个人,就必须明白"圣人之志"是借以体会"诗人本意"的东西。《诗经》使人们能够获得古人的理智。从这一点来讲,那些写文章的人的任务就是要让自己凭着研究上古和后代历史所养成的理智,来对事物做出反应。

在他的成熟阶段,欧阳修将自是的语气换成了比较通融的声音,这个声音出自一个自信能把握要领的心灵。他提供了一种思考价值观的模式,就是将注意力从寻求普遍的教条转回来,并且重申文的重要。实质上,他一方面降低了思想的起点,一方面又增强了为学的责任。普遍的东西只有针对具体的东西才能存在;不应该放弃相承至今的传统来认识古人。欧阳修的作品暗示出"复古"和"圣人之道"是一些空洞的口号。11世纪50年代出现的一代新的士大夫,他们的反应显然融合起来了。

新一代的反应

在11世纪50年代的舞台上,出现了两个人:苏轼和程颐,他们将成为他们那一代最重要的知识分子。苏轼和他的弟弟苏辙(1039—1112),在欧阳修主持的1057年的科举中金榜题名。苏轼实际上是他父亲苏洵

---

① 范佐仑《诗与人性:〈诗经〉的语言学诠释》,第260—262页中对欧阳修阐释和批评之语的评论。
② 《纵囚论》(1037),《欧阳修全集》卷19,第136页。关于程颐的家庭背景,见包弼德《程颐和文化传统》(*Ch'eng Yi and Culture Tradition*)。

(1009—1066)和欧阳修的学生。程颐在1059年的殿试中落榜了,但是他的哥哥程颢(1032—1085)和叔叔张载(1020—1077)在1057年及第。

苏家和程家是完全不同的家族。程氏兄弟出身北方,祖上为官,一直延续到五代。程氏家族充分利用门荫来让家族成员跻身仕途,但是11世纪50年代的环境,迫使程氏兄弟依靠科举。然而通过家族的关系,他们能够进入国子学,这公认是一条培养举子蟾宫折桂的道路。① 和他们的祖辈不同,程氏兄弟对思想问题的兴趣是严肃的,并且至少程颢最初被政府应该积极有为的观念所吸引。他们都受到胡瑗的影响,他在1052年前后回到现在的职位,在1056年被任命主持太学。② 与之相比,苏家就是新兴的。当1057年苏轼和苏辙的父亲把他们从四川带到京城,苏洵的长兄苏涣(1001—1062)是惟一一位当官的亲戚,而且他只是一个默默无闻的地方官。用苏洵自己的话来讲,他们是一个知名的地方家族,拥有财富,略知诗书,但是他的父亲不曾是一位士大夫。苏洵决心用古文来博得仕途显宦。有20年时间,他并不成功,1038年的进士科和1047年的制科都落榜了。但在1056年,他引起了欧阳修的注意。③ 苏洵对身份的问题很敏感,他在变法的思想里看到了这样的观念,即做一个士,取决于学,而不是社会出身,④这个观念并不怎么吸引程氏兄弟。对苏洵和他的儿子来讲,欧阳修既是一个榜样,也是他们的奖掖者。

在1057年,苏轼和程颐有些地方是相同的。他们的教师都是庆历新政之闻人,他们用古文写作,关心上古和圣人。特别值得一提的是,他们同欧阳修一样,也关心个人如何培养以德应物的能力,还进一步设想

---

① 贾志扬《宋代科举》第61—65页。
② 关于程颐的家庭背景,见包弼德《程颐和文化传统》。关于程氏兄弟的经历,我采用了姚明达《程伊川年谱》中的意见。关于张载的经历,见吕大临为张载所做的《行状》,见《张子全书》卷15,第11a—12a页。
③ 苏氏的家族史是根据对苏洵父子的评论所做的。我采用了曾枣庄《苏洵年谱》第170—173页,第186—187页,第196—197页,第206—220页根据这个材料所做的说明,又见贺巧治(Hatch)《苏洵》(*Su Hsun*)。
④ 例如,见他《广士》一文(《嘉祐集》卷4,第9b—11b页)。

一个人如何能够学为圣人。然而在思考做一个圣人的含义时,他们对人意味着什么有了不同的关注点。

苏洵和苏轼:圣人和人情

我打算通过讨论苏洵的《六经论》来介绍苏轼。苏洵的《六经论》包括一组六篇文章,被欧阳修描述为"荀卿子之文"。① 我原本的考虑是,它们的确对苏轼的思想产生了影响,但是我在这里提到它们也是为了显示,有些人在多大程度上认同道德是一种社会构成。苏洵在1056年初次给欧阳修写信,称赞新朝再现了庆历新政;欧阳修对苏洵的称赞,使他立刻成名。②《六经论》中的六篇文章,像他那些关于政治权术的文章一样,认为个人可以左右事件的进程,即左右那种合乎逻辑地引出可预见之结果的"势",之所以能这样,是通过用"权"来平衡一时的偏向,改变事件的方向。"权"可以被译为权威,权力,对恒常的偏离,以及权宜,但是"权"的本义是一柄杆秤,它可以通过一点点移动秤砣来控制一个很重的物体。正像贺巧治(George Hatch)曾经指出的,在苏洵看来,行动总是视历史环境而定,但是环境本身又是努力救过去行动之一偏的结果。苏洵并不将儒家经典看作是永恒规范的来源,这些经典只是证明了圣人如何劝人接受文明,以及那些跟随圣人教导的人,他们的角色如何随时间而变化。

---

① 苏洵写给欧阳修的一封信中,提到了欧阳修的评论(《嘉祐集》卷11,第4b页)。这些文章以及像《洪范论》、《史论》、《权书》以及《衡论》,是苏洵在到京城以前写成的;曾枣庄《苏洵年谱》第211—217页收录的几封信,其中就提到了这个情况。不可能确切地讲这些作品是在1047年(苏洵在这一年重新考虑他的想法)到1056年之间的什么时候写成的。我对《六经论》(苏洵《嘉祐集》卷6)的理解,很大程度上受益于萧公权《中国政治思想史》第485—488页,以及贺巧治(Hatch)《苏洵的思想:北宋思想多元主义的社会意义》(*Thought of Su Hsun*)第240—266页和第166—174页。按照贺巧治的分析,"历史的偶然性"是苏洵思想的核心;见贺巧治《苏洵治国之术中的历史思考》(*Historical Thought in the Statecraft of Su Hsun*)。
② 苏洵说自己是欧阳修的文章弟子,他声称欧阳修的文章取得了像孟子和韩愈一样的成就(《嘉祐集》卷11,第1a—3b页)。

为什么人们在平等而自食其力的生活中能够听从劝告,接受强加的、不自然的社会等级制度以及组织活动?苏洵在六经中的《礼》、《周易》、《乐》、《诗经》这四部经典中找到了答案,礼、易、乐、诗,作为四种常行之举(经),使人们相信圣人的规矩并不与自己的情感、欲望相冲突。他的分析通过一个双重的逻辑展开:一种措施产生一种片面的影响,这种影响必须由另一种措施来对治:这两者在一起所形成的局面又需要进一步的一对措施来求得平衡。对苏洵来讲,圣人造福人类的努力使最初无差无别的"混一"状态被一个二元的世界所取代。

《六经论》中前四篇文章是这样写的。人们最初被劝说接受圣人的社会、政治和经济制度,要么接受圣人的制度,生活不再像以前安逸,但却不必为满足需要而争斗流血;要么拒绝圣人的制度,过安逸的生活,却可能为实现需要而争斗送命,他们通过在两者之间权衡利弊,接受了圣人的制度,他们本能地厌恶死亡超过了对安逸的喜好。因为圣人知道,人们也许会觉得一个通过简单的权衡计算得出的结论,并不值得敬畏,他们就求诸天地、阴阳和鬼神来使圣人之道的来源显得神秘,使他们自己高深莫测。圣人作《易》,"以神天下之耳目,而其道遂尊而不废。此圣人用其机权以持天下之心,而济其道于无穷也"。[①] 但是,要让制度起作用,就需要人们承认他们的君上和父兄的权威。圣人是如何劝人们接受礼的不平等的呢?圣人通过《易》使人们莫测其高深,从而接受其权威,然后他们特别向人们表明,只有像他们一样对君主、父兄行跪拜之礼的人,他们才与之叙"齿"。他们利用人们本能地希望与圣人齐同的欲望来训练他们尊奉他人。与此同时,人们看到等级制度减少了暴力,维护生命,而礼因此直接服务于他们的生之欲望。[②]

---

① 《嘉祐集》卷6,第1a—2b页。萧公权和贺巧治(见本章第263页注1)认为《礼论》应当先于《易论》,理由是礼是最先的创造,而且《礼论》的结尾提到《易论》。我采用了在所有版本中出现的顺序,因为这些文章两两相对。
② 苏洵《嘉祐集》卷6,第2b—4a页。

但是在如今这个和平的世界里,人们尽管无礼,也不至于丧生。圣人深思熟虑:"吾之所以告人者,其理诚然,而其事亦然,故人以为信。吾知其理,而天下之人知其事,事有不必然者,则吾之理不足以折天下之口,此告语之所不及也。"因此圣人作乐使人们愿意尊重他们的君主、父兄。人们就会说:"礼者固吾心之所有也,而圣人之说,又何从而不信乎?"礼是外在地强加给人的,而乐使他感到这是他内在的东西。但是,人们由此开始压抑憎恨和贪婪的情绪。于是圣人作歌,好让这些情绪在变成毁灭性的行为之前就被宣泄出来。"故《诗》之教,不使人之情至于不胜也。"①这最后的一部分有必要保证说,人们会愿意接受文明的不自然的约束。这些文章暗示,斯文是在制度的权威与人情之间建立联系时的副产品。没有这样一种联系,人们就不会接受圣人的学说。

但是,制度的权威和道德的权威并非永恒不变。苏洵《六经论》的最后两篇文章讨论了不可逆转的历史变化。在《书论》中,他认为政治权威逐渐合法化,而一旦它合法化,就不可能回到统治者随心所欲的时代。②《春秋论》认为,孔子为学者和政治权力之间的关系,带来了同样不可逆转的变化。作为第一个声称拥有圣人之权的素王,孔子表明有道无位的人,可以为了公众的利益享有超越政治之上的权威。③ 苏洵以一介布衣著书立说,他当然是要表明他自己拥有圣人之道和道德权威。

欧阳修推荐苏轼参加1061年的制科考试。苏轼递交了50篇文章,其中《中庸论》这篇分为三部分,对《中庸》加以分析,在此文中,苏轼提出了这50篇文章的理论框架。④ 这篇辩论之文,反对把价值观的根基放在

---

① 苏洵《嘉祐集》卷6,第4b—6b页。
② 苏洵《嘉祐集》卷6,第6b—7a页。
③ 苏洵《嘉祐集》卷6,第8a—10a页。
④ 苏洵《嘉祐集》卷6,第18页、第45—48页。在这个版本里,《中庸》出现在对政策提出建议的文章和关于历史人物的文章之间。孟克文(Murck)《苏轼对〈中庸〉的解读》(*Su Shih's Reading of the Chung-yung*)和包弼德《中国十一世纪的文道关系》(*Culture and the Way*)第175—187页,对这篇文章全文进行了翻译和研究,而且还把它放在苏轼从事艺术的背景下研究)。

人性上,强调主动地躬行世事。① 但是,苏轼的确认为中庸是一个至关重要的概念,它包含"周公、孔子之所从以为圣人"的三个基本要素,以前的儒者忽略了这些要求,而把它看做一部关于性命之说的专著。② 苏轼的文章罗列了他要保持的态度,尽管他最终放弃了这里所说的成圣之道中多少有些机械的二元论。

三个基本要求完全与宇宙之道统一。实践中庸就是实现宇宙之理:"古之所谓中庸者,尽万物之理而不过。"③苏轼在这篇文章中的一个目标,就是证明这个理,作为一个基本的情感上的二元相对存在在每个人身上;人们只要想一想,就会看到他们偏爱对立双方的相互平衡,而不喜欢偏执一端。苏轼强调了其中的危险:如果声称内在的一种模棱两可的感觉是履践道德的基础,那么就会让一个人认为,既然每件事都有其两面,那么人们就总是在做好事。苏轼承认在"中庸"和孔子、孟子所说的"乡原"之间有相似性,乡原认为人们应该从俗。④ 而对于苏轼来讲,中庸意味着生斯世也,而不媚世,但并非自己跟自己为难。

简单地讲,苏轼这样解释成圣的三个要求:首先,人们必须了解自己应该做什么和想做什么;⑤必须明白什么应当做(明),愿意把这应该做的事当作自己不可或缺的一部分来完成(诚)。但是只有由明以至诚,对苏轼才是有意义的(与《中庸》相反);离开了外在和历史环境,就没有什么

---

① 苏轼批评当时人内以中庸"自解其无能而已矣"(《策略》第四,《苏东坡集》,卷6,第18页;卷1,第8页)。
②《中庸论》上,《苏东坡集》卷6,第18页、第45—46页。
③《策略》第四,《苏东坡集》,卷6,第18页;卷1,第8页。苏轼所说的是万物之理共为一和谐之理。
④《策略》第四,《苏东坡集》,卷6,第18页;卷1,第8页。苏轼所说的是万物之理共为一和谐之理。"乡原"见于《论语·阳货》第13条以及《孟子·尽心下》第37条。苏轼注意到尽管孔子把"中庸"当作一种难得的德行,可是后世的人(例如汉代的作者)却把"中庸"当作"均等",而照孔子看来,"均等"不过是"乡原"。
⑤《中庸》第21条。苏轼的文章只讨论这里和下面所提到的《中庸》的段落;其余所有的内容他都认为是后之儒者的附益,而不加考虑。

事情值得用诚。第二,在每一种情况下,都有达到诚明的圣人之道①。人们知道应该依礼行事,但这样做又有违本心本愿。苏轼以礼为例,描述了一个反思的过程,这个过程最后会得出结论,不依礼行事就会自我毁灭,这样一来,礼就与人欲(human desire)一致了。"夫岂所谓磬折百拜,将天下之所谓强人者,其皆必有所从生也,辨其所从生,而推之至于所终极,是之谓明。"②人性与人情的基本之理都是两面的,因此人们自然倾向摇摆于两端。然而这个简单的理却经常被表现出来的多种多样的形式所掩盖。③ 第三,人们必须将中庸付诸实践,以便永远履中道。④ "得其偏而忘其中,不得终日安行乎通途,夫虽欲不废,其可得耶?"⑤苏轼认为,两端的中心不是一个固定的位置,或者说不是一种不可更改的手段。苏轼同意孟子所说的:"执中无权,犹执一也。"⑥苏轼解释说,中是靠一个人通过两极之间偏于一端的运动来创造的(译者注:原文为"皇极者,有所不极而会于极")。有偏向并非是不中。一个人通过准备接受相反的立场来创造一个中心,因为随环境的不同,无论哪一方都可能是正确的,而单独地来看,它们谁也不是充分的。只有朝向两方的行动才能是完全正确的。苏轼解释说,这就意味着,一个人应该乐意去做那些在别人看来自私而胆小的事情,即使他自己知道他这样做是为了实现中庸和圣人之道。行动的价值最终是由动机决定的。一个人履中道是为了服务自己,

---

① 这一部分解释《中庸》第 12 条:"君子之道费而隐。夫妇之愚,可以与知焉;及其至也,虽圣人亦有所不知焉。夫妇之不肖,可以能行焉;及其至也,虽圣人亦有所不能焉。"(译文见陈荣捷《中国哲学的原典》第 100 页,有改动。)
② 《苏东坡集》卷 6,第 18 页、第 47 页。
③ 《苏东坡集》卷 6:"君子之道,推其所以生而言之,则其言约,约则明;推其逆而观之,故其言费,费则隐。"
④ 《中庸》第 2 条,以及第 11、4、9 条的部分;按此顺序。
⑤ 《苏东坡集》卷 6,第 18 页、第 48 页。
⑥ 《苏东坡集》卷 6,第 18 页、第 48 页。列举子《孟子·尽心上》第 26 条(译文采用刘殿爵《孟子》第 188 页,有改动)。在这一段里,"中"是一个介乎极端的利己和不加区别的兼爱之间的立场。刘殿爵把"权"译为"恰当的度量(proper measure)"。苏轼沿袭了苏洵对这个术语的理解;见他在《策略》第二十三对这个术语的讨论,以及在《孙武论》、《魏武帝论》以及《大臣论》下中对这个术语的使用(本书第八章讨论了这个问题)。

还是为了表明有一种普遍的道(common tao),所有人可以分享并从中受益?但是,苏轼承认,一个有德之人和其他人的区别并不总是明白可见的。察其"异"需要"知味";不能单靠外表来判断。①

苏洵和苏轼的文章中很有一点聪明之处,但是其核心仍然是说,它们在试图为学者和文化建立一个角色,这个角色将以一种不需要否认个人和他的情感与欲望的方式,将政治权威和人的处境联系在一起。对苏氏父子来讲,圣人凭着对形势的认识和对人情的理解,可以灵活应物。我认为,他们在渴望一种道,这种道使个人能够自发地,然而又是得体地做事。这在苏氏父子不得不谈论文的时候,表现得很清楚。苏洵写道:

> (《易》说)"风行水上,涣。"此亦天下之至文也。然而此二物者,岂有求乎文哉?无意乎相求,不期而相遭,而文生焉。是其为文也,非水之文也,非风之文也;二物者非能为文而不能不为文也。物之相使而文出于其间也,故此天下之至文也。
>
> 今夫玉非不温然美矣,而不得以为文;刻镂组绣,非不文矣,而不可与论乎自然。故夫天下之无营而文生之者,唯水与风而已。
>
> 昔者君子之处于世,不求有功,不得已而功成,则天下以为贤;不求有言,不得已而言出,则天下以为口实。②

在这段话里,文产生于两方中任何一方在不考虑另一方的情况下,按自己的意愿行动的结果。风行水上产生出美妙的文;人有意识地雕琢玉器,创造的文就不太完美。苏洵认为,有价值的东西都是人们在不加计算与考虑地应物时所创造出来的,人们之所以能这样反应是由于他们无法阻止自己这样去做。君子对人的影响可以重复这个状态,即使不是完全自发的。苏洵希望能有一些价值观,人们可以如此完美地拥有它们以至人们的一言一行都是有价值的。但是,很难想象苏洵写这些文章没有

---

① 《苏东坡集》卷6,第18页、第48页。
② 苏洵《嘉祐集》卷14,第6b—7b页。

明确的目的——其《心术》一文就谈到有必要由人内心的"理"来指导①——而且他对自发性的渴望也许正透露出他对自己在文章中精心布局谋篇的不安。

1059年,苏氏父子乘船返回京城,他们知道自己的文章已经享誉天下,在途中创作了诗歌,后来被编辑到一部选集中。苏轼为之作序,在序中提出了他关于对环境自发反应的看法。他将"为文"和"作文"区分开来。这个不无矛盾的有趣的目标是,无意于为文而作文,在无心为之的前提下,做有价值的事情。

《南行前集叙》

夫昔之为文者,非能为之为工,乃不能不为之为工也。山川之有云,草木之有华,实充满勃郁而见于外,夫虽欲无有,其可得耶?

自少闻家君之论文,以为古之圣人有所不能自己而作者;故轼与弟辙为文至多,而未尝敢有作文之意。

己亥之岁,侍行适楚,舟中无事,博弈饮酒,非所以为闺门之欢,山川之秀美,风俗之朴陋,贤人君子之遗迹,与凡耳目之所接者,杂然有触于中,而发于咏叹。盖家君之作,与弟辙之文皆在,凡一百篇,谓之《南行集》。将以识一时之事,为他日之所寻绎,且以为得于谈笑之间,而非勉强所为之文也。②

这里,我们可以清楚地看到两种理论的交织。一种是古文关于文学得之于道德修养的观念;德积于中而表现于外。另一种则是苏洵关于文学得之自发的看法:不求而得的文与物冥合。苏轼假定内心所表达出来的东西既不是道德的,也不是情绪化的——当然,苏轼看起来摆出了一副没有自我的样子——而是在游历山水时,他内心所积累的新、旧经验的特殊结合。自我只是一个瓶子,所遇之事物杂然有触于其中;自我是一个

---

① 苏洵《嘉祐集》卷2,第1a页。
② 《苏东坡集》卷2,第5页;卷24,第35页。

手段,通过它,事物的特定之理得以表达。

苏轼会逐步学会调整自己的欲望,使之自然却正确,并且沿着这条路,他将把自己培养成他那个时代最伟大的作家。他将继续相信这里已经表明的一切:圣人之道不是一套特别的观念和考虑,而是一种思考风格,它使人能够通过文学、政治活动,以一种道德的,或者说统一的方式来对事物做出反应。

程颐和程颢:圣人和人性

程氏兄弟在1056年来到京城。为了准备应考,程颐以《颜子所好何学论》为题写了一篇文章,这个题目显然是胡瑗出的(译者注:胡瑗当时在太学主教,以《颜子所好何学论》试诸生,程颐也做了一篇)。像苏轼一样,程颐以成圣为目标。有一种方法可以达到这个目标;他又像苏轼一样,不承认圣贤是天生的。但是在文章的结尾,程颐问道:如果真有一种方法使人成圣,人们为什么不照着它去做?他的回答是:"后人不达,以谓圣本生知,非学可至,而为学之道遂失。不求诸己而求诸外,以博闻强记巧文丽辞为工,荣华其言,鲜有至于道者。则今之学,与颜子所好异矣。"①现在,尽管这个意见是用人们非常熟悉的古文批评文学雕琢的那些话表达的,但是程颐其实是在置疑由乎外在的学,比如一般意义上的文学,是否能够指导人成圣。程颐用以替代那种据守经典的章句之学的,是"颜子所独好"之学,"学以至圣人之道"之学。

"圣人可学而至欤?"曰:"然。""学之道如何?"曰:"天地储精,得五行之秀者为人。其本也真而静,其未发也五性具焉,曰仁义礼智信。形既生矣,外物触其形而动于中矣。其中动而七情出焉,曰喜怒哀乐爱恶欲。情既炽而益荡,其性凿矣。是故觉者约其情使合于

---

① 《颜子所好何学》,《二程集》之《文集》卷8,第578页;译文采用陈荣捷《中国哲学文献选编》第550页的译文,略有改动。

中,正其心,养其性,故曰性其情。① 愚者则不知制之,纵其情而至于邪僻,梏其性而亡之,故曰情其性。

> 凡学之道,正其心,养其性而已。中正而诚,则圣矣。君子之学,必先明诸心,知所养,然后力行以求至,所谓自明而诚也。故学必尽其心。尽其心,则知其性,知其性,反而诚之,圣人也。"②

程颐相信人作为天地所创造之物,具有特定的天生禀赋,这些禀赋应该指导他们的行为。人们应该培养对这些天生禀赋的意识;这样它们就能控制其对事物的情绪反应;否则他的情绪反应就会破坏他的道德本性。程颐对《中庸》发挥极深,他在成圣这个问题上形成了一个与苏轼完全不同的看法。他将情绪的反应与一种道德本性对立起来,并且假定独立存在的道德本性是伦理行为的自足的指南。人们可以破坏它,但是他们并不由外致之或靠逐渐积累才能得到它。因为它就内在于人,人们能直接转向它,它无需让人确信得之于上古的结论是有用的,它不依赖于此。然而程颐把他自己放进了某种困境,因为他必须承认孔子的学生的确在学习《诗经》、《尚书》和六艺(译者注:这里的"六艺"指礼、乐、射、御、书、数),但是他无法解释这些如何与成圣发生联系。

这篇文章受古文关于圣人的观念影响很多,但是它彻底地否定了古文的前提,即价值观是基于人事的建构(human construct)。相反,程颐复兴了有关天地的观念,诸如五常与五行的相对应。传统五行理论中这个方面的说法始于汉代,欧阳修提到它们并嘲笑是数术家的臆测。③ 刘牧(主要活动于11世纪早期)对《周易》象数的研究著作,在当时已经流

---

① 陈荣捷(《中国哲学文献选编》第547—548页)注意到我翻译为"使其情合于性"这个短语,出自王弼为《周易·乾卦》所作的注。这个短语和与之对应的"使性合于情"都被朱熹删去了。见陈荣捷《朱熹对新儒学的完成》第64—65页。唐代作家梁肃至少有一次使用了这个短语(见《全唐文》卷518,第10页)。
② 程颐《二程集》之《文集》卷8,第577页。陈荣捷《中国哲学原典》第547—548页提供了另一种译法。
③ 欧阳修《五行志》,《新唐书》卷34,第871页。

行,他的确赞同这样的看法,①这部书曾经受到古文作家的尖锐攻击。②程颐不是一个数术家,但是他站在关心性命之说的人那一边,性命这个术语来自《中庸》的开篇:"天命之谓性,率性之谓道,修道之谓教。"这里,性命与天地观念的联系是相当简单的,性命来自于天,而不是文化。

正像胡宿在1059年出的科举考题所显示的,程颐的观念来自一个仍在流行的传统。③ 但是,程颐也把天地看做内在于人的东西。他复兴五常、五行等关于天地的观念,并不是要把天地当成人类秩序取法的外在典范,因此程颐无需假设天人感应,这种感应使天和人相互依存,并在统治者偏离正道时,告诫他们。这是一个个人的事业(individual enterprise):每一个学者应该实现他们的道德本性以便与天道和谐。

从希望在自己身上找到可依靠的东西这一点而言,程颐与苏轼并无差别,但是在他的解释中,学习可以离群索居地进行。而程颢在1059年写给张载的一封信中,却写道有必要将性命和应物结合起来。大约在1040年,张载见到范仲淹,在这以后直到1057年以前,张载花了很多时间探索哲学问题。显然,张载认为他能够发现对天地之道的理解如何能得出关于道德和圣人的真实结论。一位学生后来写道:张载的《正蒙》"有《六经》之所未载,圣人之所不言"。我认为他对张载充满敬佩。④ 因为张载曾经设想"定性",却归于徒劳,因此程颢试图劝说张载,修德并不需要把自己与外物隔绝。内外应该如一;性应该"动亦定,静亦定"。如果张载认为,随着自己对事物做出的每一个反应,他都丧失了定性的状态,那么就不可能维持一个道德稳定的长久状态。解决的办法就是避免

---

① 刘牧《易数钩隐图·上》第31页。周敦颐在他的《太极图说》中采纳了这个观点。
② 例如李觏单独买了一本,以便写批评(《李觏集》卷4,第52—66页)。余靖也批评刘牧的著作(《武溪集》卷3,第7b—9a页)。
③ 金中枢认为,从胡瑗在太学讲授《周易》的意见来看,程颐文章中的意见是来自胡瑗(见《宋代学术发展之转关——胡瑗;他对有关颜子之文章的讨论,见第21—24页)。金中枢把胡瑗在太学讲授《周易》的意见解读为天地、性命的思想,他的观点就建立在这个基础上。我不同意这个看法。
④ 张载《张载集》第4页。这里不讨论张载的原因之一,是张载的文章缺少年系。葛艾儒(Ira. E. Kasoff)《张载的思想》(Thought of Chang Tsai)系统地分析了张载的思想。

区分内外,并且把对事物的反应也看作是性的本质。得出这个意见的三段论是:"夫天地之常,以其心普万物而无心;圣人之常,以其情顺万物而无情。故君子之学,莫若廓然而大公,物来而顺应。"①

一个像天地那样举动做事的人,能够不偏不倚地适应所有的事情。②人们之所以不能这样做,是因为"人之情各有所蔽,故不能适道,大率患在于自私而用智。自私则不能以有为为应迹,用智则不能以明觉为自然"。对事物自发地做出反应,这种观点的困难在于,人们的反应也许只是显示了行动者的偏向。但是在反应之前仔细考虑,又带来算计。两者原本都是自私的。程颢设想了一位圣人,他超越了偏执,他的反应与所反应的事物的真实利益完美协调在一起。"圣人之喜,以物之当喜;圣人之怒,以物之当怒。是圣人之喜怒,不系于心而系于外物也。是则圣人岂不应于物哉?乌得以从外者为非,而更求在内者为是也。"③程颐会最终弄清人的天性如何使程颢这里所设想的自发的道德反应变得可能。

不论苏氏父子和程氏兄弟后来变得多么不同,在1057年,他们有许多共同的渴望。他们所感兴趣的圣人是一个在做事之中保持道德的个人。他们在探求人们可以共同享有什么观念,这些观念可以在所有的环境中指导他们。他们试图构想一种道德无瑕,同时又参与世务的学者。这就等于在为个人的道德自主寻找根据。这毫无疑问是早先古文思想的一个重要方面,但是现在对那种道德根据的寻求已经成为一个严肃的思想目标。大概在1057年,他们对当时流行的观念进行反思,即一个有道德追求的年轻人,什么样的目标适合他。他们双方无疑都继承了欧阳修在成熟阶段对个体的关心。但是,要是这样的话,社会潮流就将与1044年有很大不同,当时王安石和司马光刚刚登场,年轻人争论的是能

---

① 程颢《二程集》之《文集》卷2,第460页;我借用了陈荣捷在《中国哲学文献选编》第525页中的译文。
② 这是遵循了胡瑗的说法,他说"法天之用",而不是"天之正容"(见金中枢《宋代学术发展之转关——胡瑗》第32页)。
③ 程颢《二程集》之《文集》卷2,第460—461页;参见陈荣捷《中国哲学文献选编》第526页。

否通过政府的制度建设来转变社会。在11世纪50年代,王安石和司马光稳步升迁,并以他们关于政府的想法而知名。对于王安石来讲,让庆历新政的改革者重新掌权,就意味着朝廷更有可能接受他的想法,他在1058年写的著名的《上神宗皇帝万言书》中就敦促此事。① 对司马光来讲,新朝(译者注:指神宗朝)的态度是令人忧虑的,而且他在1057年煞费苦心地与古文阵营脱离关系。② 程颐和苏轼的时代还没有到来。

---

① 《上仁宗皇帝言事书》,《临川王先生文集》卷39,第410页。
② 《答明端太祝书》,《司马文正公传家集》卷59,第707页。

第七章 为了完美的秩序：王安石和司马光

王安石(1021—1086)和司马光(1019—1086)是他们那一代最有影响的思想家,在一场政治危机中,他们是两个对立阵营的领袖,这场危机深刻地影响了宋朝后来的政治史和思想史。从最宽泛的意义上讲,王安石和司马光是政治思想家。所以这样说,是因为他们在11世纪40年代早期入仕之初,就在强调同样的难题:什么是国家和社会之间的恰当关系？什么样的"学"能使士完成他们作为政治精英的职责？在他们仕途生涯结束的时候,二人都确信自己已经发现了关于这些问题的普遍适用的答案。他们所描绘的完美有序的世界蓝图都是协调的,其中有许多相同的制度、社会和文化因素被联结在一起。但是,这是两个互不相容的、不同的蓝图。司马光写信给王安石说:"今所言正逆介甫之意。"王安石在回信中说:"（我们）议事每不合",是因为"所操之术多异故也"。① 新法的危机和20世纪后半期的中国,其间的近似之

---

① 见司马光写给王安石的第一封信,《司马文正公传家集》卷60,第725页;王安石的信见《临川先生文集》卷73,第773页。

处很难不引起人们的注意。①

王安石和司马光的思想生涯,以相反的方式和古文思想的兴起相联系。王安石接受了这样的观点,即通过儒家经典来理解圣人之道的学者,能够靠政府来改变社会,在天下实现完美秩序。他这样回答他曾经向学生提的一个问题。

> 圣人治世有本末,其施之也有先后。今天下困蔽不革,其为日也久矣,治教政令未尝放圣人之意而为之也。失其本,求之末,当后者反先之,天下靡靡然入于乱者凡以此。夫治天下不以圣人所以治,其卒不治也,则为士而不闲圣人之所以治,非所以为士也。愿二三子尽道圣人所以治之本末与其所先后。②

这典型地说明了王安石的思想风格:分析上古,以便发现一个普遍的治世规划,这个计划的各个因素以本末的方式协调地联系在一起,由此揭

---

① 我在《政府、社会和国家》这篇文章里讨论了一些对司马光和王安石的比较研究。这一章对两个人的思想更关注,但大量引用了那篇文章。在这里和在那篇文章中,我都是从刘子健《中国宋代的改革:王安石及其新法》(*Reform in Sung China: Wang an-shi*〈1021—1086〉 *and his new policies*)开始讨论王安石。对于司马光,我是从萨立中(Anthony Sariti)的《司马光政治思想中的君主、官员和专制主义》开始讨论的。郝若贝的《中国十一、十二世纪的以古鉴今、公共政策和社会科学》对王安石、司马光的比较,很有影响。

主要的传记来源是:有关王安石的,有蔡上翔《王荆公年谱考略》和东一夫的《王安石事典》;有关司马光的则是顾栋高的《司马太史温国文正公年谱》。东一夫对王安石和司马光的研究是普及性的,《王安石和司马光》一书实际上主要是谈王安石;东一夫的《王安石新法的研究》一书,对新法的叙述是最丰富的。季平的《司马光新论》大概是中国内地最近最好的关于司马光政治和思想观点的批判性研究。寺地遵认为司马光的观点建立在宇宙论的基础上,而王安石的则以对人的思考为基础,尽管我不同意这个看法,但我认为他的《从天人相关的学说来看司马光和王安石》很有价值。

有大量关于王安石的第二级学术成果,而且在不断增多。例如王晋光的《王安石书目与琐探》。《纪念司马光、王安石逝世九百周年学术研讨会论文集》表明人们越来越多地关注司马光在历史编纂贡献之外的想法。中国内地学术界对王安石、司马光作为历史人物的重新评价尤其有趣。不能说司马光在今天重领风光,但有很多人在批评王安石和新法。王曾瑜的《王安石变法简论》是重新评价王安石的开端;周良霄的《王安石变法纵探》为王安石做了辩护。霍春英的《近年来司马光研究简述》记述了对司马光的重新评价。上面提到的季平的文章则是专论。我将在《宋元研究学报》(*Bulletin of Sung and Yuan Studies*)上发表题为《1086 与 1986:意见的修正》的文章,我希望在那里详细叙述这场争论。

② 第三个问题,《临川先生文集》卷 70,第 747 页。

示那些根本的东西,这个计划由一个符合逻辑的先后次序来建立根本。在相当大的程度上,司马光同样相信事物有一个必要的秩序,尽管在他看来,只有学习圣人之后的历史才能阐明这个秩序。然而司马光的努力与古文连在一起,这不仅仅是因为他与将古代社会政治秩序理想化的做法反其道而行之,而且是因为古文思想的兴起,促使他去做那些如果没有古文思想就没必要做的事情:这就是从思想上为帝国政府的秦汉传统正名。

王安石的体制改革计划和政策革新出台不久被称为新法。11世纪70年代早期,新法颁布施行,这大概是宋代历史上除了1126年的王朝重建之外,最重要的政治事件。王安石在新皇帝神宗(1067—1085年在位)手下掌权,其时神宗20岁,他公开支持一种"激进"的政策。① 王安石提出一项计划,即在不增税的条件下最终解决日见增长的财政赤字②,增强宋朝的国力以对抗西北党项建立的西夏。有十年时间,他在政治领导层无所作为,这之后,开始掌权。仁宗迟疑了很久才选定继承人,他的选择并不高明。根据各种说法,仁宗的侄子英宗(1063—1067年在位)是个软弱、容易反复的人。他在位期间,最有名的事件就是朝廷的官员围绕着他应该称他的生父(濮王),还是仁宗为父,展开了针锋相对的争论。争论显示出当时的朝廷四分五裂;控制中书的是一些精神上受范仲淹的故交影响的人,他们设想建立一个对百姓的需要更容易做出反应的政府,而比他们地位低的是学士、御史以及像司马光一样的谏官,这些人长期反对变革制度。③ 相对地讲,王安石是一个新鲜的声音;他大体上绕开了朝廷的纷争,而且他的确希望有所做为。新法无疑增加了朝廷的财富和

---

① 例如文彦博就试图从这个立场来劝神宗拒绝新法(《无为而治》,《潞公文集》卷9,第11b—13b页)。
② 《司马文正公传家集》卷42,第543—545页记载了1068年8月王安石与司马光在朝廷上的争论。
③ 关于这场辩论的详细记载,见费克光(Fisher)的文章《宋英宗时期的礼制论争》(*Ritual Dispute of Sung Ying-tsing*)。费克光(Fisher)将争论的人分成务实派(欧阳修、韩琦,中书机构)和理想派(司马光,谏官和学士)。我认为这场争论是一向反对中书的人在试图推翻中书机构(这个机构由那些坚持"人情"立场的古文派所支配),而反对中书的人现在把自己描绘成维护政府道德秩序的中流砥柱。

权力,尽管并没有实现完美的秩序。王安石最终在1076年引退,在这之后的50多年时间里,朝廷大部分时间还是由新法的支持者所控制。元祐时期,摄政的皇太后召回司马光和反对派,除了这段时期,王安石的追随者支配了神宗朝、哲宗(1085—1100年在位)朝,以及徽宗(1100—1025年在位)朝。元祐朝廷废除了王安石绝大部分的新法措施;当新法的支持者在1094年重返朝廷的时候,他们清洗了反对派,最终罗列了黑名单,其中包括苏轼和程颐。直到南宋立国时期大权独揽的宰相秦桧(1090—1155)死后,新法的措施和王安石的新学才受到了最后一次反击。宋朝政府对社会和士学的控制再也没有达到与新法和新学相同的程度。

很多人从宋朝的制度、经济和社会历史环境研究过新法。有这样一种趋向认为,王安石的措施综合了对军事、财政、社会的考虑,它为更大的国家社会问题,提供了解决途径。同时在某种意义上讲,正是为了要解决这些大问题,才有了这样的措施。事实上,试行新法的决定是一个政治选择,选择它就要否定司马光的官僚政治改革计划,司马光的计划保证在不需要政府重新组织社会的条件下,对同样的问题可以有不同的解决办法。尽管王安石和司马光每个人都相信自己的学术印证了自己立场的正确,但他们明白政治正在作出选择。王安石明白,是他的思想,而不是政治局势的危急,印证他的政治目标的正确。他在1069年向皇帝解释道:"固愿助陛下有所为,然天下风俗法度一切颓怀……陛下诚欲用臣……宜先讲学,使于臣所学本末不疑。"当然,司马光的一条批评意见就是,在新法之下,朝廷的文学之臣参与了政策的制定。① 皇帝本人也注意到,有些人相信新学没有教给他们实际的政治领导才能。但是,王

---

① 在写给王安石的信中,司马光指责王安石在制置三司条例司任用一些"文章之士"和晓财利之人,并且被这些文章之士所鼓动,希望"尽变旧法以为新奇也"(《司马文正公传家集》卷60,第720页、第726页)。在《资治通鉴》(卷3第110页;卷6,第221—222页)中,司马光痛斥用善辩的言辞左右政治行动的"说客"。

安石回答说:"经术者,所以经世务也……变风俗,立法度,方所急也。"①

王安石和司马光有一个共同的信念,那就是世界的道德秩序有赖于完善政府的制度,而且治国的原则是可以被了解的。他们的原则彼此不同,他们从不同的来源得出其结论,将一条条材料,其中很多是相同的,整理成互不相容的体系。关于王安石和他的新法已经有很多论著论文,近些年来,学者们倾向于注意司马光的批评意见。

王安石目标的一个最显著的特征——至少在他的一些批评者看来——就是希望统一士的价值观,并使士和政府联系起来。新法统治时期扩大了学校体制,并且试图推行全国一统的课程,同时设立了更多的官位,使官僚机构的规模几乎扩大了一倍。司马光则设想一个人数更有限的政府,可以延缓社会的变化,而且尽管他相信士应该是一个相当紧密的群体,对仕进不要过分争竞,但是他也致力于保持士作为志在仕途的国家精英的角色。但是他们是在仕途竞争使官员更难保证他们后代的地位时,跻身显位,尽管王安石一党掌权50年,可他们并没能把士或者说知识圈统一到自己的政治蓝图上来。在后面的章节,我们要解释苏轼何以要捍卫思想的多样性,以及程颐如何能成功地设计出一种被证明是很有说服力的思考价值观的方法,理解王安石和司马光的思想和制度目标,将对后面章节的解释很有用。

这一章的开头将列举司马光和王安石政治蓝图的不同,他们在11世纪50年代晚期和11世纪60年代早期表达了这种区别。然后是他们的思想生涯。最后将对新法,对王安石如何捍卫新法,以及司马光的批评进行评价。

对政治秩序的不同看法

王安石和司马光都在仁宗朝就开始呼吁政治改革。例如在1061

---

① 《续资治通鉴长编·拾遗》卷4,第3b页。

年,作为谏官的司马光建议改革官吏升迁体制。他设想了一个上至宰相,下至县判习簿尉有十二个等级的差遣制度,以及决定差遣、职位和升迁的新规则。这项改革与司马光内心的想法很接近,他相信正确的官僚管理将使政府保证公众的福利,并使王朝渡过危机。执行他的建议就需要结束已经施行的职位和年资,不再按照官员科举的等级和他们以何种方式入仕来划分等级。他建议实施的体制,要任命官僚去担任他们可以胜任的职位,并且按照他们真正的成就加以提升。司马光致力于官僚改革与合理化(rationalization);他相信官僚程序有必要改变,以便实现官僚体制作为政府工具这个更大的目的。皇帝要求刚刚被任命担任荣耀的知制诰一职的王安石,评论司马光的建议。王安石表示否定,认为它是"区区变更而终无补于事者"。王安石指出,改良现存的官僚体制的具体做法没有抓住要害,除非同时对整个体制全面地重新检验。"朝廷必欲大修法度,甄序人材",就应该广延天下"论议之士",展开一场广泛的讨论①。

王安石不会反对按照才能来用人的想法。但是他反对在不反思政府的基本目标的基础上,去提高它的工作成绩。行政只是枝干,司马光把它和根本混淆起来;改善官僚体制的运行,这是第二位的,司马光把它放到了更基本的任务之前。三年前,也就是 1058 年,他被任命为度支判官,为此他向皇帝上《万言书》,在书中他曾经解释说,秩序真正的基础在于网罗人才,而首要的任务在于修改科举制度。在 1060 年和 1061 年,他又重申了其中的要点。② 司马光在 1061 年提出的建议,反映了他的观点,即像王安石这样的人所设想的变革是误入歧途和毫无必要的。③

---

① 《司马文正公传家集》卷 21,第 314—316 页;《临川先生文集》卷 62,第 667 页。
② 《临川先生文集》卷 39,第 410—423 页。《临川先生文集》卷 39,第 423 页;卷 41,第 438 页,记述了王安石对自己意见的重新说明。这一奏章的译文,见威廉森(Williamson)的《王安石:中国宋朝的政治家和教育家》(Wang an-shih: A Chinese Statesman and Educationalist of the Sung Dynasty)。
③ 我在《政府、社会和国家》这篇文章里更详细地讨论了两人的政策差异。

第七章　为了完美的秩序：王安石和司马光

王安石的上书提出了一系列完整相联的政策目标，既描绘了上古之治的完整图景，又解释了如何在与古代截然不同的当前恢复那个图景。王安石一上来就把他那个时代道德、财政和外交的难题归因于不能"知法度"。王安石相信，如果制度能够带来秩序，那么它们一定要"合乎先王之政"。但是，模仿古代的制度并不意味着仅仅模仿上古的具体做法："法先王之政者"，"当法其意而已"。现在应该效仿上古之意，因为是这种意图，而不是制度本身，在变化的历史中永恒不变。

> 夫二帝、三王，相去盖有千余载，一治一乱，其盛衰之时具矣。其所遭之变，所遇之势，亦各不同，其施设之方亦皆殊，而其为天下国家之意，本末先后未尝不同也。臣故曰："当法其意而已。"法其意，则吾所改易更革，不至乎倾骇天下之耳目，嚣天下之口，而固已合乎先王之政矣。①

王安石声称，圣人之意是一贯的（consistent），而且组成了一个完整的整体，可以指导当前的政策。这种政策可以付诸实施，而不必担心有什么不好的后果。

但是，奏疏接着说，皇帝"虽欲改易更革天下之事，合于先王之意，其势必不能也，……何也？以方今天下之人才不足故也"。②换句话说，政府没有吸引有能力实现圣人之意的人。因为问题在于天下之人缺少才能，所以此刻政府的根本在于对人才"陶冶而成之"。然而，随着奏疏开始谈论做到这一点当以何者为先时，王安石显然是相信，教育不能与社会、经济和官僚政治的政策相脱节。如果不创造一个完整的、以其自身为最终目的的体制，这个基础就无法建立起来。

奏疏的大部分篇幅在谈论确保国家有足够的人才的四个要求。首先是通过国家建立的学校"教之"。古代的学校使人了解那个时代完整体制的方方面面。学生生活在一个所见所习都是"先王之法言德行

---

①《临川先生文集》卷 39，第 410—411 页。
②《临川先生文集》卷 39，第 411 页。

治天下之意"的环境里,通过生活在这样的环境里,他们学到了"礼乐刑政之事"。第二是"养之"。古人使所有人得到赡养,饶之以财,建立与他们的经济地位相适应的婚丧、祭养、宴享以及日常生活中的服食、器用之礼,并裁之以法,因此而"一天下之俗而成吾治"。第三是"取之"。古代的学校使所有的人受教育,并且关心所有人的福利,它向统治者推荐最贤能的人,在考察其言行之后,统治者可以试用他们并授以职衔。因此,教与养都使受益于此的人能对他人教之、养之。第四是"任之"。那些被证明有才能的人,被授予与他们的才华相称的官级,并委以执事。让这些官员久任其职不以一二之法束缚之,以便他们得行其意,做那些有必要做的事情。司马光最先考虑的事情,是王安石最后关心的。

王安石所理解的上古,是一个自足和自我赓续的体制。它是一个有机的整体,其中所有部分互相依赖才能起作用,并且有才能的人被重新吸纳回这个培养了他们的体制。它是一个整体;它把生活的各个方面联系在一起,组成一个整体,这个整体大于其中各个部分,超越了政府与社会、政治与文化,或者说公共和个人领域之间的任何区别。并且它是道德的,因为它是一个体制(framework),事物置身其中就具有了价值和目的。这里有等级,但是等级之间的区别相对来讲并不重要。统治者和王朝的皇室在这个体制中没有什么实际的必要。①

当今与古人之意在什么方面是不同的呢?王安石认为,如今,"教"是不全面的,因为它只处理文官和文学方面的问题,忽略了军事这个方面。薪俸太低,以至于不能对官员实行"养"廉,礼不能约束人,而法律对基本的过失不加惩处。"取"立足于文学技巧和记诵;它不能搜罗真正有用之才。"任"循资历,不能量才授官。王安石总结道,要复古,政府必须

---

① 和王安石只是假设了一个皇权体制相对照,请考虑在司马光的计划里,皇帝必不可少的核心地位,这一点在下文要谈到。

首先想出策略，进行精确的计算，然后逐步将其付诸实施，最终加以实现。可以对那些推进或阻碍这项事业的人进行赏罚。

王安石以上古为典范，而他对今之不足的说明，表明改革计划即使没有上古之治那样完善，在当今也有其存在的合理性。他已经从一个包括所有人在内的体制转向了士已经是精英的体制，而且迫在眉睫的任务就是实现圣人在塑造士这个问题上的种种意图。① 在王安石的体制里，政府养士，而士在某种程序上是政府的一部分。恰当地培养和选用士将使政府把它的活动扩大到所有的人（因此造就和任用更多的士）。他还设想了一个通过把士塑造为国家和地方社会政治精英，而使自己有权力控制社会的政府②。

王安石相信，统一士的价值观，对改变社会是关键的。正像他向一位朋友所解释的，这样的统一在1058年并不存在："古者'一道德以同天下之俗'③，故士有揆古人之所为以自守，则人无异论。今家异道，人殊德，士之欲自守者，又牵于末俗之势、不得事事如古、则人之异论可悉弭乎？"④这就使学校变得很关键——它们"将以一天下之学者"，士就能够知道他们真正的目的⑤——而一旦王安石在11世纪70年代建立起一个学校体系和课程，他认为意见的分歧就会平息了。

---

① 《临川先生文集》卷64，第677—678页《周公》一文清楚地表达了这一点。
② 王安石在1058年所写的奏章，囊括了他在其他地方所说的片言只语。早在1047年，他就谈到国家有必要在经济中扮演更主要的角色，致力于"生财"（见《临川先生文集》卷75，第795页的《与马运判书》）。在1060年，他指出"理财"是让普通百姓不至于依赖私人财富的必要手段，一旦百姓依赖私人财富，就会无法挽回地分裂权威，阻碍政策的统一完成（《临川先生文集》卷82，第860—861页，《度支副使厅壁题名记》）。他还认为地方的学校应该成为社会、政府和文化之间的联结纽带，应该是"士朝夕所见所闻，无非所以治天下国家之道"的地方，就像古代一样（《慈溪县学记》，《临川先生文集》卷83，第870）。
③ 《礼记·王记》。
④ 关于1058年的情况和王安石对此的态度，见《答王深父书》之二，《临川先生文集》卷72，第768页。我文中翻译的是《与丁元珍书》中一段相近但更详细的段落（《临川先生文集》卷75，第794页）。
⑤ 1066年所作的《太平州学记》，《临川先生文集》卷82，第862—863页；参见王安石为1064—1065年所建的虔州州学所作的《虔州学记》，见《临川先生文集》卷82，第858页。

尽管司马光和其他人会指责王安石作为一个宰相,要求别人同乎己,可是司马光实际上也对自己的意见居之不疑。① 他对一个有秩序的政体应该是什么样子,拥有完全不同的看法,而他对自己的想法很自信。王安石询问的是,政府应该为社会的福利做些什么,和他形成对照的是,司马光询问的是人应该怎么做来保存政体。1052 年的制科考试请司马光出题,他提出上古和后世的区别只是上古的王朝持续得更长一些而已。② 他认为没必要从根本上重建社会结构。在 1056 年,他写道:"岂古则可为,而今不可为邪,由教之末至故也。今基既正矣,其余则勉之而已矣,何惮不及于古邪?"③

司马光相信,当前的基础是正确的,这个信念来自他对政体(Polity)性质的理解,他认为圣人创造了政体使人们脱离"太古"那种自我毁灭的状态,进入一个有秩序的世界,在"太古"人们去禽兽者几希,为生存而互相争斗。

> 圣人者慜其然,于是作而治之,择其贤智而君长之,分其土田而疆域之,聚其父子、兄弟、夫妇而安养之,施其礼乐政令而纲纪之,明其道德、仁义、孝慈、忠信、廉让而教导之。犹有狂愚傲很之民悖戾而不从者,于是鞭扑以威之,铁钺以戮之,甲兵以殄之。是以民相与安分而保常,养生而送终,繁衍而久长也。④

司马光的"上古"是和皇权统治的传统相一致的,在皇权统治中,政治的稳定来自劝说和强迫人民接受他们被分配的角色。等级、界限和限制,是司马光世界的显著标志;他不接受王安石对政府的设想,王安石设想

---

① 参见司马光在 1070 年写给王安石的三封信(《司马文正公传家集》卷 60,第 719—727 页)。他在 1056 年已经认为,君子和小人的区别在于前者公,而后者专,只关心一己之道(《司马文正公文集》卷 69,第 856—857 页)。而他是在他的靠山被迫离开朝廷以后写下这些的。
② 《司马文正公传家集》卷 75,第 920—921 页。
③ 《闻喜县夫子庙碑》,《司马文正公传家集》卷 67,第 832 页。
④ 《司马文正公传家集》卷 71,第 872 页。

的政府,积极增进繁荣,并教导人们如何提高地位。

在11世纪的五六十年代,司马光首要关心的是,通过解释必须坚持的原则,来纠正对国家的命运影响最大的官僚程序(bureaucratic process)。正像他在1045年所写的:"明君臣之大分,识天下之大义,守死而不变,斯可谓之义矣。"① 例如,他警告说,要保证政治制度出于"公";就是说,政治制度必须一直为了国家的生存而运行,而不是为了治国者的"私"利。② 这种对于制度完整性的捍卫,并不意味着去挑战或者否认私利,而只是要在追求个人私利和为国家服务的公共职责之间保持界限。司马光作于1057年的《迂书》,汇集了格言式的评论意见,它表明对司马光来讲,学会服从自己的职责就是对士的道德挑战。他写道,那些真正服从"圣人之道"的人,不会试图去改变他们不能控制的东西——才智和勇气、级别和财富——他们只会试着完成他们既定的角色。一个认命的人不会为欲望的不能满足而痛苦,无论这欲望是理想主义的,还是自私的。③ 而且在1057年,就是他重返朝廷的时候,司马光写了一系列文章,探讨让政府来挽救国家的问题。④

---

① 《张巡》,《司马文正公传家集》卷67,第832页。
② 司马光在1050年到1051年,批评皇帝根据个人的好恶来授予名誉性头衔,而不是把它们当做对真正的成就的奖赏,这是一个比较早的例子,(《司马文正公传家集》卷18,第275—280页)。
③ "天非"(1057—1058),《司马文正公传家集》卷74,第905—907页。我的评论是对《迂书》前十节的阐释。司马光当得起这个评价。从一方面讲,他承认世界大部分是可以预知的,因为人们会接着听从欲望的支配,并且对那种要求以私从公的劝告,经常不能听从。从另一方面讲,他指出安分不会限制人们继续学习,而学习会带来更广阔的视野(甚至使人们能认识到自己的过去是一个错误)。
④ 司马光1058年所写的《朋党论》承认,好的朋党维护国家之"公"(理想主义者欧阳修在11世纪40年代也写了一篇著名的《朋党论》,司马光的文章和欧阳修的文章持论相反,《司马文正公文集》卷64,第793页)。1057年所作的《知人论》指出君主的任务就是弄清哪一个人会维护有利于政治权威之统一的等级秩序(《司马文正公传家集》卷65,第799—801页)。1057年所作的《功名论》敦促君主寻找那些真正能够挽救国家危机的人(而不是那些在清议中有名望的人),任用他们,使之人尽其材,完全地信任他们,维护他们,使之不受责难的中伤,这样他们就会苟利国家生死以(《司马文正公文集》卷65,第787—790页)。

在11世纪60年代,司马光利用他的谏官职位,提出了他相信可以确保王朝渡过危机的一般原则。他从1061年起向皇帝上的奏章,代表了与王安石1058年的奏章相反的另一种选择。在司马光建议改革任官体制十天以后,他呈上一份分为五个部分的奏章——《进五规状》,他说"五规"是"守邦之要道,当世之切务"。① 司马光在他担任谏官期间写了大量关于改革计划的奏章,而这封奏章正是一个总的框架。它们都是写给皇帝的,皇帝是司马光的方案中核心和最高的人物。在《保业》的开篇,他评论了王朝的盛衰。他问道,为什么在最近的一千七百年里,王室只能够维持帝国五百年的统一?责任很大程度上是在王室,以及皇帝的骄惰。第二部分《惜时》,开头就不主张将天地的自然循环等同于政治历史。正像他在1056年所写的:"圣人之教,治人而不治天,知人而不知天。"②王室以人力兴——第一篇文章解释王朝的开国之君拥有"天命",就是说他具有才智和力量来击败他的对手。王朝的衰落,完全不是必然的或自然而然的,它可以通过恰当的方法来避免。它就像"今人有巨室于此,将以传之子孙,为无穷之规,则必实其堂基,壮其柱石,强其栋梁,厚其茨盖,高其垣墉,严其关键。既成,又择子孙之良者使谨守之"。巨室的主人就是统治者,巨室就是政体:"夫民者,国之堂基;礼法者,柱石也;公卿者,栋梁也;百吏者,茨盖也;将帅者,垣墉也;甲兵者,关键也。"如果为君者仔细地维持它"谨守祖宗之成法",它就能如南山之杉,江河之不竭。③

司马光的类比尽管很机械、很不生动,但在这些类比中,政体是一个协调的、无所不包的组织,其中各个部分联系成一个整体。它的保存依赖于人类的选择和利益。君主的任务就是让人们安于其被指定的角色。每个人安于自己的角色是出于私利——他希望他的后代继承他的财富——但这样做使所有在组织中的人都受益。这里也是整体大于

---

① 《司马文正公传家集》卷21,第307—314页,引用了序言(卷21,第307页)。
② 《原命》,《司马文正公传家集》卷67,第833页。
③ 《司马文正公传家集》卷21,第309—310页。

部分之和。但也可以说公共的利益来自为王朝利益服务。由此而下，奏章的其余部分不说也可以知道是什么了。君主必须选拔优秀的文官武将、练兵、充实仓廪以及确保在地方实行有效的管理，以此来防御外族的入侵和自然灾害（《远谋》）。君之任官当察恶于未萌之际（《重微》）。最后，统治者一定要采取措施保证政府务实，而不是做表面文章（《务实》）。

在这样一套计划里，君主扮演了核心的角色，并且对计划发挥正确的作用负首要责任。在1061年，以及在他写给后来侍奉的几位君主的奏章中，司马光向君主提出了两套教令。① 第一是"任君之大德有三，曰仁，曰明，曰武"。② 仁被司马光解释为兴教化、修政治、养百姓、利万物。"明"意味着知道义、识安危、别贤愚、辨是非。"武"意味着惟道所在，断之不疑，守道不遗，奸不能惑，佞不能移。③ 司马光对第二套教令最感兴趣：即人事政策。"臣闻致治之道无他，在三而已，一曰任官，二曰信赏，三曰必罚。"④ 好的君主是官僚体制最终的管理者。他量才授官，奖成罚失。⑤ 赏罚是必要的，因为正像司马光在《进五规状》中所写的，很少有人能真正"忧公忘私"。⑥

司马光很少为政府设计新的任务，相反，他提出，政府之所以有问题，是因为官吏们没能完成已经确定好的职责。例如在11世纪60年代，当他长篇大论地谈到王朝所面临的财政和军事问题，他处处都提出，

---

① 后来写的奏章经常引用早先的奏章；见《司马文正公传家集》，卷20，第296页（1061年的奏章），卷24，第346页（1062年的奏章），卷27，第275页（1063年的奏章），卷27，383页（1063年的奏章），卷28，第381页（1063年的奏章），卷31，第417页（1064年的奏章），卷32，第427页（1064年的奏章），卷38，第493页（1067年的奏章），卷46，第568页（1085年）的奏章。
② 请注意这三篇文章与王安石《三不欺》（《临川先生文集》卷67，第712页）之间的近似，《三不欺》认为"德、察、刑"（分别对应后世的"德、督察和刑罚）是圣人为政之道的主要特征。
③ 《司马文正公传家集》卷20，第296页。
④ 1061年的奏章，《司马文正公传家集》卷20，第297—298页。
⑤ 司马光做谏官时的奏章，《司马文正公传家集》卷20，第297—298页。
⑥ 《司马文正公传家集》卷21，第312页。

更好的行政将解决大部分难题。① 如果人们是依据才能而被任用的,那么赏罚就会让他们看到,个人的利益存在于完成他们的公共角色之中。对司马光来讲,人必须一直被约束,因为他们的行动总是出于私利。王安石认为"圣人之为道也,人情而已矣"②,这个观点与通过满足来处理人的欲望的一项计划是一致的。

司马光所说的"政体"这个"巨室"很难建设,并且很容易分崩瓦解;它需要持续不断的管理,使各个部分的自私自利不至于导致整体组织的坍塌。司马光在1062年写了一篇很长的奏章,题为《谨习疏》,正像他本人在这篇奏章中所指出的,困难在于让人们接受,他们只被允许在为他们安排的角色限定范围内,追求其私利。③ 这篇奏章听起来像是一个回应,它回应了那种认为人天生抵制这些限定的意见。简单地讲,司马光提出,无论人们倾向于抵制还是接受服从,都是一个行为"习惯"的问题,这种习惯在历史中发展起来。这样一来,就要由政府来强化那些使人们习惯于服从的社会价值观。实质上,最重要的是:政治的权威必须"习民

---

① 司马光很清楚财政和军事方面的问题,关于这一点参见《司马文正公传家集》卷20,第298页一篇1061年的奏章。在和西夏的关系问题上,他反对扩大军队的规模,招募北方的农民入伍,在边境上造成一个更进攻性的姿态。他认为庞大的军队会消耗财富,这样就会使军队本身成为国家的威胁,他呼吁要加强军队的训练,挑选更好的将领(见《司马文正公传家集》,卷20 第298页,卷34 第449—459页,卷35 第461页,卷35 第464页的1061、1064、1065、1065年的奏章)。

《论财利疏》(作于1061年,《司马文正公传家集》卷25,第353—362页)是他这一时期讨论财政问题最详细的一份奏章。他反对那种让国家占有更多国内财富的改革,相反他呼吁挑选财政专家来充任财政方面的职位,为财政方面的机构建立特殊的职业道德,这种道路不同于"文辞之才"的道路,以此来改善财政方面的行政管理。他建议降低对农民的税收,提高对城市财富的税收,衙前厮役当募人为之,以便把百姓重新吸引到农业上去。这后两项措施被新法采纳。不过,如何让农业更有利可图,以便让人们重新回到他们恰当的角色上,恢复生产和税收,司马光对此的说明,主要是要采取措施确保地方行政官员胜任工作,而不是增加投资。他也呼吁要减少花费,包括皇室的俸钱和对官员的赏赐,但是他认定真正的问题是官员和军队的膨胀。在这里就像在后来一样,他假定"天地之产有常"(《司马文正公传家集》卷25,第361页),农产品的产量无法提高。

② 《临川先生文集》卷70,第747页。
③ 《司马文正公传家集》卷24,第347—351页。

于上下之分"。① 这是古代的习惯。"礼"意味着一个从天子到诸侯,再到百姓的权威等级(司马光所说的周王朝是一个中央集权的国家)。这个"习"也是政体的安全网。司马光假定,人们本能地拒绝改变这种"习",这使他们不愿意挑战权威,希望听从于它。他断言,自周朝衰落以来的历史,表明这种"习"在被侵蚀,尽管无权无势的周天子还能徒有虚名地维持,证明了这种"习"有它的价值。但是,这种"习"还是受到破坏。而在从汉到唐的历史中,当王朝不能恢复"礼",挑战君上的"习"就出现了。在唐末,人们不再谈论"尊卑之序、是非之理",其结果就是导致五代时期的国家国祚短促。② 宋朝回到了正确的轨道,因为立国者"知天下之祸生于无礼也",并采取措施建立统治者的权威,收回地方长官的权力。他们统一了权威的等级,使这种等级从朝廷延伸到转运使(对司马光来讲,这是宋代相当于周朝的诸侯的角色),再延伸到州县长官和吏民;"然后上下之叙正,而纪纲立矣。"③为了保持这个正确的方向,权威的关系不应该被打乱,人们不应该贪求更高的地位。

这封奏章中的历史观点可以在司马光的历史研究中找到,就像我们在后面将会看到的一样。那些历史研究著作还包含着这样的观点,即士是一个先前已经存在的社会精英,这一点在奏章中是不言自明的。政府与其说去鼓励人们成为士,不如说更应该得到士的支持,并由此得到民众的支持。④ 司马光希望避免社会和政治的改变,这种愿望使他的蓝图与王安石的差别更加显著。王安石设想了一个社会政治秩序,其中对更高的地位和更大的财富的汲汲以求,对公众福祉不会构成损害。

学

王安石知道政府应该干什么。司马光则知道政府应该怎样被管理。

---

① 《司马文正公传家集》卷 24,第 349 页。
② 《司马文正公传家集》卷 24,第 348 页。
③ 《司马文正公传家集》卷 24,第 349 页。
④ 见司马光《历年图序》卷 16,第 83a—88b 页。

当然，讲做什么与讲怎么做之间，有许许多多的不同。讲做什么就要明确任务，创建机构或者扩大既有的机构来完成那些任务；讲怎么做就要明确角色和职能，伦理标准要澄清。正是在这一点上，"学"再一次登上舞台，因为王安石和司马光，都通过他们自己的学，对什么是士应该了解的东西提出自己的看法，这些看法证明了他们思考政府问题的那种方式是正确的，而且他们每个人都撰写了一批作品来劝说士人。他们的思想生涯是他们政治计划中不可缺少的一部分。

尽管他们两人都有文学成就，但都将文学和对价值观的追求区分开来。例如，一位学生向王安石呈上一份文学习作，王安石在回信中一上来就问道："欲以文辞高世"，还是"欲以明道"？① 在一个类似的情况下，司马光问道："然未知足下之志，所欲学者，古之文耶？古之道耶？"②但是，如果说王安石像他自己的实践所证明的那样，他相信"做文"等同于"学道"，并且同意把文学作为科举的基础，③那么司马光则是希望将从事文学从严肃的学中排除出去。在1083年，他在《迂书》这个格言集中的《文害》这一篇谈到："或谓迂叟：'子于道则得其一二矣，惜乎无文以发之。'迂叟曰：'然，君子有文以明道，小人有文以发身。夫变白以为黑，转南以为北，非小人有文者，孰能之？'"④他向当时一位著名的文人解释说，不能用《论语》四科中有文学，来为当今的文学开脱，《论语》中的"文学"意味着《诗经》、《尚书》之文，以及礼乐的形式与声音。他指出，至于说到使其言"文"（making language wen），孔子只是说"辞达而已矣"。⑤ 这句话开始越来越频繁地出现。它支持的是一种将写作看作工具的观点，而

---

① 《答吴孝宗书》，《临川先生文集》卷74，第786页。
② 《答陈充秘校书》，《司马文正公传家集》卷59，第707页。这可以和司马光《迂书》中《斥庄》一篇中的"君子之学，为道乎？为文乎？"参看（《司马文正公传家集》卷74，第914页）。
③ 例如，见王安石《取材》一文（《临川先生文集》卷69，第734—735页）。
④ 《司马文正公传家集》卷74，第910页。
⑤ 《答孔文仲司户书》，引用《论语·卫灵公》第41条，《司马文正公传家集》卷60，第718—719页，司马光进一步写道："足下所谓学积于内，则文发于外。积于内也深博，则发于外也淳奥。则夫文者虽不学焉，而亦可以兼得之。学不充于中，而徒外事其文，则文盛于外，而实困于内，亦将兼弃其所学。"

不是文学的观点,这个文学的观点体现在本书前面多次提到的一句话中:"言之无文,行而不远。"即便是王安石,也承认这不是做文的"本意"①。在司马光的计划里,文的确有一席之地。表达的恰当形式对社会生活是必要的。②他也同意,一个人要以文学的方式展示自己的个性,那么诗歌就是一个适宜的方式。③但是,在为政中,文学活动没有什么真正的价值。

司马光对文学的敌意,部分是因为文人宣称他们在"创作"有价值的东西。这就意味着臆造思想是合法的。但是要思考"道",一个人的想法要取之于外。司马光对一个学生解释说:

> 孔子自称"述而不作"④,然则孔子之道,非取诸己也,盖述三皇五帝、三王之道也;三皇、五帝、三王,亦非取诸己也,钩探天地之道以教人也。故学者苟志于道,则莫若本之于天地,考之于先王,质之于孔子,验之于当今。四者皆冥合无间,然后勉而进之,则其智之所及、力之所胜,虽或近或远、或小或大,要为不失其正焉。⑤

司马光相信,那些经得起对其价值进行的所有考验的事情是可以了解的。一个了解这些事情,并且有力量加以实践的人,肯定可以动合于道。

王安石有一次谈论说"世之为士者知学矣,而或不知所以学"。⑥ 在我看来,王安石和司马光每个人都相信他用以得出结论的方法,为士提供了一个"所以"学的典范。这是他们和程颐与苏轼不同的地方,程、苏二人每个人都明确地谈到个人如何靠自己来认识价值观的问题。本书接下来对王安石和司马光的学术所做的讨论,在所有的问题中,尤其关

---

① 给一位不知名的人的信《上人书》,《临川先生文集》卷 77,第 811 页。
② 《司马氏书仪》是关于公共和私人信件正确格式的著作,它把这一种形式的文看做礼的一个方面。见伊沛霞的《礼以教人:宋代家礼的编纂》(Education through Ritual: Efforts to formulate Family Ritual in Sung Period)。
③ 见《司马文正公传家集》卷 69,第 854—855 页,为三部诗集所作的序;其中两篇作于 1085 年。
④ 《论语·述而》第 1 条。
⑤ 《答陈充秘校书》,《司马文正公传家集》卷 59,第 707 页。
⑥ 《太平州新学记》(1066 年),《临川先生文集》卷 82,第 863 页。

心他们学的方法(也就是他们对所有的士应该相信什么这个问题得出结论的方法),以及他们"从何"而学。王安石被誉为经学家,他如何向儒家的经典学习?正像他写给一位学生的:"若欲以明道,则离圣人之经,皆不足以有明也。"①同样,司马光作为一个有成就的历史学家,也带来这个问题,他如何向历史学习?正像他在《资治通鉴》中所写的,"史者,儒之一端"。② 两个人在实践中的投入,比这些主张所体现的热情还要大,而从大体上讲,司马光将儒家经典作为历史的开端,而对王安石来讲,历史是一批汇集起来等待被纳入儒家经典体系的材料。尽管我将介绍一些他们学了"什么"的细节,但我主要关心的还是他们"如何"学,我认为两个人都相信有一种学的方法可以保证他们所得出的结论是充分的。

作为学者的王安石:经典的内在一致性(coherence)

关于王安石学术生涯的材料是非常丰富的,尽管其中很多都无法系年。到11世纪60年代,论文集《淮南杂说》和《洪范传》开始发行。③ 在执政期间,他为撰写《尚书》和《诗经》的官方注解做出了贡献,这些注解今天只残留片段;④他还亲自撰写了一种,即《周官新义》,这在今天还保存着。这以后,他还写了一部字典《字说》,现在只能从一些片段来加以了解。像司马光所做的一样,王安石为《周易》和《孝经》写了注解,这些

---

① 《答吴孝宗书》,《临川先生文集》卷74,第786页。
② 这句话是司马光在反对5世纪刘宋王朝同时建玄、儒、史、文四个学馆时所说的。林瑞翰在《司马光之史学及其政术》第59—60页中引用了这句话。见《资治通鉴》卷123,第3868页。
③ 侯外庐《中国思想通史》第421—422页,提出王安石的很多文章出自《淮南子》,但仍然要确定哪一些是。陆佃《陶山集》卷15,第164—165页)在11世纪60年代早期就看到了这些文章,并且认为它们代表了与胡瑗之学不同的学问,而胡瑗之学在当时东南的士大夫中是流行的。刘安时(1048—1125)后来回忆说,在11世纪60年代早期,王安石的文章在社会上流布,并且"天下推尊之,以比孟子"(见马永卿《元城语录》卷1,第6页)。在1070年,有些应举者已经引用王安石的经注——《洪范传》(见《续资治通鉴长编》卷215,第5246页)。
④ 邱汉生《诗义钩沉》搜集了王安石《诗经注》现存的部分。

注解都亡佚了。① 他还为《老子》作注,这部注解亡佚后得到部分恢复②。他晚年撰写过关于佛教典籍的著作,尽管他为《金刚经》、《维摩诘经》所做的注释今天已经亡佚了。③

王安石的文集中大约有五十篇没有系年的文章。这里,我将从王安石解决修身与治世之间的张力的努力出发,特别关注那些反复出现的有关价值观探寻的主题。④ 王安石在《杨墨》中承认,"为己"和"为人"都是片面的。真正的学始于个人,最终要能够指导他人。⑤ 消除对峙在于用他人能够共同认可的思想来充实自我。人们一定要从"正世"的目的出发来"正己"。王安石反驳了这样的观点,即当一个人达到了内心纤尘不染的境地,事物将会在他的道德影响下,自发地"正己"。与其这样,他更愿意"正己",以便"使万物自正焉"。⑥ 学者所要了解的是对大家都正确的事情。

能够找到这些观念的人将有办法通过"学"成为圣人,获得一种诚正的道德意识,并且按照道来行动,社会的意见和回报都不挂怀。⑦ 思想本

---

① 关于王安石的著作,参见于大成的《王安石著书考》。尽管王安石的《周易注》已经亡佚,但他的文集里有关于《周易》的文章。
② 王安石《王安石老子注辑本》。
③ 关于王安石的注释,参见竺沙雅章的《王安石司马光与佛教》。1084 年,王安石得到朝廷的允许,把自己的田产捐给寺院。不清楚他是否捐给佛教的寺院。安藤智信《王安石与佛教——以钟山隐居时期为中心》注意到,如果假定王安石改变了信仰,对此很难作出强有力的解释。王安石的政治设想是否受佛教的启发还要有证据来证明。竺沙雅章认为王安石对佛教并不外行,他修建一座寺院,这是一个富裕的读书人表达虔诚的常见做法,而且他所以对佛教文献感兴趣,是要为他的儒家观点提供支持。蒋义斌《宋代儒释调和论及排佛论之演进——王安石之融通儒释及程朱学派之排佛反儒》第 22—58 页指出王安石文章中一些哲学观点,很像是来源于佛教。他不是说王安石是一个佛教徒,而是说明王安石综合了佛教和儒教。我要重申的是:在把他所见到的东西组成一个包罗万象、内在一致之蓝图(vision)的过程中,王安石把佛道包括在其中。
④ 关于修身与治世,以及内、外和知、行等对立关系,见史华兹《儒家思想中的一些两极对立概念》(Some Polarities in Confucian Thought)。罗文《王安石与儒家内圣理想》(Wang An-shih and the Confucian Ideal of Inner Sageliness)证明王安石的确致力于自我修养。
⑤ 《临川先生文集》卷 68,第 722—723 页。
⑥ 《答王深父书》,《临川先生文集》卷 72,第 766—767 页,引《孟子·尽心上》第 19 条。
⑦ 例如见《推命对》(《临川先生文集》卷 70,第 741 页),《对难》(《临川先生文集》卷 68,第 728 页),《行述》(《临川先生文集》卷 67,第 718 页)。

身有一个终极的基础。在《九变而赏罚可言》一文中,他举出的一个例子,就是《庄子》所依次论述的九个阶段,从澄清天与道德,到决定是非和施行赏罚。① 在自然、宇宙和内心以及圣人政府的体制之间没有矛盾。所以人们能够依赖上古这个模式,上古社会掌权者与在下者有共同的标准,贤明的人得到任用,为学的人得到奖赏。② 王安石在《老子》一文中解释道,天地为人类社会提供了开端,但是人创造了必要的东西来成就万物。"故昔圣人之在上而以万物为己任者,必制四术焉。四术者,礼、乐、刑、政是也,所以成万物者也。"③ 圣人用他们的"术"来统治事物,与其关注这些事物的终极根源,不如关注圣人之"术"的用意。有些人想象人可以进入一种质朴而原始的状态,以此来为"无为"辩解,《太古》批评这些人,并总结说,当前所应该讨论的,是圣人使人从禽兽转变成文明人的"所以化之之术"。④

王安石承认有些学生想要"以至于圣人之于天道",⑤但是他却难以明了,那种圣人与天道的统一如何使之概念化。⑥ 这种无所不包的自然之道,不能被用来推导出指导人事的"理"(normative principles)。"语道之全,则无不在也,无不为也,学者所不能据也,而不可以不心存焉。"⑦ 遵循韩愈的说法,他否认像"道"与"德"这样的术语有内在确定含义,尽管他承认古人是以规范的方式来使用这些术语。他也把这个推及人性。"去善就恶谓之性亡,非不可也。……可以谓之性亡,而不可以谓之性无

---

① 《临川先生文集》卷67,第710—711页,引用《庄子·天道》;华兹生(Watson Burton)的《庄子全译》(*Complete Works of Chuang Tzu*)第146—147页。
② 见《命解》(《临川先生文集》卷64,第682页),《进说》、《取材》、《兴贤》、《委任》(以上见《临川先生文集》卷69,第733—737页)。
③ 《临川先生文集》卷68,第713页。
④ 《临川先生文集》卷69,第731页。
⑤ 《太平州新学记》,《临川先生文集》卷82,第863页。
⑥ 见王安石在《礼论》中就人为了服从礼所做的牺牲谈天人关系(《临川先生文集》卷66,第660页)。
⑦ 《答韩求仁书》(11世纪60年代中期),《临川先生文集》卷72,第763页。

恶。孔子曰：'性相近也，习相远也。'①言相近之性以习而相远，则习不可以不慎，非谓天下之性皆相近而已矣。"②确定什么是善，一定要参考社会生活，例如《扬孟》这篇文章就否认孟子认为人性惟善，相反它提出（正像扬雄所说的），人性是善行与恶行共同的根源。王安石总结道，知"性命之理"是不够的，除非理解它们恰当的方向；也就是说，应该为自我修养这个最终目的服务。③《性说》、《性情》和《原性》都可以看做是对人性道德自足的反驳，并且意味着才能、外在的标准以及情绪的反应与做一个道德的人无关。④ 然而王安石还是为一个被他称为"用心于内，不求于外，不修廉隅以徼名当世"的学生辩护。⑤

王安石的文章为积极有为提供了有力的论证。他反复批评佛老的学说，认为它们都假定道德的自主需要和终极存在之间建立个人联系，这样就使人脱离社会。它们没有看到人们内心那些可以转变社会的价值观；没有看到个人与社会之间潜在的统一。王安石在更高的玄妙世界和实在的存在之间，假设了一个中间层面。这是圣人工作的层面。王安石认为曾子将孔子所说的"吾道一以贯之"阐释为"忠恕"，就是一个例子。有些人认为孔子之道"神明不测"，事实上，王安石写道："忠足以尽己，恕足以尽物，虽孔子之道又何以加于此。"⑥可以终身行之的道与德是有的，而且它们可以被界定和分出等级。⑦

王安石在11世纪40年代写道，圣人一定是通过他们的头脑来理解道，但是他做的事别人可以了解。一个人不必自己成为圣人，"贤人则其

---

① 《论语·阳货》第2节。
② 《答龚深父书》，《临川先生文集》卷72，第765—766页。在王安石文集的另一个版本中，这封信作《答王深父书》（见《临川先生文集·附录》第1081—1082页）。无论哪种情况，这封信都大概作于11世纪50年代中期。
③ 《临川先生文集》卷64，第679—680页。
④ 《临川先生文集》卷67，第715页；卷68，第726—727页，《附录》第1064—1065页。
⑤ 在《答龚深父书》对王深父的谈论，《临川先生文集》卷72，第765页。
⑥ 《答韩求仁书》，《临川先生文集》卷72，第763页，引用《论语·里仁》第15条。
⑦ 《答韩求仁书》，《临川先生文集》卷72，第763页，引用《论语·述而》第7条；《论语·颜渊》第1条。

行不皆合于圣人,特其智足以知圣人而已"①。《庄周》一文对此谈得更深入。圣人想建立"中人所及"的标准,并且加以详细的讨论。他们认识到中人所不及的标准,但是言之甚略,以免让天下人迷惑。②成圣本身并没有错,但要紧的是知道,圣人相信秩序可以立足于多数人实际可为之事。《中述》解释说,孔子对人不求全责备,"圣人之道本乎中而已"③。王安石在《仁智》一文中承认,假如从一个普遍的基础得出各种独特的社会准则,那么无论人们是本能地遵循它,还是通过已有的知识来规划自己的行为,以求符合那些准则,其结果都是一样的。④

王安石认识到,危险在于把不朽的价值观与特定的表现形式等同起来。在《勇惠》一文中,他解释说,义就是做正确的事情,而不是执着于世人所说的义言义行的某些具体做法。⑤同样,在《王霸》一文中,霸主模仿一个真正的王者的所作所为,以此来求得王者的声誉,但却没能真正表现得像一个王者。真正的王者因时而变,因此能够功侔古人。⑥在其他地方王安石区分了"道"和"迹","迹"指有记载的言行。如果时代不同,那么模仿行迹就是失道。"如时不同而固欲为之同,则是所同者迹也,所不同者道也。……世之士不知道之不可一迹也久矣。……如圣贤之道皆出于一,而无权时之变,则又何圣贤之足称乎?圣者,知权之大者也;贤者,知权之小者也。"⑦

对王安石来讲,对道和"迹",或者说形式之间的区分得出三个结论。

----

① 《答龚深父书》,《临川先生文集》卷72,第765页。
② 《临川先生文集》卷68,第725—726页。
③ 《临川先生文集》卷67,第717—718页。
④ 《临川先生文集》卷67,第716页。
⑤ 《临川先生文集》卷67,第715页。
⑥ 《临川先生文集》卷67,第714页。司马光不同意孟子这个观点,认为只是程度上的差别。他认为政治秩序在任何环境下都以同样的原则为基础:如果一个霸主要建立秩序,他也必须奉行与王一样的原则(见《疑孟》,1055年,《司马文正公传家集》卷73,第896页)。关于宋代对王霸之别的讨论,见田浩的《功利主义儒家:陈亮对朱熹的挑战》(*Utilitarian Confucianism: Ch'en Liang's Challenge to Chu His*)第46—53页。
⑦ 《禄隐》,《临川先生文集》卷69,第730—731页。

第一,不必一件件地模仿古人的典范和先例。第二,可以允许每个人在自己所处的时代创造新的形式,让别人来模仿。第三,废除那些蹈袭过去之迹而形成的成俗是合法的。在《风俗》一文中,他提出如果要使百姓生活安定而富足,就一定要"正"风俗。① 《闵习》这篇文章谈到风习的怠惰使"先王之道"难行。②

"学"的关键在于找到可以由己推及于全社会的思想。人们可以在古代找到这些思想,因为圣人努力树立一些所有人可以遵循的典范,以此来化成天下。但是,圣人是如何成功地使这些典范生效的呢？在《非礼之礼》这篇文章里,王安石回答说,圣人有步骤地根据当时变化的历史环境和社会风俗来"制礼"。③ 他在另外一篇文章里声称,系统地制礼是模仿上古的真正含义,而不是照搬那些看起来似乎适合当前的古礼。④ 在《夫子贤于尧舜》中,他解释说,这就是为什么儒家的经典是价值观思考的基础。所有的圣人都是一样的,他们同乎天地而至善,但孔子更完美,因为他"集诸圣人之事,而大成万世之法"。他之所以能这样做,是因为圣人根据天下的变化而制法,到孔子那个时候,天下之变化已经出现得差不多,而圣人制法中的主要变化也出现了。儒家的经典是对历史变化的累积的记载,同时也是对一个全面而完整的体系的记录。⑤ 正像王安石在另外一处所写的,礼是一个协调一致的体系,它考虑了人的需要和习性。⑥

---

① 《临川先生文集》卷 69,第 737 页。
② 《临川先生文集》卷 69,第 738 页。
③ 《临川先生文集》卷 67,第 713—714 页。
④ 《临川先生文集》卷 70,第 748 页(第六个问题)。
⑤ 《临川先生文集》卷 67,第 711—712 页。
⑥ 夏长朴《王安石思想与孟子的关系》(第 315 页)指出,在 1068 年以后,王安石改变了他关于人性的看法,认为人性本善。我认为这误解了王安石的意见,王安石认为,如果环境正确地建立起来,人们就能够为善。例如《礼乐论》(《临川先生文集》卷 66,第 701 页)就认为礼的"本意"就是转化人们的性格,礼引导内在的意愿(tendencies),向有益于社的方向发展,礼以此来完成化人的目的。《原过》(《临川先生文集》卷 69,第 732 页)认为真正的秩序可以使驰骛过度的人复归于常。这两处所论,都认为外在的秩序是起主要作用的。

儒家经典为王安石提供了一个将万事包罗为一个整体的体系。接下来他就可以从那个基础出发,将自古以来出现的每件事都囊括进去。正像他在《取材》一文中所强调的,学者必须"通古今、习礼法、天文、人事、政教更张"。① 他逐渐向前迈进了一步。从宰相的位子上卸任之后,他写信给侄子曾巩说:

> 世之不见全经久矣,读经而已,而不足以知经。故某自百家诸子之书,至于《难经》、《素问》、《本草》、诸小说无所不读,农夫、女工无所不问,然后于经为能知其大体而无疑。盖后世学者,与先王之时异矣,不如是,不足以尽圣人故也。②

换句话说,如果王安石能够看到每件事如何组成一个整体,那么他就真的看到了儒家经典的体系。

王安石能见事物之一致性(coherence),特别是见到古代典籍中的一致性的能力,表现了他自己与"天地之全,古人之大体"③的一致。他对儒家经典的阐释印证了这一点。他的"方法"是从《诗经》文本的排列顺序上探求微言大义,这正是欧阳修在他为《诗经》所做的注释中(《诗本义》)所反对的。他的《周南诗次解》中的一段话就代表了这种做法:

> 王者之治,始之于家;家之序,本于夫妇正;夫妇正者,在求有德之淑女为后妃以配君子也,故始之以《关雎》。夫淑女所以有德者,其在家、本于女工之事也,故次以《葛覃》。④

尽管《诗经》的官方注解已经亡佚,但王安石在他所作的序中,声称他恢复了自孔子以来湮没不传的真意。《诗经》"上通乎道德,下止乎礼

---

① 《临川先生文集》卷69,第734页。
② 《临川先生文集》卷73,第779页。
③ 《大人论》,《临川先生文集》卷66,第707页。
④ 《临川先生文集》卷66,第701页。清水溆《对王安石〈周南诗次解〉的解释》在对王安石《周南诗次解》的讨论中提出了这个观点。又见王安石《国风解》(《临川先生文集》附录第1071—1072页)以及他在《答韩求仁书》(《临川先生文集》卷72,第761—762页)中对《诗经》的讨论。

义,放其言之文,君子以兴焉;循其道之序,圣人以成焉。"①上面引用的那段话,就是体现这个次序的一个例子。王安石在给一个置疑者的信中写道,他能以《诗》、《礼》"相解",因为"乃如某之学……以其理同故也"。②

　　上面引用的段落,说明了王安石如何证明他对儒家经典中的圣人之意的阐释是正确的。乍一看,王安石好像是用日常的道德细事与对此的解释来说明《诗经》篇章的顺序,这是一个完全为特定目的服务的方法。事实上,王安石依靠《诗经》作品固定的顺序,来确定在大量的可能性里,哪一种道德原则体现了圣人之意。我认为这里有一个辩证关系,他的论证的一致性——也就是,他那种创造一种必要和确定的次序的能力——证明了他的选择是有效的。因为王安石假定一部儒家的经典,至少包含了形成一个协调一致体系的必要条件,比如他就能够得出这样的结论,在古人完整的秩序中,女工是妇德的基础。王安石关于《周易》的文章同样发挥了他在卦象以及诸如此类的东西里看到一种内在的一致性的能力,并以此来证明他用来解释《周易》经文之次序的思想是正确的。③ 王安石为《洪范》做的注《洪范传》,是这类工作中的另一个例子,当他宣称这部注疏摆脱了几百年以来的传注的限制,并且"通其意"时,他肯定地说自己已经得其一致性。④《周官》本身就适合这种做法,它代表了"道之在政事"⑤,《诗经》主要处理伦理行为的问题,而《洪范》把很多部分合起来。⑥ 王安石在新法为科举规定的儒家经典课程中,将《春秋》排除在外,这部经典不适合这种条理井然的分析。

---

① 《临川先生文集》卷 84,第 878—879 页。
② 《答吴孝宗书》,《临川先生文集》卷 74,第 786 页。
③ 《易象论解》(《临川先生文集》卷 65,第 697—700 页)展示出六十四卦是一个一致的序列,教人以"大人之道"。又见《临川先生文集》,卷 63 第 668 页,卷 63 第 671 页,卷 66 第 708 页。王安石否定了他一些早期关于《周易》的文章,认为这些文章没有抓住《周易》正确的次序,使一位学生对研究《周易》失去了兴趣;不清楚这些文章是否就是王安石所说的(见《答韩求仁书》,《临川先生文集》卷 72,第 764 页)。
④ 《临川先生文集》卷 71,第 759 页。
⑤ 《周官新义序》,《临川先生文集》卷 84,第 878 页。
⑥ 《临川先生文集》卷 65,第 685—697 页。

照我的想法,一个最极端的例子,就是王安石对《河图》、《洛书》所作的解释,传统上认为《周易》出自神授,而《河图》、《洛书》则是《周易》神授之源。

> 孔子曰:"河出图,洛出书,圣人则之。"① 图必出于河而洛不谓之图,书必出于洛而河不谓之书者,我知之矣。图以示天道,书以示人道故也。盖通于天者河,而图者以象言也。成象之谓天;② 故使龙负之,而其出在于河。龙善变,而尚变者天道也。中于地者洛,而书者以法言也。效法之谓人,③ 故使龟负之,而其出在于洛。龟善占,而尚占者人道也。此天地自然之意,而圣人于《易》所以则之者也。④

王安石所说的所有事情,一件一件地看,都是可以接受的平凡之事。但其议论的有力之处,在于表明所有已知的事情实际上形成了一个包罗万象的整体,并因此揭示了它们真实的意味。王安石的意思是说,这正是它们的真意所在。只要他能将他所说的部分安顿在他的整体之中,他就可以断言:"此天地自然之意,而圣人所以……"他那种包罗一切的一致性,就是确定真正价值的基础。

王安石知道他在做什么,而且他相信他所看到的一致性与人的天性(innate human qualities)相应。在 1065 年为一所学校所写的学记中,他解释为什么秦朝不能彻底根除古代的理想,他不容置疑地说:"先王之道德,出于性命之理,而性命之理出于人心。《诗》、《书》能循而达之,非能夺其所有而予之以其无也。经虽亡,出于人心者犹在。"⑤ 王安石认为,他在经书文献中所看到的一致性,和它们的本意相应,因为一致性出自人

---

① 《周易·系辞传上》第 11 条。
② 这句是指"在天成象"和"乾(第一卦,与天相连)知太始"(《系辞传上》第 1 条,第 5 条)。
③ 指同上《系辞传上》第 5 条:"坤(第二卦,与乾相对,这里代表"人",在其他地方代表"地")作成物。"
④ 《河图洛书义》,《临川先生文集》卷 63,第 673 页。这段文字又见于陆佃《陶山集》卷 9。如果是陆佃所作,而陆佃是王安石的学生,那么我们或许可以把它看做是一篇模仿之作。
⑤ 《虔州学记》,《临川先生文集》卷 82,第 859 页。

心,而经书与人心内在之理是一致的。《大人论》也将超验的直觉和社会的德行联系起来。"古之圣人,其道未尝不入于神。……以其道存乎虚无寂寞不可见之间。苟存乎人,则所谓德也。是以人之道虽神,而不得以神自名,名乎其德而已矣。"①在《礼乐论》中,他使用了"精"这个术语来解释为什么在古代完整的秩序和宇宙之道之间没有矛盾,"精"指一种关键而精练的东西,它可以和人类的文化区分开来,但对人类文化又是必不可少的。

> 是故星历之数、天地之法、人物之所,皆前世致精好学圣人者之所建也,后世之人守其成法,而安能知其始焉?……故古之人言道者,莫先于天地;言天地者,莫先乎身;言身者,莫先乎性;言性者,莫先乎精。精者,天之所以高,地之所以厚,圣人所以配之。③

"精"使天地和人的统一成为可能;没有它,人们就不能继续发挥圣人制作万物所希望发挥的作用。

《致一论》是王安石最富哲学意味的文章,文章承认对现象的分析和对"一"之精神的探寻,其间必然有辩证的关系。②"夫不能精天下之意,则不能入神矣;不能入神,则天下之义亦不可得而精也。……凡此宜若一,而必两言之者,语其序而已也。"③圣人两者都能做。我认为这篇文章开篇就直截了当地声明,一致性是对有无意义的检验。

> 万物莫不有至理焉,能精其理则圣人也。精其理之道,在乎致其一而已。致其一,则天下之物可以不思而得也。《易》曰:"一致而百虑",④言百虑之归乎一也。苟能致一以精天下之理,则可以入神

---

① ③《礼乐论》,《临川先生文集》卷66,第706页。(译者注:应为《大人论》,《临川先生文集》卷66,第706页。)
②《礼乐论》,《临川先生文集》卷66,第708页。罗文《王安石与儒家的内圣理想》和柯昌颐《王安石评传》第194—196页,在说明王安石的哲学思想时,都把《致一论》看作是王安石对基本哲学的声明。
③《临川先生文集》卷66,第708页。
④《周易·系辞传下》,第3条。

矣。既入于神,则道之至也。夫如是,则无思无为寂然不动之时也。① 虽然,天下之事固有可思可为者,则岂可以不通其故哉?② 此圣人之所以又贵乎能致用者也。③

致一,即看事物如何形成一个一致的整体,这就可以保证人们已经为这里所说的事物确定了理。

学就是弄明白事物是如何结合成一个一致的体系;因而也就是了解事物应该怎样,应该如何实现它们的规范的"理"。被王安石称为"致一"的过程因此就揭示了普遍的标准。对王安石来讲,学的过程是普遍的:万物皆有其理,而人心有它固有的能力(faculties)。而在实践中,王安石把学的过程集中在有关"文"的方面,即典籍传统方面,而不是集中在事物本身。王安石的《字说》颁发给学校,作为新法所设课程的一部分,这部字典就说明了这一点。这部作品本身已经亡佚了,但王安石在为《周礼》所作的注解中,使用了《字说》中字的分析方法,从中我找到下面这个例子。④ 它出自对一组指"官僚"的字的近似的定义中;它解释这部经书里的"士"(也就是精英),是一个表示低级官员的术语。

> "士"与"工"与"才"皆从二,从1。"才"无所不达,故达其上下;"工"具人器而已,故上下皆弗达;"士"非成才则宜亦皆弗达,然志于道者,故达其上也。士,事人者也,故士又训事,事人则未能以智帅人,非人之所事也,故未娶谓之士。⑤

---

① 《系辞传上》第9条。
② 《系辞传下》第3条。
③ 《临川先生文集》卷66,第707页。
④ 《字说》现已亡佚。柯昌颐《王安石评传》第242—247页收集了52条(其中有些可能是不完整的)。在重新辑录的王安石《老子注》和《周官新义》中,还可以再找到一些。罗文《王安石和儒家的内圣理想》和《训诂学:宋代理性主义的一个面向》(Philology: An aspect of Sung Rationalism)谈到这部著作在王安石思想中的重要性。王安石为《字说》所作的序,见《临川先生文集》卷84,第879页;进呈这部《字说》的奏书,见《临川先生文集》卷56,第608—609页(威廉森《王安石:中国宋朝的政治家和教育家》(Wang An-shih: A Chinese Statesman and Educationalist of the Sung Dynasty),第308—310页有这封奏书的译文)。
⑤ 王安石,《周官新义》卷1,第3a页。

在这些和其他的例子里,王安石假定术语既有的意指已经被讨论过了。他的目标就是在与其他事物的联系中,界定一件事的规范意义,界定这些事物在整体中的角色。他对一组由相同的笔画经过不同的组合而形成的字的说明,彼此协调一致,这证明他已经掌握了每个字的要义。

《论语》说为政必先正名,① 王安石是用书面文字的内在之理来定义该字所指的事物之礼。《字说》的前提是,已经有必要去恢复真实的,但已经失传的意义。正像罗文所指出的,王安石很看重《字说》。王安石的序和进呈《字说》的奏书解释说,尽管字是"人之所制",但一个字特定的结构有"义",而且"本实出于自然"。书写始于圣人,尽管字的数量越来越多,字形和发音发生了变化,但字的道德之"义"(moral significance)还内在地保留于它们的结构之中。他的目的只是"一道德",就像圣人有规律地使书写体系系统化所明白表露的那样。王安石承认,秦朝推行篆书,的确是字形方面的彻底断裂。"盖天之丧斯文也。"而深奥的、含义丰富的理有待于他来重新发现。他为《字说》所做的序总结道:"庸讵非天之将兴斯文也,而以余赞其始?故其教学必自此始,能知此者,则于道德之意,已十九矣。"② 这样,王安石在《字说》中认为他通过在书面语中寻找为一个完整的世界所必需的道德指南,最终开始了重建斯文的过程。

我的意思是,王安石是在发展一种学的方式,这种方式证明他所相信的一种为政方式是遵循道的。这种学的方式的物质基础是作为书面文献的儒家经典;他所说的学就是从那些文献中获得价值观。经书的文本和对它们的书写,是宇宙惟一的道与社会生活之间的中间地带,因为它们是那些内心能够认识道的圣人的"迹"。研究上古三代就是在实践如何为政,以及获得对于为政所必需的思想来源:它教给人们如何把事物,以及事物内在的规范结合成整体。与此同时,王安石把整合与一致

---

① 《论语·子路》第 3 条。
② 王安石《临川先生文集》卷 84,第 880 页。王安石声称,尽管书写方式和语言(发音)不断变化,但"自然之义"还是可以了解的,他在《进字说表》中详细说明了这一点(《临川先生文集》卷 56,第 608—609 页)。

化看做人类心灵的自然过程。在斯文与心灵的辩证关系中,天人合一,因为心的任务就是揭示一种文化内在的一致性,这种文化立足于圣人内心天然的一致性。王安石构想天地之道与圣人的历史之道是统一的,这种构想使他能够假定他拥有制定一个新的文化秩序的基础,这个秩序不必因循过去的"迹",却能与上古三代具有真正的统一。

作为学者的司马光:历史的前后连贯性(consistency)

从11世纪60年代早期开始,司马光在他离开朝廷的十五年(1071—1085)里,陆续创作出一系列的历史著作。他在1064年进呈《历年图》,共5卷,囊括了从公元前403年到公元959年之间一千三百六十二年的历史。司马光在《稽古录》中收录了《历年图》中政治事件的编年记载,这部书保存至今。① 现存的这个版本包括36个类目,司马光在不同的类目中,评价了不同的国家和他们的统治者。② 《历年图》成为《资治通鉴》的纲目,司马光在1066年进呈8卷的《通志》,它包括公元前403到公元前207年的历史,这是《资治通鉴》的第一部分。通过《通志》,司马光获得了朝廷对他编写《资治通鉴》的支持。这部294卷的著作,包括公元前403年到公元后959年的历史,最终是在1084年进呈,同时进呈的还有《考异》和《目录》,都是30卷。1081年,司马光进呈《百官表》。受朝廷的委托,这部著作的用意首先是揭示宋代的官僚体系。司马光将960—1067年间相关的政治事件,收录在他的《稽古录》中。③《稽古录》共20卷,他在1086年进呈,通过增加对从圣人伏羲到公元前402年的历

---

① 关于《历年图》对事件的记录,见《稽古录》卷11第63b页—卷15第39a页。
② 这些行文中插入的史论,在清代被伍耀光辑录成一书单行;即《通鉴论》(司马光著,伍耀光辑)。我感谢詹姆斯·齐默尔曼(James H. Zimmerman)向我提供了这部书。
③ 关于《百官表》(又称《百官公卿表》)的编写初衷,见《司马文正公传家集》卷68,第841—842页中的总论。何以要把《百官公卿表》中的事件收集到《稽古录》中,见《司马文正公传家集》卷52,第647—648页的《乞令校正资治通鉴所写稽古录札子》。这些事件在《稽古录》卷17,第89a页到卷20,第116a页。

史的评论,他使自己的编年史变得完整。就这样他写了一部囊括全部中国历史的编年史。尽管司马光坚持独立编纂,这些著作还是得到官方的承认,和官方的经济支持,特别是《资治通鉴》尤其是这样。①

司马光这一时期的思想兴趣并不局限于历史。② 大约在1081年,司马光完成了一部现在称为《司马氏书仪》的著作。"书信"这一部分指出奏书应该怎样写才恰当,如何恰当地按照写信对象地位的高低来写私人信件、家信,又应该如何恰当地根据他们的亲疏关系来写。大量的篇幅是在谈论冠礼、婚礼,特别是丧礼,谈得尤其详细。③ 在这两方面,司马光都从历史传统中获取材料,做出调整以便它们更好地适应当代生活。司马光还参加了各种各样的词典编写工作。和王安石一样,他相信字具有规范的意义,但是他认为可以在更早的字典的基础上确定字的定义。④ 就更轻松的一方面来讲,他有一部名为《投壶新格》的小书,作于1072年,在这本书里,他鼓励士玩投壶来取代下棋。他认为:下棋教人看重欺骗,而投壶最接近古代射箭仪式的功能。⑤

他也重温了"先儒"的著作。司马光首先挑出荀子和扬雄作为百家之中仅有的两个理解了"先王之道之正术"的人。⑥ 他在《疑孟》(1082—1085)中不认可孟子,认为孟子怂恿人们漠视等级制的原则,而司马光认为等级制是圣人之道的精髓。⑦ 他也怀疑王通的重要性,例如他反对王

---

① 司马光还创作了一部"私"史,16卷的《涑水纪闻》,汇集了他对宋代事件的详细记录,这些记录或是根据他掌握的第一手资料,或是出自耳闻,有些则是来自文献记载。
② 麓保孝《论司马温公的学行》,论述了司马光所感兴趣的领域,以及他在这些领域的创作。
③ 伊沛霞《中国宋代的家族和财产:袁采对社会生活的规定》一文,在讨论袁采之《世范》过程中,讨论了司马光如何建立家礼。伊沛霞《唐代书仪》(T'ang Guides to Verbal Etiquette)评论了司马光有关书仪之历史体裁的著作。山根三芳在他的四篇文章里(见参考文献第468页,原书页码),详细地谈到司马光所谈的礼仪和有关文献。
④ 例如,见他的《名苑序》,《司马文正公传家集》卷68,第846页。麓保孝《论司马温公的学行》,第38—44页,全面地论述了司马光从事这些计划的情况。
⑤ 《司马文正公传家集》卷75,第917—919页。
⑥ 他在1050年请求政府刊印扬雄的《法言》和《荀子》(《司马文正公传家集》卷18,第276页)。
⑦ 《司马文正公传家集》卷73,第854—896页。司马光并不同意人性本善,但他并不在批评中纠缠于此。

通,因为他破坏了那种认为在圣人的心与"迹"之间存在必要联系的观念,这种失误使得佛祖和老子也被看作圣人。他将王通《中说》的流行归因于文学之士的推重。① 司马光对韩愈没有特别的兴趣,对欧阳修也没有明显地流露兴趣,对王安石当然是没有兴趣。

司马光最终认识到,就像孟子一样,荀子太"狭隘"以至于不能作为圣人之道的真传。② 但是对扬雄,他从没有放弃赞扬。③ 他作了一部《法言集解》,并且在1082年为《太玄》也作了集解,《太玄》是扬雄为替代《周易》而做的一部更系统的著作。④ 在人们对扬雄的思想失去兴趣的时候,他是扬雄最大的捍卫者。⑤ 他认为《太玄》和儒家经典完全一致;在孔子之后,惟有扬雄"知圣人之道"。司马光认为扬雄是把政治秩序和"玄"联系在一起,他把"玄"视为正在进行的万物创生的宇宙终极本原。扬雄找到了天地与政治之理的中间立场。⑥ 司马光通过解说《周易》来亲自说明这些问题,他的《易说》指出天、人是对等的,道德伦理与《周易》中的卦理是等同的,他模仿《太玄》的象数宇宙之理创作了《潜书》。

司马光很清楚,他的视野已经扩展到囊括了天地和人心。⑦ 他为《周易》做注,而在11世纪50年代他还担心"泥"阴阳会忽视"人事"。⑧ 在

---

① 司马光在《中说》中挑出他认为正确的东西,把他写进王通传中(《司马文正公传家集》卷72,第886—890页)。这里所引的说法出自对王通的评价(《司马文正公传家集》卷72,第888—890页)。
② 《迂书·毋我知》,《司马文正公传家集》卷74,第911页。
③ 司马光的确有时反对扬雄,例如见《司马文正公传家集》卷65,第801页的《三勤论》。
④ 司马光的《法言集注》和《集注太玄》都是10卷。
⑤ 例如苏洵就批评扬雄对太玄、对历数的兴趣超过了道,没有能够抓住圣人作《易》的本意(《嘉祐集》卷7,第1b—2a页)。在下一代人中,苏轼和程颐都反对扬雄。
⑥ 《说玄》(《司马文正公传家集》卷67,第834—835页)。这篇文章在《集注太玄》中作《说读玄》。司马光在1057年所作的《古文孝经指解》,显然对这个目标已经有所涉及。参见《司马文正公传家集》卷68,第847页的《古文孝经指解序》和卷17,第253页的《进孝经指解札子》,在这两篇文章里,他猜想政治秩序和孝之间的联系是某种"自然"之物。
⑦ 见《迂书·道大》(1078年)(《司马文正公传家集》卷74,第911页),以及《四言铭系述》(《司马文正公传家集》卷67,第836页)。
⑧ 《司马文正公传家集》卷20,第301页。

1049年,司马光写道:"圣贤之道悉载于书。"① 在1056年所写的《原命》中,他承认是圣人教民御民,而不是天,他反对"未能通人理之万一而遽从事于天"。② 很可能是与邵雍、程氏兄弟以及和11世纪70年代在洛阳的其他一些人的交往,促使司马光扩大了他的主张,将天地包含进来。③ 司马光后期的作品也证实他对心和内在修养的兴趣逐渐增长。他在1083年写道:"小人治迹,君子治心。"④ 从11世纪50年代到1085年,他一直坚信天与人的关系意味着一个人应当安于命运、勤修德行;才能得之于天,成功与否要看运气;没有什么东西能为个人的成功打保票。⑤ 修身的目的是达到一种不为社会的赏罚所动、所惑,动必合礼的状态。⑥ 司马光在11世纪80年代所写的谈论《中庸》中的"中和"概念的文章,认为中和既是天地的基本原则,也是圣人的核心概念和礼治(ritual and order)的基础。⑦ 然而这种哲学兴趣(Philosophical interest)却是值得争议的。他承认,"中"是指一种"无过与不及"的品德,而不是内在的东西。人心总是要专注于一些东西,被一些东西所驱使,它不会一无所有,或者被虚无所支配。并没有什么只有清除了内心的知识和感觉才会涌现出

---

① 《司马文正公传家集》卷58,第649页。
② 《司马文正公传家集》卷67,第853页。
③ 弗里曼(Freeman)在《洛阳与王安石的反对派:1068—1086年儒家保守主义的兴起》(Loyang and the Opposition to Wang An-shih)中谈到洛阳是反对新法的士大夫的中心。司马光坚持认为道德原则"义"来自"数"(司马光在《易说序》第2a页中将"数"解释为阴阳五行),这可以说是与邵雍一致,而与程颐相反,但是我认为司马光没有按照邵雍那种方式,进一步用一致的数的体系来作为确立社会价值观的基础。邵雍和程颐反对以数为先,我对此的理解受益于苏德恺(Kidder Smith)和唐・瓦特(Wyatt)《邵雍与数术》(Shao Yung and Number)。
④ 《司马文正公传家集》卷74,第910页,出自《迂书・治心》。请注意,在1085年他在谈论皇帝为君之职责的奏书的题目中加了"养心"二字,但内容没有变。
⑤ 例如,见《迂书・士则》(1057)、《迂书・天人》(1074)、《司马文正公传家集》卷74,第906—907页,以及《无为赞》中的《天人》(1085)。
⑥ 《迂书・求用》,《司马文正公传家集》卷74,卷912—913页。
⑦ 例如,见《中和论》,《司马文正公传家集》卷64,第793—796页;《答范景仁书》、《答韩秉国书》,《司马文正公传家集》卷62,第752—769页。关于"中和"和"礼",参见《资治通鉴》卷192,第6051—6053页。

来的"受之于天的固有的知识"。让思想始终守中,并且让每一天的所有活动都适度,这能训练人们在应物时自发地做到适度和不偏不倚。① 司马光讨厌他同时代人的"高论"。他对《道德经》第一句话"道可道,非常道"的注释是"道亦可言道耳,然非常人之所谓道也",②《周易》中最富哲学意味的话"穷理尽性,以至于命"③。只不过是说:"是不是,理也;才不才,性也;遇不遇,命也。"④程颐的"格物"就是司马光所说的"扞御外物"⑤。他坚持说,他并不是说要"无心",尽管精神的平静需要"毋意"⑥。内在的修养使司马光能够恪守他所提出的这些观念。他在1066年所作的《善恶混辩》和《情辩》,观点鲜明并且和《荀子》十分一致:人之初,性非善,所以人们必须学习;鉴于天地之道的理会带来与人情不同的行为,所以人们应该依礼而行。⑦

司马光关于什么是可守之道的意见,最初出现在他的历史研究里;他关于宇宙论的研究和他关于自我修养的意见是与此相一致。他认为过去可以指导当今,这个观点基于一个基本的声明,即政权兴亡嬗变的决定因素,在历史上始终不变。在《历年图》的《序》中,他用简洁的话这样概括说:"盖言治乱之道,古今一贯;历年之期,惟德是视而已。"⑧他于1066年进呈《通鉴》,在奏章中写道:"治乱之原,古今同体。"⑨他能够解释为什么每一个国家最初能够成功,后来又灭亡了。大量的变例和特例揭示出持久不变的原则。司马光政治忠告最主要的宗旨也可以在他的

---

① 这些意见来自给韩维(字秉国)的两封信,《司马文正公传家集》卷62,第766—769页。
② 司马光《道德真经论》第1a页。
③《周易·说卦》第1条。
④《迂书·理性》(1079),《司马文正公传家集》卷74,909页。
⑤《致知在格物论》,《司马文正公传家集》卷65,第808—809页。
⑥《迂书·回心》(1081)、《迂书·绝四论》(1083),《司马文正公传家集》卷74,第910—912页。
⑦《司马文正公传家集》卷66,第821—822页。
⑧ 司马光《历年图》卷16,第83a页。
⑨《司马文正公传家集》卷17,第254页。

史书中找到。① 他写道:"上自生民之初,下逮天地之末,有国家者,虽变化万端,不外是矣。"②这种对超越时间限制的原则的寻找,使我们想起王安石;然而如果说对王安石来讲,观点是否正确要看它是否前后协调一致,那么对司马光来讲,就要靠连贯性来证明:在上千年的历史中,原则始终如一。

但是,如果所有的历史都得出同样的教训,司马光可以以奏书撮其精华,他还有什么必要写作历史呢? 在这一点上,他和王安石很像。和王安石一样,司马光认为历史的文本指的就是一些真实的事情,也就是指王朝的政治历史。时事变化,而他所寻找的原则保持不变,然而它们蕴涵在他所研究的现象之中。"应该怎样"深藏于并且来自"是什么"。司马光写作自己的史书,就相当于王安石写作他自己的字典。在研究这些史书的过程中,读者学会如何分析事情,以便确立他们的价值观(就像人们学习王安石分析字的方法一样),同时确定那些特定的价值观究竟是什么(就像人们学到蕴涵在特殊的字当中的道德功能一样)。两者还是有所不同。王安石那种缺少历史角度的共时性方法,致力于包罗万象,并且表明每一部分是如何与其他部分互相依赖地联系在一起;他的典范是《周官》中那种统一的体系。而且,王安石的方法坚持要人们关注事物,并请人们亲自把不同的部分建成一个整体,只是在需要为每一事物找一个位置时才受到约束。司马光的历时性研究表明必要的原则是存在的,但是人的活动也受环境的制约。他的典范是《春秋》,《春秋》对事件的记载被认为是揭示了适用于任何时代的秩序原则。人们需要从历史的角度来认识他们所处的"时";尽管他们不能从根本上激进地改变世界,但如果他们行动得足够早,那么他们就能够改变事件的方向。例如,《历年图》就反复强调历史上的一些特殊时刻,在这些时刻,人们做了一些事情或者应该做一些事来防止一个国家的覆灭,而在某些时刻一个

---

① 《百官公卿表序》和《进资治通鉴表》,《司马文正公传家集》卷 68,第 841—842 页,卷 17,第 262—263 页。
② 司马光《历年图》卷 16,第 86a—b 页。

王朝再也不能被挽救。①

《资治通鉴》是司马光最伟大的著作。已经有很多书和文章写到这部书的写作过程以及司马光的协作者刘攽(1023—1089)、刘恕(1032—1078)和范祖禹(1041—1098)。② 但是司马光并不想就事论事地记录历史事件。他在《历年图》和《资治通鉴》中将近二百次插入对王朝的评论;其中大约有八十条是司马光自己写的,其余的则援引其他史家和作者的话。③《通鉴》揭示了历史的教训。问题的关键并不在于司马光的方法是否客观。他确信历史揭示了永恒的原则;只要我们想到他是要把笔墨集中在支持其结论的政治历史上,那么可以说他尽了最大的努力来提供一个全面而公正的记录,这使得他发现的结论明白无疑。正像许多学者所发现的,有趣的不是司马光编辑资料的方法,而是他的意图。④ 司马光11世纪60年代以来的奏书,以及《资治通鉴》中再次出现的《历年图》中的事件和史论,清除地表明他的观念在他反对新法之前就形成了。除了那些反映他对于天地和人心的兴趣的段落,这些观念的特定细节并没有多少新意。⑤ 看起来更突出的是一种意识,即司马光所理解的,王朝为了保存秩序而存在,而秩序的保存则依赖于正确地认识到什么对秩序是必要的。

对于司马光如何向历史学习,以及他学到什么,如果要讲得有说服力,就一定要考虑《资治通鉴》。我打算用翻译和分析司马光为编年史的

---

① 例如,见对东汉、北魏、隋、唐的评论《历年图》,卷13第112a—113b页;卷14第26a—28a页,卷14第37a—38a页,卷15第68a—72b页。
② 蒲立本(Pulleyblank)的《中国的史学批评:刘知己和司马光》(*Chinese Historical Criticism*)第151—166页以及王德毅《司马光与资治通鉴》讨论了司马光的方法。
③ 这些分别见于司马光的《通鉴论》。《资治通鉴》一部分由方志彤翻译成英文,并作了注解;见方志彤《〈资治通鉴〉中的三国编年(魏纪)(英译和注释)》(*Chronicle of the Three Kingdoms*)。
④ 例如,见陈明銶(Ming K. Chan)《〈资治通鉴〉的史学》;黄盛雄《通鉴史论研究》;林瑞翰《司马光之史学及其政术》;季平《司马光新论》第49—90页;刘乃和、宋衍申《资治通鉴丛论》中的各篇文章;田中谦仁的《资治通鉴》;以及张元《通鉴中的南北战争》,这部书出名的是,它仔细分析了司马光在事件之间所建立的联系和他对原始资料的使用。
⑤《资治通鉴》卷291,第9510—9513页;卷192,第6051—6053页。

第一条所作的长篇评论来证明我的话,参考书中其他部分作为补充。这一条是关于公元前403年,周威烈王二十三年的记载,它写道:"初命晋大夫魏斯、韩虔为诸侯。"对于司马光来讲,三家分晋这个事件,是周朝秩序"崩溃"的关键所在。他用它来说明,那种永不过时的秩序,现在无论从形式上,还是从实践上,都被违反了。司马光的评论这样开始:

> 臣光曰:臣闻天下之职,莫大于礼,礼莫大于分,分莫大于名。何谓礼?纪纲是也。何谓分?君臣是也。何谓名?公、侯、卿、士大夫是也。

司马光在几个意义上使用"礼"。它是尊卑地位或者说君臣之间权威的划分。它是适合政治的整体结构中不同名位(the names)的文化形式和实践(即礼乐那一套东西)。礼既是一个观念,也是证明这个观念的文化形式。礼也是国家的纪纲,决定人与人之间关系的规则。对司马光来讲,这些规则崩溃了,政治就不可能恢复,正像安史之乱以后所发生的,统治者不能"正上下之礼"。①

司马光接着进一步断言礼是统治者首要的职责。

> 夫以四海之广,兆民之众,受制于一人,虽有绝伦之力,高世之智莫不奔走而服役者,岂非以礼为之纪纲哉?是故天子统三公,三公率诸侯,诸侯制卿大夫,卿大夫治士庶人,贵以临贱,贱以临贵。上之使下,犹心腹之运手足,根本之制支叶;下之事上,犹手足之卫心腹,支叶之庇本根,然后能上下相保而国家治安。故曰,天子之职,莫大于礼也。

司马光理想的政治结构是古代封建制与中央集权制的结合。这是一个金字塔,其中任何两个等级之间,都以君、臣或尊、卑的关系而存在。职责被委派——君主并不直接统治封建地主的家臣(ministers)——但是权威最终来自君主,他必须保证这个政治结构得到维持。在为《周易》

---

① 《资治通鉴》卷220,第7064—7065页,公元后757年这一条。

所做的解说中,司马光把太极生两仪、两仪生四象、四象生八卦的序列当作人类的图景,君主就是太极。① 事实上,司马光有两种方法来解释政治结构。一方面圣人从天地获得他们的标准;等级制的权威是天然的。② 另一方面,先王建立了权威的不同等级,因为除了要"顺天理",他们领会到人的情感使人不愿意听命于同一级别的人。庶民需要大夫,大夫转而需要诸侯,诸侯转而需要天子。③ 上古三代因此而提供了基本的结构;生于后世的人就是要用这个结构把当前的执政者和地区统一起来,以便下能够从上。④ 这在不久以前的五代末年就实行了。⑤ 没有这一点,就不可能有任何政体。在这个基础上,司马光否认王霸之间有本质的区别;不仅仅是因为他们在维持一个统一的权威结构上有共同的目的和方法,也因为他们的成功与失败都是由于同样的原因。⑥ 这是评价一个国家的尺度;司马光否认那种传统的观念,即通过历史来界定一个合法王朝的单一的、持续的谱系。⑦ 尽管名称可以变化,权威的有效而持久的结构,在历史上自始至终都是一样的。如果后世的人理解这一点,他们就能照此去做;正像司马光所认为的,他们能重建先王的道和礼。⑧

这个政治结构的核心,是君臣的角色。

> 文王序《易》,以乾、坤为首。孔子系之曰:"天尊地卑,乾坤定矣。卑高以陈,贵贱位矣。"⑨言君臣之位犹天地之不可易也。《春秋》抑诸侯、尊王室,王人虽微,序于诸侯之上,以是见圣人于君臣之际未尝不惓惓也。非有桀、纣之暴,汤武之仁,人归之,天命之,君臣

---

① 司马光《易说》卷 5,第 23a—25a 页。
②《资治通鉴》卷 291,第 9510 页。
③《资治通鉴》卷 244,第 7874—7875 页;与卷 7,第 234 页、卷 244,第 7880—7881 页互参。
④《资治通鉴》卷 244,第 7880—7881 页。
⑤ 见司马光对后周世宗的称赞(《资治通鉴》卷 294,第 9599—9600 页)。
⑥《司马文正公传家集》卷 27,第 881 页。
⑦《资治通鉴》卷 69,第 2185—2188 页。
⑧《资治通鉴》卷 11,第 375—376 页;卷 22,第 742 页;卷 27,第 881 页。
⑨《周易》之《系辞传上》,第 1 条。

之分当守节伏死而已矣。是故以微子而代纣则成汤配天矣,以季扎而君吴则太伯血食矣。然二子宁亡国而不为者,诚以礼之大节不可乱也,故曰礼莫大于分也。

君臣和上下关系,存在于所有的等级之间。但是它是一种互惠的关系,就像阴阳之间的关系,这也是司马光在《周易》的解说中提出的一个观点。① 它完全是"天然的",是天地之间的关系在人间的对等物。在《资治通鉴》其他地方,司马光把它作为"人道"和大伦而与夫妇的关系相提并论。② (译者注:原文为"妇之从夫,终身不改;臣之事君,有死无贰;此人道之大伦也。")这就是各个等级如何联系在一起的方法,因为除了君主和普通臣民,所有的人都同时是一些人的统治者和另一些人的臣仆。它还指不同等级之间职责的区分;一方不应插手他人的任务。司马光很多评论都强调这种关系,因为它对于整体结构的保存是自然和重要的,但做起来却很困难。

君臣关系,尽管互补,却是不平等的。在《通鉴》中,正像在他的奏书中一样,司马光强调君主要运用"赏罚"来控驭臣子。操行不佳的臣子可以被贬谪,这是一个适用于所有等级的人事管理的原则。③ 然而司马光坚持说,臣子或者说那些处在从属地位上的人,不可以无长无君。上面援引的段落用一个极端的例子论证了这一点:君王的兄弟,被劝说去掌权却拒绝了,即使他们这样做意味着王朝的覆灭,他们也要如此。可是,司马光一次次地把君王描绘成短视、自私、不关心国事、好坏不分,而且普遍低能而不称职。他没有找到几个正面的君王典型。④ 臣子的确有选择的权力。就像前面所说的,他们可以袖手旁观,坐视王朝的覆灭。他

---

① 司马光《易说》卷1,第10b—11b页。
②《资治通鉴》卷291,第9510页。
③《资治通鉴》卷73,第2329页;与卷28,第916页,卷79,第2503页,卷104,第3295页、卷220,第7064—7066页互参。
④ 汉光武帝(《资治通鉴》卷40,第1285页,参见卷68,第2173—2174页将他和后来的继承者所作的对比)、后周的世宗(《资治通鉴》卷294,第9599—9600页)是好皇帝的两个典范。

们没必要去为一个坏君主效力,但他们不可以参与推翻他。① 如果一个君主能纳谏,臣子就可以试着指出他做错的地方。没有人能不犯错误,即使是圣人也不能。不过,司马光指出很多人是做不到纳谏的。②

这就造成了一个有趣的张力。由于上级是靠赏罚来管理下级,因此下级总是被认为是自私的。但是如果他们恪尽臣职,如果他们真的"忠",他们就一定有公心。在为《周易》做的解说中,司马光提出了一个解决办法:这完全是一个视野的问题;圣人以天下所有人的利益为一己的利益。③ 而在《通鉴》中,他接受了对臣子的两种对立的要求之间所产生的张力,即臣子既要独立于君主,同时又要服从他。④ 臣子毕竟是选择侍奉君主的;君主却生来是君主(司马光承认上古职官世袭的普遍流行,却没有详述)。⑤ 他写道:"忠臣陈大体以格君心之非。"⑥ 他坚持认为赏罚必须建立在明辨是非的基础上。⑦ 正像萨立中(Anthony Sariti)曾经指出的,与那种认为司马光支持独裁的观点相反的是,这一点将道德支配政治的权威从君主转移到臣子手中。⑧ 并非所有的臣子都有志完成这个角色——司马光也没有把臣子理想化——即使如此,他们还是有责任了解政治的结构,因此有责任决定是非对错。《通鉴》解释了那种结构是什么。就我所能判断的而言,司马光认为没有道德上亦是亦非、模棱两可的问题。道德上君子、小人的区别是真实存在的;君子明是非,并努力让君主看到是非,维持他们的自主性。⑨ 这些人知道一件事,那就是君主

---

① 《资治通鉴》卷51,第1648—1650页;卷220,第7050页;卷291,第9510—9513页。
② 《资治通鉴》卷12,第416页;参见卷11,第370页,卷159,第4954—4955页。
③ 司马光《易说》卷2,第5b—7b页。
④ 《资治通鉴》卷51,第1648页;卷49,第4353页。
⑤ 《资治通鉴》卷291,第9510—9513页。关于官位的差别,见卷73,第2329—2331页。
⑥ 《资治通鉴》卷159,第4945页。
⑦ 《资治通鉴》卷28,第916页;卷79,第2503页。
⑧ 萨立中《司马光政治思想中的君主、官员和专制主义》(*Monarchy, Bureaucracy, and Absolutism*);他不同意萧公权对司马光政治思想的解释。陈明銶(Ming K. Chan)《〈资治通鉴〉的史学成就》(*Historiography of the Tzu-chih t'ung-chien*)与萧公权的观点接近。
⑨ 《资治通鉴》,卷56第1823页;卷245 7899—7900页;与卷1第14—15页、卷11第375—376页、卷40第1285页、卷51,第1648—1650页、卷139第4345页互参。

第七章 为了完美的秩序：王安石和司马光

是政治结构的"太极"。但是他们也知道，至少司马光知道，世界上总有足够的士来完成一个忠臣的角色，指导君主实现真正的秩序。① 司马光从此得出的结论就是，君主负责挑选那些告诉他应该做什么的人来做臣子，在所有情况下，政治的失败源于君主选人的错误。

司马光接着谈到"名"在维持角色区分上的重要性。

> 夫礼，辨贵贱，序亲疏，裁群物，制庶事，非名不著，非器不形；名以命之，器以别之，然后上下粲然有伦，此礼之大经也。名器既亡，则礼安得独在哉！昔仲叔于奚有功于卫，辞邑而请繁缨，孔子以为不如多与之邑。惟名与器，不可以假人。② 君之所司也；政亡则国家从之。卫君待孔子而为政，孔子欲先正名，以为名不正则民无所措手足。③ 夫繁缨，小物也，而孔子惜之；正名，细务也，而孔子先之：诚以名器既乱则上下无以相保故也。失事未有不生于微而成于著，圣人之虑远，故能谨其微而治之，众人之识近，故必待其著而后救之；治其微则用力寡而功多，救其著则竭力而不能及也。《易》曰："履霜，坚冰至。"《书》曰："一日二日万机。"谓此类也。④ 故曰分莫大于名也。

这一段就是司马光在分析公元前 403 年的事件的意义之前的过渡段。君臣关系以及按照礼所建立的政治结构的崩溃，源于在下者从细微处一点点吞噬其上级的特权。这种侵吞最初或许无足挂齿，但正如孔子所见，最终将会变得竭力而不能救。对司马光来讲，赏罚是君主的职责，那些无功滥赏，赏不循理的君主，是荒废了他们最重要的职责。

刚刚提到的段落同样阐明了司马光对"文化"的态度。名与器代表

---

① 《资治通鉴》卷 22，第 742 页。
② 《左传》成公二年；参见理雅各《中国经典》(*Chinese Classics*)第 5 册，第 344 页的译文。
③ 《论语·子路》第 3 条；与刘殿爵翻译的《论语》第 118 页互参。
④ 《易经·困卦》，卫礼贤(Wilhem)英译《易经》(*I Ching*)第 13 页；《尚书·皋陶谟》，理雅各的译文，见《中国经典》第 3 册，第 73 页。《易经·困卦》，卫礼贤英译《易经》(*I Ching*)第 13 页；《尚书·皋陶谟》，理雅各的译文，见《中国经典》第 3 册，第 73 页。

了礼之文。在《通鉴》中他处处都解释说:"夫礼乐有本、有文。中和者,本也;容声者,末也;二者不可偏废。先王守礼乐之本,未尝须臾去于心,行礼乐之文,未尝须臾远于身。兴于闺门,著于朝廷,被于乡遂比邻,达于诸侯,流于四海,自祭祀军旅至于饮食起居,未尝不在礼乐之中;如此数十百年,然后治化周浃,凤凰来仪也。① 苟无其本而徒有其末,一日行之而百日舍之,求以移风易俗,诚亦难矣。……夫礼非威仪之谓也,然无威仪则礼不可得而行矣。乐非声音之谓也,然无声音则乐不可得而见矣。譬诸山,取其一土一石而谓之山则不可,然土石皆去,山于何在哉?故曰:'无本不立,无文不行。'"② 司马光将内在的价值观和外在的形式,即礼乐的文,区分开来。当形式体现了价值观,对形式的维护就维护了价值观。但是文化和价值观的联系是一个可能的、但不是一个必然和自然的联系。而一旦这个联系被建立起来,政权的持续存在就依赖于保持这个被普遍接受的文化。

司马光用这种对文化形式的理解来分析周的衰落,以及它如何在衰落的四个世纪里仍然政权未坠。这就是公元前403年这个事件的背景。

呜呼! 幽、厉失德,周道日衰,纲纪散坏,下陵上替,诸侯专征,大夫擅政,礼之大体十丧七八矣,然文、武之祀犹绵绵相属者,盖以周之子孙尚能守其名分故也。

何以言之? 昔晋文公有大功于王室,请隧于襄王,襄王不许,曰:"王章也,未有代德而有二王,亦叔父之所恶也。不然,叔父有地而隧,又何请焉?"③ 文公于是惧而不敢违。是故以周之地则不大于曹、滕,以周之民则不众于邾、莒,然历数百年,宗主天下,虽以晋、楚、齐、秦之强不敢加者,何哉? 徒以名分尚存故也。至于季氏之于鲁,田常之于齐,白公之于楚,智伯之于晋,其势皆足以逐君而自为,

---

① 《尚书·益稷》,理雅各的译文见《中国经典》第3册,第88页。
② 《资治通鉴》卷192,第6052—6053页,引用《礼记·礼器下》第二条。
③ 《左传》僖公二十五年。理雅各的译文见《中国经典》第5册,第196页。引文最后一句话是司马光所加。

第七章 为了完美的秩序：王安石和司马光

然而卒不敢者,岂其力不足而心不忍哉,乃畏奸名犯分而天下共诛之也。

如果名分得到维持,即使政治权威的组织逐步瓦解,王朝和一个良好的政治秩序也能渡过劫难。司马光在这里以及《通鉴》其他地方都反复重申一个他在奏书中提出的观点:如果建立一个良好的政治秩序所必须的价值观能够成为风俗的一部分,即便一时政治腐败,这个国家也能绵绵不绝。① 这里所暗指的是周朝的春秋时代,这个时代为司马光提供了一个例子来更仔细地检验他所主张的礼以制欲。是非的意识、道德的意识源自在这里产生作用的礼。作为下级的诸侯的确想要夺权,但他们知其非而犹豫;君主知其非而拒之。而且尽管周天子缺少他自己施行高压的方法,朝臣普遍以篡逆为非的舆论就对犯上之人形成高压。

共同认可的价值观对秩序是基本的。通过捍卫准则(standard),君主使好的臣子能够以身作则去维持秩序。这就是为什么政府必须总是按照道德行动而不是行权宜之举,因为从根本上讲,政权的保存取决于它是否有能力证明那种准则是存在的。如果它不能证明这一点,它就不能希望其他人正确地行动。在《通鉴》中,司马光以各种方式回到这个主题。道比权谋的利益更重要。② 能够看到什么是正确的,并加以坚持的能力就是"德","德"比"才"重要得多。③ 不应该用错误的方法来纠正错误。④ 对家、国和天下忠诚,由此获得的好处超过了欺诈所得的眼前回报。⑤ 在与蛮夷交往中也要有诚信。⑥（蛮夷戎狄）"气类虽殊,其就利避害,乐生恶死,亦与人同耳。御之得其道则附顺服从,失其道则离判侵扰。"⑦以德待人只不过意味着完成一个人在人与人的关系中所扮演的角

---

① 《资治通鉴》卷 68,第 2173—2174 页。
② 《资治通鉴》卷 4,第 121 页。
③ 《资治通鉴》卷 1,第 14—15 页。
④ 《资治通鉴》卷 28,第 917 页。
⑤ 《资治通鉴》卷 2,第 48—49 页;卷 286,第 9191 页。
⑥ 《资治通鉴》卷 23,第 773 页;卷 197,第 6201—6202 页。
⑦ 《资治通鉴》卷 56,第 1817 页。

色,所肩负的职责,并要求自己的下级完成他们的职责。而这一点,周威烈王在公元前403年就已经不再做了。

> 今晋大夫暴蔑其君,剖分晋国,天子既不能讨,又宠秩之,使列于诸侯,是区区之名分复不能守而并弃之也。先王之礼于斯尽矣。

当周天子默认了晋国官员的要求,他就放弃了自己王朝最后的防线,为愈演愈烈的混乱无序打开大门。《通鉴》以这件事开端,因为它标志着经书所说的上古三代的终结。这以后圣人的礼乐与道德,以及持久的政治秩序再也不会全面地恢复。王安石把周的衰落看做是人们模仿过去而不能基于完整秩序的观念来建立一个新秩序的结果,与他形成对照的是,司马光把衰落理解为不能维持尊卑名分这种形式标准。但是周天子真的应该被责备吗?

> 或者以为当是之时,周室微弱,三晋强盛,虽欲勿许,其可得乎!是大不然。夫三晋虽强,苟不顾天下之诛而犯义侵礼,则不请于天子而自立矣。不请于天子而自立,则为悖逆之臣,天下苟有桓、文之君,必奉礼、义而征之。今请于天子而天子许之,是受天子之命而为诸侯也,谁得而讨之!故三晋之列于诸侯,非三晋之坏礼,乃天子自坏之也。①

君主立场坚定,自然是好。假如他以史为鉴,他就会看到,晋国的官员要求天子许可,这表明他们还在承认周的权威。周天子拿不准,是晋国的官员会抗拒自己的不允,还是诸侯们将不去惩罚他们。但是他的认可使好人不能再做什么,因为好的大臣不会违逆其君之命。周天子放弃了周的道德权威。一旦这种权威没有了,所有的限制便形同虚设。纪纲被毁,局势无法挽救。

我把《资治通鉴》的书名读作"裨补为政的通鉴",它意在表明,政治权威中统一的等级观念是政权的基本原则。这就是说,政府最迫切需要

---

① 《资治通鉴》卷1,第1—6页。

关心的,是政治关系的结构。因此,司马光读历史就关注那些揭示了这一原则如何被实现和违反的事件,尤其是掌权者如何在政治关系中行事。司马光不是反对法律和制度;这些"天下之公器"一定要一视同仁地、毫无例外地运用。① 但是,它们是维持秩序的工具,不是用来组织人们增加公共的财富。

君主在这个结构中扮演了最关键的角色,这促使有些《资治通鉴》的读者把司马光看作是一个为专制辩护的人。而司马光的评论强调了由君主所制造的难题。他注意到许多坏臣子最终总是把他们的恶行所受的斥责转嫁到君主身上。臣子的失败,总是被解释成,对他们加以任命的人的失败。② 神宗皇帝任用王安石就是最切近的一个例子。然而司马光眼中的君主的确是至高无上,无人与之比肩,不能受到挑战的。礼不允许篡夺。而司马光看到了在历史上,君主们在完成其职守上是多么糟糕。对那些不负责任的君主该怎么办?

我认为《资治通鉴》以巨大的努力塑造了读者的认知,《通鉴》本身就是司马光对这个问题的一种回答。君主为政有失,用历史来批评他们,这是一个通过负责地对待君主来使他们获得责任感的方法。而且,如果士人从观念上能够接受司马光的观点,至少皇帝的大臣将会履端行直。我认为,司马光是在非门阀的世界里,向皇权体系中的一个核心政治难题妥协,在皇权体系中,君主享有前所未有的权力,他要通过以特别高的标准要求君主,来限制,而不是钳制君主。君主必须做出正确的抉择,无可否认,这是一个困难的任务。③ 而司马光能够用历史来论证对于君主和士,要成为对国家负责的成员,一些基本的价值观对他们都是必要的。为了让这些观念生效,他们必须相信那些观念是真实的、必要的和可行

---

① 《资治通鉴》卷 14,第 482 页;与卷 17,第 577 页;卷 53,第 1725—1726 页;卷 57,第 1837 页互参。
② 《资治通鉴》卷 22,第 723 页;卷 106,第 3348—3349 页;卷 192,第 6029 页;卷 220,第 7050—7051 页(与卷 218,第 6994 页同读);卷 245,第 7916 页;卷 291,第 9510—9513 页。
③ 《资治通鉴》卷 73,第 2329—2331 页;卷 192,第 6051—6052 页。

的。有鉴于此,我们就可以理解司马光何以努力表明天地具有相同的结构,而人心可以专注于职责。

新　法

　　11世纪的知识分子,最大的一个渴望就是看到自己的所学付诸实践。王安石在1068年进入朝廷,并着手实行他的计划。在1071—1074年和1075—1076年,他是惟一的宰相,接着就致仕了。司马光在1070年由于反对王安石而离开朝廷。当他在1085年神宗去世后重返朝廷,成为宰相,就着手废除新法,并使政府回到恰当的轨道上来。他于1086年卒于任上,比王安石晚半年。他们为了证明自己为政之道更合理,通过写作和学术相互争论,两个人都在争论之后掌权。两个人都坚信,世界上的道德秩序取决于政府,而他们政治理论的普遍适用,不仅清楚地显示出他们的道路互不相容,而且使得通过折中融合来建立政府变得不能被接受了。①

　　在1068年,王安石呼吁对教育、官制、农业、军事,以及财政立即采取行动。② 从1069年开始,他精心颁布新法政策,而这些政策就针对上述问题。他从一开始就表明他不打算考虑预算的赤字,向皇帝保证任用熟于"理财"的人就能确保"民不加赋而国用饶"。司马光不相信这一点,一部分是因为他并不相信经济能够比人口增长更迅速:"天地所生货财百物,止有此数,不在民间,则在公家。"对司马光来讲,国家的税收越多,就意味着百姓所得越少。③ 王安石很少为这种差别担心,他显著地增加了国家的税收,但是人们普遍认为这个时期的经济也有普

---

① 我在《政府、社会和国家:论司马光和王安石的政治蓝图》一文的第4部分,更详细地讨论了王安石的新法以及司马光的反对意见。
② 《本朝百年无事札子》,《临川先生文集》卷41,第444页。
③ 《司马文正公传家集》卷42,第543—545页,作于1068年8月。不论这是否是这场争论的真实记录(这篇文章在司马光文集中的位置不太合适),它都准确地反映了两个人的立场。

第七章 为了完美的秩序：王安石和司马光

遍的增长。① 无论怎样，王安石所阐述的当前之急务——理财、变俗、立制——比司马光要求限制的呼吁要占上风。②

新法的主要内容，以编年的顺序③排列如下：

1. 1069年2月制置三司条例司，制定新法主要政策的实施计划，以此取代旧官僚的领导权。此外，派三司使到各路察看农田水利和赋役的利弊，对新法采取何种行动提出建议。

2. 1069年6月，编修中书条例司，计划对官制进行改革，这项改制在1082年完成，把财政、行政、军事权集中在中书。在此之前，这三个部门一直都直接向皇帝汇报。

3. 1069年7月，均输法，设发运使，总管东南六路赋入，有权了解京都库藏支存定数，需要供办的物品，根据行情进行买卖，而不必为之规定不变之输役份额。这条政策后来在1072年3月被市易法取代。

4. 1069年9月，青苗法，政府以20%的利息向农民、最终向城市居民借贷。

5. 1069年11月，农田水利法，鼓励各地开垦废田，兴修水利，治理河道。

6. 1070年12月，保甲法，乡村民户以十户为一保，五十户为一大保，十大保为一都保。主客户有两丁以上者要抽一人做保丁，训练武艺。最后，由十户组成的保还负责收税。

7. 1071年2月，科举与学校的改革，废除诸科，只重进士科。进士科不考诗赋，考生在《诗经》、《尚书》、《周易》、《周礼》、《礼记》中任选一经，兼治《论语》、《孟子》，从中出十条经文，试其"大义"。考生还要写一篇论和三篇策。在各州委派学官，北方各路还额外委派。要为学校保留有收

---

① 史乐民（Paul J. Smith）的《新法期间的国家权力和经济激进主义》（*State Power and Economic Activism*）对检验新的经济政策在四川、西北的效果有特别的兴趣。
② 《续资治通鉴长编拾遗》，卷4第3b—4a页(1070年2月)和卷5第19页(1070年9月)。
③ 刘子健《中国宋代的改革：王安石和他的新法》第4—7页、东一夫《王安石事典》第43—90页，概述了王安石新法的主要内容。《王安石研究资料汇编》第357—370页有一张表，记录了各种新法措施的制度细节(institutional details)。

成的土地。其长远的目的是建立三舍学制,以便通过太学培养出官员。

8. 1071年10月,雇役法,衙前各种差役,民户不再自己服役,改为向官府交钱,由官府雇人充役。

9. 1072年3月,市易法,在主要的商业中心,设立常平市易司,在京师设立市易务,取代原先富有的大商人所充当的批发商角色,根据市场行情,向商人收购或出售货物;向商人贷款,取利息。

10. 1072年8月,方田均税法,每年由县官根据标准的单位丈量土地,检验土地的质色肥瘠,确定其归属,从而便利地根据其财产情况,分出民户的等第,保证公平地确定税额。

11. 1073年3月,经义局,撰写《诗经》、《尚书》、《周礼》三经新义。

这些政策是互相依存的:理财需要机构,这些机构的效率又依靠培养官员和改变陈陈相因的习俗。让这些政策发挥作用需要全面的控制,这些政策一起施行,使政府可以控制社会。从王安石的角度,"一道德以同风俗"是好的,而且他坚信他知道如何实现这一点。一部分反对意见,是一些"异论",置疑整体的原则。随着争论的激烈,朝廷要臣迅速分裂成对立的阵营。一位反对派描述了1071年的局势:

> (今天下有二人之论,)有安常习故,乐于无事之论;有变古更法,喜于敢为之论。……(乐无事者),以谓守祖宗成法,独可以因其所利,据旧而补其偏,以致于治。……(喜有为者),以谓法烂道穷,不大变化则不足以通物而成务。①

王安石不受反对意见的左右。要说人民不愉快,这不要紧,因为如果朝廷"每事断以义理,则人情久自当变矣"。② 有些人反对新法,认为它们违背人事之理(patterns of human experience),但是王安石确信新法

---

① 《续资治通鉴长编》卷224,第5442—5443页(1071年6月)。
② 《续资治通鉴长编》卷215第5232页(1070年9月);与卷225第5474—5475页(1071年7月)、卷250第6089—6090页(1074年2月),以及卷251第6129页(1074年3月)互参。

符合事物的内在之理,必然会起作用。① 其他一些人不满中央的指令、法规过于苛细,认为政策应该适应地方的情况。但王安石说:"天地生万物,一草之细,亦皆有理。今为政但当论所立法有害于人物与否,不当以其细而废也。"②

王安石的教育政策,就像他在1058年所保证的那样,意在塑造士。他谈论教育的奏章这样写道:"古之取士,皆本于学校,故道德一于上,习俗成于下,其人材皆足以有为于世。"③然而并非所有的人都能用新的方法来思考,"朝廷以经术变士人,十已八九变矣,然盗袭人之语而不求心通者,亦十八九"④。国家的学校保证统一未来官员的思想,并且让不断增长的应举者与政府联系在一起。王安石建议让士担任吏职,因为:"善士肯为吏,则吏士可复如古,合而为一。……此王政之先务也。"⑤

新法直接影响到那些财富建立在地方经济或商业之上的士人家族。在控制官僚机构的过程中,王安石也计划管理地方精英的财富,因为"人主理财,当以公私为一体"。⑥ 地方上的富贵之家也许要受苦,但是正像王安石所说,"今一州一县,便须有兼并之家,一岁坐收息至数万贯者,此辈……于国有何功而享以厚奉?"⑦新的理财制度想要帮助穷人,并为地方的经济投资和救济提供资金。对于那些控制穷人使其不能独立的人,这些制度要剥夺他们独立的手段。为了利民、利天下,王安石不得不抑制那些私人利益,它们到处存在,威胁着政府对社会的控制。王安石的逻辑可以用这样的方式来表述:为了让人民获得利益,就一定要对他们进行组织;要组织人民,就一定要让他们愿意接受政府的指导;而这就要

---

① 《续资治通鉴长编》卷236,第5742页(1072年闰7月)。
② 《续资治通鉴长编》卷240,第5827页(1072年11月)。
③ 《续资治通鉴长编》卷220,第5334页(1071年2月)。
④ 《续资治通鉴长编》卷248,第6056页(1073年12月)。
⑤ 《续资治通鉴长编》卷237,第5764页(1072年8月),与卷215,第5230—5231页(1070年7月)互参。
⑥ 《续资治通鉴长编》卷214,第5223页(1070年8月)。
⑦ 《续资治通鉴长编》卷240,第5829页(1072年11月)。

让他们的物质利益的多寡完全视接受指导的情况而定。人民和政府之间的那些社会成员——也就是那些用自己的财富来让别人依附自己的人——是实现这一目标的障碍。① 王安石把这些社会成员称为兼并之家。这个词有时被翻译为"侵夺者(engrosser)",王安石用这个词来指那些在农业或商业方面,垄断土地和财富,让别人依附自己的人。从他和皇帝的讨论中可以明显地看出,他相信"抑兼并"是他与先王最重要的目标之一。不做这件事,他不能"使利出于一"。②

王安石向农民发放贷款,在政府制定了让小的贸易者受益的贸易政策,建立了鼓励贸易和农业的国家组织,他确信通过这些事情,他可以建设一个这样的政府,这个政府让所有人受益,并将所有的事情整合为一个单一的体系。看起来,任何制度都可以分成相关的领域。例如,王安石认为保甲制度的终极目标是"以农为兵"。③ 接受训练的民兵部队(militia units)会最终变得比正规军还要好,所需的花费也比较少。④ 民兵组织会产生出新的乡里领袖(community leaders),这些人将用他们的智慧和才干来统领民兵和乡里,领导人民接受政府的统治。⑤ 保甲制度为乡里提供了一个可供选择的基础,它不重视家族纽带、地位、让人民心向国家。王安石不久就得出结论说,(保甲)组织能保证其他政策的实

---

① 对王安石的这个看法与很多中国内地学者的观点一致(尽管近年来这个观点已经被看做是不好的)。对此的讨论经常是在"王安石对待兼并者之态度"这个醒目的标题下进行。我在后面要讨论《续资治通鉴长编》中的几段话,史乐民在《国家权力和经济激进主义》(State Power and Economic Activism)一书中也讨论了兼并者的问题,直到看了这些记载以及史乐民的讨论,我对王安石这样描绘兼并者是否正确出现了怀疑。
② 《续资治通鉴长编拾遗》卷4,第5页(1069年2月);参见《续资治通鉴长编》卷223,第5433—5434页;卷223,第5419页(1071年5月);卷232,第5640—5641页(1072年4月);卷240,第5828—5829页(1072年11月);以及卷262第7407页(1075年4月)。
③ 《续资治通鉴长编》卷218,第5299—5300页(1070年12月);卷237,第5764页(1072年7月);卷218,第5297页记载了最初的规定。邓广铭《王安石对北宋兵制改革措施及其设想》全面地记录了王安石的计划和皇帝的疑虑。
④ 《续资治通鉴长编》卷235,第5697页(1072年7月)。定期的军事训练主要在北方边疆的路中进行。
⑤ 《续资治通鉴长编》卷218,第5297页(1070年10月)。规定要求从任何一级拥有土地的农户中挑选有才干的人担任保甲长。

施;到 1075 年,他们就负责征收土地税、服役税、发放青苗钱。王安石认为,让人们身兼数职是先王的用人之道。① 王安石在 1070 年向皇帝保证:"法行,则人人为用,以天下人了天下事,何至以无可用之人为患。"他的政策使这个保证有了充实的内容。② 完美的秩序即将实现。

司马光对国家的结构、政府的组织和为政程序、政府和社会的关系以及社会中必要的秩序都有"异议"。对司马光来讲,要建立秩序,就要清楚地界定政治等级,明确职能的区分;王安石打碎了已经建立起来的政府内部的区分,以及完整的职能角色。王安石把制度和社会的利益合并在一起;司马光则认为在政府的制度职责和人们追求其物质利益的私人领域之间,要有必要的界限。王安石抨击社会上私人财富的权利;司马光则替富人讲话,认为他们对社会是有用的,对政治是必不可少的。他们的对外政策也不同。王安石支持收复土地,在西北地区吸收新的人口。司马光则赞成在宋朝和外国之间保持权力的平衡。

司马光再一次主张,朝廷有责任为整个体制建立总的结构,确定全面的政治目标;要在这下面建立机构,负责在各个地区督察政策的施行,而且要建立几个级别的地方办事机构,这些机构的官员有责任按照地方的条件来执行政策的具体规定。司马光承认,通过良好的人事行政制度,以往政策的错误将得到补救。③ 王安石或许可以把自己看作辅佐成王的周公,但他只不过是一个坚持要每个人都同意他的意见的人。④

司马光想把这场争论变成对原则问题的证明:政府应不应该关心"利",正像司马光所解释的,也就是说,政府是应该试着从整体上管理社会的财富,并为了实现这一点,干预人民实现其物质利益的方式,还是应

---

① 《续资治通鉴长编》卷 263,第 6436—6437 页,6451 页(1075 年闰 4 月)。
② 《续资治通鉴长编》卷 215,第 2312 页(1070 年 9 月)。
③ 1068 年 8 月的奏书,《司马文正公传家集》卷 43,第 547—550 页;参见 1070 年 2 月写给王安石的信《司马文正公传家集》卷 60,第 719 页。
④ 1074 年 8 月的奏书,《司马文正公传家集》卷 45,第 572 页;《遗表》,《司马文正公传家集》卷 17,第 258 页。又见他写给王安石的信,《司马文正公传家集》卷 60,第 719—727 页。

该让人民自己去追求那些利益?司马光认为,"理财"非古代的政府所为。① 政府应该确保它的政策不会妨碍人民自己致富。② 税收只是为了让政府能维持秩序。青苗钱破坏了富人必要的社会职能。富人和穷人之间的关系是互利的:勤劳起家的富人向懒散的穷人放贷,使他们自己富裕;穷人向富人借钱以便生存。他详细地解释说,官府管理贷款会带来更多的债务和没完没了的拖欠。实际上,政府一边放弃处理叛乱的财政手段,一边在制造出没有土地的流浪者,这正是叛乱的根源。③ 他认为,征收税钱来免除徭役的代役法,和用钱发放贷款一样,都改变了农村经济的性质。与此相反的是,以前的实物税征收的是人民能够用自己的劳动生产的货物,新法使生产者要依靠市场卖掉货物,以便获得现金来纳税。这样穷人就要倒霉;他们很容易受价格波动的伤害。④ 政府的交易机构在交易中减少利润,这就使四处经商的人减少,损害了货物的流通。⑤ 新税制下的货币化导致了商业化,破坏了农村的自给自足,而这是农村稳定的基础。保甲制不能充分地训练人民,却让他们担负起职责,而这职责又妨碍了农事。总而言之,理财的政策迫使人民不遑居处、沦为盗贼,而保甲制度教给百姓的军事技能,足以让他们成为盗贼,然而却剥夺了地方政府有效的保安力量。⑥

照司马光看来,新法必然带来国家的覆亡。从某种意义上讲,富人让穷人处在依赖他们的状态中,这是国家利益所需要的,因为这使统治者有可能靠获得士的支持来指挥百姓。对司马光来讲,政府鼓励更多的人做得像一个士,或者试图通过教育来塑造士,这是毫无意义的。君主

---

① 《司马文正公传家集》卷60,第719—724页、第726—727页。
② 《司马文正公传家集》卷41,第523—524页(1069年9月)。
③ 1070年2月的奏折,《司马文正公传家集》卷44,第559—563页。尽管司马光对后果有所预见,但这些问题有的还是出现了。例如,为了完成贷款的份额,保证贷款,官员们就强迫富人也来借贷(见史乐民《国家权力和经济激进主义》)。
④ 《司马文正公传家集》卷17,第258—259页;卷45,第575—577页。
⑤ 《司马文正公传家集》卷17,第259页;卷45,第575页。
⑥ 《司马文正公传家集》卷17,第259页。

必须向士表明,他值得他们拥护。士已经存在了;没必要去养士、支持士。司马光偏爱一种荐举制度,他认为无需重视国家学校和州一级地方官的资格考试,为政府选官的最佳途径是只同意那些被高官推荐的人来参加科举(这些高官将不能推荐亲属),优先考虑那些后台最多的人。①政府就是一个容纳现有精英的机构。

司马光掌权后,迅速废除新法,②重申了他关于皇帝、朝廷和官员之行为准则的看法,③并建议采取措施改善行政流程。④司马光第一次表示,新法惟一可取的是神宗希望开拓宋朝的疆土,在疆域上与汉唐相匹敌。他对皇帝的责备,与他对君主在政体中的角色的理解是一致的。他总结说如果没有"用兵",新法就完全没有存在的理由。⑤

新法的不合理负担,使士分裂成两个对立的阵营。尽管反对派在元祐(1086—1093)期间控制了朝廷,但在1094年,支持王安石的政策和新学的人重新掌权,直到北宋灭亡的1126年,绝大多数时间,他们都掌握着政权。苏轼和程颐属于这样一代知识分子:他们在新法推行的神宗朝走向成熟,经历了反对派试图建立另一种政治选择的失败,他们都找到了拒绝新学的思想基础。但是他们也放弃了司马光像王安石一样曾经运用的前提,即士的价值观的统一,以及社会秩序的和谐要依靠政治制度。在我看来,王安石和司马光成功地创造了靠政府来统一天下的模式,他们的模式自身协调一致却彼此排斥,这使苏轼和程颐想到,统一价值观的基础在其他方面。而他们的探求使他们走上完全不同的方向。

---

① 1069年2月的奏书,《司马文正公传家集》卷40,第517—522页。
② 1085年,司马光请求废除新法,为此他申明了对新法总的看法,《司马文正公传家集》卷46,第588—591页。在关于保甲、军事和代役法的奏折里,这个看法得到详细的阐发(《司马文正公传家集》卷46第591—594页;卷48第611—613页;卷47,第608—609页)。在代役制应该被废除这个问题上,并非所有人都被说服(见《司马文正公传家集》卷49第626—628页;卷55,第669—671页)。
③ 《司马文正公传家集》卷46,第586—588页。
④ 《司马文正公传家集》卷50,第638—640页;卷51,第641—642页;卷54,第661—667页;卷55,第671—675页;卷57,第685—690页;这些都作于1086年。
⑤ 《司马文正公传家集》卷46,第624—626页(作于1085年)。

苏轼是主张文在思想文化中具有核心地位的最后一位伟大的发言人,最后他不断质疑是否有必要建立思想上的正统。程颐关注的是道德的自我修养,他为人们不靠"文"和政事来成为士开辟了一条道路,他开始相信自己发现了所有思考的一个真正的基础。

第八章 苏轼的道：尽个性而求整体

欧阳修于1072年去世,在他去世以后,苏轼(1037—1101)成为当时最有影响的文人。他的散文成为古文写作的典范,人们把他看作一个伟大的诗人,珍视他的书法,研究他关于绘画的意见。① 他曾经是,而且将

---

① 关于苏轼的文学作品,我采用《苏东坡集》,它包括苏轼的诗文和制议一组7部文集;以及南宋苏文选本《校正经进东坡文集事略》。由孔凡礼编辑的一部囊括苏文的新的16册《苏轼文集》,1986年出版。关于苏诗,我采用王文诰注释的《苏轼诗集》。苏轼的诗文选本有很多,较近的一例是王水照的《苏轼选集》。小川环树和山本和义的《苏东坡集》翻译并讨论了一些最著名的诗文篇章。又见李高洁(Le Gros Clark)《苏东坡集选译》(Selections from the Works of Su Tung-p'o);关于赋同上《苏东坡赋》(Prose-poetry of Su Tung-p'o)以及刘师舜(Shih Shun Liu)《中国古典散文》(Classical Chinese Prose)第225—286页。小川环树和山本和义出版了一部完整的苏诗注译本:《苏东坡诗集》。傅君劢(Fuller)《东坡之路:苏轼诗歌的发展》(Road to East Slope: the Development of Su shih's poetic Voice)翻译并以批评的方式讨论了苏轼被贬谪黄州以前和贬谪期间的诗作。关于黄州之贬,又见金斯伯格(Ginzberg)《一位中国诗人的疏离与妥协:苏轼的黄州之贬》(Alienation and Reconciliation of a Chinese Poet: The Huang-Zhou Exile of Su shi)。华兹生(Watson)《苏东坡选集》(Su Tung-p'o: A Selection From A Sung Dynasty poet)是一个关于苏轼所有时期作品的选本。
关于苏轼论文学和艺术的作品,见颜中其所编《苏轼论文艺》;卜寿珊(Bush, Susan)和施孝言(Xsiao-yen Shih)所编的《中国早期绘画文献》(Early Chinese Texts on Painting)包含了很多苏轼论画的意见。吉川幸次郎《宋诗入门》(Introduction to Sung Poetry)第97—112页,较early地讨论了苏轼在宋诗史上的位置。对苏轼作为文学批评家和理论家的研究,见张健《苏轼文学批评》。苏轼已经开始引起学术界相当的注意,特别是在中国内地。例如见刘乃昌关于苏轼的研究论文集《苏轼文学论集》;以及两本汇集众作的论文集《苏轼研究专刊》(转下页)

继续是中国文学史和艺术史上的一个主要人物。然而这个看法随之会忽略苏轼的才能,把他"仅仅"看作是一个文学天才,而无论是在政治还是哲学的原则上①,都缺少一个严肃的立场。对苏轼其他方面的忽略,源于一种历史编写方法,即用程颐的思想遗产在后世所处的中心位置来解读11世纪。当然,原因不单是如此。当苏轼在1057年获得欧阳修的奖掖时,他完全可以认为他在文上所取得的成就,使他置身于严肃之"学"的中心。但是自11世纪70年代以来,随着王安石掌权,司马光领导着反对派,而且像程颐这样的人获得了保守派领袖们的注意,有些人认为那些把精力花在文学追求上的人只是选择当一个文士,而不是向"学者"讲论共同的价值观。

作为思想领袖,王安石和司马光把"学"看作是为政体明道,而文学则被看做是一个合法但却次要的事情。那种需要思想一致并且个人服从于制度目标的政治蓝图,要实现它,就一点也不能让与喜好文学联系在一起的创造性和个性与政治价值观相混淆。关心伦理的自然基础的人出于其他的理由反对文学。周敦颐(1017—1073)在他的《通书》中写道:

> 文所以载道也,轮辕饰而人弗庸,徒饰也,况虚车乎?
>
> 文辞,艺也;道德,实也;笃其实而艺者书之,美则爱,爱则传焉。贤者得以学而至之,是为教,故曰,言之无文,行之不远。……然不贤者……不学也。……不知务道德,而第以文辞为能者,艺焉而已。噫,弊也久矣。②

(接上页)和《苏东坡研究论丛》。这三部书并不限于文学和艺术。艾朗诺《题画诗:苏轼与黄庭坚》(Poems on Paintings: Su Shih and Huang T'ing-chien)和《欧阳修与苏轼论书法》(Ouyang Hsiu and Su Shih on Calligraphy)这两篇文章探讨了苏轼的审美观。还请注意陈幼石《苏轼文学理论中的"承"与"变":〈赤壁赋〉注释》(Change and Continuation in Su Shih's Theory of Literature: A Note on His Ch'ih-pi-fu)。我和傅君劢的讨论,丰富了我对苏轼的解释。

① 在读了苏轼和苏辙之后,钱穆(《宋明理学概述》第29—30页)总结出他们长于综合但没有提供指导原则。

② 周敦颐《通书》二十八,见《周濂溪集》卷6第117—118页;译文见陈荣捷《中国哲学文献选编》第476页,有改动。

第八章 苏轼的道:尽个性而求整体

周敦颐并不认为言辞是观念的传声筒——他认识到言辞要靠艺术性获得持久的生命力——但是他反对在文和道德之间建立一种完整的联系,并且对所有与文有关的东西弃之不顾,认为这些东西在道德上毫无价值。程颐年轻时见到周敦颐,他坚持说为文害道。做文需要技巧和集中精力,但是,"若专意则志局于此,又安能与天地同其大也?"①,从事文学写作限制了道德成长。

在这个局面里,苏轼处在什么位置?他远离政治理想家和道德哲学家。例如他在1061年反对"仕者莫不谈王道、述礼乐,皆欲复三代、追尧舜……学者莫不论天人、推性命"。② 然而,如果他既不要当一个政治思想家,也不要做一个道德哲学家,为什么他如此重要,如此有名望?在他那个时代,对这个问题有各种各样的回答。首先,他从很多方面来讲是文士的代言人,而文士当时大概还是士大夫(the scholarly)中最大的群体。例如他的追随者李廌记述道:

> 东坡尝言,文章之任亦在名世之士相与主盟,则其道不坠。方今太平之盛,文士辈出,要使一时之文有所宗主。昔欧阳文忠常以是任付与某,故不敢不勉,异时文章盟主责在诸君,亦如文忠之付授也。③

然而另一位追随者秦观(1049—1100)给某个只敬重苏轼和他父兄文学才艺的人写回信,他认为苏轼一门也有哲学的一面。

> 然非所以称苏氏也。苏氏之道,最深于性命自得之际,其次则器足以任重,识足以致远,至于议论文章,乃其与世周旋至粗者也。

---

① 《遗书》,卷18第239页;见宇文所安《追忆:中国古典文学中的往事再现》(Remeberances: The Experience of the Past in Classical Chinese Literature)第131—133页。
② 《上两制书》,《校正经进东坡文集事略》卷42,第729页。
③ 李廌《师友谈记》第30a页引用。苏轼本人注意到,并非所有在11世纪因文而知名的文人,愿意充当"宗匠";见他对蔡襄的评论,苏轼《东坡题跋》卷4,第85页。

> 阁下论苏氏而其说止于文章,意欲尊苏氏而适卑之耳……中书之道,如日月星辰,经纬天地,有生之类,皆知仰其高明……阁下试赢数月之粮,谒二公于京师,不然,取其所著之书熟读而精思之,以想见其人。①

秦观敬重苏轼的为人。他认为苏轼无与伦比、异于众人,以至于是不能被模仿的,12世纪笔记小说中大量关于苏轼的故事中都有这个看法。② 还有一个看法是由苏辙(1039—1112)在为其兄所作的墓志铭中提出来的,这个看法认为苏轼是一个了不起的官员。苏轼刚上任时"长吏意公文人,不以吏事责之"③,他初入仕途就要证明自己是一名优秀官员,而苏辙要说明苏轼是一位优秀的官员,由于心里存着这样的想法,所以他以非同寻常的笔墨详述苏轼的政绩。包括他在11世纪60年代做主簿、签判一类的地方属官,在11世纪70年代和元祐(1086—1093)年间的一小段时间里做杭州通判、密州知州、徐州知州、黄州知州,在元祐年间作为朝廷要员,以及作为仗义执言的谏官,最终在1079—1084年被贬谪到黄州,在1094—1100年因反对新法被贬谪到广南的一些荒凉的地方。④

这样一来,我们就有了苏轼这个人的画像,他的为人受人敬重,他是他那个时代最优秀的文学榜样,是一个有很高地位的政治人物。我

---

① 秦观《与傅彬老书》(1086年),《淮海集》卷14,第1页。
② 贺巧治《苏轼》(Su Shih)注意到苏轼被更多地看做一个受人喜爱的文化人物,而不是一个严肃的思想家。林语堂《苏东坡传》(the Gay Genius)当然是至今关于宋人最引人入胜的传记,对这些传闻逸事采取了很多。合山究把它译为日文《苏东坡》,在注释中提到林语堂所采用的资料来源。关于苏轼的传闻逸事,见《苏东坡轶事汇编》。
③ 《苏东坡集》第2册,第42页。
④ 《宋史·苏轼传》的记载是依据苏辙为苏轼所作的墓志铭,这是《宋史》中最长和最详细的传记,它证明后世的史家对苏轼的政治角色给予了高度评价。当代人写的传记包括贺巧治《苏轼》、林语堂《苏东坡传》、曾枣庄《苏轼评传》、竺沙雅章《苏东坡》以及田中克己《苏东坡》。关于苏轼经历的编年,见王保珍《增补苏东坡年谱会证》。

正像别人所做的那样,认为苏轼在谈论一些他希望别人共同认可的东西。① 用他自己的话来讲,他与欧阳修薪火相传,他在 1057 年称赞欧阳修把古文从堆砌古奥的错误中拯救出来,让古文超越韩愈和唐代古文,从而向"先王之遗文"汲取营养,"觉悟学者"。② 欧阳修在世时,苏轼在 1072 年写道:"斯文有传,学者有师。……斯文化为异端,而学者至于用夷,君子以为无为为善,而小人沛然自以为得时。"③在 1090 年,苏轼作为一个当之无愧的思想领袖,坚持说欧阳修的名声将超越当时那些责难他的人,而他是欧阳修的继承者:"自视缺然,而天下士不吾弃,以为可以与于斯文者,犹以文忠公之故也。"④像欧阳修以及他以前的孔子一样,苏轼自认是斯文的传承者。这不单纯是声称自己文学上的权威。王安石在《字说》的序言中自称上天通过他拯救斯文,苏轼向这个说法提出挑战。欧阳修、王安石和苏轼声称自己承递斯文,拥有道德权威,拥有权威就是声明自己与于斯文的用意所在,那些想要否定欧阳修、王安石、苏轼的人,也认可了承递斯文这个说法,只不过是具体的承递者不同罢了。提倡道学的胡宏(1105—1155)问道:"然则斯文遂绝矣乎?"他回答说:不,士认可程氏兄弟传承斯文,而不是欧阳修、王安石或者苏轼。⑤

---

① 苏轼的想法有时在文学研究中受到很高重视,最好的例子是傅君劢《东坡之路》。思想史家也关注他;他出现在一些宋代思想研究中。英文著作方面,见马尔奇(March)《苏轼作品中的自我与山水》(Self and Landscape in Su Shih);特别是贺巧治在其《宋人传记》之《苏轼》第 4—9 页,第 14—19 页,第 247—248 页,第 331—332 页,第 396—398 页,第 459—461 页中对苏轼各种作品的讨论。其他的资料来源在下面提到。
② 《校正经进东坡文集事略》卷 41,第 715 页。对苏轼这个观点更详细深入的阐释,见他在 1089 年对欧阳修的文集作的序(《校正经进东坡文集事略》,卷 59 第 903 页,由刘师舜在《中国古典散文》,Chinese Classical Prose 第 280—285 页中翻译)。苏轼说自己最初是在 1043 年听到欧阳修,与庆历革新连在一起;他说 1057 年欧阳修把他介绍给韩琦和富弼,这两位仍然在世的庆历领袖,他们仍然待苏轼以国士;见苏轼为范仲淹的文集作的序,《校正经进东坡文集事略》,卷 56 第 906 页。
③ 纪念欧阳修的文章,见《苏东坡集》前集,第 6 册,卷 35,第 56 页。
④ 《太息一首送秦少章》,《苏东坡集》后集,第 8 册,卷 9,第 18 页。苏轼在 1089—1090 任黄州知州期间,秦觐(字少章)和他在一起;见张耒的赠序,《柯山集》卷 40,第 475 页;这个版本把"少章"误为"少游"。
⑤ 胡宏《胡宏集》第 156 页。

这样一来，我发现，认为苏轼是在谈论文化、政治和道德问题，这是说得通的。问题是他必须说什么。针对这个问题，我再举一例。既然那些左右风气的人物已经开始怀疑文学事业是否是严肃的道德之学的一部分，苏轼是如何将他文学的一面与关于价值观的想法协调起来的呢？我的探索受到苏辙对苏轼文学—思想生涯所做的概述的启发。

> 公之于文，得之于天，少与辙皆师先君，初好贾谊、陆贽书，论古今治乱，不为空言。既而读《庄子》，喟然叹息曰："吾昔有见于中，口未能言，今见《庄子》，得吾心矣。"乃出《中庸》，论其言微妙，皆古人所未喻。
>
> 尝谓辙曰："吾视今世学者，独子可与我上下耳。"既而谪居于黄，杜门深居，驰骋翰墨，其文一变，如川之方至，①而辙瞠然不能及矣。先君晚岁读《易》，玩其爻象，得其刚柔、远近、喜怒、逆顺之情，以观其词，皆迎刃而解。作《易传》未完，疾革，命公述其志，公泣受命，卒以成书。然后千载之微言，焕然可知也。②
>
> 复作《论语说》，时发孔氏之秘。最后居海南，作《书传》，推明上古之绝学，多先儒所未达。既成三书，抚之叹曰："今世要未能信，后有君子，当知我矣。"
>
> 至其遇事所为诗骚、铭记、书檄、论撰，率皆过人。有《东坡集》四十卷、《后集》二十卷、《奏议》十五卷、《内制》十卷、《外制》三卷。公诗本似李、杜，晚喜陶渊明，追和之者几遍，凡四卷。幼而好书，老而不倦，自言不及晋人，至唐褚、薛、颜、柳，仿佛近之。③

苏辙注意到其兄无与伦比的文才，却强调了他所接受的文学、艺术传统，

---

① 《诗经·小雅·天保》，译文见阿瑟·韦利《诗经》（*Book of Songs*）第 125 页。
② 苏洵的易注在什么程度上由苏轼接手完成，已经不清楚；多数人把易传当作苏轼思想的表达。苏轼本人说他最初是靠自己读懂了《周易》，"遂因先子之学，作《易传》九卷"（做于黄州的写给文彦博的信，《苏东坡集》前集，第 5 册，卷 29，第 110 页）《苏东坡集》第 2 册，第 49—50 页，苏辙所撰墓志铭。
③ 《苏东坡集》第 2 册，第 49—50 页。

第八章 苏轼的道:尽个性而求整体

以这些传统为参照衡量他,并且用描述这些传统的话来描述他。同时他坚持说,苏轼的学问超过了其同时代的人,这里他也强调说苏轼植根于传统。苏轼通晓"上古之绝学",其言外之意就是向其他宣称自己继承了上古的知识,传承圣人之道的人提出挑战。苏辙认为苏轼"推明""上古"之学,也就是说,他从儒家经典(中古和近古的著作)中推出指导圣人创造文明的思想价值观,并且他根据上古圣人这种最初的思维模式来看待文化传统。苏轼不是一个狭隘的儒者,他被《庄子》所吸引。他并非只关心外在的表象,他研究《中庸》论其精妙。同时,他敬佩汉唐时代的制度改革者。他过人的精力和创造力,都是难以仿效的。

下面将讨论他为1061年的制科考试所做的策论,他对那种与新法联系在一起的思想潮流的回应,他为《周易》、《尚书》所做的注释中的主要思想,以及他关于好的"文"的看法。由此画出的苏轼肖像将是一个反对任何形式的教条主义的人,他珍视灵活、多样和个性,而又致力于寻求统一的价值观。作为一个文人,苏轼遇到古文在寻求普遍道德和从事文学之间的张力;作为一个思想家,他面临古文的困境,即一个人应该在寻求了解所有人能共同认可的东西的同时,自己亲知亲解。我认为,苏轼最终通过他的解释解决了这些两难困境,他解释了个人如何在相信万事万物最终是统一的和他自己对特定事件的反应之间建立联系,这些特定事件发生在一个历史的、变化的和经常是不完美的世界中。苏轼的道要求个性和多样性,以便实现共同的利益。它是一个价值观思考的普遍方式,不需要整齐划一。而且苏轼的道最终解释了人们创造的文如何在不要求风格千篇一律和得出相同结论的情况下具有真正的价值。他代替确定性提出的是一个文化视界(vision),这种文化不断积累、变化和适应各种各样的兴趣。我认为,苏轼是在回答自8世纪晚期以来刺激思想生活的问题。但是,通过阐述其他人能够而且的确共同认可的答案,苏轼使他的后学已经不必自己成为思想家。在我看来,他是韩愈这个传统上最后一位伟大的文士,身处思想论争的中心。但是,苏轼不再致力于建立一个彻底体现道德普遍性的文化,他认为人类会一直面对一个不完美的世界,他拒绝承认有适合所有环境的正确而合理的标准。由此,苏轼与那些继续坚持认为有可能在个人和社会中实现完美道德的人分道扬镳。

1061年:以多样性求整体

在欧阳修推荐苏轼参加1061年的制科之后,①苏轼呈进50篇文章:其中包括分为三个部分的《中庸论》,25篇策论,20条关于历史人物的对话,以及分为两部分的《大臣论》。中庸这个概念,意思是通过结合各个极端来持续地创造一个中心,这个概念既是这些文章的文学结构的组织原则,这一点下面将要证明,也是苏轼关于政府、为学和操履的组织原则。正像苏辙关于苏轼思想的记述所指出的,这些文章也综合了庄子的相对主义、贾谊对上古的理想化,以及陆贽实用的改良主义。

苏轼在这些作品中追求的目标,是表明有可能通过平衡相反的利益来创造一个整体。他在《上两制书》中解释道,他从道德的角度撰写,写给那些从政治的角度来阅读的高官。② 道德和政治是不同的——同时既合乎道德,又要适应政治是自毁——但彼此对对方都是必要的。③ 这些作品提供了共同的基础。那些掌权的人能从中读到他以"治时"为主的治世之道。④ 但是,他们阅读这些作品也应该看到,这些文章所揭示出来的作者的素质,说明苏轼就是为世所需的那种人。政治的秩序有赖于实现"法"(规章、传统、惯例)和"人"(人的主动性)的平衡。"夫人胜法,则

---

① 当他的读者翰林学士和中书省的知制诰(其中之一就是王安石),通过了他的50篇策论,苏轼参加了两个为期一天的考试,第一个由翰林学士主持,第二个由皇帝主持。苏辙也通过了这个考试,他是由司马光推荐参试,但是苏轼被列为第三等,宋代所授予的最高等级。苏轼马上得到提升,这次考试的成功标志着苏轼成为决策机构的一个未来的候选人。在宋代总共只有35人通过制科考试,苏轼是其中之一。关于制科考试制度的全面描述,见王德毅《宋代贤良方正科考》。
②《校正经进东坡文集事略》卷42,第725页。
③《校正经进东坡文集事略》卷42,第726页。
④《校正经进东坡文集事略》卷42,第726—727页。

法为虚器;法胜人,则人为备位;人与法并行而不相胜,则天下安。"①但是,如今法支配人,因为人们缺乏必要的"自信"来采取主动。② 苏轼的文章将表明,他有这种必要的自信。

在1061年,苏轼解释说,他的"自信"来自他确信自己能够了解万事万物作为一个完整整体的一部分的真正价值。他很关注能否看到一个系统化的整体,这与王安石和司马光的看法是一致的。他在《拟进士廷试策》中写道:

> 自为学至今十有五年,以为凡学之难者,难于无私;无私之难者,难于通万物之理。故不通乎万物之理,虽欲无私,不可得也。己好则好之,己恶则恶之,以是自信则惑也。是故幽居默处而观万物之变,尽其自然之理,而断之于中。其所不然者,虽古之所谓贤人之说,亦有所不取。虽以此自信,而亦以此自知其不悦于世也。③

苏轼设想,事物有内在之理,个人能够通过考察事物的变化、奇变和更动(permutation)来理解这种内在之理。他可以直接观察事物,至少在思想上。通过考虑万事万物的内在之理,他超越了片面性,尽管他并没有宣称自己合于至公。知识是判断事物和对已经接受的观念去伪存真的基础。

因为苏轼的文章是如此次第井然,这样就有可能阐明在他的写作实践中"通万物之理"是什么意思。首先,"物"是关于人事的历史范畴。在策论(political proposal)中这些包括了政府中的各种角色(皇帝、朝臣、地方官)、社会群体(士、平民、军人),这些角色和群体的职能和责任,以及更为重要的,这些不同人群和职能之间的关系。"万物"在这里是指政体的所有部分,包括中国加以防御的四夷。第二,"变"向来都是向和谐、有

---

① 《校正经进东坡文集事略》卷42,第727页。
② 《校正经进东坡文集事略》卷42,第728页。
③ 给宰相曾公亮的信,《校正经进东坡文集事略》卷41,第723页。这封信作于50篇策论被接受之后,两次考试之前。苏轼随信献文十篇,但没有提到它们的标题。

为的角色和关系转变。在这个意义上的变发生在各个党派不再扮演其角色,平衡改变的时候。臣子犯上作乱就是变,王朝的衰落也是一样。为了重新平衡不正常关系而必须采取的奇和变也是消极的,但负面意义稍小。第三,"理"经常被势取代(苏洵所说的"势";见第六章),它指事件按照一个特定的过程展开。事物之理就是它在特定的环境中发展的过程。这通常有一个逻辑的结论,诸如那种由于不加约束的偏执而导致的自我毁灭。理就这样地内在于物,它们势必"自然"和必然。发展之理是可以预见的,他们可以通过思考推导出来。①

苏轼在《中庸论》(译者注:应为《策略》第四)中写道:"古之所谓中庸者,尽万物之理而不过,故亦曰皇极。"②但是,一物之"理"也是它趋向一偏的趋势。苏轼通过"通理"(将事物的内在之理彼此联系起来)来避免这一点。他看到事物要以互相协调的方式发挥作用,它们就必须并置成为一个统一体的一部分。中庸意味着要认识到两面都是必要的。每一部分都有它特定的功能模式和发展方向。如果让一部分孤零零地存在,

---

① 这里对苏轼论"理"与"变"的讨论,主要依据他在1061年所作的策论中所使用的概念。关于"变",见《晁错论》(《苏东坡集》应诏集,第18册,卷10,第68页);《策别》十六(《苏东坡集》应诏集,第18册,卷4,第27页)这是关于破坏了有机体"治平"的变化的例子。《管仲论》(《苏东坡集》应诏集,第18册,卷8,第57页)关于"奇"的意义,在这里"奇"来自数的运筹。在《策别》十七(应诏集,第18册,卷4,第29页)中谈到"知变之说",意思是让人理解一个很小的因素可以变得很大和很有破坏性;《伊尹论》(应诏集,第18册,卷7,第55页)警告说,变化不能被消除,当前很容易受过去所发现的变化的影响。《策别》二十三(应诏集,第18册,卷5,第39页)提议要"于其全盛之时而塞其所由亡之门",也就是说,防止任何政治因素扩大到破坏整个政治关系之母体的地步。

在这些文章中,"理"并不经常出现。在解释有些事情会走向初衷的反面之后,苏轼经常评论说"此又其理然也"或者"则其理岂不甚明哉"(例如《策别》二十四[应诏集,第18册,卷5,第4页]以及《大臣论》第二部分[应诏集,第18册,卷6,第50页])。我在这些文章中没有发现进一步提到"自然之理",但"势",这个概念承担了相同的想法,尽管"势"的意思更加强烈(人可以改变他们的内心,坚持原则,但是他们屈从于形势和事件的力量)。我曾注意到苏轼对政策之"理"的讨论,这是在他为1070年殿试所做的答卷中(《校正经进东坡文集事略》卷21,第333页),他针对圣旨之中让参试者讨论的一句话进行详细阐发,这句话是说:"有所不为,为之而无不成;有所不革,革之而无不服。"苏轼阐发说:"今为政不循理而欲以人主之势,胁而成之。"

②《苏东坡集》应诏集,第18册,卷1,第8页。

第八章　苏轼的道:尽个性而求整体

它就会走向毁灭;如果与其他部分联系起来,它的自然趋向就会被建设性地引导。由此就形成人类创造的有机整体。他写道:"天下之势,譬诸一身。"①事实上,苏轼的意思是世界能够被统治管理,就像人的身体可以相通为一:"圣人之治天下……使其关节脉理,相通为一……夫是以天下可使为一身……今也不然。"②要创造一个"治天下譬如治水……使不至于壅淤腐败而无用"③的形势,这样一来,一个人只需要"疏其故而纳其新"。④

策论的方法

苏轼的25篇策论是关于改革的具体建议,我们不可能在简短的篇幅里全面论述。⑤ 取而代之地,我将评论几篇策论所推荐的用来证明制度和政策合理的方法,因为苏轼在1061年对一种方法的依赖,和他成熟时期的思想有所不同。这些策论包括《策略》(1～5)、《策别》(6～22)以及《策断》(23～25),论述了政治精英、政府在管理帝国中的作用,以及中国和蛮夷。

这些策论一级级地讨论了两两相对的问题。最大的对立是在中国(策论1～22)和蛮夷(23～25)之间。苏轼原则上很关注让中国重新具有活力,以此作为在对外关系上重新获得主动权的先决条件。⑥ 在中国内

---

① 《策别》十六,《苏东坡集》应诏集,第18册,卷4,第27页;《策别》八,《苏东坡集》应诏集,第18册,卷2,第15页。
② 《策别》八,《苏东坡集》应诏集,第18册,卷2,第15页;《策别》四,《苏东坡集》应诏集,第18册,卷1,第7页。
③ 《策别》四,《苏东坡集》应诏集,第18册,卷1,第7页。
④ 《苏东坡集》应诏集,第18册,卷1,第1—2页。《策略》第1—9行是《策略》、《策别》、《策断》的总绪论。
⑤ 从这里开始,文中提到有关策论,都以它们的编序代称。关于策论的内容和它们的顺序,我遵照《苏东坡集》应诏集,第18册,卷1,第1页到卷5,第45页。陈启汉《论苏轼的嘉祐进策》简要地讨论了这些策论的制度内容。
⑥ 这些策论分为三组,与它所宣称的以二元的方式讨论问题的性质并不矛盾。《策别》二十三关注一般的华夷关系,《策别》二十四和二十五谈和小的外族国家以及和大的外族国家的关系。苏轼指的是宋朝和西夏小国以及和辽这个大国的关系,但他没有指名道姓。

333

部,他在皇帝、朝臣和士(《策略》)以及政府的各种职能(《策别》)之间做了区别。后者还进一步分成官僚(6～11)、百姓(12～17)、财富(18～19)和武力(20～22)。每增加一个新的话题就补充前一个话题,这两个话题又依次组成一个单元,由第三个话题来补充,诸如此类。例如,《策别》一开始谈到创建一个有效的官僚体制,接着就谈到百姓,以此来平衡这个话题;官僚和百姓共同规划财富;为了生存,一个富裕的国家还需要军事力量。

在讨论这些话题时,文章被成对安排,这样每一组相对之文都用两个不同的要素来处理同一个问题,这两个要素被重新平衡起来以后,就一起创造出一个互补的多元体。例如,在处理百姓关系的一部分中,《策别》第12(题为《敦教化》)和《策别》第13(题为《劝亲睦》),处理社会道德观念;《策别》第14～15是关于以农业来创造财富;而《策别》第16～17是关注地方治安。《策别》第12认为当今的官员不能以传统的礼来教化百姓,苏轼呼吁他们要以身作则、遵纪守法,让国家信守诺言,不苛求于民,以此来挽回他们不能以礼化民的失败。《策别》第13通过强制建立一种鼓励自立和互助的宗族(clan)组织来反对百姓的自私。简单地讲,官员应该更多地遵纪守法,而百姓应该更多地依靠自己;这一点是通过要求官员们以身作则和百姓遵守宗族体制的规章来完成的。

事实上,17篇《策别》的每一篇都把人与法两极对立的某种变量当做一个普遍的范畴,每一篇都通过在一个方向上走得更远些来纠正不平衡,而且在每一组相对之文中,一方更多地受制度约束,而另一方则被给予更多的主动性。例如,官僚的腐败就从高级(6)和低级(7)官员来谈。高级官员被允许在规章之外按照他们自己的主动性来行动,但如果让他们自行其是,他们就要犯上作乱。苏轼的解决办法就是更严厉地惩罚他们对职权的滥用,这样他们就能够在下属面前以身作则。下级官员过于拘守规章,因为谋求工作的竞争使他们不敢采取主动以免犯错,可是差使并不常有,这助长了行贿受贿之风。解决的办法是:只根据实际的政绩提拔下级官员,这样他们就可以看到,采取主动性对自己的利益有好处。苏轼在调整这种平衡,一面对最偏离正道的人严格规章,一面鼓励那些被规章束缚的人按自己的意愿行动。一种做法导致了下一种做法,然而减少腐败是不够的;接下来的两篇文章讨论了确保有效性和富于竞争力的措施(8~9)。最后,苏轼描述了一个计划来鼓励人们在宦海生涯中保持这些品质(10~11)。在最后一篇《策别》第22中,他谈到百姓和政治精英的联系纽带变得如此坚固,以至于百姓甘愿牺牲自己来维护为官者(officialdom)。他用这种方法建设了他的理想王国。

《策别》假定所有人都是自私的。苏轼通过创造一种追求私利能服务于公利的环境来创建他的国家(body politic)。但是他在讨论皇帝、大臣和士(这里指下级官员,和未来将入仕的人)三者关系的《策略》(第1~5)中,假定人也是激发于公益的。在这里,问题不在法而在人,因为正像苏轼所写的,法就像音乐中的音符;对音乐效果的控制不在音符而在于演奏者(见《策略》3)。当这三种角色恢复到生机勃勃的和谐状态,就会"各得其职而不乱"。(见《策略》1)这五篇文章中的三篇谈到每一个角色独立的职能,有两篇处理将它们联系起来的那种关系。大致说来,统治者的角色,一旦他摆脱了无为的怠惰状态,就只会希望"有为"(见《策略》1);大臣一旦不再为外族事物分心,就只需要考虑"为天下"的方法(见《策略》2);士被教导不要让自己置身社会批评之上,不要靠人云亦云来苟全,他们只需要在地方上有所作为(见《策略》4)。苏轼接着考虑如何让君臣(见《策略》3)、让皇帝、朝廷和士和谐相处(见《策略》5)。如果君主愿意有所作为,他会鼓励他的大臣畅所欲言,并支持他们充分实现自己的计划(见《策略》3)。如果朝廷(君臣)打算行动,它就要知道执行政策的士需要做什么(见《策略》5)。这样苏轼照顾到方方面面:执行政策的士最终是政策的源泉;在他们这里,知识联系着行动和执行政治提议。苏轼当然是以士的身份来写作。

苏轼把王安石所主张的有机整体和积极有为的某些东西,与司马光那种认为政府要有约束,人人各安其分的想法结合起来。但他并不呼吁实行王安石那种价值观的划一,也不坚持司马光对尊卑上下的区分。苏轼并不否认有共同认可的价值观,或者否认权威有等级;只是他并不把它们作为最重要的事情。统一要求有对立双方以及张力平衡的状态来阻止内在流于一偏的趋向。目的的统一与利益的分殊共存;保持完整需要为双方都找到位置。

史论的视角

苏轼20篇史论转变了思考的视角,它们从古人所处的种种具体环境出发,向人们指出那种古人借以回应其时代的价值观。它们提供了圆融之人的多种立脚点,同时严厉地抨击了搞教条的企图。① 这些文章按主题编排,尽管第一篇提到文明肇始,最后则提到唐代的思想遗产,但它们并非按年代编排。苏轼谈到治道(包括文[第1~4]武[5~8]两方面)以及学习圣人之道(9~13)和伦理行为(14~17)。他用三篇文章做总结反对教条主义(18~20)。

苏轼又一次采用两分法。例如在讨论为政的问题时,他从利和礼的对立谈起。苏轼写道,圣人为农耕和渔猎发明工具,人们就可以谋求利益和满足愿望而不必为生存去与百兽争斗。但是逐利为欺骗打开大门;这样圣人就用礼来平衡利,人们因此就不会只考虑他们自己的便利。第一篇的主题是说,秦始皇的错误在于只根据利的需要选择他的治术,而不考虑礼。同样,那些努力要劝谏君王的臣子一定要承认道义自然迥异于私利(《汉高帝论》第二)。对过去典范的所知,一定要和对现在,对政治舞台上正在活跃的人的能力的所知相平衡。这两者对于"能一"都是必要的(《魏武帝论》第三)。权宜的行为一定要和超越自私的能力相平衡(《伊尹论》第四)。这几篇文字要比这里的概述更有趣和富有神韵,但是我不讨论它们,而是集中分析那些最直接地谈到如何寻求价值观的篇章。

---

① 关于历史人物的二十篇文章,见《苏东坡集·应诏集》,第18册,卷7第51页—卷10第73页。在文中它们以题目和数字来指称。

第八章 苏轼的道：尽个性而求整体

谈论学习圣人之道的有五篇，苏轼在开篇一面承认了孔子的至高无上，一面对那些曾经试图维护"大人之道"的人提出怀疑（《子思论》第九）。他接着谈到作为一个人实践这种道的两种方法（《孟子论》第十）以及圣人之道和政府之间的关系（《乐毅论》第十一）。这些被两篇关于传统的文章所平衡，一篇是关于如何对待来自孔子的这个传统中的先辈的正确态度（《荀卿论》第十二），另一篇则是关于对待这个传统之外的先辈的态度（《韩非论》第十三）。苏轼心仪"儒家"传统，在这个传统里，孔子是他为圣的榜样，但是他把后来的儒看做道德的绝对主义者，他们缺少孔子那种对所有的形势灵活应变的能力。

苏轼所做的最基本的区分是那些恪守圣人之道和有"异端"的人，诸如老子、庄子和列子，他们越诸人事之外，在"无有"中寻找起点。他们鼓励人们遏制情感，不理睬制度的限制和社会批评，以此来否定社会区隔和人情以及诸如此类东西的现实性（《韩非论》第十三）。但是苏轼接受了对一种儒生的道家式批评，这些儒生始于人事，却把孔子的道降为某种僵化的原则。《道德经》的第一句话"道可道，非常道"看起来一直留在苏轼的心里，尽管他从来没有引用它。那些用道德来界定人性的人让人们忽视他们实际的七情六欲——他们由此而有的结局很像"异端"——而且他们对是非绝对的区分使人们不能看到，一个行为的道德与否要取决于环境。苏轼是一个儒家的相对主义者，他宣称找到了道德主义者普遍的起点，但却反对孟子、荀子和扬雄，他们根据各自关于人性善、人性恶或者人性善恶相混的理论，创造狭隘的理论基础，由此试图为道德确立特定的性质（《子思论》第九）。

对苏轼来讲，圣人之道一定是普遍的、包罗万象和不可简化的。"夫子之道，可由而不可知；可言而不可议；此其不争为区区之论，以开是非之端，是以独得不废。"[①]但是，如果这个道不能被确切地定义，那么在实践中我们关于它又能说些什么呢？"所可得而言者，惟其归于至当，斯以

[①]《子思论》，《苏东坡集》应诏集，第18册，卷8第60页。

为圣人而已矣。"①人们应该"取必"于圣人之道。但是孟子在人之所能的基础上建立标准(指仁、义、礼、智的四端)(《子思论》第九)。然而孟子的描述并不错,但是不充分。他的定义,其价值在于对那些自称实践圣人之道的人提供了一个检验,因为圣人的确囊括了所有人知道和实践的东西。但是苏轼眼中的孟子超出了这些基本的需要,重视"举动合宜"的灵活性,把它看得比在实践中遵守严格的教条还重要(《孟轲论》第十)。与之形成对照的是,孔子致力于将尽可能多的知识和技能结合在一起;他能够把他所有学到的东西联系成一个协调一致的整体,因此他能包罗每一件事情。这就是他说的"一以贯之"的意思。② 他在每一件事情上都能举动得宜,因为他已经掌握了所有那些在使形势恢复到恰当的平衡状态中,可能被证明是有用的东西。

满足最低要求和达到最高的成就,这之间的不同——也就是孟子和孔子之间的不同——在为政中有它对应的表现(《乐毅论》第十一)。"王道"描述了古代圣人的政绩,但是要实践它需要达到与圣人有相同水平的学。这与霸主之道不同,但真正的问题在于一个人能做什么。那些能够做真正的王者的人超越了具体的环境,因为天下对他们应之如一。然而一个不能成功地将每件事统一起来的君主,将以霸主的方式很好地应付具体环境,尽最大努力推进政治的统一:"欲王则王,不王则审所处,无使两失焉,而为天下笑也。"③

但是,苏轼警告说,统一的结局并不能证明所采取的任何手段一定是正确的。文明的行为有传统和界限,即使是武事。那些希望囊括所有的事物并灵活应对的人也一定要考虑到传统。苏轼指责荀子,因为他排斥了孟子和子思。苏轼认为,荀子表明一个人可以一方面排斥自己所接受的大部分传统,一面宣称自己拥有权威,因此,荀子的学生李斯,作为

---

① 《苏东坡集》应诏集,第18册,卷8,第60页。
② 《孟轲论》,《苏东坡集》应诏集,第18册,卷8,第61页;引用《论语·卫灵公》第三条,参见刘殿爵《论语》第132页译文。
③ 《乐毅论》,《苏东坡集》应诏集,第18册,卷9,第63页。

秦的大臣,对圣人亵渎已极却自认为有理:他焚毁了记述圣人之道的儒家经典。(《荀卿论》第十二)

苏轼在三篇内容紧密联系的文章中详细阐发了这个主题。他坚持说,人的共同性,社会的政治统一,以及学的思想统一都不需要预先假定一个单一的道德人性,一个单一的道德政治,或者作为圣人之道的单一教条。共同性并不需要整齐划一;要求所有的人一样地行动并不会促进共同的利益。

《扬雄论》(第十八)既驳斥了人性善、人性恶或人性善恶混的说法,也驳斥了韩愈试图协调这些不同说法的做法。① 苏轼在开篇发难,提出"性"与"才"彼此不同。他承认,人性的善恶如果是普遍的,那么它就一定是最好与最坏的人都普遍具有的东西,是一种不可逃避的东西。然而显然人的才各个不同。这种关系可以通过比喻来理解:树的本性就是在成熟时开花,但是长短粗细和坚固程度这些材料方面的不同限制了它们可能的用途。那些不能做出这种区分的人,把特别属于某些人的能力赋予所有的人,而且他们要求所有的人按照只对某些人适用的方式来行动。以韩愈为例,苏轼发展出第二个主题:对人性的界定导致一种错误的性与人情二分,促使人们认为他们不能符合假定的普遍标准是错在自己的情绪(emotions)。事实上,情感(sentiments)揭示了什么是人人共有的,什么能够为道德的目的而被使用。苏轼诉诸常识:谁会相信对食物、居室和性爱的要求不是人性的一部分?苏轼接着说,如果这些情感对人是普遍的,他们就既不好,也不坏。如果这些情感是人性的一部分,善恶就不可能在人性中。与其这样,不如说,善恶来自指导情感的不同方式,苏轼认为,当扬雄将人的道德品性和他所受的培养联系起来,当他注意到人们既能为善也能为恶的时候,他就注意到了这一点。

但是,善恶是如何被决定的?普遍标准所扮演的角色是什么?苏轼

---

① 苏轼提到韩愈在《原性》中试图把孟子、荀子和扬雄的人性论统一在一起(这是人性观的三个来源)。在《原性》中,韩愈引用了孔子所说的"中人"(《论语·阳货》第二条),中人不同于尊卑、贤愚之人,他们在道德上当然既会上进,也会堕落。

解释说,区分善恶的最初用意并不是为所有的人定义礼。而只是印证"一人之独乐,不能胜天下之所同安。"(译者注:见《扬雄论》)。为了防止特异于众的人将其自己的一偏普遍化,就需要将善等同于对共同情感的满足。对苏轼来讲,满足人欲是善的根本,而确认什么事情能满足所有人则是圣人的任务。圣人不是哲学家,而是对社会的敏锐的观察者:"圣人之论性也,将以尽万物之理,与众人之所共知者,以折天下之疑。"与此形成对照的是,"韩愈欲以一人之才,定天下之性。"苏轼总结说,这样一来,由于把人情与人性分离,韩愈在为善恶下定义的时候就使自己不必去考虑社会,并因此"流入于佛老而不自知也"——这恰恰是他希望使人性的定义摆脱的东西。

《诸葛亮论》(第十九)询问是否有一个单一的道德方式来建立政治的一统。苏轼认为诸葛亮不能统一三国,是因为他没有清楚地区分王霸所用的不同方法"仁义"和"诈力"。两者都可以用来得国和守国,但不能同时使用。诸葛亮具有建立一个人所共安的国家的才能。但是在一开始,当他有机会通过道德的劝导取胜的时候,他却没能坚持仁义。接着,一旦上了战场,他又不能以诈力来求胜。苏轼解释说,诸葛亮首先是靠他自己的忠信激发"天下之心"从而得到天下名节之士的支持,以此得国。如果他能坚定不移,特别是当他的原则威胁到他自己的利益时也能如此,那么他是会胜利的。在丧失了坚持自己信念的勇气的情况下,他丧失了别人的信任,不得不角之以力。然而一旦上了战场,他试图光明磊落地行动,拒绝收买敌人。苏轼认为,这不是道德的做法,而是把他个人的名誉置于那些被他带到战场上的人的利益之上。他是在试图做他已经显得无能为力的事情。苏轼总结道:"敌有可间之势而不间者,汤武行之为大义,非汤武而行之为失机,此仁人君子之大患也。"①我想苏轼并不是说目的好就证明手段正确。政治的一统是好的,而且实现这个目的,有被历史印证的种种手段。这些手段在实践上彼此矛盾,互相排斥;

---

① 《诸葛亮论》,《苏东坡集》应诏集,第18册,卷10,第72页。

一个人必须决定他能够采用哪一种并且协调地使之生效。道德与选择背后的动机有关:诸葛亮让政治统一这个公益结果从属于他个人的垂芳留名之念;他缺少一个道德的目的,因此他的手段也就使他失败了。

《韩愈论》(第二十)是最后一篇,它批评韩愈用他的放言高论、倡言孔孟以及排击佛老来重视圣人之道的虚名,而不是真实的内容。苏轼有一个比喻:珠玉的价值是由社会的需求造成的假象,而衣食的价值却通过日用而被每个人所理解。很多人得不到珠玉。韩愈把圣人之道当成无价之宝,由此把它变成没什么人能有希望获得的东西。让这种道脱离实际生活,这使韩愈陷入歧途。首先,韩愈用墨家的眼光来看仁,无论扩展到人、蛮夷还是禽兽都是一样的。苏轼解释说,仁并非如此:"夫圣人之所为异乎墨者,以其有别焉耳。""教之使有能,化之使有知,是待人之仁也。薄其礼而致其情,不责其去而厚其来,是待夷狄之仁也。杀之以时而用之有节,是待禽兽之仁也。……孔子不兼爱也。"①第二,韩愈用道家的方式将人的性情分离。苏轼宣称,由于情感和社会区隔(distinction)是伦理的先决条件,对情感反应的否定,与宣称道德只存在于人性中,两者结合起来,就等于教人去做老子所说的消极的婴儿。圣人之道是每个人可以参与的中道;它并不要齐同万物,或者屏绝世务。

苏轼从 1061 年以来的这些文章,其中的两分法,对人的情感和欲望的承认,以及提倡人情,都吻合于欧阳修的看法。苏轼的见解并非没有政治的含义。正像不久以后英宗朝震动朝野的礼制之争将昭示的,中书机构中范仲淹的追随者并没有完全得到翰林院和谏院的支持。(欧阳修出于人情证明英宗从礼法上承认他的生父是正确的,而翰林学士认为礼法和道义要求英宗声明他的前任君主仁宗是他的父亲。)苏轼大概是为一个愿意适合人情和环境,而不是去适应道德教条的王朝提供逻辑依据。

我们还可以在这些文章中看到比为政治提供支持更重要的东西。269

---

①《韩愈论》,《苏东坡集》应诏集,第 18 册,卷 10,第 73 页。

我想苏轼认为政治和道德的统一,并不意味着统治者应该在回应当前环境时,拘守固定的标准来保持政治的健康状态。然而他同意有必要为共同认可的观念建立道德的基础,这会帮助士人在学问和政治之间建立联系,并且从知其然转向知道应该怎样。圣人之道或许是模糊的,但它是内心一种相当明确的态度。这种态度试图观察人们如何真正地行动,并试图以苏轼所理解的"孔子"的方式来满足人们的需要,苏轼眼中的孔子身处任何环境都"恰当"地行动,而不宣称自己掌握了永远有效的是非标准。

苏轼用以平衡对立双方的中庸观念,是他的一种方法,他用这种方法来填补人类的现实状态和建立完整政体这一目标之间的鸿沟。中庸包含了苏轼对天下之为有机整体的理解,他用疗治身体疾患的比喻来说明这一点,同时,中庸也包含了他对人情本性的理解。在他手里,中庸变成了将大量一偏的可能性集合在一起的手段。过去所有的方法、价值和策略都有一席之地,但哪一种都不能被当成绝对。形成了完整秩序的利益平衡,一直是不安定的。它不能靠制度的结构和固定的伦理标准来维持。毋宁说,它依赖的是诸个体始终用心于此,这些个体之人必须斟酌制度和他人的特殊利益,用这些因素在当下创造一个环境,这个环境把人们引向所期望的方向。这样一来,苏轼就把重担交给了那些曾经学过如何使部分统一在一起的个人。苏轼既不是一个道德家,也不是一个制度的改革者,他在关于《中庸》的文章中设计了一条朝向统一的路线,这条路线与他赋予人类性格的基本的多元主义是一致的。

反对王安石

制科考试以后,苏轼在地方上得到一个职位,1065年回到开封,成功地通过了学士身份的考试,但在1066年苏洵去世时去职。当他在1068年的冬天回到首都时,政治形势已经急剧变化,新皇帝任用王安石。但是,如果说苏轼在1061年远离那些道德保守派,他不久就会发现自己和

第八章 苏轼的道:尽个性而求整体

他们一起站到了反对新法的一边。他对教条主义的批评也可以说是针对王安石的。尽管到 1069 年,苏轼已经开始反对王安石的计划,但他获得了一项很引人注目的任命,在这一年担任开封府推官。苏轼并没有放弃对朝政的批评,在一年之内,朝廷用一位御史的弹劾回答了他给皇帝的上书和奏书,御史弹劾说苏轼在过去曾经用官家的公物来做私人的买卖。正像在这种情况下一般可以预料的做法一样,苏轼请求放外任。一年以后,他被发遣到杭州做通判,后来被提升为密州知州,接着被任命到徐州和湖州。1079 年,有人弹劾他在自己的文学作品中诽谤朝政和大臣,他因此被捕,被判有罪,被贬谪到黄州(淮南西路),在那里一直待到 1084 年。

　　除了对新法学校和科举改革措施的评论之外,苏轼对新法的反对大体上与司马光相同,尽管在 1086 年他反对司马光全面废除新法。苏轼反对制置三司条例司,反对任命掌管农业和水利项目的特使,反对青苗法,反对代役制以及政府的贸易政策。像司马光一样,他认为制置三司条例司打乱了官僚制的程序,政府借贷和试图管制市场将产生经济方面的危害,而且新法是以牺牲私人财富为代价来增长国家的财富。苏轼对商业比对地方的社会经济秩序谈得更多。他的看法是,商品的分配,也就是换句话所说的,商业和城市经济,应该掌握在商人私人的手里,而且城市居民不应该承担和地方家族一样的纳税义务,这个看法背后,也许包含了苏轼对自己家族商业活动的体会。苏轼的确赞成减少对皇族的支持,以及减少门荫特权比例;他欣赏强军的想法,直到看到这意味着使老弱无依无助才改变了态度。在很大意义上,苏轼是合唱中的一个声音,大概是一个好声音,但不是独唱。他并没有形成一个制度选择或者提供一个计划,来降低财政赤字,减轻穷人的痛苦,或者让中国在内外关系中更有分量。他最强烈的主张只不过是说,那些带来汹汹反对的政治创新是不实际和一无所成的——以斧析薪,若不循其理,则斧可缺而薪不可破。这样一来,苏轼最终落到一个大概并不舒服的位置上,他不得不证明不积极有为和妥协是有理的,苏轼承认,以此类推,他也不得不为

343

战争失败和定期出现的财政紧缺开脱。①

在最初的抗议爆发之后,一旦皇帝对王安石的支持明朗了,反对者也就噤口不言。苏轼并不例外,但是在他被捕前的那些年,他以其他的方式抵制新法,通过非正式的诗文。他的作品有一定作用,因为在他身陷囹圄时,审判官就是根据他的一部三卷文集中的诗文定罪,这部文集有一个啰嗦的名字《元丰续添苏子瞻学士钱塘集》。②

苏轼自11世纪70年代以来的作品,诸如《钱塘集》,并不是次第井然,而且没有1061年的方法上的多元主义。他批评流行思想的片面;他看到学生们在像奴隶一样地人云亦云和动辄否定世界的神秘主义两端之间摇摆。他的关注点转向了由于新朝的政治而变得紧迫的问题。他询问说,人们如何能够在内心抵制取媚权力和财富的诱惑——他们如何能够获得抵制新朝种种要求的独立性——而不必避世隐居?简单地讲,一个人如何能够在仍然具有社会责任感的同时,保存自己的尊严?自11世纪70年代以来的作品并没有提供一个简单的回答,但是它们的确表明苏轼开始在一个普遍的水平上,用"我物"的概念来阐述这个问题。拥有一个能够尊重物我的利益、恰当应物的自我是并不容易的。它需要清醒的自我意识,而清醒的意识却揭示出一个人从来不能真正超越个性和利益所好;它要求对事物做鉴别,而他不能确定他所看到的正是事物真

---

① 苏轼对新法主要的批评,见于《上神宗皇帝万言书》《校正经进东坡文集事略》卷24,第369—396页)。在1070年2月,他第二次上书神宗,在书中更直接地、不加掩饰地表达了他对新法的反对意见(在这里他改变了对军事政策的看法;见《苏东坡集》奏议集,第14册,卷1,第55—57页)。他为1070年的殿试草拟的试题和答卷也很有价值(《校正经进苏东坡文集事略》卷21,第329—341页)。狄百瑞在《中国传统资料汇编》第一册,第426—431页,莱德敖(J. K. Rideout)在白芝(Cyril Birch)主编的《中国文学作品选》(*Anthology of Chinese Literature*)第370—380页中对苏轼第一封奏疏的一部分做了翻译。苏轼对新法的主要的抨击当系于何时,这是一个引起混乱的问题(标准文集中的系年不太恰当)。这个问题已经解决,正确的系年已经做出;见黄任轲《苏轼论新法文字六篇年月考》。

② 关于苏轼受审的记载,见朋九万《东坡乌台诗案》;6a 指苏轼的文集《元丰续添苏子瞻学士钱塘集》。贺巧治在吴德明(Hervouet)主编的《宋代书目》(*A Sung Bibliography*)第448—449页中讨论了这个案件的记录。最近的一个讨论是蔡涵墨《苏轼和文字狱》(*Su Shih and Literary Persecution*)。这个案情的记录包括苏轼对他的诗文暗含的批评意见的解释。

实的样子。没有万无一失的方法。正像他的作品所证明的,苏轼所能做的就是用自己来证明一个人能尝试处理这样的问题。他在11世纪70年代就已经有了一个解决办法,这就是他把自己塑造成一个榜样式的文学人物。这一部分将随着苏轼对当时的问题的各个方面的反复讨论来进行考察,从他对一种思想潮流的抨击开始,苏轼把这个潮流和新法联系在一起。

王安石在1069年的一份奏书中建议建立国家学校制度和统一的科举考试,苏轼对这个建议作出反应。① 首先,他认为王安石的目标不实际。"复古制"——在这里是指遍布全国的国学体制,即作为培养一个富有活力的官僚阶层的培训中心——所需要的变革过于激进,从根本上是不可接受的。筹集经费、薪俸和学生的津贴将产生新的负担;要在国家的管理中扮演严肃的角色,学校就不得不参与军事和法律事物。苏轼认为,这种事不大可能,最终将使国学体制徒有其名。

在撇开了王安石建立国学体制的建议之后,苏轼批评当时为取代以诗取士的制度所提出的各种建议,认为是片面的。首先,根据"德行"批准士人到京城赶考,这会助长士人过分地表现自我牺牲和贫穷,因为士人会争着证明他们的廉洁和孝顺。第二,如果说赞成以文取士,放弃诗歌,是因为文比诗有用,那么所有的文学写作都是经不住推敲的;一般来讲文章并不直接适合政府的任务。而且有人认为文如其人并不站得住脚。石介和孙复的散文为他们赢得了"通经学古"的名声,但苏轼肯定地说,像杨亿这样精通文学辞艺的人,在现在会比石介和孙复更能做一个好臣子。在过去以诗歌取士并没有成为选拔能臣的障碍;而且,严格的形式标准迫使考生仔细写作,而且允许有客观的评分标准。第三,回到唐朝那种不糊名的制度,只会对偏袒打开大门。最后,要求考生写作有关儒家经典"大义"的文章,并不会提高考生的才能,因为讨论经典的能

---

① 李弘祺《宋代官学教育与科举》第205页,第240—245页,谈到关于科举改革建议的争论的策论。

力与为官的职责没什么关系,但它会让人们狭隘。在苏轼的看法中,任何一种新的建议都不能真正改善旧的体制。然而苏轼的确发现有一事不妥。他指责当时的学生沉浸于佛老,喜谈性命法术。他认为这包含着潜在的危险,因为如果士人居然认为生死和社会地位的高低无所谓,就不能通过操纵赏罚来指导他们。①

尽管在王安石当权的王朝之前,对人性(innate quality)的兴趣已经存在,但是苏轼认定它与王安石有关。正像他在11世纪80年代所写的,"欧阳子没十有余年,士始为新学,以佛老之似,乱周孔之实。"②无论如何,苏轼在1069年对当时乖谬的现象很不满:那些希望寻求无形的超越的价值观的学生,人们却根据他们对文学形式的精通与否来决定他们是否获得了正确的价值观。③ 作为1070年科举考试的评审官,苏轼发现有些考生阿谀顺旨,他自己试拟一道廷试策,以此来抗议那种模仿之举。苏轼尤其被一位考生的中榜激怒了,该考生迎合了王安石对其自身正当性的确信,此种信念潜藏于王安石对传统政治之基础的著名拒斥中:"天命不足畏,众言不足从,祖宗之法不足用也。"苏轼评论说,要取得不同凡响的成就,需要具有识别别人真正素质的能力;由于王安石做不到这一点,他就应该坚持古人的指导标准,敬畏上天,接受多数人的意见,取法王室祖先。④ 这样苏轼就从不同的两端进行抨击,他一方面责备王安石要求学问整齐划一,另一方面责备学生寻求终极和超越之道。

整齐划一和照本宣科是最容易抨击的靶子,下面这段话,苏轼指的就是王安石的《字说》,直到11世纪70年代末都在要求学生阅读这本书。

---

① 关于学校和科举的奏疏(作于1069年5月,根据黄任轲《苏轼论新法文字六篇年月考》的系年),《校正经进东坡文集事略》卷29,第493—498页。
② 欧阳修文集的序,《校正经进东坡文集事略》卷56,第906页。
③《校正经进东坡文集事略》卷29,第497—498页。
④《校正经进东坡文集事略》卷21,第329—341页,系于1070年3月(根据黄任轲《苏轼论新法文字六篇年月考》的系年)。

> 士之不能自成,其患在于俗学;俗学之患,枉人之材,窒人之耳目。诵其师传造字之语,从俗之文,才数万言,其为士之业尽此矣。夫学以明理,文以述志,思以通其学,气以达其文;古之人道其聪明,广其闻见,所以学也;正志完气,所以言也;王氏之学,正如脱椠,案其形模而出之,不待修饰而成器耳,求为桓璧彝器,其可乎?①

丰富的多样性和个性是好的,但有自己独立的看法并不自然而然就是好的。素质要求广博的知识,对理(patterns)的洞察,以及完整性;写作需要对目标的独立意识。王安石要求学生照本宣科,这样他就使学生不能自己去学习,因而就不能说出有价值和独特的东西。

苏轼不愿承认会有一个适合所有士人的模式。在新法结束不久的1085年,他写信给其追随者张耒(1054—1114),要他的后学通过呈现整体中的多样性使后人有可能见"古人之大全"。

> 文字之衰,未有如今日者也,其源实出于王氏;王氏之文,未必不善也,而患在于好使人同己;自孔子不能使人同颜渊之仁,子路之勇,不能以相移,而王氏欲以其学同天下。地之美者,同于生物,不同于所生,惟荒瘠斥卤之地,弥望皆黄茅白苇,此则王氏之同也。②

把价值的终极来源放在创造过程本身,这是苏轼后期思想关键的一面。基于现实的用心,这封信显示了苏轼对机械求同的反对。他所出的考题说明任何希望用语言来定义终极价值观的企图都排斥了普遍性:"圣人之言,各有方也。苟为不达,执其一方,而辄以为常,则天下之惑者,不可胜原矣。……是二者其言则同,而其所以言者,可得为同欤?"③

苏轼在1069年为开封府试出的考题就直接指向王安石,王安石对

---

① 《送人序》全文(没有系年),《苏东坡集》续集,第12册,卷8,第43页。
② 《苏东坡集》前集,第6册,卷30,第11页。
③ 《校正经进东坡文集事略》卷23,第366页。

皇帝说"独断"是必要的德行。对苏轼来讲,这是很容易攻击的靶子:他的考题只是援引历史上的例子来表明,"勤、断、信"这些显然属于一位能干的君主的素质,有时会带来灾难。①

正像他以追溯的笔致把欧阳修描绘为当代的孟子,排杨墨以捍卫儒道,②苏轼也以挑战齐同天下这个相反的极端做法为己任:这种做法寻求一种超越历史知识领域之外的终极实在。这里是他为一座佛寺所写的文章,为士人指出佛教界中的一个错误做法。

> 羊豕以为羞,五味以为和。秫稻以为酒,麴糵以作之。天下之所同也。其材同,其水火之齐均,其寒暖燥湿之候一也,而二人为之,则美恶不齐。岂其所以美者不可以数取欤?然古之为方者、未尝遗数也。能者即数以得其妙。不能者循数以得其略。其出一也、有能有不能、而精粗见焉。人见其一也、则求精于数外、而弃迹以逐妙,曰:"我知酒食之所以美也,而略其分齐、舍其度数,以为不在是也,而一以意造,则其不为人之所呕弃者寡矣。今吾学者之病亦然。天文、地理、音乐、律历、宫庙、服器、冠昏丧祭之法、春秋之所去取、礼之所可、刑之所禁、历代之所以废兴、与其人之贤不肖、此学者之所宜尽力也。"曰:"是皆不足学,学其不可传于口而载于书者。"③

我认为这里在模仿和超越之间有一种联系。当人们发现结果的质量取决于厨师,而不是菜谱,他们就会放弃菜谱而去寻找做一个好厨师的诀窍;当学者们发现尽管每个人都模仿正确的范文,但只有一部分人及第——素质取决于个人的能力而不是他们被人吩咐去学习的东西——这样他们就不会只是在学习,而会寻求如何拥有能力的秘诀。鼓励学生拥有吸纳众流的广博知识,比教给他们一个简单的模式要更好。苏轼似

---

① 《校正经进东坡文集事略》卷22,第344页。
② 《居士集序》,《校正经进东坡文集事略》卷56,第903—906页。
③ 《盐官大悲阁记》《校正经进东坡文集事略》卷54,第863—864页。苏轼为颜太初文集所作的序(1074年)有类似的意见(《校正经进东坡文集事略》卷56,第911—912页)。

乎意思是说,让我通过学习过去的经验来学会如何创造食谱。稍稍换个角度来读,这个比喻为苏轼的中间立场提供了依据。已经接受的知识是有用的——它能够使人大体上接近别人的成就——但是结果的质量还取决于个人对它的增益变化。

对于人们试图界定终极之道的错误做法,苏轼最有趣的一段描述是在他被捕前不久写的,这篇文章与一篇论述佛教的文章一起被人当成他诽谤朝政的证据。

日　喻

　　生而眇者不识日,问之有目者,或告之曰:"日之状如铜盘"。扣盘而得其声。他日闻钟,以为日也。或告之曰:"日之光如烛"。扪烛而得其形,他日揣籥,以为日也。

　　日之与钟籥亦远矣,而眇者不知其异,以其未尝见而求之人也。道之难见也甚于日,而人之未达也,无以异于眇。达者告之,虽有巧譬善导,亦无以过于盘与烛也。自盘而之钟,自烛而之籥,转而相之,岂有既乎?故世之言道者,或即其所见而名之,或莫之见而意之,皆求道之过也。然则道卒不可求欤?

　　苏子曰:道可致而不可求。何谓致?孙武曰:"善战者致人,不致于人。"①子夏曰:"百工居肆以成其事,君子学以致其道。"②莫之求而自至,斯以为致也欤?

　　南方多没人,日与水居也,七岁而能涉,十岁而能浮,十五而能没矣。夫没者岂苟然哉?必将有得于水之道者。日与水居、则十五而得其道、生不识水、则虽壮,见舟而畏之。故北方之勇者,问于没人,而求其所以没,以其言试之河,未有不溺者也。故凡不学而务求道,皆北方之学没者也。

　　昔者以声律取士,士杂学而不志于道,今也以经术取士,士知求

---

①《孙子》6.2b。
②《论语·子张》第7条,译文采用刘殿爵《论语》,有改动。

道而不务学。①

苏轼具有把一个很大的问题置于具体实践环境中的技巧,但是这个技巧来自他的信念,即抽象的观念只有在特殊之中实践才有意义。作为终极源泉的道能够在经验中被直觉,但不能被定义;它可以通过循序渐进、日积月累地学会如何自己亲自做事,而不是简单地跟随一套教导亦步亦趋来实现。危险在于,士会认为道能够作为某种超验的东西,脱离事物而被理解。道的确是超验的(所以它不能被定义),但它也蕴涵在事物中。它结合了事物运作的方式和事物应该如何的方式,结合了规范性的(the normative)和描述性的(the descriptive)。道与学、终极价值与实际的事物之间,核心在于学会如何有所作为使事物的道能够实现。我想由此产生的结果将是这样一种看法,即首先需要考虑的,不是人与道,或者说人与天之间的关系,而是物我之间的关系。

苏轼毫不怀疑,那些构成人类生活环境的事物是真实的,要成功地度过此生,人们必须留意这些事情。他的确看到,人们理解事物的方式是不同的。他作于11世纪70年代中期的《超然台记》就是一个例子。他的弟弟苏辙认为,这样一座台,能让人超然万物之上,苏轼建议游于"物之内",从而欣赏万物,游于"物之外",从而避免被陷溺。② 保持物我之间的区别是关键的。人们如果用拥有多少东西来衡量自己的价值,他们就不能满足;而如果他们对事物漠不关心,他们就没有负责任地做事的动力。标准太高以至于不可能满足的人,推脱事情的人,两者都找不到出路;他们只是让世界成了烦恼的根源,而他们的生活也变成了为避免生活的纠缠而进行的持久争斗。但是,事情并非必然要与自我作对。有人认为,如果欧阳修集"物"——即使这是别人并不看重的"物"——就不能合法地说他有自主性,是"得道之人"。

---

① 《校正经进东坡文集事略》卷57,第931—932页。
② 《校正经进东坡文集事略》卷50,第829页。对此的翻译和讨论,见傅君劢《东坡之路》第210—212页。

> 苏子曰："不然。挟五物而后安者,惑也;释五物而后安者,又惑也。……物之所以能累人者,以吾有之也。吾与物俱不得已而受形于天地之间,其孰能有之?而或者以为己有,得之则喜,丧之则悲,今居士自谓六一,是其身均与五物为一也,不知其有物邪,物有之也,居士与物均为不能有,其孰能置得丧于其间?"①

从一个足够宽广得让人意识到物我的角度,他能够让自己相信,财产并不是排在首位的东西;这样一来,不占有"物"或者丧失"物"都是无关紧要的,而且他对"物"的鉴赏不再会是一种障碍。

出于更实际的意向,苏轼建议采取一种以不留意于物来寓于物的态度。在1077年为朋友王诜的艺术收藏所写的著名文章中,他这样写道:

> 君子可以寓意于物,而不可以留意于物。寓意于物,虽微物足以为乐,虽尤物不足以为病。留意于物,虽微物足以为病,虽尤物不足以为乐。老子曰:"五色令人目盲,五音令人耳聋,五味令人口爽,驰骋田猎,令人心发狂"②。然圣人未尝废此四者,亦聊以寓意焉耳。……
>
> 凡物之可喜,足以说人,而不足移人者,莫若书与画。然至其留意而不释,则其祸有不可胜言者。……始吾少时,尝好此二者,家之所有,惟恐其失之。人之所有,惟恐其不吾与也。既而自笑曰:"吾薄富贵而厚于书,轻死生而重于画,岂不颠倒错缪,失其本心也哉?"③

如果人们能够看到他们在做什么,如果他们能自出手眼,形成自觉意识,他们就能在投身于物和避世自守之间创造一个折中点。自我意识的本

---

① 《校正经进东坡文集事略》卷60,第992页。
② 《道德经》第12章,译文采用刘殿爵《老子》第68页。
③ 《校正经进东坡文集事略》卷53,第857页。艾朗诺在《欧阳修与苏轼论书法》(Ou-yang Hsiu and Su Shih on calligraphy)中第404—405页全文翻译。艾朗诺讨论了苏轼对"寓意"和"留意"的用法,把前者翻译为"lodge his mind in",后者翻译为"fix his mind upon"。

质就是一个关于价值观本性的看法。在《问养生》中,苏轼问道,为什么人们只有看到了污秽,才会把污秽之物吐掉?

> 请察其所从生。论八珍者必嚵,言粪秽者必唾,二者未尝与我接也,唾与咽何从生哉?果生于物乎?果生于我乎?知其生于我也,则虽与之接而不变,安之至也。安则物之感我者轻,和则我之应物者顺。外轻内顺,而生理备矣。①

生之理(注意,苏轼反复提到"生"这个词)包括应物。但是要让那种理完全,要保持物我关系的平衡,一个人一定要看到对食物的情绪反应来自自我。有时,苏轼构想了一种更难的成就:"人鬼鸟兽,杂陈乎吾前。色声香味、交通乎吾体。心虽不起,而物无不接,必有道耶?"②但在《问养生》中,他满足于自觉的沉思力量。

但是不依赖物而感到自我的价值是不容易的,即使赋予物的价值来自自我。人们可以看到"有物"是自取毁灭,而且他们对物的反应取决于他们自己的内心,而即使是想要超越众物之上,表现出更高贵的意愿,也显示了同样的问题。苏轼的《张君宝墨堂记》(1072)开篇这样写道:

> 世人之所共嗜者,美饮食,华衣服,好声色而已。有人焉,自以为高而笑之。弹琴弈棋,蓄古法书图画,客至,出而夸观之,自以为至矣,则又有笑之者曰:"古之人所以表见于后世者,以有言语文章也。是恶足好。而豪杰之士又相与笑。以谓士当以功名闻于世。若乃施之空言,而不见于行事,此不得已者之所为也。"③

苏轼接着反对那些"特以己之不好,笑人之好"的人,并且毫不掩饰地挖苦了一下那些年轻的新法支持者,这些年轻人对伟大成就的看法就是以"未试之学",付诸政治,他们虚费百姓,就像一个从事书法的人浪费

---

① 《校正经进东坡文集事略》卷60,第986页。
② 《成都大悲阁记》《校正经进东坡文集事略》卷54,第866页。
③ 《校正经进东坡文集事略》卷50,第827页。

纸张。

这个问题还有另一面。人们可以把价值赋予物,但是物本身的确含有某种东西,这些东西是真实的。应物不只是需要理解人类反应的特点,还要对事物自身有所理解。正像苏轼在批评王安石时所注意到的,学的目的在于明内在之理。然而恰恰是那些形式最为多样和变动无常的事情,识别其中的理很要紧,而什么是它的内在之理,又是最难估量的。

> 余尝论画,以为人禽宫室器用皆有常形。至于山石竹林、水波云烟,虽无常形,而有常理。常形之失,人皆知之。常理之不当,虽晓画者有不知。故凡可以欺世而取名者,必托于无常形者也。虽然,常形之失,止于所失,而不能病其全,若常理之不当,则举废之矣。以其形之无常,是以其理不可不谨也。①

常形之失比常理之失要好一些。问题在于人们并不容易看到要紧的错误。

任何东西都不能被简化成一个简单的公式。苏轼在面对那些他怀疑是忽视了现象界的人时强烈主张,通晓事物是重要的。而了解事物并不容易。错误的知觉和欺骗是无时不在的威胁,而一个对现象真正公正的看法,会让一个人以为所有的事情都无可救药。人类的利益和意图——也就是久生缓死,存存救亡之心——会来搅扰。② 苏轼本人的立场和那些在现象之外求道、或者依赖一个固定的教条的人判然有别。我要补充一点,他与像邵雍一样的人也不同,那些人相信对世界形成系统化的理解是可能的,而且对了解价值观是必要的。邵雍写道:"以物观

---

① 《净因院画记》《校正经进东坡文集事略》卷54,第874—875页。译文采用卜寿珊《中国文人论绘画》(*Chinese Literati on Painting*)第42页,有改动。
② 苏轼为孙觉所作《墨妙亭记》《校正经进东坡文集事略》卷48,第810—811页反思了这个问题。

物,性也。以我观物,情也。性公而明,情偏而暗。"①当一个人从事物彼此之间的关系来看待事物,而不是用那些人们出于自己的考虑而赋予事物的价值观来看待事物,他就可以了解作为天地之产物的每一物的内在价值。在我看来,苏轼一面接受"以我观物",一面避免将他的一己之见普遍化。

现象的世界是重要的,但其中没有了解事物之价值的确切方法。自我是重要的,但是没有什么确切的办法保证其价值。苏轼感兴趣的是求道和卑微地服从社会压力两个极端之间的生活,而且他和缓地提醒那些自以为弄清每件事情的人,他们忘记了另一面。他在1079年写道:

> 建安章质夫筑室于公堂之西,名之曰"思",曰:"吾将朝夕于是,凡吾之所为,必思而后行,子为我记之。"
>
> 嗟夫,余天下之无思虑者也,遇事则发,不暇思也。未发而思之,则未至;已发而思之,则无及;以此终身,不知所思。言发于心而冲余口,吐之则逆人,茹之则逆余,以为宁逆人也,故卒吐之。
>
> 君子之于善也,如好好色;其于不善也,如恶恶臭,岂复临事而后思计议其美恶而避就之哉?是故临义而思利,则义必不果;临战而思生,则战必不力。若夫穷达得丧、死生祸福,则吾有命矣。少时遇隐者曰:"儒子近道,少私寡欲。"曰:"思与欲,若是均乎?"曰:"甚于欲。"庭有二盎以畜水,隐者指之曰:"是有蚁漏,是日取一升而弃之,孰先竭?"曰:"必蚁漏者。"思虑之贼人也,微而无间。隐者之言有会于余心。余行之。且夫不思之乐,不可名也。虚而明,一而通,安而不懈,不处而静,不饮酒而醉,不闭目而睡,将以是记思堂,不亦缪乎?虽然,言各有当也。万物并育而不相害,道并行而不相悖,以质夫之贤,其所谓思者,岂世俗之营营于思虑者乎?《易》曰:"无思也,无为也。"我愿学焉。《诗》曰:"思无邪。"质夫以之。元丰二年正

---

① 邵雍《皇极经世书》卷八下,第16a页,这里所引用的内容以及我对邵雍的理解来自苏德恺和唐·瓦特主编《邵雍和数术》。

月二十四日记。①

苏轼是在开玩笑,但有分寸。

而有一件事,苏轼显然是在仔细考虑——下定义使特定的价值观的终极来源丧失了它的普遍性。这是对各式各样的教条主义的抨击;它也是在勇敢地坚持说,为人类的共通性(commonality)寻找到真正的基础是可能的。这里全文引用的《跋荆溪外集》就证明了这一点。这篇文章的写作年代不清楚,但它的措辞表明苏轼已经听说了邵雍("术数")和程氏兄弟以及他们的追随者("问答")这些洛阳人所从事的思想活动,尽管明确提到的"玄"是指佛教。在阐述自己的观点时,苏轼提到孔子所说的"吾道一以贯之"的那段话:"子曰:'参,吾道一以贯之'。曾子曰:'唯'。子出,门人问:'何谓也?'曰:'夫子之道,忠恕而已矣'。"②

> 玄学、义学一也。世有达者,义学皆玄;如其不达,玄学皆义。
>
> 近世学者以玄相高,习其径庭,了其度数,问答纷然,应谐无穷,至于生死之际,一大事因缘,鲜有不败绩者。
>
> 孔子曰:"有鄙夫问于我,空空如也。我扣其两端而竭焉。"③世无孔子,莫或叩之,故使鄙夫得挟其空空以欺世取名,此可笑也。
>
> 荆溪居士作传灯传若干篇,扶奖义学,以救玄之弊。譬如牧羊然,视其后者而鞭之,无常羊也。
>
> 颜渊死,弟子无可与微言者;性与天道,子贡不得闻。④惟曾子信道,笃学不仕,从孔子最久,师弟子答问,未尝不唯者,而曾子之"唯"独记于《论语》,吾以是知孔子之妙。传于一"唯",枘凿相应,间不容发;一唯之外,口耳皆丧,而门人区区方欲问其所谓,此乃系风

---

① 《苏东坡集》前集,第6册,卷32,第32页。
② 《论语·里仁》第15条,采用阿瑟·韦利《论语》第105页的译文,参考刘殿爵《论语》第74页的译文,他把"忠"译为"尽力而为";"恕"译为"以己为尺度揣量别人"。
③ 《论语·里仁》第8条。我的译文来自刘殿爵《论语》第97页,但是苏轼对这一段的解释不同。
④ 《论语·卫灵公》第3条。

捕影之流,不足以实告者,悲夫。①

苏轼扣于两端。有某种东西联系了义学和玄学,但是"达"于此的人寥寥无几;多数人认为只需一个方面就足够了。荆溪是一个佛教的门外汉,他显然对道德的喜好超过了佛教玄妙的一面;我不能肯定苏轼是否完全同情荆溪,不是因为荆溪是一个佛教徒,而是因为他的立场透露出可能有固定的恒常。苏轼自己的立场是清楚的:玄学能够包容义学,但反过来不行。最后一段肯定了这一点:曾子对孔子所谓"吾道一以贯之"的回答只是一"唯",任何比这一"唯"还要具体、凿实的说法都是错误的。

作为读者,我们可以感到我们了解了苏轼这个人,我们可以相信他能够将玄和史、我与物联系在一起。但是,除了用一"唯"来承认道在一贯,苏轼还能更有作为吗?

一种共享的伦理:苏轼之经注

孟子曰:"所恶执一者,为其贼道也,举一而废百也。"②如果苏轼只是在反对那些坚持极端的人,那么我们就要问他是否达到了一种共享的伦理。③ 在为《周易》和《尚书》所做的注释中,苏轼的确设计了一种思考共享价值观的方法。他在1079年被贬谪黄州后不久开始为《周易》做注。他的作品使他以时政批评者而著名,但他不再希望被人仅仅看作一个批评者——他对一个崇拜者说,那是"故我",而不是"今我"。④ 1094年,王安石的后继者重新掌权,苏轼被贬谪到遥远的南方,他在此时为《尚书》做注。苏轼写道,这部著作,和他的《论语注》,是要"正古今之误"和"有

---

① 苏轼《东坡题跋》卷1,第10页。
②《孟子·万章上》第26条,译文采用刘殿爵《孟子》第188页,稍有改动。
③ 关于这个短语,我受益于裴德生(Willard Peterson),他在《明代儒学》一书中,怀疑李贽(1527—1602)是否拥有"共享的伦理"。
④《答李端叔书》《校正经进东坡文集事略》卷47,第794—796页。

益于世"。《论语注》现在已经亡佚。① 他去世前不久离开海南,他写道:"但抚视《易》、《书》、《论语》三书,即觉此生不虚过,如来书所谕,其他何足道?"②

在两部经注中,苏轼都得出了相同的结论:个人能够学会创造性地,然而也是负责任地对一个变化的世界作出反应。用苏轼的话来讲,他是在解释做一个圣人意味着什么。而他根据两个完全不同的领域来做这个工作。在为《周易》做注时,苏轼谈及把价值观立足于人性与天道。在解释他是如何理解天地之道和"性命"时,苏轼表明他能够把哲学思想家的关怀考虑在内。这部经注是为政治做的——他对卦象的解释重申了他的批评,他批评有些人把一统强加给世界、要求所有人赞同一人③——而在《书传》中,苏轼则直接谈论政治思想和为政之术。《书传》树立了古代政治之典范,而"近世的学者"或者说"后之学士"(大概就是王安石)却用这样的典范来证明强制的政府是有理的。④ 苏轼在证明,他所构想(vision)的圣人能够处理为政问题。我想我们应该把苏轼的两部经注看做是他要告诉世人,有一种思考方法,这个方法不仅平等地适用于个人的道德和公共政策,而且使他在1061年所注意到的两个极端变得没有必要:这两个极端是试图把人性等同于一个对道德的普遍定义,以及把圣人的为政之道等同于一个单一的政治体制。

在阅读两部经典的过程中,苏轼都喜欢从多种角度来探索经典的丰富含义,⑤但是在下笔时,他关于圣人作为一个行动者、一个发言者,或者

---

① 《黄州上文潞公书》《苏东坡集》续集,第11册,卷4,第15页。关于《易传》的作年,见他给文彦博的信,《苏东坡集》前集,第5册,卷29,第110页,曾枣庄在《从毗陵易传看苏轼的世界观》第59—60页中注意到它。
② 《答苏伯固三首》《苏东坡集》续集,第12册,卷7,第29页。
③ 苏轼《苏轼易传》卷2,第33页(同人卦)以及卷3,第59页(无妄卦)。见包弼德《苏轼和文化》中进一步的讨论。
④ 关于提到的"近之学者",见苏轼《书传》,卷4第3a页;卷6第11a页;卷9第14a页;卷12第5a页;卷14第11b页;卷16第19a页;卷20第6a页;同书,卷7第7a页;卷8第16b页;卷11第15b页;卷12第6b页;卷13第5a—b页都是《尚书》中被错误理解的地方。
⑤ 给王庠的信,《校正经进东坡文集事略》卷46,第875页。

说一个编纂者,其意图是什么,还是提出了自己的看法。他确信自己没有强迫经典的文本来适合自己。① 他的阐释方式和王安石的极为不同,王安石努力通过在经文中假设出一个协调一致的条理,来建立意义。苏轼一方面从部分之中寻绎更大的整体意义,即大义,一方面把部分解释为那个总的意义的不同侧面,他在这两方面之间保持了一种辩证关系。这是一个一与多的模式,其中各个部分显示了"一"的不同侧面。同样,《周易》和《尚书》向苏轼揭示了圣人一统之道的两个方面。

对苏轼《易传》的评述随处可见;这里我将简要叙说苏轼对《周易》中圣人的基本构想。② 苏轼把《周易》看做是不断积累而形成的著作,由一位位圣人相继创造,这些圣人要在"道之大全"和人类生活之间保持联系。这部书可以用来实际地指导人事,但是一个"达者"——也就是一个理解圣人创造这部著作的方法,与道在天地领域之内运行的方法相应的人——这样的"达者"能把这部著作抛诸脑后,自己像圣人一样行动做事。特别是在讨论《系辞传》时,苏轼的目标就是解释人为什么有可能实践(这部书的、圣人的、天地的、性命的)道。苏轼关于所有领域之中道与物的关系的基本模式可以简化为如下:万物得以形成之际,就有一个统一的、不竭的源头(道与天地有关、性与人有关)。万物得以形成的过程是以多样的方式展开(例如,阴和阳),但是无论是这个单一的根源,还是它借以运行的多种力量,都不能靠思想来了解。所有的内在之理是一个"理",但是这个"一"不能被固定和定义为某种东西;道不能等同为阴阳。

人们普遍缺少一个包罗的视角。他们生活在一个多元的世界里,与根源分离,而且经常被带向"下流",进到一个由于新事物的创造而变得更复杂和多样的世界里。假如一个人能够触及这个共同的根源,并从它

---

① 见苏轼《书传》卷3,第16b—17b页,关于读《尚书》以求"意";苏轼《苏轼易传》卷7,第163页,总论《周易》与儒家经典,以及卷7,第156页,讨论把一个卦作为一个有序的整体来理解。
② 关于更多的细节,见包弼德《苏轼和文化》。我受益于侯外庐等人所著《中国思想通史》第584—589页;贺巧治《苏轼易传》(*Su-shih I-chuan*);曾枣庄《从毗陵易传看苏轼的世界观》;孔繁《苏轼毗陵易传的哲学思想》。

们共同的基础出发对特殊的种种事件作出反应,他的反应就会有真正的价值。正像苏轼所说的,这样一来他就一定趋乎"上流"。苏轼提到像游泳、音乐和欲望这种种事物,他认为一个人能通过从思想上理解事物所以形成的内在之理,来做到这一点。他能研究水之理(如何潜水和漂流)、学会游泳;他能够反思他的感觉,看到在欲望来临之际,有某种东西超越了欲望。但是最后,他做了一个跳跃,提出事物皆源于一和万物为一的直觉。在这一点上,他达到了一种自发性,与水为一、或者说与他的自性为一,他可以不加考虑地回应它(或因之而反应)。"古之善治者,未尝与民争,而听其自择,然后从而导之。"①这样一个人就以一种对自己和他所反应的事物都很真实的方式行动,并且在那一刻形成真正有价值的事物。苏轼的自发性是以知识、思想和学问为前提的。他的目标是实现有价值的东西。在他这样做的时候,他标举了孔子的主张:"人能弘道,非道弘人。"②

接着,在讨论《周易》时,苏轼对物我作出了自己的解释,一方面是多样而变化的人类生活所构成的现象世界,一方面是万物共有之价值观的一个终极和统一的根源,他把物我解释为联系这两者的一个问题。把生活和道联系在一起,就是把共同的利益和个人特殊、有偏向的行为联系在一起;这样就保证了能做真正有价值的事情。

在他的《书传》中,就像在《易传》中一样,苏轼推断并试图澄清圣人在这部经典中所举的范例的来源和过程,这样读者就可以亲自实践。这里,我们对苏轼注释《尚书》时所提出的三个主题都感兴趣:苏轼抨击借解释《尚书》来为强制的政府找经典的支持;他相信这部经典希望展示一个仁爱的政府,他对这个政府进行了描述;他确信在这个仁爱政府的典范背后,有通向这一理想的道路,这条道路包含在范例之中,又超越范例之上。第一和第二个主题无疑是对新法王朝所采取的措施的种种批评,

---

① 苏轼《苏轼易传》卷6,第138页(涣卦)。
② 苏轼《苏轼易传》卷7,第160页,引用《论语·灵公》第29条。

新法王朝强迫社会服从它的独裁。第三个主题关乎苏轼（和他的时代）更大的关怀：个人如何在"学"和实践中实现真正的价值。

强制的政府和仁爱的政府

苏轼《书传》中有几篇是讨论政府在被迫做出重要变革时应该如何继续下去，《盘庚篇》就是其中的一篇。① 在这一篇里，商王盘庚在准备迁都于殷的时候，遇到了民众的反对。苏轼评论说：

> 今民敢相聚怨诽，疑当立新法，行权政，以一切之威治之。盘庚，仁人也，其下教于民者，乃以常旧事而已，言不造新令也；以正法度而已，言不立权政也。曰："无或敢伏小人之攸箴"者，忧百官有司，逆探其意，而禁民言也。盘庚迁而殷复兴，用此道欤？②

盘庚懂得，迁都会使百姓不安，但是他没有强迫他们同意。相反，他下令要听取民怨。而且，他还讲清楚，不管迁都会多么动荡，他的目的是对最近的历史做维持和改善。而不仁爱的人就截然不同了，借这些人之口，苏轼让他们讲了一些王安石曾经说过的话：

> 不仁者鄙慢其民曰："民可与乐成，难与虑始。"故为一切之政，若雷霆鬼神然。使民不知其所从出，其肯敷心腹肾肠以与民谋哉？今吾布告民以所修之政，无所隐匿，是大敬民也。言之必可行无过也；是以信而变从我也。③

盘庚似乎并没有走得像苏轼所喜欢的那样远——他没有"与民谋"——但是他对自己的意图开诚布公。苏轼接着说，在另一方面，盘庚也采取行动控制民众的怨诽，他提醒那些显要的家族，他们有责任劝说民众理

---

① 例如，见他对《太甲》、《泰誓》、《尧典》的注解；分别见苏轼《书传》，卷7第13b页；卷11第15b页；卷1第9b页。
② 苏轼《书传》卷8，第2b—3a页；理雅各《中国经典》第3册，第323—324页；苏轼《书传》卷8，第3b页；理雅各《中国经典》第3册，第225页。
③ 苏轼《书传》卷8，第5a—b页。

解迁都的必要,并警告他们不要投合民众的怨诽来邀得民心。① 苏轼解释说,为了赢得精英家族的支持和平息民众的反对,盘庚明明白白地说,他的目的不是要剥夺他们的财富和不任用"好货之人"。他希望"贫富相保而居","此教民厚生之道。"②盘庚并不是王安石,但他也并不完美。

> 民不悦而犹为之,先王未之有也。……盘庚不得不迁,然使先王处之,则动民而民不惧,劳民而民不怨。盘庚,德之衰也,其所以信于民者未至,故纷纷如此。然民怨诽逆命而盘庚终不怒,引咎自责,益开众言,反复告谕,以口舌代斧钺,忠厚之至,此殷所以不亡而复兴也。后之君子厉民以自用者,皆以盘庚藉口,予不可以不论。③

对苏轼来讲,这段文献的"意图"就是说,好的统治者留意臣民的意见而不强迫别人服从。

孔子在《尚书》中创造的这个仁爱的政府的典范,事实上是为一个衰落的时代树立的。苏轼坚持认为孔子选择各种各样的经典文献来充当正面的典范。④ 然而三代,至少从舜开始,⑤就是一个正在"衰"的时代。古代的君王更贤明,但与后世的人之间并没有质的不同;他们的错误也就是汉唐君主的错误。当夏始祖禹的儿子和继承者启在《甘誓》中表示,要灭族以惩罚一个作恶者,苏轼评论说:"言孥戮者惟启与汤,知德衰矣,然亦言之而已,未闻真孥戮人也。"⑥汤当然是一个圣人,而汤并不代表完美的德行。⑦ 苏轼谈到的圣人接受道德的模糊性,即不得不为了当前的需要而虚构一些邪恶的先例,苏轼在谈这一点时,指的就是汤对夏朝昏

---

① 苏轼《书传》卷8,第3b页;理雅各《中国经典》第3册,第225页。
② 苏轼《书传》卷8,第12a—b页,第15b页。
③ 苏轼《书传》卷8,第16a—b页;理雅各《中国经典》第3册,第247页。
④ 他找到两个例外《胤征》、《康王之诰》(见苏轼《书传》卷6,第8a页)。
⑤ 例如,见禹对舜的德行的怀疑(同上书,卷4,第7a—b页)。
⑥ 苏轼《书传》卷6,第3a页。
⑦ 苏轼《书传》卷7,第7a页。又见有关周穆王的记载,苏轼《书传》卷18,第6b—7a页。

君桀的诬毁,汤对胡作非为感到羞耻,但这没有阻止他干不得不干的事情。① 苏轼认为周朝的立国之君周武王也是这样。②

《尚书》所说的仁爱政府,也是一个王朝政府,苏轼认为,它也会产生"人"与"法"不可避免的对峙。一般来讲,圣人和他们的大臣以法择人,但是他们一直是被迫依法而行。因为在百姓的愿望和"普天之下,莫非王土"的声明之间存在矛盾。君主从而需要官员来管理疆域。苏轼注意到,自尧舜以来,官员的数量就在不断增长,以至于"后世德愈衰,政愈卑,人愈不信,而一付之法"。③ 靠规章来弹压控制,就不能避免犯罪,刑罚也变得必要了。④ 圣人至少理解法的局限;他们"人法并任而任人为多,故律设大法而已,其轻重之详则付之人……故刑简而政清"。⑤ 还有,先王并不滥用死刑惩罚罪犯的亲属,或者灭族满门。⑥ 苏轼从而对《尚书》中那些认为死刑合法的篇章提出质疑。⑦ 为"人",意味着允许人们追求他们自己的利益,不为一成不变的"法"牺牲无辜的人。⑧ 它意味着永远不让"威"支配"爱"。⑨ 它意味着"容忍"百姓的小过,而不是像有些人那样"残忍"。⑩

古人想向百姓证明,政府不会损害他们的利益,因为"圣人以民心为存仁"。⑪ 它尊敬和重视家世悠久的故家,因为"大族"和"世家"是好官员的渊薮。然而苏轼的确反对官位世袭,并指出那些拥有巨大权力和财富

---

① 苏轼《书传》卷 7,第 4a—7b 页。其他人认为这一段是指汤担心他的失德之行会受后人的訾议;见理雅各《中国经典》第 3 册,第 177 页。
② 苏轼《书传》卷 9,第 10a—11a 页。
③ 苏轼《书传》卷 16,第 10b—11a 页。
④ 再看《吕刑》,同上书,卷 19,第 1a—15a 页。
⑤ 苏轼《书传》卷 16,第 13b—14a 页。
⑥ 对此一个总的看法,见苏轼《书传》卷 13,第 12a—13a 页。
⑦ 参见苏轼对《泰誓》、《康王之诰》、《酒诰》以及《梓材》的讨论,同上卷 13,第 5a—5b 页;参见卷 20,第 6a 页;理雅各《中国经典》第 3 册,第 419 页。
⑧ 苏轼《书传》卷 13,第 12a—b 页。
⑨ 苏轼《书传》卷 6,第 10b—11a 页。在这里,苏轼认为《尚书》把爱憎当成对立的两极,这与圣人的教导是矛盾的。
⑩ 苏轼《书传》卷 16,第 19a 页。
⑪ 苏轼《书传》,卷 6,第 5a 页;卷 18,第 5b 页(引文)。

的家族令世风腐败。① 但是苏轼首先坚持说圣人明白政策必须在精英中拥有广泛的支持。《尧典》是关于尧选择舜做接班人的,它的重要性不在于说权力应该给予最称职的人,而非亲属,它的重要性在于说尧认识到,不论他自己的知识多么完美,他最终都不能强迫别人接受他禅让于舜这个从无先例的做法,除非别人自己说舜就是合适的人选。② 一个圣人不会把自己的好恶与有益于众人的事混淆起来,正像苏轼对最后一段经文的注解所说的:"孔子盖以为'一言而丧邦'者,此言也,'民讫自若。'"③

苏轼的仁爱政府包含很多东西可以与皇权体制中的"儒家"方面相连,尽管苏轼很少谈论教条。④ 其中有"礼乐"的位置。而礼是人们希望坚持的一个外在的、正式的规范,这种规范与"法"有共同之处。"失礼则入刑,礼刑一物也。"⑤礼作为一个外在地塑造人们行为的方式是可取的:它诉诸人们的荣誉感而不是对痛苦的惧怕。⑥ 它是一个比"利"更好的政治标准,因为它把保护社会秩序放在保护财富和权力之前,就像周公教导成王那样。⑦ 以唐朝的历史为例,苏轼承认那些重财的君主会被那些掌握资源的人操纵,丧失权威。⑧ 但是,礼是保存国家的手段,它本身并不是目的。苏轼认识到,古人的确把礼乐和天地联系起来,而古乐的丢失使得今人不可能恢复古人应天中声、致气召物的能力。⑨

还有,即使苏轼断言政府应该修"人事",而不要依赖天命,而且天命

---

① 苏轼《书传》,卷3,第3a—b页;卷9,第2a页;卷11,第16a页;卷12,第1a—b页;卷18,第3b页;卷19,第4b—6a页。
② 苏轼《书传》,卷1,第9a—b页;请注意苏轼假定尧的大臣在某种程度上都是片面和自私的。又见苏轼对舜的评论,同上书,卷2第1a—17b页。
③ 苏轼《书传》,卷20,第7b页;理雅各《中国经典》第3册,第627页。
④ 苏轼《书传》卷6,第11a页提到申、商之流制作法律的人。
⑤ 苏轼《书传》,卷19,第4a页。
⑥ 苏轼《书传》,卷16,第6b—17a页。
⑦ 苏轼《书传》,卷13,第17b页。
⑧ 苏轼《书传》,卷13,第18a页。
⑨ 苏轼至少能设想乐(也许可以扩展到礼)能与宇宙的过程如此和谐,以至它能够致气召物。这取决于确定准确的音律,但是能够由律中声的基本音符已经在上古遗失;如果没有遗失,每个常人都能演奏与宇宙和谐的音乐(同上书,卷4,第9b—10a页)。

与百姓的普遍意志相一致,①他也还是承认天地和鬼神通过自然事件对人类的行动作出反应。汉代的谶纬穿凿地阐释种种征兆,人们不应因反感这种不良的做法而忽略《尚书》和《诗经》中有关征兆的例子。② 或许用变化的五行来推知事件的来源是可能的,因为"天人之不相远"以及"天人有相通之道"。③ 但是苏轼对此是有分寸的。君子必通天道,而"惟达者为能默然而心通"不必像巫史一样与鬼神交通。④ 我认为苏轼试图恢复对宇宙的应兆做政治实用性解释(这是王安石所否定的),"人君于天下无所畏,惟天可以儆之。今乃曰:'天灾不可以象类求,我自视无过则已矣。为国之害,莫大于此,予不可以不论。'"⑤

苏轼并不否认制度所扮演的角色,但是他把自我修养看作更迫切的问题。苏轼认为,禹听到舜关于镇压有苗氏造反的种种教导,心生疑虑:"盖其心有所不可于此,以为身修而天下自服。"⑥有苗反抗,是因为舜"修己有未至也";舜应该"求诸己"。⑦ 自我修养的君主可以监察自己的"私欲",因为"私欲"使他不能接受批评。⑧ 当人君不具有固定的标准,"期以致用之士"将被提拔来很好地完成职守,而不是在取媚于人君的偏好上一争高低。正心是有用的;它使人君"观利害之实"。⑨

自我修养不单单是获得一种摆脱偏见的内心状态。圣人列举了那些人们可以学而至之的具有永恒价值的德行。"凡圣人之德:仁义孝悌忠信礼乐之类,皆可以学至。"⑩一个人通过内心专注于此来使这些德行

---

① 关于"人事",见上书,卷7,第11b页;卷8,第25a页;卷13,第11b页;关于命,见上书卷7,第8b页。
② 苏轼《书传》,卷2,第2b—3a页。
③ 苏轼《书传》,卷10,第2a—b页;卷11,第8a页。
④ 苏轼《书传》,卷10,第2a—b页。
⑤ 苏轼《书传》,卷8,第26a—b页。关于五行理论的意见在该书卷11,第8a页中又一次被提到。
⑥ 苏轼《书传》,卷4,第7a—b页。
⑦ 苏轼《书传》,卷4,第9a页。
⑧ 苏轼《书传》,卷20,第7b—8a页。
⑨ 苏轼《书传》,卷4,第9a页。
⑩ 苏轼《书传》,卷20,第4b—5a页。

成为自我的一部分。"德必始于念,及其念之至也,则虽释而不念,亦未尝不在兹也。其始也,念仁而仁,念义而义;及其至也,不念而自仁义也。"①对苏轼来讲,这还意味着一个人看重什么是一个自我选择的问题。"志于仁,则所得于学者皆仁也。……若志于功利,则所得于学者皆功利而已。"②正像他在《易传》中所说的,他尽量避免把德行等同于人性,但并不否认所有的德行有内在于人的根源。③

苏轼同意,某些德行适合一个仁爱的政府,但《尚书》列举出某些德行,其用意只是要为"不知人者立寡过之法"。④ 他写道,"然卒无知人之法。"⑤政府一定要不断地搜求合适的人选,而那些负责选拔人才的人,经常缺少知人之"道"。⑥ 模仿固定的德行是不够的。"人之所愿与圣人同,而不修其可以得所愿者。"⑦苏轼的注解还谈到人们如何能培养那些手段。

超越典范

苏轼的经注提供了一个选择。他的读者既可以采纳古代政府的真实典范,也可以培养他们内在的能力来同圣人之行事,因为当人们认为圣人之行事值得模仿时,就可以产生那种堪为典范的仁爱政府。苏轼从

---

① 苏轼《书传》,卷 3,第 5a—b 页。我也从这些方面来解读这里所提到的正心(苏轼《书传》卷 7,第 16a 页);参见上书卷 15,第 16b 页。上书卷 3,第 16b—17b 页。
② 苏轼《书传》,卷 8,第 23 页。
③ 苏轼在《书传》中有几处确证道德固有:"仁义之性,人所咸有";"性无不善";最好的德行"皆出于民性之自然"(《书传》,卷 7,第 8a 页,第 16a 页;卷 3,第 18b—19a 页)。而在这些上下文中,这些意见得出其他的结论。在第一处,苏轼的结论是"顺其有常之性"(即仁义),而不要相信"喜怒哀乐"的情绪,这些不是"性";在第二处,苏轼认为,任务就是"从而正之使益厚";在第三处,他认为"习为不义,则性沦于习中,皆成于恶也",所以要慎习(译者注:第二、第三处的结论与前引用顺序颠倒)。苏轼在注释"正德、利用、厚生、惟和"一条时,详细地论述了只有"民之赖其生也者厚",才能"民德正"。我认为这很有意义(《书传》卷 3,第 4a 页)。
④ 苏轼《书传》卷 3,第 16b—17b 页。
⑤ 苏轼《书传》卷 3,第 14b 页。
⑥ 苏轼《书传》卷 3,第 16b—17b 页。
⑦ 苏轼《书传》卷 3,第 9a 页。

而超越其他人模仿的"迹",而进入到"迹"在自我心中的根源。他发现人类的共性和个人的自主性有三个基础。人们有可能按照自己愿意的方式对事物作出反应,而又能实现共同利益。

苏轼用两个段落谈了他关于内在基础的看法。第一段有这样几句:"人心惟危,道心惟微,惟精惟一,允执厥中。"①朱熹后来用这"十六字教"来论证在天理和人欲之间有绝对的区分。对苏轼来讲,这里所说的区分是在喜怒哀乐之情和它们的来源之间。

> 人心,众人之心也,喜怒哀乐之类是也。道心,本心也,能生喜怒哀乐者也。安危生于喜怒,治乱寄于哀乐,是心之发,有动天地、伤阴阳之和者,亦可谓危矣。至于本心,果安在哉?为有耶?为无耶?有则生喜怒哀乐者非本心矣;无则孰生喜怒哀乐者?故夫本心,学者不可以力求,而达者可以自得也。可不谓微乎?舜戒禹曰:"吾将使汝从人心乎?则人心危而不可据;使汝从道心乎?则道心微而不可见。"夫心岂有二哉?不精故也,精则一矣。

我认为,苏轼的意思是,圣人认为恰当的应物取决于把内在的终极本源和人对事物的感受联系起来,而不是只对特定的事物做出情绪上的反应——也就是说不搞一些什么是善、什么是恶的条条框框。他接着把这个想法和《中庸》中的"中"(情未发以前的状态)和"和"(用恰当的方式表达)等同起来。②

> 子思子曰:"喜怒哀乐之未发,谓之中;发而皆中节谓之和。中也者,天下之大本也;和也者,天下之达道也。致中和,天地位焉,万物育焉。"夫喜怒哀乐之未发,是莫可名言者,子思名之曰中,以为本心之表著。古之为道者,必识此心,养之有道,则卓然可见于至微之中矣。夫苟见此心,则喜怒哀乐无非道者,是之谓和。喜则为仁,怒

---

① 出自《大禹谟》,参见理雅各《中国经典》第 3 册,第 61—62 页。
② 《中庸》第一章。

则为义,哀则为礼,乐则为乐,无所往而不为盛德之事,其位天地、育万物,岂足怪哉?

建立起与"中和"的联系,看到有一个终极的、共同的来源,这确保了对事物发乎本心的反应会是好的。一个仁爱的政府所具有的价值观和实践,是保持统一的人,其情感反应在制度上的转化。"若夫道心隐微而人心为主,喜怒哀乐各随其欲,其祸可胜言哉?道心即人心也,人心即道心也,放之则二,精之则一。"①

《咸有一德》中伊尹劝告说"终始惟一,时乃日新"②,第二段是以对此话的注解开端。这里,苏轼认为"中有主"使人能够根据形势应物。"惟一"并不意味着找到一个不变的标准。

> 一者,不变也,如其善而一也,不亦善乎?如其不善而一也,不几桀乎?曰:"非此之谓也。中有主之谓一,中有主则物至而应,物至而应则日新矣。中无主则物为宰。凡喜怒哀乐皆物也,而谁使新之?"故伊尹曰:"终始惟一,时乃日新。"予尝有言,圣人如天,时杀时生,君子如水,因物赋形。天不违仁,水不失平,惟一故新,惟新故一,一故不流,新故无斁,此伏羲以来所传要道也。伊尹耻其君不如尧舜,故以是训之,如众人之言新则不能一,而一非新也。伊尹曰"一",所以新也,是谓万物并育而不相害,道并行而不相悖。③

如果终始如一是内在的主宰,那么变与常之间就没有矛盾。这个"主"不能被界定,但是它的运作就像水一样的东西,终始如一却变化成各种各样的形式。中心之主使人有可能具有独立性,而这种独立性是从心所欲地做事所必需的。

苏轼谈到商周的开国之君时注意到,圣人能够处理一个不完美的世

---

① 苏轼《书传》,卷3,第7b—8b页。
② 理雅各《中国经典》第3册,第216页;有改动。理雅各把这一篇的标题(《咸有一德》)译为Both Possessed Pure Virture。
③ 苏轼《书传》卷7,第20b—21a页;这一段最后的引文出自《中庸》第30章。

界,因为他们能够"应物",而不是拘守一个特定的模式。① 因此,他们并不总是试图以无为或者有为来统治。② 世界是不完美的,而且经常处在失衡的边缘,圣人并不企图一下子做到所有事情;他们只做最迫切的,"必受而绎之"③。这样一来,能够作出反应需要对形势、对事物如何运作有清楚的理解。苏轼写道:"心有邪正,事有是非。正心而求其理,未有不得也。"④以及"作德而不知其所以然之理,则其德若假贷然,非己有也。已且不能有,安能移诸人?"⑤

我认为,苏轼喜欢这个道,因为他看到其他的选择必然导致强制的政府。他的理由就是,那些依赖固定的榜样来知道是非的人,不管他们的榜样有多么好,他们追求的是符合榜样而不是在变化的环境中恰当地行动。从长远来看,问题就会出现,好榜样与现实之间的脱节会加大,而他们就只能依靠强权来恢复秩序,此外别无选择。另一方面,有些人把圣人的德行变成玄妙的抽象观念,以此使他们接受的榜样和变化的世界保持联系,他们使别人认为超越个人私利,像圣人一样做事是几乎不可能的。⑥ 常人就只能去追求社会不得不提供的名利,同样忽略了公共的利益,加速了衰落;这就不得不还要靠强制来恢复秩序。

苏轼在《洪范》中发现了他关于应物的想法,王安石认为《洪范》揭示了古代秩序的相互协调的体制。《洪范》的题目,意思是"大法"⑦,但是其中的"范"是在历史的特定时代实践"皇极"的产物。⑧ 苏轼写道:"皇极之道大矣,无所不受,无所不可。"⑨他提出一个政府的蓝图,这个政府允许所有自称有善良愿望的人参与其中,并量才任用。⑩ 他的前提是每个人

---

① 苏轼《书传》卷7,第6b页(商);卷16,第4a页(周)。
②③ 苏轼《书传》卷3,第14b页。
④ 苏轼《书传》卷16,第8a页。
⑤ 苏轼《书传》卷12,第12a—b页。
⑥ 苏轼《书传》卷10,第9b页,第10a—b页。
⑦ 苏轼《书传》卷10,第1a页。
⑧ 苏轼《书传》第7a—11b页。
⑨ 苏轼《书传》卷10,第9a页。
⑩ 苏轼《书传》卷10,第9a—b页。

能够在他精通的领域里应物。政府不应该把这个道看做一项研究计划；它应该关心"去其害皇极"。① 苏轼注意到《洪范》中提到的天和五行，认为他的道与"天理之自然"②是一致的。

苏轼在《易传》和《书传》中寻求一种道，这种道包含在圣人的典籍和制度中，而又超越其上，苏轼此举正符合苏辙对他的评价，是"推明上古之绝学"③。这是一个关于学的看法，它承认了传统的价值——道德典范的来源——并超越它，因为苏轼从古代推导出指导圣人本人进行创造性活动的道。他关于学的构想是针对士而言，这些士人一方面希望作为社会生活中的个体，正直地行事，一方面作为政治中的官员履行职责。苏轼的经注有两个着眼点。它们一方面阐述了卦象对行为的忠告，以及先王的为政规范，一方面建议了一种自身同圣人之行事的道。但这两个着眼点有一个共同的基础，因为苏轼对经典中行为和政治规范的解读，以及他对圣人如何能为别人树立榜样的解释，都受他的信念指导，他相信因为万物最终都有一个统一的本原，因此就有可能以一种尊重全体之真正利益的方式来行事。要成圣，人们就一定要相信统一具有一个真实的基础。

但事实上，士如何能够学成圣人呢？苏轼主要是针对那些希望垂名后世的人，对他们来讲，仅仅做到在社会压力面前保持正直，在为官时尽忠职守是不够的。④ 对他们，以及对那些从未博得功名或出仕的士，苏轼主张作为个人他们能够学习圣人之道，并有所作为，值得被人纪念。他们可以在文学和艺术领域中做这一切，通过他们自己对文的参与。

---

① 苏轼《书传》卷10，第10b—11a页。
② 苏轼《书传》卷10，第5a—6a页。
③ 《苏东坡集》第2册，第50页。
④ 我在《苏轼和文化》第5—9章中，讨论了苏轼的四个主要的后学：张耒(1054—1114)、晁补之(1053—1110)、秦观(1049—1100)和黄庭坚(1045—1105)。

一个留给文的位置

　　这里描绘的苏轼要人们超越教条、依靠自己。他们需要比义理（principle）知道得更多。人有利益（interests）和欲望（desires）；事物有内在之理。强迫人们忽视欲望，违背自己的意向来做事，不会长久。苏轼认为他们可以找到事物的内在之理，这个内在之理可以解释事物的发展与变异。然而所有的事物都是片面的，即使人自己也不例外；如果没有某种公共意识，考虑别人的利益也可以是一个追求私利的借口。苏轼把个人放在中间，一边是像事物本来那样看待它们，一边是做些什么来帮助它们成为应该成为的样子。应物就是干预，如果干预最终是保持事物完整——使个人完整、国家完整、文化完整——那么个人就一定要由对某种基本的统一的直觉做指导，在这种直觉中，物之理和个人的利益连在一起，而如应随响的应物活力也被激发出来。苏轼要求人们相信，不管要确信事物如何以及为什么这样是多么困难，万事万物的内在利益都是彼此相连的。

　　苏轼清楚地讲出了那些与他试图包罗万物的方式相适应的价值观：宽广先于狭隘，延续过去的成就先于急进地背离它们，富于创造性的灵活性先于模仿和僵化。人们总是碰到教条、武断的老师，苏轼不愿意向人们保证一种绝对的确定性或一种没有反思的一致性。与不确定性生活在一起是困难的；自发性需要研究和思考。他提供了一种更深、更广和更细腻的清醒意识，取代某种大全的知识。苏轼的相对主义最能起作用。榜样存在着，人们能够推导出基本的策略。出现在个人实践中的变化仍然是一个变数；如果游泳和为政的基本之理被背叛，那么就会人没政亡。可以这样说，水与百姓有自己的意愿，只有沿着他们自己的意向才能被有利地疏导。最后苏轼把实践看做是向自己和别人证明的惟一方式，它证明一个人真正把关于事物的知识和对统一的直觉结合起来。

　　苏轼的想法由他对文学的评论贯穿起来。这里我要注意三条线索。

第一条线索把写作看做是表达对事物的看法的载体。正像他对一位询问者所说的:"孔子曰:'辞达而已矣。'物固有是理,患不知之。知之患不能达之于口与手。辞者,达是而已矣。"①写作使得那些难于了解和定义的观念有可能被细腻地表达出来。

> 孔子曰:"言之不文,行而不远。"②又曰:"辞达而已矣。"夫言止于达意,即疑若不文,是大不然。求物之妙,如系风捕影,能使是物了然于心者,盖千万人而不一遇也。而况能使了然于口与手者乎?是之谓辞达。辞至于能达,则文不可胜用矣。③

这事实上否认一个人能宣称自己仅仅通过文辞的雕琢来拥有作为一种价值的"文",尽管表达复杂想法的写作能够利用文学修养所展示的种种写作才能。强调文学就是错过了真正重要的东西,但否定文学就是没有看到文学何以居于首位。苏轼用扬雄对辞赋写作的批评,来批评扬雄本人。

> 扬雄好为艰深之辞,以文浅易之说,若正言之,则人人知之矣。此正所谓雕虫篆刻者,其《太玄》、《法言》皆是类也。而独悔于赋,何哉?终身雕篆而独变其音节,便谓之经,可乎?屈原作《离骚经》,盖风雅之再变者,虽与日月争光可也。④ 可以其似赋而谓之雕虫乎?使贾谊见孔子,升堂有余矣,而乃以赋鄙之,至与司马相如同科。雄之陋如此比者甚众,可与知者道,难与俗人言也,因论文偶及之耳。⑤

扬雄所要表达的是很浅陋的。他只不过是以艰深之辞文其浅陋而已。

但是,苏轼并没有单纯采纳以写作为工具的看法。当他注意到人们

---

① 给俞括的信,《校正经进东坡文集事略》,引用《论语·卫灵公》第 41 条。
② 《左传》第 307 页,襄公二十五年。
③ 给谢民师的信,《校正经进东坡文集事略》卷 46,第 780 页。下文要提到这封信中的另一段更长的段落。
④ 《史记》卷 84,第 2482 页。
⑤ 给谢民师的信,《校正经进东坡文集事略》卷 46,第 780 页。下文要提到这封信中的另一段话。

借以表达的媒介是"物"本身,第二条线索出现了。这具有微妙复杂的含义。写作有特定的体裁,而体裁有其历史,它们与同属一个大类的其他体裁相互联系而存在,并且随时间而发生变化和变异。因此,为自己的目的而写作的人也应该尊重写作的理,因为他所写的东西与写作一样重要。当苏轼谈论书法时,这尤其明显。人们通过精通传统的常规来延续传统,通过研究所有的体裁来掌握它的内在之理,并最终为之增益新的事物和新的观念。苏轼著文谈到蔡襄的飞白书:

> 物一理也,通其意则无适而不可,分科而医,医之衰也;占色而画,画之陋也。和缓之医,不别老少;曹①吴之画,不择人物。谓彼长于是则可,曰能是不能是,则不可。世之书篆不兼隶,行不及草,殆未能通其意者也。如君谟,真、行、草、隶无不如意,其遗力余意变为飞白,可爱而不可学,非通其意,能如是乎?②

苏轼把文、诗、书、画看做是文化成就的四大分支,他的这个看法适用于这四者。这段文字还透露出,文作为一个更大的类别,要指导它,需要精通其更大的历史发展之理。

> 知者创物,能者述焉,③非一人而成也。君子之于学,百工之于技,自三代历汉至唐而备矣。故诗至于杜子美,文至于韩退之,书至于颜鲁公,画至于吴道子,而古今之变,天下之能事毕矣。道子画人物,如以灯取影,逆来顺往,旁见侧出,横斜平直,各相乘除,得自然之数,不差毫末,出新意于法度之中,寄妙理于豪放之外,所谓游刃余地,运斤成风④,盖古今一人而已。余于他画,或不能必其主名,至

---

① 曹霸(约在8世纪中期)以绘画皇家御马和皇室宗臣而出名(见艾惟廉(William R. B. Acker)《中国唐与先唐绘画文献选编》*Some T'ang and Pre-T'ang Texts on Chinese Paintings* 第296页)。我感谢卜寿珊为我指出这些材料。这里的"曹",也可能是三国时代吴国的曹不兴。
② 苏轼,为蔡襄的"飞白书"所作的跋,《东坡题跋》卷4,第78页。
③ 这与孔子在《论语·述而》第1条所说的"述而不作"正相反,(译文,刘殿爵《论语》第87页)。
④ "郢人垩其鼻端,若蝇翼,使匠石斫之。匠石运斤成风,听而斫之,尽垩而鼻不伤"(译文见华兹生《庄子全书》第269页)。

于道子,望而知其真伪也。①

从这段文学和艺术的简史中,我们可以推出各种意思。苏轼假定在各个领域里,发展的过程都是类似的,某些时候有创造性的变化,某些阶段则只是模仿。苏轼宣称唐人实现了所有可能的变态(variations),这说明有可能通过研究唐代来全面掌握文之理。这随之为那些"知"如何创物和带来进一步转变的人创造了条件。吴道子说明了这一点,即表面的样子应该完全地表达事物真实的状态。而创造独一无二的作品和多样的风格,促进了统一文化的不断增长。②

这两条线索在第三条中交会起来。对苏轼来讲,文化事业代表了他实践自己道德之学的一条可能的道路。它不是惟一的道路,而且由此产生的诗文书画,对人类的福利和个人最重要的品质并没有至关重要的意义。但它们的确提供了一个地盘,在这里一个学生可以学以践道,而任何能在文这个领域里学以践道的人,也能够在其他领域里做到这一点。苏轼对一位僧人解释说:

> 则华严法海,自为蘧庐,而况诗书与琴乎?虽然,古之学者,无自虚空入者。轮扁斫轮,佝偻承蜩,③苟可以发其智巧,物无陋者。聪若得道,琴与书皆与有力,诗其尤也。聪能如水镜以一含万,则书与诗当益奇。吾将观焉,以为聪得道深浅之候。④

从这个角度,文化成就是个体得以发挥其兴趣,并向自己和他人揭示其得道浅深的手段。

而苏轼则欣赏人。他的表亲文同以画竹知名,关于文同,他问道:"有好其德如好其画者乎?"⑤但是苏轼能解释什么使他的作品重要。

---

① 为吴道子一幅画所做的跋,(作于1085年),《校正经进东坡文集事略》卷60,第997—998页。
② 见艾朗诺在《欧阳修、苏轼论书法》第412—419页中对"创新"的讨论。
③ 见华兹生《庄子全译》,第162页,199—200页,152—153页。
④ 《校正经进东坡文集事略》卷56,第913—915页。
⑤ 译文采用卜寿珊和施孝言在《中国早期绘画文献》(Early Chinese Texts on Painting)第196页中的译文,有改动。

> 竹之始生,一寸之萌耳,而节叶具焉。自蜩腹蛇蚹以至于剑拔十寻者,生而有之也。今画者乃节节而为之,叶叶而累之,岂复有竹乎?故画竹必先得成竹于胸中,执笔熟视,乃见其所欲画者,急起而从之,振笔直遂,以追其所见,如兔起鹘落,少纵则逝矣。与可之教予如此,予不能然也,而心识其所以然。夫既心识其所以然,而不能然者,内外不一,心手不相应,不学之过也。故凡有见于中而操之不熟者,平居自视了然,而临事忽焉丧之。岂独竹乎?子由为墨竹赋以遗与可曰:"庖丁,解牛者也,而养生者取之。轮扁,斫轮者也,而读书者与之。今夫夫子之托于斯竹也,而予以为有道者,则非邪?"子由未尝画也,故得其意而已。若予者,岂独得其意,并得其法。①

了解达道之法,当然不等于亲手去做。文同可以行之于画,苏轼可以行之于诗文、书法。苏轼对他自己行文的描述,就以他对于学的设想为前提。

> 吾文如万斛泉涌,不择地而出,在平地滔滔汩汩,虽一日千里无难。及其与山石曲折,随物赋形,而不可知也。所可知者,常行于所当行,常止于所不可不止,如是而已矣。其他虽吾亦不能知也。②

获得这种自发性的时候,真正的价值就在眼前。苏轼后来回忆说:"欧阳文忠公言文章如精金美玉,市有定价,非人所能以口舌定贵贱也。"③文能有真正的价值,但它取决于人们如何学习。

苏轼维护文化事业在士人世界中的有效性。他看到不断积累的文化传统对价值观思考的重要性,并且相信文学以及艺术,为个人提供了培养自己有能力尽责行事的方法。苏轼没有把文章降低为道德观念的载体;相反他使之成为学的一个方面,作为一个联系物我利益的普遍过

---

① 《校正经进东坡文集事略》卷49,第813—814页。译文采用卜寿珊和施孝言在《中国早期绘画文献》第207—208页中的译文,稍有改动。
② 《校正经进东坡文集事略》卷57,第947页。
③ 给谢民初的信,见《校正经进东坡文集事略》卷46,第779—781页。

程,这就使文化的多样性成为人类整体(human unity)的象征。然而我认为,苏轼是宋代在思想生活和文学事业中同时占有核心位置的最后一位伟大人物。

我认为,苏轼标志着中国思想史的两个时代的结束:一个是寻求将普遍价值和文化的创造性统一起来的文学—思想时代,它始于韩愈,延续到11世纪;另一个则是时间更长的一个阶段,至少可以追溯到中世时代,在这个时代中,对价值观的思考是以思考文化传统的形式进行的。在中世社会中,文章最伟大的任务就是把典籍—文化传统的不同线索联系为一个整体,这个整体可以代表统一的政体和个人的成就。初唐的朝廷学者写道:

> 考其殿最,定其区域,摭《六经》百氏之英华,探屈、宋、卿、云之秘奥。其调也尚远,其旨也在深,其理也贵富,其辞也欲巧。然后莹金璧,播芝兰,文质因其宜,繁约适其变,权衡轻重,斟酌古今,和而能壮,丽而能典,焕乎若五色之成章,纷乎犹八音之繁会。夫然,则魏文所谓通才足以备体矣,士衡所谓难能足以逮意矣。①

然而唐代古文作者通过从事文学写作来寻求可以指导人们创造典范文化的价值观,他们暗中改变了中世的看法。士大夫开始寻找圣人之道来取代文化的综合体,人们有可能把文学写作看做是一个代表了价值观认知的手段,这种价值观能够脱离表示它们的文化形式而存在。正像李翰著文谈到韩愈:"文者贯道之器也,不深于斯道,有至焉者不也。"②

然而,中世的学者和古文家假定典籍—文化传统和文学事业对他们各自的目标是必要的。苏轼的立场所具有的反讽意味是,为了解释个人所写的东西何以能具有真正的价值,他所依赖的价值观思考方式,在理论上对文学事业并无裨益。从事文学可以是一个学会在不完美的社会里自己如何为思想负责的方法,而文学创造中的自发性可以证明一个人

---

①《周书》卷41,第744—745页。
②《韩昌黎集·序》。

对为学过程的精通,但是获得知识需要对事物进行思考,而不是去思考文本和原理。这个看法使苏轼开始进入一个新的思想时代,然而苏轼和程颐不同——这个新时代就如何思考"道"转向程颐——苏轼坚持主张对价值观的理解以文化和个性为中介。对苏轼来讲,知识并非绝对确定,即使最有说服力的结论也经常在某种意义上只是暂时可行的。

第九章　程颐和道学新文化

程颐(1033—1107)开启了道学运动,道学是 12 世纪的南宋最重要的思想势力(force)。我将指出,程颐和困扰了学者几个世纪的种种文化问题脱离了关系,他和他激发的道学运动对士人思想构成一个激烈冲击。程颐的哲学观念证实了他年轻时对人的看法,他当时认为人是具有内在的道德禀赋的生物,这种道德禀赋受之于天地。他并不是惟一一个探求这类问题的人,但在 1085 年以后,他成为支撑这条思想路线的首要人物。周敦颐在 1073 年去世,张载和邵雍在 1077 年去世。在 1085 年,也就是《新法》的反对者重新掌权时,程颐的长兄程颢去世了。程颢曾经谈到"天理",他把"天理"当作人人共有的道德规范的内在来源;他也吸引了不少门生。1086—1087 年,程颐被任命为皇帝的讲师(译者注:指程颐担任崇政殿说书),这项任命使他和他的想法全国共知,而且比从前更受人信任——在此之前,他的想法只在地方教授,在地方受人追随。①

---

① 我所引用的程颐的作品和言论,依据的是《二程集》。因为我主要关心的是程颐而非程颢,所以几乎所有选自《二程集》第一册《遗书》中的引文都出于卷 15 到卷 24。卷 25 是否都是程颐的语录尚有疑问。我对于程颐的讨论,还受益于以下一些研究:苏德恺《程颐》、葛瑞汉《两位中国哲人》、《程朱人性论新义》;陈荣捷《中国哲学文献选编》第 518—571 页;裴德生《"理"之再探》;杜维明《新儒学的形上学》;狄百瑞《道学与心学》以及宇文所安《追忆》第　(转下页)

程颐在1059年的殿试中失利,随后就不再试图博取功名。①他的家族有出仕的传统,但他决定不再出仕,尽管他的父亲最终得到门荫特权,使他有可能靠门荫去做官。程颐后来说过:"做官夺人志。"②他并非对政治不感兴趣。从一开始,他就把自己看作精英中的精英,首先是由于自己著名的家族传统,再者就是他的学识。③早在11世纪70年代,程氏兄弟和他们的父亲程珦(1006—1090)就迁居洛阳,多数时间居住在洛阳,程颐交往的人有当时正在完成《资治通鉴》的司马光(1019—1086)以及他的同道范祖禹(1041—1098),著名的政治家、学者文彦博(1006—1097)和富弼(1004—1083)、吕公著(1018—1089)。吕公著是不久前任宰相的吕夷简(978—1043)之子(自己后来也当了宰相),自11世纪60年代以来对程颐多有奖掖,还有不久前任宰相的韩亿(972—1044)④的几个有名的公子之一韩维(1017—1098),他后来也做了宰相。这些社会、政治关系在后来都很起作用。

1086年春天,吕公著和司马光一手安排程颐担任少年天子的"说书"。他受到各方面的批评,说他专横、僵化、自高、虚伪,而且他被迫向皇太后本人为自己是否德行纯粹做出辩解。程颐最终在1087年的秋天被免去朝廷的任命,同时被任命在洛阳国子监担任教席。⑤新法的支持

(接上页)131—133页。英语译文主要参考上述陈荣捷和葛瑞汉的译本。程朱的生平及其许多著述的系年,主要根据姚名达《程伊川年谱》。有关程颐的家庭背景,他早年的抱负,以及他对当时教育的批评,可参看我在《程颐与文化传统》中的论述。关于程颐1086年以前在其当地受到追随的情况,见姚名达《程伊川年谱》第121页,第134页。

① 根据吕公著在1066年一封推荐程颐的奏书记载(见姚名达《程伊川年谱》第134页),以及陈襄《古灵集》卷8,第12页一封论学校与科举的奏书,程颐通过了省试,但在进士科殿试中落第。

② 《二程集·遗书》卷15,第166页。

③ 姚名达《程伊川年谱》第26页(1057年),《上仁宗皇帝书》(1057)(见《二程集·文集》卷5,第515页)。

④ 了解此时的洛阳的情况,可参见迈克尔·弗里曼(Michael D. Freeman)《洛阳与王安石的反对派》。

⑤ 有关程颐的任命,他的计划和要求,以及对他的攻击,见姚名达《程伊川年谱》1086年和1087年。

者在重新掌权后开始清除异己,程颐的仕途经历足以让他在劫难逃,他被贬谪到四川。他活得很久,看到了第二轮旧党对新党的迫害;在1102年他又被列入120名元祐党人的黑名单——这份名单刻石并在全国树立——而且在1103年,苏轼及其同道的作品被下令销毁,程颐的教职也被罢免了。①

下面对程颐的讨论将首先谈到他所说的,自己在寻求价值观上具有独一无二的权威。事实上,程颐不考虑那些把"学"等同于典籍传统的人,他要重新界定儒的含义。这自然就引申出他否认文化在思考真正的价值观时扮演必要的角色。对程颐来讲,真正的价值观来自天地;它们存在于我和物之中,能够直接被内心所认识,但是它们不是人类思想和文化的创造物。关于程颐,最后要谈的问题是他伟大的哲学成就:他解释为什么士应该相信个人能够直接用心来理解真正的价值观,而无需文化和个性作为中介。程颐不认为创作体现价值观的文章对实现一个道德社会是必要的;他也对以政治制度为优先的考虑提出挑战。然而正像本章最后一节将证明的,南宋道学运动努力创造一种新文化,其中文学和政府从属于伦理。因此,程颐在这一段思想史的描述中扮演了两个角色。像苏轼一样,他对价值观寻求的解决办法是描绘一条了解价值观的道路,由此他代表了一个过渡时期的结束。但是作为一种学说的创造者,以及一个学派的奠基者,他也代表了一个思想论争的新时代的开始,这个时代从他对宇宙、内心、人性和伦理行为的想法发展出来。

程颐以权威自立

程颢于1085年去世,他去世以后,程颐开始宣称他和他的兄长恢复了圣人之学。在孟子之后、他们之前,没有人对圣人之学有真正的理解。因为程颐这样的表述来自韩愈和古文的传统,由此我们可以猜测,程颐

---

① 《程伊川年谱》第247页、第253页。

也并不认为韩愈和他的继承者,有权宣称自己继承了斯道和斯文之遗产。

在《原道》中,韩愈承认只有圣人的制度,而不是那种指导他们运用这些制度的价值观得到保存。程颐在为程颢所做的《墓表》中,采用了这种区分,把韩愈的圣人之道换成"圣人之学",但是他不认为真正重要的价值观(斯道)必须与政府有关。

> 周公没,圣人之道不行;孟轲死,圣人之学不传。道不行,百世无善治;学不传,千载无真儒。无善治,士犹得以明夫善治之道,以淑诸人,以传诸后;①无真儒,天下贸贸焉莫知所之,人欲肆而天理灭矣。先生生千四百年之后,得不传之学于遗经,志将以斯道觉斯民。②

程颐认为士人是可以获得善治之道的(这大概是表达对司马光的认可),但是没有真儒来恢复圣人之学的传承,人们就不能符合伦理地行动。问题不在于政府是不是好,而在于人民是不是好,而使人民变好的困难在于让人明天理、人欲之分。这个看法支持了程颐自己所做出的决定,不去追求宦海生涯:作为一个真儒,他在做更重要的事情。

在为程颢所做的《行状》中,程颐讲述了他的兄长如何求道并找到了道。显然程颐所说的道不是指古人的观念,而是存在于历史和文化之"方外",意味着实现本性和探索精神世界,这通常与佛道联系在一起。其兄长的成就在于,他认识到作为家之德行的孝慈敬长和作为国之德行的礼乐是尽性知命、穷神知化(comprehending the mysterious)的起点。

> 先生为学,自十五六时,闻汝南周茂叔论道,遂厌科举之业,慨然有求道之志。未知其要,泛滥于诸家,出入于老、释者几十年,返求诸《六经》而后得之。明于庶物,察于人伦。知尽性至命,必本于

---

① 《孟子·离娄下》:"予未得为孔子徒也,予私淑诸人也。"
② 《明道先生墓表》,《二程集·文集》卷11,第640页。

孝悌；穷神知化，由通于礼乐，辨异端似是之非，开百代未明之惑，秦汉而下，未有臻斯理也。谓孟子没而圣学不传，比兴起斯文为己任。①

我怀疑程颐是在为他的兄长做辩解，有人指责程颢从佛道的角度来寻求儒的价值观，程颐为他辩解并把自己的一些观点放到程颢身上（程颢毕竟成功地博得了一个功名）。如果真是如此，他就把程颢塑造为这样一个人，一个认为人性奥妙和宇宙过程能被理解的人。

程颐把他和他的兄长所恢复的那种"学"称为"道学"，"道之学"。②在1087年为一位门人所写的悼念文章中，程颐写道："自予兄弟倡明道学，世方惊疑，能使学者视效而信从，子与刘质夫为有力焉。"③在本书所分析的所有人当中，程颐第一个明确要求别人"信从"他的教义，以便自己亲自看到真理。④ 当然，从他的角度来看，在真正的观念可以获得的时候，请别人去做自我发明，是很愚蠢的。在1086年被召到朝廷的时候，他自命为"将以道学辅人主"⑤的儒者，因为，"臣幸得之于遗经，不自度量，以身任道。天下骇笑者虽多，而近年信从者亦众。"⑥在他自己的眼中，兄长程颢去世后，他成为惟一有资格谈论那种促使人们了解真实价值观的学问的人。正像他在悼念一位门生的文章中所写的："圣学不传久矣。吾生百世之后，志将明斯道，兴斯文于既绝。"⑦

通过使用"斯文"和"斯道"，程颐标举了思考共同价值观的最庄重的概念。他把自己和兄长程颢看做是孟子以来最先理解圣人之学的人，并

---

① 《二程集·文集》，卷11，第638页。我怀疑在这一段中程颐试图用"斯理"（即"天理"）来做"斯道"的另一个说法。
② "道学"这一概念来自《礼记》中《大学》一章。张载曾使用过它，他曾叹息朝廷将道学看做与政事无关的东西。这里将道学当作专有名词，是因为程颐显然认为他的"学"作为一个思考宇宙和天性的范畴，是惟一可能被称为道学的东西。见陈荣捷《道学》。
③ 姚名达《程伊川年谱》第204页(1087)，《二程集·文集》卷11，第643页《祭李伯端文》。
④ 关于程颐对弟子要信从师长的告诫，见《二程集·文集》卷9，第616—617页。
⑤ 《二程集·文集》，卷6，第542页。
⑥ 《二程集·文集》，卷6，第546页。
⑦ 《祭刘质夫文》，《二程集·文集》，卷11，第643页。

且把自己的为学之道称为道学,以特立杰出。从这个观点来看,程氏兄弟作为儒之传统真正的发言人,在自己所处的时代特立独行。人们一般认为程氏兄弟回应了佛老对儒家的挑战,面对佛老挑战,人们不清楚是否需要利用佛老的哲学概念为传统的儒家道德建立有说服力的思想基础。程颐认为那些严肃地对待《中庸》开篇之句的人,无需向佛教徒请示答案——"天命之谓道,修道之谓教"——他以这样的方式,宣称自己揭示了《中庸》开篇之句背后的含义。正像程颐后来注意到的:"天有是理,圣人循而行之,所谓道也。圣人本天,释氏本心。"①但是程颐的道学首先还是指向被他看做士人之学的主流的东西。

程颐谈论这一切的方式是表明除了自己兄弟二人,没有其他人关心学中的道德。"今之学者,歧而为三:能文者谓之文士,谈经者泥为讲师,惟知道者乃儒学也。"②这是对科举教育的两种方式谈经和作文的抨击。程颐在1056年关于颜回的一篇文章中,抨击了文学写作,他又在1057年上书皇帝时详细地重申了他的观点(译者注:《上仁宗皇帝书》)。③ 在1068年他写道:"后之儒者,莫不以为文章、治经术为务。文章则华靡其词,新奇其意,取悦人耳目而已。经术则解释辞训,较先儒短长,立异说以为己工而已。如是之学,果可至于道乎?"他建议把伦理行为当作"明道"的方法,以取代文章和经术。有些人认为这不过是意味着勉强自己遵守外在的标准,以此"修身谨行",但是程颐心里考虑得更多:"夫检于行者,设曰勉强之可也。通诸心者,姑谨修而可能乎?况无诸中不能强于外也?此为儒之本。"④

在以往关于文学和德行对士人的价值孰轻孰重的争论中,程颐选择德行。正像他向一位官员所解释的,"为政之本,莫大于使民兴行,民俗

---

① 《遗书》卷21,第274页。
② 《遗书》卷6,第95页,还有两处类似的记载,见《遗书》卷18,第187页。
③ 姚名达《程伊川年谱》第24—25页(1057),《二程集·文集》卷5,第513页。此处所用是《二程集》的版本。
④ 姚名达《程伊川年谱》第47页(1068),《二程集·文集》卷8,第579—580页。

善而衣食不足者,未之有也。水旱螟虫之灾,皆不善之致也。"①但是程颐走得更远:他认为为学的终极目标是德行,而不是了解典籍传统,他以此对文与学的联系提出挑战,并把德行重新定义为证明一个人对价值观了解得怎样的东西。"学者固当勉强,然不致知,怎生行得?勉强行者,安能持久?除非烛理明,自然乐循理。性本善,循理而行是须理事。"②

这种思想与德行的统一,其内在的用意就是认为,那种拘守书本的学对了解和实现价值观并非必不可少。这使得王安石、司马光和苏轼被置于真正之学的圈外,程颐则被置于与8世纪以来的思想潮流格格不入的位置。"道学是如何从宋学之中,并在和相对学派的斗争中发展出来?"③——田浩提出的一个答案是,它从反对流行的假定发展而来:这些假定是,人们可以通过研究经书来决定价值观,可以通过研究和阐释经书来知道如何继续为学,无权无势的学者可以通过写下他们所学的东西来有效地服务于道德目的,文学写作(不论它是否和政府有关)在士人的生活中具有实在的作用。程颐坚持说文学写作对道德之学没有必要。④当然,他可以一边承认文作为文化形式是必要的,一边否定文学写作的用处,而且他的确宣称他和他的兄长在儒家经典中找到了道。我还是要提醒说,他希望道学替代文学,成为"士学"的一个一般概念,而且他自觉地把他的意见建立在对天地,而不是文化传统的理解之上。

我的立场用最强有力的话来讲就是:与这部书所讨论的所有学者相反,程颐认为文化不应该或不能作为人寻求真正价值观的中介。这不是神秘主义。程颐并不攻击语言的有效性——知"道"之人可以用语言讲出真实的事情——他也不否认有可能为当前创造榜样。道学最大的矛盾是程颐通过他的口头指点——对此他的门生记录并研究,但他却避免将其

---

① 《遗书》卷22上,第269页。
② 《遗书》卷18,第187—188页。
③ 田浩《功利主义儒家》第23页。
④ 《遗书》卷18,第239页。关于他对文士之见的批评,参见宇文所安《追忆》第131—133页从文学的角度讨论了程颐的批评意见。

作为文章流传——他创造了一条人们能够如何学习的原则,这条原则逐渐成为 12 世纪许多严肃的思想家寻求价值观的中介。程颐"复兴斯文"的热望得到实现,但是他的基础不是那些在以前的世纪中宣称自己有责任复兴斯文的人所依据的;他的学说所树立的思想文化也和那些人的不同。

文化和天地

文 化

程颐对学生的口头指点,包含了一个很一致的看法,这个看法是关于上古三代文化形式的作用和基础,以及那种文化为什么不能在当前恢复的原因。在上古三代,礼、乐、舞和诗都协调一致,也就是说,它们是调节人的有效手段。下面一段话就在许多记载中被反复引用:

> 程子曰:"古之学者易,今之学者难。古人自八岁入小学,十五入大学,有文采以养其目,声音以养其耳,威仪以养其四肢,歌舞以养其血气,养理以养其心。今则俱亡矣,惟义理以养其心尔,可不勉哉!"①

那种对全面培养人十分必要的文化形式丧失了,人们别无选择,只能继之以义理养心,而那些文化形式曾经在三代起过作用。程颐在另一处以乐为例解释说,这些文化形式起作用,是因为创造它们的圣人完全"得其自然"。后世的人或许会掌握律吕权衡中的自然尺度,但是"此等物,虽出于自然,亦须人为之。但古人为之,得其自然,至于规矩,则极尽天下之方圆。"②在这个意义上,由圣人创造的文化客体,并非真的"人为",因为"然烹饪可以成物,形制如是则可用,此非人为,自然也。③"

---

① 《遗书》卷 21 上,第 268 页;参照《遗书》卷 15,第 162—163 页,卷 17,第 177 页;卷 18,第 200 页和卷 22 上,第 277 页的有关论述作了修正。
② 《遗书》卷 15,第 166 页。
③ 《二程集·易传》卷 4,第 975 页。这里采用葛瑞汉《两位中国哲人》第 20 页的译文稍有改动。

当文化形式有效地显示自然之理来让人们与之协调,在这个范围内,它们就是有价值的。在上古三代,文化形式用以正确地培养学生的身心。看起来,上古的学生训练有素,他们不必去思考。之所以这样是因为训练他们的手段是根据他们的气,即身体状况调整的。① 但是,文化形式作为对过去的记录或遗产,作为古代的厥遗而不是在当前起作用的某种东西,它丧失了真正的价值。作为遗产,文化属于熟知"闻见"之事的范畴;它不是真正的知识。面对《论语》在其他地方提到的两段话——颜回说孔子"博我以文,约我以礼"以及他说孔子的"博学于文,约之以礼"②——程颐在第一段话中发现《论语》对博闻多识的事实性的知识和"知要"之知做了正确的区分,第二段话把两者合并起来;据说那些不知"道",但能"多识前言往行而能不犯非礼者","非颜子所以学于孔子之谓也。……闻见与知之甚异。"③

程颐坚持说,圣人言说和写作,不是因为他们想要文,而是因为他们需要一个手段来传达真实的东西。

> 圣贤之言,不得已也。盖有是言,则是理明;无是言,则天下之理有阙焉。如彼耒耜陶冶之器,一不制,则生人之道有不足矣。圣人之言,虽欲已,得乎?然其包涵尽天下之理,亦甚约也。后之人,始执卷,则以文章为先,平生所为,动多于圣人。然有之无所补,无之靡所阙,乃无用之赘言也。不止赘而已,既不得其要,则离真失正,反害于道必矣。④

圣人有所说,因此有经典,因为他们觉得必须让内在的、规范的生之理明

---

① 程颐争辩说,即使人们能恢复古代的文化形式,这些形式也不能再起作用,因为人的气禀已经改变(见下面《遗书》卷15,第146页的译文)。又见于《遗书》卷19,第263页,在那里程颐坚持认为《素问》中的医学理论只在尧舜时代才适用,当时人的气很端正。
② 《论语·子罕》第11条,《论语·颜渊》第15条,关于前者的译文见刘殿爵《论语》第97页。
③ 《遗书》卷18,第209页。
④ 《二程集·文集》卷9,第600—601页。其基本的意思又见于《遗书》卷18,第221页。

白示人。这使我们回忆起程颐在1057年所宣称的:"经所以载道也"①,与周敦颐所说的"文所以载道也"②很接近(在对程颐的研究中,"理"这个概念经常被译为"principle"。我曾把它译为"pattern",以便和前面章节的用法取得一致;见下面更全面的讨论)。

文学学者们经常以为圣人文其言,由此在他们自己的观念和读者的内心之间,安插一个文学的层面。程颐的看法并非如此,对他来讲,作家们关心文学是表明他们不能理解任何重要的事情。因为写作应该是"明理"的手段,因此读者应该能马上得其意:"凡解文字,但易其心,自见理。理只是人理,甚分明,如一条平坦底道路。"③然而只有当文字本身没有带来任何问题的时候,情形才会如此。儒家的经典是古代的,而用法已经改变。任何必须通过研究它们才能了解道的人,都会陷在手段(medium)之中而不能自拔。程颐总结说,现在的人一定要在能阅读经典之前就对道有所知:"古之学者,先由经以识义理。盖始学时,尽是传授。后之学者,却先须识义理,方始看得经。"④经典的真意只能被那些已经了解真理的人所理解。

儒家的经典值得研习;它们是现存的与圣人的纽带。而一个读者一定要设法解决经典因年代久远而产生的种种阅读问题;他一定要了解哪一部分是不连贯的,或在思想上值得怀疑,当他没有语言上的障碍之后,他试着猜想圣人讲这番话最初的情境;接着就可以直接明理。⑤ 程颐把

---

① 姚名达《程伊川年谱》第20页(1057)。《与方元寀手帖》,《二程集·文集》第671页。
② 周敦颐《通书》,《周敦颐集》卷6,第117页。
③ 《遗书》卷8,第205页。
④ 《遗书》卷15,第164页。
⑤ 例如,见他对《春秋》的评论(《遗书》卷15,第163—164页)。又见《遗书》卷17,第176页关于圣人之言远近无所不包之说,及卷22上,第279页所说的,读《论语》应当将自己设想为发问者的意见。有一段语录所说的意见,与"诵其书""知其人"这种文学式的读书态度近似,但遗憾的是,这一段出自可疑的第25卷(《遗书》卷25,第322页)。请注意,程颐否认人们具有(孟子所提出的)闻其言而知其人的能力(《遗书》卷22上,第280页)。《遗书》卷19,第263页一条也与此近似。然而我认为,这里的问题是孟子比颜回要更好辩。认识到程颐把圣人之言同经典区分开来是很重要的;前者具有权威性。因此比如在《诗经》这个问题上,他才认为《大序》则有可能是圣人所做的,而《小序》则只不过是当时史家所为(《遗书》卷19,第256页)。

文学写作抛在一边,认为是毫无用处的空话,尽管他的确找到某些语言用法的历史。程颐让学生根据义理来褒贬历史人物,以及欣赏圣人如何比常人更善于处事。据说他本人用历史来检验自己对理的洞察:读书时,他会先阅读一部分,按照内在之理来判断将会发生什么,然后再接着读下去。如果结果和自己的预期相反,他就会把这种结局当作偶然而置之不顾。① 简单地讲,他并没有像司马光那样用人们行为的结果来判断一个人,或者试图从政治历史中推导出亘古不变的义理。

然而程颐认识到历史变化和上古三代的"衰落"。初唐的学者把衰落解释为没有维持文化形式;古文作家把它归因于没有能够保持圣人的价值观;而欧阳修在《新唐书》中对这两方面的原因都提到了。程颐找到了一个创造性的办法来解释历史变化,并且在承认文化形式的变化的同时,避免流露这样的意思,即圣人的文化和价值观在任何意义上都是人为的社会建构。他通过诉诸于气的变化之理来做出解释。

> 时所以有古今风气人物之异者,何也?气有淳漓,自然之理。有盛则必有衰,有终则必有始,有昼则必有夜。譬之一片地,始开荒田,则其收谷倍;及其久也,一岁薄于一岁,气亦盛衰故也。至如东西汉,人才文章已来皆别,所尚异也。尚所以异,亦由心所为。心所以然者,只为生得来如此。至如春夏秋冬,所生之物各异,其栽培浇灌之宜,亦须各以其时,不可一也。须随时,只如均是春生之物,春初生得又别,春中又别,春尽时所生胜又别。礼之随时处宜,只是正得当时事。所谓时者,必明道以贻后人。②

人的价值取向发生变化是由于人心发生变化;人心变化是由于气的变化。自上古三代以来道德的衰落因此可以归因于气的衰落。由此接着就是说,因为礼是一个协调人之气的手段,所以礼必须变化,以便合乎

---

① 《遗书》卷19,第258页,参考《遗书》卷18,第188页;卷24,第213页(译者注:当作313),以及上述对《春秋》的评论。
② 《遗书》卷15,第156页。

当今时宜。

文化形式不是恒常不变的,因为它们必须能够影响人们的气,而气不是恒久不变的。气的循环也解释了当前何以缺少圣人。

> 盖古人今人,自是年之寿夭、形之大小不同。古之被衣冠者,魁伟质厚,气象自别。若使今人衣古冠冕,情性自不相称。盖自是气有淳漓。正如春气盛时,生得物如何;春气衰时,生得物如何,必然别。……此乃常理。观三代之时,生多少圣人,后世至今,何故寂寥未闻,盖气自是有盛则必有衰,衰则终必复盛。若冬不春,夜不昼,则气化息矣。①

这一段是说,既然人是由他们的气所决定,他们就必然要被迫不断衰落直到气重新改善。适合他们的状态的礼的形式似乎不太能改变这个形势。而程颐并不接受这个结论。圣人们在气之外另有本原,并且能够实现完美协调的礼制。这不是一个持续变化积累的历史过程(就像王安石所认为的),尽管圣人们融合了过去的形式。

> 圣人主化,如禹之治水,顺则当顺之,治则须治之。古之伏羲,岂不能垂衣裳,必待尧、舜然后垂衣裳?②据如此事,只是一个圣人都做得了,然必须数世然后成,亦因时而已。所谓"溥博渊泉而时出之"也,③须是先有溥博渊泉也,方始能时出。自无溥博渊泉,岂能时出之?大抵气化在天在人一般,圣人其中,只有功用。放勋曰:"劳之来之,匡之直之,辅之翼之。"④正须如此,徇流俗非随时,知事可正,严毅独立,乃是随时也。举礼文,却只是一时事。要所补大,可

---

① 《遗书》卷15,第146页。对这个讨论的更总结性的陈述,见《遗书》卷15,第171—172页,其核心观点是时代的变化使得后人有必要对圣人遗产斟酌取舍。
② 《周易·系辞传下》第2条:"黄帝尧舜垂衣裳而天下治,盖取诸乾坤。"
③ 《中庸》第31章。本书的译文据此处的上下文做出,陈荣捷在《中国哲学文献选编》第112页中的译文与此有异。
④ 《孟子·滕文公上》第4条。书中的译文见刘殿爵《孟子》第102页,在《孟子》中,人是这些努力的主体,而程颐认为气运的变化是主体。

> 以风后世,却只是明道。孟子言:"五百年必有王者兴,其间必有名世者"①,大数则是,然不消催促他。②

由此说来,尽管文化一定要适合气运,但是它也能够被调整,从而对气产生影响。没必要因循惯例、接受衰落。但是要改变文化,使之成为道德上有效的,这种变化需要拥有一个真实的基础。程颐重新定义了"随时",这样不断累积的历史变化在价值观的思考中就不必加以考虑。

然而我们不久就会看到,没有必要通过礼和文化来改善一个人的气。人们可以通过以义理养心来改善他们的气,因为他们气的衰落,只是遮蔽了道德本性,而没有损伤它。孟子曾经看到人性善,气可以改善;因此孟子之后性善说的失传使人们无法逃避气运。③ 从这个角度来看,气运对历史的影响,应归咎于人们不能保持为学的正确观念。这是一个"文化"式的观念,它假定人们相信何者是正确的,对人们如何行动起着作用。我认为程颐的确有时候是在这样讲,尽管他希望避免如此。④ 在任何情况下,他确信人心有能力知"道",这使人有可能摆脱气决定人的宿命论。但是如果上古三代已臻完善,为什么会出现衰落?我能从程颐的言论中推出的最好的解释是,那些靠直觉来知"道"的圣人,创造了一个与人之理相协调的文化,由此防止气的衰落。然而因为他们通过文化和气来工作,而不是通过心,一旦一个君主丧失了这种方法,文化就会与气失调,人就成为气自然衰落的牺牲品。不能正确地调整礼的统治者应受到指责。我认为,衰落首先影响到自然界,其次才是人类,这是意味深

---

① 《孟子·公孙丑下》第 13 条,译文刘殿爵《孟子》第 94 页。
② 《遗书》卷 15,第 146 页。对这个讨论的更总结性的陈述,见《遗书》卷 15,第 171—172 页,其核心观点是时代的变化使得后人有必要对圣人遗产斟酌取舍。
③ 《答杨时论西铭书》,《二程集·文集》卷 9,第 609 页。
④ 这并不意味着那种学说(doctrine)就是价值观的来源。因为程颐的学说是真实的,它建立在对人与天地关系的正确了解之上。当程颐从文化角度讨论价值观的变化时,他解释说价值观之所以改变,是因为人们对道无知,因此只有依照传统来应物,除此别无选择。关于对价值观变化的"文化式的"描述,见《遗书》卷 18,第 194 页;卷 18,第 236 页。关于透露了程颐仍然承认气的循环与历史变化有关的材料(尽管程颐认为这很难讲清楚),见《遗书》卷 18,第 199—200 页;卷 19,第 236 页。

长的:"幽王失道,始则万物不得其性,而后恩衰于诸侯以及其九族,其甚也,至于视民如禽兽。"①

在我看来,程颐似乎找到了一条路来避免做这样的结论,即道德是人类历史的产物,上古三代之文化可以指导当今,以及道德观念是从文化中推导出来。事实上,他的学说并不很关心文化的问题,而是关心人生的真实基础。

天　地

程颐认为人能够逃避衰落,他愿意在某一种背景(context)中来看待人,要理解程颐对人如何逃避衰落的解释,就有必要考虑他愿意用来看待人的那种背景。这就是天地,他对此要说的比对文化和历史要多得多。与那些询问文明如何开始的人不同,程颐询问人作为神秘的生物之一,是如何形成的。这里是他关于人的出生的对话,出生是通过气和父母完成的。

> 问:"大古之时,人还与物同生否?"
> 曰:"同。"
> "莫是纯气为人,繁气为虫否?"
> 曰:"然,人乃五行之秀气,此是天地清明纯粹气所生也。"
> 或曰:"人初生时,还以气化否?"
> 曰:"此必烛理,当徐论之。且如海上忽露出一沙岛,便有草木生。有土而生草木,不足怪。既有草木,自然禽兽生焉。"
> 或曰:"先生《语录》中云:'焉知海岛上无气化之人?'②如何?"
> 曰:"是。近人处固无,须是极远处有,亦不可知。"
> 曰:"今天下未有无父母之人。古有气化,今无气化,何也?"

---

① 《遗书》卷21下,第237页,参见卷15,第161页,气的可变使得必然有小人和君子;但在上古,圣人的政府可以阻止小人,使之不能"成其恶"。
② 《遗书》卷15,第161页。

> 曰:"有两般。有全是气化而生者,若腐草为萤是也。既是气化,到合化时自化。
>
> 有气化生之后而种生者。且如人身上著新衣服,过几日,便有虮虱生其间,此气化也。
>
> 气既化后,更不化,便以种生去。此理甚明。"①

尽管人自天地之气自发化生之后,继续通过父母生养而存在,但是从某种程度上分析,可以说他继续由天地所生。"天地中只是一个生。人之生于男女,即是天地所生,安得为异?"②

程颐指出了人与天地本质相通的几个方面。在一系列语录中,他论说道,如果天地是伟大的创造力量,那么人一定有像天地一样独立的能力来产生气。由此他认为,我们呼吸的时候,并没有吸入旧气。

> 若谓既返之气复将为方伸之气,必资于此,则殊与天地之化不相似。天地之化,自然生生不穷,更何复资于既毙之形。既返之气,以为造化?近取诸身,其开阖往来,见之鼻息,然不必须假吸复入以为呼。气则自然生。人气之生,生于真元。天之气,亦自然生生不穷。至如海水,因阳盛而涸,及阴盛而生,亦不是将已涸之气却生水。自然能生,往来屈伸只是理也。盛则便有衰,昼则便有夜,往则便有来。天地之中如洪炉,何物不销铄了?③

简单地讲,盛衰的循环并不是一个反复,而是一个新代替旧,代替衰的持续的创生。气成熟、分裂,再消散。例如,我们所说的海潮,事实上是海水逐渐干涸,然后重新充盈。在程颐看来,那个过程不过就是一种呼吸。我认为,这个理论的重要性在于它隐含了这样的意思,即由于人分享了天地生"气"的能力,所以他也能改善他的气。

---

① 《遗书》卷18,第198—199页。
② 《遗书》卷18,第223页。
③ 《遗书》卷15,第148页,参见卷15,第165—167页。

天地为理解人在宇宙间的角色提供了背景。天地带来有秩序的、正确的化生；人也可以如此，因为只有一个道和一个包罗万象的理："一人之心即天地之心，一物之理即万物之理，一日之运即一岁之运。"①因此，假设人与天之间有分别就是错误的。

> 安有知人道而不知天道者乎？道一也，岂人道自是人道，天道自是天道？《中庸》言："尽己之性则能尽人之性；能尽人之性，则能尽物之性；能尽物之性，则可以赞天地之化育。"②此言可见矣。杨子曰："通天地人曰儒，通天地而不通人曰伎。"此亦不知道之言。岂有通天地而不通人者哉？如止云通天之文与地之理，虽不能比，何害于儒？天地人只一道也。才通其一，则余皆通。如后人解《易》，言"乾"天道也，"坤"地道也，便是乱说。论其体，则"天尊地卑"；③如论其道，岂有异哉？④

人的基本价值观是那些他与天地共享，作为自然之物的东西，但是，理解这一个道并不需要从有关天地之现象的不断积累的知识中去推导。程颐感兴趣的不是事实，而是完整的，但生机勃勃的普遍创造过程。

通过实现他的本性，人能够在人的领域里实现人与天地共同的理，因为"性即理也，所谓理，性是也"。⑤圣人是一个完美地实现了本性的人，因此最像天地。正像程颐所解释的，圣人与"天道"不异。⑥而且，"惟天地之量则无满。故圣人者，天地之量也。圣人之量，道也"⑦。"圣人之

---

① 《遗书》卷2上，第13页，所引为程颐之言。
② 《中庸》第22章。译文采用陈荣捷《中国哲学文献选编》第108—109页，陈荣捷译为"充分发展"而不是"完成"。如果性在其最初是完全的，人就可以完成其潜力。我认为，这里的问题是在行中实现其潜力。
③ 《周易·系辞上》第1条。
④ 《遗书》卷18，第182—183页，参见卷15，第158页。程颐在一处曾认为人与万物（如草木禽兽）的统一，不是根据其性的一致，而是根据其产生之理是一致的（《遗书》卷24，第315页；卷18，第193页），不过在下面讨论的语录中，性与理是相等的。
⑤ 《遗书》卷22上，第291—292页。
⑥ 《遗书》卷18，第209页。
⑦ 《遗书》卷18，第192页。

生,亦天地交感,五行之秀,乃生圣人。"①圣人能像天地一样,因为他"固是生知";②也就是说,"只是他生知义理,不待学而知"③。程颐理解圣人的生而知之使他们能"尽天下之理"④以及"尽得人道"、"尽得人理"。⑤"天有是理,圣人循而行之,所谓道也。"⑥这种知识可以被称作道德之知,但是与其把它看做一套观念,不如说程颐看起来是把它理解为直觉地了解天地所以化生之理。他把它与关于现象的知识、或者做事的能力相区别,因为这些一定要靠求而后得。⑦孔子是一个圣人;因此他一定生而知之,不过孔子自己不认为如此,他说过自己犯过错误,并且学以得道。⑧

圣人与天地同,但他还是一个人,并且所有的人都是一类,只有一个性和一个理。但是就程颐所知,圣人之外其余的人未曾"尽人之理",因为后来的人并未生而具有完全自觉的知识。程颐用一个人与生俱来的气的性质来对此作出解释。"气清则才善,气浊则才恶。禀得至清之气生者为圣人,禀得至浊之气生者为愚人。……然此论生知之圣人。若夫学而知之,气无清浊,皆可至于善而复性之本。"⑨气,而不是文化,是使人们自觉于天性的中介。因此要清明就需要治理处于中介位置的气。人可以使这种气清明,这样它就不会干扰人实现对善的自觉。"气有善不善,性则无不善也。人之所以不知善者,气昏而塞之耳。孟子所以养气者,养之至则清明纯全,而昏塞之患去矣。"⑩这就是说,当气清明之时,它就与道德准则合而为一。"方其未养,则气自是气,义自是义。及其养成

---

① 《遗书》卷15,第159页。
② 《遗书》卷18,第216页。
③ 《遗书》卷15,第152页;参见卷18,第192页、226页。
④ 《遗书》卷18,第226页。
⑤ 《遗书》卷18,第211—212页。
⑥ 《遗书》卷21下,第274页。
⑦ 《遗书》卷18,第226页;卷15,第152页;参见卷19,第256页"人初生,只有吃乳一事不是学,其他皆是学。"
⑧ 《遗书》卷18,第209、226页;参见卷15,第154页。
⑨ 《遗书》卷盟上,第291页。程颐用"性之本"来指人性中天生即善的部分,而不是每个人天赋的个性,见《遗书》卷19,第252页。
⑩ 《遗书》卷21上,第274页。

浩然之气,则气与义合矣。"①

程颐把气理解为介乎天赋的价值观和人的自觉意识之间的中介,这种理解使他能为所有不善的东西作出解释。当人为恶的时候,这经常能归因于浊气的干扰。"性无不善,而有不善者才也。性即是理,理则自尧、舜至于途人,一也。才禀于气,气有清浊。禀其清者为贤,禀其浊者为愚。"②这种作为中介的气的存在,解释了人们何以具有不同的技巧和兴趣;它解释了为什么个人是片面的,而不是全面的。但是才能的优劣并不是问题所在,因为所有的人都拥有通过让才与性协来使才变好的能力。

> 问:"如何是才?"
>
> 曰:"如材植是也。譬如木,曲直者性也;可以为轮辕,可以为梁栋,可以为榱桷者才也。今人说有才,乃是言才之美者也。才乃人之资质,循性修之,虽至恶可胜而为善。"

性对每个人都一样,它就是理本身。不论一个人的气清浊如何,他都能澄清他的气并自觉于理。

> 又问:"愚可变否?"
>
> 曰:"可。孔子谓上智与下愚不移,然亦有可移之理,惟自暴自弃者则不移也。"……"性只一般,岂不可移?却被他自暴自弃,不肯去学,故移不得。使肯学时,亦有可移之理。"③

学应该致力于实现对人本性所具有的理的自觉。他能用心来实现这一点,是因为"心即性也。在天为命,在人为性,论其所主为心,其实只是一个道。……天下更无性外之物。"④但是当心应物并表达自己的时候,所出现的东西并不必然是善的。

---

① 《遗书》卷18,第206页,根据《孟子·公孙丑上》第2条。
② 《遗书》卷18,第204页。
③ 《遗书》卷18,第204—205页。
④ 《遗书》卷18,第204页。

问:"心有善恶否?"

曰:"在天为命,在义为理,在人为性,主于身为心,其实一也。心本善,发于思虑,则有善有不善。若既发,则可谓之情,不可谓之心。譬如水,只谓之水,至于流而派,或行于东,或行于西,却谓之流也。"①

心必须养。二程的一个说法说明了这个问题:"理与心一,而人不能会之为一。"②

人们不能保持心、性和理为一,因为气是不纯和不清明的。因此就有了不善、妄情,以及对片面的品质和才能的依赖。该做些什么呢? 一个为学的真正的方法将使人们澄清他们的气,由此把它变成一个尽性的清明中介。古代为学的方法,通过文化来养气。但是,正像程颐一遍遍告诫他的门生:"今之学者,只有义理以养其心。"③

"以义理养心"

程颐的哲学成就体现在他解释了获得道德之知是如何可能的。要理解其成就的本质——以及它的困难所在——我们只需要回忆初唐学者是如何把天地作为一个统一的社会政治秩序和文化传统的基础。唐代的学者假定先王在创造一个完整的社会、政治和文化秩序时,取法了天地昭然垂示之文。这样一来,他们假定人们能够转向儒家经典和详细阐释经典的典籍——文化传统来寻求指导。由于来源于天地,文化形式因此具有价值和效力。程颐不承认文化传统有资格成为道德及其宇宙基础之间的必要联系。由此他带来了三个问题。人们所理解的"本于天

---

① 《遗书》卷18,第204页。
② 《遗书》卷5,第76页。
③ 《遗书》卷15,第162—163页,参见卷17,第177页;卷21上,第268页;卷22上,第277页。其来源显然是《孟子·告子上》第7条:"心之所同然者何也? 谓理也,义也。圣人先得我心之所同然耳。故理义之悦我心,犹刍豢之悦我口。"(译文见刘殿爵《孟子》第164页,稍有改动)。

地"是什么意思？怎么可能去发现人们在追求什么，也就是说，怎么可能去了解真正的价值观？那些首先不是作为文化形式而存在的东西，如何能被转化成社会生活的准则？程颐通过固有之理（inherent normative patterns）的概念解释了源于天地的真正价值观的性质。但是理不是"外在在那里"的图像，人人可见，尽管程颐承认它们是真实的。只有"明"理的心才能获得它们，但是它们只对个人的心才是可见的；理是某种一定要自得的东西。明理是什么意思？为什么个人天生能够对理完全自觉？以及为什么一个这样做的人能够对人事做出道德的反应？这些都是相关的问题。

对程颐来讲，在一个衰落的时代，学习是一种道德工夫，它不是靠养气来进行，而是靠对心志的关心。学的结果要能制气。他断言，"志，气之帅。若论浩然之气，则何者为志？志为之主，乃能生浩然之气。志至焉，气次焉，自有先后。"①因此首要的任务是养心。但是这需要知道什么是善，进而要求对理有清醒的认识。"人患事系累，思虑蔽固，只是不得其要。要在明善，明善在乎格物穷理。穷至于物理，则渐久后天下之物皆能穷，只是一理。"②

对理有洞见，就是知道什么是善，这首先是因为每一个单独的事物都有它内在的原则，或者说理："有物必有则，一物须有一理。"③第二，因为万物各具之则合起来形成一个单一的完整的整体，或者无所不包的理："天下只有一个理。"④"一言以蔽之，不过曰万理归于一理也。"⑤在尽善尽美的人，也就是圣人身上，"己与理一"。他因此不必依赖任何外在的标准来评判自己或事物；对他来讲，"则己便是尺度，尺度便是己"⑥。程颐和苏轼不同，他希望把自己和事物联系起来，以便他自发的反应就

---

① 《遗书》卷15，第162页。
② 《遗书》卷15，第144页。
③ 《遗书》卷18，第193页，引自《孟子·告子上》第6条。
④ 《遗书》卷18，第196页，参见卷22上，第293页。
⑤ 《遗书》卷18，第195页。
⑥ 《遗书》卷15，第156页。

是正确的反应,因为通过实现理,他成为正确之则的活化身。有人也许会说要依礼而行,但对程颐,"礼即是理也";人只需依理而行。不这样做是不道德的。"不是天理,便是私欲。"①

苏轼也认识到理终极的惟一性,他警告说:"天下之理未尝不一,而一不可执。"他是在反对界定一个单一的终极价值的做法②。程颐不这样做。他牢牢主张的是凡理皆一的观念。这使他消解了各种体现固有之则(norms)的实体,使之归于一物。"尽己则无所不尽。如《孟子》所谓'尽心'。……大抵禀于天曰性,而所主在心。才尽心即是知性,知性即是知天。"③心是真正的价值观的来源,因为它就是性④,或者说"心即性也"⑤,而性是价值观的来源,因为它得之于天。那么,什么是天呢?"曰天者,自然之理也。"⑥理独立于人的自觉意识和意图而存在。它不受人控制,或不由人构造。"莫之为而为,莫之致而致,便是天理"。⑦ 因此与理协调一致就是与天地同,以及实现完美的道德确定和道德自发的状态。我认为程颐对恶进行了解释——因为恶存在着,它一定也有它的理——程颐认为当人们对理不自觉的时候,他们就由气支配,这就是恶的成因。他们做那些合理之事,但是他们这样做并没有认识到理的统一。为了保持与理合一,人们一定要养心,使心受到控制。⑧

陈荣捷在他很有影响的文章《新儒学"理"的概念的演变》中指出,众理只是一理这个观念在王弼《周易注》和佛教哲学中可以找到许多先例。我可以补充说明的是,这个观念在唐代和北宋的思想文化中一直被接受。但是陈教授论证说,在程颐之前,没有人使理成为哲学的一个基本

---

① 《遗书》卷15,第144页。
② 苏轼《苏氏易传》卷7,第156页。
③ 《遗书》卷18,第208页,引《孟子·尽心上》第1条。
④ 但程颐也可以说:"心,道之所在,……心与道,浑然一也。"(《遗书》卷21下,第276页;卷24,第312页)。
⑤ 《遗书》卷18,第204页。
⑥ 《遗书》卷24,第313页。
⑦ 《遗书》卷18,第215页。
⑧ 《遗书》卷19,第252页;卷21下,第274页;卷22上,第293页。

范畴。我认为,理可以说是程颐哲学的基础,因为程颐作出了三个声明。第一,理是真实的。正像程颐所说的,"天下无实于理者"①。第二,当人们明理,他们这样做完全是因为"理却甚显也";尽管有些人或许比别人在明理上迟钝一些,但是对理的感知永远是一样的。② 苏轼也许会同意第一个主张,但会对第二个有不同看法;他认为很难确信一个人所见到的,就是真实存在。第三,所有的理是一个理。对程颐来讲,只有一个理这个事实,和只有一个道包罗天人、包罗内在自我和外在事物这样的事实是一样的。"物我一理,才明彼即晓此,合内外之道也。"③苏轼把统一理解为万物分殊的根源,而与这种理解相反的是,程颐所说的理的统一,是事物自发运作的普遍之理。因此千差万别的万事万物,其理是相同的。他没必要在这之外去寻找一个根源,因为正像二程所说的:"理自生。"④在理之外没有什么终极的实在。"问释氏理障之说。曰:释氏有此说,谓既明此理,而又执持是理,故为障。此错看了理字也。天下只有一个理,既明此理,夫复何障? 若以理为障,则是己与理为二。"⑤将己与理连在一起,使自己成为衡量事物的尺度,事物也可以以自己为尺度,这个做法是程颐宣称只有一个理的前提。从程颐的视角出发,对理的理解可以是绝对的,因为理也是内心所具有的,并且就像我在后面将要论证的,理是协和完整的思维结构和思维过程的内在原则,它在事物的结构中彰示明白。

至少从朱熹开始,传承程颐哲学的后学已经把他关于己与理合一的观念区分为两个方面,一个是内在的、精神的方面,另一个是外在的、知识(intellectual)的方面,这两个方面与同时存在的理联系在一起,这个理是统一的,无论在己(性即理)之中,还是在物(一物须有一理)之中。作

---

① 葛瑞汉《两位中国哲人》第125页。
② 《遗书》卷18,第224页;卷22上,第227页:"又问'如何可以格物?'曰:'但立诚意去格物,其迟速却在人明暗也。明者格物速,暗者格物迟。'"
③ 《遗书》卷18,第193页。
④ 《遗书》卷6,第83页。
⑤ 《遗书》卷18,第196页。

为一条教导,第一个方面就是"涵养",要求以自觉于"诚",也就是先天的完整状态,来达到一种"敬"(沉着、尊敬或者严肃)的身心状态。精神的活动与理协调一致,志受到气的控制,清明的气形成,人就处在一种不掺杂质的善之中。下面就是关于这一点的议论:

> 闲邪则诚自存,不是外面捉一个诚将来存著。今人外面役役于不善,于不善中寻个善来存著,如此则岂有入善之理?只是闲邪,则诚自存。故孟子言性善,皆由内出。只为诚便存,闲邪更著甚工夫?但惟是动容貌,整思虑,则自然生敬,敬只是主一也。主一,则既不之东,又不之西,如是则只是中。既不之此,又不之彼,如是则只是内。存此,则自然天理明。学者须是将敬以直内,涵养此意,直内是本。①(重点为我所加)

程颐承认先天的"诚"使人进入不受外物影响的"敬"的状态,由此天理将显现。他保证说,让主一来指导精神,就会看到理之为一。

第二条教导,也就是应对外物,是以《大学》中的一句话总结的:"致知在格物。"无论是从内心扩展到外物,还是从外在的观察扩展到内在的自觉,"知"都关乎理。程颐注释说,"格物"是这句话的关键,因为"格,致也,言穷至物理也",②或仅仅说"穷理",这个词组来自《易传》中的"穷理尽性以至于命"。我认为,在实际的运用中,程颐所说的"穷"可以在两个意义上被译为"完全实现":完全明了(例如,穷知其义)和完全实现(穷其所图),因此程颐对《大学》中这句话的理解就结合了两种内容,其一是更多地理解事物如何与人心中具有的理相适应;其二是在察物之理中,获得对事物之理的充分明了。在两种情况下,理都是一样的。人们或者有见于它或者无见于它;它不因人的感知力的不同而有所不同。

尽管"格物"一般被译为"察物","穷理"被译为"最大限度地察理",

---

① 《遗书》卷15,第149页;参见卷15,第162页;卷15,第168—169页;卷18,第183页;卷18,第185页;卷24,第315页。
② 《遗书》卷22上,第277页;更细致的讨论参见《遗书》卷18,第188页。

我不清楚"察"是否描述了程颐所说的精神工作。他的心能够明某物之理,他不必推而得之①。程颐承认自然现象有理,就像人事一样②。这不新鲜。王安石用类似的说法向皇帝解释为什么政府应该为所有的事物立法:"天地生万物,一草之细,亦皆有理。"③用"察"来表述王安石的工作更合适,因为王安石承认要通过人事与典籍来获得关于价值观的知识。程颐求知之路最引人注目的是,他不承认对理的感知是由其他种类的思考所带来的,数术之学就是一个例子,因为如果见理要取决于先了解其他的东西,人们也许就只能得出关于某物之理的一个观念;理本身绝对不会被了解。④ 显然程颐对"致知在格物"的已被普遍接受的训释并不满意,按照这种解释,人们对已被普遍接受的道德观念的所知情况,是依据他们所做的事情来检验,⑤正像程颐所用的那些有关理的词所显示的——见、明、烛、照和识——他认为心直接感知理。

---

① 在后来变得很著名的一句话中,程颐使用了"察"这个字:"一草一木皆有理,须是察。"这出自程颐关于"观物察己"的一段语录中。程颐是否是指人应当"因见物[理],返求诸身"呢?程颐的回答是,人不必如此说,因为"物我一理,才明彼即晓此,合内外之道也"。语录最后的总结是:"问:'致知,先求之四端,如何?'曰:'求之性情,固是切于身,然一草一木皆有理,须是察。'(《遗书》卷18,第193页。)
② 程颐也的确看到理解自然现象的意义,如《遗书》卷19,第247页:"凡眼前无非是物,物物皆有理。如火之所以热,水之所以寒,至于君臣父子间皆是理。"总之,问题在于要明这些理是否需要对理所在的现象进行考察,做出推理。请注意《遗书》卷15,第149页:"天地之化,虽廓然无穷,然而阴阳之度,日月寒暑昼夜之变化,莫不有常,此道之所以为中庸。"
③ 引自《续资治通鉴长编》卷204,第5827页(1072年11月)。
④ 显然,程颐对处理这些现象的历算之学的传统没有多少兴趣,例如《遗书》卷15,第150页。不过,他曾经注意到象数之学,这是历法之学的一个核心部分,并且是阐释《易》的一种传统。他也关注过用象数之学来解释天地与人事之间关系的学者。他对邵雍的评价表现出他主要关心是否可以用数来代替理对天地进行理解。他有一次曾说,邵雍的成就在于看到了理先于数(《遗书》卷18,第197页)。关于在《易》中理先于数与象的讨论,见《遗书》卷21上,第271页。这里讨论了两个问题:象数之学的拥护者,将他们的研究视为认识天地之常的一种途径,这导致他们把理看做数的功能;而程颐希望理是可以直接理解的。他否认在人心明理时需要任何类型的知识作为中介。下面一则轶事可以视为这种态度的一个有趣的例证。"邵尧夫谓程子曰:'子虽聪明,然天下之事亦众矣,子能尽知邪?'曰:'天下之事,某所不知者固多,然尧夫所谓不知者何事?'是时适雷起,尧夫曰:'子知雷起处乎?'曰:'某知之,尧夫不知也。'尧夫愕然曰:'何谓也?'子曰:'既知之,安用数推也?以其不知,故待推而后知。尧夫曰:'子以为起于何处?'曰:'起于起处。'尧夫瞿然称善。"(《遗书》卷22上,第70页)
⑤ 关于唐人的经注,见《十三经注疏》第1673页《礼记正义》卷60,第445页。

程颐关于学的看法认为,没必要去说人们应该从我开始,还是应该从物开始;与其这样,不如说,人们应该明理,以便逐步尽理之一,他看到由于众理只是一理,所以只要对一物之理充分自觉,就可以在万物之中看到这共有的一个理。

> 格物穷理,非是要尽穷天下之物,但于一事上穷尽,其他可以类推。至如言孝,其所以为孝者如何。穷理如一事上穷不得,且别穷一事……如千蹊万径,皆可适国,但得一道入得便可。所以能穷者,只为万物皆是一理,至如一物一事,虽小,皆有是理。①

有很多方法来培养一个人穷理:"凡一物上有一理,须是穷致其理。穷理亦多端,或读书,讲明义理;或论古今人物,别其是非;或应接事物而处其当,皆穷理也。"但程颐接着问:"格物须物物格之,还只格一物而万理皆知?"他的回答表明每一个理都是独一无二的,既然无所不包的一贯之理就是由各种各样的理所构成,人们必须逐渐积累知识,以便看到统一的全体:"怎生便会该通? 若只格一物便通众理,虽颜子亦不敢如此道。须是今日格一件,明日又格一件,积习既多,然后脱然自有贯通。"②在我看来,程颐是想说,人们当然必须事事留意,以便理解事物如何都能彼此相合,但是穷一物之理教给人如何穷物物之理。他在另一段语录中也谈了很多:"问:'只穷一物,见此一物,还便见得诸理否?'曰:'须是遍求。虽颜子亦只能闻一知十,若到后来达理了,虽亿万亦可通。'"③

然而以"穷理"为一个思想目标,即使它包含着学以见物之理,这不只体现了程颐有一次所说的"直内是本",而且也意味着能穷理,则足矣。④ 人们要见"天理",只做到"敬"是不够的吗? 孟子在讨论如何养"浩

---

① 《遗书》卷15,第157页;参见卷15,第152页;卷17,第175页。
② 《遗书》卷18,第188页;陈荣捷《中国哲学文献选编》第560—561页的译文有所不同,葛瑞汉的译文更好,见《两位中国哲学家》第76页参见卷18,第193页;卷19,第247页。
③ 《遗书》卷19,第247页。
④ 《遗书》卷15,第149页。

然之气"使气纯净的时候,有两个说法"必有事焉"和"集义"①,程颐指出这两者之间的联系,以此来说明这个问题。程颐解释说,第一个短语的意思是人必须"集义"。

> 问:"敬义何别?"曰:"敬只是持己之道,义便知有是有非。顺理而行,是为义也。若只守一个敬,不知集义,却是都无事也。且如欲为孝,不成只守著一个孝字? 须是知所以为孝之道,所以侍奉当如何,温清当如何,然后能尽孝道也。"②

换句话讲,一个人应该在内心理解什么是孝行,并了解如何去做。我认为这里"德行"充当了一个检验的根据,根据它,个人努力把穷理和依伦理做事联系起来。

但穷理和依伦理做事之间的联系究竟是怎样的呢? 上面这一段把"义"定义为顺乎理,但它并未明言,只有当孝意味着超越对具体行止的模仿而进乎在内心理解其所以然之意,理对于为孝才是必要的。这是程颐的一部分意思,因为程颐对接下来的问题这样回答:"又问:'义只在事上,如何?'曰:'内外一理,岂特事上求合义也?'"③我还是认为这带来一个重要的问题。如果程颐承认所有的道德价值观和德行来自理,如果理最终是"自然"的,那么程颐如何为历史上偶然发生的道德行为赋予普遍性,而这和理的统一性有什么关系?

对这些问题的一个回答(也是一个逃避的办法),就是把程颐所宣称的"万理归于一理"解释为终极的理只是物皆有其理,在这种情况下,学生的任务就只是去察见单独事物之理如何形成一个协调一致的统一体。裴德生(Willard Peterson)曾经建议将程朱学说中的"理"译为"一致性",他的建议不无道理。④ 我要提出另一个更说明问题的回答,这个回答有助于解释程颐如何摆脱宣称特定历史环境中的道德事物具有普遍性这

---

① 《孟子·公孙丑上》第 2 条认为浩然之气是"集义所生"译文采用刘殿爵《孟子》第 78 页。
②③ 《遗书》卷 18,第 206 页;参见卷 18,第 193 页。
④ 裴德生《"理"之再探》。

一两难困境。我的解释来自程颐对孟子"四端"——仁、义、礼、智——的说明,以及他把四端在人性中放置的位置。①

有很多术语表示人的价值观是天赋的,基于宇宙本原,程颐对很多这样的术语进行消解。例如,关于心、人性和天命,他声称:"心即性也。在天为命,在人为性,论其所主为心,其实只是一个道。"②理、性和命也是一物,都是一样:"理也,性也,命也,三者未尝有异。穷理则尽性,尽性则知天命矣。天命犹天道也,以其用而言之则谓之命,命者造化之谓也。"③关于性和理:"性即理也,所谓理,性是也。天下之理,原其所自,未有不善。"④正像孟子所宣称的,尽心就是逐渐知性与天,而穷理就是尽性。

> 伯温问:"'尽其心则知其性,知其性则知天矣',如何?"⑤
>
> 曰:"尽其心者,我自尽其心;能尽心,则自然知性知天矣。如言'穷理尽性以至于命',⑥以序言之,不得不然,其实,只能穷理,便尽性至命也。"⑦

简单地讲,凡物皆简化为理。穷理之心尽性、达命、知性,并且知天。回到理这个概念是有用的。如果"曰天者,自然之理也"⑧、"命者,造化之谓也"⑨,那么心此刻正在穷的理,就会体现为与天地自发的创造过程一样的秩序。理还构成了圣人生知之知,这种知识将被回忆,它不是事物之知,却使圣人能够尽己之性,尽物之性。

我认为程颐关于四端的看法,帮助他:(1) 定义了他对理的理解;(2) 解释了为什么万理归于一理;(3) 解释了道德品质如何能最终是"自

---

① 在《颜子所好何学论》中,程颐将五常(仁、义、礼、智加上信)看做五性,与五行相配;但他成熟时期的学说只承认四端。"性中内有四端,却无信。"(《遗书》卷18,第184页)。
②《遗书》卷18,第204页。参见《遗书》卷24,第312页:"然其性善,可学而尽,故谓之性焉。……禀于天谓性,感为情,动为心……"
③⑨《遗书》卷21下,第274页。
④⑦《遗书》卷22上,第292页。
⑤《孟子·告子上》第1条。
⑥《周易·说卦》。
⑧《遗书》卷24,第313页。

然"的;(4) 表明穷理是一个渐进累积之业,而又终始如一。

关于心和四端的关系,有两个比喻。第一,心之于四端,就像身体之于四肢。"心譬如身,四端如四支。四支固是身所用,只可谓身之四支。如四端固具于心,然亦未可便谓之心之用。"这里程颐既把四端设想为心之所属,又设想为作为主宰的心用来工作的手段。第二,仁之于心,犹如生长之性之于种子。"心譬如谷种,生之性便是仁也。"①这里,心是一种由其固有的品质决定有可能充分发展之物(假定这就是由四端扩充之义)。对我来讲,这些比喻显示出四端植根于内心。它们可以指导心的发展,也为心所用;它们使心能够穷理,在行动中与理协调。程颐宣称"心,道之所在",除非我们使它暗昧,让它陷入歧途,这些比喻为此提供了一个可能的注解。②

程颐以相当抽象的概念来理解四端,不单单是作为四类伦理行为或品德,也是作为一个协调一致的组织的四个方面(至少四端中两个是如此)。他把作为固有品性的四端和作为人事之种类的四端做了区分,他认为其他人(包括孟子)都把四端看作四类固有之性和四类人事。

> 仁义礼智信,于性上要言此五事,须要分别出。若仁则固一,一所以为仁。恻隐则属爱,乃情也,非性也。恕者入仁之门,而恕非仁也。因其恻隐之心,知其有仁。惟四者有端而信无端。只有不信,更无信。如东西南北已有定体,更不可言信。若以东为西,以南为北,则是有不信。如东即东,西即西,则无信。③

在程颐谈到"信"不在其中之前,他的确把作为高度抽象的统一体的仁和附属于仁的社会人事区分开来。程颐对仁有另一个抽象的、建构性的定义。在下面这一段中,他回答如何能在圣和仁之间做出区分。

---

① 《遗书》卷 18,第 183—184 页。
② 《遗书》卷 21 下,第 276 页。
③ 《遗书》卷 15,第 168 页。

> 盖仁可以通上下言之,圣则其极也。圣人,人伦之至。伦,理也。既通人理之极,更不可以有加。若今人或一事是仁,亦可谓之仁,至于尽仁道,亦谓之仁,此通上下言之也。①

这显示出,当程颐把仁作为固有之物,而不是作为一种人事,他在寻找"结构上"的属性,它既可以描述精神的运作,也可以充当一个基础的概念来描述爱、利他以及与仁联系在一起的广泛的道德感召力。我提出,整体性和相关性,是某种思考的基本品质,这种思考追求察见物之理,察见万理为一。

程颐也把礼设想为抽象之物,正如他所说的"礼即是理也"。② 在下面一段关于礼乐的对话中,他又一次把人事和本原区分开来。"先儒解者,多引'安上治民莫善于礼,移风易俗莫善于乐'。此固是礼乐之大用也,然推本而言,礼只是一个序,乐只是一个和。"事实上,"和"似乎是从"序"得来(尽管程颐后来否认这一点):"问:'礼莫是天地之序?乐莫是天地之和?'曰:'固是。天下无一物无礼乐。且置两只椅子,才不正便是无序,无序便乖,乖便不和。'"③等级或次序也是理,是协调的社会组织的一个基本品质。对程颐来讲,礼是普遍的;他在别处注意到,盗贼要成功地为盗,他们也一定要有礼。"礼乐无处无之。"④

关于"义"和"智",我没有找到类似的抽象解释,但在这些情况中,程颐还是对"固有的"和"历史的"作出了区分。例如:"义还因事而见否?曰:'非也,性中自有。'"⑤"义便知有是有非。顺理而行,是为义也。"⑥当然,对于"智",我们只需参考程颐在固有之知和实际的闻见之知之间所

---

① 《遗书》卷18,第182页。
② 《遗书》卷15,第144页。
③ 《遗书》卷18,第225—226页,引自《中庸》第26章,译文采用陈荣捷《中国哲学文献选编》第109页。
④ 《遗书》卷18,第225页。
⑤ 《遗书》卷18,第185页。
⑥ 《遗书》卷18,第206页。

作的区分。①

我认为四端之说和程颐关于理的看法完整地联系在一起。尽管他承认在历史的过程中与之相连的各种行为方式有价值,他并不把它们的价值归功于传统或者社会实用性,而是归功于它们作为完整通贯之思考的结构性原则而发挥的作用。我认为这解释了为什么程颐说四端之"性"在人人身上都是现成的。尽管它们在每个人身上所具有的力量不同,但都能够得到同样充分的发展。"口目耳鼻四支之欲,性也,然有分焉,不可谓我须要得,是有命也。仁义礼智,天道在人,赋于命有厚薄,是命也,然有性焉,可以学,故君子不谓命。"②有些人由于身体所禀,注定要更目明,更强壮,但我们仁义禀赋的厚薄并非如此命中注定。四端之性即是理,正是这种性的存在,使得尽理成为可能。

这就使我猜想,程颐的意思是说,人之所以靠尽理来明心尽性,是因为心的固有结构本身就是万物的完整组织和协调过程的结构。人的任务就是确保随着他对周围世界清醒意识的增长,心也继续自觉于理,因为通过自觉于理和依理而行,他就保持了作为一个人固有之理的完整与统一。这样一来,随着他完全自觉于理,并依此行动,他就可以把性作为完全自然之物来尽性知性。心之理就是天地之理,不管他是否希望这样。因此,对理无知或者不与之协调,就是阻碍人们不能进入天赋予人的道德世界。在一个自我不断被事物纷扰的世界里保持自我最初的统一性,在一个充满片面、不纯之气的身体上保持性的完整,是一项艰苦的工作。它需要不断努力去扩展、发展,或完成人所固有的、追求完整的潜力,使之达到包容整个世界的程度。终其一生扩展和包容,对于以心制气,以我制物是必要的。不过,不懈的实践会带来真正的回报。

在讲学中,程颐多次保证说追求他的为学之道,会使个体变化气质。

---

① 在有疑问的第二十五卷中也存在这种区分,见《遗书》卷 25,第 317 页:"闻见之知,非德性之知。物交物则知之,非内也……德性之知,不假闻见。"
②《遗书》卷 19,第 257 页。

首先,在实现精神贯通、"自有贯通处"①的过程中,"则思一日愈明一日,久而后有觉也"②。第二,所致之知保证实践可以成功,"无有知之而不能行者"。③ 第三,一个人达到一种不必强迫自己而能循理而动的状态;"循理为乐"。④程颐所保证的第四个方面需要做些考察。程颐断言,积养学殖可以改善气质。"除是积学既久,能变得气质,则愚必明,柔必强。"⑤他不能肯定积学是否对才能真有变化,但是他发现了气质变化的明证:"人只是一个习。今观儒臣自有一般气象,武臣自有一般气象,贵戚自有一般气象。不成生来便如此,只是习也。"⑥程颐承认,身体的确会懈怠,但是只要能以心帅气,一个人的德行就不会衰退。⑦程颐以自己为例,说明学可以使人健康长寿,并且至少有一次肯定地说,保形炼气,长生是有可能的。⑧

最后,一个人气的改善对宇宙也有影响。程颐承认宇宙的和谐相应。"天地之间,只有一个感与应而已,更有甚事?"⑨他相信天地之气回应人的活动,因为人的活动包含了某种特定的气的发送。这种气因此刺激天地之间同等的气。这可以解释何以会有不祥的征兆和自然灾害。⑩为恶之人发出恶气,并激发反应。雷电霹杀人;遇害的人并非是死于对迅风雷烈的惊恐:"人之作恶,有恶气,与天地之恶气相击搏,遂以震死。霹雳,天地之怒气也。"⑪而更糟糕的是:"然人有不善之心积之多者,亦足以动天地之气。如疾疫之气亦如此。……寿夭乃是善恶之气所致。"⑫

因此,一个人可以靠学来直接影响很多生命。他可以改善他的气并

---

① 《遗书》卷 18,第 188 页。
②④ 《遗书》卷 18,第 186 页。
③ 《遗书》卷 15,第 164 页。
⑤ 《遗书》卷 18,第 191 页。
⑥⑦ 《遗书》卷 18,第 190 页。
⑧ 《遗书》卷 21 上,第 269 页;卷 18,第 195 页。
⑨ 《遗书》卷 15,第 152 页。
⑩ 《遗书》卷 18,第 224、225、237、238 页。
⑪ 《遗书》卷 18,第 237 页。
⑫ 《遗书》卷 18,第 224 页。

影响天地之气。我只能认为程颐设想的是一个不断积累的影响：如果当前之人尽其性，那么后来出生的人的气就会更纯，这就让后来的人更容易尽性，并可能再一次产生禀天地清明之气而生的圣人。气的恶性循环可以被改变。就像程颐设想了一个不需要文化的中介就可以了解价值观的过程，他也设想了不经过社会、政治和文化制度的中介而直接影响社会和天地的可能性。不过在实践中他更实用。

结论：从历史角度看道学新文化

程颐有一次说："知道者多即道明……知者多少，亦由乎教也。"① 程颐着手教导士如何以学知道。他解释说，学对于士，就像农耕对农民一样重要。② 这是他们身份的核心，是其社会角色的基本要素。但是，程颐也把士看做一个与众不同、自我赓续的社会群体，并且他有时不无留恋地谈到唐代的门阀制，认为它合于天地之理，还谈到希望再次回到朝廷臣子世袭，家族"子弟从父兄"③的局面。但是，不论程颐是否维护像他自己这样的旧官僚家族的利益，他的学使家族和德行，而不是政事对实现道更为重要。他承认，社会需要建立让人们来遵守的制度，④但是最让程颐感兴趣的制度是家族生活的礼制。⑤ 他认为不能做官没什么可耻，并且显然不承认由于缺少文学技巧而不能通过科举考试对一个人的价值有什么影响。"技艺不能，安足耻？为士者，当知道。己不知道，可耻也。"⑥知"道"是所有的士可以做到的事情，与科举及第和做官无关。

程颐希望通过教授学生，以及最终靠注释经典来传播他的想法。

---

① 《遗书》卷17，第175—176页。
② 《遗书》卷18，第189页。
③ 士与他类的区分，见《遗书》卷18，第243—244页。程颐承认在上古而非当时，这种区分是在人完成学业之后按情况做出的，见《遗书》卷15，第166页。关于唐代家族制度，见《遗书》卷18，第242页；参见卷15，第150页。
④ 《遗书》卷18，第220页。
⑤ 《遗书》卷18，第239—240页有程颐的著述计划，《遗书》卷18，第241—245页为具体的节目。
⑥ 《遗书》卷18，第189页。

"功泽又不及民,别事又做不得,惟有补缉圣人遗书,庶几有补尔。"①他的《周易注》直到他1107年去世的时候,还很粗略,真正传述他的学说的是其后学记录的《语录》。对有些人,程颐的教诲和圣人之言地位一样高,它们是一个修养纯粹的内心的表达。正像程颐所说的:"须是养乎中,自然言语顺理。"②而且正像一位学生为程颐所做的《祭文》所说的,程颐"心与道合,泯然无际"。③ 从程颐去世到朱熹(1130—1200)作为道学首屈一指的理论家出现在历史舞台上,其间有60多年,在这段时间里,程颐的教导被传播和研究。这本身就是一个标志,说明思考道不再需要文学。即使言之不文,道也可以传播;这是周敦颐始料未及的。

程颐的教导因此充当了道学的一种文化基础。但程颐本人是否也认为自己的学说已被信奉不疑,这我还不确定,他曾对学生说,如果他是一个"知道"之人,他的话就为世界明了理。应该听从他的教导,他这个发言者也应该被仿效。他对学生说:

> 孔、孟之门岂皆贤哲?固多众人。以众人观圣贤,弗识者多矣。惟其不敢信己而信其师,是故求而后得。今诸君于颐言,才不合则置不复思,所以终异也。不可便放下,更且思之,致知之方也。④

但是,为什么士阶层的知识分子(shih intellectuals)越来越奉程氏兄弟的学说为权威,而不信从王安石、司马光、欧阳修,或者苏轼的"学"?这不是立即出现的。几乎到北宋结束的1127年,朝廷仍然在学校中推广王安石制定的课程,要求所有科举应试者都要修习。与此同时,它压制苏轼及苏门、司马光的作品、也压制程氏兄弟的学说。在南宋恢复之初,一个更为宽容的政策,使王安石的反对者再一次获得了在最高层发言的机会,王学得到大权在握的秦桧(1090—1155)的支持,秦桧反对那

---

① 《遗书》卷17,第174—175页。
② 《遗书》卷18,第204页(译者注:当做208页)。
③ 姚名达《程伊川年谱》第262页加以引用。
④ 《二程集·文集》卷9,第616—617页。

些支持程氏兄弟之学的人。苏轼的观念仍然很流行,朱熹感到不得不对之做出抨击。北方的学者最终对女真统治者扩大科举的奖掖之举感到满意,他们在欧阳修和苏轼那里找到了思想指导,并继续把道德之学(morally committed learning)与文学联系在一起。① 但是南方到12世纪末,道学的支持者让思想文化的话语与问题都高度道学化了,以至于对道德哲学没有多少兴趣的人,也在道学的框架里为他们的立场做论证。陈亮(1143—1194)就是这样一个例子。

南宋的道学是一个文化、社会和政治运动,因此比程颐本人所说的要宽广得多。下面一段记述,出自周密(1232—1308)的一部笔记,不管它对那些参与道学的人的动机抱有多么恶劣的看法,它使人很好地感受到这场运动和它替自树立的言谈方式,尽管作者对人们参与道学之动机的看法不无生吞活剥之处。

> 道学之名,起于元祐;盛于淳熙,其徒有假其名以欺世者,真可以嘘枯吹生。凡治财赋者则目为聚敛,开阃捍边者则目为粗材,读书作文者则目为玩物丧志,留心政事者则目为俗吏。其所读者止《四书》、《近思录》、《通书》、《太极图》、《东、西铭》、《语录》之类。自诡其学为正心、修身、齐家、治国、平天下,故为之说曰:"为生民立极,为天地立心,为万世开太平,为前圣继绝学。"其为太守、为监司,必须建立书院,立诸贤之祠,或刊注《四书》,衍辑《语录》,然后号为贤者,则可以钓声名,致膴仕,而士子场屋之文必须引用以为文,则可以擢巍科,为名士;否则立身如温国,文章、气节如坡仙,亦非本色也。于是天下竞趋之,稍有议及其党必挤之为小人,虽时君亦不得而辨之矣。其气焰可畏如此。②

这里讲述了一场运动,参与其中的人把自己和从政为学的人区分开来,

---

① 朱熹对王安石与苏轼的批评,见《朱熹对士学的重新界定》;女真人统治下的学术走向,见包弼德《求同:女真统治下的汉族文人》。
② 周密《癸辛杂识》第169页。

并且学习特殊的课程,以获得一种修养身心、利益世人的"学"。这段记载还讲述了传授其学的书院和纪念其先贤的祠庙是如何建立的,以及如何通过注经和教学来做学术上的贡献。参与道学最终成为一个获取声名的方式,并且当同情道学的学者控制了科举,道学还成为及第的便捷之路。与此同时,信从道学的人否定了司马光和苏轼作为榜样的价值,并攻击所有对他们自己持异议的人,认为这些人毫无价值。

正像我所看到的,这个问题是一个历史问题。为什么道学成为一场运动?前面的章节已经表明,程颐的哲学最初不过是11世纪后半期价值观寻求的几条道路之一。我们应该如何解释这样一个事实,越来越多的士人选择了这条道路而不是别的?一个有说服力的答案,需要仔细地研究那些在南宋参与道学运动的人生活的时代。而目前对唐宋思想和社会转变的描述,可以提供一个观察道学的视角,即把道学作为士人社会的运动,这个视角不是由道学运动自身的历史所提供。

对道学的历史考察,可以从它与早先对好的"学"的界定之间的近似开始。道学就像初唐的朝廷学术和8世纪晚期以及北宋的古文运动一样,成功地把"学"重新界定为士确立身份的一个尺度。而道学正是在一个"学"对于士维持其身份(宣称自己是精英的一员),变得比以前更重要的时期传播的。

在唐宋之际,士人身份的主要范畴并没有改变,尽管对每个范畴的理解的确发生了变化。这些就是文学(文化之"学")、德行和政事。它们与通常所认为的中华帝国的特性联系在一起:一个积累的文化——典籍传统(学)、一个基于家族体制的社会(德行)和中央集权的政治体制,从广泛的精英中选拔官吏(政事)。士人的身份因此包含着宣称自己对文化、社会和政府负有历史使命。而且士宣称惟有他们能担负学术、家族和政治之责任,以此证明他们垄断精英的地位是合理的。

文化、家族和政府是鼎立的三足。每一个自身都具有价值,每一个都有它自己的传统和逻辑依据。学可以被看做是一个相对独立的活动,特别是当它在实践中意味着对古代典籍知识的掌握和做文的能力。同样,那些把德行和合乎规范的家族生活的品德等同起来的人,可以把德行同从政的传统和实践区分开来。我们可以认为士人世界的不同方面有着严格区分,并认为那些对学重新界定的学者,最多不过是影响到作为士人生活一部分的为学活动。因此,学在士的生活中就不是价值观的惟一来源。它对于一个继续相信政务和家族的伦理关系同样必要的士人群体,是一个核心价值。但是在本书的研究中提到的唐宋学者都确信——就像一个人对那些因学术而知名的人所期望的——他们需要界定出什么是他们那个时代的好的"学",因为他们猜想这种"学"对士的社会和政治活动有(或者说应该有)影响。毕竟,那些把学看做是获得某种文化形式的初唐学者认为,通过学,人们能够了解社会关系的正确形式,以及好政府的榜样和为政方法。古文知识分子也很关心如何在向文化传统学习与个人行为和政治决策之间建立联系。就像后来的道学的情况一样,这两个先前存在的群体都假定学是士人身份最基本的标志。

唐宋的社会—思想历史提供了两个相关的故事。从第一个,也就是一个思想史的描述,我们知道对学本身的界定随时变化:从初唐朝廷学术的文化性、综合性道路,到8—11世纪文士(literary intellectual)寻求上古之文中的圣人之道,到道学运动中对道德自我的修养。从第二个故事,也就是一个社会变化的描述,我们知道"学"作为士的一种活动,最终在实践中成为士确定其身份最主要的尺度,就像学者们一直认为它应该如此一样。

道学出现在一个时期的尾声,在这个时期,对大多数人来讲,学逐渐取代了家族的名望和仕途生涯,成为一个人以士自命的最重要的尺度。本书研究的三个思想阶段和士人身份确认方式的历史变化大致对应。我不是说社会和政治的变化决定了思想内容,而是说理解士人身份为什么会变得有问题,能有助于我们解释为什么对学的某种重新界定会赢得赞同。与此同时,对某种思想转变的解释,一定要考虑那个时代思想文化的期望。在某种程度上,这就是一方面是要询问,为什么广大的听众觉得有必要拥有新观念;另一方面,要询问为什么那些向这些听众讲话

第九章　程颐和道学新文化

的学者,认为某种观念比其他的更合适。

变化的过程当然始于7世纪,当时唐朝政府开始坚持说,在排列氏族等第和选拔官员中,新王朝中的仕历要比家族的名望更重要。就我所知,那些并不反对世家大族的初唐朝廷学者,呼吁一种学术风格,这种风格通过把过去彼此分离的传统综合在一起,推进了统一的状态。他们对文化统一的关心——以及他们相信统一是衰落的反面——被后来的古文和道学思想家再一次确证。当然,除了苏轼,本书提到的学者都把东周的思想争鸣(我们已经把它看做中国思想的繁荣)看做是东周衰落的标志。8世纪中期的安史之乱把唐帝国推上了分裂和地方割据的道路,和其他事情相比,这尤其使贵族门第变得更无关紧要。在那以前,学作为一个获取为官资格的手段越来越普遍,在安史之乱前夕,大约有6万人被登记为应考举子。韩愈那一代古文知识分子,尽管出身或卑或显,但他们有一个共同的信念,那就是,一个人的价值由学,而不是门第决定。在他们看来,恢复一个统一的社会不能依靠那些只是获得了恰当的文化形式的人,而要转向那些亲自寻求圣人之道的人——这个观点,宋代的古文和道学思想家也会认同。

通过糊名考试从士人中选拔官员,宋朝政府从制度上把学放在相对于家族地位更首要的入仕位置上。但是政府——不论它是仅仅维持社会,还是像古文思想家所建议的那样,是转变社会使之具有完整的秩序,从而保护所有人的福祉——它都是欧阳修、王安石、司马光和苏轼(苏的程度较小)关注的核心,而且人们如何学习之所以重要是因为这对他们在政府中想有的作为有影响。然而在它为士人提供便利的努力中,宋代的政府却削弱了这种以政府为核心的做法。宋朝对唐代各种各样的官员身份群体都没有延续——在中唐,这些群体吸纳了12万多人,把他们安置在可以获得晋升正规官僚系统之资格的位子上——宋代只延续了科举应举者这个群体,但没有充分地扩大官僚体制的规模。宋朝政府因此让大多数的士人在获得职位以后,不可能使自己的家族代代为官。王安石看到了这个问题,但是新法并没有解决它。事实上,这意味着到11

世纪末,维持士人地位的两个尺度——家族门第和某种形式的为官——对大多数士人已经不再适用。这样,那些士人家族的子孙和希望成为精英的人,只有一条道路来确保他们的精英地位代代相承;这就是"学"。

我们可以猜想,道学对那些发现自己身处如此处境的人,是有一些吸引力的。通过解释为什么自我修养和伦理行为具有真正和首要的价值,道学把士人的注意力从政府和那些只有通过政府才能起作用的转变社会的观念中转移开,这是自8世纪以来古文思想的一个支点。并且它认为学会照当前的文风来写作并无价值,而这是所有希望科举及第的人必须掌握的东西,它也否认文章是展示一个人的学问最恰当的媒介。尽管几乎所有南宋道学领袖都曾为官,但很少有人以做官为事业的全部。他们向更多的士人听众讲话,这些人参与科举,但及第的机会越来越小,对他们来讲,做官的可能性不大。道学所树立的目标,科举无法检验,这些目标的最终实现不需要入仕做官。简单地讲,世俗上的成败对为学能否有成已经无关紧要。那些加入学道行列的人得知,他们是所有可能成为士的人当中最优秀的,只有他们才有真正的价值,因为他们在成圣的道路上。与此同时,道学的确提供了某种政治参与,因为它创造了一个让新人能够加入的团体,这个团体包括闻名全国的学者和高级官员。而且在12世纪的南宋,这个团体的成员采取了一个十分鲜明的立场,反对当时那个为了保全自己的权势而不去收复北方的恶劣的朝廷。我们不久就会看到,它也创造了一个属于自己的文化传统。

道学提供了一种学的形式,这种形式允许士人无需为官和获得文化,就能够以士自居,但是我认为不应该以为道学只是因为提供了这种形式的学,才普遍流行。这是因为,正像程颐和朱熹所认识到的,科举制度也提供了这一点。但是,两个人都反对科举制,部分是由于科举制让士人以为他们只需要一种科举教育。[①] 在11世纪中期,科举的参加人数极大增长,尽管竞争的增加减少了成功的机会。在12世纪最初十年,当

---

① 朱熹的批评,见包弼德《朱熹对士学的重新界定》第151—160页。

时新法要求科举应举者进官学,大约 20 万人登记;在 13 世纪中期,大约 4 万人参加了科举考试。

在宋代,士人继续群集于科场,我认为这是因为,应举仍然是维持士人地位的切实可行的方法。它之所以切实可行,是因为它意味着不仅仅拥有文化和学,而且也拥有士人身份三个支点中的其他两个支点。通过允许一个考生应考,政府同时认可了他具有为官的资格(因为所有及第者都可以被任命),以及他有资格宣称自己言行合乎伦理,具有好的家族背景(因为应举需要提供这些证明)。由于法律上科举只对士人开放,应考(不论及第或落第)本身就意味着一个人一定是"士"。当然,获得了必要的"学"并不意味着应举者是在履行作为一个士的政治、伦理责任。应举并不意味着一个人是一名优秀的"士",而只是说他是一个"士"。科举和道学的社会作用的不同在于,后者不仅为作为士人身份之一的"学"作出了界定,还保证说学道就等于完成了士人的伦理、文化和政治责任。换句话说,道学不只是一个成为士的手段,它让人成为一名优秀的"士"。

对于我,观察古文运动和道学最有用的视角,就是把他们对"学"的重新界定,看做是对什么是一名优秀的士的重新界定。对于唐代古文知识分子,做一名优秀的士意味着亲自寻求价值观,按照自己所学的东西来行动,即使它让自己与当代的社会格格不入。优秀的士以做官为目标;如果在政府中不能有所成就,他就可以通过文章来展示其所学。古文让士人寻求圣人之道,而不是让他们去精通传统和那些已被普遍接受的文化形式。但是让士人自己去寻求圣人之道,很容易变成对意义和价值观毫无限制的寻求,所以古文也对此有所限定。韩愈等人告诉士人到哪里去观察,观察什么,以及如何表达他们的发现。士应该在上古的文中寻求道,他们应该找到指导他们重新统一社会,引导政府为普遍的利益服务的东西,应该通过写作与古人之文相协调的作品,来揭示他们自己理解的东西。为政和文章是在当前实现圣人之道的载体。而在很大程度上,做一名优秀的"士"意味着能够做"古"文,因为能用这种风格做"文",就证明一个人理解了圣人,并把它纳入了自己的存在中。古文,不管它自己怎样,都是门阀文化的产物,它十分重视拥有恰当的表现形式,并通过文学写作来展示一个人对过去的传统的综合和提炼。

但是古文设想圣人之道是超越其过去特定之表达方式的观念,通过这种设想,古文引发了一种新问题。一方面,如果个人真的由这种道指引,他们就必须亲自去发现它——把它简化为一些说法,或正确的典范,这就使它成为一些无需理解就可以模仿的东西。另一方面,如果士人要指导社会,为别人树立标准,他们就必须创造新的榜样来替代毫无意义的陈规旧习,并树立他们自己堪为人师的道德权威。大概对于8世纪晚期那些自己的家族已经有好几代参与了京城文化的人来讲,只要他们自己表现出信奉那些共有的价值观就足够了。但是古文的立场隐含着亲自了解道与建立新的模式之间的张力。

在11世纪,支持古文为学、写作风格的人开始支配思想文化。但是他们现在面对了新的公众:那些来自地方家族、已经忘记了唐代文化的人,这些人的家族近期获得了学术成就或有过在朝经历。他们被告知,为学和做文使其有资格进入政府,通过向上古学习,他们会知道做什么和怎么做。他们被告知,有一个道;如果他们能知道它,就能在写作中展示,并按照它来改造社会。优秀的士致力于统一风俗和所有人的价值观,以便改善世人的生活。最好的士是那些可以告诉别人如何这样做的人。对很多11世纪的思想家来讲,统一的观念是道德观的核心。在11世纪中期,古文是一个极为世俗的运动,它试图在纯粹的人事领域里发现建立一个完整的人类秩序的指导原则。

在古文的思想文化内部,有着亲自求道和为世人树立榜样的两条线索。范仲淹清楚地知道什么是正确的典范,而且很多人感到他有说服力。但是王安石和司马光充分实现了向士提供为学的课程、行为规则和从政计划的可能性。他们以自求而得道。诚然,他们都相信别人能采取自己的方法并得出相同的结论,但是都明确地说明了别人应该了解什么。王安石和他的继任利用自己的权力,为全国的士人设立课程。王安石和司马光都怀疑文学写作对士的重要性,我认为这是因为鼓励个性的表达完全无助于培养士人成为官员。但对很多人来讲,王安石的课程并无说服力,即使他把它看作是鼓励人们成为士的手段。正像苏轼所说的,这些课程把学生培养得好像脱蘖印刷,千篇一律。

欧阳修和苏轼是古文"自求"一线的发言人。苏轼看到坚持"自求",最终意味着这样做的人不会千篇一律。他接受了这个结论,并且试图劝别人也接受。优秀的士以这样的方式学习,这个方式让他能体验自我和生活中所遇的事物中蕴涵的统一体。他培养自己应物,在这个过程中,他理解了事物如何运作,理解了古人的成就,并将此与自己对世间万物之共性的难以言说的直觉领悟结合起来。在一个个性必然存在的世界里,文章仍然是实践"学"的艺术的有用方式,但是"学"是一门艺术,而不是科学。一个士人尽力去看到表面背后的东西;他试图保证自己对事物的反应是真有价值的。但是确定性难以捉摸,要获得知识就要通过前人的积累来找到自己的道路。一个人为别人树立的榜样是可以被模仿的,但它们只是一个变动不居的世界中暂时的解决方法。

程颐否认道德知识要靠文化为中介才能获得,然而他主张只有通过自己的努力,士人才能明事物之理,尽自己之德性。真正的价值本于天地,为事物所固有,但是它们在自我中也有一个真实的位置,因此学就可以被看作是对自我所具有的东西的延伸与扩展。① 然而我怀疑,他看待理这个领域,与王安石看待经典并无不同:意义对于那些知道如何去观察的人来讲都是明明白白的。程颐向士人提供确定性,并非是提供一套定义,而是保证那些按正确的方式学习的人,可以亲自了解它,在自己身上找到它,并且得到与别人相同的结论。所有人都可以像圣人一样清楚明白,对道德确信无疑;所有人都可以成为有真正价值的人。原则上没有必要依靠文章来向别人显示自己为学的进益,或者去表达一些除了文章就说不清的想法。价值观可以直接获得,也是绝对能获得的;理解了价值观的人会依此而行动。士人的目的是亲自实践圣人的德行,并能够

---

① 杜维明《新儒家的宗教信仰和人际关系》表述了这种观点。

自发而正确地应物,这也是对一个人成就的证明。每一个个体都会因为他们的起点和行程的不同而有所差异,但是他们走的是相同的途径,而当他们到达同一个地方的时候,就会看到同样的事物,做同样的反应。因为这个途径可以适应一切,因此一个真正有修养的人,没有什么环境不能应付裕如。

程颐所说的学是开放的,对他的观念可以有各种各样的阐释。程颐去世后,那些不再能得到他指点的学生,有些甚至开始认为佛教的觉悟是一个明理的方法。程颐关于一个人应该如何为学的想法,是假设人心中已经存在必要的指导原则,其中无需文化的介入。程颐的确看到人们可以在德行这个明确的范围里修养自己的思想与实践,但是他能够把品德设想为高度抽象的结构性原则。我相信,道学成功的关键是它保持了其哲学基础的开放性,但又找到了一个办法来引进文化这个限定因素,这个因素对于把思想引向为社会负责的方向是必要的。

这不是低估承诺确定性的重要意义。道学毕竟认为除了以心来了解的东西,没有一个终极的实在或认识来源。南宋士人忧患甚深。王朝的生存有时是个未知数;女真虎视眈眈,13世纪30年代以后,蒙古人准备进攻。南宋作为一个"南方的王朝",无法回避当初合法的权力中心在北方的那一段北宋历史。最重要的是,对士人家族来讲,他们保持士的身份,越来越要视环境而定。没有官位,他们在很大程度上依靠其他的士来认可他们属于士阶层,并且依靠维持身份和体面所必需的资财。道学告诉他们,他们作为人的价值并不依靠别人,并且向他们展示了一条为学的道路,这条道路证明他们可以自己去了解什么是正确的好的东西。

然而尽管在认识论上抱乐观主义,学道在实践上是艰苦的。在南宋就没有人可以称为圣人。在我看来,道学运动要求士人按正确的方法治学,并为他们提供了一种追求自我修养的环境。事实上,它创造了一种让人们参与的新的士人文化。在以前,文学活动是精英社会生活和学术的重要内容,现在它只是扮演一个很小的角色。我们大概可以这样说,道学以一种伦理实践或道德修炼的文化,取代了过去的文学文化。在这种伦理文化中,人们可以靠自己的行为,而不是诗歌,使自己知名,并表达自己内心所想。学道之人就是使自己的举止符合内心所认识到的正确行为之原则,理解道最终的内在一致性。他们不在一首诗或一篇文章中寻找好的想法,也不跃跃欲试地提高政府的权力,以便自上而下地改造社会。

道学文化最触动我的重要性,特别是朱熹及其同道为之赋予的东西,是它用一个新的图景取代了旧有的文化—典籍传统。新的文化传统包含一套典籍,学生可以学习,以便尽其道德之性,南宋的思想家扩展了始于程颐注经的对典籍传统再评价的工作,他们把其中一部分变成了解真正的学的媒介。在《近思录》中,朱熹和吕祖谦(1137—1181)从程氏兄弟、张载和周敦颐的著作、言论中,挑选了一些段落,展示为道学奠基的思想家,作为一个真正有德之人,是如何处理士人生活的各个方面,从思考宇宙问题,到为学,到齐家,到从政。① 朱熹校勘、刊行了北宋和南宋初年思想家的文集和语录。他编纂了五经的新注,并鼓励再做新注。最重要的是,他把《四书》(《论语》、《孟子》、《大学》、《中庸》)确立为圣人之教的精要,并通过做注和教授,解释其含义。② 北宋的思想家把圣人当做历史人物,并且从历史的角度来揣摩经典中的亘古不变之义。道学的信徒使经典和圣人不再历史化,并将其再度神圣化。

朱熹仿效胡宏(1105—1155)等人,在《中庸序》中采纳了程颐对古文关于中国思想史看法的修正意见(但把周敦颐放在首位),把它称为道统,这样一来只有那些承接道统的人才是圣人的真正传人。在《伊洛渊源录》(1173)中,他确认了是谁参与了宋代道学的发端:周敦颐、程颢、程颐、张载、邵雍和41位朋友、信徒(但没有司马光)。③

---

① 朱熹与吕祖谦《近思录》,程颐是其中主要的引述来源。
② 丹尼尔·加德纳(Daniel K. Gardner)曾经广泛地研究过朱熹关于《四书》与儒家经典的著作,如《朱熹与〈大学〉》以及他为自己翻译的朱熹著作所写的导言,《学以至圣:〈朱子语类〉选》第23—56页。
③ 朱熹《伊洛渊源录》。甚至朱熹自己也认识到他其中所包括的一些人不能算是程氏学派的成员,见他对范祖禹(卷7,第6a页)和杨国宝(卷7,第7a页)的评论。

朱熹自己在教授门生时，接续了 11 世纪大师的哲学探索，并努力澄清程氏兄弟提出的思想问题，以便把自程氏兄弟以来殊途异轨的思想发展线索统一起来。① 在很大程度上，他建立了道学的概念语言，使之作为一个哲学"体系"，可以通过自己的词汇来被理解，这在陈淳（1159—1223）《北溪字义》中得到体现。② 朱熹自己的"语录"，也是宋代所有"语录"中最伟大的一种，充分地展示了他希望对全部的文化传统作出评论的愿望——并表明没有什么问题他不能回答。他比他回顾的思想家更宽广。他和他的学派撰写了北宋主要官员的传记——《名臣言行录》，以此对北宋的政治史作出自己的描绘，他们把司马光的《资治通鉴》修改和缩简成《资治通鉴纲目》，从而创造出一部提供伦理借鉴的历史，而不是像司马光那样教导为政之道。朱熹通过注释《诗经》和《楚辞》，也涉及到文学传统的基础，并且在他的教学中重新评论了文学史。③

这一套权威的典籍、思想的词汇以及对中国思想史、政治史的正确解释，为道学的信徒提供了一组课程。道学运动还创造了一些制度，使学者团体可以在一起学道。不以科举为目的的私人学院开始普及。有祭祀先贤的祠庙，献祭，公开讲学、讨论聚会，以及读书和反省的时间。④ 像程颐一样，朱熹等人制订了一套新的家礼。正像程颐曾经说的，"识道"之人可以制礼，其创制既表现了道德秩序的规范之理，又能适应于时代。⑤ 朱熹和他的后学也设想了士人可以为地方社会的道德和经济福利

---

① 朱熹对二程遗留下来的问题加以讨论的一个例子，见艾周思（Adler）《朱熹与占卜》中对朱熹关于《易》的著作，和他关于自我修养的思想的讨论。关于朱熹与其他道学思想流派的争论，见田浩《南宋儒学》。
② 见陈淳《北溪字义》。
③ 关于朱熹对文学的看法，见林理彰（Lynn）《作为文学理论家和批评家的朱熹》，同时也应当注意吕祖谦编纂的古文运动诸家之文的《古文关键》以及他受朝廷委派编纂的北宋文章选集《皇宋文鉴》。周必大为后书所作的序言曾用"理"和"气"的概念解定"文"。
④ 关于书院及有关活动，见万安玲《新儒学的制度环境：中国宋元的学者、学校和书院》、陈荣捷《朱熹与书院》，以及韩明士《陆九渊，书院和地方乡社的难题》。另见贾志扬《宋代科举》第89—94 页，和他的《朱熹与白鹿洞书院的复兴》。
⑤ 关于《朱子家礼》的译文与讨论，见伊沛霞《朱熹的〈家礼〉》(*Chu His's 'Family Rituals'*)；凯莱赫（Kelleher）《朱子与公共教育》(*Chu His and Public Instruction*)中也讨论了礼的问题。

尽责的方法。例如,"乡约"就能够在地方让相互的伦理监督制度化,而不再需要政府强制的保甲式监督,①而"社仓"还可以用于地方救济。②这些制度里体现了不少王安石理想的色彩,但是道学的支持者通常希望政府不要插手那些士人在地方上能够管理好的事情。

12世纪的道学,尽管它宣称自己"正统",但作为一个自认在传播真正价值观的反主流文化,它不太算得上正统文化。像从8世纪晚期以来众多的文学思想家一样,朱熹和他的同道认为自己是受攻击的少数派,对抗着一个自私自利的主流群体。他们宣称自己肩负斯文,但在这样做的过程中,他们又改变了斯文的面貌。像初唐的学者一样,他们所构想的文化传统最终以天地为基础,但现在要通过他们自己的心来沟通,与初唐时期相比,它是一个更狭隘的传统。他们没必要综合已有的传统。他们只挑选一些片段,认为这些片段是通向圣人之心与理最好的途径,而且他们向别人解释这些片段。

通过道学,宋代的知识分子在前所未有的程度上宣称自己拥有权威。像程颐这样的道德思想家确信,他们的确"知道",能够绝对地在生活的各个方面发言,不理睬任何责难而生活。从8世纪开始,是知识分子,而不是朝廷,决定了思想争论的方式,而过去的文士(literary intellectual)当然已经开始发展一种言谈修辞风格,希望宣诸世人。然而在我看来,即使是王安石和司马光,也愿意把自己扮演成学生,而不是"知道"之人。道德哲学家宣称自己拥有权威,别人对此不以为非,这就鼓励其门生,不以自己为圣人之徒,圣人遥不可及,其言辞也模糊费解,他们认为自己是宋代思想家的学生,这些人教给他们如何学为圣人。道学的教师教授或是宣讲,这种风气在以前的世纪中当然很少见。这使他们可能认为自己实现了其前辈从来不大能相信的事业:他们开创了一个

---

① 关于乡约,见余蓓荷《宋代乡约及其教育意义》(*The Community Compact of the Sung and Its Educational Significance*)。
② 万志英《乡社与福利:朱熹的社仓理论与实践》。韩明士《陆九渊,书院和地方乡社的难题》认为陆九渊对乡社组织并没有兴趣。

新的开端,从历史中解放出来。宣称自己拥有如此绝对的权威,当然也有政治上的用意,因为"知道"之人并不急于受朝廷知遇,并认为没有理由去与中央权威妥协;然而他们不受朝廷压制,这一点可以从12世纪末朝廷对伪学的攻击中看出来。

道德思想家愿意宣称自己有权威,而其他思想路线上的学者不愿也不能这样做,这两者是相伴而存在的。那些像陈亮这样对道德哲学没有兴趣的人,发现自己处在一个困难的处境中,他们必须在哲学的基础上证明自己的立场。南宋有很多诗人和文学家,但没有一个大作家把自己树立为思想文化的主力。文士普遍看起来只是对做文章感兴趣,并不因其文学成就而有更大的自任。他们还花更多的时间写一些关于写作技巧、细节的文章,而与之不同的是,北宋的文士很少关注这些具体问题,而是在谈论文更重要的意义。

道学向士人展示了他们如何能成为一名精英,同时做一个善士(good men),它以此向士人提供了另一种文化选择。在一个开始由来自士人家族的地方精英支配的社会里,道学严肃地对待"德行",把它作为士人应最先关注的问题。我认为,南宋的士大夫会反思北宋,并且得出结论说,他们的前辈是试图把世界变得更好。他们信赖文学,在科举中以之取士,统治国家,并试图通过道德严肃的写作来改造人。随后他们试图通过政府来完善制度、改造社会。这些无一收效。而德行一途尚未尝试,尽管有人提到它的重要性。对朱熹来讲,道学伦理实践的核心在于内心,是"道心"与"人心"之间的争斗,前者使人能明天理,而后者使心屈从于人欲。至少对朱熹来讲,天理和人欲之间的区别是绝对的。在每一时刻,人或者依"道心"行事,或者依照"人心",道德上依违二者的选择是不可能的①(朱熹把人情和人欲区分开——他认为程颐混淆了二

---

① 对朱熹论"道心"、"人心"之看法的总结,见狄百瑞《心学与道统》第9—12页。朱熹对此的最确定的表述是在《中庸序》中(见《中国哲学史资料选集》第286—288页狄百瑞在《心学与道统》第28—29页;加德纳在《传道:朱熹和他的为学计划》第169—171页做了部分翻译)。陈荣捷在《天理与人欲》中认为朱熹反对的只是自私的欲望,而不是欲望本身。

者——这样就可以用情来指称在天理指导下对事物做出的反应）。

天理与人欲绝对对立的程朱思想意味着任何出于人欲的行为都是不道德的。这与一些重要的想法唱反调：韩愈曾经主张，圣人事实上尽常人之需与常人之欲，苏轼仍然坚持这个观点。对这一路线上的思想家，这意味着与佛教和某些儒生的信念不同的是，道德世界和人欲并非不可调和；因此既不必要求人拘守于礼，从而阻止人欲的危害，也不必要求人离群避世，以此保持纯洁。这些人当然也相信，即便仅仅是要明了世人真实的利益是什么，学者自己也一定要尽最大努力，超越片面和自私。例如司马光尽管要在自己内心达到一个无偏无私的状态，但仍然认为要通过疏导官员的私利来管理好朝政。程朱的立场是极端的，但是大概它针对的是一个不同的问题。早先的思想家曾经询问，政府如何为社会谋福利，但对朱熹来讲，这首先不是一个政治问题，而是人，尤其是士人如何行动的问题。

宋朝的政府不能让士人家族长期为官，这样的一个后果就是士人家族在私人生活中越来越没兴趣用官员的标准来自我要求，并且由于各种原因，政府也越来越不能从制度上约束他们。与此同时，士的社会环境——例如，家道中落和需要土地和其他资源来维持家族——迫使他们以他人为代价来扩张自己的利益。正是在这样一个精英自我膨胀，不太受政府控制的社会里，道学出现了。道学提供了一套学的构想，帮助士人学会以布衣生存，支持他们不依赖政府，保持独立，但同时它也解释了士作为个人，如何修身和为什么有必要这样。

附录　南北宋时期的晁氏家族

1. 家族成员按辈分排列,按照他们在后表中出现的顺序(见原书348—349页)。

2. 该家族成员所担任的最高官职,都按照其品级记录,对其品级的折算,是依据梅原郁《宋代官僚制度研究》中《宋代的文阶》、《宋代的武阶》。

3. 我要指出的是,这里所罗列的家族成员,他们的仕历并不仅仅局限于有史料可稽的记载。

4. 当我们从可知的材料得知了该成员仕历的部分情况,如果可能,我们就将其系于某一特定的年份。

5. 那些直系祖先不详的家族成员被排除在家族的谱系表之外,被列在"其他"一类的恰当世代中。

6. 括号[]中的字母表示资料来源(见原书第353—354页)。

晁宪,晁佺之父[a]

第一代(10世纪)

晁佺(约904—?),娶(1)耿氏,(2)孙氏,(3)傅氏[a.b]

第二代　晁迥(10世纪—11世纪早期)

第1支

晁迪,未仕[b,m,i,q]

第2支

晁迥(951—1034),980年进士及第,谥"文元",从二品,娶张氏[b,f,m,n]

第3支

晁遘,门荫,正七品,娶张氏(983—1069)[a,b,ap]

第三代　晁宗　(11世纪早期——中期)

第1支

晁宗简(卒于1044),992年进士及第,从六品,娶公孙氏[i,j,s,y]

第2支

宗悫(卒于1042年以前),门荫,同进士出身及第,正四品,谥文庄,娶王氏[f,o,ac]

晁宗操,门荫,1044年从九品,娶(1)赵氏,(2)赵氏[h,n,au]

第3支

晁宗曜(卒于1069年以前),进士及第,品级不详[a,ap]

晁宗恪(1007—1069),门荫,正六品,娶闾丘氏[a,ap]

晁宗愿(约1069年以前去世),疑为门荫入仕,官品为"选人",娶黄氏(1016—1107+)[b,m,ap]

晁宗愨(卒于1069年以后),门荫,正七品[ap]

第四代　晁仲　(11世纪中期—晚期)

第1支

晁仲匽,门荫,正七品,娶(1)许氏,(2)刘氏[i,s,y]

子[y]

子[y]

子[y]

晁仲参(1013—1067),门荫,从六品,娶公孙氏[m,j,t,y,ar,ao(?)]

第2支

晁仲衍(1012—1053),门荫,同进士出身及第,正七品,娶王氏[f,l,av]

晁仲蔚,门荫,1053年为从七品[f,x]

晁仲熙(1019—1086),门荫,正六品,娶张氏[a,h]

第3支

(N.B.:在1069年,第3支有30个子女[ap])

晁仲约,约1034年进士及第,1061年为正七品(是晁宗曜或晁宗懿的儿子)[x,av,aw]

晁仲紘,疑为门荫入仕,从九品(是晁宗曜或晁宗懿的儿子)[x]

晁仲绰,门荫,1044年同进士出身及第。11世纪60年代为正六品[x,ax]

晁仲景,疑为门荫入仕,1069年品级为选人[a]

晁仲孺,门荫,1069年为从九品[a]

6个女儿:4人1069年已嫁与官宦之家[a]

晁仲康,疑为门荫入仕,品级为选人[m]

晁仲谋[m]

子[m]

晁仲询(1057—1115),未仕[b,m]

第五代 晁端 (11世纪中期到12世纪早期)

第1支

晁端友(1029—1075),1052年进士及第,正八品,娶杨氏[g,as]

晁端中(1051—1100),进入及第,品级为选人,娶(1)胡氏(2)间邱氏[i]

晁端本,门荫,正八品,娶阎氏[k]

晁端仁(1035—1102),进士及第,从六品,娶叶氏(1034—1080)[j,

aq]

晁端义,门荫,正八品[t,w]

晁端礼(1046—1113),1073年进士及第,从九品[c,t,w,ay]

晁端智,疑为进士及第,正七品[t,m,ao(?)]

5女,4人1068年已嫁与官宦之家[t]

第2支

晁颜彦(1035—1095),门荫,后于1059年进士及第,从六品[f,v,c,z,ac]

晁端方,1053年没有品级[f]

晁端禀(1045—1090),门荫,品级为选人,娶王氏[f,l]

3子夭折[f]

2女在1053年尚未出嫁[f]

晁端弼,进士及第,1096年为正七品[h]

晁端介,疑为门荫入仕,1096年为正八品[h]

晁端修,疑为门荫入仕,1096年品级为选人[h]

晁端粹,疑为门荫入仕,1096年为从九品[h]

晁端厚,门荫,1096年品级为选人[h]

4女嫁与官宦之家[h]

第3支

晁端复,1069门荫但未入仕[a]

晁端俨,1069门荫但未入仕[a]

晁端?,1069年没有品级[a]

晁端规[b]

晁端钜[b]

晁端准[b]

8女,6人成年,嫁与官宦之家[b]

其他

晁端德1088年品级为选人[az]

晁端诚,1116年为知州[ba]

晁端揆[an]

晁端晋

晁端常　兄弟[r]

晁端临

晁端颐

第六代　晁之　(11世纪中期—12世纪中期)

第1支

晁补之(1053—1110),1079年进士及第,正六品,娶杜氏[p,s]

7个女儿,4个出嫁,2个1075年已嫁与官宦之家[q,as]

晁保之,1100年进士及第[i]

晁付之,1100年进士及第[i]

有3女,1100年尚未出嫁[i]

7子夭折[k]

1女嫁与官宦之家[k]

晁损之(1059—1122),门荫,品级为选人,娶(1)李氏,(2)张氏;(3)刘氏[j,aq]

晁临之,夭折[j,aq]

晁泰之,疑为门荫入仕,1102年品级为选人[j,aq]

晁涣之,夭折[j,aq]

晁谦之(?—1154),门荫,正四品[j,af]

1女,嫁与官宦之家[j]

晁巽之,未仕,娶间丘氏[w]

晁益之,1113年为举子[c,u]

晁同之,夭折[c,u]

3女,1113年出嫁[u]

晁贲之,1142年为正六品[ao]

第 2 支

晁说之(1059—1129),1082 年进士及第,五品,娶盛氏[e,ac,ak]

晁咏之,进士及第,正七品[v]

晁冲之(1141 年去世),未仕[aa,ah]

晁觉之,1107 年没有品级[l]

晁贯之,进士及第,1107 年品级为选人[l]

晁资之,进士及第,1096 年品级为选人[h]

晁顺之,1096 年没有品级[h]

晁完之[h]

晁颂之,1135 年任知县[h,bb]

晁葵之[h]

晁疑之[h]

晁颉之[h]

晁蓺之[h]

晁楢之[h]

第 3 支

晁宗之,1128 年没有品级[b]

晁胜之[b]

晁曦之[b]

1128 年有 1 女[b]

其他

晁隆之[x]

晁载之,进士及第[x]

晁升之[x]

晁将之,1116 年为通判[bc]

第七代　晁公　(11 世纪晚期—12 世纪晚期)

第 1 支

晁公为,门荫,1129 年为正七品[s,al]

晁公汝,1110 年没有品级[s]

2 女,1 女在 1110 年出嫁[s]

晁公美,1122 年没有品级[d,j]

晁公善[d,j]

晁公仪[d,j]

4 女,1122 年出嫁[d]

晁公序,1102 年没有品级[j]

晁公谨[j]

晁公挽[j]

晁公惠[j]

晁公琰[j]

2 女,1 人于 1102 年出嫁[j]

晁公谔(1105—1165),门荫,品级为选人,娶姜氏[w]

第 2 支

晁公寿(1085—1107)[ab]

晁公耄,未仕[e,x]

晁公迈(1180 年前去世),门荫,正七品[v,ad,at]

晁公昂,1202 年没有任何品级[v]

晁公逸[v]

晁公休,知县[x,aa,aj]

晁公武,1132 年进士及第,11 世纪 50 年代正七品[w,aa,ah,at]

晁公遡,1138 年进士及第,正六品[aa,ai]

晁公绍,1096 年有一子[h]

其他

晁公庆,晁盛之之子[x]

晁公愚,1167 年任采矿官[bd]

晁公裔,1141 年进士及第[ag]

晁公志[am]

晁公秉[x]

晁公赞[x]

晁会,字公锡(资料来源可能混淆了名与字)[bg]

第八代　晁子　(12世纪—13世纪早期)

第1支

晁子骞(1207年去世),没有品级[w]

晁子与(1207年之前去世)[w]

晁子思(1207年之前去世)[w]

晁子游(1207年之后去世)[w]

晁子冉(1207年之前去世)[w]

3女,1人嫁与官宦之家[w]

第2支

晁子健(1107—?),1172年为六品[e,ab,be]

晁子谁[v,ad]

晁子与(1114—1201),12世纪90年代被赐予荣誉品级[v]

2子[v]

第九代　晁百　(12世纪中期—13世纪早期)

第1支

晁百源,在1207年没有品级[w]

晁百则[w]

晁百海[w]

晁百制[w]

晁百利[w]

晁百扬[w]

晁百川[w]

第 2 支

晁百谈,1175 年进士及第,知州[v,ad]

晁百谷,1202 年为举子[v]

1 女,出嫁,[v]

其他

晁百揆[bf]

第十代　晁世　(12 世纪晚期—13 世纪)

第 1 支

晁世戤[w]

晁世表[w]

第 2 支

晁世南,1202 年以后[v]

资料来源　(所涉书籍的详情见附录中的参考文献)

a. 曾巩《曾巩集》卷 46,第 629 页,时间为 1069 年

b. 晁说之《嵩山景迂生集》卷 19,第 24a 页,时间为 1128 年

c. 同上书,卷 19,第 20b 页,时间为 1128 页

d. 同上书,卷 20,第 21a 页,时间为 1122 年

e. 同上书,附录第 2b 页,时间为 1129＋年

f. 王珪《华阳集》卷 50,第 5b 页

g. 晁补之《济北晁先生鸡肋集》卷 60,第 464 页,时间为 1095 年

h. 晁补之《鸡肋集》卷 64,第 498 页,时间为 1096 年

i. 同上书,卷 68,第 548 页,时间为 1100 年

j. 同上书,卷 67,第 535 页,时间为 1102 年

k. 同上书,卷 68,第 553 页,时间为 1103 年

l. 晁补之《鸡肋集》,卷 63,第 492 页,时间为 1107 年

m. 同上书,卷 31,第 209 页,时间为 1107 年

n. 《宋史》,卷 305,第 10085—10087 页

o. 同上书,卷 305,第 10087—10088 页

p. 同上书,卷 444,第 13111—13112 页

q. 黄庭坚《豫章黄先生文集》卷 23,第 250 页,时间为 1084 年

r. 同上书,卷 16,第 153 页,未注明日期

s. 张耒《柯山集》卷 12,第 748 页,时间为 1110 年

t. 王安石《临川先生文集》卷 96,第 994 页,时间为 1068 年

u. 李昭玘《乐静集》卷 28,第 15a 页

v. 周必大《平园续稿》卷 35,第 1a 页,时间为 1202 年

w. 楼钥《攻媿集》卷 108,第 8a 页,时间为 1207 年

x. 见《宋人传记资料索引》第 1946—1958 页中有关的条目。

y. 晁补之《鸡肋集》卷 31,第 211 页,时间为 1110 年

z. 同上书,卷 40,第 464 页,时间为 1095 年

aa. 晁冲之《晁具茨诗集·序》时间为 1141 年

ab. 晁说之《嵩山景迂生集》卷 19,第 16b 页,时间为 1107 年

ac. 《宋人轶事汇编》第 220—223 页

ad. 陆游《陆放翁集》卷 14,第 79—80 页,时间为 1180 年

ae. 《建炎以来系年要录》卷 29,第 12b、13a 页;卷 136,第 13b 页,时间为 1129—1140 年

af. 同上书,卷 119,第 2b 页;卷 128,第 2a 页;卷 136,第 13b 页;卷 140,第 11a 页;卷 157,第 6a 页;卷 167。第 13a 页;时间为 1138—1154 年

ag. 同上书,卷 162,第 2b 页,时间为 1141 年

ah. 同上书,卷 156,第 3a、13a 页;卷 178,第 15b 页,时间为 1147—1157 年

ai. 同上书,卷 190,第 8a 页,时间为 1161 年

aj. 《建炎以来系年要录》,卷 34,第 7a 页,时间为 1130 年

ak. 同上书,卷 6,第 13b 页;卷 19,第 4a 页,时间为 1127—1129 年

al. 同上书,卷31,第1a页;卷46,第5a页;卷47,第11a页;卷57,第1b页;卷65,第5a页;卷74,第3a页;卷88,第6b页;卷95,第6b页;时间为1130—1135年

am. 同上书,卷190,第6a页,时间为1161年

an. 洪迈《夷坚志》卷15,第665页

ao. 王藻《浮溪集》卷28,第13a页;时间为1142年

ap. 曾巩《曾巩集》卷45,第622页;时间为1069年

aq. 晁补之《鸡肋集》卷64,第507页;时间为1086年

ar. 同上书,卷62,第490页;时间为1086年

as. 同上书,卷65,第510页;时间为1093年

at. 《宋元学案补遗》卷2,第163b页

au. 《续资治通鉴长编》卷83,第14a页;时间为1014年

av. 《宋会要·选举》卷3,第18a页;时间为1034年

aw. 《续资治通鉴长编》卷145,第5a、5b页;时间为1043年

ax. 《宋会要·选举》卷9,第10b页;时间为1044年

ay. 《续资治通鉴长编》卷349,第9a页;时间为1084年

az. 同上书,卷408,第18b页;时间为1088年

ba. 《宋会要·选举》卷68,第36a页;时间为1116年

bb. 同上书,卷61,第48a页;时间为1135年

bc. 同上书,卷68,第32a页;时间为1116年

bd. 同上书,卷43,第159a页;时间为1167年

be. 同上书,卷35,第44b页;时间为1172年

bf. 《宋史艺文志广编》第83页

bg. 元好问《中州集》卷8,第5b页

附录 南北宋时期的晁氏家族

晁氏家谱

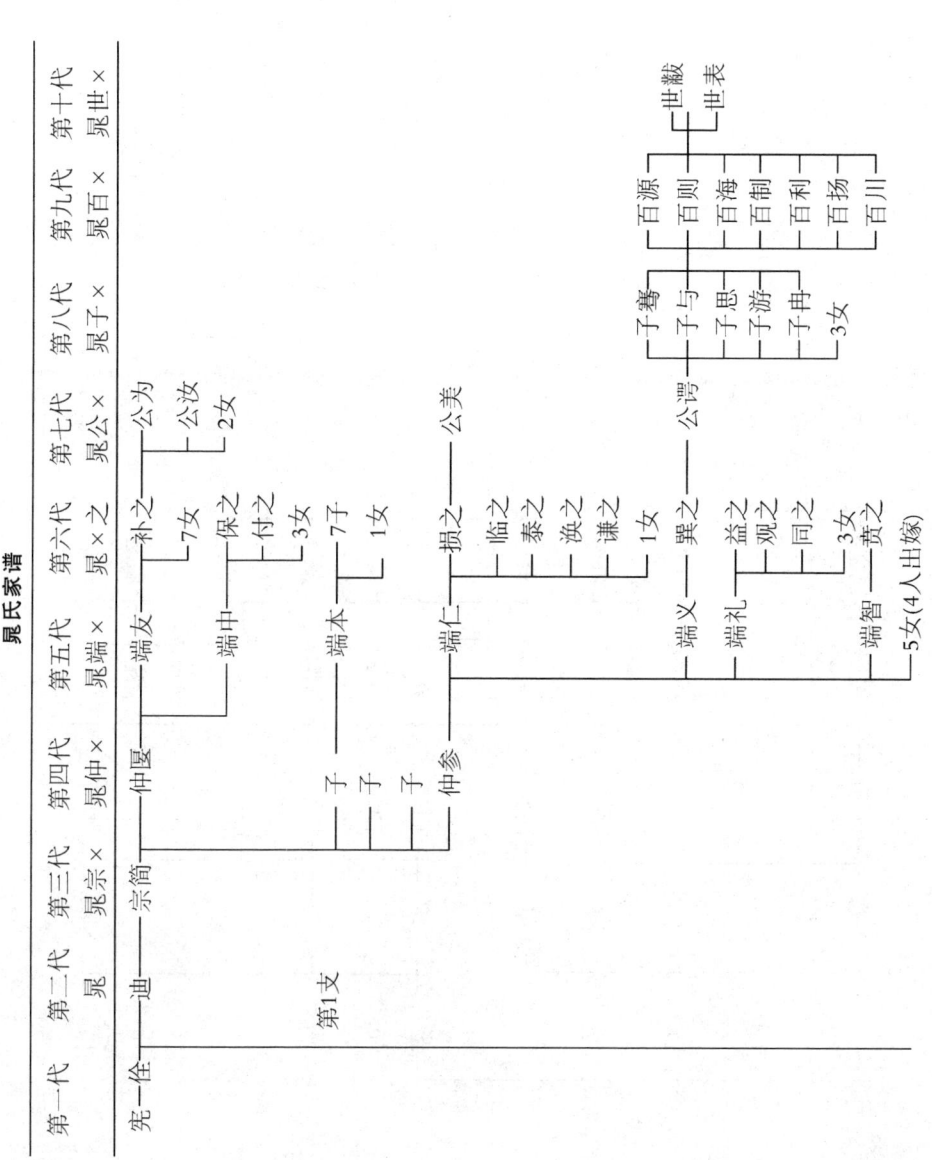

斯文：唐宋思想的转型

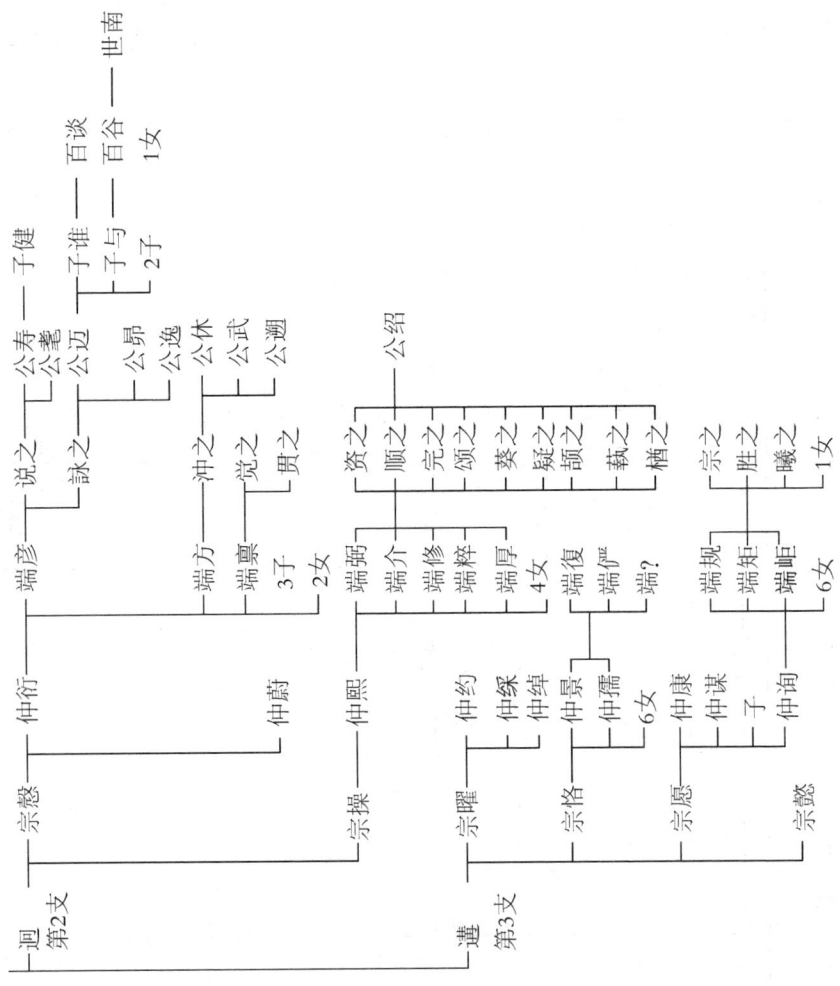

中文术语对照表

An Lu-shan　安禄山
ch'a　察
ch'ai-ch'ien　差遣
Ch'an　禅
Chang Chi(T'ang)　张籍
Chang Chi(Sung)　张洎
Chang Chi-hsien　张集贤
Chang Chien-feng　张建封
Chang Chih-po　张知白
Chang Ching　张景
Chang Chiu-ling　张九龄
Chang Chiu-p'ing　张方平
Chang Fu　张扶
Chang Heng　张衡
Chang Hsun　张巡
Chang Lei　张耒
Chang Te-hsiang　章得象
Chang Tsai　张载
Chang Tung　张洞
Chang Wang-chih　章望之
Chang Yueh　张说
Chang Yung　张咏

ch'ang-li　常理
Ch'ang-le Chia　长乐贾
Ch'ang-sun Wu-chi　长孙无忌
chao　照
Chao Chi　赵籍
Chao-chün Li　赵郡李
Chao K'uang-I　赵匡義
Chao K'uang-yin　赵匡胤
Chao P'u　赵普
Chao-te　昭德
Ch'ao Chiung　晁迥
Ch'ao Pu-chih　晁补之
Ch'ao Ts'o　晁错
Che-tsung　哲宗
Chen-kuan　贞观
Chen-tsung　真宗
chen-yuan　真元
Chen-yuan　贞元
ch'en　陈
Ch'en Chi-ho　陈季和
Ch'en Ch'un　陈淳
Ch'en Ch'ung　陈充

437

Ch'en Hsiang　陈襄
Ch'en Liang　陈亮
Ch'en P'eng-nien　陈彭年
Ch'en Shun-yü　陈舜俞
Ch'en Tsai-chung　陈在中
Ch'en Ts'ung-i　陈从易
Ch'en Tzu-ang　陈子昂
Ch'en Yao-sou　陈尧叟
cheng-hsueh　正学
Cheng Kang-chung　郑刚中
Cheng meng　正蒙
Cheng Pao　郑褒
cheng-shih　政事
cheng-t'ung　正统
ch'eng(integrity, sincerity, true)诚
Ch'eng(king)　成
Ch'eng Hao　程颢
Cheng Hsiang　程珦
Ch'eng I　程颐
ch'eng i-chia chih wen　成一家之文
Ch'eng-tu　成都
chi(auspicious)　吉
chi(literary collection)　集
chi(technician)　伎
chi(traces)　迹
Chi(Lu ruling family)　季
Chi Cha　季札
chi-chih　极治
Chi-chou(Ching-tung lu)　济州
Chi-chou(Chiang-nan lu)　吉州
chi-hai　己亥
Chi-hsien yuan　集贤院
chi i　集义
chi-kang　纪纲
Chi-ku lu　稽古录
chi wu　及物

ch'i(device)　器
ch'i(material force, vital energy)气
Ch'I(son of Yu, Hsia dynasty founder)　启
Ch'I(state)　齐
ch'I chih (energy and substance, physical constitution)　气质
ch'i-hsiang　气象
Ch'i-hua　气化
Ch'i lu　七录
Ch'i-sung　契嵩
ch'I tzu-jan chih li　其自然之理
chia　家
Chia Ch'ang-ch'ao　贾昌朝
Chia Chih　贾至
Chia I　贾谊
Chiang-his　江西
Chiang-nan　江南
Chiang-nan West　江南西
Chiang-nan East　江南东
Chiang-tung　江东
Ch'iang Chih　强至
chiao　教
chiao-hua　教化
Chiao-jan　皎然
Chieh　桀
chieh-tu shih　节度使
Ch'ieh yun　切韵
chien　见
Chien-ch'ang chun　建昌军
chien-ping　兼并
Chien-wen　简文
Chien-yü　肩愈
Ch'ien　乾
Ch'ien-chou　虔州
Ch'ien hsu　潜虚

438

Ch'ien k'un pao-tien　乾坤宝典
Ch'ien Mu　钱穆
Ch'ien-t'ang　钱塘
chih(knowledge)　智
chih(order)　治
chih(perfection)　至
chih(point)　旨
chih(substance,substantial)　质
chih(will,intent,record)　志
chih-chih-kao　知制诰
chih-chih tsai ko-wu　致知在格物
chih fa　制法
Chih-i　智顗
chih-k'o　制科
chih kuan　止观
chih-li　至理
chih-p'ing　治平
Chih-po　智伯
Chih yu　挚虞
Chih-yuan　智圆
ch'ih chi　持己
Chin(dynasty;feudal state)　晋
Chin(Jurchen dynasty)　金
Chin-hsiang　金乡
chin-shen chih hsueh　搢绅之学
chin-shih　进士
Chin-ssu lu　近思录
Ch'in　秦
Ch'in Kou　秦觏
Ch'in Kuan　秦观
Ch'in Kuei　秦桧
ching(classic,constant)　经
ching(essential)　精
ching(reverence,composure)　敬
Ching-chao Wan-nien　京兆万年
ching-ch'ao kuan　京朝官

ching-chi　经籍
"Ching-chi chih"　经籍志
Ching-ch'I　荆溪
Ching-his South　京西南
Ching-his North　京西北
Ching-hu North　荆湖北
ching shih-wu　经世务
ching-shu　经术
Ching-tung East　京东东
Ching-tung West　京东西
ching-wei t'ien-ti　经纬天地
Ching-yin　净因
ch'ing(councillor)　卿
ch'ing(emotional response)　情
ch'ing(measurement)　顷
Ch'ing-chou　青州
Ch'ing-feng　清丰
ch'ing-hsing　情性
Ch'ing-li　庆历
ch'iung-chih wu-li　穷至物理
ch'iung-li　穷理
Chou　周
Chou chih shuai　周之衰
Chou kuan hsin-i　周官新义
Chou K'ung chih chiao　周孔之教
Chou Mi　周密
Chou nan　周南
Chou Pi-ta　周必大
Chou Tun-i　周敦颐
chu(to light)　烛
Chu(feudal state)　邾
Chu Ang　朱昂
Chu Hsi　朱熹
Chu-ko Liang　诸葛亮
chu-k'o　诸科
chu-lun　著论

439

chu-se ch'u-shen   诸色出身
chu-shu   著述
Chu Tsai-yen   朱载言
Chu-tzu chia-li   朱子家礼
Chü-yeh   钜野
Ch'u   楚
ch'u-ju   出入
ch'u-shen   出身
Ch'u Sui-liang   褚遂良
Ch'u tz'u   楚辞
Chü   莒
Ch'ü   衢
ch'ü pi   取必
Ch'ü Yuan   屈原
chuan   专
chüan   卷
ch'uan-tao cheng-t'untg   传道正统
ch'üan   权
Ch'uan Jo-na   权若讷
Ch'üan Te-yu   权德舆
Ch'üan Tsu-wang   全祖望
Chuang-tzu   庄子
ch'uang-i   创意
chün-tzu   君子
Ch'un-his   淳熙
Ch'ün shu chih yao   群书治要
chung(loyalty)   忠
chung (state before emotions are aroused, centrality)   中
chung-ho   中和
chung-kuo   中国
Chung-mi   仲尼
Chung-shu Yü-his   仲叔于奚
Chung shuo   中说
chung-tao   中道
Chung-t'u   仲

chung yu chu   中有主
chung-yung (centrality and constancy, the mean)   中庸
Chung-yang ("Doctrine of the Mean")   中庸
Ch'ung-wen kuan   崇文观
Ch'ung-wen yuan   崇文院
erh   二
Erh-ya   尔雅
fa   法
Fa-hsiang   法相
fa-du   法度
Fa-yen   法言
Fan Chen   范镇
Fan Ch'un-jen   范纯仁
Fan Ch'un-ts'ui   范纯粹
Fan Chung-yen   范仲淹
fan-i   番役
fan-jen   凡人
fan kuan   番官
Fan Tsu-yü   范祖禹
Fan Wen-cheng   范文正
fang   方
fang-chi   方技
Fang Hsun   放勋
Fang Kuan   房倌
fang-nei   方内
fang-wai   方外
"*Fei Kuo yu*"   非国语
fen   分
Fen-chou   汾州
feng(admonitory)   讽
feng(wind, ethos, manner)   风
feng-ch'i   风气
feng-hua   风化
Feng Hua   冯华

feng-shan　封禅
Feng Yen-chi　冯延巳
fu(a hexagram)　复
fu(rhapsody)　赋
Fu-chien　福建
Fu-chou(Chiang-nan West)　抚州
Fu-chou(Fu-chien)　福州
Fu His　伏羲
"*Fu hsing shu*"　复性书
fu-hsu chih t'u　浮虚之徒
fu-kua　浮华
fu-ku　复古
fu kuei　富贵
Fu pi　富弼
Fu Pin-lao　傅彬老
Han　汉
Han Ch'i　韩琦
Han Ch'ien　韩虔
Han Ch'ien　韩求仁
Han Fei　韩非
Han Hui　韩会
Han I　韩亿
Han Kuang-wu(ti)　汉光武(帝)
Han-lin yuan　翰林院
Han T'ui-chih　韩退之
han-yang　涵养
Han yu　韩愈
Hang-chou　杭州
hao-jan　浩然
ho(expression in proper measure)　和
Ho(doctor)　和
Ho-chien Hsien-wang　河间献王
Ho-nan　河南
Ho-nan-fu　河南府
Ho-nei Hsiang　河内向
Ho-pei East　河北东

Ho Shih-tsung　何士宗
Ho t'u　河图
Ho-tung　河东
hou　侯
Hou Kao　侯高
Hsi Hsia　西夏
Hsi K'ang　嵇康
Hsi-k'un　西昆
Hsi-tz'u chuan　系辞传
Hsia　夏
Hsia-hou Chia-cheng　夏侯嘉正
Hsia Sung　夏竦
hsiang(images)　象
Hsiang(king)　襄
hsiang-yuan　乡原
hsiao-jen　小人
Hsiao Kang　萧纲
hsiao-shuo　小说
Hsiao T'ung　萧统
Hhsiao Ying-shih　萧颖士
Hsieh Ching-shan　谢景山
Hsieh Min-shih　谢民师
Hsieh Po-ch'u　谢伯初
hsien hou　先后
Hsien-tsung　宪宗
hsien-wei　县尉
hsin　信
hsin-ch'i　新奇
Hsin-chou　信州
hsin fa　新法
hsin-hsueh　心学
hsin-ts'ung　信从
hsin-ts'ung-che　信从者
"Hsin-yin ming"　心印铭
hsin yuan　心源
hsing(form)　形

hsing(nature)　性
hsing(operating, conduct, practice)　行
hsing(stir)　兴
hsing-ch'ing　性情
Hsing-kuo chun　兴国军
hsing-ling　性灵
hsing-ming　性命
hsiu-tz'u　修辞
Hsiu-wen kuan　修文馆
hsiung　凶
hsu　序
Hsu-chou　徐州
Hsu Hsuan　徐铉
hsu-wei　虚位
hsuan　玄
huan-hsueh　玄学
hsuan-jen　选人
hsuan-miao　玄妙
Hsuan-tsung　玄宗
hsuan-yen　玄言
hsueh　学
Hsueh Chi　薛稷
hsueh-chiu　学究
hsueh-i　学艺
hsueh-shih　学士
hsueh-yeh　学业
Hsun Ch'ing　荀卿
Hsun Hsu　荀勖
Hsun-tzu　荀子
Hu An-ting　胡安定
Hu-chou　湖州
Hu Hung　胡宏
Hu Su　胡宿
Hu Yuan　胡瑗
Hua-lin pien-lueh　华林遍略
Hua-yen　华严

Huai-nan　淮南
Huai-nan tsa-shuo　淮南杂说
Huai-nan West　淮南西
Huan(doctor)　缓
Huan(hegemon)　桓
huang-chi　皇极
Huang-chou　黄州
Huang-fu Jan　皇甫谧
Huang-fu Shih　皇甫湜
Huang kan　黄幹
Huang Lan　黄览
Huang-Lao　黄老
Huang Sung wen-chien　皇宋文鉴
Huang Ti　黄帝
Huang Tsung-his　黄宗羲
Hui-tsung　徽宗
Hui-yao　会要
Huang-chou　洪州
"*Hung-fan*"　洪范
Hung-fan chuan　洪范传
Hung-wen kuan　宏文馆
i(intention, conception)　意
i (moral, righteousness, principle, significance)　义
i(proposal)　议
i(unity)　一
i-chia chih wen　一家之文
I ching　易经
i-feng　遗风
"I hsing chuan"　一行传
i-hsueh(different learnings)　异学
i-hsueh (learning that defines moral principles)　议学
i ju-ya wei yeh　以儒雅为业
i kuan　一贯
i lei t'ui　以类推

i-li   义理
i-lun   异论
I Meng   疑孟
I shu   遗书
i-tuan   异端
i-wen   艺文
I-wen lei-chu   艺文类聚
I Yin   伊尹
Jao-chou   饶州
jen   仁
jen-ch'eng   仁城
jen-ch'ing   人情
jen-li   人理
Jen-tsung   仁宗
jen-wen   人文
jih-yung   日用
ju   儒
ju-chiao   儒教
ju-feng   儒风
ju-hsueh   儒学
Ju-Lin   儒林
ju liu   人流
ju-seng   儒僧
ju-shih(enter service)   入仕
ju-shih(ju scholar)   儒士
ju-shu   儒术
ju-tsung   儒宗
ju-ya   儒雅
ju yü shen   入于神
kai   盖
K'ai   开
Kaifeng   开封
kan-yü   感遇
kang-chi   纲纪
K'ang-chou   康州
kanryō shakai   官僚社会

Kao Hsi   皋繇
Kao-hsien   高闲
Kao Jo-na   高若讷
Kao Shih-lien   高士廉
Kao-ti   高帝
Kao-tsu   高祖
Kao-tsung   高宗
Kao Yao   皋陶
ko-wu   格物
ko-wu ch'iung-li   格物穷理
ko-yung   歌咏
K'ou Chun   寇准
ku   古
Ku-ch'eng-hsien   谷城县
ku-feng   古风
ku-jen   古人
Ku K'uang   顾况
Ku-liang   穀梁
Ku-tao   古道
ku-wen   古文
Ku-wen kuan-chien   古文关键
kuai   怪
kuai-p'i   乖僻
kuan   官
Kuan   关
Kuan-chung   关中
kuan Jen-wen I hua-ch'eng t'ienhsia   观人文以化成天下
kuan tao   贯道
Kuang-chou   广州
Kuang-nan   广南
Kuang-nan East   广南东
Kuang-p'ing kung   广平公
Kuang Yun   广韵
K'uang   匡
k'un   坤

443

kung 公
Kung-hsien 巩县
kung-li 功利
Kung Shen-fu 龚深父
K'ung 孔
K'ung An-kuo 孔安国
K'ung Tao-fu 孔道辅
K'ung Wen-chung 孔文仲
K'ung Ying-ta 孔颖达
kuo 国
kuo-shih 国士
Kuo-tzu chien 国子监
Kuo Yü 国语
Lang-yeh 琅琊
Lao Tan 老聃
Lao-tzu 老子
Le-ch'ing 乐清
Lei-yuan 类苑
li(clerks) 吏
li(distance measure) 里
li(pattern) 理
li(profit) 利
li(ritual, propriety) 礼
Li(king) 厉
Li Ao 李翱
Li Chih(1059—1109) 李廌
Li Chih(1527—1602) 李贽
Li Chou 李舟
li fa-tu 立法度
Li Fang 李昉
Li Han(Han Yu's son-in-law) 李汉
Li Han(of Chao-chun) 李翰
Li Ho 李贺
Li His-yun 李栖筠
li hsin-fa 立新法
Li Hsiu 李修

li hsueh 理学
Li Hua 李华
Li I 李翊
Li Kou 李觏
Li Kuan 李观
Li Lin-fu 李林甫
li min 利民
Li-nien t'u 历年图
Li O 李谔
Li Pi 李泌
Li Ping 李炳
Li Po 李白
"*Li sao*" 离骚
Li Shang-yin 李商隐
Li Shih 李适
li-shih 理事
Li Ssu 李斯
li t'ien-hsia 利天下
Li Tuan-po 李端伯
Li Tuan-shu 李端叔
li yen 立言
Li Yuan-ch'eng 李元成
Ling 梁
Liang-che 两浙
Liang Chou-han 梁周翰
Liang Su 梁肃
Liang Ting 梁鼎
Liao 辽
Lieh-tzu 列子
Lien P'o 廉颇
Lin-ch'uan 临川
Liu An-shih 刘安时
Liu Ch'ang 刘敞
Liu Cheng-fu 刘正夫
Liu Chih 刘挚
Liu Chih-chi 刘知几

Liu Chih-fu　刘质夫
Liu Chih-ku　刘知古
Liu Hsiang　刘向
Liu Hsieh　刘勰
Liu Hsu　刘昫
liu i　留意
Liu I　刘彝
Liu K'ai　柳开
Liu K'o　刘轲
Liu Kung-ch'uan　柳公权
Liu Mien　柳冕
Liu Mu　刘牧
Liu-nei kuan　流内官
Liu Pin　刘攽
Liu shu　刘恕
Liu tien　六典
Liu Tsung-yuan　柳宗元
liu-wai　流外
liu-wai kuan　流外官
Liu Yen　刘岩
Liu Yu-his　刘禹锡
Liu Yuan　刘筠
Lo　洛
Lo Ch'u-yueh　罗处约
Lo Pin-wang　骆宾王
Lo shu　洛书
Lou　楼
Lou Yueh　楼钥
Loyang　洛阳
Lu　路
Lu Chao-lin　卢照邻
Lu Chi　陆机
Lu Chih　陆贽
Lu Chiu-yuan　陆九渊
Lu Ch'un　陆淳
Lu-ling　庐陵

Lu Ssu-tao　卢思道
Lu Ts'ang-yung　卢藏用
Lu Yu　陆游
Lü-ch'iu　闾邱
Lü His-che　吕希哲
Lü I-chien　吕夷简
Lü Kung-chu　吕公著
Lü Meng-cheng　吕蒙正
Lü Ta-lin　吕大临
Lü Tsu-ch'ien　吕祖谦
Lü Wen　吕温
lueh　略
lun　论
Lun-yü　论语
Lung-hsi Li　陇西李
Ma-tsu Tao-i　马祖道一
Ma Tuan-lin　马端临
Mei Ch'eng　枚乘
Mei-shan　眉山
Mei Yao-ch'en　梅尧臣
men-fa　门阀
Meng Chiao　孟郊
Meng K'o　孟轲
Meng-ch'I pi-t'an　梦溪笔谈
Mi-chou　密州
mi-lun　弥纶
Miao　苗
min　民
Min　闽
ming(charity, illuminate, insight)　明
ming(decree, fate)　命
ming(names)　名
Ming-ch'en yen-hsing lu　名臣言行录
ming-chiao　名教
ming-ching　明经
Ming-chou　明州

ming-chueh 明觉
ming-fa 明法
Ming T'ai-chu 明太祝
Ming yuan 名苑
mo 谟
Mo Ti 墨翟
Mu 穆
Mu Hsiu 穆修
na-k'o p'in-tzu 纳课品子
Nan ching 难经
Nan-feng 南丰
Nanking 南京
Nieh Mao-yuan 聂茂元
nien 念
Ning-po 宁波
Ou-yang Hsiu 欧阳修
Pai-kuan kung-ch'ing nien-piao 百官公卿年表
Pai-kuan piao 百官表
Pan Ku 班固
Pan Piao 班彪
P'an-keng 盘庚
P'ang Chi 庞籍
pao-chia fa 保甲法
pei(fully available) 备
pei(stele) 碑
Pei-his tzu-I 北溪字义
P'ei Tu 裴度
pen-chen 本真
pen-hsin 本心
pen mo 本末
"Pen mo lun" 本末论
P'eng-ch'eng 彭城
pi(compare) 比
pi(a hexagram) 贲
pi-chi 笔记

pi hsing 比兴
pi-jan 必然
pi-jan chih li 必然之理
Pi-shu sheng 秘书省
pi yu shih yen 必有事焉
pieh 别
pien 变
pein feng-su 变风俗
pein-ku 变古
p'in 品
p'in-tzu 品子
ping-kuo 秉国
p'ing-tan 平淡
Po Chü-I 白居易
Po-kung 白公
Po-ling Ts'ui 博陵崔
pu-ch'I 不欺
pu-lo ta-jen 部落大人
pu-wang 补亡
Pu-wang hsien-sheng 补亡先生
P'u 濮
san chiao 三教
San-chiao chu-ying 三教珠英
San-ch'ü 三衢
san ssu 三司
Shan-chou 澶州
Shang 商
Shang Heng 尚衡
shang-hsia chih fen 上下之分
shang-ku 上古
Shantung 山东
Shao-hsien 绍先
Shao Po-wen 邵伯温
Shao Yung 邵雍
she-kuan 摄官
shen 神

Shen Kua 沈括
shen-ming 神明
Shen Nung 神农
Shen-tsung 神宗
sheng 生
sheng-chih 生知
sheng-hsueh 圣学
sheng-jen chih tao 圣人之道
sheng-ling 生灵
"Sheng-te sung" 圣德颂
sheng-ts'ai 生财
shih(clan name) 氏
shih(elite) 士
shih(facts, affairs, phenomena, serve) 事
Shih(force of circumstances) 势
shih(history) 史
shih(if) 使
shih(poem) 诗
shih(recognize) 识
shih(serve) 仕
shih(substance) 实
Shih(a surname) 史
shih che 十哲
Shih-chi 史记
shih-chia 世家
Shih Chieh 石介
shih chün-tzu 士君子
Shih I 史佚
shih-jen(a member of the shih) 士人
shih-jen(poet) 诗人
Shih K'o 史克
Shih kuan 史馆
shih-liu 士流
Shih pen-i 诗本义
Shih Shou-tao 石守道

Shih Shou-ming 史思明
Shih-ta-fu 士大夫
shih-tao 师道
shih-tsu 士族
Shih-tsung 世宗
shih-wei ch'in-chun 侍卫亲军
shu(commoners) 庶
shu(methods) 术
Shu(Five Dynasties state in Szechuan) 蜀
Shu-chi 庶几
shu-i 书仪
Shu-mi yuan 枢密院
shu-min 庶民
shu-shu 数术
shu-shu chih hsueh 数术之学
shu-wu 庶物
shuai(decline) 衰
shuai(lead) 率
Shun 舜
shun-ku 训诂
shuo 说
Shuo-wen chieh-tzu 说文解字
ssu(private, partial) 私
ssu chiao 四教
ssu-hai ta-hsing 四海大姓
ssu k'o 四科
ssu-li 斯理
Ssu-ma Ch'ien 司马迁
Ssu-ma Hsiang-ju 司马相如
Ssu-ma Kuang 司马光
Ssu-ma shih shu-i 司马氏书仪
ssu-tao 斯道
ssu-wen 斯文
Su Ch'e 苏辙
Su-chou 苏州

Su hsun　俗训
Su Hsun　苏洵
Su Huan　苏涣
Su Mien　苏冕
Su Po-ku　苏伯固
Su Shen　苏绅
Su Shih　苏轼
Su Shun-ch'in　苏舜钦
Su Sung　苏颂
Su Tzu-chan　苏子瞻
Su wen　素问
Su Yuan-ming　苏源明
Su yuan-wai-lang　苏员外郎
Sui　隋
Sun Chang-ch'ien　孙长倩
Sun Chueh　孙觉
Sun Fu　孙复
Sun Ho　孙何
Sun Ming-fu　孙明复
Sun Mou　孙侔
Sun Shih　孙奭
Sun T'I　孙逖
Sun Wu　孙武
sung　颂
Sung　宋
Sung-ch'eng hsien　宋城县
Sung Ch'i　宋祁
Sung Min-ch'iu　宋敏求
Sung Po　宋白
Sung yu　宋玉
Szechuan　四川
ta　达
ta-che　达者
ta-ch'u　大初
ta-chuan　大全
ta-fa　大法

ta-i　大义
ta ku-jen　达古人
ta li　达理
Ta T'ang shih-tsu chih　大唐氏族志
ta-t'I　大体
ta-tsu　大族
tai　代
tai-fu　大夫
Tai-tsung　代宗
T'ai-ch'ang ssu　太常寺
t'ai-chi　太极
T'ai-chou　台州
T'ai-hsuan　太玄
T'ai-hsueh　太学
t'ai-ku　太古
T'ai-p'ing hsing-kuo　太平兴国
T'ai-p'ing huan-yu chi　太平寰宇记
T'ai-p'ing kuang-chi　太平广记
T'ai-p'ing sheng-hui-fang　太平圣惠方
T'ai-p'ing yu-lan　太平御览
T'ai-po　太伯
T'ai-shan　泰山
T'ai-tsu　太祖
T'ai-tsung　太宗
T'ai-yuan Wang　太原王
Tan Chu　啖助
T'an Yao-sou　谭尧叟
T'ang (dynasty)　唐
T'ang (Shang dynasty founder)　汤
t'ang-hou kuan　堂后官
T'ang hui-yao　唐会要
Tao　道
Tao-hsueh　道学
tao-li　道理
tao-shih　道士

448

tao-te　道德

Tao te ching　道德经

tao-t'ung　道统

T'ao Yuan-ming　陶渊明

te　德

te-hsing(ethical conduct)　德行

te-hsing(moral nature)　德性

Te-tsung　德宗

Teng-chou　登州

T'eng　滕

T'eng Ta-tao　滕达道

ti-tsu　帝族

t'i　体

t'i-wu　体物

t'i-wu yuan-ch'ing　体物原情

tiao-ch'ung　雕虫

Tiao K'an　刁衎

tien　典

tien-ch'ien chun　殿前军

tien-li　典礼

tien-yao　典要

T'ien Ch'ang　田常

"T'ien-fei"　天非

T'ien His　田锡

t'ien-hsia　天下

t'ien-li　天理

t'ien-li chih tzu-jan　天理之自然

T'ien-pao　天宝

T'ien-sheng　天圣

T'ien-t'ai　天台

t'ien-ti chih hua　天地之化

t'ien-wen　天文

ting　定

Ting-chou　定州

ting-ming　定名

ting-t'i　定体

Ting Wei　丁谓

Ting Yuan-chen　丁元珍

T'ing shih　程史

T'ou-hu hsin-ko　投壶新格

tsa-se ch'u-shen　杂色出身

tsa-wen　杂文

ts'ai　才

Ts'ai Ching　蔡京

Ts'ai-chou　蔡州

Ts'ai-chou　蔡襄

Tsan-huang　赞皇

ts'an-chih cheng-shih　参知政事

Tsang Ping　臧丙

tsao yen　造言

tsao-hua　造化

Ts'ao　曹

Ts'ao Chih　曹植

ts'ao lü　操履

Ts'ao Pa　曹霸

Ts'ao P'I　曹丕

Ts'ao Pu-hsing　曹不兴

ts'ao wen-ping　操文柄

ts'e　策

Ts'e-fu Yuan-kuei　册府元龟

Tseng Kung　曾巩

Tseng Kung-liang　曾公亮

tso　作

tso-che　作者

Tso-chuan　左传

tso wen　作文

tsu　族

Tsu Wu-tse　祖无择

Ts'u-lai　徂徕

Ts'ui An　崔黯

Ts'ui Mien　崔沔

Ts'ui Tsun-tu　崔遵度

Ts'ui Yu-fu　崔佑甫
Ts'ui Yuan-han　崔元翰
tsung-chang　宗长
Tsung-mi　宗密
tu-chih p'an-kuan　度支判官
Tu Ch'un　杜纯
Tu Fu　杜甫
tu hsing　独行
Tu Huang-shang　杜黄裳
Tu K'ai　杜开
Tu-ku Chi　独孤及
Tu Kuang-t'ing　杜光庭
tu-tuan　独断
Tu Yu　杜佑
tuan　断
tung-chiao　东郊
Tung Chung-shu　董仲舒
Tung-t'ing　洞庭
t'ung　通
T'ung-chih　通志
t'ung-li　通理
t'ung-p'an　通判
t'ung shang-hsia　通上下
T'ung shu　通书
T'ung tien　通典
t'ung wan-wu chih li　通万物之理
tzu(philosophical school)　子
tzu(sobriquet)　字
Tzu-chih t'ung-chien　资治通鉴
Tzu-chih t'ung-chien kang-mu　资治通鉴纲目
Tzu-hsia　子夏
tzu-hsin　自信
tzu-jan　自然
tzu-jan chih li　自然之理
Tzu-kung　子贡

Tzu-lu　子路
Tzu shuo　字说
Tzu-ssu　子思
tzu-te　自得
Tzu-yu　子游
tz'u　辞/词
Tz'u-ch'I hsien　慈溪县
tz'u-jen　辞人/词人
tz'u-yen　辞言
Wang An-shih　王安石
Wang Chen　王真
Wang Ch'in-jo　王钦若
Wang Chung-i　王仲仪
Wang Hsiang　王庠
Wang Hu　王祜
Wang Hua-chi　王化基
Wang Kuei　王珪
Wang Kung-ch'en　王拱臣
Wang Pi　王弼
Wang Po　王勃
Wang P'u　王溥
Wang Shen　王诜
Wang Shen-fu　王深父
Wang Su　王素
Wang Tan　王旦
Wang tao　王道
Wang Ts'an　王粲
Wang T'ung　王通
Wang Yao-ch'en　王尧臣
Wang Yen　王彦
Wang Yu-ch'eng　王禹偁
wei(do, engage in, realize)　为
wei(position)　位
wei　魏
Wei Cheng　魏徵
wei chi　为己

Wei-Chin 魏晋
Wei Ch'u-mou 韦渠牟
Wei Chung-li 违钟立
wei-jen 为人
Wei-lieh 威烈
Wei Ssu 魏斯
wei tao 为道
wei t'ien-hsia 为天下
wei t'ien-hsia kuo-chia chih i 为天下国家之意
Wei Tsung-ch'ing 韦宗卿
Wei-tzu 微子
wei-wen 为文
wen(culture, literature) 文
Wen(King) 文
wen-chang 文章
Wen-chang liu-pieh chi 文章流别集
wen-chang meng-chu 文章盟主
wen-ch'en 文臣
wen-chi 文纪
wen-chiao 文教
Wen-chuang 文庄
Wen-fu 文赋
Wen-his hsien 闻喜县
Wen-hsin tiao-lung 文心雕龙
Wen hsuan 文选
wen hsueh 文学
wen-hsueh chih jen 文学之人
wen-hua 文化
wen i kuan tao 文以贯道
wen i ming tao 文以明道
wen i tsai tao 文以载道
wen-jen 文人
wen-ju 文儒
wen-ju chih shih 文儒之士
wen kuan 文官
"Wen lun" 文论
wen-ming 文明
Wen ming cheng hua 文明政化
wen-shih 文士
Wen-ssu po-yao 文思博要
wen-tao 文道
Wen-tao yuan-kuei 文道元龟
Wen-ti 文帝
wen-t'i 文体
wen-ts'ai 文采
wen ts'ui 文粹
Wen T'ung 文同
wen-tzu 文字
wen-tz'u 文雅
Wen Yen-po 文彦博
Wen-yuan 文元
Wen yuan 文苑
Wen-yuan ying-hua 文苑英华
wo wu 我物
wu(military, militancy) 武
wu(nothing) 无
wu(things) 物
Wu(empress; king) 武
Wu(state) 吴
Wu-ch'eng 武成
Wu ching cheng-i 五经正义
Wu Ch'ung 吴充
"Wu-feng-lou fu" 五峰楼赋
wu-fu 五服
Wu Hsiao-tsung 吴孝宗
wu hsing 五行
wu-jen 武人
Wu Tao-tzu 吴道子
Wu Wu-ling 吴武陵
wu-wei 无为
wu-yu 无有

Wu Yun　吴筠
ya　雅
ya-ch'ien　衙前
yai　涯
Yang Chi　杨极
Yang Ch'iang　杨瑒 or T'ang　汤
Yang Chieh　杨杰
Yang Chiung　杨炯
Yang Chu　杨朱
Yang Hsiung　扬雄
Yang I　杨亿
Yang Kuo-pao　杨国宝
Yang ling　杨凌
Yang Ning　杨凝
Yang P'ing　杨憑
Yang Shih　杨时
Yang Wan　杨绾
Yao　尧
Yao Nan-chung　姚南中
Yeh　叶
Yeh Ch'ing-ch'en　叶清臣
Yeh Meng-te　叶梦得
yen　言
Yen Chen-ch'ing　颜真卿
Yen Chih-t'ui　颜之推
yen chin wu wen hsing chih pu-yuan　言之无文行之不远
yen chih wu wen hsing erh pu-yuan　言之无文行而不远
Yen Hou-yu　严厚舆
Yen Hui　颜回
Yen-shih chia-hsun　颜氏家训
Yen Shih-ku　颜师古
Yen Shu　晏殊
Yen T'ai-ch'u　颜太初
Yen-tzu　颜子

yen-wen　言文
yen-yu　言语
Yin (privilege)　荫
Yin (dynasty)　殷
Yin Fan　殷璠
Yin Shu　尹洙
Yin-yung hsing-ch'ing　吟咏性情
Ying-t'ien　应天
Ying-tsung　英宗
ying wu　应物
Yu　幽
Yu Tso　游酢
yu-wei　有为
Yü　禹
Yü Ching　余靖
yü i　寓意
Yü Kua　俞括
Yü lan　御览
Yü Shao　于邵
Yü Shih-nan　虞世南
Yü-wen　宇文
Yü-yao　馀姚
Yuan　元
Yuan Chen　元稹
Yuan Chieh　元结
Yuan Chun-ch'en　袁君陈
Yuan Chun-tsai　袁君载
Yuan feng　元丰
Yuan-feng chiu yu chih　元丰九域志
Yuan-ho　元和
"Yuan-jen lun"　原人论
"Yuan ming"　原命
Yuan-shih shih-fan　袁氏世范
"Yuan tao"　原道
Yuan Tao-tsung　元道宗
Yuan Te-hsiu　元德秀

Yuan Ts'ai 袁采
Yuan-yu 元祐
Yueh-chou 岳州
yueh-fu 乐府
Yueh I 乐毅

Yueh K'o 岳珂
"Yueh ling" 月令
Yun-t'ang 云堂
Yung 用
yung-wu 咏物

参考文献

原始文献

（原书书目按英文字母顺序排列。中译本改为先将有关书目按经、史、子、集四部排列，再在各部之中按作者汉语拼音顺序排列。——译者注）

经　部

胡瑗　《周易口义》，《文渊阁四库全书》
刘牧　《易数钩隐图》，《文渊阁四库全书》
陆德明　《经典释文》，北京：中华书局 1983 年重印
欧阳修　《诗本义》，《文渊阁四库全书》
司马光　《易说》，《文渊阁四库全书》
　　　　《古文孝经指解》，《文渊阁四库全书》
　　　　《司马氏书仪》，《丛书集成》
苏轼　《书传》，《文渊阁四库全书》
　　　《苏氏易传》，《丛书集成初编》
孙复　《春秋尊王发微》，《通志堂经解》
王安石　《周官新义》，《经苑》
《十三经注疏》(阮元校勘)，北京：中华书局 1980 年重印
《春秋经传引得》，哈佛燕京学社汉学引得丛书，北京，1937 年
《周易引得》，哈佛燕京学社汉学引得丛书，北平：1935 年

《论语引得》,哈佛燕京学社汉学引得丛书,北平:1940年
《孟子引得》,哈佛燕京学社汉学引得丛书,北平:1941年
《中庸》,《学庸章句引得》,台北:中华民国孔孟学会,1970年
《大学》,《学庸章句引得》,台北:中华民国孔孟学会1970年
《左传》,参见《春秋经传引得》

史 部

班固 《汉书》,北京:中华书局1976年
蔡上翔 《王荆公年谱考略》,上海:上海人民出版社1959年
晁公武 《郡斋读书志》,台北:商务印书馆,1978年重印
陈彭年 《贡举略叙》,《学海类编》,上海:涵芬楼1920年影印
杜佑 《通典》,上海:图书集成1901年
范祖禹 《唐鉴》,《金华丛书》
　　　《帝学》,静嘉堂文库本
房玄龄 《晋书》,北京:中华书局1974年
顾栋高 《司马太史温国文正公年谱》1917年
黄宗羲、全祖望编《宋元学案》,台北:世界书局1966年重印
江少虞《宋朝事实类苑》,上海:上海古籍出版社1981年
李百药 《北齐书》,北京:中华书局1972年
李焘 《续资治通鉴长编》,2—20册,北京:中华书局1979—1986年
　　《续资治通鉴长编拾遗》,台北:世界书局1964年
李心传 《建炎以来系年要录》,台北:文海1980年
李延寿 《北史》,北京:中华书局1974年
李延寿 《南史》,北京:中华书局1975年
李元弼 《作邑自箴》,《四部丛刊》本
李壵(1161—1238)《皇宋十朝纲要》,台北:文海出版社1980年重印
令狐德棻 《周书》,北京:中华书局1974年
刘昫 《旧唐书》,北京:中华书局1975年
马端临 《文献通考》,《十通》本
欧阳修 《新五代史》,北京:中华书局1974年
朋九万 《东坡乌台诗案》,《函海》本
宋祁、欧阳修 《新唐书》,北京:中华书局1975年
司马迁 《史记》,北京:中华书局1959年
司马光 《资治通鉴》,北京:文学古籍刊行社1956年
　　　《历年图》,见于司马光的《稽古录》,《四部丛刊》本
司马迁 《史记》,北京:中华书局1959年

脱脱　《金史》,北京:中华书局 1975 年
脱脱　《宋史》,北京:中华书局 1977 年
王溥　《唐会要》,《国学基本丛书》本
王钦若编　《册府元龟》,台北:中华书局 1967 年重印
王曾　《东都事略》,台北:文海,重印,重印时间不详
王梓材、冯云濠编　《宋元学案补遗》,《四明丛书》本
魏征　《隋书》,北京:中华书局 1973 年
吴兢　《贞观政要》,上海:上海古籍出版社 1978 年
徐松　《登科记考》,北京:中华书局 1984 年
徐松辑　《宋会要辑稿》,台北:世界书局 1964 年重印
姚思廉　《梁书》,北京:中华书局 1973 年
姚思廉　《陈书》,北京:中华书局 1972 年
乐史　《太平寰宇记》,《文渊阁四库全书》本
朱熹　《伊洛渊源录》,台北:文海 1968 年
　　　《名臣言行录》,见《名臣言行录五集》,台北:文海 1967 年
《宋史艺文志广编》,台北:世界书局 1963 年重印
《宋大诏令集》,台北:鼎文书局 1972 年

子　部

晁迥　《昭德新编》,《晁氏丛书》
葛洪　《抱朴子内篇校释》(王明校释),北京:中华书局 1985 年
韩非　《韩非子集释》,上海:上海人民出版社 1974 年
洪迈　《夷坚志》,4 卷,北京:中华书局 1981 年
　　　《容斋随笔》,上海:上海古籍出版社 1978 年
老子　《老子校释》(朱谦之校释),上海:龙门书局 1958 年
李元纲　《圣门事业图》,《百川学海》本
李廌　《师友谈记》,《学津讨原》本,上海:商务印书馆 1972 年重印
欧阳询　《艺文类聚》,上海:上海古籍出版社 1965 年
容肇祖辑　《王安石老子注辑本》,北京:中华书局 1979 年
孙武　《孙子》,《四部备要》本
邵雍　《皇极经世书》,《四部备要》本
邵伯温　《闻见录》,《学津讨原》本,上海:商务印书馆 1972 年重印
司马光　《集注太玄》,《四部备要》本
　　　《潜虚》,《四部丛刊》本
　　　《法言集注》,《文渊阁四库全书》本
　　　《涑水纪闻》,台北:世界书局 1970 年

　　　　《道德真经论》,《道藏》本
宋敏求　《春明退朝录》,北京:中华书局 1980 年
田况　　《儒林公议》,《文渊阁四库全书》本
王应麟　《玉海》,台北:华文出版社 1964 年重印
王应麟　《玉海》,台北:花莲 1964 年
颜之推　《颜氏家训集解》(王利器集解),上海:上海古籍出版社 1980 年
扬雄　　《法言义疏》(李轨注,汪荣宝疏),1933 年,出版地不详
叶梦得　《石林燕语》,《文渊阁四库全书》本
虞世南　《北堂书钞》,台北:文海 1962 年重印
袁采　　《袁氏世范》,《知不足斋丛书》本
张载　　《张载集》,北京:中华书局 1978 年
　　　　《张子全书》,《四部备要》本
周密　　《癸辛杂识》,北京:中华书局 1988 年
朱熹　　《朱子语类》(黎靖德编),北京:中华书局 1986 年

集　部

白居易　《白居易集》,北京:中华书局 1079 年
蔡襄　　《端明集》,《文渊阁四库全书》本
曹寅编　《全唐诗》,上海:同文书局 1898 年
晁冲之　《晁具茨诗集》,《晁氏丛书》本
晁补之　《济北晁先生鸡肋集》,《四部丛刊》本
晁说之　《嵩山景迂生集》,《晁氏丛书》本
陈鸿墀编《全唐文纪事》,3 卷,北京:中华书局 1959 年
陈舜俞　《都官集》,《文渊阁四库全书》本
陈襄　　《古灵集》,《文渊阁四库全书》本
程颢、程颐《二程集》,北京:中华书局 1981 年
董诰编　《全唐文》,北京:中华书局 1983 年
范仲淹　《范文正公文集》,《四部丛刊》本
方远尧编《宋文汇》,台北:中华书局 1967 年编
高步瀛疏《文选李注义疏》,台北:广文书局 1964 年
韩琦　　《安阳集》,《文渊阁四库全书》本
韩维　　《南阳集》,《文渊阁四库全书》本
韩愈　　《韩昌黎集》(朱熹整理本),香港:商务印书馆 1964 年
胡宏　　《胡宏集》,北京:中华书局 1987 年
胡宿　　《文恭集》,《文渊阁四库全书》本
黄幹　　《勉斋先生集》,《正谊堂丛书》本

黄庭坚　《豫章黄先生文集》，《四部丛刊》本
李翱　《李文公集》，《四部丛刊》本
李昉编　《文苑英华》，北京：新华 1966 年重印
李觏　《李觏集》，北京：中华书局 1981 年
李昭玘　《乐静集》，《文渊阁四库全书》本
李廌　《济南集》，《文渊阁四库全书》本
刘攽　《彭城集》，《文渊阁四库全书》本
刘敞　《公是集》，《文渊阁四库全书》本
刘勰　《文心雕龙注》，香港，商务印书馆 1960 年
　　　新书，台北，成文书局 1968 年
刘禹锡　《刘禹锡集》，上海：上海人民出版社 1975 年
柳开　《河东先生集》，《三宋人集》本
柳宗元　《柳宗元集》，北京：中华书局 1978 年
楼钥　《攻媿集》，《文渊阁四库全书》本
卢照邻　《卢照邻集》，北京：中华书局 1980 年
陆佃　《陶山集》，《丛书集成》本
陆游　《陆放翁全集》，北京：中国书店 1986 年
马永卿　《元城语录》，《丛书集成初编》本
穆修　《河南穆公集》，《四部丛刊》本
欧阳修　《欧阳修全集》，台北：世界书局 1961 年重印
契嵩　《镡津文集》，《四部丛刊》本
强至　《祁部集》，《丛书集成初编》本
秦观　《淮海集》，《四部备要》本
石介　《徂徕石先生文集》，北京：中华书局 1984 年
司马光　《司马文正公传家集》，《万有文库》本
宋祁　《景文集》，《文渊阁四库全书》本
宋庠　《元宪集》，《文渊阁四库全书》本
苏洵　《嘉祐集》，《四部备要》本
苏轼　《校正经进东坡文集事略》（郎晔编），北京：文学古籍刊行社 1957 年
　　　《苏轼选集》（王水照选注），上海：上海古籍出版社 1984 年
　　　《苏轼论文艺》（颜其中编），北京：北京出版社 1985 年
　　　《苏轼诗集》（王文诰注），北京：中华书局 1982 年
　　　《苏轼文集》（孔凡礼整理），北京：中华书局 1986 年
　　　《苏东坡集》，《国学基本丛书》本
　　　《东坡题跋》，《丛书集成初编》本
苏舜钦　《苏舜钦集》，上海：上海古籍出版社 1981 年

苏颂　《苏魏公集》,《文渊阁四库全书》本
孙复　《孙明复小集》,《四部备要》本
田锡　《咸平集》,《文渊阁四库全书》本
王安石　《临川先生文集》,北京:中华书局1959年
王勃　《王子安集》,《万有文库》本
王珪　《华阳集》,《文渊阁四库全书》本
王禹偁　《小畜集》,《国学基本丛书》本
王藻　《浮溪集》,《四部丛刊》本
文同　《新刻石室先生丹渊集》,台北:学生书局1973年重印
文彦博　《潞公文集》,《文渊阁四库全书》本
夏竦　《文庄集》,《文渊阁四库全书》本
徐铉　《徐骑省集》,《国学基本丛书》本
萧统编,李善注　《文选》,北京:中华书局1977年重印
严可均　《全上古三代秦汉三国六朝文》,湖北1894年
颜中其编　《苏东坡轶事汇编》,湖南:岳麓书社1984年
杨杰　《无为集》,《文渊阁四库全书》本
杨炯　《杨炯集》,北京:中华书局1980年
杨时　《杨龟山先生全集》,台北:学生书局1974年重印
杨亿　《西昆酬唱集》,《丛书集成初编》本
　　　《武夷新集》,《文渊阁四库全书》本
姚铉　《唐文粹》,《四部丛刊》本
游酢　《游廌山集》,《四部丛刊》本
余靖　《武溪集》,《文渊阁四库全书》本
元好问　《中州集》,《四部丛刊》本
元结　《元次山集》,北京:中华书局1969年
元稹　《元稹集》,北京:中华书局1982年
曾巩　《曾巩集》,北京:中华书局1984年
张耒　《柯山集》,《四部丛刊初编》本
张咏　《乖崖集》,《文渊阁四库全书》本
真德秀　《西山先生真公文集》,《国学基本丛书》本
郑刚中　《北山集》,《文渊阁四库全书》本
郑獬　《郧溪集》,《文渊阁四库全书》本
周必大　《平园续稿》,《周益国文忠公集》本
周敦颐　《周濂溪先生全集》,《丛书集成初编》本
朱熹　《晦庵先生朱文公文集》,《四部备要》本
祖无择　《龙学集》,《文渊阁四库全书》本

中文著述

北京大学哲学系编《中国哲学史》,北京:中华书局1980年
昌彼得等人编《宋人传记资料索引》6册,台北:鼎文书局1974—1976年
陈光崇《司马光与欧阳修》,《史学集刊》1985年第1期,第11—18页
陈乐素《求是集》下册,广东:广东人民出版社1984年
陈荣捷《道学》,韦政通编《中国哲学辞典大全》,台北:水牛图书公司1983年,第667—671页
陈启汉《论苏轼的嘉祐进策》,《中国史研究》1985年,第2期,第31—40页
陈义彦《从布衣入仕:论北宋布衣阶层的社会流动》,《思与言》1972年第4期,总第9期,第244—253页
陈幼石《韩柳欧苏古文论》,上海:上海文艺出版社1983年
陈智超《〈袁氏世范〉所见南宋民庶地主》,《宋辽金史论丛》第1卷,北京:中华书局1985年,第110—134页
陈植锷《西昆酬唱诗人生卒年考》,《文史》第21辑,第207—218页
《略论宋初古文运动的两种倾向》,邓广铭、郦家驹编《宋史研究论文集》,河南:河南人民出版社1984年,第431—451页
陈钟凡《两宋思想述评》,台湾:华世出版社,1977年
程千帆《唐代进士行卷与文学》,上海:上海古籍出版社1980年
程运《宋代教育宗旨阐释》,《中正学报》1967年第2期,第90—93页
邓广铭《王安石对北宋兵制改革措施及其设想》,《宋史研究论文集》,上海:上海古籍出版社1982年,第311—320页
丁傅靖《宋人轶事汇编》1935年初版,北京:新华出版社1958年重印
傅璇琮《唐代科举与文学》,西安:陕西人民出版社1986年
高步瀛《唐宋文举要》3卷,香港:中华书局1976年
郭伯恭《宋四大书考》1940年初版,台北:"商务印书馆"1964年重印
郭绍虞《中国文学批评史》1934年初版,台南:平平出版社1974年重印
郭绍虞、王文生《中国历代文论选》,上海:上海古籍出版社1979年
何泽恒《欧阳修之经史学》,台北:台湾大学出版社,1980年
侯外庐等《中国思想通史》第4卷,第1部分,北京:人民出版社1959年
黄公伟《宋明清理学体系论史》,台北:幼狮文化公司1970年
黄继持《文与道情与性》,《崇基学报》第7卷,第2期(1968),第187—196页
黄启方《北宋文学资料汇编》,台北:成文书局1978年
《王禹偁评传》,《文史哲学报》第27卷(1978),第181—235页
黄任轲《苏轼论新法文字六篇年月考》,《苏轼研究专刊》,《四川大学学报丛刊》第6

卷(1980),第103—110页
黄盛雄《〈通鉴〉史论研究》,台北:文史哲1979年
霍英春《近年来司马光研究简述》,《晋阳学刊》1986年第3期,第81—83页
季平《司马光新论》,重庆:西南师范大学1987年
李弘祺《宋代官员数的统计》,《食货》第14卷,第15、16期(1984),第17—29页
李致忠《宋代刻书述略》,《文史》1982年第14期,第145—173页
蒋义斌《宋代儒释调和论及排佛论之演进——王安石之融通儒释及程朱学派之排佛反王》,台北:"商务印书馆"1988年
金中枢《北宋科举制度研究》第一部分:《新亚学报》第6卷,第1期(1964);《宋史研究集》第11期(台北:"国立编译馆"1979年)第1—72页

    第二部分:《新亚学报》第6卷,第2期(1964);《宋史研究集》第12期(台北:"国立编译馆"1980年)第31—112页

    《北宋科举制度研究续——进士诸科之解省试法》第一部分:《成功大学历史系学报》第5卷(1978);《宋史研究集》第13期(台北:"国立编译馆"1981年)第61—189页

    第二部分:《成功大学历史系学报》第6卷(1979);《宋史研究集》第14期(台北:"国立编译馆"1983年)第53—190页

    《北宋科举制度研究再续——进士诸科之殿试试法》第一部分:《成功大学历史系学报》第7卷(1980);《宋史研究集》第15期(台北:"国立编译馆"1984年)第128—188页

    第二部分:《成功大学历史系学报》第9卷(1982);《宋史研究集》第16期(台北:"国立编译馆"1986年)第53—190页

    第三部分:将出。

    《北宋经学当代化初探》第一部分:《成功大学历史学报》第10卷(1984),第71—104页

    第二部分:《新亚学报》第15卷(1986),第281—319页

    第三部分:《成功大学历史学报》第11卷(1985),第1—38页

    第四部分:《珠海学报》第14卷(1985年),第133—157页

    《宋代学术发展之转关——胡瑗》,《成功大学历史学报》第13卷(1987),第9—81页

    《宋代古文运动之发展研究》,《宋史研究集》第10卷,台北:中华丛书1978年,第144—215页。

柯昌颐《王安石评传》,上海:商务印书馆1933年
孔繁《苏轼〈毗陵易传〉的哲学思想》,《中国哲学》1983年第9期,第221—239页
林科棠《宋儒与佛学》1928年初版,台北:"商务印书馆"1966年重印
林瑞翰《南唐之经济与文化》,《大陆杂志》第29卷,第6期(1964),第183—190页

《司马光之史学及其政术》,《幼狮学志》第 15 卷,第 2 期(1972);《宋史研究集》第 15 卷　台北:中华丛书 1974 年,第 59—82 页

《宋太祖至仁宗朝乡贡考》,《"国立台湾大学"历史系学报》第 6 卷(1979),第 7 卷(1980),《宋史研究集》第 15 卷　台北:"国立编译馆"1984 年,第 63—124 页

林益胜《胡瑗的义理易学》,台北:"商务印书馆"1974 年

刘伯骥《宋代政教史》(上、下册),台北:"中华书局"1971 年

刘乃昌《苏轼文学论集》,济南:齐鲁书社 1982 年

刘乃和、宋衍申《〈资治通鉴〉丛论》,河南:河南人民出版社 1985 年

刘子健《略论宋代武官群在统治阶级中的地位》,《青山博士古稀纪念宋代史论丛》东京:省心书房,1974,第 477—487 页

《欧阳修的治学与从政》,香港:新亚研究所 1963 年

罗根泽《中国文学批评史》(上、中、下三册),上海:中华书局上海编辑所 1961 年

《隋唐文学批评史》,台北:"商务印书馆"1981 年重印

《晚唐五代文学批评史》台北:"商务印书馆"1945 年

罗联添《隋唐五代文学批评资料汇编》,台北:成文 1978 年

罗宗强《隋唐五代文学思想史》,上海:上海古籍出版社 1986 年

麦仲贵《宋元理学家著述生卒年表》,香港:新亚研究所 1968 年

潘美月《宋代藏书家考》台北:学海出版社 1980 年

钱冬父《唐宋古文运动》上海:上海古籍出版社 1979 年

钱穆《国史大纲》,台北:"国立编译馆"1975 年

钱穆《宋明理学概述》,台北:中华文化出版社 1953 年

钱穆《杂论唐代古文运动》,《新亚学报》1957 年第 1 期,总第 3 期,第 123—168 页

邱汉生《诗义钩沉》,北京:中华书局 1982 年

饶宗颐《中国史学上之正统论》,香港:龙门书局 1977 年

任继愈《中国哲学史》,北京:人民出版社 1979 年

商韬《北宋时期的政治斗争与诗文革新运动》,《宋史研究论文集》,上海:上海古籍出版社 1982 年,第 549—569 页

石峻等人编《中国佛教思想资料选编》第 2 卷,第 1 部分,北京:中华书局 1983 年

孙国栋《唐宋之际社会门第之消融——唐宋之际社会转变研究之一》,《新亚学报》第 4 卷,第 1 期(1959),第 211—304 页

汤承业《范仲淹研究》,台北:"国立编译馆"1977 年

唐君毅《中国哲学原论》第 1 部分,香港:仁生书局 1966 年

《原道篇Ⅲ中国哲学中之道之建立及其发展》,香港:新亚研究所 1974 年

《原教篇宋明儒学思想之发展》,香港:新亚研究所 1977 年

陶秋英、虞行《宋金元文论选》,北京:人民文学出版社 1984 年

王保珍《增补苏东坡年谱会证》,台北:"国立台湾大学"文学院 1969 年

王德毅等编《元人传记资料索引》第2册,台北:新文丰出版公司1980年
王德毅《司马光与〈资治通鉴〉》,《宋史研究论集》第2卷,台北:鼎文书局1972年,第1—24页
　　《宋代贤良方正科考》,《文史哲学报》第14卷(1965),王德毅《宋史研究论集》,台北:"商务印书馆"1968年,第111—180页
　　《宋代澶州晁氏族系考》稿本,台湾大学历史系1987年
王晋光《王安石书目与琐探》,香港:华丰1983年
王景鸿《苏东坡著书版本考》,《书目季刊》第4卷,第2期(1969),第13—54页;第4卷,第3期(1970),第41—81页
王曾瑜《王安石变法简论》,《中国社会科学》1980年第3期,第141—154页
吴文治《韩愈资料汇编》4册,北京:中华书局1983年
夏长朴《王安石思想与孟子的关系》,《纪念司马光王安石逝世九百周年学术研讨会论文集》第295—326页
萧公权《中国政治思想史》第4卷,台北:中国文化大学出版社1964年重印
徐规《王禹偁事迹著作编年》,北京:中国社会科学出版社1982年
杨远《北宋宰辅人物的地理分布》,《香港中文大学中国研究学院学报》第13期(1982),147—213页
姚吉光《唐代文士之学术思想》,《历史与文化》第2期(1947年3月),第50—53页;第3期(1947年8月),第43—57页
姚名达《程伊川年谱》,上海:商务印书馆1937年
　　《中国目录学史》,上海:上海书店1984年重印
于大成《王安石著书考》,《"国立中央图书馆"馆刊》新编第1卷,第3期(1968),第43—46页
余英时《士与中国文化》,上海:上海人民出版社1987年
曾枣庄《苏洵评传》,成都:四川人民出版社1983年
　　《苏轼评传》修订本,成都:四川人民出版社1984年
　　《从〈毗陵易传〉看苏轼的世界观》,《苏轼研究专刊》,《四川大学学报丛刊》第6卷(1980),第59—66页
张健《欧阳修之诗文及文学批评论》,台北:"商务印书馆",1973年
　　《苏轼文学批评研究》,见于《宋金四家文学批评研究》,台北:联经出版事业公司,1975年,第2—116页
张樨寿《隋朝儒生对六朝诗文的批评》,《古代文学理论研究丛刊》1985年第6期,第194—206页
张舜徽《论宋代学者治学的博大气象及替后世宋学术界所开辟的新途径》,《中国史论文集》,武汉:湖北人民出版社,1956年,第78—130页
张元《〈通鉴〉中的南北战争》,参见《纪念司马光、王安石逝世九百周年学术研讨会论

文集》,第 65—96 页

中国社会科学院哲学研究所,中国哲学史研究室编《中国哲学史资料选辑》第 4 卷,第 2 部分,宋元明之部,1962 年;北京:中华书局,1982 年重印。

周良霄《王安石变法纵探》,《史学集刊》1985 年第 1 期,第 19—37 页;1985 年第 2 期,第 9—17 页

《苏轼研究专刊》,《四川大学学报丛刊》第 6 卷(1980)

《苏轼研究论丛》,《苏轼研究论文集》第 3 辑,成都:四川文艺出版社 1986 年

《东坡研究论丛》,《苏轼研究论文集》第 3 辑,成都:四川文艺出版社 1986 年

《王安石研究资料汇编》第 1 卷,福州、江西:王安石研究会,1986 年

《纪念司马光王安石逝世九百周年学术研讨会论文集》,台北:文史哲出版社 1986 年

日文著述

安藤智信 Andō Tomonobu 《王安石と佛教——鐘山穏栖期を中心として》,《东方宗教》28(1966):20—34 页

青山定雄 Aoyama Sadao 《五代宋に於ける江西の新興官僚》,《和田博士還暦经念東洋史論叢》 東京:講談社,1951,第 19—38 页

　　《宋代における华北官僚の系譜について》

　　　　第一部分:《聖心女子大學論叢》21(1963):21—41 页

　　　　第二部分:《聖心女子大學論叢》25(1965):19—49 页

　　　　第三部分:《中央大学文学部紀要》45(1967):67—110 页

　　宋代における华南官僚の系譜について——特に揚子江流域を中心として《中央大学文学部紀要》72(1974):51—76 页

　　《宋代における四川官僚の系譜についての一考察》

　　《和田博士古稀纪念東洋史論叢》 東京:講談社,1960,第 37—48 页

　　《唐宋时代の交通と地誌地圖の研究》

　　　　　　　　　　　　　　　　東京:吉川弘文館,1963

荒木敏一 Araki Toshikazu《宋代科挙制度研究》

　　　　　　　　　　　　京都:東洋史研究会,1969

　　《宋太祖科挙政策の一考察》

　　　　　　　　　　《東洋史研究》24(1966):464—487 页

竺沙雅章 Chikusa Masaaki 《蘇東坡》 東京:人物往来社,1967

　　《司馬光王安石舆佛教》,《纪念司马光王安石逝世九百周年学术研讨会论文集》

　　　　　　　　　　　　　　　　　　　　第 477—487 页

藤善真澄 Fujiyoshi Masumi 《官吏登用における道挙とその意義》

　　　　　　　　　　《史林》51,no. 6(1981):1—35 页

麓保孝 Fumoto Yasutaka《北宋における儒学の展開》 东京：書籍文物流通會，1967
 《司馬温公の学行けついて》《防衛大学校紀要》11(1965)：1—79 頁
 《宋元明清近世儒学変遷史論》东京：国書刊行會，1976
古垣光一 Furugaki Kōichi
 《宋代の官僚数について——真宗朝中以降の人事行政上の新問題》
            《宋代の社會と宗教》第 121—158 頁
                  东京：汲古書院，1985
 《宋代の官僚数について特に太祖太宗時代を中心として》
           《中嶋敏先生古稀記念論集》第 97—120 頁
                  东京：汲古書院，1981
合山究 Goyama Kiwamu《宋詩の学問性》,《中国文学論集》1(1970)：3—14 頁
 《蘇軾の文人活動とその要因》,《九州中国學会報》4(1968)：63—77 頁
 《蘇東坡》 东京：明德社，1978
東一夫 Higashi Ichico 《王安石事典》，东京：国書刊行会，1980
 《王安石新法の研究》，东京：風間書房，1970
 《王安石と司馬光》，东京：沖積舎，1980
衣川強 Kinugawa Tsuyoshi 《宋代の名族河南呂氏の場合》
        《神戸商科大学人文論集》9, no. 1/2(1973)：134—166 頁
 《宋代宰相考—北宋前期の場合》,《東洋史研究》24, no. 4(1966)：405—442 頁
小林義廣 Kobayashi Yoshihiro《五代史記の士人觀》,
           《東洋史研究》38, no. 2(1979)：197—218 頁
楠本正継 Kusumoto Masatsugu《宋明時代儒学思想の研究》,
               千叶：広池学園出版部，1962
森田憲司 Morita Kenji 《宋元時代における修譜》,
          《東洋史研究》37, no. 4(1979)：509—535 頁
諸橋轍次 Morohashi Tetsuji《儒學目的と宋儒慶暦至慶元百六十年間の活動》,
               东京：大修館書店，1929
仁井田陞 Niida Noboru 《唐令拾遺》，东京：東方文化學院，1933
西川正夫 Nishikawa Masao 《華北五代王朝の文臣官僚》,
         《東洋文化研究所紀要》27(1962)：211—261 頁
 《華北五代王朝の文臣と武臣》
 《仁井田陞博士追悼論文集》第一卷《前近代アジアの法と社会》
           第 289—314 頁 东京：勁草書房，1967
小川環樹 Ogawa Tamaki、山本和義 Yamamoto Kazuyoshi
 《蘇東坡诗集》 东京：筑摩書房，1983
 《蘇東坡集》 东京：朝日新聞社，1972

岡田武彦 Okada Takehiko 《宋明哲学序説》 东京:文言社,1977
小野勝年 Ono Katsutoshi 《入唐求法巡礼行記の研究》,第3卷
　　　　　　　　　　　　　　　　　　东京:鈴木學術財団,1967
清水漑　Shimizu Kiyoshi《王安石の周南詩次解について》
　　《宇野哲人先生白寿祝賀記念东洋学论丛》第491—510页
　　　　　　　　　　　　东京:宇野哲人先生白壽祝賀記念會,1974
諸橋轍次 Morohashi Tetsuji 和安冈正篤 Yasuoka masashiro 編
　　《朱子の先驅　《朱子学大系》第1卷,第2部分,东京:明德社,1972
鈴木隆行 Suzuki Takayuki
　　《五代の文官人事政策に関する——考察》,《北大史學》24(1984):25—38页
高橋和己 Takahashi Kazumi
　　《陸機の傳記とその文学》,《中国文学報》11(1959):1—57;12(1960):49—84
高橋進 Takahashi Susumu 《無爲自然かろ作爲積極へ》 东京:文理書院,1965
田中克己 Tannka Katsumi 《蘇東坡》 东京:研文出版,1983
田中謙二 Tannka kenji 《資治通鑒》 东京:朝日新聞社,1974
寺地遵 Teraji Jun 《歐陽修における天人相関説への懷疑》
　　　　　　　　　《広島大學文學部紀要》28,no.1(1968):161—187
　　《李覯の礼思想とその歷史的意義——北宋時代中期の自營地主層の思想》
　　　　　　　　　　　　《史学研究》 118(1973):38—48页
　　《天人相関説より見た司馬光と王安石》
　　　　　　　　　　　　《史学雑誌》76,no.10(1967):34—62页
户崎哲彦 Tozaki Tetsuhiko
　　《柳宗元の明道文学——陸淳の春秋学との関係》
　　　　　　　　　　　　《中国文学報》36(1985):47—80;
梅原郁 Umehara kaoru 《宋代官僚制度研究》 京都:同朋舎,1985
宇野哲人 Uno Tetsuto 《支那哲学史——近世儒学》 东京:寶文館,1954
宇都宮清吉 Utsunomiya Kiyoyoshi《中国古代中世史研究》 东京:創文社,1977
渡邊秀方 Watanabe Hidekata 《支那哲学史概論》 东京:早稻田大學出版部,1924
山本命 Yamamoto Mikoto《宋時代儒学倫理学的研究》 东京:理想社,1973
山根三芳 Yamane Mitsuyoshi《司馬光婚礼考》
　　池田末利博士古稀記念事業會編集《東洋學論集:池田末利博士古稀記念》第
　　673—690页　広島,池田末利博士古稀記念事業会,1980
　　《司馬光の居家雜儀》,
　　　　荒木教授退休記念會　編《中国哲学史研究論集:荒木教授退休記念》
　　　　　　　　　　　　第349—366页　福岡:葦書房,1981
　　《司馬光礼説考》

森三樹三郎博士頌寿記念事業會編《森三樹三郎博士頌壽記念東洋学論集》

第641—657页 京都:朋友書店,1979

《司馬光礼説考》

《東洋学術研究》19,no.2(1980):64—84页

吉原文昭 Yoshihara Fumiaki

《宋学発展上より見た孫奭の位置に就いて》

《宇野哲人先生白寿祝賀记念东洋学论丛》第1270—1298页

东京:宇野哲人先生白壽祝賀記念會,1974

吉岡義豐 Yoshioka Yoshitoyo

《三教指帰の成立について》,《印度學佛教學研究》8,no.1(1960):114—118頁

英语文献

Acker, William.(艾惟廉)Some Tang and Pre-T'ang Texts on Chinese Painting,(《中国唐与先唐绘画文献选编》)vol. 2. Leiden: E. J. Brill, 1954.

Adler, Joseph A.(艾周思)"Chu Hsi and Divination."(《朱熹与卜筮》)In *Sung Dynasty Uses of the I Ching*(《宋代对〈易经〉的运用》, by Kidder Smith(苏德恺), Jr., Peter K. Bol(包弼德), Joseph A. Adler(艾周思), and Don J. Wyatt. Princeton: Princeton University Press, 1900, pp. 169-205.

Aoyama, Sado.(佐竹靖彦)"The Newly-Risen Bureaucrats in Fukien at the Five—Dynasty-Sung Period, with Special Reference to Their Genealogies."(《五代和宋福建新兴官员:以其家谱为中心》)*Memoirs of the Research Department of the ToYo Bunko*(《东洋文库欧文纪要》)21 (1962): 1-48.

Barrett, Timothy Hugh.(蒂莫西·巴雷特)"Buddhism, Taoism and Confucianism in the Thought of Li Ao."(李翱思想中的儒释道)Ph. D. dissertation, Yale University, 1978.

—"Taoism Unver the T'ang."(唐代道教)Draft chapter for *The Cambridge History of China*(《剑桥中国史》). General editors Denis Twitchett(杜希德)and John K. Fairbank(费正清). Vol. 3, *Sui and T'ang China*, 589-906, Part II, edited by Denis Twitchett(杜希德). Cambridge: cambridge University Press, forthcoming.

Birch, Cyril(白芝)ed. *Anthology of Chinese Literature: From Early Times to the Fourteenth Century*.(《中国文学作品选:从早期到14世纪》)New York: Grove Press, 1965.

Bol, Peter K.(包弼德)"The Sung Context: From Ou-yang Hsiu to Chu Hsi."(从

欧阳修到朱熹对《易经》的运用）In *Sung Dynasty Uses of the I Ching*（《宋代对〈易经〉运用》），by Kidder Smith, Jr.（苏德恺）、Peter K. Bol（包弼德），Joseph A. Adler（艾周思）and Don J. Wyatt. Princeton: Princeton University Press, 1990, pp. 26 - 55.

——"Ch'eng Yi and Cultural Tradition."（程颐和文化传统）In *The Power of Culture: Studies in Chinese Cultural History*（《文化的权力：中国文化史研究》）edited by Willard J. Peterson（裴德生）and Andrew Plaks（浦安迪）. Hong Kong: Hong Kong University Press, forthcoming.

——"Chu Hsi's Redefinition of Literati Learning."（朱熹对士学的重新界定）In *Neo-Confucian Education: The Formative Stage*（《成型阶段的宋儒教育》），edited by John Chaffee（贾志扬）and Wm. Theodore de Bary（狄百瑞）. Berkeley: University of California Press, 1989, PP. 151 - 85.

——"Culture and the Way in Eleventh Century China."（中国十一世纪的文道关系）Ph. D. Dissertation, Princeton University, 1982.

——"The Examination System and the Shih."（科举与士）*Asia Major*（《亚洲专刊》），3rd series, 3, no. 2(1990): 149 - 71.

——"Government, Society, and State: On the Political Visions of Ssu-ma Kuang (1019 - 1086) and Wang An-shih(1021 - 1086)."（政府、社会与国家：论司马光和王安石的政治蓝图）In *Ordering the World: Approaches to State and Society in Sung Dynasty China*（燮理天下：中国宋代通向国家和社会的道路），edited by Robert Hymes（韩明士）and Conrad Schirokauer（谢康伦）. Berkeley: University of California Press, forthcoming.

——"Reflections on Sung Literati Thought: Review of Hoyt Cleveland Tillman, Utilitarian Confucianism."（对宋代文人思想的反思：评田浩《功利主义儒家》）*Bulletion of Sung and Yuan Studies*（宋元研究通报）(18(1986): 88 - 97.

——"Seeking Common Ground: Han Literati Under Jurchen Rule."（求同：女真统治下的汉族文人）*Harvard Journal of Asiatic Studies*（哈佛亚洲学报）47, no. 2 (1987): 461 - 538.

——"Su Shih and Culture."（苏轼与文化）In *Sung Dynasty Uses of the I Ching*（《宋代对〈易经〉的运用》），by Kidder Smith, Jr.（苏德恺），Peter K. Bol（包弼德），Joseph A. Adler（艾周思），and Don J. Wyatt. Princeton: Princeton University Press 1990, p. 56 - 99.

Bryant, Daniel（白润德）*Lyric Poets of the Southern Tang: Feng Yen-ssu, 903 - 960, and Li Yu, 937 - 978.*（《南唐的抒情诗人：冯延巳和李煜》）Vancouver: University of British Columbia Press, 1982.

Bush, Susan（卜寿珊）. *The Chinese Literati on Painting: Su Shih (1037 - 1101) to*

Tung Ch'I ch'ang（1555－1636）.《中国文人论绘画：从苏轼到董其昌》Cambridge：Harvard University Press，1971.

Bush，Susan(卜寿珊)，and Hsiao-yen Shih. *Early Chinese Texts on Painting*.（中国早期绘画文献）Cambridge：Harvard University Press，1985.

Cahill，Suzanne E.（柯素芝）"Taoism at the Sung Court：The Heavenly Text Affair of 1008."（宋廷与道教：1008年的天书事件），*Bulletin of Sung and Yuan Studies*（宋元研究通报）16(1980)：23－44.

Chaffee，John W.（贾志扬）"Chu Hsi and the Revival of the White Deer Grotto Academy，1179—1181 A. D."（朱熹与白鹿洞书院的复兴）*T'oung Pao*（《通报》）71(1985)：40－62.

——"Education and Examinations in Sung Society."（宋代的教育与科举）Ph. D. dissertation，University of Chicago，1979.

—— *The Thorny Cates of Learning in Sung China：A Social History of Examinations*.（《宋代科举》）Cambridge：Cambridge University Press，1985.

Chan，Hok-lam.（陈学霖）*Legitimation in Imperial China：Discussions Under the Jurchen-Chin Dynasty*（1115－1234）.（《中华帝国中的合法性：金朝(1115－1234)的争论》）Seattle：University of Washington Press，1984.

Chan，Ming K.（陈明銶）"The Historiography of the Tzu-chih t'ung-chien：A Survey."（《资治通鉴》的史学）*Monumenta Serica*（华裔学志）31（1974－75）：1－38.

Chan，Wing-tsit.（陈荣捷）"Chu Hsi and the Academies."（朱熹与书院）In *Neo-Confucian Education：The Formative Stage*.（《成型阶段的宋儒教育》）edited by John Chaffee(贾志扬) and Wm. Theodore deBary(狄百瑞). Berkeley：University of California Press，1989，pp. 389－413.

——"Chu Hsi's Completion of Neo-Confucianism."（朱熹对新儒学的完成）*Etudes Song* 2，no. 1（《纪念白乐日逝世论文集》第2辑，第1卷）(1973)：59－90.

——"The Evolution of the Neo-Confucian Concept of Li as Principle."（新儒学"理"思想之演进）*Tsing-hua hsueh-pao*（《清华学报》），new series，4，no. 2(1964)：123－47.

——"The Principle of Heaven vs. Human Desires."（天理与人欲）In idem，*Chu Hsi：New Studies*.（《朱熹新论》）Honolulu：University of Hawaii Press，1980，pp. 197－211.

—— *A Source Book in Chinese Philosophy*（《中国哲学文献选编》）. Princeton：Princeton University Press，1963.

Chang，Carson.（张君劢）*The Development of Neo-Confucian Thought*.（《新儒家思想发展史》）New York：Bookman Associates，1957.

Chaves, Jonathan. (齐皎瀚) *Mei Yao-ch'en and the Development of Early Sung Poetry*. (《梅尧臣与宋初诗歌》) New York: Columbia University Press, 1976.

Chen, Diana Yu-shih. (陈幼石) "Change and Continuation in Su Shih's Theory of Literature: A Note on His Ch'ih-pi-fu." (苏轼文学理论中的"承"与"变":《赤壁赋》注释) *Monumenta Serica* (华裔学志) 31 (1974-75): 375-92.

——*Images and Ideas in Chinese Classical Prose: Studies of Four Masters*. (《韩柳欧苏古文论》) Stanford: Stanford University Press, 1988.

Chen, Jo-shui. (陈弱水) "The Dawn of Neo-Confucianism: Liu Tsung-Yuan and the Intellectual Changes is T'ang China, 773-819." (《新儒学的发端:柳宗元与唐代思想的变迁》) Ph. D. Dissertation, Yale University, 1987.

Ch'en Ch'un. (陈淳) *Neo-Confucian Terms Explained (The "Pei-his Tzu-I")* (《北溪字义》) by Ch'en Ch'un, 1159-1223, transhated by Wing-tsit Chan. (陈荣捷) New York: Columbia University Press, 1986.

Ch'en, Kenneth. (陈观胜) *Buddhism in China: A Historical Survey*. (《中国佛教史概论》) Princeton: Princeton University Press, 1964.

Ch'en Shih-hsiang. (陈世骧) "Essay on Literature." (论文学) In *Anthology of Chinese Literature* (《中国文学作品选:从早期到14世纪》), edited by Cyril Birch (白芝) New York: Grove Press, 1965, pp. 204-14.

Chow Tse-tsung. (周策纵) "Ancient Chinese Views on Literature, the Tao, and Their Relationship." (中国古文论中的文、道及其关系) *Chinese Literature: Essays, Articles, Reviews* (《中国文学》) 1(1979): 3-29.

Chu Hsi (朱熹). *Learning to Be a Sage: Selections from the Conversations of Master Chu, Arranged Topically* (学以至圣:《朱子语类》选), transhated, with a commentary, by Daniel K. Gardner. Berkeley: University of California Press, 1990.

Chu Hsi (朱熹) and Lu Tsu-ch'ien (吕祖谦). *Reflections on Things at Hand* (《近思录》), translated by Wing tsit Chan (陈荣捷). New York: Columbia University Press, 1967.

Clark, Hugh R. (柯胡) "Trade and Economy in Southern Fukien Through the Thirteenth Century." (十三世纪福建南部的经济贸易) Paper for the Leiden University Workshop on Fukien in the Seventeenth and Eighteenth Centuries, Dec. 1986.

Davis, Richard L. (戴仁柱) *Court and Family in Sung China, 960-1279: Bureaucratic Success and Kinship Fortunes for the Shih of Ming-chou*. (宋代的朝廷与家庭:明州史氏的政治成就与家族命运) Durham, N. C.: Duke University Press, 1986.

DeBary, Wm. Theodore.（狄百瑞）*The Buddhist Tradition in India, China and Japan*.（《印度、中国和日本的佛教传统》）New York: Vintage Books, 1972.

——*The Liberal Tradition in China*.（《中国的自由传统》）New York: Columbia University Press,

——*The Message of the Mind in Neo-Confucianism*.（《心学与道统》）New York: Columbia University Press, 1989.

——*Neo-Confucian Orthodoxy and the Learning of the Mind-and-Heart*.（《道学与心学》）New York: Columbia University Press, 1981.

——"A Reappraisal of Neo-Confucianism."（新儒学的再评价）In *Studies in Chinese Thought*,（《中国思想研究》）edited by Arthur F. Wright.（芮沃寿）Chicago: University of Chicago Press, 1953, pp. 81–111.

——"Some Common Tendencies in Neo-Confucianism."（理学家中的一些共同趋势）In *Confucianism in Action*（《儒家思想的实践》）, edited by David S. Nivison（倪德卫）and Arthur F. Wright（芮沃寿）. Stanford: Stanford University Press, 1959, pp. 25–49.

De Bary, Wm. Theodore,（狄百瑞）et al. *Sources of Chinese Tradition*.（《中国传统资料汇编》）New York: Columbia University Press, 1960.

Dien, Albert E.（丁爱博）"Yen Chih-t'ui(531—591+): A Buddho-Confucian."（颜之推: 一位佛教化儒生）In *Confucian Personalities*（《儒家人格》）, edited by Arthur F. Wright（芮沃寿）and Denis Twitchett（杜希德）. Stanford: Stanford University Press, 1962, pp. 43–64.

Ebrey, Patricia Buckley.（伊沛霞）*The Aristocratic Families of Early Imperial China: A Case Study of the Po-ling Ts'ui Family*.（《早期中华帝国的贵族家庭: 博陵崔氏个案研究》）Cambridge: Cambridge University Press, 1978.

——*"Chu hsi's Family Rituals": A Twelfth-Century Manual for the Performance of Cappings, Weddings, Funerals, and Ancestral Rites*.（《朱熹的"家礼": 中国十二世纪的礼仪行为指南》）Princeton: Princeton University Press, 1991.

——"The Early Stages in the Development of Descent Group Organization."（早期继嗣组织的演变）In *Kinship Organization in Late Imperial China*.（《中华帝国晚期的亲属组织: 1000—1940》）edited by idem and James L. Watson.（华琛）Berkeley: University of California Press, 1986, pp. 16–61.

——"Education Through Ritual: Efforts to Formulate Family Rituals During the Sung Period."（礼以教人: 宋代家礼的编纂）In *Neo-Confucian Education: The Formative Stage*（《成型阶段的宋儒教育》）, edited by John Chaffee（贾志扬）and Wm. Theodore de Bary（狄百瑞）. Berkeley: University of California Press, 1989, pp. 277–306.

——*Family and Property in Sung China: Yuan Ts'ai's Precepts for Social Life.* (《中国宋代家族与财产:袁采对社会生活的训诫》) Princeton: Princeton University Press, 1984.

——"Neo-Confucianism and the Chinese Shih-ta-fu." (《新儒学与中国士大夫》) *American Asian Review* (《美国亚洲评论》) 4, no. 1(1986): 34 - 43.

——"T'ang Guides to Verbal Etiquette." (唐代书仪) *Harvard Journal of Asiatic Studies* (《哈佛亚洲研究学报》) 45, no. 2(1985): 581 - 614.

Ebrey, Patricia Buckley(伊沛霞), and James L. Watson. (华琛) "Introduction." (导言) In *Kinship Organization in Late Imperial China* (《中华帝国晚期的宗族组织》), edited by idem. Berkeley: University of California Press, 1986, pp. 1 - 13.

Egan, Ronald C. (艾朗诺) *The Literary Works of Ou-Yang Hsiu* (1007—1072) (《欧阳修的文学作品》), Cambridge: Cambridge University Press, 1984.

——"Ou-yang Hsiu and Su Shih on Calligraphy." (欧阳修与苏轼论书法) *Harvard Journal of Asiatic Studies* (《哈佛亚洲学报》) 49, no. 2(1989): 365 - 420.

——"Poems on Paintings: Su Shih and Huang T'ing-chien." (题画诗:苏轼与黄庭坚) *Harvard Jounal of Asiatic Studies* (《哈佛亚洲学报》) 49, no. 2(1989): 365 - 420.

——"Poems on Paintings: Su Shih and Huang T'ing-chien." (论画诗:苏轼与黄庭坚) *Harvard Journal of Asiatic Studies* (《哈佛亚洲学报》) 43, no. 2(1983): 413 - 51.

Ennin. (义净) *Ennin's Diary: The Record of a Pilgrimage to China in Search of the Law* (《入唐求法巡礼行记》), translated from the Chinese by Edwin O. Reischauer. (赖肖尔) New York: Ronald Press, 1955.

Fang, Achilles. (方志彤) *The Chronicle of the Three Kingdoms.* (《资治通鉴》中的三国编年(魏纪)(英译和注释)) 2 vols. Harvard-Yenching Institute Studies, 6. (哈佛燕京学社研究系列丛书第六卷) Cambridge: Harvard-Yenching Institute, 1952.

——"Rhymeprose on Literature." (《文赋》) *Harvard Journal of Asiatic Studies* (《哈佛亚洲研究学报》) 14 (1951): 527 - 66.

Fisher, Carney T. (费克光) "The Ritual Dispute of Sung Ying-tsung." (宋英宗时期的礼制论争) *Papers in Far Eastern History* (《远东史研究集刊》) 36(1987): 109 - 38.

Freeman, Michael D. "Loyang and the Opposition to Wang An-shih: The Rise of Confucian Conservatism, 1068 - 1086." (洛阳与王安石的反对派:1068—1086 儒家保守主义的兴起) Ph. D. dissertation, Yale University, 1973.

Fuller, Michael. (傅君劢) "Review of Ronald C. Egan, The Literary Works of Ou-

Yang Hsiu."(评艾朗诺《欧阳修的文学作品》)*Bulletin of Sung and Yuan Studies*(《宋元研究通报》)19(1988):50-73.

——*The Road to East Slope*:*The Development of Su Shih's Poetic Voice*.(《东坡之路:苏轼诗歌的发展》)Stanford:Stanford University Press,1990.

Fung Yu-lan.(冯友兰)*History of Chinese Philosophy*(《中国哲学史》),translated by Derk Bodde.(卜德)Vol. 2. Princeton:Princeton University Press,1953.

Gardner, Daniel K.(丹尼尔·加德纳)*Chu hsi and the "Ta-hsueh"*:*Neo-Confucian Reflection on the Confucian Canon*.(《朱熹与〈大学〉:新儒家对儒家经典的反思》)Cambridge:Harvard University, Council on East Asian Studies, 1986.

——"Transmitting the Way:Chu hsi and His Program of Learning."(传道:朱熹和他的为学计划)*Harvard Journal of Asiatic Studies*(《哈佛亚洲研究学报》)49, no. 2(1989):141-72.

Ge Xiaoyin.(葛晓音)"The Relationship Between T'ang Literary Innovation and the Evolution of Confucianism."(古文革新与儒道关系的演变)*Social Sciences in China*(《中国社会科学》), Winter 1989:162-90.

Gentzler, Jennings Mason.(根兹勒·马森)"A Literary Biography of Liu Tsung-yuan, 773-819."(柳宗元文学传记)Ph. D. dissertation, Columbia University, 1966.

Ginzberg, Stanley M.(金斯伯格·斯坦利)"Alienation and Reconciliation of a Chinese Poet:The Huang-zhou Exile of Su Shi."(《一位中国诗人的疏离与妥协:苏轼的黄州之贬》)Ph. D. dissertation, Uviversity of Wisconsin, 1974.

Graham, A. C.(葛瑞汉)*Two Chinese Philosophers*.(《两位中国哲人》)London:Lund Humphries, 1958.

——"What Was New in the Ch'eng-Chu Theory of Human Nature?"(程朱人性论新义)In *Chu hsi and Neo-Confucianism*(《朱熹与新儒学》), edited by Wing-tsit Chan(陈荣捷). Honolulu:University of Hawaii Press, 1986, pp. 138-57.

Gregory, Peter N. "Tsung-mi and Neo-Confucianism."(宗密与新儒学)Paper for the Symposium on Religion and Society in China, 750-1300(中国宗教与社会研讨会750—1300,会议论文). University of Illinois, Champaign-Urbana, Fall 1988.

——"Tsung-mi and the Buddhist Antecedents of Chu hsi's Critique of Buddhism."(宗密和佛教内部对朱熹斥佛的理论先导)Paper for the panel Ch'an and the Development of Neo-Confucianism(禅宗与新儒学的发展会议论文). Annual Meeting of the Association for Asian Studies, Boston, 1987.

Haeger, John Winthrop.(约翰·海格)"The Significance of Confusion:The Origins of the T'ai-p'ing yu-lan."(乱世的意义:《太平御览》的源起)*Journal of the American Oriental Society*(《美国东方学会会刊》)88(1968):401-10. 195 页

Hakeda, Yoshito S. （羽毛田义人）*Kukai: Major Works, Translated, with an Account of His Life and a Study of His Thought.* (《空海作品及生平思想研究》)New York: Columbia University Press, 1972.

Hartman, Charles. （蔡涵墨）*Han Yu and the T'ang Search for Unity.* (《韩愈和唐对统一的寻求》) Princeton: Princeton University Press, 1986.

——"Su Shih and Literary Persecution in Northern Sung."（苏轼和北宋的文字狱）Paper for the panel History, Poetry, and Politics in Imperial China. Annual Meeting of the Association for Asian Studies,（美国亚洲年会"中华帝国历史、诗歌和政治"小组论文）Washington, D. C., March 1989.

Hartwell, Robert M. （郝若贝）"Demographic, Political, and Social Transformations of China, 750—1550."（750—1550 年中国的人口、政治和社会转型）*Harvard Journal of Asiatic Studies* ((《哈佛亚洲研究学报》)42, no. 2(1982): 365-442.

——"Financial Expertise, Examinations, and the Formulation of Economic Policy in Northern Sung China."（北宋的理财、科举和经济政策的制定）*Journal of Asian Studies* (《亚洲研究杂志》)30(1971): 281-314.

——"Historical Analogism, Public Policy, and Social Science in Eleventh and Twelfth Century China."（《中国十一、十二世纪的以史为鉴、公共政策和社会科学》）*American Historical Review* (美国历史评论)76, no. 3(1971): 690-727.

Hatch, George C., Jr. （贺巧治）"Historical Thought in the Statecraft of Su Hsun."（苏洵治国之术中的历史思考）Paper for the conference volume from the Workshop on Sung Dynasty Statecraft in Thought and Action(《"宋代经世思想与行动"工作坊论文集》), Scottsdale, Arizona, Jan. 1986, edited by Robert Hymes（韩明士）and Conrad Schirokauer(谢康伦).

——"Su Hsun."(《苏洵》)In *Sung Biographies* （宋代人物传记）, edited by Herbert Franke. （傅海波）Wiesbaden: Franz Steiner Verlag, 1976, pp. 885-900.

——"Su Shih"(《苏轼》)In *Sung Biographies* （宋代人物传记）, edited by Herbert Franke. （傅海波）Wiesbaden: Franz Steiner Verlag, 1976, pp. 900-968.

——"Su-shih I-chuan."(《苏轼易传》)In *A Sung Bibliography* (《宋代研究书目》), edited by Y. Hervouet. （吴德明）Hong Kong: Chinese University Press, 1978, pp. 4-9.

——"The Thought of Su Hsun (1009-1066): An Essay on the Social Meaning of Intellectual Pluralism in Northern Sung."(《苏洵思想:北宋思想多元主义的社会意义》)Ph. D. dissertation, University of Washington, 1978.

Herbert, P. A. （何汉心）"Civil Service in China in the Latter Half of the Seventh Century."(7 世纪后期的文官机构)*Papers on Far Eastern History* (《远东史研究集刊》) 13(1976): 1-40.

——"T'ang Dynasty Objections to the Centralized Selection System."（唐朝对中央选官制的反对）*Papers on Far Eastern History*（《远东史研究集刊》）33（1986）：83-88.

Hightower, James Robert.（海陶玮）"Han Yu as a Humorist."（幽默家韩愈）*Harvard Journal of Asiatic Studies*（《哈佛亚洲研究学报》）44, no. 1（1984）：5-27.

——"The Wen hsuan and Genre Theory."（《〈文选〉和文体理论》）*Harvard Journal of Asiatic Studies*（《哈佛亚洲研究学报》）20（1957）：512-33.

Holzman, Donald.（侯思孟）"Confucius and Ancient Chinese Literary Criticism."（孔子与中国古代文学批评）In *Chinese Approaches to Literature from Confucius to Liang Ch'i-ch'ao*（《中国的文学观：从孔子到梁启超》），edited by Adele Rickett（李又安）. Princeton：Princeton University Press, 1978, pp. 21-41.

Hiseh, San-yuan.（谢善元）*The Life and Thought of Li Kou*（1009-1069）.（《李觏之生平与思想》）San Francisco：Chinese Materials Center, 1979.

Huang, Ch'ing-lien.（黄清涟）"The Recruitment and Assessment of Civil Service Officials Under the T'and Dynasty."（《唐代文官的选任》）Ph. D. dissertation, Princeton University, 1986.

Huang Kan.（黄榦）"General Introduction to the tao-t'ung Transmission of Sages and Worthies"（《圣贤道统传授总叙说》）Reprinted in *Shushigaku taikei*（《朱子学体系》）10：432-33.

Hughes, E. R.（休士）"Epistemological Methods in Chinese Philosophy."（《中国哲学的认识论方法》）In *The Chinese Mind：Essentials of Chinese Philosophy and Culture*（《中国心灵：中国哲学文化基础》），edited by Charles A. Moore Honolulu：University of Hawaii Press, 1967, pp. 77-103.

Hung, William.（洪业）"A Bibliographic Controversy at the T'ang Court A. D. 719."（唐代朝廷719年的书目之争）*Harvard Journal of Asiatic Studies*（《哈佛亚洲研究学报》）20（1957）：74-134.

Hymes, Robert P.（韩明士）"Lu Chiu-yuan, Academies, and the Problem of the Local Community."（陆九渊、书院与地方乡社的难题）In *Neo-Confucian Education：The Formative Stage*（《成型阶段的宋儒教育》），edited by John Chaffee(贾志扬) and Wm. Theodore de Bary(狄百瑞). Berkeley：University of California Press, 1989, pp. 432-56.

——*Statesmen and Gentlemen：The Elite of Fu-chou, Chiang-hsi, in Northern and Southern Sung*.（《官宦与绅士：两宋抚州、江西的精英》）Cambrideg：Cambridge University Press, 1986.

Jan Yun-hua.（冉云华）"Ch'I-sung."（《契嵩》）In Sung Biographies(《宋代传记系列

丛书》), edited by Herbert Franke. (傅海波)

Johnson, David. (姜士彬) "The Last Years of a Great Clan: The Li Family of Chao Chun in the Late T'ang and Early Sung." (一个世家大族的最后岁月:晚唐宋初的赵郡李氏研究) *Harvard Journal of Asiatic Studies* (《哈佛亚洲研究学报》) 37, no. I (1977):5 – 102.

——*The Medieval Chinese Oligarchy* (《中国中世的门阀政治》). Boulder, Colo.: Westview, 1977.

Johnson, Wallace. (华莱士·约翰逊) trans. *The T'ang Code*, vol. I, General Principles. (《唐律》英译本,第一册"名例") Princeton: Princeton Universtiy Press, 1979.

Jullien, Francois. (于连) "L'Oeuvre et l'univers: Imitation ou deploiement (limites à une conception mimetique de la création littéraire dans la tradition chinoise)." (《作品与宇宙:模仿还是展开(中国传统中模仿观念的局限)》*Extrême Orient, Extrême Occident* (《远东—远西》)(1984): 37 – 88.

Karlgren, Bernard. (高本汉) "The Book of Documents." (《尚书》英译) *Bulletin of the Museum of Far Eastern Antiquities* (《瑞典远东博物馆馆刊》) 22 (1950): 1 – 81.

Kasoff, Ira Ethan. (葛艾儒) *The Thought of Chang Tsai (1020 – 1077)*. (《张载的思想 1020—1077》) Cambridge: Cambridge University Press, 1984.

Kelleher, M. Theresa. (泰蕾莎·凯乐) "Chu hsi and Public Instruction." (朱熹与公共教育) In *Neo-Confucian Education: The Formative Stage* (《成型阶段的宋儒教育》), edited by John Chaffee(贾志扬)and Wm. Theodore de Bary. (狄百瑞) Berkeley: University of California Press, 1989, pp. 219 – 51.

Knechtges, David R. (康达维), trans. Xiao Tong, comp. *"Wen xuan" or Selections of Refined Literature, Rhapsodies on Metropolises and Capitals*, vol. I. (萧统编《文选》英译本,第一册"京都赋") Princeton: Princeton Unviersity Press, 1982.

Kracke, E. A, Jr. (柯睿格) *Civil Service in Early Sung China*. (《宋初文官制度》) Cambridge: Harvard University Press, 1953.

——"Family vs. Merit in Chinese Civil Service Examinations Under the Empire." (中华帝国科举考试中的家世与才学) *Harvard Journal of Asiatic Studies* (《哈佛亚洲研究学报》) 10(1947): 103 – 23.

Labadie, John Richard. (约翰·拉巴迪) "Rulers and Soldiers: Perceptions and Management of the Military in Northern Sung China (960 – ca. 1060)." (统治者与士兵:北宋对军事的认识与管理) Ph. D. dissertation, University of Washington, 1981.

Lamont, H. G. (拉蒙特) "An Early Ninth Century Debate on Heaven: Liu Tsung-yuan's T'ien shuo and Liu Yu-hsi's T'ien lun, an Annotated Translation and Introduction."（九世纪初关于"天"的一场论争：柳宗元《天说》和刘禹锡《天论》注译导读）*Asia Major*《亚洲专刊》18(1973)：181-208；19(1974)：37-85.

Lau, D. C.（刘殿爵）trans. *The Analects*.（《论语》英译）Harmondsworth, Eng.：Penguin Books, 1979.

——*Lao Yzu, Tao Te Ching*.（《老子》英译）Harmondsworth, Eng.：Penguin Books, 1963.

——*Mencius*.（《孟子》英译）Harmondworth, Eng.：Penguin Books, 1970.

LeGros Clark, Cyril Drummond（李高洁）, trans. *The Prose-Poetry of Su Tung-p'o*（《苏东坡赋》）. London：Kegan Paul, 1935.

——*Selections from the Works of Su Tung-p'o*（《苏东坡集选译》）. London：Jonathan Cape, 1931.

Lee, Thomas H. C.（Li Hung-ch'I 李弘祺）. *Government Education and Examinations in Sung China*.（《宋代官学教育与科举》）, Hong Kong：Chinese University Press, 1985.

Legge, James（理雅各）, trans. *The Chinese Classics*. 5 vols.（《中国经典》第5卷）Oxford：Clarendon Press, 1983-1895. Reprinted-Hong Kong：Hong Kong University Press, 1970.

Lin Yu-tang.（林语堂）*The Gay Genius：The Life and Times of Su Tungpo*.（《苏东坡传》）New York：John Day, 1947.

Liu I-ch'ing.（刘义庆）"*Shih-shuo Hsin-yu*"：*A New Account of Tales of the World, by Liu I-ch'ing with commentary by Liu Chün*（英译刘义庆《世说新语》刘峻注）, translated by Richard B. Mather.（马瑞志）Minneapolis：University of Minnesota Press, 1976。

Liu, James T. C.（刘子健）"An Early Sung Reformer：Fan Chung-yen."（宋初改革家范仲淹）In *Chinese Thought and Institutions*（《中国思想与制度》）, edited by John K. Fairbank.（费正清）Chicago：Chicago University Press, 1957, pp. 105-31.

——"How Did a Neo-Confucian School Become the State Orthodoxy?"（一个新儒家学派如何成为国家正统思想）*Philosophy East nd West*（《中西方哲学》）23(1973)：483-505.

——*Ou-Yang Hsiu：An Eleventh Century Neo-Confucianist*.（《欧阳修：十一世纪的新儒家》）Stanford：Stanford University Press, 1967.

——*Reform in Sung China：Wang An-shih*（1021—1086）*and His New Policies*.（《中国宋代的改革：王安石及其新法》）Cambridge：Harvard University Press, 1959.

—"Sung Views on the Control of Government Clerks."(宋人对吏治的看法)*Journal of the Economic and Social History of the Orient*(《东方经济与社会史杂志》)10, no. 2/3 (1967):317 - 44.

Liu, James J. Y.（刘若愚）*Chinese Theories of Literature*.(《中国文学理论》) Chicago:University of Chicago Press, 1975.

Liu, Shih Shun.（刘师舜）*Classical Chinese Prose*.(《中国古典散文》) Hong Kong:Chinese University Press, 1979.

Lo, Winston W.（罗文）*An Introduction to the Civil Service of Sung China:With Emphasis on Its Personnel Administration*.(《中国宋代文官制度介绍:以人事管理为中心》)Hononlulu:University of Hawaii Press, 1987.

—"A New Perspective on the Sung Civil Service."(宋代文官制度之新见)*Journal of Asian History*(《亚洲史杂志》)17(1983):1 - 26.

—"Philology:An Aspect of Sung Rationalism."(训诂学:宋代理性主义的一个面向)*Chinese Culture*(《中国文化》) 17(1976):1 - 26

—"Provincial Governments in Sung China."(宋代地方政府)*Chinese Culture*(《中国文化》)19, no. 4 (1978):19 - 45.

—*Szechwan in Sung China:A Case Study in the Political Integration of the Chinese Empire*.(《宋代四川:中华帝国政治统一的一个个案》)Taipei:University of Chinese Culture Press, 1982.

—"Wang An-shin and the Confucian Ideal of Inner Sageliness."(王安石与儒家内圣思想)*Philosophy East and West*《东西方哲学》26, no. 1(1976):41 - 53.

Loon, Piet van der.（龙彼得）*Taoist Books in the Libraries of the Sung Period*.(《宋代收藏道书考》)London:Ithaca Press, 1984.

Lynn, Richard John.（林理彰）"Chu hsi as Literary Theorist and Critic."(作为文学理论家和批评家的朱熹)In *Chu hsi and Neo-Confucianism*(《朱熹和新儒学》), edited by Wing-tsit Chan(陈荣捷). Honolulu:University of Hawaii Press, 1986, pp. 337 - 96.

March, Andrew.（马尔奇）"Self and Landscape in Su Shih"(苏轼作品中的自我与山水)*Journal of the American Oriental Society*(《美国东方学会会刊》)86(1966):377 - 96

Marney, John. *Liang Chien-wen Ti*.(《梁简文帝》)Boston:Twayne, 1976.

Mather, Richard B.（马瑞志）*The Poet Shen Yueh (441 - 513):The Reticent Marquis*.(《诗人沈约(隐侯)》)Princeton:Princeton University Press, 1988.

McCullough, Helen Craig.（海伦·麦卡洛）*Brocade by Night:Kokin Wakashū and the Court Style in Japanese Classical Poetry*.(《夜锦:〈古今和歌集〉与日本古典诗歌的宫廷风格》)Stanford:Stanford University Press, 1985. 115 页?

McMullen, David L. （麦大维）"Han Yu: An Alternative Picture."（韩愈：另一幅画像）*Harvard Journal of Asiatic Studies*（《哈佛亚洲研究学报》）49, no. 2(1980): 603-57.

——"Historical and Literary Theory in the Mid-Eighth Century."（八世纪中期的历史和文学理论）In *Perspectives on the T'ang*（《唐代研究面面观》）, edited by Arthur F. Wright(芮沃寿) and Denis Twitchett（杜希德）. New Haven: Yale University Press, 1973, pp. 307-42.

——*State and Scholars in T'ang China*. （《唐代的国家与学者》）Cambridge: Cambridge University Press, 1988.

Metzger, Thomas A. （墨子刻）"Was Neo-Confucianism 'Tangential' to the Elite Culture of Late Imperial China?"（新儒学是否对中华帝国晚期的精英文化无关紧要?）*American Asian Review*（《美国亚洲评论》）4, no. 1(1986): 1-33.

Miyakawa Hisayuki(宫川尚志). "An Outline of the Naitō Hypothesis and Its Effects on Japanese Studies of China."（内藤假说及其对日本中国学的影响）*Far Eastern Quarterly*（《远东季刊》）14, no. 4(1955): 533-52.

Mote, Frederick W. （牟复礼）"Confucian Eremitism in the Yuan Period."（元代的儒隐）In *The Confucian Persuasion*（《儒家信念》）edited by Arthur F. Wright(芮沃寿). Stanford: Stanford University Press, 1960, pp. 202-40.

Murck, Christian. （孟克文）"Su Shih's Reading of the Chung-yung."（苏轼对《中庸》的解读）In *Theories of the Arts in China*（《中国艺术理论》）, edited by Susan Bush(卜寿珊) and Christian Murck(孟克文). Princeton: Princeton University Press, 1983, pp. 267-92.

Nienhauser, William H., Jr. （倪豪士）, Charles Hartman(蔡涵墨), William Bruce Crawford, Jan W. Walls(王健) and Lloyd Neighbors(李柏思) *Liu Tsung-Yuan* (《柳宗元》). New York: Twayne Publishers, 1973.

Ninji Ofuchi. （大渊忍尔）"The Formation of the Taoist Canon."（《道藏的编纂》）In *Facets of Taoism: Essays in Chinese Religion*,（《道教面面观：中国宗教论文集》）edited by Holmes Welch（尉迟酣）and Anna Seidel(索安). New Haven: Yale University Press, 1979, pp. 253-68.

Nivison, David S. （倪德卫）"Introduction."（导言）In *Confucianism in Action*（《儒家思想的实践》）, edited by idem and Arthur F. Wright（芮沃寿）, Stanford: Stanford University Press, 1959, pp. 3-24.

——"The Problem of 'Knowledge' and 'Action' in Chinese Thought Since Wang Yang-ming."（王阳明以来中国思想的"知"、"行"问题）In *Studies in Chinese Thought*（《中国思想研究》, edited by Arthur F. Wright（芮沃寿）. Chicago: University of Chicago Press, 1953, 112-45.

Owen, Stephen(宇文所安). *The Great Age of Chinese Poetry*：*The High T'ang*. (《盛唐诗》) New Haven：Yale University Press，1981.

—— *The Poetry of Meng Chiao and Han Yu*. (《孟郊和韩愈的诗歌》) New Haven：Yale University Press，1975.

—— *The Poetry of the Early T'ang*. (《初唐诗》) New Haven：Yale University Press，1977.

—— *Readings in Chinese Literary Thought*. (《中国文论：英译与评论》) Cambridge：Harvard University, Council on East Asian Studies，forthcoming.

—— *Remembrances*：*The Experience of the Past in Classical Chinese Literature*. (《追忆：中国古典文学中的往事再现》, Cambridge：Harvard University Press，1986.

—— *Traditional Chinese Poetry and Poetics*：*Omen of the World*. (《中国传统诗歌与诗学：世界的征象》, Madison：University of Wisconisn Press，1985.

Peterson, Charles A. "Court and Province in Mid-and LateT'ang." (《中晚唐的朝廷与地方》) In *The Cambridge History of China* (《剑桥中国史》). General editors Denis Twitchett(杜希德) and John K. Fairbank. (费正清) Vol. 3, *Sui and T'ang China*, 589 – 906, Part I, (第三卷隋唐史第一章) edited by Denis Twitchett. (杜希德) Cambridge：Cambridge University Press，1979, pp. 464 – 560.

Peterson, Willard J. (裴德生) "Another Look at Li." ("理"之再探) *Bulletin of Sung and Yuan Studies* (宋元研究通报) 18 (1986)：13 – 32.

—— "Confucianism in the Ming Dynasty." (明代儒学) Draft chapter for *The Cambridge History of China*. (《剑桥中国史》) General editors Denis Twitchett (杜希德) and John K. Fairbank. (费正清) Vol. 7, *The Ming Dynasty*, 1368 – 1644, Part II. Forthcoming.

—— "Squares and Circles：Mapping the History of Chinese Thought." (方圆：中国思想史地图) *Journal of the History of Ideas* (《思想史杂志》) 49, no. 1(1988)：47 – 60.

Pollard, David. (卜立德) "Ch'i in Chinese Literary Theory." (中国文学理论中的气) In *Chinese Approaches to Literature from Confucius to Liang Ch'i ch'ao* (《中国的文学观：从孔子到梁启超》), edited by Adele Rickett. (李又安) Princeton：Princeton University Press，1978.

Pulleyblank, Edwin G. (蒲立本) *The Bakground of the Rebellion of An Lu-shan*. (《安禄山叛乱的背景》) London：Oxford University Press，1965.

—— "Chinese Historical Criticism：Liu Chih-chi and Ssu-ma Kuang." (中国的史学批评：刘知几与司马光) In *Historians of China and Japan* (《中国和日本的史学家》), edited by W. G. Beasley and E. G. Pulleyblank(蒲立本). London：Oxford University Press，1961, pp. 135 – 66.

——"Liu K'o, a Forgotten Rival of Han Yü."(刘轲:一位被遗忘的才敌韩愈的文人) *Asia Major*(《亚洲专刊》), new series, 7(1959):143-60.

——"Neo-Confucianism and Neo-Legalism in T'ang Intellectual Life, 755-805."(唐代思想生活中的新儒家与新法家) In *The Confucian Persuasion*(《儒家信念》), edited by Arthur F. Wright(芮沃寿). Stanford: Stanford University Press, 1960, pp. 77-114.

Rotours, Robert des.(戴何都) *Le Traite des examens, traduit de la "Nouvelle Histoire des T'ang."*(《新唐书·选举志》选译) Paris: Libraire Ernest Leroux, 1932.

Sariti, Anthony.(萨立中)"Monarchy, Bureaucracy and Absolutism in the Political Thought of Ssu-ma Kuang."(司马光政治思想中的君主、官员和专制主义) *Journal of Asian Studies*(《亚洲研究杂志》)32, no. 1(1972):53-76.

Schafer, Edward H.(薛爱华)"Wu Yun's 'Cantos on Pacing the Void.'"(吴筠的《步虚词》) *Harvard Journal of Asiatic Studies*(《哈佛亚洲研究学报》)41, no. 2 (1981):377-415.

Schwartz, Benjamin I.(史华兹)"Some Polarities in Confucian Thought."(儒家思想中的一些两极对立概念) In *Confucianism in Action*(《儒家思想的实践》), edited by David S. Nivison(倪德卫) and Arthur F. Wright.(芮沃寿) Stanford: Stanford University Press, 1959, pp. 50-62.

——*The World of Thouugh in Ancient China*.(《中国古代思想世界》) Cambridge: Harvard University Press, Belknap Press, 1985.

Shih, Vincent Yu-chung,(施友忠) trans. *The Literary Mind and the Carving of Dragons, by Liu Hsieh: A Study of Thought and Pattern in Chinese Literature*. (刘勰《文心雕龙》英译本) New York: Clumbia University Press, 1959.

Smith, Kidder, Jr.(苏德恺)"Ch'eng I and the Pattern of Heaven and Earth." In *Sung Dynasty Uses of the I Ching*,(《宋代对〈易经〉的运用》) by idem, peter K. Bol(包弼德), Joseph A. Adler(艾周思)and Don J. Wyatt. Princeton: Princeton University Press, 1990, pp. 136-68.

Smith, Kidder, Jr. ,(苏德恺) and Don J. Wyatt, "Shao Yung and Number."(《邵雍与数术》) In Sung Dynasty Uses of the I Ching,(《宋代对〈易经〉的运用》)by Kidder Smith, Jr. ,(苏德恺) Peter K. Bol,(包弼德) Joseph A. Adler,(艾周思) and Don J. Wyatt. Princeton: Princeton University Press, 1990, pp. 100-135.

Smith, Paul J.(史乐民)"State Power and Economic Activism During the New Policies, 1068—1085: The Tea and Horse Trade and the 'Green Shoots' Loan Policy."(新法期间的国家权力与经济激进主义:茶马交易和青苗法)In *Ordering the World: Approaches to State and Society in Sung Dynasty China*(《燮理天下:

中国宋代通向国家和社会的道路》), edited by Robert P. Hymes(韩明士) and Conrad Schirokauer(谢康伦). Berkeley: University of California Press, forthcoming.

Somers, Robert M. (罗伯特·萨默斯) "Time, Space, and Structure in the Consolidation of the T'ang Dynasty (A.D. 617-700)."(唐朝巩固过程中的时间、空间和结构 617—700) *Journal of Asian Studies*(《亚洲研究杂志》)45(1986): 971-94.

Strickmann, Michel(司马虚). "The Longest Taoist Scripture."(《最长的道教经典》) *History of Religions*(《宗教史》)17 (1978): 331-54.

A Sung Bibliography(《宋代书目》), edited by Yves Hervouet(吴德明) Initiated by Etienne Balazs.(白乐日) Hong Kong: Chingese University Press, 1978.

T'ang Chün-i.(唐君毅) "The Spirit and Development of Neo-Confucianism."(新儒学的精神及其发展) *Inquiry*(《探讨:跨学科哲学杂志》)14(1971): 56-83.

Tillman, Hoyt. (田浩) "Southern Sung Confucianism."(南宋儒学) Draft chapter for *The Cambridge History of China*(《剑桥中国史》.) General editors Denis Twichett(杜希德) and John K. Fairbank. (费正清) Vol. 4, *Sung China*, edited by Denis Twitchett. (第四册"宋史",杜希德主编) Cambridge: Cambridge University Press, forthcoming.

——*Utilitarian Confucianism: Ch'en Liang's Challenge to Chu hsi*.(《功利主义儒家:陈亮向朱熹的挑战》) Cambridge: Harvard University, council of East Asian Studies, 1982.

Tsien, Tsuen-hsuin. (钱存训) Paper and Printing: Chemistry and Chemical Technology, (造纸与印刷:化学和化学技术) part I. Joseph Needham(李约瑟), *Science and Civilization in China*(《中国科学技术史》), (vol. 5. Cambridge: Cambridge University Press, 1985.

Tu Wei-ming. (杜维明) "Neo-confucian Ontology: A Preliminary Questioning."(新儒学本体论初探) Reprinted in idem, *Confucian Thought: Selfhood as Creative Transformation*.(《儒家思想新论:创造性转换的自我》) Albany: State University of New York Press, 1985, pp. 149-150.

——"Neo-Confucian Religiosity and Human-relatedness."(新儒家的宗教信仰和人际关系) Reprinted in idem, *Confucian Thought: Selfhood as Creative Transformation*. (《儒家思想新论:创造性转换的自我》) Albany: State University of New York Press, 1985.

Twitchett, Denis C. (杜希德) "The Bureaucracy."(唐代官制)1985. Draft chapter for *The Cambridge History of China*. (《剑桥中国史》) General editors idem and John K. Fairbank(费正清). Vol. 3, *Sui and T'ang China*, (第三卷"隋唐史"

589—906，Part II，edited by Denis Twitchett.（杜希德）Cambridge：Cambridge University Press，Forthcoming.

——"The Compoistion of the T'ang Ruling Class：New Evidence from Tunhuang."（唐代统治阶级的组成：来自敦煌的新证据）In *Perspectives on the T'ang*，(《唐代研究面面观》) edited by Arthur F. Wright（芮沃寿）and Denis Twitchett.（杜希德）New Haven：Yale University Press，1973，pp. 47‒85.

——"The Fan Clan's Charitable Estate，1050‒1760."（范氏家族的义庄 1050—1760）In *Confucianism in Action*（《儒家思想的实践》），edited by David S. Nivison（倪德卫）and Arthur F. Wright（芮沃寿）. Stanford：Stanford University Press，1959，pp. 97‒133.

——*Financial Administration Under the T'ang Dynasty*.（《唐代的财政管理》）Cambridge：Cambridge University Press，1970.

——"Hsuan-tsung（reign 712‒56）."（玄宗）In *The Cambridge History of China*.（《剑桥中国史》）General editors idem and John K. Fairbank（费正清）. Vol. 3，*Sui and T'ang China*，589‒906，Part I，(《第三卷"隋唐史"》) edited by Denis Twitchett.（杜希德）Cambridge：Cambridge University Press，1979，pp. 333‒463.

——"Provincial Autonomy and Central Finance in Late T'ang."（晚唐地方自治和中央财政）*Asia Major*（《亚洲专刊》），new series，II（1965）：211‒32.

Übelhör，Monika.（余蓓荷）"The Community Compact（Hsiang-yueh）of the Sung and Its Educational Significance."（宋代乡约及其教育意义）In *Neo-Confucian Education：The Formative Stage*（《成型阶段的宋儒教育》），edited by John Chaffee（贾志扬）and Wm. Theodore de Bary.（狄百瑞）Berkeley：University of California Press，1989，pp. 371‒88.

Umehara，Kaoru.（梅原郁）"Civil and Military Officials in the Sung：The Chi-lu-kuan System."（宋代的文武官员：寄禄官制度）*Acta Asiatica*（《亚洲学刊》）50（1986）：1‒30.

Vande Walle，W.（范德望）"Lay Buddhism Among the Chinese Aristocracy During the Period of the Southern Dynasties：Hsiao Tzu-liang（460‒490）and His Entourage."（南朝门阀与居士佛教：萧子良及其周围的人）*Orientalia Lovaniensia*（《鲁汶大学东方杂志》）10（1979）：275‒79.

VanZoeren，Steven.（范佐仑）"Poetry and Personality：A Study of the Hermeneutics of the Classics of Odes."（《诗与人性：〈诗经〉的语言学诠释》）Ph. D. dissertation，Harvard University，1987.

VonGlahn，Richard.（万志英）"Community and Welfare：Chu hsi's Community Granary in Theory and Practice."（《乡社与福利：朱熹的社仓理论与实践》）In

Ordering the World: Approaches to State and Society in Sung Dynasty China.(《燮理天下:中国宋代通向国家和社会的道路》) edited by Robert Hymes(韩明士) and Conrad Schirokauer.(谢康伦) Berkeley:University of California Press, forthcoming.

Waley, Arthur.(阿瑟·韦利) trans. *The Analects of Confucius*.(《论语》英译) London:George Allen & Unwin, 1938.

—— *The Book of Songs*(《诗经》英译). London:George Allen & Unwin, 1937.

Walton, Linda.(万安玲) "The Institutional Context of Neo-Confucianism: Scholars, Schools, and Shu-yuan in Sung-Yuan China."(宋元时期新儒学的制度环境:学者、学校和书院) In *Neo-Confucian Education: The Formative Stage*(《成型阶段的宋儒教育》, edited by John Chaffee(贾志扬) and Wm. Theodore de Bary(狄百瑞). Berkeley:University of California Press, 1989, pp. 457-92.

——"Kinship, Marriage, and Status in Song China: A Study of the Lou Lineage of Ningbo, c. 1950—1250."(宋代宗族、婚姻与身份地位:宁波楼氏谱系研究) *Journal of Asian History*(《亚洲历史研究》)18, no. I(1984):35-77.

WangGungwu.(王赓武) *The Structure of Power in North China During the Five Dynasties*.(五代时期北方中国的权力结构) Kuala Lumpur:University Of Malaya Press, 1963.

Watson, Burton,(华兹生) trans. *The Complete Works of Chuang Tzu*.(《庄子全译》)New York:Columbia University Press, 1969.

—— *Su Tung-p'o: Selections from a Sung Dynasty Poet*.(《苏东坡选集》) New York:Columbia University Press, 1965.

Watson, James L.(华琛) "Chinese Kinship Reconsidered: Anthropological Perspectives on Historical Research."(中国宗族关系再思考:人类学视野下的历史研究)With comments by Denis Twitchett(杜希德评点). *China Quarterly*(《中国季刊》)92(1982):589-627.

Wechsler, Howard J.(魏侯玮) *Mirror to the Son of Heaven: Wei Cheng at the court of T'ang T'ai-tsung*.(《天子之鉴:魏征在太宗朝》) New Haven:Yale University Press, 1975.

—— *Offerings of jade and silk: ritual and symbol in the legitimation of the T'ang dynasty*.(《玉帛之奠:唐朝正统化的仪式与象征》) New Haven:Yale University Press, 1985.

Weinstein, Stanley.(斯坦利·威斯坦因) *Buddhism Under the T'ang*.(《唐代佛教》) Cambridge:Cambridge University Press, 1987.

——"Imperial Patronage in the Formation of T'ang Buddhism."(唐代佛教形成过程中的皇室支持) In *Perspectives on the T'ang*,(《唐代研究面面观》) edited by Arthur

F. Wright(芮沃寿) and Denis Twitchett(杜希德). New Haven: Yale University Press, 1973, pp. 265–306.

Wilhelm, Richard(卫礼贤), trans. *The I Ching*. (《易经》) Rendered into English from German by Cary F. Baynes. (由卡瑞·拜恩斯英译) Princeton: Princeton University Press, 1967.

Williamson, H. R. (威廉森) *Wang An-shih: A Chinese Statesman and Educationalist of the Sung Dynasty*. (《王安石：中国宋朝的政治家和教育家》) 2 vols. London: Probsthain, 1935, 1937.

Wood, Alan Thomas. (艾兰·伍德) "Politics and Morality in Northern Sung China: Early Neo-Confucian Views on Obedience to Authority." (《中国北宋的政治与道德：早期新儒家关于尊王的看法》) Ph. D. dissertation, University of Washington, 1981.

Worthy, Edmund Henry, Jr. (埃德蒙·沃西) "The Founding of Sung China, 950–1000: Integrative Changes in Military and Political Institutions." (《中国宋朝的建立 950—1000：军事与政治制度中的综合变化》) Ph. D. dissertation, Princeton University, 1976.

Wright, Arthur F. (芮沃寿) "T'ang T'ai-tsung and Buddhism." (唐太宗与佛教) In *Perspectives on the T'ang*, edited by idem and Denis Twitchett. (杜希德) New Haven: Yale University Press, 1973, pp. 239–63.

YenChih-t'ui. (颜之推) *Family Instruction for the Yen Clan (Yen-shih chia-hsun)* (英译《颜氏家训》), translated, with annotations and an introduction, by Teng Ssu-yu(邓嗣禹). Leiden: E. J. Brill, 1968.

Yoshilawa Kojiro. (吉川幸次郎) *An Introduction to Sung Poetry* (《宋诗概说》), translated by Burton Watson. (华兹生) Cambridge: Harvard University Press, 1967.

Yu, Pauline. (余宝琳) "Poems in Their Place: Collections and Canons in Early Chinese Literature." (《诗歌的定位：早期中国文学的选集与经典》) *Harvard Journal of Asiatic Studies* (《哈佛亚洲研究学报》) 50, no. 1(1990): 163–96.

——*The Reading of Imagery in the Chinese Poetic Tradition*. (《中国诗歌传统的意象解读》) Princeton: Princeton University Press, 1987.

Yu Ying-shih. (余英时) "Some Preliminary Observations on the Rise of Ch'ing Confucian Intellectualism." (清代儒家智识主义的兴起初论) *Tsing-hua Journal of Chinese Studies* (《清华学报》) 11, no. 1/2 (1975): 105–46.

Zurcher, Erik. (许理和) "Buddhism and Education in T'ang Times." (唐代的佛教和教育) *Neo-Confucian Education: The Formative Stage* (《成型阶段的宋儒教育》), edited by John Chaffee(贾志扬) and Wm. Theodore de Bary. (狄百瑞)

Berkeley: University of California Press, 1989, pp. 19 – 56.

——"Perspectives in the Study of Chinese Buddhism."（中国佛教研究的多重视角）*Journal of the Royal Asiatic Society*（《皇家亚洲会杂志》）1982, no. 2: 161 – 76.

索 引

页码后的"f"代表在下一页提到,"ff"代表在下两页提到,连续几页讨论某一概念、问题,用"—"表示,如"57—59"。"散见于"表示集中见于某几页,但并不连贯。

academic institutes 馆阁,17,78—79,151f. 又见"学校"
activism(yu-wei),有为 130f,169f,172,176,190—91,193,202,409n;王安石与有为,211,213,226,249
administrative apparatus 行政机构,41—44,46,54—55,68—69,171—72,333
Administrative Regulations Commission 官制局,247
An Lu-shan rebellion,安史之乱 24,41,45f,108,110,114f,238,332
ancient style,see ku-wen 古文
Andō Tomonobu,安藤智信 426n
anthologies 选集,86
antiquity(ku)上古,23—24,110—23,190,216f,258,366n,393n;复古,23f,158,196,366n;太古,24,88—89,225—26;不及于古,195—96,286,308f,311,316;上古,258
Aoyama Sadao 青山定雄,60,66,375n,378n,379n,381n,382n
apocryphal texts 谶纬,82,384n
Araki Toshikazu 荒木敏一,377n,378n
aristocracy 士族,33,35,36—48,51,76—78,335. 又见"族谱"、"门第"、"士"
artisan(kung)工,175,232
astrology/astronomy 星相学,81—82,197
atmosphere(feng-ch'i)风气,309

authority 权威,197,203f,206;集权,45—50,52,54,58;权威的分裂,45—46,332

barbarian 蛮夷,130,244,261

Barrett,Timothy,蒂莫西·巴雷特 138

belief(hsin)信;程颐论信,303,324,446n

benevolence 仁,见"仁"

"beyond the bounds,"方外,见"方外"(fang-wai)

bibliography 书目 81—84,198,384n

blacklists(党)籍,70,214,301

Buddhism 佛教,27,170,234,272,303,341;佛教和士学,10,18—22,359n;政教关系,18,363n;佛教的典籍传统,20,364n;灭佛,22;僧尼,22,363n,365n;禅宗,48,364n;方外,81,119,302;梁肃与佛教,119—20,396n;韩愈与佛教,散见于 126—36,141,267f;李翱与佛教,138—39;古文,165—66;反佛,182ff,186,226,405n;王安石与佛教,226,426;佛教与理 318,337,387n;权德舆与佛教,396n;唐代崇佛,396n;柳宗元与佛教,400n;晁迥与佛教,406n;官宦之家,4,32,34f,38,41,59—60,69—70,379n,381n

bureaucratic promotion in the Sung 宋代官员的升迁,215;官员升迁的举荐制,69,171,252,379n,381n;官员升迁中的年资制,171,215,218

bureaucratic recruitment:唐代的选官制,15f,37,42,44—46,361n,371n,372n,373n,374n;选官资格的规定,41f,54,332f,373n,374n;宋代的选官制,53—57,78f,151,154,217

bureaucracy,reform of 官制改革:庆历革新,171—72;司马光和王安石论官制改革,215—22,425n;新法中的官制改革,247—50;司马光的反对意见,250—52,433n;苏轼策论论官制改革,261—63

bureaucracy,structure of:in the T'ang 唐代官僚结构,41—44;唐代士人的自我赓续,44—46;宋代官僚结构,52—57,378n,379n,381n;宋代士人的自我赓续,67—71

Bureau for Commentaries on the Classics 经义局,248

Bureau of Astronomy 钦天监,78

Bureau of Military Affairs(Shu-mi yuan)枢密院,49,55,376n,377n

calendar 历法,194,197

calligraphy 书法,152—53,182f,258

centrality/being centered(chung)中,138,180f,188,234,253,319;中与常,141,204—6,259—61,269;柳宗元论中,141—43,144;中与和,235—36,242;中与情,289—90

Ch'a(examine)察,445n

Chaffee,John W.,69 贾志扬

索 引

Chan, Wing-tsit 陈荣捷, 318, 421n, 448n

Ch'an Buddhism 禅宗, 48, 364n

Chang Chi 张籍, 70, 123f, 126—27, 131f

Chang Chi-hsien 张集贤, 404n

Chang Chih-fu 章质夫, 279—80

Chang Chih-po 张知白, 409n

Chang Ching 张景, 408n

Chang Chiu-ling 张九龄, 111

Chang Fang-p'ing 张方平, 194, 410n, 412n

Chang Heng 张衡, 112

Chang Lei 张耒, 273, 441n

Chang Te-hsiang 章得象, 186

Chang Tsai 张载, 28, 30, 202, 300, 338, 415;《正蒙》, 210

Chang Wang-chih 章望之, 186f, 414n

Chang Yueh 张说, 17, 45, 111, 119, 366n, 393n, 394n, 408n

Chang Yung 张咏, 157—60, 165, 405n, 406n

ch'ang-li (constant pattern) 常理, 159, 309

Ch'ang-sun Wu-chi 长孙无忌, 16, 79, 389n

Changan 长安, 38

change (pien) 变, 260, 435

Change, Book of (I ching)《易经》, 79, 87, 95, 121, 136; 在讨论中使用《易经》, 25, 84, 95, 206, 280; 引用《易经》, 87, 95, 106;《易经》与科举, 192, 194, 248, 364n. 又见"五经"、"六经"

——欧阳修对《周易》的阐释, 179, 199; 李觏对《周易》的阐释, 185; 胡瑗对《周易》的阐释, 186; 苏洵对《周易》的阐释, 203; 王安石对《周易》的阐释, 225, 229ff, 428n; 司马光对《周易》的阐释散见于 235—42; 苏轼对《周易》的阐释, 257f, 282—84, 289; 程颐对《周易》的阐释, 313, 328; 王弼对《周易》的阐释, 318

Chao Chi 赵籍, 238

Chao K'uang-I 赵匡义, 见"宋太宗"

Chao K'uang-yin 赵匡胤, 见"宋太祖"

Chao P'u 赵普, 404n

Chao-chün Li clan 赵郡李氏, 38, 47, 67

Ch'ao Ch'ien-chih 晁谦之, 75

Ch'ao Chiung 晁迥, 61, 63ff, 380n, 406n

Ch'ao Ch'uan 晁佺, 61

Ch'ao Chung-hsun 晁仲询, 63f

Ch'ao Chung-ts'an 晁仲参,64

Ch'ao Chung-yen 晁仲衍,61—63

Ch'ao Ch'ung-chih 晁沖之,380n

Ch'ao family 晁氏家族,散见于60—75,以及379n,380n,381n,382n,384n

Ch'ao Hsien 晁宪,61,65

Ch'ao Hui 晁会,382n

Ch'ao Kou 晁遘,63

Ch'ao Kung-mai 晁公迈,70,75,380n

Ch'ao Kung-o 晁公谔,75

Ch'ao Kung-su 晁公遡,75

Ch'ao Kung-wei 晁公为,74—75

Ch'ao Kung-wu 晁公武,64,75,380n

Ch'ao Pu-chih 晁补之,散见于64—70,以及74,380n,383n,441n

Ch'ao Ts'o 晁错,67

Ch'ao Tsung-chien 晁宗简,63

Ch'ao Tsung-chih 晁宗之,380n

Ch'ao Tsung-ch'ueh 晁宗愨,61—63,64f

Ch'ao Tsung-ko 晁宗恪,64

Ch'ao Tuan-jen 晁端仁,64

Ch'ao Tuan-pen 晁端本,63f

Ch'ao Tuan-yen 晁端彦,63

Ch'ao Yueh-chih 晁说之,70,380n

charitable estate 义庄,65,71f,74,383n

Che-tsung 哲宗,213

chen-kuan Ritual 贞观礼,80

Chen-tsung 真宗,56,61,63f,69f,散见于150—68,以及404n,407n

Chen-yuan reign period 贞元朝,108

Ch'en Ch'un: Pei-his tzu-I(Neo-Confucian terms explained)陈淳《北溪字义》,339

Ch'en History《陈书》,79,102

Ch'en Hsiang 陈珦,29f,415

Ch'en I-yen 陈义彦,382n

Ch'en Kung-ch'ung 陈光崇,416n

Ch'en Liang 陈亮,329f

Ch'en P'eng-nien 陈彭年,70,383n,404n,405n

Ch'en Shih-hsiang 陈师骧,389n

Ch'en Shun-yu 陈舜俞,414n,415n

Ch'en Tzu-ang 陈子昂, 23—24, 107, 111f, 117, 119, 132, 366n, 394n, 395n

Cheng Hsieh 郑獬, 415n

cheng-hsueh(correct learning)正学, 370n

Cheng Kang-chung 郑刚中, 71

cheng-shih(affairs of government)政事, 15

cheng-t'ung 正统, 28, 369n

Ch'eng(sincerity, integrity)诚, 133, 137, 142, 205, 209, 319, 399n

Ch'eng brothers 程氏兄弟, 73, 202, 208, 235, 257, 280, 300. 又见"程颢"、"程颐"

Ch'eng Ch'ien-fan 程千帆, 394n

Ch'eng Hao 程颢, 28, 30, 124, 202, 210—11, 257, 302—3, 338. 又见"程氏兄弟"

Ch'eng Hsiang 程珦, 300

Ch'eng I 程颐: 程颐的历史重要性, 5, 28f, 30f, 177, 253f, 257; 反文学的看法, 124, 149, 208—10, 253, 255; "颜子所好何学"？208—10; 程颐和苏轼的比较 210f, 214f; 224, 252—53, 299, 301, 317—18; 程颐的哲学观念, 散见于 300—338. 又见"程氏兄弟"

Ch'eng Tsung-I 程宗懿, 407n

Chi Cha 季札, 240, 243

Chi-chou 济州, 60f, 73f

Chi-hsien yuan(Office of the Assembled Wise)集贤院, 78

chi i(accumulate principles of right behavior)集义, 321—22

Chi-kang(guidelines)纪纲, 238, 243, 245

Ch'i(Hsia dynasty ruler)启(夏朝的君主), 286

Ch'i(state)齐国, 243

ch'i(vital energy, material force)气, 103, 208, 244, 散见于 307—21, 以及 326f, 365n, 396n, 412n, 442n, 443n, 444n; 气与文, 99, 119, 散见于 132—39, 以及 144, 273, 390n, 396n

ch'i-hua(spontaneous transformation of ch'i)气化, 311—12

Ch'i lu《七录》, 81—82, 384n

Ch'i-sung 契嵩, 186, 187—88, 414

Chia Ch'ang-ch'ao 贾昌朝, 194

Chia Chih 贾至, 110f, 114—15, 116f, 119, 393n, 408n

Chia I 贾谊, 103, 112, 257, 259, 405n

Chiang I-pin 蒋义斌, 426n

Chiang Shao-yu 江少虞, 377n, 402n, 403n

Ch'iang Chih 强至, 415n

chiao-hua(transformation through instruction)教化, 170, 184

Chiao-jan 皎然, 366n, 395n

Ch'ieh yun 切韵, 152

chien-ping(engrossers)兼并, 249—50, 432n

ch'ien and k'un 乾坤, 97, 146, 181, 313

Ch'ien Mu 钱穆, 31, 419n, 434

chih(substance)and wen polarity 质与文, 92, 113, 394n, 395n

chih(the will, purpose)志, 88, 101, 121, 199, 255, 386n; 志与言与文, 116—17; 志与气, 317—20, 445n

chih-k'o, 制科, 见"制科"(decree examinations)

Chih-po 智伯, 243

Chih Yü 挚虞, 86, 88, 387n, 390n

Chih-yuan 智圆, 165—66, 408n

Chikusa Masaaki 竺沙雅章, 426n

Chin Chung-shu 金中枢, 404n, 421n

Chin dynasty 晋朝, 6, 81f, 86, 105, 126, 132, 238, 243ff, 258

Chin History 晋史, 79, 97, 102

chin-shen chih hsueh(learning of scholar-officials)缙绅之学, 15, 361n

chih-shih examination/degree 进士科, 24—25, 65, 69, 78—79, 111, 115, 174—75, 189, 248, 381n; 及第人数 54—57, 154, 202, 378n, 383n; 同进士出身, 61—63; 对进士科的反对, 70—71, 374n

Ch'in dynasty 秦朝, 82, 136, 195f, 200, 230, 233, 243, 264, 266, 303; 焚书, 162, 198, 266

Ch'in Kou 秦觏, 435n

Ch'in Kuan 秦观, 255—56, 441n

Ch'in Kuei 秦桧, 214, 329

ching, see Classics 经

ching(composure)敬, 319, 321—22

ching(the essential and refined)精, 231

ching ch'ao kuan(ranking official)京朝官, 54

Ching-chi, see Classics 经籍

ching-shu(methods of the Classics)经书, 93—94, 214, 304

ching-wei t'ien-ti 经纬天地, 389n

ch'ing(emotional responses)情, 209, 210—11, 316, 384n, 446n; 情与文, 95, 98—104, 201, 204, 391n; 情与性, 99, 120, 159, 279; 苏轼论情与性, 264—68, 289—90

Ch'ing-li reform 庆历革新, 69, 166, 176, 散见于 187—94, 以及 202, 211, 382n, 409n, 410n, 411n

索引

Ch'iung(-chih wu-)li 穷至物理,320
choronym 郡望,37—38,46,51,65f,380n
Chou 周,Duke of 周公,15f,84,98,130,180,205,243,272,287,302,362n
Chou dynasty 周朝,1,16,27,93,107,115,132,222,291,357;周之衰,82,119,200,238,243,244—45,332
Chou History(Chou shu)周书,79,94,98f,103,388n
Chou Mi 周密,329
Chou Pi-ta 周必大,448n
Chou Tun-I 周敦颐,28,30,110,300,303,307,328,338,415n,421n;通书,254—55
Chu Ang 朱昂,404
Chu Hsi 朱熹,6,12,289,319,328f,334,360n,364n,369n,421n;朱熹作为道学的领袖,28ff,338—41,368n,369n,448n;《伊洛渊源录》和《近思录》,338
Chu-ko Liang 诸葛亮,267
chu-k'o,诸科,见诸科("Various fields")
chu-lun(narrative forms)著论,367n
chu-shu(narrative forms)著书,25
Chu Tsai-yen 朱载言,140
Chu-tzu chia-li《朱子家礼》,448n
Chu-yeh 巨野,61,63,65
Ch'u(state)楚,99,243
Ch'u-shen 出身,见"资格"
Ch'u Sui-liang 褚遂良,258
Ch'u tz'u(Songs of Ch'u)楚辞,86,339
Ch'ü prefecture 滁州,7
Ch'ü Yuan 屈原,99,103,112,144,294,298
Ch'üan(expedience)权,197,203f,206,365n,421n
Ch'üan Te-yu 权德舆,21,110,11,122f,125,144,392n,393n,397n,398n,408n
Ch'üan Tsu-wang 全祖望:《宋元学案》,28—29—30,31,369n
Chuang-tzu 庄子,144,166,225,257ff,264
Ch'un-hsi reign period 淳熙朝,329
Chün-chai tu-shu chih《郡斋读书志》,380n
Chün-tzu(ethical man)君子,11—12,170—71
Chung(center,centrality,mean)中,138,180f,188,234,253,319;中与常,141,204—6,259—61,269;柳宗元论中,141—43,144;中与和,235—36,242;中与情,289—90

493

chung(loyalty)忠,15,361n

chung-ho(centrality and harmony)中和,235—36,242

Chung-shu Yü-hsi 仲叔于奚,241

chung-tao(way of centrality)中道,141—43,144

Chung Yun《中庸》,见"《中庸》"

chung-Yung(centrality and constancy)中庸,141,204—6,445n;苏轼论中庸,259—61,269,420n

Ch'ung-wen kuan(College for Honoring Wen)崇文馆,78,402n

Ch'ung-wen yuan(College for Esteeming Wen)崇文院,151f

civil,见"文","文与武"

civil officials in the Sung 宋代的文官:宋代对文官的奖掖,54f,57f,68—70,156f,171—72,378n

civil policy and scholars 文治政策和学者,150—66

clans 士族,世家大族,4,15,散见于32—51,以及58,65—67,327,358n,381n;士族中的僧道,19—20. 又见"士"

Classic of Filial Piety(Hsiao ching)孝经,152,225,392n

Classics(ching)经,1,10,16,27,98f,112,115,118,121,135f,165,181,184,203;记诵,63,115,154;初唐的观点,散见于76—84;经注,79f,93—94,198ff;柳冕论经书,144—45;吕温论经书,145—46;柳开论经书,163—64;欧阳修论经书,191—94,199—201;王安石论经书,224—33;苏轼论经书,257f,282—93;程颐与经书,304,307f,316;注疏,384n,414n. 又见《周易》、《尚书》、五经、《周礼》、《诗经》、《春秋》、六经

Classics examination(ming-ching)明经,44,78—79,154,161,374n

clerical service 吏事,42—43,55,68,374n,377n

coherence as a value 一致性作为一种价值,20—21,186,197,283,322;在思考道时,一致性作为一种价值,137—40,195—96,197,216—17,230—33,236—37,283—84,289—92,312—14;在写作与文中,一致性作为一种价值,140,181—82,189,224—30;理和作为一种价值的一致性,283,318,322—26. 又见"统一"

community compact 乡约,339

commumty granary 社仓,339

composure(ching)敬,319,321—22

compulsory service 徭役,rotation of 减徭役,172

conduct(hsing)行,see ethical conduct 见"德行"

Confucius/Confucianism 孔子/儒学,1,15—18,169,230,235,241f,284,359n;论语,1,15,92,106,152,154,223,248,257,281f,307,360n;儒学与士学,15—18;儒学与六经,15—18,85,95,98,257;唐代晚期对孔子之道的阐释115,117,120,散见于127—43;《诗经》,199—200;宋代对孔子之道的解释,166,180,183f,204f;王安石论

儒学,225—28;苏轼论儒学,264—68,272,280—81;程颐论儒学,304,307,314,328

Correct Significance of the Five Classics(Wu ching cheng-i)《五经正义》,79,387n,389n

Cosmic resonance 天人感应,179—80,193—94,288,327—389n,413n,418n

Council of State 中书,60,69,171,191,213,247,268,379n

court poetry 应制诗,391n

court scholarship 朝廷学术,78—80,150—55,387n,403n. 又见"馆阁"

cuctural forms 文化形式,见"人文"、"文"

culture 文化,见"文"

culture learning 文化之学,见"文学"

Davis, Richard,戴仁柱 73

De Bary, Wm. Theodore,狄百瑞 369n

deciline 衰,见"古"、"周朝"

decree 命,见"性命"、"命"

decree examinations(chih-k'o)制科,79,202,204,218,362n,366n,435n

degree equivalency,同进士出身 61—63

Department of Rites examination 礼部试,省试 59

desire 欲,289—90,302,341,424

dictionaries 字书,152,225,232

Dien, Albert,丁爱博 359n

Directorate of Education(Kuo-tzn chien)国子监,78,189,202,301

divination texts 仙道之书,81f

Doctrine of the Mean(Chung Yung)《中庸》,138,142,187,204—5,209f,235,258,290,304,310,313,338,419n

Documents, Book of(Shu)《尚书》,25,102,151,204,209,242,257f,282f,288,292,367n;《虞书》192—93;《洪范》,224,229,292,368n;《盘庚》284—86. 又见五经、六经、《诗》、《书》

document writing 草诏,25

dogmatism 教条,144—45,269,280

duslity(erh)二,195—96,203,232,269

Ebrey, Patricia 伊霈霞 B,38,43,47,359n,360n,373n,375n

education 科举,见"科举制"、"学校"

Egan, Ronald,艾朗诺 437n

elaboration, see tz'u; wen-tz'u 见"辞"、"文辞"

eligibility(ch'u-shen)出身,41f,43—44,54,332f,373n,374n,375n

elite 精英,地方精英,4,32,34f,58—75,249. 又见"士"

495

emotional response 情绪反应,见"情"

Emperor's Army(shih-wei ch'in-chün)侍卫禁军,49

encyclopedias 类书,388n

Ennlin 圆仁,22

Equitable Transport Policy 均输法,247

Erh-ya《尔雅》,152

ethical conduct(te hsing)德行,13,15f,190,333,361n,362n,394n,418n;德行与文和文学之间的张力,11,16,72,92,305,330,341;唐代后期对德行的看法,109,113—14,116,145—46;程颐与德行,301,304,322,327—28

examination system 科举制,9,16,27,42,44—45,51,61,68f,72,74,160—61,252,329,333,368n,372n,373n,375n,376n,383n,394n,397n,402n,403n,409n;进士试,24—25,54f,65,69,78—79,111,115,154,174—75,189,202,348;明经,44,78—79,154,161,374n;应举人数,44,78,107,154f,332,334,402n;诸科,54,63,154,247—48;太祖和科举制,54,63,154,247—48;太宗和科举制,54—56,151,153—55;殿试,54—56,59,151,153—55,192,378n;乡试,60,252;对科举制的反对,70—71,334,397n,383n;制科,79,202,204,218,362n,366n;科举改革,167—68,171,174—75,180,188—90,202,247—48,271,404n,409n,411n,416n;要求试诗赋,271—72

exegetical tradition 经注传统,79f,93—94,198ff

factionalism 朋党,160,383n,422n,424n

Fan Ch'un-ien 范仲淹,383n

Fan Ch'un-ts'ui 范纯粹,64

Fan Chung-yen 范仲淹,5,29—30,31,361n,405n,408n,409n,415n;范仲淹的家族,59,64f,71—72,363n;范仲淹与庆历革新,69—70,166—75,411n;范仲淹的追随者,168—69,172—75,176f,183—84,散见于 181—91,213,268,410n

Fan Tsu-yu 范祖禹,237,300,377n

Fang,Achilles,方志彤,389n

Fang Kuan 房琯,25—26,27,109,366n

fang-nei(within the bounds,inside the square)方内,81,384n

fang-wai(beyond the bounds/outside the square)方外,21,81f,96,181,384n,396n;佛道作为方外,81,119,302

fate 命运,见"命"

favoritism 偏好,69,272

feelings 情,见"情"

fen(roles)分,分的重要性,散见于 238—43

Feng and Shan sacrifices 封禅,160,162

Feng Yen-chi 冯延巳,52

Finance Commission 制置三司条例司,216

Finance Planning Commission 三司制置条例司,247,270,423n

fiscal policy 财政:唐代后期的财政政策,46;庆历革新中的财政政策,171—72;新法的财政政策,247—50,433n;司马光对财政政策的看法,250—52,433n

Fisher,Carney,费希尔·卡尼 422n

Five Classics(Change,Documents,Songs,Rites,Spring and Autumn Annals)五经,6,17,79,113,117,136,144,152,248,338

Five Dynasties period 五代,33,48f,50ff,54,61,66,148,152,154,156,162,179,188,202,222,239,376n,377n

Five Phases(wu hsing)五行,82,103,141,165f,193,197,208f,288,311

foreign policy 对外政策,251,261,261,424n,436n

Former Kings 先王:先王作为文明之源,77,81f,84,97—98,100,316;先王取法天地,95—97;唐代后期对先王的看法,112,115,130;宋初对先王的看法,156,167,186;王安石论先王,216f,230,240—50;司马光论先王,224,239,242—43;苏轼论先王之为政,284—89,292

four beginnings(ssu tuan)四端,322—25,446n

Four Books(Analects,Mencius,Great Learning,Doctrine of the Mean)四书(《论语》《孟子》《大学》《中庸》),338

four fields,见四科

"Four Talents of the Early T'ang,"初唐四杰 391n

fu(rhapsody)赋,24f,86,103,119,154,367n

fu-chou 福州,60

Fu Hsi 伏羲,94f,181,234,291,310

fu-ku(return to antiquity)复古,23f,158,196,366n

fu kuei(wealth and honor)富贵,8,13—14,359n

Fu Pi 复辟,70,171,191—92,301,410n,435n

Fuller,Michael,傅君劢 407n,434n

Gardner,Daniel,丁爱博 447n

genealogical records 族谱,38—40,50—51,65,66—67,71—72m,381n.又见"门阀"、"门第"

genres 体裁,文体,24—25,86,115,116—17,295,367n

ghosts-and-spirits 鬼神,82,288

good and not good 善恶,266—67,315—16,317f

"Great Learning,"《大学》319—20

"Great Plan,"《洪范》,见《洪范》(Hung fan)

Green Shoots Policy 青苗法,247,251,270

Gregory,Peter,彼得·格雷戈里 364n

guard,service 兵役,42,68

Haeger,John,约翰·黑格 403n

Han Ch'I 韩琦,70,171,173,188,191—92,405n,410n

Han Ch'ien 韩虔,238

Han dynasty 汉朝,82,86,99,115;汉朝在文的历史中,105,107,112,119,121,134;作为典范的价值受到争论,126,193—94,198f,222,303,309;盐铁之争 362n

Han History《汉书》,6,76,81,152

Hah Hui 韩会,398n

Han,I 韩亿,301

Han-lin Academy(Han-lin yuan;Office of the Forest of Brushes)翰林院,19,78,108

Han Wei 韩维,301,415n

Han Yu 韩愈,5,15,23—27,110f,366n,397n,398n;韩愈的思想,123—36,393n,397n,399n,436;韩愈论古文,123,131—36,187,302,332,334—35;韩愈论圣人之道,125,126—31,398n;《师说》127f,133;《原道》,128—29,135,167,302;韩愈和柳宗元,141,145,147,400n;北宋对韩愈的颂扬,158f,162f,散见于 165—85,187,226,234,406n,408n,413n;苏轼论韩愈,256,259,266ff,295,367

harmony 和,290,325;中和,235—36

Hartman,Charles,蔡涵墨 398n,399n

Hartwell,Robert M.,郝若贝 59,64,65—66,69f,380n,382n,383n

Hatch,George,贺巧治 203,420n,434n

heaven-and-earth 天地,天地作为价值的基础:唐代论天地,1—2,77,94—97,145,387n,389n,392n;天地受到怀疑,186,散见于 191—97;程颐思想中的天地,209f,300f,304f,311—16,318,323,326f

"heaven"(t'ien)and"man"(jen)天人:作为价值观可以协调的基础,1—3,87—88,94—98,193—94,239—40,288,313—14;寻求天地的对应物,87—88,186—87,210—11,230,445n;重"人"179f,185—86,197—98,203,235—36,413n,418n;重"天"209—10,301—3,313—14

hegemon vs. True king 王霸,227,239,265—66,267,427n

Herbert,P.A,371n

hierarchical authority 等级权威,217,219,222,234,239,245,250. 又见君/臣关系

Higashi Ichio 东一夫,422n

High T'ang poetry 盛唐诗,107,366n

Hired Service Policy 雇役制,248,270,433n

histories 南北八书, 78, 79—80, 81, 93, 152

Historiography 史书编纂, 27, 82, 119, 368n, 387n, 388n, 389n, 401n, 429n

history/historical change 历史/历史变化, 186, 204, 308, 311, 426n; 司马光论历史和历史变化, 224, 233—46

History of the Five Dynasties《五代史》, 152, 194

History of the Han《汉书》, 6, 76, 81, 152

History of the Northern Dynasties《北史》, 79

History of the Southern Dynasties《南史》, 79

Ho-hei Hsiang family 河内向氏, 66, 380n

Ho t'u (Yellow River Chart)《河图》, 94;《河图》和《洛书》, 181, 230, 384n, 389n

Ho-tung Chia family 河东贾氏, 66

Hou Wai-lu 侯外庐, 426n

Hsi K'ang 嵇康, 112

Hsi-k'un 西昆, 161—62, 407n

Hsi-tz'u chuan (Commentary on Appended Verbal Elaborations)《系辞传》, 94f, 192, 283, 390n

Hsia Ch'ang-pin (译者注: pin 为 p'u 之误) 夏长朴, 427n

Hsia dynasty 夏代, 115, 132, 171f, 213, 286, 436n

Hsia-hou Chia-cheng 夏侯嘉正, 406n

Hsia Sung 夏竦, 162, 409n, 410n

hsiang (image, symbol) 象, 94f, 142, 384n

hsiang-Yuan (village worthy) 乡愿, 420n

hsiao-jen (unethical man) 小人, 9, 13, 38, 171, 358n

Hsiao Kang (Emperor Chien-wen of the Liang) 萧纲（梁简文帝）, 87

Hsiao Kung-ch'uan 萧公权, 431n

hsiao-shuo (minor tales) 小说, 145

Hsiao T'ung 萧统:《文选序》, 散见于 86—91

Hsiao Ying-shih 萧颖士, 散见于 110—19, 以及 367n, 393n, 394n, 398n, 408n

hsien-wei (subprefectural sheriff) 县尉, 53

hsin (belief, trustworthiness) 信, 303, 324, 361n, 446n

hsin (mind), see mind 心

hsin fa, see New Policies 新法

hsin-hsueh 新学, 369n

hsing (conduct) 行, 见 "德行"

hsing (form) 形, 142

hsing (human nature) 性, 137, 187, 226, 414n, 427n, 429n, 444n, 446n; 性与文, 散

见于 98—104;性与情,99,120,159,279,421n;程颐论性,209—10,309,散见于 314—23,444n,445n;苏轼论性,255,266—67,268,282f,289,440n

 hsing(surname)姓,36

 hsing-ming(nature and decree)性命,118—19,145,194,205,230,255,273,397n

 Hsiu-wen kuan(College for Cultivating Wen)修文馆,78

 hsu(hierarchy,sequence)序,325

 Hsu Hsuan 徐铉,156—57,160,165,405n

 hsu-wei(empty position)虚位,129

 hsuan(the mysterious)玄,21,81,95—96,97,106,153,235,280,303,366n,296n

 hsuan-hsueh("Neo-Taoism")玄学(新道学),80,96,281,384n,386n,426n

 hsuan-jen(lower-level civil officials,eligible for promotion)选人,54,68,70

 Hsuan-tsung 玄宗,18f,24,40,45,78,80,107ff,111,114,120,196

 Hsueh Chi 薛稷,258

 hsueh-chiu(Thorough Learing)degree 学究天人科,154

 Hsun Hsu 荀勖,81

 Hsun-tzu 荀子,103,128,130,144,178,182,234,236,265f,298,390n,429n

 Hu Hung 胡宏,257,338

 Hu Su 胡宿,192,193—94,198,210

 Hu Huan 胡涣,29,31,168,186—87,202,208,410n,414n,421n

 Huai-nan 淮南,46

 huang-chi(august ultimate)皇极,292,368n

 Huang Ch'ing-lien,黄清涟 374n,375n

 Huang-fu Jan 皇甫冉,395n

 Huang-fu Mi 皇甫谧,388n

 Huang-fu Shih 皇甫湜,123f,165

 Huang Kan 黄榦,368n,369n

 Huang-Lao(Taoism)黄老,126,129

 Huang Sung wen-chien 皇宋文鉴,448n

 Huang Ti 黄帝,181

 Huang T'ing-chien 黄庭坚,441n

 Huang Tsung-his 黄宗羲:《宋元学案》,28

 Hui-tsung 徽宗,213,365n

 human desires 人欲,289—90,302,341,424n

 human internality 人之内,235—36

 human nature 人性,见"性"

 human wen 人文,见"人文"jen-wen

hundred schools 百家, 165, 298

Hung fan("Great Plan")《洪范》, 194, 224, 229, 292, 368n, 417n, 418n, 426n

Hung Mai 洪迈, 403n

Hung-nung Yang family 弘农杨氏, 66

Hung-wen kuan(College for Amplifying Culture)弘文馆, 17, 78

Hung, William 洪威廉, 384n

Hymes, Robert P. 韩明士, 60, 64, 73, 382n

i(intention, conception)意, 99, 128, 367n, 389n

i(principles)义, 207, 322, 325; 大义, 79, 272, 283. 又见义理

i(unity)一, 见"一致性"(coherence); "统一"(unity)

i-chia chih wen(the wen of a single school)一家之文, 140

I ching《易经》, 见《周易》

I-hsueh(different learnings)异学之书, 126, 281

l-li(Ceremonial)仪礼, 152, 154

i-li(moral principles)义理, 235, 249, 264, 306, 308f, 310—11, 散见于 315—27. 又见"道德"

i-lun(divergent opinions)异论, 248

i-tuan(different starting points)异端, 264

i-wen(literary composition)艺文, 93, 106. 又见"文章"

l-wen lei-chu《艺文类聚》, 80, 90

I Yin 伊尹, 290—91

imperial clans(ti tsu)帝族, 36f, 371n

Imperial Library. (Pi-shu sheng)秘书省, 78

Imperial University(T'ai-hsueh)太学, 7, 63, 202, 248

"insect carving," 雕虫 90, 386n

Institutes of Chou《周礼》, see Rites of Chou institutional authority and moral authority, 204

institutional reform 改制, 67, 69—70, 212—53

integrity, see ch'eng 诚

intellectual history versus literary history 思想史与文学史, 22—27

internal(nei) and external(wai)内外, 100—101, 134; 外为内之用, 157f, 206—8, 304n, 425n; 别内外, 143, 187, 306, 365n, 427n, 440n; 合内外, 208, 210—11, 319—20, 446n

jen(benevolence) and I 仁义, 128f, 131, 134, 136f, 322, 323—24

jen-ching 人情, see ch'ing 见"情"

jen-li(pattern for man)人理, 235, 324

501

Jen-tsung 仁宗,63f,69,166,173,213,215,268,405n

jen-wen(pattern of man,cultural forms)人文,76—77,87,187,242—43,306—7,308f,316,389,392n,397n

Johnson,David,姜士彬 37f,47,67,357n

medieval Chinese Oligarchy 中古门阀政治,371n,373n

ju(scholar,classicist)儒,9f,15—18,51,151,186,190;儒学,17,19,93,166,180,313,362n,363n,462n;儒林传,86,387n,388n;儒与文,92—94,144,158;儒与古文,165—66,187;先儒194,200,205,234;程颐论儒,301f,304

ju liu(enter the stream for promotion)入流,42f,373n,375n

ju-seng(Confucian monk)儒僧,19

Jurchens 女真,74,329,337

Kaifeng 开封,60f,63,65

K'ai-yuan Four Category Catalogue《开元四部录》,152

K'ai-Yuan Ritual Code《大唐开元礼》,154

Kao Jo-na 高若讷,169,410n

Kao-tsu 高祖,39,76,78,106,372n

Kao-tsung 高宗,105

Khitans 契丹,160,410n

Kinugawa Tsuyoshi 衣川强,59,66,378n,381n

Knechtges,David,康维达 88

Ko Hung 葛洪,363n

ko-wu(investigation of things)格物,236,319ff,445n

ko-wu ch'iung-li(fully realizing the pattern of things)格物穷理,317

K'o Ch'ang-I 柯昌颐,428n

Kobayashi Yoshihiro 小林义广,418n

K'ou Chun 寇准,404,409n

Kracke,E. A. ,Jr. ,柯睿格 60,378n,379n

ku 古,见"古"(antiquity)

Ku K'uang 顾况,395n

ku-tao(ancient tao)古道,133f,366n

ku-wen(ancient style)古文,2,4—5,22—27,110f,散见于 330—335;韩愈与古文,125,131—36,187,334—335;北宋古文,148f,158f,162—66,208f,212,223—24,303,408n,415n;古文与庆历革新派,166—75,散见于 176—94,以及 202,256,409n,416n

Ku-wen kuan-chien《古文关键》,448n

Kuan-chung 关中,39

Kuang-wu, Emperor 光武帝, 431n

Kuang Yun《广韵》,152

Kukai 空海: Introduction to the Three Teachings《三教序》,364n

k'un 坤, see ch'ien and k'un 见"乾坤"

kung (impartial, in the public interest) 公, 219, 221, 241, 260, 263, 423n

K'ung Ying-ta 孔颖达, 79, 389n

kuo-shih 国土, 435n

Kuo-tzu chien 国子监, see Directorate of Education

juo yǔ《国语》,141,144

Land Survey and Equitable Tax Policies 方田均税法, 248

language (yen) 言, 88, 116—17, 134, 305, 389n

language, elaborated (tz'u) 辞, 91, 97, 104, 115, 121, 223, 387n, 389n, 390n, 396n. 又见"文饰"

language wen (yen-wen) versus human wen (jen-wen) 言文与人文, 187

Lang-yeh Yen chan 琅邪颜氏, 6—8

Lao-tzu 老子, 18, 127ff, 144, 166, 169, 225, 234, 264, 268, 272, 277, 392n

Later Chou dynasty 后周, 49, 53, 63, 154, 378n

Later Han History《后汉书》, 86

Later T'ang 晚唐, 50

Later Wei 后魏, 36f, 372n

Lau, D. C., 刘殿爵 385n

law 法, 80, 286—87

learning (as a shih activity) 学, 5, 15—18, 331—34; 学作为文化和伦理, 10—14; 学与文的联系, 16—17, 22—24, 25; 文学或儒学, 17, 93—94; 初唐对学的看法, 76—78, 82—84, 93—94, 362n; 对学的主要的重新界定, 76—78, 125—31, 178, 303—5, 334—38; 孔子论学, 91—92; 韩愈重新界定学, 125—31; 欧阳修论学, 178—93; 程颐对学的重新界定, 208—9, 散见于 301—5, 326; 司马光论学, 224; 王安石论学, 227—28, 231—32; 苏轼论学, 260, 264—69, 276—81, 292, 296—98; 苏轼对王安石新学的批评, 272—76; 程颐论理在学中的位置, 306, 315—17, 320, 322. 又见"古文";"道学";"文学"

Learning of the Way 道学, 见"道学"(Tao-hsueh)

Lee, Thomas H. C. 李弘祺 382n

li (normative pattern, inherent pattern) 理: 事物固有之理, 11, 13, 77, 82, 159, 179; 文学写作之理, 87, 90, 103, 125, 139, 291, 294, 389n; 对理的概念的讨论, 91, 386n; 文与理, 91, 97, 102, 104, 119, 188, 386; 苏轼对理的运用, 205, 260f, 278—79, 291, 294, 435n; 王安石对理的运用, 229ff, 249; 程颐对理的运用, 304f, 307, 散见于

314—28,以及336f,445n
　　li(profit)利,251,264,287
　　li(ritual)礼,见"礼"(ritual)
　　Li Ao 李翱,123f,132,136,137—40,165,399n
　　Li Chih(Sung) 李廌(宋),255
　　Li Chih(Ming) 李贽(明),380n
　　Li clan of Chao-chun 赵郡李氏,110,380n,381n
　　Li Han 李翰,26f,118,135,298,394n,4054n
　　Li Ho 李贺,159
　　Li Hsiu 李修,380n
　　Li Hua 李华,23,散见于110—25,以及167,362n,391n,393n,394n,396n,397n,398n,408n
　　Li I 李益,133—34
　　Li Kou 李觏,169,174,410n,414n,421n;《礼论》185—86
　　Li Kuan 李观,24,132,366n
　　Li Lin-fu 李林甫,40—41,366n,386n
　　Li O 李谔,23—24,90—91
　　Li Ping 李炳,380n
　　Li Po 李白,132,158,258,366n,399n
　　Li sao《离骚》,144
　　Li Shang-yin 李商隐,162
　　Li Ssu 李斯,132,266
　　li yen(establish language worthy of being remembered)立言,121,134
　　Liang Chou-han 梁周翰,404n,408n
　　Liang dynasty 梁朝,6,78,86,93,110,385n,387n
　　Liang shu(Liang History)《梁书》,388n
　　Liang Su 梁肃,19,110,118—22,125,138,362n,392n,394n,397n,398n,408n,412n
　　Liang Ting 梁鼎,404n
　　Liao dynasty 辽代,160,171,436n
　　libraries 秘书省,78,151—52
　　Lieh-tzu《列子》,264
　　Lin Jui-han 林瑞翰,377n
　　Lin Yu-tang 林语堂,434n
　　literary collections(chi)志,81,86,93
　　literary compendia 文学类书,80

literary compositions 文学写作，见"文章"

literary craft 文辞雕琢，102—4；对文辞雕琢的批评，386n，390n，391n，392n，397n，407n，416n

literary elaborations(wen-tz'u)文辞，16，98，112，115，273. 又见"言"、"辞"

literary history and intellectual history 文学史和思想史，文学史与思想史的张力，22—27，386n，390n，391n，393n

literary lineages 文学谱系，397n

literary men 文人：《文苑传》，86，150，165. 又见"文士"

literary refinement versus ku-wen 文学雕琢与古文，160—66

Liu An-shih 刘安时，426n

Liu Ch'ang 刘敞，415n

Liu Chen 刘镇，11—12，360n

Liu Chih-chi 刘知几，387n

Liu Chih-fu 刘质夫，303

Liu Chih-ku 刘知古，387n

Liu Hsiang 刘向，81，86

Liu Hsieh 刘勰：Wen-hsin tiao-lung(Elaborations of the cultured mind)《文心雕龙》，88，97，99，387n，390n

Liu Hsu 刘昫，17—18

liu i(leave intention behind)留意，277，437n

Liu I 刘彝，29

Liu, James T. C. 刘子健，31，179，369n，413n

Liu K'ai 柳开，150，161，162—65，181，184，188，407n，408n；《东郊野夫传》162—63；柳开的野史，163

Liu K'o 刘轲，368n

Liu Mien 柳冕，37，137，144—45，366n，398n，401n

Liu Mu 刘牧，209—10，421n

Liu—nei kuan(officials in the stream for promotion)流内官，41—42，43—54

Liu Pin 刘攽，237

Liu Shu 刘恕，237

Liu Tsung-yuan 柳宗元，19，23，27，123，158f，165，185，367n，400n；柳宗元论文与道，25，131，136—47，365n，400n

Liu-wai kuan(senior cherks outside the stream for promotion)流外官，42—43，373n，374n，375n，377n

Liu Yen 刘岩，376n

Liu Yu-his 刘禹锡，123，392n，408n

Liu Yun 刘筠,29,150

Lo Ch'u-yueh 罗处约,406n

Lo Pin-wang 骆宾王,391n

Lo shu(Lo River Diagram,or Writing)《洛书》,见"《河图》"

Lo,Winston 罗文,232,426n,428n

Localism 地方主义,72—74

Lou yueh 楼钥,74

Loyalty(chung)忠,15,361n

Loyang 洛阳,38,430n

Lu Chao-lin 卢照邻,105,107,391n

Lu Chi 陆机:《文赋》,88,96,99,110,298,387n,389n

Lu Chih 陆贽,257,259

Lu Chiu-yuan 陆九渊,12,360n

Lu Ch'un 陆淳,123,184,400n

Lu Tien 陆佃,426n

Lu Ts'ang-yung 卢藏用,107,111

Lu Yu 陆游,9,71

Lu family 卢氏,59,63,64—65

Lü-ch'iu 闾丘,64

Lü I-chien 吕夷简,59,61,63,69,168,301

Lü Kung-chu 吕公著,59,301,442n

Lü Meng-cheng 吕蒙正,59,70,404n

Lü Tsu-ch'ien 吕祖谦,338,448n

Lü Wen 吕温,123,137,145—46,392n,400n,408n

lun(essay)论,24,254,367n

Lung-hsi li clan 陇西李氏,39

Ma-tsu Tao-I 马祖道一,364n

Ma Tuan-lin 马端临,55

Marriage alliances 联姻,39,63—64,73—74

McDermott,Joseph P. ,359n

McMullen,David L. ,麦大维 87,116,362n,393n,398n;《中国唐代的国家与学者》,18,78

medieval culture/worldview 中古文化/从世界角度看,76—78,95,110

Mei Ch'eng 枚乘,112

Mei Yao-ch'en 梅尧臣,410n,412n,417n

Memorization 记诵,63,115,154

Mencius 孟子,28,112,115,散见于 123—32,以及 139,144,152,164,178,180,182,187,205f,226,234,248,265f,268,274,282,302ff,310,散见于 314—28,360,366n,405n

Meng Chiao 孟郊,122,131f

military, the(wu)武,48—49,68ff,376n,378n,381n,382n,402n,424n,432n;军事改革,171f.又见"文"与"武"

military governors(chieh-tu shih)节度使,49

military texts 兵书,82

Min 闽,377n

mind(hsin)心,309,310—11,315—18,322,323—24,326,387n,389n

ming(clarity)明:明与诚,137,205,209

ming(decree)命,236,325.又"性命"

ming(to illuminate)明,316—17,320

ming-chiao(ethical instruction)明教,184,362n

ming-ching, see classics examination 明经

ming-fa(law examination)明法,154

Ministry of Personnel 吏部,37,42,44,55,373n

Ministry of Revenue 户部,43

Ministry of War 兵部,42,373n

mobility 流动,37,50,373n

Mohists 墨家,268

monasteries and nunneries 僧尼,僧尼的人数,363n,365n

Mongols 蒙古人,337

"Monthly Ordinances"(Yueh-ling)《月令》,392n

morality 道德:道德与文,90—92,109,113,115,121—22,135—36,138—232—33,255,311,316;道德与礼,100,244ff;道德与情,209,210—211;道德与风俗,248f.又见"德行"

——袁采对道德的看法,11—14;初唐对道德的看法,77—78,94—98;韩愈对道德的看法,127—31;李翱对道德的看法,138ff;庆历革新派对道德的看法,170—71,179—81,184—86;欧阳修对道德的看法,179—81,195—201;苏洵对道德的看法,202—4;苏轼对道德的看法,204—6,259,264f,268,283,440n;程颐对道德的看法,208—11,300,316—27,336,400n;王安石对道德的看法,226—28,232—33;司马光对道德的看法,235—36,238—46

Morita Kenji 森田宪司,72

Mote,F. W.,牟复礼 418n

Mo-tzu 墨子,散见于 126—32,以及 166,274

mourning circle(wu fu)五服,38,358n

Mu Hsiu 穆修,150,178,188,408n

music 乐,195ff,204,242—43,287—88,325,439n

Music《乐》,84,203,302—3

mysterious 玄,见"玄"(hsuan)

Naito Konan 内藤湖南,378n

names(ming)名,名的重要性,238,241—42,243

National University 国学,见"太学"

Natural disasters 天灾,197,288,305,327

nature and decree 性命,见"性命"

Neo-Confucianism 新儒学,2,4,23,27—31,318,339,369n

Neo-Taoism 新道学,见"玄学"

nepotism 偏袒,68,70

New History of the Five Dynasties(Hsin Wu-tai shih)《新五代史》,197,418n

New Policies(hsin fa)新法,散见于 67—72,176,212,213—15,229,237,散见于 246—58,散见于 269—84,301,333f,382n,436n

New T'ang History(Hsin T'ang shu)《新唐书》,37,67,194—98,201,381n,417n,418n;《新唐书·礼乐志》195—97

nien(mental concentration)念,288—89

nine-rank system 九品制,散见于 37—44,54—55,372n,373n

Nishikawa Masao 西川正夫,51,376n,377n,378n,382n

Nivison,David S.,倪德卫 418n

Northern Ch'I 北齐,7,79,93

Northern Ch'I History《北齐书》,103

Northern Chou 北周,7,372n

Northern Dynasties 北朝,39,50—51,94,112

northerners versus southerners 南人与北人,69—70,86—87,90—91,101,104,379n,382n

Northern Sung 北宋,2f,5,12,23,散见于 29—34,50,59—60,65f,70,73,146,148—49,150,176,329f,338ff,376n

numerology 术数学,197,209—10,235,384n,429n,430n,445n

occult aris 方技,81—82

office holding as an elite occupation 为官作为士人的职业,33ff,47;宋代为官作为士人的职业,59f,68—70,72f,287,327f

official system 官制,见官僚制

One Hundred Poems degree 百诗科,155

索 引

"outside the square,"方外见"方外"(fang-wai)

Ou-yang Hsiu 欧阳修,29—30,31,150,177,257,268,329,332,336,420n;《新唐书》,37,67,194—98,201,308,417n;欧阳修与庆历革新,168ff,173,175,409n,410n,411n;欧阳修与科举改革,175,191—93,412n,416n,417n;欧阳修论文与道,178—85,415n;欧阳修作为古文领袖,186—88,420n;司马光与欧阳修,190,416n;欧阳修的学术,194—201,412n,417n,418n;《诗本义》,194,198—201;《新五代史》,197,418n;苏轼与欧阳修,254f,259,散见于 272—77,297,435n

Owen,Stephen 宇文所安,23,97,107,124,391n

palace commissioners,内诸司使 49

Palace Corps(tien-ch'ien chun)殿前军,49

palace examination 殿试,54—56,59,151,153—55,192,378n

Pan Ku 班固,86,360n;《汉书》,6,76,81

Pan Piao 班彪,112

"P'an-keng"(in Documents)《盘庚》,284—86

P'ang Chi 庞籍,416n

pao-chia fa(Tithing Policy)保甲法,247,250,251—52,432n,433n

Parallel/non-parallel writing style 骈/散文,23,25,161,188,194

patronage 奖掖,17,18—19,20f,48,54,59,78,108f,151f,329

pattern(li)理,见"理"(li)

pattern(wen)文,见"文"(wen)

pattern of heaven(t'ien-wen)天文,87,389n,394n

pattern/principle of heaven(t'ten-Ii)天理,2,8,100,119,292,300,302,319,341

pattern of man 人文,see ien-wen 见"人文"

pedigree 门第,33,35,38—39,41,44—48. 又见"门阀"、"家谱"

Pei-t'ang shu-ch'ao《北堂书钞》,388n

Period of Division 十六国南北朝,33,37,82,92,119

personnel administration 吏部,221,251

Peterson,Willard J.,裴德生 322,384n,436n

Philosophical schools(tzu)诸子,81,82—83,384n,391n

Pi-shu sheng(Imperial Library)秘书省,78

Pien(change)变,260,435n

pitch-pot 投壶,234

Plato 柏拉图,95

Po Chu-I 白居易,19,108,123,156,158,367n,392n,394n,408n

Po-kung 白公,243

Po-ling Ts'ui chan 博陵崔氏,7,散见于 38—44,47,373n,375n

509

poetry(shih)诗,86,107,154,199—201,366n,367n,395n;诗文二分,24—25;科举要求考试诗,271—72

political opposition 政治反对派,167—72,333

political power 政权,46,48—49,204ff

politics and morality 政治与道德,196ff,201,259,267—68,269,283

prefectural qualifying examinations 乡试,60,252

prefectural, subprefectures, and registered households in the Sung 州县登记户主,52—53

printing projects 印书项目,152—53,429n

profit(li)利,251,264,287

prognostication,征兆 81f

prose 散文,23,24—25,262,288,294,367n

provincial bureaucracy 地方官僚体制,40,44,46,49

provincial families 地方家族,40,43f

provincial governors 节度使,45—46,49

Pulleyblank, Edwin,蒲立本 27,366n,375n

punishment 罚,286—87. 又见"赏罚"

pure offices,清职 42ff

purges,排斥异党 70,214,301

qualifying examinations,吏部试 60,252,382n

ranking system,品阶体制,散见于 37—44,54—55

Regulations on Agriculture and Water 农田水利法

responding to things 应物,100,132;苏轼论应物,206—8,291—93;程颢论应物,210—11;程颐论应物,315,321,337

rescript writer(chih-chih-kao)知制诰,64,78,108,215

rewards and punishments 赏罚,221,225,240—41,242,272

rhapsody 赋,see fu 见"赋"

Rites 礼,《礼记》,11,146,154,169,203,229;《乐记》100. 又见"五经"、"六经"

Rites of Chou《周礼》,109,152,154,185,192f,229,237,248

ritual 礼仪,76—77,78,80,100,109,145,158,185—86,195—97,204f,222,228,散见于 238—46,268,287,302—3,307,309—10,317,332,325,328,339,380n,384n,392n,405n,427n,429n

River Chart 河图,见"河图"(Ho t'u)

roles(fen)分,分的重要性,222,散见于 238—43

ruler/minister relationship 君臣关系,239—40,241—42,263

sage, the,圣人 97—98,202—11,314,317,324

sage-kings 圣人,81,94,120,130,167.又见"先王"

san chiao(Three Teachings)三教,17f,21,364n,396n,406n,408n

San chiao chu-ying《三教珠英》,20,80

Sariti,Anthony,安东尼·萨里蒂 241,431n

scholar 学者,见"儒"、"文儒"、"文士"

schools 学校,20,23,30,80,83,170,249,383n,405n;范仲淹论学校,172—75,411n;学校与新法,215,217f,247—48;程颐论学校,304,328

self 我:我与理,317,319;我物,271,276—79,284,317,320,326

self-cultivafion 自我修养,288—89,333,338

service-exemption tax 免役税,251

Seven Classics 七经,152

Shakyamuni,127

Sha-t'o Turks 沙陀,50

Shang(founding King)商(开国之君汤),240

Shang dynasty 商朝,132,291

Shang Heng 尚衡,395n

shang-hsia chih fen(roles of superior and inferior)上下之分,222,239—40

Shao Po-wen 邵伯温,323

Shao Yung 邵雍,30,235,279f,300,338,430n,445n

shen(spiritual,spirit,to mystify)神,203,231,280

Shen Kua 沈括,381n

Shen Nung 神农,181

Shen-tsung 神宗,69,176,213,246,252

sheng-jen chih tan 圣人之道,见"圣人之道"("way of the sage")

shih(elite)士,3—4,170—75;士的概念和构成的变化,6—14,32—36,44—48,357n,371n;士的学术传统,15—22,155—57,364n;士的身份,33,330—32,377n,373n,380n,381n;士作为官宦之家,48—50,52—67,376n,378n,379n,380n,381n;五代的士,50—52,376n,377n;士作为社会精英,67—75,359n,382n;科举制和士,70—71,72,74,153—56,333f,377n;王安石和士,214—15,218,252—53;苏轼论士,272—93;道学和士,330—39,341—42;士与古文/文章,334—35.又见"士族"、"精英"

shith(force of circumstance)势,203,435n

shih(poetry)诗,见"诗"

Shih che(Ten Wise)十哲,15,361n

Shih Chieh 石介,29,162,168,170,181—83,185,272,369n,407n,410n,411n,413n

Shih kuan(Office of Historiography)史馆,78

Shih-tsung 世宗,431n

Shih,Vincent,施友忠 390n

Shu 蜀,406n

Shu-mi yuan(Bureau of Military Affairs)枢密院,49,55,376n,377n

shu-shu chih hsueh 术数之学,见"术数之学"(numerology)

Shun(sage-king)舜,142,146,166,169,172,180,188,201,216,255,286f,290f,310,409n

Shuo-wen chieh-tzu《说文解字》,152

sincerity,见"诚"(ch'eng)

Six Classics 六经,16,82,84,93,95,98,112,115,133,166,168,178,180,199,298,303

Six Dynasties 六朝,167f

Smith,Paul,史乐民 432n

social mobility 社会流动,60,170,219,342,382n,383n

social status/hierarchy 社会地位/等级,13,19,37,46—47,222

Songs,Book of(Classic of Poetry,Shih ching)《诗经》,25,112,115,117,121,散见于 198—204,209,228—29,280,339,367n,385n;"Great Preface,"《诗大序》95,99,101,103,156,100f,443n. 又见"五经"、"六经"

Songs and Documents《诗》、《书》,99,106—7,163,223,225,230,288

"so-of-itself"/spontaneous(tzu-jan)自然,100,103,159,206,232,306,309,312f,318f,322f,326,362,365,429n

"sounding forth,"鸣 131—32

Southern Dynasties 南朝,6f,39,47,50—51,101,112

Southern Sung 南宋,2,4,34f,64—65,73,214;南宋道学,300f,329f,333,337—38,340f

Southern T'ang 南唐,52,86—87,90—91,101,156,377n

Spring and Autumn Annals《春秋》,25,27,121,123,140,152,179,184,199,204,229n,237,239,400n,401n,414n,418n;《穀梁传》,144;三传,152,154. 又见《五经》、《六经》

Spring and Autumn Period 春秋时期,25,109,244,366n

ssu(private interest,self-interest)私,219,221,241,263f

ssu chiao(four teachings)四教,361n

ssu k'o(four fields)taxonomy 四科,15—16,190,223,361n

ssu-li(This Pattern of Ours)斯理,303

Ssu-ma Ch'ien 司马迁,86,132,136,139,144,401n,406n;《史记》,86,152

Ssu-ma Hsiang-ju 司马相如,86,113,132,136

Ssu-ma Kuang 司马光,30,70—71,73,151,176,散见于 329—41,415n,416n,427n,435n;司马光论文与道,189,211,223—24,235—36,423n,424n,425n,430n;反对基本的变革,189—81,213—14,247,250—52,423n;建议行政改革,215—16,218—22,361n,424n,425n,425n;《迂书》219—20;《进五规状》220f;《谨习疏》221—22;《资治通鉴》,224,散见于 233—46,300,339;司马光的学术,233—34,429n;司马光论历史,233—46;《历年图》,236f

ssu-tao(This Way of Ours)斯道,84,135f,302,304

ssu tuan(four beginnings)四端,322—35,446

ssu-wen,see This Culture of Ours 斯文

State Trade Policy 市易法,247f,270

Students 学生,登记的学生,44,78,107,154f,332,334

Su Ch'e 苏辙,30,73,201f,256,257—58,292,434n,435n

Su family 苏氏家族,202

Su Hsun 苏洵,30,72f,257,269,415n,420n,435n;《六经论》202—4;苏洵与苏轼,202—8

Su Huan 苏涣,202

Su Mien 苏冕,368n

Su Shen 苏绅,409n

Su Shih 苏轼,30f,73,150,176f,201—2,329f,332,336,341,433n,434n,435n,441n;and Su Hsun 苏轼与苏洵,202—8,435n;《南行唱和集序》,207—8;苏轼与程颐的比较,210f,214f,224,252—53,299,301,317—18;苏轼与文,散见于 254—59,293—99,405n,417n,434n,435n;对王安石和新法的反对,256ff,269—82,284,436n,437n;苏轼的经注,257f,282—93;苏轼《中庸论》,259—61,420n;苏轼策论,261—63,436n;苏轼的史论,263—69;苏轼论道,292—93,296ff

Su-shui chi-wen《涑水纪闻》,429n

Su Shun-ch'in 苏舜钦,169,409n,410n

Su Sung 苏颂,415n

Su Yuan-ming 苏源明,132

Sui dynasty 隋朝,6f,37,39,47,79f,373n

Sui History(Sui Shu)《隋书》,36,79,81,101—2,104,384n,388n

Sun Fu 孙复,29,31,168,170,172,183—84,185,272,369n,409n,410n,411n,414n

Sun Ho 孙何,404n

Sun Kuo-tung 孙国栋,376n,377n

Sun Shih 孙奭,405n

Sun T'I 孙逖,366n,392n

Sung Ch'I 宋祁,174,194,411n,417n

Sung dynasty 宋朝,1—2,4,15f,25,38,68,80,86,99,329,365n,366n,367n,373n;道学,3,27—31,149,331ff;宋朝的奖士,48—58,333,376n;宋朝的中央集权,49—50,52,54,58;宋朝疆域、人口和行政单位的扩大,52—53;宋朝的科举制,54—56,332,376n;genealogies,宋朝的族谱 71—72;宋朝与文,散见于 146—50,329,340;宋朝的朝廷与文官政策,151—55;宋朝的学者,155—60;文学雕琢与古文,160—66;范仲淹对朝廷的抨击,167—72;学校的普及,172—75

Sung History(Sung shih)《宋史》,150,198,401n,434n

Sung Min-ch'iu 宋敏求,415n

Sung Po 宋白,159,404n

Sung Yü 宋玉,103,112,298

Supreme Mystery(T'ai-hsuan)《太玄》,429n

ta-i(greater principles)大义,79—272,283

Ta T'ang shih-tsu chih《大唐氏族志》,38,40

ta-t'i(larger structure)大体,228,241

T'ai-ch'ang ssu(Court of Sacrifices)太常署,78

t'ai-chi(supreme ultimate)太极,239

T'ai-p'ing hsing-kuo reign period 太平兴国,153

T'ai-p'ing huan-yu chi《太平寰宇记》,381n

T'ai-p'ing kuang-chi(T'ai-p'ing Extended Record)《太平广记》,153,413n

T'ai-p'ing sheng-hui-fang(T'ai-p'ing Prescriptions by Imperial Grace)《太平圣惠方》,153

T'ai-p'ing yu-lan(T'ai-p'ing lmperial Reader)《太平御览》,153

T'ai-po 太白,240

T'ai-tsu(Northern Chou emperor)(北周)太祖,36

T'ai-tsu(Sung emperor)(宋)太祖,散见于 48—59,150f,377n,378n,402n

T'ai-tsung(Sung emperor)(宋)太宗,散见于 48—58,64,70,散见于 150—57,402n,403n,405n

T'ai-tsung(T'ang emperor)(唐)太宗,16f,40,76,78,80,93,106,371n

T'ai-yuan Wang chan 太原王氏,37—38,66

talent(ts'ai)才,232,266,314f

Tan Chu 啖助,184,400n

T'ang(sage king)汤,216,240,286,439n

T'ang Chun-I 唐君毅,371n,387n

T'ang Code《唐律》,80

T'ang dynasty 唐朝,散见于 1—6,散见于 15—21,27,112,121,148,186,193f,

195—97,222,308,316,318,散见于330—35,340;唐代大族和士族的消失,36—48,58,65—67,327,371n;中世的看法76—78;唐代朝廷学术,78—80,387n;《艺文志》81—84;作为文化的写作,84—92;文章,92—107

T'ang History《新唐书》,194,198f

t'ang-hou kuan 堂后官,377n

T'ang hui-Yao《唐会要》,152

Tanguts 党项,171,213

tao 道,3,散见于156—70,174,180—94,210,散见于223—30,244,268f,282,散见于302—14,318,324,406n;道与文,23,83—84,94—97,散见于118—22,133—49,157—60,164—65,168,176—78,184,187—88,223,229,254f,296ff,307,328,365n;道与德,120—21,128—29,136;孔子之道,180,224,226,264—65;道与儒家经典,198f,307f;学之道,208—9;道作为终极的来源,275—76;苏轼论道,292—93,296ff;程颢论道,302—3

Tao-hsueh(Learning of the Way)道学,3f,15,18,35,149;道学和新儒学,2,27—31,370n;程颐与道,303—6,327—29,336—37,442n;朱熹与道,329,338—39,341;道在南宋,329—31,333—34,337—42

tao of the sage 圣人之道,见"圣人之道"("way of the sage")

Tao te ching《道德经》,120,236,264—65

tao-t'ung(line of continuity with the tao)道统,28,30—31,338,368n,369n

Y'ao Yuan-ming 陶渊明,238

Taoism 道教,170,267,272,359n,363n,364n,392n,392n,396n,397n;道教与士学,10,18—22,359;方外 81,302;梁肃论道教,119—20,396;韩愈论道教,126,129—30,268;对道教的反对,182ff,186,226

Taoist Canon 道藏,152

te(virtue)德,198,230,244,288—89,322;德与道,120—21,128—29,136

te-hsing,德行,见"德行"(ethical conduct)

Ten Kingdoms 十国,48

Teraji Jun 寺地遵,413n,422n

textual exegesis(shun-ku)训诂,79f,93—94,198ff

textual traditions 典籍传统,20,81—82,364n;典籍传统与政治统一,83—84

things(wu)物,260;物与我,271,276—79,284,317

"This Culture of Ours,"斯文 1—3,96;初唐对斯文的运用,散见于104—11,391n;晚唐对斯文的运用,114,118,120ff,397n;宋初对斯文的运用,153,157,159,161f,405n;范仲淹对斯文的运用,167,181,183,409n;王安石对斯文的运用,233;苏轼对斯文的运用,256—57;程颐对斯文的运用,303—4

Three August Ones(Fu Hsi,Shen Nung,Huang Ti)三皇(伏羲、神农、黄帝),

180,224

　　Three Eras 三代,132,134,167,169,174,195ff,255,286,309

　　Three Histories examination degree 三史科,115,154

　　Three Kingdoms 三国,267

　　Three Kings(Yu,T'ang,Wen)三王(禹、汤、文王),201,216,224

　　Three Rites(Record of Rites,Ceremonial,Rites of Chou)三礼(《礼记》、《仪礼》、《周礼》),154

　　Three Teachings(san chiao)三教,15,17f,21,364n,396n,406n,408n;《三教珠英》,20,80

　　t'i wu(giving the normative form of a thing)体物,96

　　Tiao K'an 刁衎,404n

　　T'ien Ch'ang 田常,243

　　T'ien His 田锡,157—60,404n,405n

　　t'ien-li(pattern/principle of heaven)天理,2,8,100,119,292,300,302,319,341

　　T'ien-t'ai sect 天台宗,138;止观,120

　　t'ien-wen(pattern of heaven)天文,87,389n,394n

　　Tillman, Hoyt C. 田浩,305

　　Ting Wei 丁谓,168,404n,408n

　　Tighing Policy(pao-chia fa)保甲法,247,250,251—52,432n,433n

　　Treasured Canons of Ch'ien and K'un(Ch'ien k'un pao-tien)《乾坤宝典》,407n

"Treatise on Bibliography"(Sui History)《隋书》,83,86,93

"Tribute to Yü"(in Documents)《虞书》,192—93

　　trigrams, eight 八卦,94,192ff

　　tripitaka 三藏,152

　　tsa-wen(occasional genres)杂文,115

　　ts'ai(talent)才,232;才与气,314f;才与性,266

　　ts'ai Ching 蔡京,70

　　Ts'ai Hsiang 蔡襄,169,177—78,179,187,189,295,410n,411n

　　tsao-hua(creation)造化,96,159,312,322—23

　　Ts'ao Chih 曹植,112

　　Ts'so Pa 曹霸,295,440n

　　Ts'ao P'i(Emperor Wen of the Wei)曹丕(魏文帝),84,298,387n,390n,396n;《典论·论文》86,88,99

　　ts'e(treatise)策,24,154

　　Ts'e-fu yuan-kuei《册府元龟》,153,161,403n

　　Tseng Kung 曾巩,64,74,150,189,228,415n

Tseng-tzu 曾子, 87, 226, 280—81

Tso chuan《左传》, 88, 117

tso wen(creating wen)作文, 113—14, 117, 207

Tsu Wu-tse 祖无择, 170, 173, 178, 184, 189, 410n, 411n

Ts'ui Tsun-tu 崔祐度, 404n, 406n

Ts'ui Yu-fu 崔祐甫, 367n, 396n

Tsung-mi 宗密, 20, 21—22, 364n, 365n

Tu Ch'un 杜纯, 64

Tu Fu 杜甫, 132, 158, 258, 399n

Tu K'ai 杜开, 64

Tu-ku Chi 独孤及, 110, 散见于 114—21, 167, 362n, 392n, 393n, 395n, 396n, 408n

Tu-ku clan(Turkic)独孤氏(突厥族), 110

Tu Tzu-mei 杜子美, 295

Tu Yu 杜佑, 26f, 43, 374n, 392n, 394n;
Comprehensive Canons(T'ung tien)《通典》, 26f, 113, 152, 374n

Tung Chung-shu 董仲舒, 136

Tt'ung(circulation, comprehend, integrate)通, 94, 133, 313, 324

T'ung tien《通典》, 26f, 113, 313, 152, 374n

Twitchett, Denis, 崔瑞德 44, 373n, 374n, 375n

tzu(Philosophical schools)诸子, 81, 82—83, 384n, 391n

Tzu-hsia 子夏, 99, 200

Tzu-ian 自然, 见"自然"/自发("so-of-itself"/spontaneous)

Tzu-kung 子贡, 85, 281

Tzu shuo(Explanation of Characters)《字说》, 225—232—33, 257, 273, 428n

Tzu-ssu 子思, 266, 290

tzu-te(apprehend for oneself)自得, 12—13, 255; 自得与理, 316—17

tz'u(elaborated language)辞, 91, 97, 104, 115, 121, 223, 387n, 389n, 390n, 396n. 又见"文辞"

tz'u-jen(men skilled in verbal elaborations)辞人/词人, 94, 96, 98, 104, 394n

tz'u yen(to elaborate on language)辞言, 25

Umehara Kaoru 梅原郁, 56, 378n, 379n

Understanding of the Law(ming-fa)degree 明法科, 154

uniformity: and commonality 统一性: 统一性与普遍性, 266; 王安石要求/司马光抨击统一性, 272—75

unity 统一, 195—96, 269, 283—84; 王安石论统一, 218, 231—33; 苏轼论统一, 266—69, 273—74, 283—84, 292; 程颐论统一, 317—19, 322, 326. 又见"一致性"

517

（coherence）

universals 普遍性，寻求普遍性：苏轼与普遍性，185，265，280，283—84；王安石与普遍性，213，218，散见于227—32；司马光与普遍性，237；程颐与普遍性，323—26

Utsunomiya Kiyoyoshi 宇都宫清吉，372n，373n

values 价值观，77，301，305—6，313，316，322

values, grounds for 价值观基础，1—3，20—21，176，187，191，195—96，223—24，365n；儒家经典作为价值观，97—98，117，144—45，168，184，190，193，198—99，210，227f，302f，308；先王作为价值观，97—98，112，117，168，179f，413n；作为固有和内在的价值观，98—102，230—32，289—91；不可言传的道作为价值观，119—20，121，159—60，283—84；圣人之道作为价值观，125—27，131，163—64，180，189；中作为价值观，138，141—43，181，205—6，235；整体的概念作为价值观，163—64，181，185—86，189，195—96，205—6，230—31，322—26；价值观建立在人事上，179ff，198—200，235—36；司马光对价值观进行检验的四种方法"本之于天地，考之于先王，质之于孔子，验之于当今"，223—24. 又见"古"、"天地"、"天人"

Van Zoeren, Steven, 范佐仑 200

"various fields"（chu-k'o）degrees 诸科，54，63，154，247—48，378n，379n

virtue, see te 德；又见"德行"（ethical conduct）

Waley, Arthur, 阿瑟·韦利 280—81，385n

Walton, Linda, 万爱玲 74

Wang An-shih 王安石，30f，59，212ff，215，散见于320—40，415n，422n，424n，426n，435n；新法，67，70，72f，164，212，213—15，229，237，246—53，333，423n；教育改革，71，215f，217—18；王安石与古文，150，189—90，191，224—28，415n，426n；《上仁宗皇帝万言书》216—18，423n；王安石的哲学思想，224—28，230，33，320；王安石论儒家经典，224—30，428n；《字说》，225，232—33，257，273，428n；苏轼对王安石的反对，269—82

Wang Ch'eng 王曾，401n，402n

Wang Ch'in-jo 王钦若，70，168，404n，408n

Wang Gungwu, 王公武 49，376n，377n

Wang Hua-chi 王化基，404n

Wang Kuei 王珪，415n

Wang Kung-ch'en 王拱臣，412n

Wang Pi 王弼，194，318，409n

Wang Po 王勃，105—7

Wang P'u 王溥，63—64

Wang Shen 王诜，277

Wang Su 王素，410n

Wang Tan 王旦,70,409n

wang tao(tao of the king)王道,265—66

Wang Te-I 王德毅,379n

Wang Ts'an 王粲,112

Wang T'ung 王通,105,106—7,163f,178,182,234,407n

Wang Yao-ch'en 王尧臣,194

Wang Yen 王彦,37—38,396n

Wang Yu-ch'eng 王禹偁,161,165,404n,405n

Warring States Period 战国时代,23,82,86,112,123

water conservancy 水利,192—93,247

"way of the sage"(sheng-jen chih tao)圣人之道,2,398n,401n;韩愈对圣人之道的发明,125,126—31,398n;宋初所采用的圣人之道,156—71 散见于 409n,413n;司马光论圣人之道,219—20,224;王安石论圣人之道,227—31,424n;苏轼论圣人之道,264—66,268—69,283—84;程颐论圣人之道,302-4

wealth and honor(fu kuei)富贵,8,13—14,359n

Wechsler,Howard,魏侯玮 384n,388n

Wei Cheng 魏征,91,388n,404n

wei chi(for oneself)为己,225

Wei-Chin period 魏晋时期,48,93,112,132,145

Wei Ch'u-mou 韦渠牟,19—20

Wei Chung-li 韦中立,141,143

Wei dynasty 魏,6,36,241—42

Wei-lieh(Chou king)周威烈王,238—244

Wei Ssu 魏斯,238

Wei Tsung-ch'ing 韦宗卿,22

Wei-tzu 微子,240

wei wen(doing wen)为文,207

Weinstein,Stanley,斯坦利·威温斯坦 20

wen 文,1,3,16,91,94,332—36,340,362n,389n,395n,426n;文与行,16,112—15,395n,396n,406n;文与儒,17—18,93—94,388n;文与道,23,83—84,94—97,118—22,散见于 133—45,149,157—60,164—65,168,176—78,184,187—88,223,229,254f,296ff,328,365n,397n,398n,399n,415n;士由文来界定,33,35,47;文与文学雕琢,84—87,88—90,98—104,161—62;孔子论文,85,255,294,388n;文与理,91,119,273,387n,447n;文与辞 91,115,389n;文与质,92,113,394n,395n;文之衰,93,388n,390n,392n;文与先王,97—98;文与性,98—102,120,395n,396n,406n;文与个人的表达,98—102;文与文官秩序,109—10,392n,397n,405n;韩愈论文,133—36,

399n;柳冕论文,144—45;文在北宋,散见于146—50;杨亿论文,161—62;苏洵论文,206—7;苏轼论文,254,256,258,293—99,434n;文与气,273,447n;文与天地,305,389n. 又见"人文"、"古文"、"文章"、"文学"

Wen(Chou king,sage-king)周文王,1,84,108,166,172,216,239,243

wen(civil)versus wu(military)文与武,49—50,108,148,151,156—57,402n

wen(literary form)文：文与志与言,116—17,又见"文体"

wen(pattern)文,91,94,97

wen(prose)/shih(poetry)dichotomy 诗文两分,24—25,367n

wen(Sui emperor)隋文帝,23,90

Wen(Wei emperor)魏文帝,见"曹丕"

wen and wen-chang 文和文章,关于文和文章的意见：孔子的意见,15—16,85,91—92,255,294,361n,388n;权德舆的意见,21,396n,397n;欧阳修的意见,29,178—79,180,187,199—201,415n;曹丕的意见,84,86,88,106,387n,390n;萧统的意见,88—90;李翱的意见90—91;初唐朝廷的意见,92—104;陆机的意见96;刘勰的意见,97;萧颖士的意见,111—12;李华的意见,112—14,394n,395;贾至的意见,114—15;独孤及的意见,116—18;梁肃的意见,118—21;韩愈的意见,133—36,398n,399n;李翱的意见,137—40;柳宗元的意见,140—41;柳冕的意见,144—45;吕温的意见,145—46;徐铉的意见,157;田锡的意见,158—60,406n;杨亿的意见,161—62;夏竦的意见,162;柳开的意见162—65;王禹偁的意见,165;智圆的意见,165—66;范仲淹的意见,166—67;尹洙的意见,179;石介的意见,181—82;李觏的意见,185;孙复的意见,185;契嵩的意见,187;王安石的意见,189,223,232—33;司马光的意见,190,223,426n;苏洵的意见,206—7;苏轼的意见,207—8,254,256,258,293—99,434n;程颐的意见,208—9,303,306—11,328,337;周敦颐的意见,254—55;于邵的意见,395n

wen-chang 文章,25—27,76—77,80,83;文体,24—25,86,115,116—17,295,367n;文学写作的兴起,84—88;写作作为文化,84—92;初唐朝廷的文章项目,散见于92—107;文章的个人基础,98—102;雕琢与文章,102—4;晚唐的文章项目,110—23,393n,394n;文章盟主 161,255;文章之道,167,188,190f. 又见"古文"、"文"、"文学"

wen-chiao(wen teaching)文教,17,93,151

Wen fu《文赋》,见"陆机"

Wen hsuan《文选》,153,386n

wen-hsueh 文学,15—17,76—80,121,125,151—55,329;文学与德行,113—14,305,341. 又见"古文"、"文"、"文章"

wen i kuan tao(wen is to thread tao)文以贯道,135—36,265,280—81

wen i ming tao(wen is to illuminate tao)文以明道,141

wen i tsai tao(wen is a vehicle for tao)文以体道,25

wen-jen 文人,362n

wen-ju 文儒,17,51,363n,388n

wen-shih(literary men)文士,11,17,51,22—27,93,108,141,178,214,254f,340,363n,387n,388n,391n,405n

Wen-ssu po-Yao《文思博要》,80,389n

Wen T'ung 文同 296—297,415n

wen-tz'u(literary elaboratians)文辞,16,98,112,115,255,273.又见"辞"

Wen Yen-po 文彦博,301,410n

Wen-Yuan Ying-hua(Finest Blossoms from the Park of Literature)《文苑英华》,153,165,403n

Western Hah 西汉,67,82,309

will(chih)志,88,101,121,255;志与言与文,116—17;志与气,317,319

wo wu(self and things)我物,271,276—79,284,317

Worthy,Edmund H.,Jr.,埃德蒙德·沃西 49—50

Wu(Chan king,sage-king)周武王,166,172,240,243,286

Wu(Han emperor)汉武帝,86,108

wu(military)versus wen(civil)武与文,49—50,108,148,151,156—57

Wu(T'ang empress,usurper)唐武宗,20,80,105,108

wu(things)物,260;and self 物我,271,276—79,284,317

Wu ching cheng-i(Correctr Significance of the Five Classics)《五经正义》,79,387n,389n

Wu Ch'ung 吴充,417n

wu hsing 五行,见"五行"(Five Phases)

Wu Tao-tzu 吴道子,295—96

wu-yu(non-existence of the phenomenal world)无有,264

Wu Yun 吴筠,19,363n

Yang Ch'iang 杨瑒,374n

Yang Chieh 杨杰,415n

Yang Chiung 杨炯,105—6,391n

Yang Chu 杨朱,126,129,132,166,274

Yang Hsiung 扬雄,112,123,127ff,130,132,136,164,178,182,226,234f,265f,294,298,313,386n,398n,429n;《法言》,126,294;《太玄》,235,294

Yang I 杨亿,29,150,160,161—62,188,272,407n,409n,410n

Yang Shih 杨时,29,71

Yang Wan 杨绾,115

521

Yang Yuan 杨远,379n

Yao(sage-king)尧,85,95,130,142,146,166,180,189,201,216,255,286f,291,310

Yao Chi-kuang 姚吉光,23

Yeh Ch'ing-ch'en 叶清臣,409n

Yeh Meng-te 叶梦得,402n,403n,417n

Yellow River Chart 河图,见"河图"(Ho t'u)

yen(speech,language)言,15,88,134,305,361n;言与志与文,116—17;言与文与辞,389n

Yen Chen-ch'ing 颜真卿,6,25,258,295,393n

Yen Chih-t'ui 颜之推,散见于6—14,33,48,76,84,87,359n;《颜氏家训》,6,77

yen chih wu wen,hsing chih pu Yuan 言之无文,行之不远,88,255,294,386n

Yen Hui(also Yen-tzu,Yen Yuan)颜回(又称颜子、颜渊),208,281,304,307,321

Yen Shih-ku 颜师古,6,76,79;《汉书注》,76

Yen Shu 晏殊,168

yen-wen(language wen)versus jen-wen(human wen)言文与人文,187

yin and yang 阴阳,94f,97,103,141,146,181,186,193—94,235,239f,283,289,312. 又见"乾坤"

Yin dynasty 殷朝,115

Yin Fan 殷璠,387n,393n

Yin privilege 门荫,37,40ff,53,56—58,61—63,67f,171,174,189,202,300,333,371n,377n,378n,379n;门荫的扩大,56—58;同进士出身 61—63;门荫的缩减,68,171,174

Yin Shu 尹洙,169,171,173—74,179,187f,410n,411n,412n,413n

Ying-tsung 英宗,213,268

Yu(king)幽,243,311

Yu,Pauline,余宝琳 95

Yu Tso 游酢,149

yn-wei 有为,见"有为"(activism)

Yu(Hsia founder,sage-king)禹,167,172,192—93,216,286,290,310

Yu Ching 余靖,169f,173,410n,411n,421n

yü i(to visit one's intentions on things)寓意,277,437n

Yu Shao 于邵,392n,394n

Yu Shih-nan 虞世南,86,388n

Yuan Chen 元稹,123,158,363n,366n,392n,394n,395n,408n

Yuan Chieh 元结,24,132,392n,393n,408n

Yuan-ho reign period 元和朝,108
Yuan Te-hsiu 元德秀,393n,394n
Yuan Ts'ai 袁采,散见于 6—14,359n,360n
Precepts for Social Life《世范》,6,74
Yuan-yu reign period 元祐朝,214,252,256,301,329
Zurcher,Erik 许理和,21

唐宋转型之反思
——以思想的变化为主

众所周知,历史自己不会讲述。我们阐释历史,说它意味着什么,这样做是出于自己的目的。所幸历史就是历史,无论我们如何讲述,它都不会反对,就像将来的人无论怎样谈论我们,我们也无法反驳。我们也知道自己的阐释时微时巨地变化着,而阐释中的变化与阐释者所处的思想世界息息相关。但如果说阐释历史的方式是由当前政治所决定,或者说一种特定的阐释方式逐渐流行是因为它满足了当前某些群体的兴趣,这都过于简单,因为有时一个理解历史的新方式,改变了当代阐释者所处的思想政治世界。

阐释不会轻易改变,而且很少发生巨变。如果我们生活的世界,阐释和阐释之间总是千差万别,没有共同接受的框架,那么研究过去就很困难,而且在很大程度上毫无意义。对历史的阐释总是希望人人接受,但一旦人人都接受了它们,它们就经常被想当然地认为理应如此,并不再受到质疑,我们也因而不必去询问有些事何以会那样发生,而是更多地花时间去说明它"如何"发生。我们通过教育所获得的更大阐释,是我们赖以为生的。这些阐释,教我们如何解难释惑,告诉我们什么是重要的。这里我要重申一下我的看法:拥有这种大的阐释,是一个正常状态,比起让思想者老是从根子上去挑战人人认可的价值观,这个状态更好一些。

历史学家承认,一个国家的价值观在某些历史时期会被重新界定,比如当社会发生变化、对财富的控制发生转移、政治权力重新组织的时候。这些划时代的变化在中国和美国的历史上都发生过,而且肯定会再次发生。历史学家还承认,过去的人们为了使其历史更有意义而采取的阐释主题,与阐释者所处时代的价值观完全联系在一起,而且这些阐释主题会随着社会的变化而变化。我们这些"当代"的历史学者,经常会使用像"科学的"、"客观的"学术,或者就是"职业化的"学术这样的观念,以此显示我们理解历史的方式独立于自己生活的社会和时代。但我认为,不管历史学者的职业化多么深,他们多么忠实于客观性、真实性和信服证据,我们不能,也不应该真的独立于自身所处时代的思想和政治潮流。大概我们最需要做的,是能够认识那些潮流,以及它们对我们的工作所产生的影响,愿意对它们保持审慎,并提出挑战。如果我们历史学者在工作中须臾不离的历史阐释,与当前社会价值观以及社会组织联系在一起,那么对这些历史阐释的挑战,就意味着质疑当前的价值观。而这当然是很难的。最有吸引力的分析结构很难被挑战,因为它们提供了大规模的阐释,以让人难以辩驳的、前后一致的方式把互不相干的领域组成一体,并且证明那些采用这种分析结构的人,他们的存在和信念是正确的。或者,用另一种方式说,那些对"世界运行之道"的想法提出挑战的人,由于把自己置于现成的意义框架之外,因而他们的意见会被认为是不着边际和无关紧要的。

以上是从一个很大的视角来引入一个小例子。在这篇文章里,我想描述一下我们很多人在阐释唐宋转型时所共同采用的框架是如何变化的。我主要谈美国的学术(尽管我相信下面要说的很多内容也同样适用于日本和欧洲的学术),但是我还要指出,对中国历史上这个关键的转折点,我们理解方式的转变也反映了美国思想文化的转变。

在美国,宋代研究吸引了很多学者,因为宋代被普遍看作中国历史上一个转型期。这促使宋史研究者去询问宋代如何与之前和之后的历史阶段相联系,宋代如何使"中叶史"(middle—period)①变成中国历史研究中最活跃的领域。② 那些着手从事宋史研究的史学家,他们所要解决的问题,要么是集中精力来说明宋代何以独一无二,要么是在宋代与其后的时代之间建立联系。正像一位日本历史学家向我指出的:在宋史研究中,我们是在唯宋主义者和明清主义者之间做选择。在我看来,美国宋代研究的奠基者柯睿格(the late Edward Kracke, Jr.)、刘子健(James T. C. Liu)以及郝若贝(Robert Hartwell),他们都在著作中谈到宋代如何与中国历史的其他时期相联系;在这个意义上,他们也是明清主义者。

最近十年,我们关于中国"中叶史"的理解出现了根本变化。为了理解这个变化何以是根本的,有必要了解一些最初的认识。我们应该承认,在美国最有影响的中国历史分期论,将宋朝视为中国和世界历史之近世的开端。这个观点最早由京都大学的内藤湖南和宫崎市定提出。后来日本出现了另一种看法,认为宋代是封建制的中期,这种看法出自东京大学的马克思主义学者。周藤吉之在他的著作中提出这一看法,仁井田陞在他的法律研究中做出发展。③ 这第二个学派宣称16世纪是真正的转折点,因而对研究中华帝国晚期历史的史家产生了影响,但在美

---

① 译者注:这里根据作者的建议,将"middle—period"译为"中叶",是指8世纪中期到16世纪中期这一段历史,与下文出现的"medieval society"不同。后者译为"中世",指东汉到五代这一历史时期。日本学者普遍将中国史分为"古代"、"中世"、"近世"三段,具体起讫有不同的说法,作者在本文对"中世"的界定主要采用内藤湖南等人的分期意见。
② 美国编写中国历史,只是偶尔才把对重要历史转型的重新概括放在核心的位置,但在过去的十五年中,研究宋史的人数迅速增加,与此同时,对唐宋转型和南北宋转型问题的争论也在不断进行,现在已经成为当代中国之前最活跃的历史研究领域之一。由何瞻(James Hargett)所主编的《宋元研究学报》(Journal of Sung-Yuan Studies),最近几期显示了"宋代研究"领域在美国的强盛,以及它的国际性。在最近几年里,从宋史研究入手的史学家开始超越朝代界限,以期把十一和十二世纪的发展与十六世纪的类似现象联系在一起。这种超越朝代界限研究历史的愿望,促使我提出,现在的史学家对中国历史的"中叶",而不单单是宋代,更感兴趣。
③ 内藤的观点可以追溯到20世纪20年代甚至更早。傅佛果(Joshua A. Fogel)在《内藤湖南:政治与汉学(1866—1934)》(*Politics and Sinology: the Case of Naitô Konan 1866 - 1934*),马萨诸塞剑桥:哈佛大学东亚研究会(Cambridge, Mass.: Council on East Asian Studies, Harvard University)1984年版,第168—210页,对内藤关于唐宋转型的描述做了历史的讨论。通过宫崎市定的作品,特别是宫崎1950年的著作《东洋的近世》,这些观点被建构成一个主要的分析框架。宫川尚志清楚地谈到宫崎在树立内藤的立场上所起的重要作用(转下页)

国的宋史研究中并没有居于主流。①

京都和东京的中国历史分期论意见,尽管彼此迥异,但有两个基本共同点。第一,他们把历史的变化理解为朝向"现代性"的不同阶段。第二,他们认为在西方影响中国之前,中国就按照与西方相同的演进阶段在发展,而且这些演进阶段是普遍的。换句话说,这两个学派都持有一种历史目的论观点,认为历史的终点就是现代性的实现,这种现代性以地中海文明为代表(尽管两种分期论一种是资本主义和官僚制的,一种是马克思主义和革命的)。提出这些观点的学者,也希望这些观点能传达某种政治含义。的确,公平地讲,两种分期论都涉及现代性政治、殖民主义和文化转变。② 内藤假说使宋代成为中国和世界历史上现代化的早

(接上页)《概述内藤假说及其对日本中国研究的影响》(An Outline of the Naitō Hypothesis and its Effects on Japanese Studies of China),《远东季刊》(Far Eastern Quarterly)第 14 卷(1955),第 4 期,第 533—552 页。马克思主义的分期论最早由前田直典在 1948 年做出勾勒,他 1949 年去世,此后由石母田正加以发展。石母依据了周藤对宋元土地所有权的研究。寺地遵在《日本宋史研究的基调》,见《中国历史研究》第 1 卷(1991),第 191—210 页中描述了这些人物和他们的政治态度。"近世"今天一般被译为"现代早期"(early modern),但是宫崎在 1955 年用英语著述的时候是用的"现代"(modern),这得到了宫川的赞同,它显然反应了最初的想法。

① 顾琳(Linda Grove)和克里斯托弗·丹尼斯(Christopher Daniels)著《中国的国家与社会:日本关于明清社会经济史的论述》(State and Society in China: Japanese Perspectives on Ming Qing Social Economic History),东京:东京大学出版社(Tokyo: University of Tokyo Press),1984 年。在此书中,他们翻译了"东京学派"关于中华帝国晚期历史的一些主要论述。还请注意伊懋可(Mark Elvin)《中国历史的模式》(The Patterns of Chinese Past),它介绍了东京学派社会经济史的主要内容,但自己有一个分期论的主题。杜希德(Denis C. Twitchett)关于唐宋社会经济史的多种作品,介绍了东京学派的许多观点,但事实上并未维护它的历史分期论。

② 内藤和前田的解释为什么在日本和美国得到如此多的赞同,一个原因就是他们把对于欧洲历史的一个特定的理解,转化为进步的普遍道路。在日本它鼓励了那些呼唤改革的人,以及那些身处国外,相信日本和其他亚洲国家应该遵从欧美道路的人。此外,按照寺地遵的说法,对一些日本学者来讲,在二战之后表明中国历史并非停滞是很重要的(内藤看起来是认为宋代以后中国社会鲜有变化),以此反对日本的侵略。然而,在战前,认为东亚不需要依赖西方就可以走向现代化的观念,是为指导当代日本人的政治理想服务的。寺地遵指出,并非所有的学者都把历史和他们自己的政见如此紧密地联系在一起。例如,右翼分子加藤繁就试图避免让中国史去适应自己的政见(他是否完全成功地做到是另一个问题,加藤认可"大国家"这种观念,并且主要精力都用于研究中国从事经济活动的方式)。其他人承认,现代性是由西方来界定的,因此得出结论说,除非欧洲人来,否则现代化的时代是不会开始的。松井等人于 1930 年所著的《东洋史概说》就是一个例子,宫川尚志的著作第 547 页提到它。

期阶段,并且极大地影响了美国教科书关于中国历史的叙述。这是一套完整的看法,它把政治制度、行为结构、社会结构、经济过程、文化中所发生的变化综合在一起,而且它既能适用于中国历史,也能适用于地中海文明,因而是普遍的。但它还是目的论的,因为它假定文明能够,而且应该朝向"现代性"自然地成熟,从这一点讲,它也是一种信念,因为我们当然无法预知未来将会发生什么。

在我看来,近些年出现了两个变化。首先,新一代史学家对唐宋转型逐渐提出一种新看法,它颠覆了内藤假说中一些最重要的内容。我在下文将更仔细地分析这一新看法。与此同时,更年轻的史学家越来越多地受到后现代标帜下种种思潮的影响,这些思潮至少从20世纪70年代起就通过学术生活而流播。在我看来,后现代思潮最重要的影响,就是促使我们把历史理论看作某一特定时间和地域的思想构造,并且使学术有可能拒绝一种目的论的观点,这种观点围绕"现代性"的观念来建构历史,它把"现代性"当作人类演进的自然阶段。如果我们不相信历史的变化必然是由一个个后胜于今的阶段所组成,就没有理由一开始就想当然地认为我们应该把中国历史的任何转型,包括唐宋转型,理解为朝向一个特定时期的发展阶段,这个特定时期就是欧美历史上被定义为"现代"的那个时期。①

关于历史学家是否需要进行"语言学转向"并且加入文学人文学的研究行列,已多有讨论,或者赞成,或者反对。这至少让历史学者更多地思考一下,那些文学和思想传统中的典型的建构与阐释过程,是如何渗透于社会生活与政治生活,如何渗透于他们的学术之中的。研究文学和思想的学者也逐渐意识到,文学与思想传统的创造、再生与转化,和认可

---

① 这并不意味着另一个国家的社会、经济和政治的特点不能被仿效。我们从历史中得知,传播在发生,而且学习和模仿对传播是必要的。否认历史必然是进步的,就是说:1)把一种特定的变化界定为"进步",是我们把"进步"的价值赋予这种变化,"进步"并非这种变化自身的特性;2)如果不是自觉地去选择进行某种变化,国家自身不会变得相同。根据这个看法,所谓的"现代",是对一个特定的历史形势的描述,因此也就是一个思想建构(construction)。

并推行这些传统的社会政治过程与组织,紧密联系在一起。①

---

① 中国研究之外的思想史已经不再试图去寻找一个民族的基本个性,并用"进步"这样的概念来判断他们。也有人批评用一些共同认可的观点来界定一个时期和一个民族,无论这些共同认可的观念是指高级文化的"精神",抑或想当然的思想假定,还是指一个民族或阶级的"心态"。请见莫里斯·曼德尔鲍姆(Maurice Mandlebaum)在《观念史、心智史和哲学史》(The History of Ideas, Intellectual History, and the History of Philosophy)一文中对阿瑟·洛夫乔伊(Arthur O, Lovejoy)《存在巨链:对一个观念的历史的研究》(Great Chain of Being: A Study of the History of an Idea,哈佛大学出版社 1936,1964 年)的批评,莫里斯(Maurice)的文章见于《历史与理论增刊》(History and Theory)Beiheft 第 5 卷(1965)第 33—66 页。彼得·伯克(Peter Burke)在《心态史的优势与劣势》(Strength and Weakness of the History of Mentalities)中对此做出辩护,它也注意到心态(mentalities)的问题,此文见于《欧洲观念史》(History of European Ideas)第 7 卷(1986),第 5 期,第 439—452 页。罗杰·夏蒂埃(Roger Chartier)在《心智史还是社会文化史》(Intellectual History or Sociocultural History)中不是单纯停留在批评,而是为心智史和社会史勾画了另一种道路,这篇文章见于多米尼克·拉卡普拉(Dominick LaCapra)和史蒂芬·卡普兰(Steven Kaplan)主编的《当代欧洲心智史》(Modern European Intellectual History),绮色佳:康奈尔大学出版社 1982 年(Ithaca: Cornell University Press, 1982),第 13—46 页。用哲学的方法来对待历史上的观念,以及把它们从具体的环境中抽象出来,对这种做法的不安,促使昆廷·斯金纳(Quentin Skinner)和其他人呼吁一种严格的环境论(contextualism),例如,他的《观念史中的意义与理解》(Meaning and Understanding in the History of Ideas),《历史和理论》(History and Theory)第 8 卷(1969),第 1 期,第 3—53 页。在我看来,这种环境论,即使只是一种纯粹的说法,也促使我们关注思想文化中的不一致和断裂,以及那些鼓励了多样化和争论的再生和转化过程,使我们避免在界定"儒家思想"或"宋代思想"的工作中内含具有的简缩(reductionism)、坐实(reifications)和简单化(simplifications)。另一方面,这种环境论,在理解文献时首先重视权威的意图,人们抨击它不能认识到复杂的思想工作的解释上的开放性。关于这个看法,见多米尼克·拉卡普拉(Dominick LaCapra)《反思心智史及阅读文选》(Rethinking Intellectual History and Reading Texts),此文收录于多米尼克·拉卡普拉(Dominick LaCapra)和史蒂芬·卡普兰(Steven Kaplan)主编的《当代欧洲心智史》(Modern European Intellectual History),绮色佳:康乃尔大学出版社 1982 年,第 47—85 页。这场争论最初是由大卫·哈兰(David Harlan)在《心智史及文学的回归》(Intellectual History and Return of Literature)中提出,此文见于《美国历史评论》(American Historical Review)第 94 卷(1989 年 7 月),第 581—609 页;大卫·霍林格(David A. Hollinger),在《浪子回头:历史认识持续有效》(The Return of the Prodigal: The Persistence of Historical Knowing)第 609—622 页中做出回应;拉塞尔·雅各比(Russell Jacoby)在《新的心智史?》(A New Intellectual History?)中再次回应。多米尼克·拉卡普拉(Dominic LaCapra)在《心智史及其道路》(Intellectual History and Its Ways.)中对回应做出回复,此文见于《美国历史评论》第 97 卷(1992),第 405—439 页。概括地讲,注重环境的趋向,对哲学和"进步"的阐释主题提出挑战,是希望更历史地看待问题。在哈兰(Harlan)看来,文学的挑战是要恢复一个更古老的、更具解释性的风格,"与古人就我们重视的事情进行交谈"。在我看来,我们永远可以用思想的文献来反映我们重视的事情;而这并不能解释知识分子价值观的转变。关于这个主题,还可以提到很多文章。与其把越来越多的文学著作当作一个新方法的来源,不如我们把当代思想史中这些发展当作一面镜子,来观察中国从宋代到明代的思想文化(而且,我们当然也可以用中国的过去当作观察我们现在的一面镜子)。

在历史阐释的目的论框架中,现代性标志着历史的积累过程,对这个框架的批评显然适合了一些当代史学著作愈益浓厚的后现代趣味;尤其在社会史、文化史和思想史方面,情形更是如此。不论怎么讲,那些首先对内藤学说发难的人关注理论问题。① 我这一代人对唐宋转型和宋史感兴趣,起初大概都是由于,按照这种转型的说法,世界历史上最早得到发展的现代性,就出现在宋代,而对我们来讲,挑战现代性历史目的论,是反思唐宋转型的一个理论依据。

传统的阐释

我现在要讨论我们理解唐宋转型的方式如何转变。从内藤假说可以引申出,宋代标志着现代性的开端,这是关于唐宋转型的"普遍接受"的看法,对此我首先从四个方面简要描述。

第一,在社会史方面,唐代结束了世袭门阀对政府的支配,宋代进入现代,它以平民的兴起为标志。在教育的基础上,通过考试,而不是按照出身来选拔平民为官,这样的文官考试体制,促使在唯才是举的基础上建立的高水平社会流动制度化。宋代跻身仕途的平民取代了门阀家族,成为社会的领导阶层,他们是官员和退休官员的主体,称为士大夫。宋代对科举制的改革使它变得更加公平(例如,糊名制的采用)。学校教育普及到县,保证了地方士人参加科举。人们能够通过受教育和应考获得仕途成功,这事实上意味着,所有能够受教育的人都是政治上有前途的参与者。宋代政府对地方教育的支持,其力度前所未有,它以此来鼓励读书入仕。

---

① 然而请注意,这一时期重要的社会史家郝若贝(Robert M, Hartwell)也在思想史领域发表了一篇有影响的文章《中国十一、十二世纪的以史为鉴、公共政策和社会科学》(Historical Analogism, Public Policy, and Social Science in Eleventh and Twelfth Century China),此文见于《美国历史评论》(*American Historical Review*)1971年,第690—727页。下文将要讨论的韩明士(Robert Hymes)的著作、伊沛霞(Patricia Buckley Ebrey)的作品,都在思想史、文化史和社会史之间进行交叉研究。

第二,在经济史方面,唐宋转型以经济秩序的根本变化为标志。政府对商业失去了控制。宋代商业对国家的财政政策变得至关重要,政府稳步提高货币供给。在11世纪,商业税和国家专卖商品的销售收入,在国家的岁入中所占比例,达到了中国历史上的最高点。唐代由国家重新分配土地的均田制,被私人土地市场所取代;而根据土地和财产一年两次征税的两税法,取代了按人头收税的租庸调制。由于南方的开发和新稻种的引进,农业产量增长了。这些发展使非士族家族私人财富的积累得到承认和合法化。日益增长的私人财富和商业促进了前所未有的城市化。京城从一个人为的行政产物变成了同时也是商业中心。

第三,在文化史方面,唐代是佛道主导的宗教化时代,佛道的虚无与消极,在宋代开始让位于儒家思想的积极、理性和乐观。精英的宫廷文化让位于通俗的娱乐文化。科举制的扩展鼓励那些新富之人在教育上多投资,从而对教师和书籍的需求增长了。新的印刷技术被应用得越来越多,越来越多的科举落第者成为教师,甚至远远超出所需,这些都满足了对书籍和教师的需求。检验一个人受教育程度的考试制度成为选拔政治精英的依据,这与私人财富的稳步积累,以及不断发展的城市中心的日益增多结合在一起,促使一种全国性的知识文化的出现,这种文化为更多的人所易于接受(因此带来了文风从雕琢向平易的转变,以及词、戏剧、说书和小说的兴起),支持人们更活跃地参与公共生活(从佛道的退避转向儒家的复兴),它证明平民兴起、掌权是合理的(由此出现了一种新的理性的形上学,支持人人皆可学以成圣的观念)。宋代的儒家引进佛教哲学更复杂的观念,为儒家的社会伦理提供更充分的基础,以此来回应佛教对儒家的挑战。

第四,在政治史方面,唐宋转型却带来了与朝向现代性的进步根本不同的变化,这种朝向现代性的进步是以社会流动、商业成长和文化转变为代表的。当平民在政府中取代了士族,士族政治领袖对王室权威的制衡就丧失了。其结果就是中国早期的现代性以不断增长的独裁为标志。高度的中央集权和文官化,使王朝免于内部的篡夺,但还是加剧了独裁统治,因为靠出身而不是靠才学获得皇位的君主,开始成为不可动摇的政治权威和群臣效忠的对象。

在我看来,内藤湖南唐宋转型阐释的核心,就是宋代社会独裁加剧,因为这一点解释了为什么中国事实上没有实现现代化。宋代以后中华帝国体制的独裁,解释了为什么进步的社会、经济和文化变化没有持续按照一种走向现代性的方式发展,而这里所说的现代性,就像西欧和美国的历史所界定的那样。与此同时,独裁应该受到谴责的观念为解决中国的落后问题提供了一个办法:人们首先关心的是改革中国的政治体制,而让别的国家来指导中国也是必要的。①

这是对唐宋转型过于简约的叙述,在叙述中我略过了几部更近期的著作,这些著作仍然首先关注为什么中国没有照欧洲的意义走向现代化。② 但是上述描述已经足够我表达如下看法:关于唐宋转型的阐释,是

---

① 内藤从他的中国史研究中得出的结论是,贵族政治体制将成为日本现代化的障碍;这个对日本的殷鉴,看起来内藤在开始从事中国研究的时候就系之于心。
② 我认为黄仁宇(Ray Huang)《万历十五年》(1587: A Year of No Significance)和伊懋可(Mark Elvin)《中国历史的模式》(Pattern of the Chinese Past)提供了另一种可供选择的解释,我这样说,也许会把他们放到一个他们自己不可接受的环境中。伊懋可(Elvin)认为在中世的革命之后(14世纪末完成),出现了停滞,他把这种停滞归因于新儒家从思想上阻碍了科学和技术的发展,以及制度不能保护剩余价值(这反过来与技术的状态有关)。而黄仁宇揭示了中华帝国晚期的制度如何能够维持王朝的运行,但认为它不能产生为现代性所必需的制度,诸如像解决国内争端所需的法律制度。当然有更多的研究试图解释为什么在过去的几个世纪中,西方比其他地区更富强。最近的一些例子包括:阿尔弗雷德·克罗斯比(Alfred W. Crosby)《现实性的尺度:量化与 1250—1600 的西方社会》(The measure of reality: quantification and Western society 1250-1600),英国剑桥、美国纽约:剑桥大学出版社 1997年;琼斯(E. L. Jones)《重现的增长:世界历史中的经济变化》(Growth recurring: economic change in world history),牛津:克拉伦登出版社(Clarendon Press);纽约:牛津大学出版社 1988 年;大卫·兰德斯(David S. Landes)《及时的革命:里程表和通往现代社会之路》(Revolution in time: clocks and the making of the modern world),马萨诸塞剑桥:哈佛大学出版社、贝尔纳普出版社(Belknap Press)1983 年,以及《国家的财富与贫穷:为什么有些如此富裕,有些如此贫穷》初编本(The wealth and poverty of nations: why some are so rich and some are so poor, 1st ed.),纽约:诺顿出版社(W. W. Norton)1998 年;道格拉斯·诺斯(Douglass Cecil North)和罗伯特·托马斯(Robert Paul Thomas)《西方世界的兴起:一部新的经济史》(The rise of the Western world: a new economic history),剑桥大学出版社 1972年;以及弗兰克(André Gunder Frank)《白银资本:重视经济全球化的东方》(Reorient: global economy in the Asian Age),加州伯克利:加州大学出版社 1998 年。

以历史的目的论观点为基础的。事实上它指出中国早在我们之前就实现了我们当代西方人所重视的东西。这使得宋史研究在中国历史的研究中很重要，这一阐释，用当代西方的眼光来使中国的过去变得有意义，并且从一个当代的视角来看，它也是中国并非落后、停滞和无意义的佐证。

新的阐释

有关唐宋转型的传统阐释，在某些方面是错误的，或者是误导的，它会阻碍人们理解宋代在中国史上的重要性。自 20 世纪 80 年代以来，研究"中叶史"（middle—period）的史家著作，总的来看，提出了一种新的阐释。

在社会史方面，我们现在可以把唐宋的社会转型定义为士或士大夫（他们是政治和文化精英）之身份的重新界定，以及他们逐渐成为"地方精英"的过程，以此来取代以往把这一转型定义为门阀制的终结和"平民"的兴起。在中世社会里（medieval society）大多数"门阀"人物坚持说他们的地位来自其所拥有的知识和文化，这一点推进了唐代以及更早时期的世家大族的消失。这使得其他人相信他们能够分享那种文化，靠文学写作展示其成就；通过考察文学技能的考试来赢得公众的承认和出仕的权利。① 回顾当时，显然"世家大族"本身就是一个观念——一个靠政治制度和社会的认可来维持的社会构成——而在唐代衰亡之前，这种观念在社会上已经越来越名存实亡。② 在 9 和 10 世纪，"世家大族"的有效势力在首都之外衰落更甚，因为中央王朝的权力受到侵夺，助长了那些

---

① 关于世家大族用文化来界定自己的看法，见伊沛霞《早期中华帝国的贵族家庭：博陵崔氏个案研究》（*The Aristocratic Families of Early Imperial China: A Case Study of the Po-ling Ts'ui Family*），剑桥大学出版社 1978 年。

② 姜士彬（David Johnson）《一个世家大族的最后岁月：晚唐宋初的赵郡李氏研究》（The Last Years of a Great Clan: the Li Family of Chao chun in Late T'ang and Early Sung），见于《哈佛亚洲研究学报》（*Harvard Journal of Asiatic Studies*）第 37 卷第 1 期（1977），第 5—102 页。

支配地方军事、经济的家族加速崛起。宋朝南北统一之后,科举制范围扩大,朝廷推行奖掖士学的措施,这使得那些掌控军权财富的人,感到有必要去获得与士族传统联系在一起的文化成就,以此来维护其在宋王朝的合法政治权力。在这个转型期,的确有社会流动,就像在动乱的时期经常出现的那样。从11世纪中期开始,政府的政策就试图为地方豪强参与精英文化提供制度渠道。然而这并没有带来一个"平民"掌握政治权力的社会。科举制度是为"士"提供的。这包括那些来自非官僚家族的人,他们被同侪看作士。换句话说,士作为宋朝的国家精英,不是一个从法律上界定的群体,而是一个从社会角度界定的群体:一个人是不是士,在于别的士人是否这样看待他。很显然,在北宋末年,士人判断一个人是不是士,并不过多地依据家族背景,而是依据其教育状况。

北宋扩大科举制,鼓励人们接受文官所需的教育,以此得到权力,但这并没有导致恩荫特权的废除,这种特权允许官员为子孙谋取官位。贾志扬(John Chaffee)指出,随着教育制度持续扩大,应考者不断增加,官僚家族不断创造一些制度来使他们的亲属更容易及第。① 尽管如此,被认可为一个"士"的重要意义,还是鼓励越来越多的人接受科举教育,参加科举。②

千千万万的人接受科举教育,由此可见士人人数之众,而士的总数远远超过了官员的总数;即使我们承认官员拥有比别人更大的权力和特权,他们仍然从属于士这个更大的社会群体,是这个群体的一小部分。

---

① 例如,见贾志扬(John Chaffee)在《棘闱:科举的社会史》(*The Thorny Gates of Learning in Sung China: A Social History of Examinations*,剑桥:剑桥大学出版社1985年)一书对公平性的丧失的讨论。与那些为地方精英的支配作用做辩护的人不同的是,贾志扬至少是把教育体制看作是向有才之士相对开放,因此是一个向上的社会流动手段。关于教育体制和相关的问题,见李弘祺(Thomas H. C. Lee)《宋代的政府教育和科举制度》(*Government Education and the Examination System in Sung China*),香港中文大学出版社1985年。
② 我曾经提出这样的观点,尽管科举及第的成功机会锐减,接受科举教育的人数还是在增长,这表明家族在试图保持他们作为士的社会身份。见包弼德(Peter K. Bol)《科举制和士》(The Examination System and the Shih),《亚洲学刊》(*Asia Major*),第3辑(1990年),第2期。

郝若贝(Robert Hartwell)和韩明士(Robert Hymes)这样的社会历史学家,从社会而非朝廷的角度来观察社会,他们的专题研究表明,到12世纪末,经济和文化高度发展的中国南方地区,是由自我赓续(self-perpetuating)的地方精英所支配。这些家族只是偶尔才产生一些官员,由于人数不断膨胀,他们得以维持其财产的能力一直在削弱。① 这些家族实际拥有多少土地,我们所知甚少,但我们的确知道他们在扩大职业选择,开发商业上的机会,并且自己确认为"士"这个群体的成员,而"士"这个概念传统上是指受国家认可的精英。关于他们在地方文化、社会和政治中扮演的角色,我们就了解得更多了。他们几乎无一例外地接受了适应科举的文学教育,即便在观念上反对这种教育,也是如此。他们投资地方学校,控制了入学机会;带头修建和布施地方佛寺、道观以及祠庙。他们参与,有时则是领导着私人组建的自卫队伍,负责征税和组织劳役,在赈济饥荒中发挥大作用,用法律来解决家族内部和家族之间的争端。② 他们对家族组织的改革有各种各样的建议,这些建议的目的是

---

① 从唐代,经过北宋,一直到12世纪的南宋出现新的社会秩序,对这一转型,最有影响的描述是郝若贝(Robert M Hartwell)《750—1550年中国的人口、政治和社会转型》(Demographic, Political, and Social Transformations of China, 750-1550),此文见于《哈佛亚洲研究学报》(Harvard Journal of Asiatic Studies)第42卷(1982),第2期,第365—442页,以及韩明士(Robert P. Hymes)《官宦与士人:两宋抚州、江西的精英》(Statesman and Gentlemen: The Elite of Fu-chou, Chiang-his, in Northern and Southern Sung),剑桥:剑桥大学出版社1986年。关于家族的规模,见贾志扬(John Chaffee)《地位、家族和地域:中国宋代科举名单的分析》(Status, Family and Locale: Analysis of Examination Lists from Sung China),以及衣川强编《刘子健博士颂寿纪念宋史研究论集》(京都:同朋舍1989),第341—356页。关于一个成功的精英家族的更传统的描述,见戴仁柱(Richard L. Davis)《中国宋代(960—1227)的朝廷与家族:明州士人的仕途成功和裙带资源》(Court and Family in Sung China 960-1227: Bureaucratic Success and Kinship Fortunes of the Shih of Ming-chou),礼拜山:杜克大学出版社1986年(Chapel Hill: Duke University Press, 1986)。
② 到目前为止对地方精英活动的最重要描述,是韩明士(Robert Hymes)《官宦与绅士:两宋抚州、江西精英》。这里总结了该书的观点。请注意,韩明士是根据一个人的活动和他的亲属关系来界定他是否属于地方精英,而不是根据他自己的感觉。然而他注意到那些发挥着地方精英之作用的家族,仍然自称为"士"。一部更晚近出版的著作比较了宋代宰相的家族与地方精英的活动,这就是柏文莉(Beverley Bossler)《权力关系:宋代中国的家族、地位和国家》(Relations of Power: Kinship, Status and the State in Sung China 960-1279),马萨诸塞剑桥:哈佛大学出版社,东亚研究协会1997年。

促进后代子孙延续家声,提高社会道德,在这个过程中,他们开始根据家族典范来修正男女之职。① 这不是一幅平民崛起的社会画面,而是关于一个精英阶层的描述,这个阶层基于地方,组成这一阶层的家族在想办法使自己不至于在社会流动中中落,这种中落来自不能代代为官,以及祖业被分割。

在经济史方面,传统的意见认为,宋代的商业获得了前所未有的发展,这个看法已被普遍接受,还很少有人提出挑战。地方精英的存在当然与此有关,因为没有更大的财富,就很难支撑地方精英家族持续不断的发展。万志英(Richard von Glahn)曾经言之凿凿地指出,私人市场是经济增长最终的动力。② 史乐民(Paul Smith)认为,在 11 世纪晚期,国家"官僚资本家"利用国家制度来刺激经济活跃,他们的剥削最终是在毁灭私人经济,但即使如此,他们也要这么做。③ 柯胡(High Clark)对福建的研究表明,宋代的对外贸易已经能够帮助带动地区经济的发展。④

在政治史方面,有关研究已经从对皇权独裁的探讨,转向关注 12 世

---

① 关于家族的组织方法,见伊沛霞《中国宋代的家族与财产:袁采对社会生活的训诫》(*Family and Property in Sung China: Yuan Ts'ai's Precepts for Social Life*),普林斯顿:普林斯顿大学出版社 1984 年;《中华帝国的儒家思想与家族礼制:关于礼制文献的社会史研究》(*Confucianism and Family Rituals in Imperial China: A Social History of Writings about Rites*),普林斯顿:普林斯顿大学出版社 1991 年;《内闱:宋代的婚姻和妇女生活》(*Inner Quarters: Marriages and the Lives of Chinese Women in the Song Period*),伯克利:加州大学出版社 1993 年,以及伊沛霞和屈顺天(James L. Watson)编辑的《中华帝国晚期的亲属组织:1000—1940》(*Kinship Organization in Late Imperial China, 1000-1940*),伯克利:加州大学出版社 1986 年。
② 万志英(Richard von Glahn)《财富的源泉:中国 1000—1700 的货币和货币政策》(*Fountain of Fortune: Money and Monetary Policy in China, 1000-1700*),伯克利:加州大学出版社 1996 年。
③ 史乐民(Paul Smith)《征税于天府之国:1074—1224 年马匹、官僚和四川茶业的衰落》(*Taxing Heaven's Storehouse: Horses, Bureaucrats, and the Destruction of the Sichuan Tea Industry, 1074-1224*),剑桥:东亚研究会,哈佛大学出版社 1991 年。
④ 柯胡(Hugh Clark)《社区、贸易和组织:三到十三世纪南方的福建省》(*Community, Trade and Networks: Southern Fujian Province from the Third to the Thirteenth Century*),剑桥:剑桥大学出版社 1991 年。

纪更重要的"制度"发展：11世纪人们的理想是政府积极有为、起衰救弊，一面从物质上、社会上和文化上改变社会，一面增长国家的"财富与权力"；到12世纪，这种理想遭到排斥。① 这是由于王安石那种积极有为的政府，为政颇为失败，人们提出了代替国家激进主义的一些做法，这些做法引起了学界的关注。② 近来关于官僚制、法律制度和对外关系的研究，没有得出任何结论可以证明唐宋转型导致了独裁统治。③ 宋代君主与官僚之间的距离比唐代要大，但皇帝也更加孤立。实际上，权力经常被宰相所掌握。④

---

① 关于知识分子对什么是政府恰当的角色的争论，见包弼德（Peter K. Bol）《政府、社会和国家：关于司马光和王安石的政治蓝图》（Government, Society, and State: On the Political Visions of Ssu-ma Kuang and Wang An-shih），以及谢康伦（Conrad Schirokauer）和韩明士（Robert Hymes）《经世：宋代的治国治世之道》（Ordering the World: Approaches to State and Society in Sung China，伯克利：加州大学出版社1993年）第128—192页中的文章。关于新法政府中的地区、文化扩张主义者和激进的经济政策，见史乐民（Paul Smith）《征税于天府之国：1074—1224年马匹、官员和四川茶业的衰落》（Taxing Heaven's Storehouse: Horses, Bureaucrats, and the Destruction of the Sichuan Tea Industry, 1074-1224）马萨诸塞剑桥：东亚研究会，哈佛大学出版社1991年（Cambridge: Council on East Asian Studies, Harvard University, 1991），以及万志英（Richard von Glahn）《千流万壑之国：宋代四川前线的扩张、定居和开化》（The Country of Streams and Grottoes: Expansion, Settlement, and the Civilizing of the Sichuan Frontier in Song Times），马萨诸塞剑桥：东亚研究会，哈佛大学出版社1987年。
② 体现这一潮流的最好的例子是由谢康伦（Conrad Schirokauer）和韩明士（Robert Hymes）编辑的会议论文集《经世：宋代的治国治世之道》（Ordering the World: Approaches to State and Society in Sung China），伯克利：加州大学出版社1993年。
③ 例如，见罗义（Winston W. Lo）《中国宋代文官考试制度介绍：以人事管理为中心》（An Introduction to the Civil Service Examination in Sung China: With Emphasis on Personnel Administration），火奴鲁鲁：夏威夷大学出版社1987年；马伯良（Brian McKnight）《中国宋代的法律与秩序》（Law and Order in Sung China），剑桥：剑桥大学出版社1992年；以及陶晋生（Jing-shen Tao）《天之二子：宋辽关系研究》（Two sons of heaven: studies in Sung-Liao relations），图森：亚利桑那大学出版社1988年。还请注意罗茂锐（Morris Rossabi）所编辑的《势均力敌国家中的中国》（China Among Equals），伯克利：加州大学出版社1983年。
④ 刘子健（James T. C. Liu）早期的研究认为宋代兴起了独裁，但在他最后一本书中，他把注意力转向了官员，他把官员看作是帝国独裁权威的"代理者"；见刘子健《中国转向内在：两宋之际的文化内向》（China Turning Inward: Intellectual-Political Changes in the Early Twelfth Century），马萨诸塞剑桥：东亚研究协会，哈佛大学出版社1988年。

宋代留给后代的是这样一种政治"制度",相对于人口的增长,政府在社会中的角色变小了,与唐代政府在土地、劳力和贸易等方面所拥有的权力相比,它的权力变弱了。晚期的中华帝国是以"小国家"为标志的,强大的地方精英的存在,使这种情况成为可能。地方精英保持着与政治秩序的文化联系。从长远来看,中央政府不能取消地方精英所处的中介立场,他们处在从事生产的平民和地方上中央任命的权威之间。在南宋,显要的官员鼓励地方的士人(即精英分子)负责地方社区之社会与道德状况。地方的精英家族所受的教育,使他们非正式地参与地方政务变得合理合法。他们侵夺了地方政府的特权,或填补了积极有为的政府在退缩后留下的空间。到12世纪末,那些最热心建立一个理想社会的人,已不再相信只有靠政府才能实现这个理想。①

最后,我要谈思想史和文化史。对那些通常关注社会史、经济史和制度史的史家,一个最大的挑战,是把思想和文学传统当作历史的一部分。我建议我们首先承认,在著文论政之外,思考价值观的哲学活动以及文学事业是士的"思想文化"的两个支点,即使这两者只是个人在言其心志。士是文化成果最初的听众,也是传承至今的哲学文化遗产的实际创造者。② 可以这样讲,在某种程度上,思想和文学运动揭示了士最关心的问题。把文学和哲学作为特殊的历史——也就是说,作为代代积累的知识传统,拥有能独立于历史变化而存在的标准——对其加以研究,是

---

① 对宋代政治思想和实践中反复出现反对派,以及南北宋之间的转型,谢康伦(Conrad Schirokauer)和韩明士(Robert Hymes)编辑的《经世:宋代的治国与治世之道》有一个讨论。此外,对新儒家在这个转型中所扮演的角色,见狄百瑞(Wm. Theodore de Bary)和贾志扬(John Chaffee)编辑的《形成时期的新儒家教育》(*Neo-Confucian Education: The Formative Stage*),伯克利:加州大学出版社1989年。
② 这当然会引发如何安置佛教和道教作品的问题。我要指出,这一时期保存下来的很多宗教作品,如果不是由士来写的,也是由接受了很多士人教育的僧人所写,至少一部分是为一个是"士"的听众所写。见詹美罗(Robert M. Gimello)《道与文化:北宋禅宗的学、文字和解脱》(*Marga and Culture: Learning, Letters, and Liberation in Nothern Sung Ch'an*, Delhi: Motilal Banarsidass Publishers, 1994),《解脱之路:道及其在佛教思想中的转化》(*Paths to Liberation: The Marga and its transformations in Buddhist Thought*),火奴鲁鲁:夏威夷大学出版社1992年,第371—438页。

重要的。但历史学家除非学会如何阅读哲学和文学的文献,否则他们不会理解一个诗人或哲学家如何谈论他们那个时代的问题。对历史学家来讲,哲学和文学价值观的转变需要与政治、经济和社会的变化联系起来观察。①

唐宋时期的思想、文化转型有三个显著特征。首先,从唐代立足历史的文化观转向宋代立足观念(ideological view))的文化观(关于宋代的文化观,我们主要把它和道学、新儒学联系在一起)。第二,从相信皇帝和朝廷应该对社会和文化拥有最终的权威,转向相信个人一定要学会自己做主。在我看来,宋代文人对如何明了是非的普遍方式感兴趣,而不再试图去复兴一套普遍公认的古代典范。第三,在文学和哲学中,人们越来越有兴趣去理解万事万物如何协调为一。这种兴趣很重要,因为如果一个人能通过学习理解事物如何协调为一,他们就会懂得如何做事才能让现实世界完整而统一。而这意味着真正的学者,也就是那些真的知道如何"为学",并且想担负社会和道德之责任的人,再也不必惧于"物"。简言之,一种在唐代广泛流行的观点认为,真正有道德的人不为欲望和激情所左右,并且超凡脱俗,这个观点与佛教有联系,它转向了一种在宋代很流行的观点,即认为一个人只有投身现象世界,才能成为一个道德的人。按照这个观点,宋代的思想文化使文人可以自信的认为,学者能够独立于政权来知"道"(the Way),它以此创造了一种纽带,来联系社会和政治、联系作为社会基础的自我赓续的地方精英和自我限制、不积极有为的政府。

唐代立足历史的文化观,与宋代立足观念的文化观,其基本思想结构存在近似之处,这种近似可以把前者向后者的转向看得更清楚。初

---

① 一些对宋代思想文化更历史性的研究,包括包弼德(Peter K. Bol)《斯文:唐宋思想的转型》("*This Culture of Ours*—*Intellectual Transitions in T'ang and Sung China*"),斯坦福:斯坦福大学出版社 1992 年;田浩(Hoyt C. Tillman)《功利主义儒家:陈亮对朱熹的挑战》(*Utilitarian Confucianism*:*Ch'en Liang's Challenge to Chu His*),马萨诸塞剑桥:东亚研究协会,哈佛大学出版社 1982 年)以及《儒家话语和朱熹学说的主流化》(*Confucian Discourse and Chu Hsi's Ascendancy*),火奴鲁鲁:夏威夷大学出版社 1992 年。

唐和宋初的思想界都把它们的文化观建立在宇宙和历史的基础上,但它们这样做的方式完全不同。简单地讲,中世(medieval)的文化观把先王的所作所为当作文化的历史开端,先王把明白可见的、完整、统一和包罗万象的天地之道转化成文明生活的种种典范。一个人可以按照自己对天地的读解来认识这个世界,自我作古,这样一来,重新改造文化在理论上就是可能的,但即使如此,初唐的朝廷学者一般还是认为文化的历史是连续的、不断积累的,发生变化的只是文化能否拥有支撑统一帝国的权力,这个权力在周朝以后衰落,在汉代得到恢复,随后又衰落了。从这个角度来看,政治的统一和文化的道德品质之间有直接的联系,而且尽管文化的衰弱与它不可避免的积累、转化和多样化的过程相关,但是不能靠只承认一种学派是正确的来避免其衰落。①"传统"是不同线索的集合,有些是新的,有些已经旧了,有些被拆散;文化复兴的目的是把许多根线织成一块布,既牢固又多彩,而不是把某些颜色的线去掉,或者只取一种颜色织一块单色的布。让当前与古代的典范相联系是很重要的,而这需要负责文化的人精通传统,从丧礼到作诗的复杂技巧,从经书(最早的文献)到史书(对后世功业的记录)。这个观点认为尽管历史变化和多样化的文化内在地渊源于其古代的源头,但古代的源头是以宇宙的统一体系为基础,因而是正确的。新王朝的任务就是把所有传统线索编织为一个包罗万象的帝国体制,而且人们假定这个由朝廷创造和管理的体制,会指导其所有成员的行动。换句话说,唐代的观点认为,朝廷为文化和价值观负责;没有一个强有力的王朝,世界就没有秩序。

程朱体系所代表的宋代新儒家,采纳了唐代观念的各个片段,但以

---

① 关于初唐朝廷包容和综合的道路,《隋书·经籍志》在子部对诸子学派的介绍是一个特别有说服力的例子。"《易》曰:'天下同归而殊途,一致而百虑。'儒、道、小说,圣人之教也,而有所偏。兵及医方,圣人之政也,所施各异。世之治也,列在众职,下至衰乱,官失其守。或以其业游说诸侯,各崇所习,分镳并骛。若使总而不遗,折之中道,亦可以兴化致治者矣。"《隋书》,魏征等编纂(北京:中华书局,1973年)。

完全不同的方式将其组织起来,得出了完全不同的结论。也就是说,宋代的学者也从天地和圣人那里发现文化和价值观的终极基础,但以完全不同的方式来建构他们自己的基础。首先,他们把价值的终极基础从宇宙的外在、可见以及形式上的理,转向存在在自我之中的完整和协调的过程(即普遍赋予的理)。第二,他们认为将这些义理转化为人事,这一转化过程所创造的文化是暂时的,也就是说,这样产生的文化其内在和本身并没有权威,因为它是作为一种作用和影响被创造的。换句话说,圣人被看作这样的人,他们自发地按照完整和协调的原则做事,创造或恢复统一与和谐,以此回应人类生活中那些破坏统一性、完整性和协调性的现象。在这个过程中,他们创造了文明和社会,创造了制度、典范,阐明了义理。通过创造好的制度和典范,圣人先王为后人提供了一个选择:如果他们以自己对义理的清醒来应物,他们就会不断地变化并增益文明,否则他们就只能通过模仿和避免变化来维持古代的榜样。事实上,在变化与继承之间达到平衡,避免用好的制度来为邪恶的目的服务,就有必要对义理保持清醒,模仿是不够的。当那些掌权者不再能对义理有清醒的意识,他们就失道,道德和政治就彼此分离了。

新儒家认为在世上重建道德是可能的,因为尽管世界已经变得不道德,古代不能恢复,但道德的"生物"基础仍然存在。新儒家思想的有力之处正在于此,它认为人性还没有改变;人类先天就能够察物之理,并依据其对理的清醒认识而行动。请注意,新儒家从不说,文化随时间推移而中"衰",这是初唐的流行看法,他们谈论文化的中"绝"。在其看来,帝国的历史(从秦汉到隋唐)并未接续上古三代。这随之让新儒家得以宣称,他们已经恢复了个人如何学以应物的方法,以便在世界上恢复统一、协调和完整。他们宣称自己作为"知道"之人能够在当前创造有益于道德的文化(从家族的礼制,到正确思考的用词,到为官的行为标准)。而且,因为他们寻求用一种对历史、文学和哲学传统最广泛的再阐释来证明自己的道理,所以他们认为自己的思考方法实际上与古代圣人是一样的。①

简言之,新儒家自觉地让观念成为文化的基础。也就是说,他们假定,要作一个有德之人,就必须学会正确地思考。要把道德作为某种自然和内在的东西激活,不取决于对文化形式的精通,而取决于在实践中拥有和内化一套完美界定的观念,这套观念是关于心的运作,个人和宇宙之间的纽带,以及道德本性。新儒家否认个人应该去适应既定的体制,这个体制是皇权历史所创造的,皇权历史的统治者中,圣君贤相也只是偶尔一遇。新儒家认为在世界上要逐渐建立道德,就要依靠个人自我修养。新儒家的文人学者内在与这个既定的体制不一致。开国之君在王朝公文中昭告"天命",但在周朝以后,它从没有被任何一位君主变成现实,在新儒家的世界观中,"天命"作为"人性",被赋予每一个人。通过新儒家,政治精英进入一个观念的时代——在这个时代,文化的观念被当成文化。在我看来,它首先是一个关于统一(unity)的观念,因为对什么是道德这个根本问题的回答就是"统一"。

新儒家的"统一"观,看起来像初唐对统一价值的认同,然而它在一个完全不同的语境中被表述。思想文化已经转向:从中世世家大族的人文文化取向,转向宋代文人的立足观念的看法,在前者的取向中,一个完整的文化体系向所有的臣民教导与其角色相宜的举止行为;在后者中,文化的作用就是教给人一个普遍有效的思考方式,这样每一个文人学者

---

① 这里对初唐朝廷和道学关于"学"的看法的对比,是基于包弼德《斯文》。北宋的道德哲学家普遍希望把关于"学"的观念建立在宇宙过程的理论之上,他们后来被看作是新儒家的前辈。见葛爱儒(Ira Kasoff)《张载的生平和思想》(*The Life and Thought of Chang Tsai 1020-1077*),剑桥:剑桥大学出版社 1977 年;伯德惠斯特尔(Ann Birdwhistell)《向新儒家的转化:邵雍论关于实在的知识和象征》(*The Transition to Neo-Confucianism: Shao Yong on Knowledge and Symbols of Reality*),斯坦福:斯坦福大学出版社 1989 年;包弼德《程颐与文化传统》(*Ch'eng Yi and Culture Tradition*),此文收在裴德生(Willard J. Peterson)和浦安迪(Andrew Plaks)编辑的《文化的权力》(*The Power of Culture*),香港:中文大学出版社 1994 年一书中;以及苏德恺(Kidder Smith, Jr.)、包弼德(Peter K. Bol)、艾周思(Joseph Adler)和唐·瓦特(Don Wyatt)编《宋代对〈易经〉的运用》(*Sung Uses of the I Ching*),普林斯顿:普林斯顿大学出版社 1990 年。陈淳(1159—1223)《北溪字义》由陈荣捷(Wing-tsit Chan)翻译(纽约:哥伦比亚大学出版社 1986 年)。

就能够看到事物内在的协调、完整的理,并有所回应。然而尽管宋代的思想文化认同统一和协调的观念,它还是在前所未有的程度上自觉声称,自己与以往的帝国历史以及过去不断积累的文化传统,截然不同。①这样在一方面,通过诉诸上古而不是后来的历史,宋代最有影响的政治思想家可以证明自己关于政府之社会责任的新看法是正确的,而最有影响的道德哲学家也可以据此印证自己关于人类道德标准的看法是合理的。宋代以前,朝廷负责保存和整理过去的文化,与此不同的是,宋代以后文人学者形成共识,要独立于国家的襄赞,来对儒家的经典、历史评价的标准以及文学经典等等做全新阐释。另一方面,它建立在对现实世界(而非道德世界)的一种看法之上,这个现实世界根本上是不确定,不连续、不和谐、以及自私的。当然,在最基本的程度上,道德的起点需要对内在于自我的一种张力保持清醒,这种张力是自私的欲望和激于公益的公正之间的对峙。不能靠把各种社会角色合在一起来实现完整自我的统一体,这个统一体是一个完整的内在蓝图,通过不断的奋斗而获得。②

---

① 从 8 世纪中世世界观的崩溃,到北宋一代对多样可能性的"尝试",这个转型阶段,限于篇幅,不能充分讨论。这样一个讨论要首先承认在唐代的文学和思想文化中,人们离开了朝廷的权威,麦大维(David. L McMullen)在《中国唐代的国家与学者》(State and Scholars in T'ang China,剑桥:剑桥大学出版社 1988 年)一书中说明了这一点,蔡涵墨(Charles Hartman)《韩愈和唐对统一的追求》(Han Yü and T'ang Search for Unity,普林斯顿:普林斯顿大学出版社 1986 年)所描述的韩愈的角色也显示了这一点。
② 见狄百瑞(Wm. Theodore de Bary)《新儒家论心》(The Message of the Mind in Neo—Confucianism,纽约:哥伦比亚大学出版社 1989 年),以及狄百瑞(de Bary)《新儒家的正统及心性之学》(Neo-Confucian Orthodoxy and the Learning of the Mind-and-Heart,纽约:哥伦比亚大学出版社 1981 年)中对新儒家关于心的看法的讨论。类似的可以在朱熹的"读书"计划中看到对统一和协调的寻求,见丹尼尔·加德纳(Daniel K. Gardner)《朱熹和大学:新儒家对儒家经典的反思》(Chu His and Ta hsueh: Neo-Confucian Reflections on the Confucian Canon),马萨诸塞剑桥:东亚研究协会,哈佛大学出版社 1986 年,以及加德纳(Gardner)翻译的朱熹《学为圣人:〈朱子语类〉选译类编》(Learning to be a Sage: Selections from the Classified Conversation of Master Chu, Arranged Topically),伯克利:加州大学出版社 1990 年。有些人认为朱熹最终落在形而上,而不是为他的协调性论证,见孟旦(Donald J. Munro)《人性的影像:一幅宋人的肖像》(Images of Human Nature: A Sung Portrait),普林斯顿:普林斯顿大学出版社 1988 年。主要的新儒学思想家认为自己四面受敌,因而论战不止,而且正如朱熹的思想生涯所显示的,即使在新儒家运动内部,他们也在争斗,以便战胜他们的思想对手。见田浩《功利主义儒家:陈亮对朱熹的挑战》和《儒家话语和朱熹学说的的主流化》。

从这个情形来看,新儒家最重要的意义在于它试图把宋明时期的中国政治/制度的性质和它的社会基础联系在一起。在王安石新法以后和北方失陷之后的新儒家运动,不断攻击政府积极有为的作风,在政治中把自己树立为反对派的领袖——我在说一种更广大意义上的、被自觉助长的共识,并非所有的文人学者都是其中一分子,但没有谁会对此毫无所知,它不是一种不自觉的心理状态或者思想倾向。这可以用很简单的话来讲:新儒家所提倡的个人道德修养,替代了通过政府控制社会和文化来实现社会转变的道路,而且它说明,除非人们首先找到了内在自我统一的道路,否则靠在上者组织、管理臣民来实现世界统一是行不通的。与此同时,它敦促那些受到正确教育的文人学者组织,在地方生活中扮演领导角色,一方面维护坚持其立场所必需的制度(例如,学校体制),一方面主动维护和造福公共社区。然而我们看起来要忘记新儒学的另一个重要功绩,这实际上是一个被因果颠倒的成绩,而且我怀疑是宋—明体制的一个基本特点,那就是:在政府对自我膨胀的地方精英几乎不加控制的形势下,新儒家所针对的就是那些精英,要求他们为世界的道德状况负责;它指出这些精英如何对道德失职难辞其咎,并且解释了精英们为什么能改变自己以及如何改变。

新儒家让文化从属于观念。正像程颐反复宣称的,古人以"礼乐"由外化人,但是现在,人们只有"以义理养其心"。新儒家从与现实世界相对的方面来界定自我,它认为现实世界丧失了古代的统一、完整和协调。它保证教育学者如何修养内在之路,以便在应世时,能实现统一、完整和协调,它期望用这样的方式恢复统一。由此所产生的结果就是,它发现自己处在理想世界和学者所处的真实形势之间,处在它改变世界的计划和历史形势之间。新儒家的时代是无休止的一系列张力:人人平等与等级制,追求自我修养与完成家族以及政治上的责任,自愿的主动性和政府命令,直觉主义和心智主义,公正和片面,以及道德的动机和效果。

上面对新儒家的讨论已经说明,对思想转变的新阐释如何使道德哲学的变化有可能与精英社会和政治结构的变化联系在一起。然而我们也能把文学和艺术当作历史不可分割的一部分来对待吗？

全面地讲，美国宋代文学的研究既没有发展，也没有拒绝宋代文化是"现代性早期"的观点。① 文学作品的写作和艺术欣赏基本上是精英活动，尽管宋代存在城市娱乐文化的证据十分清楚，但还是很难说这对于宋代文学、艺术事业的发展是关键的。把文学、艺术和历史联系在一起还很有可为。例如"古文"运动就既是一个文学运动，也是一个观念运动，自韩愈、柳宗元以来，古文运动的主要作家把学术、政治、自我修养和文学联系在一起。② 科举制度在文学意义上的"文"和与军事兴趣相对的文职意义上的"文"之间建立了联系。尽管如此，对文学艺术的研究，就像对哲学的研究一样，可以一直独立于历史研究而进行，而事实也正是如此。毕竟，文学艺术（就像哲学一样）的伟大力量在于后世能欣赏它们，能使之为我所用。研究像欧阳修、苏轼、黄庭坚、范成大、杨万里和陆游这些主要的文学人物的生平，是为文学服务，而历史学家对此并没有特别多的兴趣。③ 对宋代绘画和书法的研究开始认识到艺术中政治和观

---

① 对吉川幸次郎最重要的宋诗研究成果的译介，使得那种认为宋代处于"现代性早期"的看法长期流行。见吉川幸次郎《宋诗导论》，华兹生(Burton Watson)编译，马塞诸塞剑桥：哈佛大学出版社 1967 年。
② 见包弼德 Peter k. Bol 在《斯文：唐宋思想的转型》一书中对"古文"运动的处理。还请注意陈幼石《韩柳欧苏古文论》(Images and Ideas in Chinese Classical Prose: Studies of Four Masters)，斯坦福：斯坦福大学出版社 1988 年。
③ 最近的研究包括艾朗诺(Ronald C. Egan)《欧阳修的文学著作》(The Literary Works of Ou-yang Hsiu)，剑桥：剑桥大学出版社 1984 年；乔纳森·皮斯(Jonathan Pease)《王安国的白璧与黄粱》(Wang An-Kuo's Jade Rewards and Millet Dream)，纽黑文：美国东方协会(American Oriental Society)1994 年；傅君劢(Michael Anthony Fuller)《东坡之路：苏轼诗歌的发展》(The Road to East Slope: The Development of Su Shih's Poetic Voice)，斯坦福：斯坦福大学出版社 1990 年；艾朗诺(Ronald C Egan)《苏轼生活中的话语、意象和行为》(Word, Image, and Deed in the Life of Su Shi)，马萨诸塞剑桥：东亚研究协会，哈佛大学出版社 1994 年；刘大卫(David Palumbo-Liu)《点化古人的诗学：黄庭坚的文学理论和实践》(The Poetics of Appropriation: The Literary Theory and Practice of Huang Tingjian)，斯坦福：斯坦福大学出版社 1993 年；施吉瑞(J. D. Schmidt)《石湖：范成大(1126—11793)的诗歌》(Stone Lake: the poetry of Fan Chengda 1126—1193)，剑桥中国历史、文学和制度研究丛书，剑桥、纽约：剑桥大学出版社 1992 年。与其他文学人物相比，苏轼被作为一个思想人物受到了更多的关注。例如，管佩达(Beata Grant)《重游庐山：苏轼生活和作品中的佛教》(Mount Lu Revisited: Buddhism in the Life and Writings of Su Shih)，火奴鲁鲁：(转下页)

念的因素。① 然而绝大多数的研究著作关心的是艺术传统、风格和体裁的发展。② 困难在于,史学家只是把思想、艺术和文学文献看作是特定时间场合下人们持论和劝说的手段,而不是对一个特定时代的反应。

  这篇文章试图表明,所谓唐宋转型,就是在讨论中国从 8 到 13 世纪靠自己的力量,几乎发展成像 19 和 20 世纪欧美那样的社会,但最终失败了。关于唐宋转型的新看法,拒绝历史目的论,但它仍然认同历史

(接上页)夏威夷大学出版社 1995 年。还有关于某些特定文体的研究,比如词。例如,方秀洁(Grace Fong)《吴文英与南宋词的艺术》(*Wu Wen-ying and the Art of Southern Ci Poetry*),普林斯顿:普林斯顿大学出版社 1987 年。宇文所安(Stephen Owen)内容广泛的著作应该受到特别的注意,其中包括像《中国传统诗歌和诗学:世界的征兆》(*Traditional Chinese Poetry and Poetics: Omen of the World*,麦迪逊:威斯康辛大学出版社 1985 年)中所论的文学史和文学理论,以及《中国文学思想读本》(*Readings in Chinese Literary Thought*,马萨诸塞剑桥:东亚研究协会,哈佛大学出版社 1992 年)中对主要理论文献的翻译和解释,《中国"中世时代"的结束:中唐文学文化论文集》(*The end of the Chinese 'Middle ages': essays in Mid-Tang literary culture*,斯坦福:斯坦福大学出版社 1996 年)中对某一特定历史时期一组文学作品之文化意义的解释;以及《中国文学作品选:有史以来到 1911》(*An Anthology of Chinese Literature: Beginnings to 1911*,纽约:诺顿出版社 1996 年)中大量的译作。

① 例如,倪雅梅(Amy McNair)《秉笔直书:颜真卿的书法和宋代文人政治》(*The upright brush: Yan Zhenqing's calligraphy and Song literati politics*),火奴鲁鲁:夏威夷大学出版社 1998 年;以及孟久丽(Julia K Murray)《马和之与诗经图》(*Ma Hezhi and the Illustration of the book of Odes*),剑桥:剑桥大学出版社 1993 年。

② 例如,毕嘉珍(Maggie Bickford)《墨梅:一种文人画题材的形成》(*The Making of a Chinese Scholar-Painting Genre*,剑桥:剑桥大学出版社 1996 年;石慢(Peter Charles Sturman)《米芾:北宋书法的风格与艺术》(*Mi Fu: Style and the Art of Calligraphy in Northern Song China*),纽黑文:耶鲁大学出版社 1997 年;班宗华(Richard Barnhart)《李公麟表现孝的杰作》(*Li Kung-lin's Classic of Filial Piety*),纽约:大都会博物馆 1993 年);方闻(Wen Fong)与普林斯顿大学博物馆(Museum Princeton University)《心灵的影像:普林斯顿大学艺术博物馆所藏埃里奥特家族及约翰·埃里奥特所藏中国书画》(*Images of the mind: selections from the Edward L. Elliott family and John B. Elliott collections of Chinese calligraphy and painting at the Art Museum, Princeton University*),普林斯顿:新泽西艺术博物馆 1984 年;姜斐德(Alfreda Murck)、方闻和大都会博物馆(Art Metropolitan Museum)《语言和影像:中国诗歌、书法和绘画》(*Words and Images: Chinese poetry, calligraphy and painting*),纽约:大都会博物馆;普林斯顿:普林斯顿大学出版社 1991 年;方闻等编《拥有过去:台北故宫博物院珍品》(*Possessing the past: treasures from the National Palace Museum*, Taipei),纽约:大都会博物馆,台北:台北"故宫博物院"1996 年;方闻《超越再现:八到十四世纪的中国书画》(*Beyond Representation: Chinese Painting and Calligraphy, 8th—14th Century*),纽约:大都会博物馆 1992 年。何慕文(Maxwell Hearn)和朱迪思·史密斯(Judith K Smith)《宋元艺术》(*Arts of the Sung and Yuan*),纽约:大都会博物馆亚洲艺术部 1996 年。

分期论。

但是，如果我们对分期的问题感兴趣，并接受这里对唐宋转型的新描述，那么这对未来的研究意味着什么？首先，唐宋转型在南宋已接近完成，我提议要做更多的工作，加强认识南宋所出现的政治、社会、文化等种种利益模式的新综合形态。宋代是中国历史上第一个拥有如此丰富的历史、文学和思想记载的时期，因此我们可以按照一代代人物和地域来研究士人社会和思想文化的历史。需要进行以观察特定的地区和时代为主的研究，这些研究表明国家的制度系统、经济系统、地方精英和许多文化创造是如何相连的。第二，我们如何解释这样一个综合形态经历了两个王朝的更迭？这两个王朝都由士人社会以外的人来领导，先是蒙古人，后是农民—孤儿—和尚—造反者朱元璋。第三，我们如何解释这一综合形态有能力抵御来自其他权威和权力的挑战？例如，来自军事、异族、士兵、胥吏、僧人，以及宗教崇拜，这些都在这些世纪中很有影响。第四，考虑到这里描述的综合形态在宋代于南方成型，那么当南北方在元明重新统一之后，它对北方又产生了什么影响？第五，这个综合形态在 16 和 17 世纪再度兴盛，它是如何延续到这一时期？这些问题开始吸引研究"中叶史"（middle—period）的史学家。① 也许在将来，研究中国皇权统治晚期历史的史学家，将不再过多关注中国明清时代是如何现代化的，而会更关心这样一个历史问题，即假如事实真的如此，那么"晚期帝国"如何以及为什么不再承袭唐宋转型的遗产。

原刊于《中国学术》第 1 卷 (2000)，第三辑

包弼德

---

① 这方面的一个例子是 1997 年 7 月，美国学术团体理事会（ACLS）召开了"宋—元—明的转型"的讨论会，由史乐民（Paul Smith）和万志英（Richard von Glahn）主持。

译后记

包弼德教授长期致力于中国唐宋元明时期的思想、文化和社会研究,他的这部唐宋思想史专著,是在其博士论文《中国十一世纪的文道关系》的基础上,复经多年研究而形成的一部思想史力作。全书讨论的重心在北宋道学兴起之前,但并未依循唐宋思想研究惯常采用的哲学史框架,沿道学滥觞的线索寻绎其间的思想变迁,而是立足价值观的演变,指出唐宋思想的转型是士人的价值观基础从文化向伦理的转向,同时细腻地勾勒了这一转向的具体轨迹。新的视角和结论,使它为道学文化的兴起提供了新颖的解释。

作为一部思想史,这部书最吸引人之处在于充分运用学术史和文学史来探寻思想史的轨迹。"斯文",或者说"文",是全书的核心概念。包教授认为,"斯文"在唐宋士人的价值观思想中扮演重要的角色。在唐代以前形成的"斯文"概念,包含两方面的含义:从狭义上讲,它指古代圣人传授下来的典籍传统;从广义上讲,则是孔子在六经中保存的古人在写作、从政和修身方面的行为规范。在初唐时期,士人认为"斯文"本身就是价值观的基础和来源,而北宋道学文化兴起以后,价值观的基础转向伦理原则。中唐时期,"斯文"作为价值观基础的信念受到挑战,而从中唐到北宋,士人一方面主张要对价值观作独立的探求,一方面又希望坚持"斯文"在确立价值观方面的权威意义,以期获得统一的价值标准和思考模式。这两者之间的张力,构成了唐宋之际思想演变的内在动因。因此,唐宋士人的价值观思考,就大量保存在阐释、整理传统典籍的学术活动和从事个人创作的文学活动中。包教授将唐宋学术史和文学史的材料大量引入思想史的分析,这使他能深入唐宋思想生活的内部,把握其间的脉络和线索。

这部书以独特的视角激活了许多以往被唐宋思想史研究忽略的史料,而这一视角的提出,无疑体现了作者的会心与敏悟。"文"在中国历史上的丰富含义,以及它对中国传统思想、文化的重要意义,在以往的有关研究中都曾被提及,但深入而丰富的探讨尚不多见。此书不仅敏锐地发现了"文"在唐宋思想转向中的重要角色,而且出之以周详的分析。书中许多具体的认识,如初唐朝廷学术,古文运动以及欧阳修、王安石、司马光、苏轼等人的文学、学术成就在思想史中的意义,都使人领略到思想史与学术史、文学史研究合而双美的境界。

全书还引入社会史和政治史的分析,提出唐宋思想转型的社会基础是士人身份从门阀士族,向文官,再向地方精英文人的转型。在这一转型过程中,"学"逐渐成为确立士人身份的最主要标志。这一研究虽然吸收了既有的成果,但在士人身份转型,和"学"的地位上升这些问题的分析上,都体现了作者独到的见解。这些见解,为说明唐宋士人价值观转向的环节和原因,提供了社会史的基础。这部书结合了诸多学术领域,相信它的研究也会对这些领域,对唐宋转型,乃至中国传统文化中相关问题的研究,形成启发。

翻译这部书,对我来讲,是一项艰苦而又充满学习和思考快乐的工作。我自己一直对唐宋文学的演变以及演变的社会、思想背景有浓厚的兴趣,正是这种兴趣,使我被这部书深深吸引。而翻译此书,使我对它有了更真切的理解,许多细腻的体会,实难一一形诸笔墨。我感谢包弼德教授的帮助,在翻译中,我曾就书中一些问题求教于他,得到了他的耐心指点。我还要感谢刘东老师,是他的信任与帮助,使我能从事并完成这项充满挑战而又极富收获的工作。我还得到了包弼德教授寄来的书中引文的原文,这些材料由他的学生闵内禧和郭慧搜集,在此深表谢意。江苏人民出版社为此书的出版付出了许多心血,我非常感谢他们的工作。限于学力和时间,译文中一定会有不妥之处。敬请学界方家指正。

刘　宁
2000年7月于北京师范大学

中译再版后记

《斯文》的中译本问世已经十五年，汉语人文学界对此书的兴趣，并未因时间的推移而减弱。新世纪大陆学人对"唐宋变革"问题日见广泛而深入的讨论，也与《斯文》的影响密切相关。

作为一部唐宋思想史，《斯文》的问题意识、理论路径与研究方法，都颇为独特；它虽然有深广的影响，但似乎很难形成某种套路来供人摹仿。全书引发最多关注和讨论的，是第二章"士之转型"。这一章对唐宋士人身份从门阀士族向地方精英的转型，做了细致的梳理，其研究视角接续了美国宋史研究对"士人"的关注，而对社会史研究方法的运用，也基本依循了自郝若贝（Robert Hartwell）以来美国宋史研究的新轨辙。对于作者的结论，人们无论是赞成还是反对，都比较容易从美国宋史研究的传统出发来理解其背后的方法与理路。然而这一章作为全书的九分之一，是为理解唐宋思想转型的社会背景奠定基础，全书最为浓墨重彩的，是对唐宋思想转型轨迹的深入揭示，其间所呈现的问题意识与分析方法，都充满新的探索。

思想文化的转型，是唐宋转型极为重要的内容。"唐宋变革说"从内藤湖南首倡至今，已逾百年，人们已经对这一社会转型的内涵，从经济、政治、法律、文化等多种角度进行了广泛的探讨。比较而言，在有关"唐宋变革"诸多领域的讨论中,对思想转型的讨论,最为薄弱。事实上,内藤湖南对历史分期的思考,是以"文化发展的波动大势"(《支那上古史》)为核心,其对"唐宋变革"的思考,虽然并不囿于思想文化而及于政治、经济诸多领域,但唐宋思想形态的变化作为"文化发展波动大势"最核心的体现,对其"唐宋变革"说的形成,显然有着极为重要的意义。然而在内藤之后有关"唐宋变革"的讨论中,人们的兴趣越来越多地集中于政治、经济、社会等领域,而对思想转型的的讨论,则颇有裹足难行的迟滞之感。

造成这一现象的原因虽然复杂,但内藤假说本身对此所形成的制约,颇可注意。内藤湖南认为唐代是中世的结束,宋代是近世的开端。唐宋变革是从中世文化形态向近世文化形态的转变。而内藤对近世文化形态的理解,又显著地受到西欧近世文化的影响。内藤认为,近世文化的创造主体是有别于中世贵族的平民,因此其文化也以自由、平易、通俗为基本特征。吉川幸次郎《宋诗概说》强调宋诗平易化、日常化的趋向,就是运用内藤近世文化观来观察宋诗的所见。但是,陈寅恪先生说:"华夏民族之文化,历数千载之演进,造极于赵宋之世。"(《邓广铭〈宋史职官志考正〉序》)对于如此复杂精微的宋代思想文化形态,运用内藤以自由平易为核心的近世文化观来加以认识,无疑有着相当明显的局限。而在中国的学术传统中,对"宋学"的研究源远流长,而"理学"又是"宋学"的重要内容。直到今天,这个传统仍然在理解宋代思想方面发挥重要影响。然而,"宋学"、"理学"的传统视野,虽然可以更尽精微,却难以充分地在社会转型的大视野下观察唐宋文化形态的区别与联系,自"唐宋变革说"问世以来,学界在对"宋学"与"理学"的研究中,也积极吸收"唐宋变革"说的影响,但两者之间仍然有着不易协调的矛盾。

美国宋史研究对于内藤假说的一大调整,就是不再以"平民"来看待作为宋代文化创造主体的宋代士人,而是从精英的社会流动、身份转变等角度来观察宋代士人的新特征。这就为突破内藤假说以自由平易为核心的近世文化观,深入理解宋型文化的复杂内涵,奠定了重要的基础;

然而从基础的奠定，到形成对唐宋思想的新探索，其间还有相当的距离，很多在宋代士人研究方面卓有成就的学者，也往往专注于这一历史的讨论，而不再涉足思想的剖析。《斯文》对士之转型的梳理，直接继承和发扬了美国宋史学界关注"士人"的学术创变，而更为难能可贵的是，它在此基础上，积极地探索了深入理解唐宋思想转型的新方法与新道路，它不依循理学的惯常叙述思路，而是从唐宋思想史的内部出发，揭示其起伏转折的轨迹。唐宋思想许多为人忽视的重要内涵，得到丰满的呈现，而理学的兴起这一前人论之甚多的问题，也因从唐宋士人转型和思想转型的大背景来观察，有了别开生面的阐发。在细致梳理唐宋思想流变的过程中，《斯文》所呈现的问题意识和分析方法，都不主故常，创获颇多，习惯了哲学史、思想史传统研究方式的读者，阅读这部分讨论，会有陌生难解之感，而包弼德教授此次为再版所写的序言，细致地交代了自己思想史研究的学术渊源与研究理路，其中对"心态史"、"观念史"的反思，对斯金纳与柯赛勒克理论贡献的剖析，都可以对读者有极好的启发。

如果说在百年前，内藤湖南首倡"唐宋变革论"是深深有感于唐宋思想文化形态的差异，那么《斯文》就是以其对唐宋思想史研究的卓越创获，对内藤湖南最为关切的问题交出了一份出色的答卷。学界在未来的研究中，当然还会不断有新的答卷，但《斯文》的影响，应该是后来者所难以忽视的。

《斯文》对思想史的研究，综合了政治史、社会史、文学史等诸多领域的观察，其中从"文"的视角切入思想史，将文学史与思想史结合起来观察，既令人耳目一新，又深有所见。这样的研究格局，无疑要求学者有综合的学养和融通的视野，有沟通文史哲的学力与魄力。包弼德教授早年求学台湾时，曾深入研习中国传统经典，奠定了经史根底，有得于中国传统学术的汇通之道。在专业化、技术化日益增强的当今学界，《斯文》会越来越多地展现学术融通的魅力。

在《斯文》中译问世的十五年间，许多朋友对译文中存在的问题给予指点，中国社会科学院历史研究所雷闻研究员和台湾"中研院"史语所陈雯怡研究员指教尤多,特此深表感谢!此次再版对译文做了全面的修订,感谢包教授惠赐再版序言,包教授发表在《中国学术》第1卷(2000),第3辑上的《唐宋转型的反思:以思想的变化为主》,对于理解美国学界的唐宋转型研究有重要意义,此次经包教授同意,作为附录收入。译文中可能存在的问题,继续期待学界的指正。

刘 宁
2016年6月于中国社会科学院文学研究所

"海外中国研究丛书"书目

1. 中国的现代化 [美]吉尔伯特·罗兹曼 主编 国家社会科学基金"比较现代化"课题组 译 沈宗美 校
2. 寻求富强:严复与西方 [美]本杰明·史华兹 著 叶凤美 译
3. 中国现代思想中的唯科学主义(1900—1950) [美]郭颖颐 著 雷颐 译
4. 台湾:走向工业化社会 [美]吴元黎 著
5. 中国思想传统的现代诠释 余英时 著
6. 胡适与中国的文艺复兴:中国革命中的自由主义,1917—1937 [美]格里德 著 鲁奇 译
7. 德国思想家论中国 [德]夏瑞春 编 陈爱政 等译
8. 摆脱困境:新儒学与中国政治文化的演进 [美]墨子刻 著 颜世安 高华 黄东兰 译
9. 儒家思想新论:创造性转换的自我 [美]杜维明 著 曹幼华 单丁 译 周文彰 等校
10. 洪业:清朝开国史 [美]魏斐德 著 陈苏镇 薄小莹 包伟民 陈晓燕 牛朴 谭天星 译 阎步克 等校
11. 走向21世纪:中国经济的现状、问题和前景 [美]D. H. 帕金斯 著 陈志标 编译
12. 中国:传统与变革 [美]费正清 赖肖尔 主编 陈仲丹 潘兴明 庞朝阳 译 吴世民 张子清 洪邮生 校
13. 中华帝国的法律 [美]D. 布朗 C. 莫里斯 著 朱勇 译 梁治平 校
14. 梁启超与中国思想的过渡(1890—1907) [美]张灏 著 崔志海 葛夫平 译
15. 儒教与道教 [德]马克斯·韦伯 著 洪天富 译
16. 中国政治 [美]詹姆斯·R. 汤森 布兰特利·沃马克 著 顾速 董方 译
17. 文化、权力与国家:1900—1942年的华北农村 [美]杜赞奇 著 王福明 译
18. 义和团运动的起源 [美]周锡瑞 著 张俊义 王栋 译
19. 在传统与现代性之间:王韬与晚清革命 [美]柯文 著 雷颐 罗检秋 译
20. 最后的儒家:梁漱溟与中国现代化的两难 [美]艾恺 著 王宗昱 冀建中 译
21. 蒙元入侵前夜的中国日常生活 [法]谢和耐 著 刘东 译
22. 东亚之锋 [美]小R. 霍夫亨兹 K.E. 柯德尔 著 黎鸣 译
23. 中国社会史 [法]谢和耐 著 黄建华 黄迅余 译
24. 从理学到朴学:中华帝国晚期思想与社会变化面面观 [美]艾尔曼 著 赵刚 译
25. 孔子哲学思微 [美]郝大维 安乐哲 著 蒋弋为 李志林 译
26. 北美中国古典文学研究名家十年文选 乐黛云 陈珏 编选
27. 东亚文明:五个阶段的对话 [美]狄百瑞 著 何兆武 何冰 译
28. 五四运动:现代中国的思想革命 [美]周策纵 著 周子平 等译
29. 近代中国与新世界:康有为变法与大同思想研究 [美]萧公权 著 汪荣祖 译
30. 功利主义儒家:陈亮对朱熹的挑战 [美]田浩 著 姜长苏 译
31. 莱布尼兹和儒学 [美]孟德卫 著 张学智 译
32. 佛教征服中国:佛教在中国中古早期的传播与适应 [荷兰]许理和 著 李四龙 裴勇 等译
33. 新政革命与日本:中国,1898—1912 [美]任达 著 李仲贤 译
34. 经学、政治和宗族:中华帝国晚期常州今文学派研究 [美]艾尔曼 著 赵刚 译
35. 中国制度史研究 [美]杨联陞 著 彭刚 程钢 译

36. 汉代农业:早期中国农业经济的形成　[美]许倬云 著　程农 张鸣 译　邓正来 校
37. 转变的中国:历史变迁与欧洲经验的局限　[美]王国斌 著　李伯重 连玲玲 译
38. 欧洲中国古典文学研究名家十年文选　乐黛云 陈珏 龚刚 编选
39. 中国农民经济:河北和山东的农民发展,1890—1949　[美]马若孟 著　史建云 译
40. 汉哲学思维的文化探源　[美]郝大维 安乐哲 著　施忠连 译
41. 近代中国之种族观念　[英]冯客 著　杨立华 译
42. 血路:革命中国中的沈定一(玄庐)传奇　[美]萧邦奇 著　周武彪 译
43. 历史三调:作为事件、经历和神话的义和团　[美]柯文 著　杜继东 译
44. 斯文:唐宋思想的转型　[美]包弼德 著　刘宁 译
45. 宋代江南经济史研究　[日]斯波义信 著　方健 何忠礼 译
46. 一个中国村庄:山东台头　杨懋春 著　张雄 沈炜 秦美珠 译
47. 现实主义的限制:革命时代的中国小说　[美]安敏成 著　姜涛 译
48. 上海罢工:中国工人政治研究　[美]裴宜理 著　刘平 译
49. 中国转向内在:两宋之际的文化转向　[美]刘子健 著　赵冬梅 译
50. 孔子:即凡而圣　[美]赫伯特·芬格莱特 著　彭国翔 张华 译
51. 18世纪中国的官僚制度与荒政　[法]魏丕信 著　徐建青 译
52. 他山的石头记:宇文所安自选集　[美]宇文所安 著　田晓菲 编译
53. 危险的愉悦:20世纪上海的娼妓问题与现代性　[美]贺萧 著　韩敏中 盛宁 译
54. 中国食物　[美]尤金·N.安德森 著　马孆 刘东 译　刘东 审校
55. 大分流:欧洲、中国及现代世界经济的发展　[美]彭慕兰 著　史建云 译
56. 古代中国的思想世界　[美]本杰明·史华兹 著　程钢 译　刘东 校
57. 内闱:宋代的婚姻和妇女生活　[美]伊沛霞 著　胡志宏 译
58. 中国北方村落的社会性别与权力　[加]朱爱岚 著　胡玉坤 译
59. 先贤的民主:杜威、孔子与中国民主之希望　[美]郝大维 安乐哲 著　何刚强 译
60. 向往心灵转化的庄子:内篇分析　[美]爱莲心 著　周炽成 译
61. 中国人的幸福观　[德]鲍吾刚 著　严蓓雯 韩雪临 吴德祖 译
62. 闺塾师:明末清初江南的才女文化　[美]高彦颐 著　李志生 译
63. 缀珍录:十八世纪及其前后的中国妇女　[美]曼素恩 著　定宜庄 颜宜葳 译
64. 革命与历史:中国马克思主义历史学的起源,1919—1937　[美]德里克 著　翁贺凯 译
65. 竞争的话语:明清小说中的正统性、本真性及所生成之意义　[美]艾梅兰 著　罗琳 译
66. 中国妇女与农村发展:云南禄村六十年的变迁　[加]宝森 著　胡玉坤 译
67. 中国近代思维的挫折　[日]岛田虔次 著　甘万萍 译
68. 中国的亚洲内陆边疆　[美]拉铁摩尔 著　唐晓峰 译
69. 为权力祈祷:佛教与晚明中国士绅社会的形成　[加]卜正民 著　张华 译
70. 天潢贵胄:宋代宗室史　[美]贾志扬 著　赵冬梅 译
71. 儒家之道:中国哲学之探讨　[美]倪德卫 著　[美]万白安 编 周炽成 译
72. 都市里的农家女:性别、流动与社会变迁　[澳]杰华 著　吴小英 译
73. 另类的现代性:改革开放时代中国性别化的渴望　[美]罗丽莎 著　黄新 译
74. 近代中国的知识分子与文明　[日]佐藤慎一 著　刘岳兵 译
75. 繁盛之阴:中国医学史中的性(960—1665)　[美]费侠莉 著　甄橙 主译　吴朝霞 主校
76. 中国大众宗教　[美]韦思谛 编 陈仲丹 译
77. 中国诗画语言研究　[法]程抱一 著　涂卫群 译
78. 中国的思维世界　[日]沟口雄三 小岛毅 著　孙歌 等译

79. 德国与中华民国　[美]柯伟林 著　陈谦平 陈红民 武菁 申晓云 译　钱乘旦 校
80. 中国近代经济史研究:清末海关财政与通商口岸市场圈　[日]滨下武志 著　高淑娟 孙彬 译
81. 回应革命与改革:皖北李村的社会变迁与延续　韩敏 著　陆益龙 徐新玉 译
82. 中国现代文学与电影中的城市:空间、时间与性别构形　[美]张英进 著　秦立彦 译
83. 现代的诱惑:书写半殖民地中国的现代主义(1917—1937)　[美]史书美 著　何恬 译
84. 开放的帝国:1600年前的中国历史　[美]芮乐伟·韩森 著　梁侃 邹劲风 译
85. 改良与革命:辛亥革命在两湖　[美]周锡瑞 著　杨慎之 译
86. 章学诚的生平与思想　[美]倪德卫 著　杨立华 译
87. 卫生的现代性:中国通商口岸健康与疾病的意义　[美]罗芙芸 著　向磊 译
88. 道与庶道:宋代以来的道教、民间信仰和神灵模式　[美]韩明士 著　皮庆生 译
89. 间谍王:戴笠与中国特工　[美]魏斐德 著　梁禾 译
90. 中国的女性与性相:1949年以来的性别话语　[英]艾华 著　施施 译
91. 近代中国的犯罪、惩罚与监狱　[荷]冯客 著　徐有威 等译　潘兴明 校
92. 帝国的隐喻:中国民间宗教　[英]王斯福 著　赵旭东 译
93. 王弼《老子注》研究　[德]瓦格纳 著　杨立华 译
94. 寻求正义:1905—1906年的抵制美货运动　[美]王冠华 著　刘甜甜 译
95. 传统中国日常生活中的协商:中古契约研究　[美]韩森 著　鲁西奇 译
96. 从民族国家拯救历史:民族主义话语与中国现代史研究　[美]杜赞奇 著　王宪明 高继美 李海燕 李点 译
97. 欧几里得在中国:汉译《几何原本》的源流与影响　[荷]安国风 著　纪志刚 郑诚 郑方磊 译
98. 十八世纪中国社会　[美]韩书瑞 罗友枝 著　陈仲丹 译
99. 中国与达尔文　[美]浦嘉珉 著　钟永强 译
100. 私人领域的变形:唐宋诗词中的园林与玩好　[美]杨晓山 著　文韬 译
101. 理解农民中国:社会科学哲学的案例研究　[美]李丹 著　张天虹 张洪云 张胜波 译
102. 山东叛乱:1774年的王伦起义　[美]韩书瑞 著　刘平 唐雁超 译
103. 毁灭的种子:战争与革命中的国民党中国(1937—1949)　[美]易劳逸 著　王建朗 王贤知 贾维 译
104. 缠足:"金莲崇拜"盛极而衰的演变　[美]高彦颐 著　苗延威 译
105. 饕餮之欲:当代中国的食与色　[美]冯珠娣 著　郭乙瑶 马磊 江素侠 译
106. 翻译的传说:中国新女性的形成(1898—1918)　胡缨 著　龙瑜宬 彭珊珊 译
107. 中国的经济革命:20世纪的乡村工业　[日]顾琳 著　王玉茹 张玮 李进霞 译
108. 礼物、关系学与国家:中国人际关系与主体性建构　杨美惠 著　赵旭东 孙珉 译　张跃宏 译校
109. 朱熹的思维世界　[美]田浩 著
110. 皇帝和祖宗:华南的国家与宗族　[英]科大卫 著　卜永坚 译
111. 明清时代东亚海域的文化交流　[日]松浦章 著　郑洁西 等译
112. 中国美学问题　[美]苏源熙 著　卞东波 译　张强强 朱霞欢 校
113. 清代内河水运史研究　[日]松浦章 著　董科 译
114. 大萧条时期的中国:市场、国家与世界经济　[日]城山智子 著　孟凡礼 尚国敏 译　唐磊 校
115. 美国的中国形象(1931—1949)　[美]T.克里斯托弗·杰斯普森 著　姜智芹 译
116. 技术与性别:晚期帝制中国的权力经纬　[英]白馥兰 著　江湄 邓京力 译

117. 中国善书研究　[日]酒井忠夫 著　刘岳兵 何英莺 孙雪梅 译
118. 千年末世之乱:1813年八卦教起义　[美]韩书瑞 著　陈仲丹 译
119. 西学东渐与中国事情　[日]增田涉 著　由其民 周启乾 译
120. 六朝精神史研究　[日]吉川忠夫 著　王启发 译
121. 矢志不渝:明清时期的贞女现象　[美]卢苇菁 著　秦立彦 译
122. 明代乡村纠纷与秩序:以徽州文书为中心　[日]中岛乐章 著　郭万平 高飞 译
123. 中华帝国晚期的欲望与小说叙述　[美]黄卫总 著　张蕴爽 译
124. 虎、米、丝、泥:帝制晚期华南的环境与经济　[美]马立博 著　王玉茹 关永强 译
125. 一江黑水:中国未来的环境挑战　[美]易明 著　姜智芹 译
126. 《诗经》原意研究　[日]家井真 著　陆越 译
127. 施剑翘复仇案:民国时期公众同情的兴起与影响　[美]林郁沁 著　陈湘静 译
128. 华北的暴力和恐慌:义和团运动前夕基督教传播和社会冲突　[德]狄德满 著　崔华杰 译
129. 铁泪图:19世纪中国对于饥馑的文化反应　[美]艾志端 著　曹曦 译
130. 饶家驹安全区:战时上海的难民　[美]阮玛霞 著　白华山 译
131. 危险的边疆:游牧帝国与中国　[美]巴菲尔德 著　袁剑 译
132. 工程国家:民国时期(1927—1937)的淮河治理及国家建设　[美]戴维·艾伦·佩兹 著　姜智芹 译
133. 历史宝筏:过去、西方与中国妇女问题　[美]季家珍 著　杨可 译
134. 姐妹们与陌生人:上海棉纱厂女工,1919—1949　[美]韩起澜 著　韩慈 译
135. 银线:19世纪的世界与中国　林满红 著　詹庆华 林满红 译
136. 寻求中国民主　[澳]冯兆基 著　刘悦斌 徐硙 译
137. 墨梅　[美]毕嘉珍 著　陆敏珍 译
138. 清代上海沙船航运业史研究　[日]松浦章 著　杨蕾 王亦铮 董科 译
139. 男性特质论:中国的社会与性别　[澳]雷金庆 著　[澳]刘婷 译
140. 重读中国女性生命故事　游鉴明 胡缨 季家珍 主编
141. 跨太平洋位移:20世纪美国文学中的民族志、翻译和文本间旅行　黄运特 著　陈倩 译
142. 认知诸形式:反思人类精神的统一性与多样性　[英]G.E.R.劳埃德 著　池志培 译
143. 中国乡村的基督教:1860—1900江西省的冲突与适应　[美]史维东 著　吴薇 译
144. 假想的"满大人":同情、现代性与中国疼痛　[美]韩瑞 著　袁剑 译
145. 中国的捐纳制度与社会　伍跃 著
146. 文书行政的汉帝国　[日]富谷至 著　刘恒武 孔李波 译
147. 城市里的陌生人:中国流动人口的空间、权力与社会网络的重构　[美]张骊 著　袁长庚 译
148. 性别、政治与民主:近代中国的妇女参政　[澳]李木兰 著　方小平 译
149. 近代日本的中国认识　[日]野村浩一 著　张学锋 译
150. 狮龙共舞:一个英国人笔下的威海卫与中国传统文化　[英]庄士敦 著　刘本森 译　威海市博物馆 郭大松 校
151. 人物、角色与心灵:《牡丹亭》与《桃花扇》中的身份认同　[美]吕立亭 著　白华山 译
152. 中国社会中的宗教与仪式　[美]武雅士 著　彭泽安 邵铁峰 译　郭潇威 校
153. 自贡商人:近代早期中国的企业家　[美]曾小萍 著　董建中 译
154. 大象的退却:一部中国环境史　[英]伊懋可 著　梅雪芹 毛利霞 王玉山 译
155. 明代江南土地制度研究　[日]森正夫 著　伍跃 张学锋 等译　范金民 夏维中 审校
156. 儒学与女性　[美]罗莎莉 著　丁佳伟 曹秀娟 译

157. 行善的艺术:晚明中国的慈善事业(新译本)　[美]韩德玲 著　曹晔 译
158. 近代中国的渔业战争和环境变化　[美]穆盛博 著　胡文亮 译
159. 权力关系:宋代中国的家族、地位与国家　[美]柏文莉 著　刘云军 译
160. 权力源自地位:北京大学、知识分子与中国政治文化,1898—1929　[美]魏定熙 著　张蒙 译
161. 工开万物:17世纪中国的知识与技术　[德]薛凤 著　吴秀杰 白岚玲 译
162. 忠贞不贰:辽代的越境之举　[英]史怀梅 著　曹流 译
163. 内藤湖南:政治与汉学(1866—1934)　[美]傅佛果 著　陶德民 何英莺 译
164. 他者中的华人:中国近现代移民史　[美]孔飞力 著　李明欢 译　黄鸣奋 校
165. 古代中国的动物与灵异　[英]胡司德 著　蓝旭 译
166. 两访中国茶乡　[英]罗伯特·福琼 著　敖雪岗 译
167. 缔造选本:《花间集》的文化语境与诗学实践　[美]田安 著　马强才 译
168. 扬州评话探讨　[丹麦]易德波 著　米锋 易德波 译　李今芸 校译
169. 《左传》的书写与解读　李惠仪 著　文韬 许明德 译
170. 以竹为生:一个四川手工造纸村的20世纪社会史　[德]艾约博 著　韩巍 译　吴秀杰 校
171. 东方之旅:1579—1724耶稣会传教团在中国　[美]柏理安 著　毛瑞方 译
172. "地域社会"视野下的明清史研究:以江南和福建为中心　[日]森正夫 著　于志嘉 马一虹 黄东兰 阿风 等译
173. 技术、性别、历史:重新审视帝制中国的大转型　[英]白馥兰 著　吴秀杰 白岚玲 译
174. 中国小说戏曲史　[日]狩野直喜 张真 译
175. 历史上的黑暗一页:英国外交文件与英美海军档案中的南京大屠杀　[美]陆束屏 编著/翻译
176. 罗马与中国:比较视野下的古代世界帝国　[奥]沃尔特·施德尔 主编　李平 译
177. 矛与盾的共存:明清时期江西社会研究　[韩]吴金成 著　崔荣根 译　薛戈 校译
178. 唯一的希望:在中国独生子女政策下成年　[美]冯文 著　常姝 译
179. 国之枭雄:曹操传　[澳]张磊夫 著　方笑天 译
180. 汉帝国的日常生活　[英]鲁惟一 著　刘洁 余霄 译
181. 大分流之外:中国和欧洲经济变迁的政治　[美]王国斌 罗森塔尔 著　周琳 译　王国斌 张萌 审校
182. 中正之笔:颜真卿书法与宋代文人政治　[美]倪雅梅 著　杨简茹 译　祝帅 校译
183. 江南三角洲市镇研究　[日]森正夫 编　丁韵 胡婧 等译　范金民 审校
184. 忍辱负重的使命:美国外交官记载的南京大屠杀与劫后的社会状况　[美]陆束屏 编著/翻译
185. 修仙:古代中国的修行与社会记忆　[美]康儒博 著　顾漩 译
186. 烧钱:中国人生活世界中的物质精神　[美]柏桦 著　袁剑 刘玺鸿 译
187. 话语的长城:文化中国历险记　[美]苏源熙 著　盛珂 译
188. 诸葛武侯　[日]内藤湖南 著　张真 译
189. 盟友背信:一战中的中国　[英]吴芳思 克里斯托弗·阿南德尔 著　张宇扬 译
190. 亚里士多德在中国:语言、范畴和翻译　[英]罗伯特·沃迪 著　韩小强 译
191. 马背上的朝廷:巡幸与清朝统治的建构,1680—1785　[美]张勉治 著　董建中 译
192. 申不害:公元前四世纪中国的政治哲学家　[美]顾立雅 著　马腾 译
193. 晋武帝司马炎　[日]福原启郎 著　陆帅 译
194. 唐人如何吟诗:带你走进汉语音韵学　[日]大岛正二 著　柳悦 译

195. 古代中国的宇宙论　[日]浅野裕一 著　吴昊阳 译
196. 中国思想的道家之论:一种哲学解释　[美]陈汉生 著　周景松 谢尔逊 等译　张丰乾 校译
197. 诗歌之力:袁枚女弟子屈秉筠(1767—1810)　[加]孟留喜 著　吴夏平 译
198. 中国逻辑的发现　[德]顾有信 著　陈志伟 译
199. 高丽时代宋商往来研究　[韩]李镇汉 著　李廷青 戴琳剑译　楼正豪 校
200. 中国近世财政史研究　[日]岩井茂树 著　付勇 译　范金民 审校
201. 魏晋政治社会史研究　[日]福原启郎 著　陆帅 刘萃峰 张紫毫 译
202. 宋帝国的危机与维系:信息、领土与人际网络　[比利时]魏希德 著　刘云军 译
203. 中国精英与政治变迁:20世纪初的浙江　[美]萧邦奇 著　徐立望 杨涛羽 译　李齐 校
204. 北京的人力车夫:1920年代的市民与政治　[美]史谦德 著　周书垚 袁剑 译　周育民 校
205. 1901—1909年的门户开放政策:西奥多·罗斯福与中国　[美]格雷戈里·摩尔 著　赵嘉玉 译
206. 清帝国之乱:义和团运动与八国联军之役　[美]明恩溥 著　郭大松 刘本森 译